KB075891

너는 너의 삶을 바꿔야 한다

The translation of this work was supported by a grant from the Goethe-Institut.
이 책은 주한 괴테 인스티투트(독일문화원)의 도움을 받아 출간되었습니다.

Du mußt dein Leben ändern: Über Anthropotechnik
by Peter Sloterdijk

All rights reserved by the proprietor throughout the world
in the case of brief quotations embodied in critical articles or reviews.

Korean Translation Copyright © 2020 by Maybooks Publishing Co., Seoul
Copyright © 2009 by Suhrkamp Verlag Frankfurt am Main

This Korean edition is published by arrangement with
Suhrkamp Verlag, Berlin through Bestun Korea Literary Agency Co., Seoul

이 책의 한국어판 저작권은 베스툰 코리아 출판 에이전시를 통해 저작권자와의 독점
계약으로 도서출판 오월의봄에 있습니다. 저작권법에 의해 한국 내에서 보호를 받는
저작물이므로 무단 전재와 무단 복제를 금합니다.

Peter Sloterdijk   *Du mußt dein Leben ändern*

너는 너의 삶을 바꿔야 한다

인간공학에 대하여

페터 슬로터다이크

문순표 옮김

오월의봄

일러두기

1. 이 번역의 저본은 독일어본(Peter Sloterdijk, *Du mußt dein Leben ändern: Über Anthropotechnik*, Suhrkamp, 2009)이고 필요한 경우에 영어 번역본(*You must change your Life*, trans. Wieland Hoban, Polity, 2013)을 참고했다. 특히 독자의 이해를 돕기 위해 필요한 대목에 따로 영역본의 옮긴이 주를 참고하여 추가 배치했다.

2. 본문에 나오는 라틴어 발음은 저자가 독일어권 사람이라는 점을 고려하여 로마가톨릭과 라틴계 국가에서 익히는 '로마 발음'과 르네상스 시대에 에라스무스가 복원한 '고전 발음' 대신 독일 학계에서 주로 사용되고 키케로 시대를 기준으로 삼는 '상고 발음'에 따라 표기했다. 그러나 《베네딕트 규칙서》처럼 그리스도교와 관련되는 대목은 예외적으로 '로마 발음'으로 표기했다.

3. 본문의 ( ) 괄호는 원저자(슬로터다이크)가, [ ] 괄호는 옮긴이가 독자들의 이해를 돕기 위해 추가한 것이다.

4. 두 가지 이상의 의미로 해석될 수 있는 단어에는 빗금(/)으로 표시했고 두 가지 이상의 번역어가 통용되는 경우에는 ( )로 표시했다.

5. 본문에 나오는 성서 인용문은 공동번역성서를 바탕으로 본문의 맥락에 더 적절하게 옮겼고, 때에 따라 저자가 참조한 신예루살렘 성경(로마가톨릭 교회의 표준 성경)을 참조하여 수정했다.

차례

3부 과장(도를 넘기)의 절차들

배경막: 비범속으로의 후퇴 **339**

17. 수행들과 잘못된 수행들: 반복 비판을 위하여 638

회고: 주체의 재입착에서 총체적 염려로의 복귀로 687

전망: 절대적 명령 696

Appamādena sampādetha

경계하며 앞으로 나아가라!

—《마하빠리닙바나 숫따Mahaparinibbana Sutta(열반경)》6, 7*

무엇보다 우선 행위가 있다!

곧 수행, 수행, 수행이 있다!

그것의 일부인 '신앙'이 반드시 나타날 것이라는

—그것을 확신하라!

—프리드리히 니체,《아침놀Morgenröte》**

*   〈불설장아함경 제4권, 2. 유행경〉,《장아함경 1》, 김월운 옮김, 동국역경원,
      2006, 181쪽. 한국어판의 해당 부분은 다음과 같다. "방일放逸하지 말아야 한
      다".-옮긴이
**   프리드리히 니체,《아침놀: 책세상 니체 전집 10》, 박찬국 옮김, 책세상, 2004,
      39쪽, 번역 일부 수정.-옮긴이

서문
인간공학*적 전환을 위하여

유령 하나가, 종교라는 유령이 서구 세계 주변을 떠돌고 있다. 종교
가 오랜 부재를 끝내고 현대 세계인들 속으로 귀환한 것이고 그 새로
운 현전을 진지하게 잘 상대하고 있다고 곳곳에서 종교에 대해 우리
를 안심시킨다. 1848년 《선언Manifest》으로 출현했던/출판됐던 공산주
의의 유령이 귀환자가 아니라 위협적인 상황 속에서 나타난 하나의
새로움이었던 것과 달리, 지금 이 유령Spuk은 자신의 무덤에서 걸어

---

* "인간공학Anthropotechnik은 독일 페미니스트 철학자이자 반유대주의자로 1920
년대와 1930년대의 독일 민족생활개혁운동을 이끌었던 마틸데 루덴도르프
Mathilde Ludendorff(1877~1966)가 《영혼의 근원과 본질: 3부 자기창조Der Seele
Ursprung und Wesen. 3. Teil Selbstschöpfung》(Ludendorffs Volkswarte-Verlag, 1927)에서
만들어 사용한 개념으로, 예술적 '천재'와 같은 뛰어난 개개인들이 하는 수행을
통해 인류 전체가 창출되고 형성된다('자기창조')는 내용을 담고 있다. 그리고
본문의 저자 주에 나온 것처럼 1926년판 소비에트 대백과사전에서도 이 표현이
인간 본질의 개조 가능성의 의미로 사용된다. 소비에트와 독일(서유럽)의 인간
공학 개념 사이의 선후 관계와 영향 관계 그리고 차이에 대해서는 더 밝혀져야
할 대목이다. 특히 이 개념은 저자가 1999년 《인간농장을 위한 규칙Regeln für den
Menschenpark》(Suhrkamp, 1999)에 처음 "[인간의] 길들이기와 사육의 교차"의 의
미로 도입한 뒤 적어도 독일의 공론장과 학술장에서 호황기를 거치며 학술용어
로 확고히 안착했다. "지극히 위험해" 보이는 이 개념이 본서에서는 어떻게 다
른 방향으로 논해지는지 주목해 읽을 수 있다. 당장 그 의미를 한마디로 요약한
다면 "인간이 자기 자신에게 영향을 끼치도록 돕는 수행체계들"이 될 것이다.-
옮긴이

나온 자의 본성에 꼭 들어맞는다. 이 유령이 우리를 위로하든, 아니면 위협하든, 선한 영처럼 환영받든, 아니면 인류의 비합리적 그림자처럼 공포의 대상이 되든, 이미 그것이 등장했다는 발표만으로도 사람들이 우러러보는 경외를 자아내고 만다. 최근 정신사의 피상적인 소책자들 가운데 크리스토퍼 히친스Christopher Hitchens와 리처드 도킨스Richard Dawkins라고 서명되어 있는 두 책에 힘입은 2007년 여름 무신론자들이 가한 공격을 무시한다면 말이다.* 구유럽의 열강들이 화려하게 환영의 축제를 벌이며 연합했고, 여기에는 교황과 이슬람 출신의 학자들, 미국 대통령들과 새로운 크렘린의 주인들, 우리 시대의 모든 메테르니히Klemens von Metternich들과 기조François Pierre Guillaume Guizot들,** 프랑스 큐레이터들과 독일 사회학자들처럼 서로 어울리지 않는 손님들이 모여 있었다.***

　　예전에 문서로 보증된 종교의 권리를 복권하려 시도할 때 새 회심자들과 신입 열광자들에게 그들이 지금껏 오해했던 것들을 참회하라고 요구하는 어떤 조서가 등장한다. 전쟁에서 승리함으로써 십자가를 고백했던 첫 메로빙거 왕조가 통치하던 시절처럼, 오늘날에도 진부해진 계몽주의의 자녀들은 자신들이 숭배했던 것들을 불태우고

---

*　　2007년에 출간됐던 크리스토퍼 히친스의 베스트셀러 《신은 위대하지 않다God Is Not Great》(김승욱 옮김, 알마, 2011)와 2006년 출간된 리처드 도킨스의 베스트셀러 《만들어진 신The God Delusion》(이한음 옮김, 김영사, 2007)을 가리킨다. 2007년의 히친스와 도킨스가 참여했던 무신론자들('신新무신론'자로 불리는 이들)의 컨퍼런스는 3월과 9월 두 차례 열렸는데 저자가 어느 쪽을 지칭하는지는 정확히 알 수 없다.-옮긴이

**　클레멘스 폰 메테르니히와 프랑수아 기조는 19세기 유럽에서 혁명의 열기가 식은 뒤 나타난 대표적인 독일과 프랑스의 보수주의자를 대표하는데, 저자가 종교의 귀환을 마르크스-엥겔스의 공산주의의 유령에 비유했듯이 이 종교라는 유령에 대한 오늘날의 보수적 태도를 지칭한다.-옮긴이

***　이 단락은 마르크스/엥겔스의 《공산당 선언》(심철민 옮김, 도서출판 b, 2018)의 〈들어가는 말〉의 첫 단락 문장들을 첫 문장과 마지막 문장에 배치하고 주어만 19세기(1848년)의 공산주의에서 21세기(2007년)의 종교로 바꾼 뒤 두 유령의 차이를 부각시키고 있다.-옮긴이

그들이 불태웠던 것들을 숭배한다.* 이렇게 개심할 때 가라앉아 있던 예배의 직관들이 등장한다. 이 직관들은 포스트세속'사회Gesellschaft'의 신참자들에게 계몽주의 세기들의 종교 비판 명제들로부터 공개적으로 거리를 두라고 요구한다. 이 명제들에서 인간의 자기규정은 필멸하는 인간들이 천상계 속으로 사라졌던 자신의 힘들을 되찾아서 지상의 상황들Verhältnisse을 최적화하는 데 이 힘들을 불어넣는 대가를 치를 때에만 다다를 수 있는 것처럼 보였다. '신Gott'에게서 대량의 에너지를 빼내어 마침내 인간 세계에 알맞은 기량에 도달해야만 했다. 이러한 힘의 전이에 대문자 단수형 '진보Fortschritt'에 몰두했던 시대의 도약이 기초하고 있었다. 인간주의적 공격의 열정은 희망이 하나의 원칙으로 단언될 때까지 계속됐다. 절망했던 이들이 저장해둔 양식에서 더 좋은 시대의 **제1운동자**primum mobile**가 만들어져야만 했다. 이 제1원인을 신봉했던 이는 지상을 이민국으로 선택했고, 이곳에서, 오직 이곳에서만 스스로를 실현시킬 수 있었다. 이것은 이제 저 위편에 있는 구체들을 잇는 다리들을 부러뜨리고 해방된 힘들을 전부 세속적 실존에 투여한다는 것을 의미했다. 신이 존재한다면 그때 그는 만유에서 가장 고독한 존재자일 것이다. 내세를 떠나는 이주에는 대량 도주에서 보이는 특징들이 나타났다(인구학적으로 솎아진 지금 동유럽의 상황은 이와 비교할 때 우거짐Überbesiedelung처럼 보인다). 계몽주

---

* **Incende quod adorasti et adora quod incendisti:** 투르의 그레고아르Grégoire de Tours[538~약 594경. 프랑스 투르의 주교이자 역사 저술가로 후기 고대와 중세 초기의 이행기에 대한 매우 중요한 원천들 가운데 하나인《열 권의 역사서Dix livres d'histoire》로 유명하다]의 연대기에 따르면 프랑크왕국의 국왕 클로비스 1세가 "마치 새로운 콘스탄티누스처럼" 췰피히 전투에서 그리스도가 승리의 조력자 역할을 했다고 확신하고 물로 세례를 받았을 때 랭스 대교구 성 레미기우스Remigius[약 437~533경. 그가 496년 12월 25일 했던 클로비스 1세의 세례는 전 프랑크왕국 국민을 가톨릭 그리스도교로 개종하게 한 계기가 됐다]가 했던 말이라고 한다.

** 중세의 천문학자 프톨레마이오스가 지구 주변의 천구 운동을 설명하기 위해 도입한, 우주를 이루는 열 개의 구체들 가운데 가장 바깥에 있는 것으로 우주의 공전을 가능하게 한다.-옮긴이

14

의가 승리할 때에도 내재성의 이데올로기들에 현혹되지 않은 광범위한 무리에게 국경을 넘어 비밀스런 짧은 여행을 떠나도록 허가됐다는 것은 또 다른 문제다.

그러는 사이 완전히 다른 추동 상황이 우위를 점했다. 인간의 가망Chance에 대한 더 복잡해진 지각들이 이 상황을 규정한다. 자기 자신을 이미지화한 계몽주의는 자신의 역설들을 공표했다. 유명한 화자를 인용하자면 사태가 "복잡해지고 슬퍼지게 된komplizert und traurig werden"* 구역들 안에까지 계몽주의가 밀치고 들어갔다. 이전의 무조건적 전진에서 피로해진 나머지들만이 사용될 뿐이다. 더 이상 많이는 모자라지 않고, 계몽주의 스타일로 마지막 희망을 가진 자들은 그들이 포스트모더니즘의 아미시인**이라도 되는 것처럼 귀농한다. 또 다른 영구 진보주의자들은 세계의 구제에 헌신했던 비-정부기구NGO가 외치는 소리를 따라간다. 그 밖의 사람들에게 이 시대의 조짐은 재심과 손해배상청구를 가리키고 있다. 실망했던 동시대인들 중 적지 않은 수가 이념 소비자들의 보호를 요구하는 게 가능하기라도 한 것처럼 그들이 가진 진보적 환상들을 생산한 자들과 판매한 자들에게 자신들이 입은 손해를 보상받고 싶어 한다. 우리 시대의 법리적 원형인 손해배상심판은 삶의 영역을 뛰어넘는다. 변호전쟁 Adovokatenkrieg이 종결될 때 절반만이라도 만족스런 배상금을 얻기 위해서 처음부터 엄청난 금액을 요구해야만 하는 것과 같은 미국식 게임 형태들을 배워온 게 아니었을까? 천상에서 추방된 이들의 후세들은

---

* 토마스 만의 《토니오 크뢰거》에 나오는 표현으로 화자 토니오 크뢰거는 자신의 비정상적인, "사물이 복잡하고도 슬프게 되는 곳까지 들여다보는" 눈과 다른 이들의 안정적이고 사랑받을 수 있는 눈을 비교한다. 토마스 만, 《토니오 크뢰거》, 안삼환 옮김, 민음사, 1998, 27쪽.-옮긴이
** 아미시인은 스위스와 남부 독일 등지의 중부 유럽에서 발발한 개혁주의 세례 운동에 그 기원을 두고 있는 재세례파 계통의 프로테스탄트인들로, 2010년의 통계에 따르면 미국의 28개 주에 거주하고 있고 현대 문명을 거부하고 외부세계로부터 격리된 생활을 유지하는 것으로 알려져 있다.-옮긴이

막대한 손해배상을 완전히 터놓고 궁리하고 있다. 그러니까 그들은 시대적인 배상을 꿈꾸려 한다. 그들의 뜻대로 된다면, 천상계의 몰수는 완전히 철회되고 말 것이다. 대개의 신흥종교 사업가들은 순전한 경기후퇴를 극복하기라도 한 것처럼 중단된 형이상학 공장들을 무엇보다도 하루아침에 재가동시킬지 모른다.

유럽 계몽주의의 형식이 위기에 처한 것일까? 적어도 그것은 기울어진 운동장 위에서 하는 하나의 실험으로, 전 지구적 지평에서 보면 하나의 변칙이다. 종교사회학자들은 꾸밈없이 말한다. 우리[유럽인] 사이에서만 각성이 찬미되어왔고, 세계 곳곳에서는 계속해서 노골적으로 믿게 된다고 말이다. 나머지 세계는 동요하지 않고 가상으로 넉넉하게 덮인 탁자 위에서 식사를 하는데도, 정말 왜 유럽인들만이 형이상학적 식이요법을 유지해야 하는가?

나는 마르크스와 엥겔스가 공산주의라는 이름의 어느 유령에 대한 동화를 현실 공산주의의 호전적인 자기진술로 바꾸려는 의도에서 《공산주의 선언Das Kommunistische Manifest》을 썼음을 상기시킬 수 있다. 유령에 대한 순전한 공포가 우세했던 곳에 실제로 존재하는 어떤 적에 대한 확증된 공포가 생겨나야 했던 것이다. 앞에 놓인 이 책 역시 어떤 동화에 대한 비판에 전념하고 그것을 어떤 실증적 테제로 대체할 것이다. 실제로 계몽주의가 '실패'한 이후의 종교의 귀환에 관한 동화에 대해 영적 사실들에 대한 더 예리한 관점이 주장되어야만 한다. 나는 종교로의 복귀가 종교의 귀환과 마찬가지로 가능하지 않음을 보여줄 것이다. 그것은 단순한 이유에서 그러한데, '종교Religion'도 없고 '종교들Religionen'도 없고, 대신 집단적으로—보통 교회, 수도회Ordo, 움마Umma[이슬람 종교공동체], **산가**sangha[불교공동체]가 있다—실천되든 아니면 개별화되어—현대 시민들이 개인적으로 확신하는 '자기만의 신eigenes Gott'과 상호작용을 한다—실행되든 상관없이 영적 수행修行체계들이 [종교로] 오해받고 있을 뿐이기 때문이다. 이렇게 해서 '참된 종교wahre Religion'와 거짓 신앙 사이의 귀찮은 구분이 불필요해진다. 어느 정도 확장할 능력이 있거나, 어느 정도 확장할 가치가 있는 수행 체계들이 있을 뿐이다. 신앙인과 무신앙인 사이의 허위 대립도 생각 나지 않고, 실천하는 자들과 수행되지 않은 자들 내지 다르게 수행하 는 자들 사이의 구분으로 이 대립은 대체될 것이다.

실제로 오늘날 무엇인가가 귀환하고 있다. 그러나 돌아왔다고 보고되는 게 종교일 거라는 익히 알고 있는 정보로는 비판적인 문의 들을 만족시킬 수 없다. 문제는 사라졌을지 모르는 어떤 거물이 귀환 했다는 게 아니라, 결코 분해되지 않는 어떤 연속체 안에서 강조점 이 변경됐다는 것이다. 지적인 주목을 온전히 받으며 실제로 되돌아 온 것에는 '종교적religiöse' 정점보다는 인간학적 정점이 있다. 그것은 한마디로 말해서 인간 존재의 면역구조immunitäre Verfassung에 대한 통찰이 다. 수백 년 동안 새로운 삶의 형식들을 실험한 뒤 인간이 어떤 윤리 적, 경제적, 정치적 조건 속에서 살고 있든 상관없이 '물질적 관계들 materielle Verhältnisse'로만 존재하는 게 아니라 상징적 면역체계들과 제의 적인 외피들 속에서도 존재한다는 통찰이 분명해졌다. 이것들의 직 조에 대해서는 이어서 이야기할 것이다. 그 베틀들이 여기서는 왜 서 늘한 표현인 '인간공학들Anthropotechnike'로 표현되어 있는지는 서술해가 면서 논할 것이다.

이 대상들에 대한 흥미를 정당화하는 첫걸음을 나는 비트겐슈타인 의 잘 알려진 요구('윤리학에 대한 헛소리Geschwätz über Ethik'를 끝내라) 를 상기하면서 내딛어보고 싶다. 그럼으로써 결코 헛소리가 아닌 윤 리적 담론의 일부를 인간공학적 표현으로 재정식화할 수 있다. 이 번 역 작업은(다른 명칭들도 여전히 가능하겠지만) 1840년대부터 이뤄 진 현대 '문화연구Kulturstudien'의 혼란스런 중심을 만든다. 마르크스와 청년헤겔주의자들이 인간 자신이 인간을 생산한다는 테제를 진술하 던 그 순간 오늘날의 윤리 강령이 뚜렷하게 시야에 들어오게 됐다. 이 문장이 말하는 바는 노동이 유일하게 인간의 본질적인 행동이라고 말하던 다른 헛소리에 의해 순식간에 왜곡됐다. 그러나 인간이 실제로 인간을 산출한다면 노동과 그 대상적 산물들을 통해서가 아니며, 요즘 많이 찬미되는 '자기 자신에 대한 작업Arbeit an sich selbst'을 통해서도 아니고, 더구나 대안으로 요구된 '상호작용Interaktion'이나 '의사소통Kommunikation'을 통해서도 아니다. 인간은 수행하고 있는 자신의 삶을 통해서 인간을 산출하는 것이다.

나는 수행을, 행동하는 자가 같은 작용Operation을 이어서 실행하기 위한 능력을 얻게 만들거나 이 능력을 개선하는 모든 조작操作, Operation 이라고 정의한다. 그것이 수행이라고 언명되든 언명되지 않든 그건 상관없다.*

수행하는 삶 속에서 이뤄지는 인간의 형성에 대해 말하지 않고 인간의 자기생산에 관해 말하는 자는 처음부터 주제를 놓친 것이다. 따라서 우리는 인간이 노동하는 존재와 같다고 말하던 모든 이야기를 실제로 보류해 이것을 수행함 내지 자기를 형성하고 자기를 향상시키는 태도의 언어로 번역해야 한다. 세계를 '제작Machen'의 양태로 대상화하던 피로에 지친 **호모 파베르homo faber**(도구적 인간)가 논리적 무대의 중앙에 있던 그의 자리를 양보해야 할 뿐 아니라, 초월적 의례로 천상계에 접속하던 **호모 렐리기오수스homo religiosus**(종교적 인간)와도 당연히 하직해야 할 것이다. 일하는 자(노동자)와 믿는 자(신앙인)가 공통적으로 하나의 새로운 상위 개념 아래로 들어선다. 지금이 인간을 반복에서 생기는 생명체로 밝힐 때다. 19세기가 인지적으로 생산Produktion의 특징을 띠고 20세기가 성찰성Reflexivität의 특징을 띤 것처럼 미래는 수련Exerzitium이라는 표지 아래에 나타날 것이다.

여기 걸린 판돈이 적지 않다. 우리가 꾀하는 일에서 문제는 바로 어떤 대안적인 언어를 도입하는 것인데, 이것은 광학의 언어를 변

---

* 나는 수행 개념을 아래 교육학의 발견에 대한 절(320~322쪽), 하비투스 형성에 대한 절(298~303쪽), **선순환circulus virtuosus**에 대한 절(505~510쪽)을 비롯하여 17장의 첫 세 절(638~649쪽)에서 설명한다.

경하고 이를 가지고서 전통적으로 '영성Spiritualität' '경건Frömmigkeit' '도덕Moral' '윤리Ethik' 그리고 '금욕(수덕)Askese' 같은 표현이 흔히 제공되던 현상군을 다루는 것이다. 이 전략이 성공한다면 현대 유럽의 무대 배경실에서 나온 매우 불행한 저 허깨비 같은 전래의 종교 개념은 이 탐구들에서 엄청난 돈을 잃은 자로 떠오를 것이다. 확실히 옛날부터 이념의 역사는 잘못 태어난 개념들의 피난처와 같다. 그래서 여기에 이어지는 정거장들을 지나고 나면 그 성공하지 못한verunglückt 설계와 관련해 '종교' 개념을 들여다볼 뿐 아니라('문화Kultur'라는 초허깨비가 유일하게 그 뒤틀림에서 종교를 능가한다), 그런 뒤 이 변경된 노출(설명)Exposition에 직면하여 우리 일반인들에게 거의 두 세기 동안 강렬한 무신론으로 나타난 부정적 경건함을 편든다는 것이 왜 마찬가지로 의미가 없는지를 역시 이해하게 될 것이다. 이 무신론은 우아한 지식인들이 그 곁을 지날 때마다 기꺼이 반갑게 인사하던 게슬러의 모자*와 같은데, 이 상황에서 '지적으로 성실한intellektuell redlich'이라는 술어와 선택에 따라서는 '비판적kritisch' 혹은 '자율적autonom'이라는 술어가 요구되지 않은 것도 아니었다. 이제 문제는 새롭게 밝혀주는 각으로 종교적, 영적, 윤리적 소재가 보일 때까지 무대를 통째로 90도로 돌리는 것이다.

반복해서 말하지만 판돈이 크다. 우리는 최근 정신사의 무지막지한 유사-증거들 가운데 하나에 대항해야 한다. 즉 이삼 세기 동안 유럽에서 유행한 '종교들'이 현존한다는 믿음에, 더군다나 신앙이 현존한다는 검토되지 않은 믿음에 대항해야 한다. '종교'의 주어짐에 대한 믿음은 예나 지금이나 신앙인과 무신앙인을 하나로 만드는 요

---

*   [영어판 옮긴이 주] 14세기에 오스트리아 알트도르프라는 마을에 이곳을 전제적인 방식으로 다스리던 알브레히트 게슬러Albrecht Gessler라는 주지사가 있었는데 시장 한가운데에 기둥을 세우고 그곳을 지나가는 사람마다 절을 하도록 했다고 한다. 윌리엄 텔의 이야기는 이것을 거부하면서 시작된다. 현대 독일어 표현에서는 맹목적으로 복종하는 태도를 지칭한다.

소다. 그것은 로마의 신앙 교리성*의 모든 지도자들을 틀림없이 시기심에 새파랗게 질리게 만들었을 어떤 확고부동에 관한 것이다. 이렇게 신앙을 오해했던 그리스도교 통합운동Ökumene**은 근대를 그대로 견뎌냈다. 종교를 극복한 이들이 각 개별 교리를 논쟁적으로는 만들었지만, 이들 중 그 누구도 종교의 현존은 의심하지 않았다. 어떤 거부도 거부된 것에 의문을 제출하지 않았다. 그것이 그렇게 불리는 게 타당한지, 그러한 것이 도대체 존속될 수 있을지를 묻지 않았다. 비교적 최근 날짜의 한 허구에 익숙해져서만(이 허구는 겨우 17세기가 지난 뒤에야 통용됐다) 오늘날 '종교의 귀환Wiederkehr der Religion'에 대해 이야기할 수 있게 된 것이다.*** 그것은 갔어도 다시 돌아올 수 있으며 지속적이고 보편적인 거물과 같은 종교에 대한 중단 없는 믿음이다. 이 믿음이 현재 전설Legende의 근간을 이룬다.

정신분석이 억압된 것의 귀환이라는 공준을 토대로 둔 반면에, 이념과 태도 분석은 여기 제시된 것처럼 이해되지 못한 것의 귀환이라는 공준으로 소급한다. 거기 있었고 가라앉았다가 다시 떠오르는 그것이 그 고유한 특징 속에서 충분히 파악되지 못한다면 이런 유형의 회전 현상들은 불가피하다. 사태 자체의 근거를 규명하려고 계획할 때, 이 대상을 긍정하지도 부정하지도 않고 오히려 더 깊이 있게 덧댄 명시화로 시작할 때에만 앞으로 나아갈 수 있다. 이것은 비록 오랫동안

---

* 라틴어로는 Congregatio pro doctrina fidei인데 1542년에 설립된 로마가톨릭 교회의 중심 기관으로 교회 전체에 신앙론을 발전시키고 이단 심문소의 후신으로서 이단으로부터 교회를 보호하는 일을 맡는다.—옮긴이

** '교회일치주의Ecumenism'라고도 부르는 종파 간 이해와 통합을 목표로 하는 운동으로, '온 세상'을 뜻하는 그리스어 오이쿠메네oikoumene에서 유래했으며 로마제국을 가리키기도 했다.—옮긴이

*** *De Veritate*(1624)[《진리론》], *De Religione Gentilium*(1645)[《이교론》]과 *De Religione Laici*(1645)[《세속종교론》]을 썼던 에드워드 허버트 폰 체버리Edward Herbert von Cherbury(1583~1648)는 후일 이른바 종교철학을 건립한 아버지로 간주될 수 있다.

그 불충분함으로 눈길을 끌었던 수단들이 동원되기는 했지만 19세기와 20세기 초 연구자들의 전위부대가 진행시킨 기획이다. 나는 포이어바흐Feuerbach, 콩트Comte, 뒤르켐Durkheim, 베버Weber 같은 저자들을 염두에 두고 있다. 아무튼 그들의 탐구 속에서 이른바 종교들은 더 확정적인 윤곽에 따라 상징적으로 배열된 태도체계로 승인됐다. 물론 '종교적' 태도에 있는 수행의 본질과 자가조형적인 절차들의 설립은 아직 어느 곳에서도 적절하게 형식화되지 못했다. 후기 니체에 이르러서야 1880년대의 식이요법적인 숙고 속에서—자신을 십자가에 매달았던 저작《이 사람을 보라Ecce homo》의 해당 페이지들을 생각해볼 수 있다—삶의 수행론 내지 일반 자기수련론Asketologie에 대한 접근들이 나왔다. 역시 성급한 독자들에게는 철학이 약방의 수준으로 후퇴했다고 오해되었을지 모르지만,* 여기에 걸맞도록 주의 깊게 연구하는 사람은 수행하는 현존재의 포괄적인 이론에 대한 잠재적인 생각들을 그 안에서 발견할 수 있다.

여기서 종교적, 영적, 윤리적 사실들을 일반 수행이론의 언어와 광학으로 번역하자는 제안은 계몽을 보수하려는 사업으로 이해될 수 있다. 그 본질 자체에서 계몽의 보존 사업으로까지 이해될 수 있다. 보존에 대한 이중적인 이해관계가 이 사업의 바탕이 된다. 하나는 우리가 계몽이라 이름 붙이고 우리 현대인이 새로 등장한 '포스트-세속적post-säkular' 관계들에 대한 온갖 풍문들에도 불구하고 이미 4세기에 걸쳐 있는 근대의 학습 연관으로서 계속 가지고 있는 누적적 학습의

---

* 여기에 해당하는 전형적인 독자는 오스발트 슈펭글러Oswald Spengler(*Der Untergang des Abendlandes*, C. H. Beck, 1979, p.462[《서구의 몰락 2》, 박광순 옮김, 범우사, 1995, 106~107쪽])로, 이 책은 니체의 삶의 기예에 대한 의식으로의 전환을 "문화의 갱년기Klimakterium der Kultur"(Ibid., p.459[같은 책, 103쪽])에 접어들었다는 것을 가리키는 증상으로 인식하고자 했다. 그는 여기에서 데카당스에 대한 하나의 사례를 본다. 그에 따르면 데카당스란 문화의 '문명적zivilisatorisch' 단계를 나타낸다. 이 단계가 진행되면 숭고한 형이상학적 세계관들은 일상적인 염려와 소화에 대해 걱정하는 개인들의 조언자로 타락하고 만다.

연속체를 신봉한다. 다른 하나는 인간의 수행 지식과 영혼충만의 지식Beseelungswissen의 초기 표명들에 우리를 연결하는 일부 천년 묵은 실을 집어들고 있다. 우리가 이미 **명시적으로**explizit 이 표명들에 연결될 준비가 되어 있음을 전제하고 말이다.

이렇게 여기서 읽어낼 수 있는 것 전반을 가리키는 열쇳말이 적혀 있다. 단어 '명시적인'은 그것이 표시한 대상들에 적용되면서 이어지는 책의 내용을 **간결하게** 담고 있다. 앞서 언급했던 정신사적 무대의 회전이란 전승무리에서 '내포적인implizit', 즉 안으로 주름 잡혀 있고 응축된 형태들 아래에 놓여 있는 상황들을 명시적으로 만들기 위한 논리적인 술책과 다르지 않다. 만약 계몽이 기술적 관점에서 명시성 의식의 진보에 대한 강령 어구를 구현한다면, 내포적인 것을 명시화하는 것이 운명의 인지적 형식이라고 거대 도식들에 겁먹지 않고 말할 수 있다. 그렇지 않으면 나중의 지식이 동시에 더 나은 지식이라는 것을 한순간도 믿을 수 없게 될 것이다. 잘 알려졌다시피 우리가 수세기 동안 '연구Forschung'라는 표현으로 증명한 것 모두 이 가정에 근거하고 있다. 주름 잡힌 '사태Dinge'나 사정이 그 주름이 펴지고 우리에게 더 잘 이해되는 경향에 그 자체로 놓여 있을 때에만―이 주름 펴기가 성공하는 한―실제 지식의 성장에 대해 말할 수 있다. '자료들Materien'이 자발적으로(혹은 강요된 탐구를 통해 강제적으로) 더 확대되고 더 잘 조명된 표면들에서 밝혀질 준비가 되어 있을 때에만, 진지하게―여기서 진지함은 존재론적 강조다―학문이 **진전되고**in progress 있으며 실제 인식의 획득이 있고 연구 탐험들이 있다고 주장할 수 있다. 이 탐험들을 통해 인식론적 참여 집합체인 우리는 여태 주제화되지 않은 것을 주제화하고, 아직 알려지지 않은 것을 알려지게 만들고, 흐릿하게만 알고 있던 것을 명시적인 앎으로 바꿔놓음으로써 규명된 지식의 대륙들 안으로 밀고 들어갈 것이다. 이런 식으로 우리는 우리 사회의 인지자본을 증대한다(여기서 단어 '사회'에는 느낌표가 없다). 이전에는 개념의 노동이 어떤 '생산'으로 이어진다고 충분히 말할 수 있었을지 모른다. 헤겔은 진리가 본질적으로 산물이라고 설명하는 데까지 나아갔기에, 진리는 불가피하게 이 드라마가 끝나야만 비로소 존재한다. 진리가 완성된 형태로 드러나는 곳에서 인간의 정신은 삶의 일요일을 축하한다. 나는 여기서 개념의 개념에 몰두하고 싶지 않고, 노동이라는 구상으로 다른 것을 의도하고 있으므로 좀 덜 의기양양하지만, 그렇다고 구속력이 적지는 않은 테제에 만족할 것이다. 태양 아래 인지적으로 새로운 것은 없다.

새로운 것의 새로움은 말한 바와 같이 잘 알려진 것을 더 크고 더 밝고 움푹 패어 있는 홈으로 더 가득한 표면들 속에 그 주름들을 펼치는 것에 소급한다. 이런 탓에 이 새로움은 절대적 의미에서 결코 혁신적일 수 없고, 항상 다른 수단들을 가지고 인지적으로 손안에 있는 것이 이어지게 한다. 그러면서 새로움과 고차의 명시성은 하나가 되어 진행된다. 그래서 명시도가 더 높을수록 새로 얻은 지식의 가능하고 불가피하기까지 한 의아함이 더 깊어진다고 주장할 수 있다. 이 탁자가 벚나무로 만들어졌다는 것을 나는 지금까지 판에 박힌 사실로 타당하다고 여겨왔다. 저 벚나무가 원자들로 이루어져 있다는 것을 나는 교양인으로 인내하면서 알게 됐다. 비록 여러 차례 인용된 원자들, 20세기의 이 인식론적인 동시대의 것들이 현실성이라는 가치에서 보면 나에게는 아직도 유니콘의 분말과 토성의 영향과 같은 단계에 머물러 있더라도 말이다. 벚나무의 원자들을 계속해서 명시화하다보면 그것들이 무에 가까운 하위 원자들로 구성된 안개 속으로 분해된다는 것 또한 물리학적 계몽에 대한 최종 수요자로서 나는 받아들여야만 한다. 이것 때문에 실체의 실체성에 대한 나의 가정들이 결정적으로 훼손되더라도 말이다. 이 마지막 설명이 나에게는 나중의 지식이 어떻게 더 의아해지는 경향이 있는지를 가장 명료하게 예시하고 있다.

근대의 태양 아래 있는 수두룩한 인지적 새로움들 가운데 그 중요도 측면에서 멀리 19세기 후반 생물학에서 면역체계가 등장하고 알려지게 되었던 일에 비교될 만한 것은 없다. 그 뒤 동물 기관, 종, '사회들', 문화들과 같은 보전체(통합체)들Integritäten에 대한 학문들에는 어떤 것도 더 이상 예전 그대로 남아 있지 않다. 이른바 체계들을 비로소 체계들로, 생명체를 생명체로, 문화들을 문화들로 되게 만드는 것이 면역장치들이라는 것을 처음에는 망설이면서 이해하기 시작했다. 면역적 특질로 인해서만 이것들은 자기조직적인 통일체들Einheiten로 그 위계가 높아진다. 이 통일체들은 현행적일 뿐 아니라 잠재적으로 침습성의 자극을 배태한 환경을 지속적으로 참조하면서 얻어지고 재생산된다. 이 능력들은 생물학적 면역체계―이 체계의 발견은 19세기 후반 일리야 메츠니코프*와 로베르트 코흐**의 제자였던, 이름하여 파울 에를리히***의 연구들로 소급된다―에서 특히 인상적으로 길러진다. 이 체계들에서 깜짝 놀랄 만한 생각을 읽을 수 있다. 이 생각에 따르면 곤충이나 연체동물처럼 상대적으로 단순한 생명체도 자신들에게 특유한, 생명을 위협하는 위험들에 맞서 일종의 타고난 '사전지식Vorauswissen'을 자신 안에 가지고 있다. 따라서 이 수준의 면역체계들을 손상에 대한 체화된 예상이자 이것에 상응하는 **선험적인a priori** 보호 및 복구 프로그램으로 정의할 수 있다.

여기에 비춰보면 생명 자체는 스스로를 치료하거나 '내부진단을 내리는endoklinisch' 능력들을 갖춘 보전(통합)의 동학으로 나타난다. 이 동학은 종에 특유한 놀람의 공간과 관련된다. 생명체에는 확고하게 편입된 환경이나 장악한 주변환경 속에서 규칙적으로 마주치게 되는

---

* 일리야 일리치 메치니코프Ilja Iljitsch Metschnikow(1845~1916). 러시아의 생물학자이자 세균학자로 1888년 프랑스의 루이 파스퇴르 밑에서 세균학과 면역학을 연구했고 백혈구의 식균 작용과 면역과의 관계를 밝혔다.-옮긴이

** 로베르트 코흐Robert Koch(1843~1910). 독일의 의사이자 미생물학자로 세균학의 아버지로 평가된다.-옮긴이

*** 파울 에를리히Paul Ehrlich(1854~1915). 독일의 미생물학자이자 면역학자로 로베르트 코흐와 함께 면역학 연구를 수행했다.-옮긴이

손상들과 침입들에 대해 타고났을 뿐 아니라 이것들에 적응하면서 얻은(고등 유기체들에서는) 결정권이 귀속된다. 이러한 면역체계들을 마찬가지로 초월한다는 의미에서 유기체적 전前 형식으로 기술해볼 수 있을 것이다. 꾸준히 뛸 준비가 되어 있는 이러한 설비들의 효율 덕분에 생명체는 그 잠재적인 죽음 유발자들에 적극적으로 항쟁하고, 치명적인 것을 극복할 수 있는 육체의 고유한 능력을 이 유발자들에 대립시킨다. 그러한 능력들 때문에 이 유형의 면역체계를 일종의 '육체경찰Körperpolizei'이나 경계수비대와 비교하기도 했다. 그러나 이미 이 지평에서는 어떤 **생명 양태**modus vivendi가 이질적이고 보이지 않는 힘들과 협정하는 게 문제이므로―그리고 더구나 이 힘들이 치명적일 수 있다면 '고등한höher' 그리고 '섬뜩한unheimlich' 힘들과 협정해야 한다―여기에는 인간적인 맥락 속에서 종교적인 것이거나 영적인 것으로 표시하는 데 익숙한 태도의 전 단계가 있다. 모든 유기체에게 환경은 유기체를 초월해 있는 것이고, 이 환경에서 위협하는 위험이 더 추상적이고 미지의 것일수록 환경은 더욱더 초월적으로 유기체에 맞서 있다.

하이데거와 함께 말해보자면 열린 터das Offene 속으로 '밀어넣어져 있음Hineingehaltensein'이라는 각 몸짓은 생명체계가 잠재적으로 치명적인 자극 및 침입의 힘들과 마주치는 것에 미리 준비되어 있음을 포함한다. 릴케는 [《두이노 비가Duineser Elegien》의] 〈제8비가〉의 첫머리 "있는 눈을 다 떠서 피조물은 본다 / 열린 터를"*에서 생명 자체는 그 내부를 환경에 관련시키는 어떤 대탈출이라고 확언한다. 열린 터로의 이동은 진화의 여러 단계에서 일어난다. 실제로 모든 유기체들이나 보전체들이 자신들에게 각기 환경으로 편입되어 있는 제1단계의 놀람의 공간과 갈등의 공간을 초월하는데도(식물조차도 이것을 하는데 하물

---

* 라이너 마리아 릴케, 《두이노의 비가 외: 릴케 전집 2》, 김재혁 옮김, 책세상, 2000, 475쪽.-옮긴이

며 동물은), 소수만이—우리가 아는 한 인간만이—제2단계의 초월 운동에 다다른다. 이 운동으로 인해 환경은 현저한 것과 잠재적인 것으로 적분된 세계까지 그 경계가 확장된다. 이 두 번째 걸음은 언어가 하는 일인데, 이것은 '존재의 집Haus des Seins'을 세울 뿐 아니라(하이데거는 **건강을 되찾고 있는 자**Der Genesende를 비난하는 차라투스트라의 동물들에게서 이 표현을 차용했다, "영원히 새로운 존재의 집이 지어지는"*), 인간을 그 내적 과잉에 힘입어 열린 터를 향해 가도록 만드는 집에서 달아나는 경향에 적합한 운송수단이기도 하다. 왜 이 두 번째 초월에 이르러서야 세계의 가장 오래된 기식자인 천상계가 출현하는지를 설명하는 것은 불필요하다.

나는 이 숙고들이 인간의 영역에 대해 어떤 귀결들을 갖는지 바로 지금 해석하는 것은 단념했다. 당장은 사회적, 문화적 진화 속에서 일어나는 생물학적 진화의 진행이 면역체계의 단계화로 이어진다는 것을 확인하는 것으로 족하다. 우리는 인간에게서 유일한 면역체계만을 예상하지 않을 만한 근거가 있다. 진화의 관점에서는 첫 번째 자리에 놓이지만 발견의 역사라는 관점에서는 마지막 단계에 해당하는 생물학적 면역체계 말고도 더 있다. 인간 권역에는 자그마치 세 개의 면역체계가 존재한다. 이것들은 협력적인 강력한 교차와 기능적인 보충 속에서 중첩되어 작동한다. 인간에게는 자동적이고 의식과 무관한 광범위한 생물학적 토대 너머 자신의 정신적, 사회문화적 발전이 진행되면서 앞당겨서 손상을 처리하기 위한 두 개의 보충체계들이 생겼다. 그중 하나가 사회-면역학적 실천들, 특히 법률적, 연대주의적이지만 군사적이기도 한 실천이고, 이 실천들로 인간은 '사회' 속에서 이질적인-원거리 공격자들과 이웃하고 있는 모욕자들이

---

* 프리드리히 니체, 《차라투스트라는 이렇게 말했다: 책세상 니체 전집 13》, 정동호 옮김, 개정 3판, 책세상, 2015, 360쪽. 니체의 원문에는 저자의 인용문과 달리 '새로운neu'의 자리에 '똑같은gleich'이 적혀 있다.—옮긴이

나 가해자들과의 대면들을 해결한다.* 다른 하나는 상징적이거나 혹은 정신-면역학적인 실천들로, 이것들의 도움으로 인간은 예로부터 필멸을 포함한 운명에 의한 상처입기 쉬움Verwundbarkeit을 상상적 선취들과 정신적 무장들이라는 형태로 다소나마 잘 극복하는 데 성공했다.** 이 체계들이 처음부터 의식에 의존적으로 존재하고 스스로를 자기 자신에게 투명하다고 여기는데도 자신들의 애매한 측면을 설명하는 능력이 있다는 것이 이 체계들의 아이러니에 속한다. 그것들은 주체들의 등 뒤에서 기능하는 게 아니라, 주체들의 의도된 태도 속에 완전히 입착되어 있다. 그럼에도 이 태도를 그 소박한 행위자들의 측면에서 이해되는 것보다 더 잘 이해하는 것이 가능하다. 상황이 그렇기 때문에 문화과학이 가능하고, 상징적 면역체계들과의 소박하지 않은 교섭이 오늘날 '문화들' 자체의 생존 조건의 하나가 되었기 때문에 문화과학이 필요하다.***

우리는 이 책에서 무엇보다 세 번째 면역 지평의 표명들에 관여할 것이다. 나는 **호모 이무놀로기쿠스**homo immunologicus의 이력에 대한 자료들을 수집하면서 여기서 무엇보다 인간공학들을 구성하는 소재를 찾을 수 있으리라고 가정함으로써 나를 이끌어갈 것이다. 나는 인간공학을 정신적, 육체적 수행 절차들로 이해한다. 이 절차들로 다양한 문화에 속하는 인간들은 생명을 위협하는 모호한 위험과 죽음의 긴박한 확실성에 직면하여 그들의 우주적, 사회적 면역 위상을 최적

---

* 〈사회의 면역체계로서의 법체계〉에 대해서는 Niklas Luhmann, *Soziale Systeme. Grundriß einer allgemeinen Theorie*, Suhrkamp, 1984, pp.509~512[니클라스 루만, 《사회적 체계들: 일반이론의 개요》, 이철·박여성, 옮김, 한길사, 2020, 708~711쪽]를 보라.

** 이 유형의 문제들은 특히 정신신경면역학이라는 신학문이 다룬다. 이 학문의 관심사는 다수 화학물질 체계들(신경체계, 호르몬체계, 면역체계)이 교차한다는 것이다.

*** 전 지구적 맥락에서 문화과학이 생존에 대해 갖는 중요성에 대해서는 이 책의 〈전망: 절대적 명령〉(696~710쪽)을 보라.

화하려고 시도했다. 이 절차들이 인간의 '자기 자신에 대한 작업'이라는 넓은 그림에서 파악될 때에만 비로소 최근의 유전공학 실험들에 대한 평가가 가능할 것이다. 실제 논쟁에서는 1997년에 다시 주조된 '인간공학' 개념이 이 실험들로 국한됐다.* 내가 현재의 관점에서 이 대상에 대해 말해야 하는 내용은 서술이 진행되는 **그 자리에서**ad hoc 삽입할 것이다. 나의 입장이 띠는 경향은 이미 이 책의 제목에서 읽어낼 수 있다. 제목이 '너는 **너의**dein 삶을 바꿔야 한다!'이지 '너는 삶 **일반**das을 바꿔야 한다!'가 아니라는 점에 주의한 독자라면 이 책에서 무엇에 좌우되는지를 이 책을 처음 훑어보면서 이미 이해했을 것이다.**

이어지는 이야기의 주인공 **호모 이무놀로기쿠스**는 생명을 위태롭게 하는 것들과 과잉들과 함께 자신의 생명에 어떤 상징적인 틀을 부여할 수밖에 없는 자이며, 자기 자신과 씨름하고 자신의 컨디션을 걱정하는 인간이다(우리는 그를 윤리적 인간에 더 가깝게 특징화하거나 혹은 더 적절하게 **호모 레페티티부스**homo repetitivus, **호모 아르티스타**homo artista, 즉 훈련하는 인간으로 특징화할 수 있다). 통용되는 태도이론과 행동이론 어느 것도 수행하는 인간을 파악할 수 없다. 반대로 우리는 지금까지의 이론들이 왜 이 인간을 체계적으로 사라지게 할 수밖에 없었는지 이해하게 될 것이다. 이 이론들이 관찰의 장을 노동과 상호작용으로 나누었든, 혹은 절차들과 의사소통들로 나누었든,

---

* Peter Sloterdijk, *Reglen für den Menschenpark*(초판, Basel, 1997), Suhrkamp, 1999[페터 슬로터다이크, 《인간농장을 위한 규칙》, 이진우 외 옮김, 한길사, 2004, 37~85쪽]를 보라. 이외에도 이 인간공학 개념은 러시아혁명이라는 영웅적 시기 동안에도 이미 사용됐다. 1926년판 소비에트 대백과사전의 3권에서 찾아볼 수 있는데, 거기에서는 이 개념이 무엇보다 인간의 타고난 본질에 대한 생물공학적 조작의 사변적으로 예상된 가능성들을 나타낸다.

** 여기에 해당하는 자기개선과 세계개선의 반정립은 근대에 메타노이아적 명령이 차츰 외재화되는 것에 대해 이야기하고 있는 16장에서 논의될 것이다.

능동적 삶과 성찰적 삶으로 나누었든 마찬가지다. 인간학적으로 널리 공고해진 수행 개념을 가지고 마침내 우리는 방법론적으로는 극복 불가능하다고 알려진 생물학적 면역 현상들과 문화적 면역 현상들 사이의 간극을, 즉 한편에 있는 자연적 과정과 다른 한편에 있는 행동들 사이에 다리를 놓기 위한 도구를 손에 넣게 된다.

한 영역에서 다른 영역으로 어떤 직접적인 이행도 개방되어 있지 않다는 것은 자연 현상들과 문화 현상들의 차이에 대한—그리고 이것들의 학문적 해명 방법들에 대한—끝없는 토론 속에서 자주 충분하게 주장됐다. 그럼에도 직접적인 이행에 대한 요구는 현혹되어서는 안 되는 불필요한 그럴듯한 말을 구현한다. 무엇보다 이 나라의 이른바 정신과학들*에 대해 어떤 형이상학적 울타리로 보호된 특권을 주장하는 이들이 이 요구를 눈에 띄게 고집한다. 대개의 정신세계의 변호인은 자연적 사건들과 자유로운 활동들 사이의 도랑을 가능한 깊게, 필요하다면 어떤 존재론적 이원론의 심연 안까지도 파내고자 한다. 명목상 정신적인 것의 직할 식민지들을 자연주의적 간섭들로부터 지켜내겠다면서 말이다. 여기서 견지되고 있는 것이 무엇인지 확인하게 될 것이다.

실제로 자연에서 문화로의 이행과 그 역의 이행은 예로부터 널리 개방되어 있다. 이 이행은 쉽게 발을 들여놓을 수 있는 다리 하나를, 즉 수행하는 삶을 지나갈 것이다. 인간들이 존재한 이래 그들은 이 다리를 짓는 데 참여했다. 차라리 앞서 말한 다리들의 건설에 힘씀으로써 인간들은 비로소 존재한다고 말할 수 있다. 인간은 자신의 진화의 가장 오래된 단계들에서부터 신체성의 교두보들과 문화프로그램들의 교두보들 사이에 전통에 부합하는 아치들을 만드는 주교主敎적pontifikal** 생명체다. 처음부터 자연과 문화는 체화된 실행들로 이

---

* 　영어판에는 '인문과학the humanities'으로 옮겨져 있다.-옮긴이
** 　여러 교회들이 속한 교구를 관할하는 주교라는 직책에 문화와 자연의 교두보를 짓는 인간의 역할을 빗대어 표현한 것이다.-옮긴이

뤄진 하나의 넓은 허리로 결합되어 있다. 이 안에 언어들, 의식儀式들과 기술의 손놀림들이 자리한다. 이 심급들이 자동화된 인공이라는 보편적 형상들을 체현하고 있다는 점에서 그렇다. 이 중간지대는 그 형태가 풍부하며 다변적이고 안정적인 지역을 형성한다. 이 지역을 교육, 풍속, 습관, 습성 형성, 훈련 그리고 수련과 같은 관습적인 표현들을 가지고 당장은 충분히 명료하게 나타낼 수 있다. 문화적 굉음을 내면서 혼란을 돌보고 이것을 해소하는 데 자신들의 서비스를 제공하는 '인간과학들Humanwissenschaften'의 대변자들을 기다리지 않고서도 말이다. 이 '인간적인 것의 정원Garten des Menschlichen'에서―물리학자 카를 프리드리히 폰 바이츠제커Carl Friedrich von Weizsäcker의 성공적인 비-물리학적 도식을 떠올려보자면*―이어지는 연구들은 자신의 연구 대상들을 찾게 될 것이다. 정원들은 식물들과 인공물들이 함께 만나는 울타리가 쳐져 있는 구역들이다. 그것들은 비타협적인 의미의 '문화들'을 형성한다. 인간적인 것의 정원들에 발을 들여놓은 자는 생물학적 토대들 위에서 면역체계적 경향을 갖추고 내외적으로 조절되는 행동들의 강력한 층들과 우연히 마주친다. 만약 이 영역의 명시화가 첫머리에 제시된 유령적이고 신종교적인 일화들이 속하는 전 세계적인 문화 위기들에 직면하여 문명화 의회들에서 토의된다면, 그것은 결코 순수한 학문적 쾌락이 될 수 없다.**

---

*   Carl Friedrich von Weizsäcker, *Der Garten des Menschlichen. Beiträge zur geschichtlichen Anthropologie*, Hanser, 1978[《인간적인 것의 정원: 역사인류학에 대한 기고문》].

**   확대된 의회주의에 대해서는 Bruno Latour and Peter Weibel eds., *Making Things Public, Atmospheres of Democracy*, The MIT Press, 2005[《사물을 공공화하기: 민주주의의 대기들》] 및 *Das Parlamente der Dinge, Für eine politische Ökologie*, Suhrkamp, 2001[《사물의 의회들: 정치적 생태론을 위하여》]을 참고하라. 문화들의 문명화에 대한 일반 프로그램에 대해서는 Bazon Brock, *Der Barbar als Kulturheld*, Dumont, 2002[《문화 영웅으로서의 야만》]를 보라.

수행에 대한 인간학적 연구는 그 내적 이유의 측면에서 비참여적이고 비당파적으로 진행되는 게 불가능하다. 이것은 모든 '인간'에 대한 담론이 언젠가는 순수 기술의 경계들을 뛰어넘고 규범적 목적들을 끝까지 추구하는 상황에서 생긴다(이것들이 분명하게 제시되든 제시되지 않든 그렇다). 인간학이 최초의 '시민과학(학문)bürgerliche Wissenschaft'으로 창설되었던 초기 유럽의 계몽주의보다 이 사실이 명료하게 인식되었던 적은 결코 없었다. 그때 새로운 인간에 대한 과학(학문)이 철학의 근대적 패러다임으로서 논리학, 존재론, 윤리학과 같은 전승된 분과들을 앞서기 시작했다. 인간에 대한 이 논쟁들 속에 가담했던 이들은 '진보적으로progressiv' 시민과 인간의 등치를 타당하게 만들기 위해 그렇게 했는데, 그러면서 그들은 귀족들을 인류의 분리주의자들이라면서 철폐하길 원했거나 아니면 인류를 전부 귀족의 위치로 끌어올리려고 애썼다. 혹은 인간을—'반동적으로reaktionär'—원죄가 있고 부패했고 병에 걸리기 쉬운 짐승으로 묘사하려고 노력했는데, 이 짐승 자신을 위해서 차라리 그를 그의 사육 주인의 손에서, 중세적으로 말하자면 그의 **교정자**correctores의 손에서 결코 자유롭게 두지 않았다.

인간학적 이론의 극복 불가능한 당파성은 그 대상의 본성과 함께 내밀하게 얼기설기 얽혀 있다. '인간'에 대한 일반적인 담화에 어떤 평등주의적 파토스—생물학적 종적 유산보다 앞선 실제적이거나 확증된 인간의 평등을 다루든 혹은 생존의 존엄을 판결하는 곳 앞에서 문화들의 잠재적인 등가성을 다루는 것이든—가 스며들어 있다 하더라도 인간은 모든 시대와 곳곳의 문화 공간들에서 불가피하게 수직적 긴장 아래에 서 있다는 사실을 항상 고려해야 한다. 인간 존재를 어디서 마주치든 그들은 성취 영역들과 지위 계급들 속에 입착되어 있다. 외부 관찰자가 자신의 종족의 우상을 괄호로 묶으려 아무리 애쓴다고 하더라도 그는 그러한 위계 현상들의 구속력으로부터 완전히 벗어날 수 없다. 그 권위가 문화들에 포괄적으로 효력을 미치는 모종의 메타-우상들이 매우 명백하게 존재한다. 여기서는 명백하게 성취 역할들, 지위 인정과 훌륭함의 보편소들을 다룬다. 야만인의 위치로 빠지지 않고서는 그 누구도 타인에 대해서든 자신에 대해서든 이곳으로부터 해방될 수 없다.

불길하게도 '야만Barbar'이라는 용어는 20세기 아카이브의 입구를 여는 비밀번호를 제시한다. 그것은 성취 경멸자들, 반달족들, 지위 부정자들, 우상 파괴자들, 모든 종류의 순위를 매기는 규칙과 위계에 대한 인정의 거부자들을 나타낸다. 20세기를 이해하길 원하는 사람은 야만적인 인자를 항상 주시해야 한다. 바로 더 최근의 근대인들에게는 야만과 대중 앞에서의 성공의 동맹을 허락하는 것이 전형적이었고, 전형적인 것으로 남아 있었다. 처음에는 굼뜬 제국주의의 형태로, 오늘날은 대중문화라는 매체를 통해 실무에 종사하는 영역 전체를 헤치고 나아가는 침습적인 통속성의 옷을 입고서 말이다. 고급문화의 대변자들 사이에서 20세기 유럽의 야만적 위치마저 일시적으로 무교양의 어떤 메시아주의와 빈 무지의 서판 위에서 새롭게 시작하는 어떤 유토피아를 가리키는 이정표로 통용됐다는 것은 지난 150년간 이 대륙을 휩쓸고 지나갔던 문명화의 위기의 규모를 설명한다. 20세기에 우리가 사는 곳을 통과하고 21세기에 미리 그 그림자를 드리운 아래를 향한 문화혁명을 포함해서 말이다.

뒤이은 페이지들은 수행하는 삶을 다루므로 그 대상에 부합하여 거의 연구되지 않은 인간의 수직적 긴장의 우주를 탐험하는 것으로 이어진다. 플라톤의 소크라테스는 그가 **명시적으로**expressiv verbis 인간은 잠재적으로 "자기 자신을 능가하는sich selbst überlegen"* 존재라고 말할 때 이 현상을 서양 문화 속에서 해명했다. 나는 이 언급을 모든 '문화들' '하위문화들Subkulturen' 혹은 '장場들'이 인간의 가능한 태도의 장을 양

---

*   이것에 대해서는 이 책의 272~275쪽을 보라.

극화된 등급들로 분할하는 주된 차이들 위에 세워져 있음을 관찰한 것이라고 번역할 것이다. 그렇게 금욕(수덕)적 '문화들'은 완전 대 불완전이라는 주된 차이를, '종교적' '문화들'은 신성 대 세속이라는 주된 차이를, 귀족적 '문화들'은 고결함 대 비천함이라는 주된 차이를, 군사적 '문화들'은 용감무쌍함 대 비겁함이라는 주된 차이를, 정치적 '문화들'은 권력자 대 무력한 자라는 주된 차이를, 관료적 '문화들'은 앞에 둔 것 대 부차적인 것이라는 주된 차이를, 운동경기적 '문화들'은 훌륭함 대 범용함이라는 주된 차이를, 경제적 '문화들'은 풍부 대 결핍이라는 주된 차이를, 인지적 '문화들'은 지식 대 무지라는 주된 차이를, 지혜의 '문화들'은 깨달음 대 현혹이라는 주된 차이를 안다.* 이러한 분화들의 진정한 공통점은 두 번째 극에는 어떤 거부값이나 회피도의 함수가 완전히 속하는 반면, 각 장에서 유인자Attraktor로 여겨지는 첫 번째 가치에는 편을 든다는 것이다.

내가 여기서 유인자라고 부른 것들은 정신체계들에 방향 설정을 제공하는 그 작용 방식에 따른 수직적 긴장의 척도들이다. 인간학이 **인간의 조건**conditio humana의 결정적 벡터들에서 핵심을 벗어난 말을 하지 않으려면 그러한 척도들의 실재성을 더 이상 간과해선 안 된다. '위에서von oben' 생긴 이 이동력들을 지각할 때에만, 고생물학자들이 우리에게 정신과학 분과의 입구 안에까지 배달했던 **호모 사피엔스**homo sapiens가 왜 그리고 어떤 형식들에서 이념사가들과 세계여행자들의 소견들이 적지 않게 **한목소리로**unisono 기술하는 상승 경향의 동물로 발전할 수 있었는지 개념적으로 파악될 수 있을 것이다. 인간의 종에 귀속된 것과 어디서 마주치든 그들은 초현실주의적으로 추구하

이것에 대해서는 Thomas Macho, "Neue Askese? Zur Frage nach der Aktualität des Verzichts", *Merkur* 54, 1994/Heft 7, Stuttgart, 1994, pp.583~593[〈새로운 금욕? 포기의 현행성에 대해 묻기 위하여〉]을 참조하라. 여기서 배부름과 배고픔이라는 문화사적으로 거대한 양자택일과 관련해 '텅 빔 대 충만'이라는 주된 차이가 논증되어 있다.

도록 선고받은 어떤 존재의 특질들을 곳곳에서 드러낸다. 인간들을 찾는 자는 곡예사들을 발견할 것이다.

이 주된 구분들의 복수주의를 가리킴으로써 다기다종한 '문화들'이나 '장들'의 운영 조건들에 주목하게 될 뿐 아니라, 그러한 복수주의는 '문화들'의 역사에서, 특히 더 격렬하고 더 창조적인 단계들에서 처음에는 분리되어 있던 영역들이 어떻게 겹치고 섞이며 가치를 나타내는 전조Wertvorzeichen가 뒤집히고 분야들이 교차할 수 있었는지에 대한 설명을 귀띔하기도 한다. 그래서 오늘날까지도 영성과 개화라는 매력적인 형태들의 토대가 되는 현상을 설명한다. 이 주된 구분들이 그 본원의 장에서 떠나와 낯선 지대에 성공적으로 눌러앉을 수 있기 때문에, 여전히 인간의 더 높은 가능성들과 가장 높은 가능성들로 우리를 열광시키는 영적 기회들이 존재한다. 여기에는 부에 대한 비-경제적 정의, 고결한 것에 대한 비-귀족적 정의, 최고 기록에 대한 비-운동경기적 정의, 위쪽에 대한 비-지배적 정의, 완전함에 대한 비-금욕(수덕)적 정의, 용감무쌍함에 대한 비-군사적 정의, 지혜와 신실에 대한 비-경건적 정의가 속한다.

이렇게 예비 발언들을 끝마치면서 나는 앞에 놓인 이 책의 당파성에 대해 추가로 말하고 쉽게 떠오르는 오해에 대해 주의를 주고 싶다. 이어지는 탐구들은 그 고유한 수확에서 시작된다. 즉 이 탐구들은 해설자에게 그가 어떤 완전한 판단 중지(에포케epochè)나 무관심으로 후퇴하도록 허락하지 않는 대상들이 있다는 경험을 입증한다. 아무리 이 표시들이 이론을 가리키고, 그럼으로써 선입견, 변덕과 열망적인 천착에 대한 절제를 가리키더라도 말이다. 우리는 여기서 분석자를 괴롭히는 그런 대상을 다루고 있다. 저자가 의도 없음이라는 울타리 뒤에 완전히 숨길 원한다면, 그것은 이 주제에 적합하지 않을 것이다. 이 소재 자체가 그 전문가들에게 그들의 고유한 태도에 있는 수행하는―'자기수련적이고asketisch' 컨디션을 요구하고 습성을 형성하는―특성을 제시함으로써 그들을 빠져나올 수 없는 자기관련성

Selbstbezüglichkeit 속으로 휘말려 들게 한다. 고대 디오니소스 극장의 토대가 되는 신들의 싸움을 다루면서 니체는 적었다. "아! 이 싸움을 바라보는 자도 싸움에 가담해야 한다는 것, 그것이 이 싸움의 마법이구나!"* 유사한 방식으로 수행하는 삶의 인간학은 그것이 다루는 대상에 의해 감염된다. 수행들Übungen, 자기수련들Askese, 수련들Exerzitien을 다루면서 이것들이 그 자체로 표명되든 표명되지 않든 상관없이 이론가는 불가항력적으로 긍정과 부정 너머 자신이 갖고 있는 고유한 체질과 충돌한다.

이와 같은 것은 매우 의도적인 수행들을 있게 만드는 수직적 긴장의 현상에도 적용된다. 이러한 종류의 긴장들과 관련해 이론가는 자신의 편견을 물리치기 위해 아무것도 수행하지 않을 것이다. 편견을 만들어내는 것을 끊어 밝히겠다는Abklärung 여느 각오는 제쳐두고 말이다. 인간학적 연구는 사태를 통한 촉발 자체를 철학적 방향 설정의 신호로 파악한다. 실제로 철학은 세계-내-의-존재의 열정이라는 선입견의 가장 근본적인 형태를 통해 주조된 사유 양태를 구현한다. 이 분야의 전문가를 유일하게 제외하고 실제로 다들 이 열정의 놀이보다 못한 것을 제공하는 것은 전부 철학적으로 중요하지 않다고 느낀다. 일체를 포괄하며 빨아들이는 인간의 몰두에 대해 문화인류학자들은 아름다운 용어인 **심층 놀이**deep play**를 제안한다. 수행하는 삶에

---

* Friedrich Nietzsche, *Die Geburt der Tragödie aus dem Geiste der Musik*, KSA I, Dtv, 1980, p.102[프리드리히 니체, 《비극의 탄생 외: 책세상 니체 전집 2》, 이진우 옮김, 책세상, 2005, 120쪽; 《비극의 탄생》, 박찬국 옮김, 아카넷, 2007, 196쪽].

** 클리포드 기어츠Clifford Geertz, 〈15장 심층 놀이: 발리의 닭싸움에 대한 기록들〉, 《문화의 해석》(문옥표 옮김, 까치, 2009, 482~532쪽)에 활용된 개념으로, 원래 영국 철학자 제러미 벤담Jeremy Bentham(1748~1832)이 공리주의적인 입장에서 '판돈이 너무 커서 합리적인 사람들이라면 아무도 참여할 수 없는 놀이'로 정의한 바 있다. 하지만 기어츠는 이 정의가 '표층적인 내기'에만 해당한다고 지적하고 이와 달리 발리의 닭싸움과 같은 '심층적인 내기'는 높은 지위에 있는 사람들 사이의 '지위도박'이고 '지위관계들을 극화한 것'이라고 정의를 확장한다. 물론

대한 이론의 관점에서 이 심층 놀이는 높이에 의해 진행되는 그런 것이라고 보충할 수 있다.

마지막으로 내가 주장한 오해에 대한 주의가 떠오를 것이다. 이 오해는 오늘날 '종교적' 관심이 있는 수많은 사람들이 광범위한 반-자연주의적 동원에 참여하고 있는 상황에서 비롯된 결과다. 이 동원의 도움을 받아 환원적 과학들이 체험된 것과 질적으로 체감된 것의 신성화 영역들에 명목상으로든 실제적으로든 간섭하는 일들을 막으려 한다. 자연주의에 반하는 주장들이 어떻게 신앙의 구성 요건들에 대한 초기의 인식론적 방어에 기여하는지 곧장 이해된다. 과학주의의 사라센인들*이 오늘도 내일도 정복할 수 없도록 어떤 내적 피난처로 체험된 것을 옮겨놓는 사람은 이 부서지기 쉬운 재화를 철학적 보호를 받도록 하기 위해 할 만큼 다 했다고 당장은 믿을 수 있다. 이렇게 해서 비록 신앙의 내용 자체는 아니더라도 신실함의 가능성의 조건들이 대체로 보장된다. 자연주의자들—오늘날 무엇보다 정력적인 신경학자들로 대변된다—을 향한 비난의 내용은 보통 타당하게도 표상의 내용들이 일-인칭-시점에서 등장할 때처럼 그 해소될 수 없는 특이함Eigensinn을 충분히 평가하지 않고서 의식에 나타난 사실들을 기능적인 낯설게 하기(소격)와 외적 성찰로 파악하려는, 그들의 전문 영역에 의해 결정되어 있는 경향에 관련된다.

나는 이 사유 형상들을 다루는 이들에게** 다음에 이어지는 연

실제 위아래로 지위의 이동이 일어나는 것은 아니지만 '미적으로 장식된 사다리'를 따라 일시적이고 감정적인 이동이 일어난다고 덧붙인다. 이렇게 사회적 지위라는 높이의 차원에서 극화된 닭싸움이라는 심층 놀이에 각 개인이 몰두함으로써 자신의 기질 말고도 사회적 기질을 발견하고 형성해간다.-옮긴이

* 라틴어와 아랍어로 '동방인'을 뜻하며 그리스·로마 시대의 아라비아인 혹은 십자군전쟁 때의 이슬람교도를 가리킴.-옮긴이

** 다음 책이 본보기다. Heinz-Theo Homann, *Das funktionale Argument: Konzepte und Kritik funktionslogischer Religionsbegründung*, Ferdinand Schöningh, 1997[《기능적 주장: 기능논리적 종교근거짓기의 개념들과 비판》].

구가 그 핵심 영역에서는 자연주의적인 관심도 기능주의적인 관심도 다루지 않는다고 단언하고자 한다. 비록 내게 그러한 연구 결과들에 연계되는 기회의 통화는 '정신-측면'에서도—특히 이미 언급한 면역 논리의 측면에서—바람직한 것으로 나타나는데도 그렇다. 만약 나의 계획이 이 대상들을 낯설게 하거나 곳곳에서 도발하는 식으로 새롭게 기술하는 것에 이른다면, 그것은 신경과학자들*이 그리스도론에 대해서나 DNA 관련 유전학자들이 유일신론자들에 대해 이야기할 때** 목격되는 것처럼 이 대상들에 대한 외부 논리들이 제기되었기 때문이 아니다. 나의 이론적 수행들에서 야기되는 낯설게 하기는 만약 그것이 그 자체로 느껴진다면 영적 체계들 자체에 있는 인간공학적 내부 언어들을 명시적으로 만드는 내적 번역으로 오로지 설명된다. 앞으로 드러나겠지만, 여기 이른바 내부 언어들은 이미 '종교적으로'나 윤리적으로 코드화된 수많은 수행체계들 속에 포함되어 있기에 그것들에 대한 명시화는 어떤 과도한 낯설게 하기를 초래하지 않는다. 이 언어들의 도움으로 성서와 오래되고 존귀한 규칙들이 스스로 말하는 내용이 촘촘히 연결된 어떤 대안 언어로 다시 한 번 말해질 것이다. 반복 더하기 번역 더하기 일반화는 계산이 맞다면 명료화가 된다. 만약 **종교에서의 진보**Progress in Religion와 같은 그런 것이 존재한다면 그것은 명시성의 성장으로만 나타날 수 있을 것이다.

---

*   Detlef Linke, *Religion und Risiko. Geist, Glaube und Gehirn*, Rowohlt, 2003[《종교와 위험: 정신, 신앙 그리고 뇌》]을 참고하라.

**   Dean Hamer, *Das Gottes-Gen. Warum uns der Glaube im Blut liegt*, Kösel, 2006, pp.207~208[《신-유전자: 신앙은 왜 유전되는가》]을 참고하라.

1부
수행자들의 별

1.
돌에서 나오는 명령: 릴케의 경험

나는 맨 먼저 수직적 긴장이라는 현상과 이 현상이 현대인이 혼란스런 실존의 방향을 다시 정할 때 갖는 의미를 논하기 위해 미적 보기를 하나 소개하겠다. 그 보기는 1908년에 시작된 연작(치클루스Zyklus) 《신시집 제2권Der Neuen Gedichte Anderer Teil》을 여는 라이너 마리아 릴케의 유명한 소네트 〈고대 아폴로의 토르소Archäischer Torso Apollos〉다. 내가 이 책의 제목을 이 텍스트에서 차용했다는 사실을 제쳐두더라도 어떤 시적 텍스트로 접근하면 유익해 보인다. 그런 유의 텍스트가 예술의 장에 속해 있기에 오늘날 교조적인 진술이나 높은 곳에서 이야기된 내용에 접촉할 때 거의 강압적으로 생기는 저 반-권위적 반사("높은 곳이 대체 무슨 말인가!")를 유발할 위험이 적기 때문이다. 미적 구성물에서 그리고 오직 그것에서만 우리는 스스로를 비-노예적 형태의 권위나 등급 차이에 대한 비-억압적인 경험에 내맡기는 법을 배워왔던 것이다. 예술작품은 우리를 제한할 의도를 결코 명백하게 체현하지 않기 때문에 형상Form에서 벗어나 있는 우리에게조차 여전히 무엇인가를 '말할' 수 있다. "시는 더 이상 강요하지 않고 내맡긴다La poésie ne s'impose plus, elle s'expose."* 자기 자신을 내맡기고 시험에 들도록 유지하

---

* Paul Celan, *Gesammelte Werke in sieben Bänden*, Dritter Band, Suhrkamp, 1983, p.181[《파울 첼란 전집 7권 중 3권》].

는 것은 감히 뛰어넘을 수 없는 권위를 얻는다. 동시에 미적 구성물의 성공과 실패를 위한 비상시 공간이기도 한 미적 가장假裝의 공간에서 작품들이 지니는 권력 없는 우월성은 다른 경우라면 자신들을 지배하는 어떤 주인도, 옛 주인도 새 주인도 없다고 예민하게 생각했을 관찰자들에게 영향을 미칠 수 있다.

릴케의 시 〈토르소〉는 그것이 그 자체로 스스로-무엇인가를-말하게-함에 대한 어떤 실험을 서술하고 있기 때문에 특이하게도 권위의 원천에 대한 물음을 제기하는 데 적합하다. 잘 알려진 사실이지만 릴케는 1905년과 1906년 사이 뫼동에서 개인 비서가 되어 오귀스트 로댕Auguste Rodin을 도울 때 그의 영향을 받아 초기의 유겐트양식적이고 감각적인 분위기의 시작詩作 방식에서 벗어나 '객체의 우위Vorrang des Objekts'에 의해 규정된 더 강력한 예술에 대한 이해를 따르게 됐다.* 대상에 우위를 허락하는 현대의 원형이 되는 파토스는 늙은 대가의 만듦새로 '자연에 충실하게naturgetreu' 대상을 본뜨지 않으면서 릴케를 사물-시에 대한 구상으로 나아가게 했다. 그리고 이를 통해 미적이고 윤리적인 권위의 원천을 묻는 물음에 대한 새롭고도 확신에 찬 잠정적인 답으로 이어졌다. 이제 모든 권위가 출발하는 곳은 사물 자체가 될 것이다. 혹은 더 적절하게 말하자면 나를 향하는 이 각각의 실제 단일한 사물이 실로 [나에게] 응시를 요구함으로써 거기에서 모든 권위가 출발한다. 이것은 이제 사물-존재가 무엇인가 말할 것이 있다는 것과 다르지 않은 것을 의미하기 때문에 가능할 뿐이다.

릴케는 자신의 분야에서 자신의 수단들을 가지고 철학적으로 '존재의 메시지적 변형botschaftliche Transformatioin des Seins'(흔한 말로 **언어적 전회**linguistic turn)이라고 달리 쓸 수 있을 어떤 조작을 실행한다. 하이데거는 "이해될 수 있는 존재는 언어다"라고 말할 것인데, 이 명제는 역

---

* 릴케와 로댕의 관계에 대한 더 상세한 내용은 다음 책에서 확인할 수 있다. 레이첼 코벳, 《너는 너의 삶을 바꿔야 한다: 릴케의 로댕, 그 절대성과 상실에 대해》, 김재성 옮김, 뮤진트리, 2017.-옮긴이

1. 돌에서 나오는 명령   41

으로 '존재'에서 떠나 있는 언어는 수다로 떨어진다는 것을 동시에 담고 있다. 존재가 특권화된 대상들에 집중되고 이 대상을 지나는 우회로를 따라 우리에게 향할 때, 그리고 그럴 때에만 증폭되는 임의성을 미학적이면서도 철학적으로 피할 수 있으리라는 희망을 품을 수 있는 근거가 존재한다. 질주하는 수다의 팽창에 직면해 1900년경 그러한 희망이 수많은 예술가들과 '지성인들'의 마음을 사로잡을 수밖에 없었다. 사물-시는 몸을 판다는 간판을 걸고 곳곳에서 장사가 한창일 때 믿을 만한 의미의 경험으로 돌아갈 수 있는 가능성에 대한 전망을 열어놓을 수 있었다. 사물-시는 사물 자체에 의해 전달된 것의 시금석에 언어를 결합시킴으로써 이것을 가능하게 했다. 임의성이 꺼진 곳에서 권위가 빛나는 것이다.

임의적인 어떤 것이 전부 어떤 사물의 등급으로 진급될 수 없다는 것은 자명하다. 그렇지 않으면 다시 모든 것이 제각기 말할 것이고, 수다가 인간에서 사물에까지 확대될 것이다. 양피지에 쓰인* 철학의 어법으로 말하자면 릴케는 메시지적 사물들이 된다는 고등 과제에 적격인 인공물들과 생명체들이라는 두 '존재자' 범주들을 특권화하는데, 여기서 생명체들은 마치 동물들이 인간보다 앞서 존재하는 최고의 예술작품들이라도 되는 것처럼 인공물들에서 특별한 성질

---

*   라이프니츠의 《인간 지성에 대한 새로운 에세이들Neue Abhandlungen über den menschlichen Verstand》(1765)에서 진리 일반에 대해 논하면서 등장하는 표현이다. "만약 진리들이 그것을 표기하는 기호에 따라 구별이 된다면, '쓰인 진리들'은 종이에 쓰인 진리들과 **양피지에 쓰인** 진리들로, 그러니까 보통의 잉크로 된 진리들과 인쇄공의 잉크로 된 진리들로도 구별될 것이다"(Leibniz, *New Essays on Human Understanding*, trans. & ed. Peter Remnant/Jonathan Bennett, Cambridge UP, 1996, chap.v/397. 강조는 인용자). 그리고 같은 단락의 이어지는 문장에서 이러한 진리들에 적합하다고 보고 인간이 발명한 '표현들'과 인간의 쾌락과 무관하게 있는 '진리들'을 구별하기 위해서 라이프니츠는 인간과 관계를 맺으면서 자신들이 이해한 바대로 진리를 주는 신과 천사들이라는 존재자들을 끌어온다. 본문에서 메시지를 전달하는 사물로서 릴케가 '인공물'과 '생명체'를 특권화했다고 '양피지로 쓰인 철학의 어법'으로 말하겠다는 것은 바로 이 맥락에서다.-옮긴이

을 얻는다. 양자에는 스스로 활성화되지 않고 해석자와 전달자로서 시인이 필요한 메시지적 에너지가 내재해 있다. 이 점에서 말하는 사물과 릴케의 시작 사이의 공모가 그 근거를 갖는다. 얼마 되지 않아 하이데거의 사물들이 더 이상 순수한 대학의 분과가 될 수 없을 사색적인 철학의 '전설Sage'과 공모한 것처럼 말이다.*

이렇게 다소 속도를 내어 언급하고 나니, 우리가 **토르소**-시에 대한 짧은 독해를 시도할 수 있는 어떤 틀의 윤곽이 그려진다. 나는 이 소네트에서 이야기되는 토르소가 탁월한 의미의 '사물Ding'을 체현하고 있다는 점에서 출발할 것이다. 그러니까 토르소가 어떤 완성된 조각의 나머지를 오롯이 구현하고 있다는 바로 그 이유 때문이다. 릴케의 전기를 통해 우리는 그가 로댕의 작업장에 머무르면서 현대 조소가 어떤 식으로 자율적인 토르소의 장르로 나아가게 되었는지 배워 알게 되었음을 알고 있다.** 따라서 시인이 절단된 육체를 바라본다는 것은 앞선 세기의 파편의 낭만주의나 폐허의 낭만주의와 아무런 상관이 없다. 그것은 현대 예술이 권위를 가지고 스스로 말하는 객체에 대한 구상과 전력을 다해 스스로 개방하는 육체에 대한 구상으로

---

* 훗날 하이데거가 바이에른 예술 아카데미에서 했던 강연 〈사물Das Ding〉 (1949/1950)(마르틴 하이데거, 《강연과 논문》, 이기상·신상희 옮김, 이학사, 2008, 211~236쪽)을 가리킨다. 여기서 하이데거는 과학기술의 발달로 시공간의 간격이 축소되면서 가까움이 생겨날 것이라는 통념에 문제를 제기하면서 가까움의 본질에 대해 묻고 이 문제를 곧장 가까이 있는 것으로 지칭되는 사물의 본질에 대한 탐구로 대체한다. 그는 포도주를 담는 단지를 예로 들면서 제작된 물건과 표상된(그래서 언어로 표현되는) 대상과 같지 않은 사물의 사물성이 '텅 빔'과 (포도주) '부음'이라는 관계에 있다고 주장하면서 이 사물 안에 빗물에서 연상되는 '하늘'과 '땅' 그리고 신에게 바치는 헌주에서 연상되는 '신적인 것들'과 '죽을 자들'(인간)의 넷(사방)이 모여들고 머무르면서 서로를 거울처럼 비추면서 세계가 도래한다고 주장한다. 동시에 인간의 작위로는 사물이 도래하지 않는다고도 말한다. 이 점에서 하이데거의 '단지'는 릴케의 '토르소'처럼 그 자체로 자체 안에 서 있는, 똑같은 의미의 사물Ding이라고 할 수 있다.—옮긴이

** Wolfgang Brückle, *Von Rodin bis Baselitz. Der Torso in der Skulptur der Moderne*, Hatje Cantz, 2001[《로댕에서 바젤리츠까지: 현대 조각에서의 토르소》].

돌진했던 것에 속한다.

고대 아폴로의 토르소

안에서는 눈망울이 무르익어갔을,
그 들어보지 못한 머리를 우린 보지 못했다. 그러나
그의 시선이 뒤틀려 박혀 가만히 빛을 발하고 있는
그의 몸뚱이는 커다란 촛대처럼 여전히

불타오르고 있다. 그렇지 않고서야 어찌 그 가슴의
만곡이 너의 눈을 부시게 할까. 또 살포시 뒤틀린
허리로부터 어찌 한 가닥 미소가
생식을 품은 가운데 그곳을 향해 갈 수가 있을까.

그렇지 않다면 이 돌덩이는 두 어깨가 투명하게
내려앉은, 짤막하고 볼품없는 모습으로 서 있었으리라.
또 맹수의 가죽처럼 그렇게 반짝이지 못하리라.

또 별처럼 그렇게 제 모든 가장자리에서 빛을
내지도 못했으리라: 너를 바라보지 않는 곳이란
한 군데도 없으니까. 너는 너의 삶을 바꿔야 한다.*

이 시를 처음 읽고 여기에서 꽤 구체적인 것을 흡수하는 사람은
이 시를 그 정도로 이해하고 있는 셈이다. 여기서는 어떤 완전함이
다뤄지고 있는데, 이 완전함은 어떤 파편의 완전함이 문제일 때보다

---

* 라이너 마리아 릴케, 《두이노의 비가 외: 릴케 전집 2》, 김재혁 옮김, 책세상,
2000, 249쪽.─옮긴이

더 구속력이 있고 더 신비스러워 보이는 것 같다고 말이다. 우리는 릴케가 이 작품을 쓰면서 그의 파리 시절의 스승 로댕 곁에서 마주쳤던 제 힘으로 서 있는 토르소라는 구상에 대해 로댕에게 감사하고 있다고 가정할 수 있다. 14행으로 하소연되는 이 완전한 것은 자신의 존재 근거를 그 물질적 운반체가 절단되어 있다는 것에 구애받지 않고 자기 자신 안에서 호소하는 어떤 메시지를 형성하는 완전한 힘을 보유하고 있는 상황에서 발견한다. 이 호소력은 여기 생생하게 표현된 대상에 탁월한 방식으로 존재한다. 존재의 온전한 명제를 표현하는 것이 완전하다는 것이다. 이 시는 사물 안에서 존재의 명제를 듣고 이 명제를 사물의 고유한 존재에 동화시키는 것 그 이상도 그 이하도 실행해선 안 된다. 그 자신이 동등한 메시지의 권한이 있는 구성물이 되겠다는 목적을 갖고서 말이다.

릴케의 토르소는 그것이 어떤 형상적 전체에 대한 범속한 기대를 무시하게 하는 무엇인가를 가져오기 때문에 '완전한vollkommen'이라는 술어의 보유자로 파악될 수 있다. 이 몸짓에는 자연 모방―주어진 형상에 대한 기대들을 모방한다는 의미에서―이라는 원칙을 거스르는 현대의 전환이 갖는 동인들 중 하나가 있다. 이 전환은 형태적으로 통합된 형상들이 더 이상 앞에 놓여 있지 않더라도 메시지적 전체들과 자율적인 사물 신호들을 지각할 수 있다. 실제로 정말 그렇다. 완전함의 의미가 자연의 형상들에서 철회하는 것이다. 자연 자체가 그 존재론적인 권위를 잃어버렸다는 바로 그 이유 때문이다. 사진술의 대중화를 통해서도 사물들의 표준적인 모습이 갈수록 더 평가절하될 것이다. 가시적인 것의 초판으로서 자연이 신용을 잃은 것이다. 자연은 자신이 구속력 있는 메시지의 송신자라고 더 이상 주장할 수 없다. 이것은 결국 학문적 탐구와 기술적 능가를 통한 자연의 탈주술화로 소급되는 이유들 때문이다. 이렇게 자연의 위상이 바뀐 뒤에 '완전함vollkommen sein'은 변화된 의미를 받아들인다. 그것은 익히 알고 있는 전체에 대한 잡담보다도 더 의미 있는 무엇인가를 말할 수 있다는 것을 뜻한다. 이제 토르소들과 그와 같은 것들이 활기를 찾게 되고, 아무것도 상기시키지 못하는 형상들의 시간이 찾아온다. 파편들, 불구자, 잡종은 범속한 전체 형상들과 행복한 통합체들이 더 이상 전달할 수 없는 무엇인가를 표현한다. 강도가 표준적인 완전함을 이긴다. 릴케가 암시를 주고 100년이 지난 지금 우리는 그 동시대인들보다 이 단서를 훨씬 더 잘 이해한다. 우리의 지각 능력이 우리보다 앞선 어떤 세대보다도 때묻지 않은 육체의 수다에 매혹되고 강탈당하기 때문이다.

이 언급들로 위-에서-말을-건네받음이라는 현상이 어떻게 어떤 미적 구성물에 체현되는지 명백해지게 됐다. 그러한 종류의 호소-체험을 이해하는 데 릴케가 노래하는 토르소가 당시 큐레이터들이 아폴로의 잔해로 여겼던 어떤 신들의 입상의 잔해를 다루고 있다고 그가 받아들였던 추측에 처음부터 동의할 필요는 없다. 시인이 이 조각을 경험할 때 유겐트양식의 형성물에 대한 경외의 요소가 함께 작용하고 있음을 완전히 배제할 수는 없다. 릴케가 루브르를 방문했을 때 실제 진품과 마주쳤고, 그것은 고대의 예술작품이 아니라 고전 시대의 그리스 조각품 가운데 하나였을 것이라고 알려져 있다. 그럼에도 시인이 아폴로로 보이는 토르소에 대해 알고 말하는 것은 고대의 회랑으로 떠나는 짧은 여행에 대한 메모 그 이상이다. 이 작가에게 문제는 저 사물이 인문주의적 교양인들의 흥미를 일으킬 수 있는 어느 퇴색한 신을 보여준다는 게 아니라, 그것이 돌덩이로 된 신이 여전히 발송하고 있는 어떤 사물-구성물을 구현한다는 것이다. 우리는 최신의 메시지적 존재론이 관례적인 신학들을 어떻게 능가하는지에 대한 하나의 증언을 다루고 있는 것이다. 이 존재론에서 존재 자체는 종교들의 주권적 우상인 신에 비해 더 많이 말하고 더 많은 발송을 할 수 있고 더 많은 권위를 가지고 있는 존재로 이해될 것이다. 현대에는 신마저도 조금이라도 우리를 괴롭히지 않는다는 점에서 우리에게 더 이상 아무것도 말할 수 없는 아름다운 형상들 사이로 떨어질 수 있다. 반대로 존재를 채우는 사물은 그것의 순간이 도래했을 때 우리에게 중단하지 않고 말을 건넨다.

우리는 분기점에 가까워지고 있다. 그전부터 마지막 두 행이 독자들을 사로잡았다. 그것들은 흡사 이 서정시적 구성물을 완전히 뒤바꾸는 듯한 의미심장한 느낌들을 일깨운다. 이 구성물이 어떤 정점Höhepunkt으로 가는 길에 불과하며, 이 정점을 위해 나머지가 펼쳐지는 것 같다. 실제로 마지막 두 문장 "너를 바라보지 않는 곳이란 / 한 군데도 없으니까. 너는 너의 삶을 바꿔야 한다"는 거의 자립적인 행로에 발을 내딛었고 릴케 신봉자들과 시 열광자들Lyromane뿐 아니라 교양인들의 기억에도 각인됐다. 이번에는 내가 이 문장들을 그 연관에서 떼어낼 필요에 동의하고 싶다는 것을 인정하겠다. 무엇보다도 아름다운 구절들에 대한 대중적인 선호에서 진정한 절정Gipfel의 순간들에 대한 유효한 판단이 틈틈이 입증될 수 있기 때문이다. 마지막 두 문장이 왜 고유한 삶을 전개했는지 이해하기 위해 열광자가 될 필요는 없다. 이 문장들은 그 순수한 간명함과 신비로운 단순함으로 최근 언어예술의 다른 표현에서는 거의 목격될 수 없는 예술 복음적 에너지를 발산한다.

첫눈에는 앞에 놓인 문장이 더 비밀로 가득한 문장처럼 나타난다. 이 문장을 이해하거나 동의하거나 혹은 서정시적 맥락에 적용시키는 사람은—이 경우는 다 똑같은 말이다—마치 최면을 거는 암시에라도 걸린 것처럼 그 구절에 붙잡힌다. 우리는 '이해Verstehen'를 연습함으로써 보는 것과 보이는 것 사이의 일상적인 관계를 뒤집는 어떤 언어적 표현에 신뢰를 부여한다. 내가 짤막한 어깨들과 그루터기가 있는 토르소를 본다는 것이 보는 것에 해당하고, 내가 없는 부위인 머리, 팔, 다리, 성기를 꿈꾸듯이 생각하고 연상하여 활기를 불어넣는다는 것이 보이는 것에 해당한다. 나는 릴케의 자극을 받아 보이지 않는 입에서 사라진 성기에까지 닿는 웃음마저 불가피하게 상상할 수 있다. 그럼에도 완전히 다른 것, 속속들이 헤아릴 수 없는 것은 내가 토르소를 관찰하는 동안 토르소가 나를 보고 있다는 것, 즉 내가 토르소를 볼 수 있는 것보다 더 날카롭게 토르소가 나를 주시할 수 있다는 사실을 받아들이라는 요구에 존재한다.

이 일어날 것 같지 않은 일에 대한 공간을 우리 안에 마련하는 것과 같은 내적 몸짓을 실행하는 능력은 막스 베버가 보유하기를 거부했던 소질에 꽤 정확히 존재한다고 할 수 있다. 그것은 '종교성 Religiosität'의 소질로, 타고난 성향이자 계발될 수 있는 천부적 재능으로 이해될 수 있고, 여기에서 당연히 음악성에 비교될 수 있다. 선율의 흐름들이나 통사적 패턴들을 연습하는 것처럼 이 종교성을 연습할 수 있다. 이 측면에서 종교성은 모종의 문법적인 난혼과 같다. 종교성이 작용하는 곳에서 객체들과 주체들은 경쾌하게 자리를 바꾼다. 따라서 절단된 돌덩이의 반짝이는 표면 위 저곳에 나의 시선에 버금가고 나를 바라보는 오직 '곳들Stellen'만 있다는 것을 내가 받아들인다면, 나는 미시 종교적 특질을 띠는 어떤 조작을 실행하게 되는 것이다. 그리고 한때 '경건한' 내적 행동에 대한 최초의 모듈(정신 회로)로 파악되었던 이 특질을 모든 수준에서 거시 종교적으로 증축된 체계들에서도 다시 인식할 수 있다. 객체라는 바로 그 이유 때문에 결코 뒤돌아보지 않는 그 객체가 보통 나타나는 위치에서 나는 이제 바라보면서 응시들에 답하는 능력을 보유한 어떤 주체를 '인식한다erkennen'. 즉 나는 가설상의 믿음을 가지고 저기 관련되는 곳에 어떤 주체가 깃들어 있다는 가정을 받아들이고, 이 쉽게 휘는 방향 전환이 나에게서 무엇을 만들지 기대한다(우리는 '가장 깊은tiefste' 신실함이나 가장 비르투오소적인 신실함도 결코 가정들을 활성화시키는 것 그 이상을 초래할 수 없다는 것을 깨닫는다). 객체와 주체의 전도에 참여하겠다는 나의 각오에 대한 보상은 어떤 사적인 깨달음의 형태로 나에게 주어진다. 지금 경우에는 미적인 감동으로 주어진다. 나를 바라보지 않는 곳은 한 군데도 없는 토르소 역시 강요하지 않고 내맡긴다. 토르소는 내가 그것을 보는 자로 보도록 관철시킴으로써 내맡긴다. 토르소를 보는 자로 파악한다는 것은 그것을 '믿는다glauben'는 것과 같은 말이다. 여기서 믿는다는 것은 앞서 말한 대로 돌덩이에 있는 생명 원리를, 불연속적으로 에너지를 보내는 송출자로 생각하는 데 필요한 내적 조작들을 표시하고 있다. 이것이 어떻게든 성공한다면, 돌덩이에서 그 주체적인 작열을 감소시키는 것 역시 내게 가능하다. 나는 돌덩이가 모범적으로 빛을 발하며 거기 서 있다는 것을 시험 삼아 받아들이고 별처럼 갑자기 나타난 돌덩이의 과잉적인 권위와 영혼을 맞아들인다.

이 맥락에서만 저 구현된 것에 붙은 이름이 어떤 역할을 한다. 이전의 아폴로-입상으로 나타난 것은 그것이 완전했던 시절에 빛, 윤곽, 예지, 형상들의 보장Formensicherheit을 확보할 수 있었던 동명의 올림푸스 신과 거리낌 없이 동일시될 수는 없다. 그것은 오히려 시의 제목에서 어렴풋이 느낄 수 있는 것처럼 선사 시대의 원천들에서 발생한 더 오래된 무엇인가를 나타낸다. 그것은 세계 자체만큼 오래되고 최초의 질서의 권력에 속하는 무엇인가가 현상하는 어떤 신의 마그마를 상징한다. 여기 릴케에게 로댕과 그의 거대한 직업윤리에 대한 회상들이 작용하고 있다는 것에는 의심의 여지가 없다. 이 위대한 예술가와 교제하는 시간 동안 그는 육체들의 표면들을 매우 오랫동안 다뤄서 세심하게 빚어지고 빛으로 가득하며 흡사 우리를 보고 있는 비할 데 없는 '곳들'의 직물로 만들어내는 일이 무엇을 의미하는지 체험했다.* 그는 로댕의 조각들에 관하여 수년 전 이미 이렇게 적었다. "끝없이 곳들이 있었으며 아무것도 일어나지 않았던 곳들은 없었다."** 모든 곳은 형상의 신이자 표면의 신인 아폴로가 그보다 나이가 많은 상대이며 충동의 신이자 흐름의 신인 디오니소스와 시각

---

*　　"사람들은 그에게 말을 걸지 않았다. 돌이 말한다"는 로댕에 관한 에세이에서 이미 그것을 의미했다. Reiner Maria Rilke, *Werke, Band III, 2, Prosa*, Insel, 1980, p.369[라이너 마리아 릴케, 《릴케의 로댕》, 안상원 옮김, 미술문화, 1998, 37쪽].

**　　Ibid., p.359[같은 책, 22쪽].

적으로 함축성 있고 촉각적으로 느낄 수 있는 화해를 맺는 장소다. 이렇게 기운을 얻은 아폴로가 디오니소스의 외견을 체현한다는 것은 돌덩이가 맹수의 가죽처럼 빛이 난다는 언급에서 나온다. 릴케는 자신의 니체를 읽었던 것이다. 여기서 두 번째 미시 종교적 내지 원시 음악적 모듈이 우리에게 다가선다. 저 잘 알려진 '현세는 내세를 나타낸다', '일자는 타자 안에 나타난다', '심연은 지금 표면에 있다' 등과 같은 형상들이 없다면 어떤 종교적 담론도 성사될 수 없다. 이 형상들에서 우리는 종교성이 해석학적 운동성의 한 형태이자 어떤 훈련될 수 있는 가치Größe를 구현한다는 것을 읽어낼 수 있다.

　"너를 바라보지 않는 곳이란 / 한 군데도 없으니까. 너는 너의 삶을 바꿔야 한다." 두 번째 문장이 왜 아무것도 해석할 수 없는 것처럼 보였다가 계속 보다보면 비밀로 가득 차 있는 문장인지 입증하는 게 남았다. 이 문장에는 포석이 빠져 있어서 그 갑작스러움이 신비롭다. "너는 너의 삶을 바꿔야 한다", 이것은 어떤 이의도 제기될 수 없는 영역에서 유래한 것처럼 보인다. 이뿐만 아니라 어디에서 이 문장이 말해지는지도 결정될 수 없고, 그 절대적 수직성이 유일하게 의문의 여지가 없다. 이 격언이 마치 하나의 기둥처럼 나를 훼방하기 위해 바닥에서 수직으로 쏘아올린 것인지, 아니면 내 앞의 길을 하나의 심연으로 바꿔놓고 내가 나아갈 다음 걸음이 이미 요구되는 변화된 삶에 속할 수밖에 없도록 하늘에서 추락한 것인지는 알 수 없다. 릴케가 윤리를 미학화하면서 역으로 간결함, [거인 키클로프스의] 거대함, 고대적 잔혹함으로 번역했다고 말하는 것으로는 충분하지 않다. 그는 '종교', 윤리, 자기수련 일반의 토르소를 체현하고 있는 돌덩이 하나를 발견했다. 위에서 나온 어떤 외침을 반사하는 이 구성물은 순수한 명령, 무조건적 지시, 이해될 수 있고 그리고 오직 명령법으로만 말하는 존재를 두루 비추는 진술로 환원되고 있다.

파피루스 종교들, 양피지 종교들, 첨필과 깃대의 종교들, 서예와 인쇄술의 종교들의 모든 교의들과 모든 수도회 규칙들과 종파의 강령들, 모든 명상의 안내들과 단계론들, 어느 공통 작업장에 옮겨놓고 그것들을 최종 편집하여 총괄해야만 한다면, 이것들의 극도의 응축물은 시인이 어느 반투명의 순간에 고대 아폴로의 토르소에서 방사하게 하는 것과 다르지 않은 것을 말하게 될 것이다.

너는 너의 삶을 바꿔야 한다! 이것은 가정적인 것과 정언적인 것의 양자택일을 능가하는 명령처럼 들린다. 그것은 절대명령이자 전적으로 메타노이아metanoia[재탄생]의 명령이다. 그것은 2인칭 단수로 혁명의 슬로건을 제시한다. 그것은 삶이 더 높은 형식과 더 낮은 형식 사이의 어떤 낙차와 같다고 규정한다. 말하자면 나는 이미 살고 있지만, 무엇인가가 나에게 반박할 수 없는 권위를 가지고 너는 여전히 올바로 살고 있지 않다고 말한다. 이 형태의 신과 같은 권위가 나에게 '너는 해야 한다Du mußt'로 말을 건네는 특권을 누린다. 그것은 지금, 여기의 삶에 있는 다른 삶의 권위다. 이것은 죄보다 더 오래되고 더 자발적인 어느 미묘한 불충분Insuffizienz으로 나와 맞부딪친다. 이 불충분은 나의 가장 내적인 아직-아님이다. 나의 가장 의식적인 순간에 나는 나의 **현상태**status quo에 대한 절대적인 이의 제기에 당면해 있다. 나의 변화가 긴급하게 해야 하는 그런 일이라고 말이다. 그로 인해서 네가 너의 삶을 실제로 바꾼다면 너는 너 자신이 너의 최고의 의지를 가지고 하고자 한 것과 다름없는 일을 하는 것이다. 그것은 너에게 유효한 어떤 수직적 긴장이 너의 삶을 어떻게 바꿔놓는지 네가 느끼자마자 일어난다.

이러한 윤리적-혁명적 독해 방식과 더불어 좀 더 구체적이고 handfest 심리학적으로 이해하기 쉬운 토르소-시의 해석 역시 상상할 수 있다. 이 시는 예술철학과 존재철학의 상단에 해설을 제한하라고 우리에게 결코 강요하지 않는다. 일순간 시인을 고대 입상에 사로잡은 권위의 체험은 오히려 감각적이고 미적으로 더 쉽게 파악할 수 있는 지평에서 훨씬 더 그럴듯하게 재구성될 수 있을지 모른다. 여기에서는 조각의 신체적인 추억에 관해, 더 정확하게 말하자면 자기에로 스의 autoeortisch 추억과 남자-운동선수의 추억에 관해 이야기될 것이다. 이 추억들이 시인(그가 살던 시대의 표현으로는 신경쇠약증 환자이자 육체가 허약한 내향적인 사람) 안에 강한 '육체적 인간 Körpermenschen'이라는 대척점에 있는 존재 방식에 대한 감정이입을 불러일으켰다. 여기에 릴케에게 비밀이 아니었던 사실이 대응한다. 헤아리기 어려울 만큼 풍부한 그리스인의 입상 문화에 신들과 운동선수들 사이의 유사한 정신육체적인 본성이 지배하고 있고 양자가 동일시될 때까지 비슷해질 수 있었다는 사실 말이다. 어떤 신은 항상 어떤 종류의 운동선수이기도 했고, 그중에서도 송가로 축하를 받고 월계관의 영광을 받았던 운동선수는 역시 항상 어떤 종류의 신이었다. 그래서 미와 규율을 자신 안의 고요한 도약의 준비 상태로 통일시키는 운동선수의 육체는 가장 분명하고 가장 확신적인 권위가 현상하는 형태들의 하나로 나타난다.

신-운동선수의 권위적 육체는 그것의 모범성을 통해 관찰자에게 직접 영향을 끼친다. 이 육체 역시 간결하게 말한다. "너는 너의 삶을 바꿔야 한다!" 그리고 그것을 말하면서 이 변화가 어떤 모델을 지향해야 하는지 동시에 보여준다. 이 육체에서 존재와 모범적인 존재가 어떻게 수렴하는지 읽어낼 수 있다. 고전적 입상들은 저마다 윤리적 문제들에 관해 교훈을 주는, 돌로 되거나 혹은 청동에 부어넣은 권한이었다. 플라톤주의라고 불렀던 것은 그리스에서 이른바 이념들이 이미 입상의 형태 아래에서 시민권을 부여받았을 때에만 고향과 같은 장소를 발견할 수 있었으며, 그 밖에는 오히려 비그리스적인 사건이었다. 플라톤적 사랑은 플라톤 이전에 이미 잠시 신체적으로 완성된 자들과 초심자들 사이에 일어나는 훈련의 정동으로서 대중적으로 수행들에 닻을 내리고 있었고, 그리고 이 에로스는 욕망하는 자가 그의 모델을 향할 뿐 아니라 본보기가 그를 본받으려는 자를 향하는 양쪽 방향에서 일어났다. 그런데 나는 릴케가 루브르 박물관에 세워져

1부. 수행자들의 별

있는 고대 그리스의 남성 육체 숭배의 화려한 파편 한 조각에 대해 분명 어떤 나르시스적인 관계를 맺었다고 날조하고 싶지는 않다. 그럼에도 이 소네트의 필자가 그의 눈에 띈 실제 토르소에서 고대 운동 선수의 생기론의 광휘와 체육장에 있는 격투사들의 근육 신학에 관해 무엇인가를 읽어냈으리라는 개연성은 있다. 끌어올린 육체와 세속적 육체 사이의 생기의 격차가 릴케가 이상화된 남성성의 순수한 잔해와 직면할 때 직접적인 방식으로 그 자신에게 말을 건넸던 게 분명하다.

이런 식으로 느꼈던 저 시인은 1900년경 분기 단계에 들어선 유럽 후기 르네상스의 예민한 동시대인 그 이상도 그 이하도 아니었다. 이 르네상스를 규정하는 특질은 운동선수가 고대의 신체적 이상주의의 핵심 형상으로 회귀한다는 것이다. 이렇게 해서 1400년경 문헌학적이고 기예적인 르네상스로 시작했던 그리스도교-이후의 문화 개조 과정이 대중문화 단계로 넘어간다. 그 가장 강력한 표지는 스포츠다. 스포츠가 현대의 에토스에 얼마나 깊은 영향력을 행사했는지는 결코 충분히 강조되지 못했다. 올림픽경기가 새로 시작하면서(그리고 축구가 유럽과 남아메리카에서 극단적으로 대중화되면서) 스포츠의 개선 행렬이 시작된다. 그 끝은 실제 약물 복용으로 인한 부패가 임박한 붕괴의 징조로 해석될 수 있는 경우를 제외하고는 거의 예측될 수 없다. 물론 오늘날 아무도 운동경기주의의 자리에 무엇이 들어설 수 있을지 알지 못한다. 1900년부터 폭발한 스포츠 숭배에는 아주 뛰어난 정신사적 해석이, 더 적절하게 표현하자면 윤리사적이고 자기수련사적인 해석이 상응한다. 이 숭배 안에 수행 태도에 대한 시대적인 강조점이 바뀐 채 나타나고 있기 때문이다. 이 전환을 자기수련의 재-신체화 내지 탈영성화라고 가장 적절하게 기술할 수 있다. 이 관점에서 스포츠는 '현세에서 육신의 부활Auferstehung des Fleisches im Diesseits'을 그 키워드로 갖고 있던 철학 운동인 청년헤겔주의의 가장 명시적인 실현이다. 19세기의 위대한 양대 이념인 사회주의와 신체주의 가운데 명백하게 신체주의만이 전반적으로 관철됐다. 그리고 어떤 예언자가 될 필요도 없이 21세기는 20세기에 비해 훨씬 더 신체주의라는 이념에 완전히 속할 것이라고 주장할 수 있다.

앞서 말한 것에 따르면 릴케가 신체적이고 운동경기적인 르네상스에 관여했음을 인정하는 것이 내게는 엉뚱하게 보이지 않는다. 비록 이 르네상스에 대한 그의 관계가 당연하게도 간접적이고 인공물을 경유해, 즉 위에서 논한 '사물들' 범주를 경유해 전달되더라도 말이다. 어쨌든 릴케는 니체를 통하여 자극받았다고 공공연히 밝혔다. 가령 〈젊은 노동자의 편지Brief des jungen Arbeiters〉*에서 그는 마찬가지로 '충동의 포기Triebverzicht'라는 불구로 만드는 그리스도교 전통을 향해 시의적절하게도 침해당한 섹슈얼리티를 되돌려주라는 요구를 교정쇄에 적었다.

여전히 빛나고 가르칠 자격이 있는 토르소에 운동경기적 마나Mana[만물을 창조한 초자연적 기운]가 현존한다는 것은 비록 그 표현이 처음에는 낯설어 보일 수 있더라도 내가 트레이너의 권위라고 표현하고 싶은 방향을 설정하는 활력의 한 요소를 포함하고 있다. 이 자세와 특징으로 토르소는 오늘날 신체Leib가 허약한 이들과 삶의 약골들에게 오인될 여지없이 스포츠 윤리적으로 채색된 연설로 호소한다. "너는 너의 삶을 바꿔야 한다!"라는 문장은 이제 기량-도달In-Form-Kommen에 대한 말의 후렴구로 들릴 수 있다. 그것은 새로운 수사적 장르에 속하고 코치-담론에, 즉 어느 체력이 약한formschwach 선수단에게 트레이

---

* 1921년 2월에 쓰였고 릴케 사후 1933년에 출판됐다[라이너 마리아 릴케, 《예술론
(1906~1026): 시인에 대하여, 체험, 근원적 음향 외. 릴케 전집 13》, 전동렬 옮김, 책세상,
2000, 158~175쪽. 이 편지가 작성된 더 정확한 날짜는 1922년 2월 12일부터 15일까지이
며 이 허구의 편지에서 릴케는 마르세유에서 만난 피에르라는 프랑스 청년의 입을 빌려
그리스도교가 억압해온 결혼과 출산과 무관한 '아름다운 성'(172쪽)에 대해 그것이 '자
신의 삶의 비밀'(같은 곳)이라고 주장한다].

너가 탈의실에서 하는 꾸지람에 편입된다. 선수단과 말을 나누는 이는 마치 그가 각자에게만 말하고 있는 것처럼 각 개개인에게 말을 건네야만 한다. 사회에서 그런 담화는 견딜 수 없겠지만, 선수단들에게는 근본적이다.

편안한 삶의 방식에 대한 너의 애착을 포기하라, 체육관(김노스 gymnos, 벌거벗은)에 나타나라, 완전한 것과 불완전한 것 사이의 차이가 너에게는 상관없지 않다는 것을 증명하라, 성취―훌륭함Exzellenz, 아레테areté, 비르투virtù―가 너에게 어떤 외래어로 남아 있지 않다는 것을 우리에게 보여주어라, 너에게 새로운 전력투구에 대한 동기가 존재한다는 것을 인정하라! 무엇보다 스포츠는 그것에 매우 많은 여유가 주어진다면 가장 어리석은 자들이나 하는 일이 된다는 의심을 유지하라, 네가 습관적으로 방임 속에서 계속 표류하는 핑계로 스포츠를 악용하지 말라, 네 안에서 네가 지금 제법 잘하고 있다고 느끼는 속물을 믿지 말라! 돌덩이에서 나오는 목소리를 들어라, 좋은 몸 상태를 유지하라는 호소에 반항하지 말라! 어떤 신과 함께 훈련하는 기회를 놓치지 말라!

2.
자기수련의 별을 멀리서 보다
: 니체의 고대 프로젝트

내가 아직도 거의 이해되지 않고 있는 1900년 이후 개화한 스포츠 숭배 현상을 특징지으려고 제안한 '후기 르네상스Spätrenaissance'라는 표현은, 모더니즘을 아우르는 계몽 담론의 한복판에서 이뤄진 니체가 개입한 날짜를 기입하는 게 문제가 될 때 매우 유용한 것으로 나타난다. 실제로 니체를 이해하려는 모든 시도는 니체의 날짜에 대해 성찰하며 시작해야만 한다. 이 사상가가 언제 살았고 언제 사유했는지 알기 위해 그의 탄생 날짜와 사망 날짜를 확인하는 것으로는 충분하지 않다. 이 저자를 그가 살던 시대의 자식으로 규명하는 데 성공할 수 없다는 것이 그의 훌륭함에 속한다. 물론 그의 저작에서 시대적 전형을 쉽게 확정할 수는 있다. 그가 예술가로서 어떻게 비더마이어풍으로* 역량을 상실한 낭만주의에서 후기 낭만주의적으로 채색된 모던

---

* 비더마이어풍Biedermeier Style이라는 말은 본래 '아빠 비더마이어Papa Biedermeier'라는 1825년부터 1835년에 이르는 경제성장기에 가족 생활이나 특히 편지 쓰기와 같은 사적 활동을 중요시하는 중간계급의 안락함을 꼬집는 코믹한 형상에서 유래했다. 빈회의가 끝난 1815년부터 시민혁명이 발발한 1848년까지의 역사적 시기를 이른다. 특히 예술사에서는 일반적으로 이 시기에 독일과 오스트리아 등을 비롯한 중부 유럽에서 일어난 고전주의와 낭만주의의 갈등에 대한 시각적 증거이자 신고전주의에서 낭만주의로의 이행기를 가리킨다. 이 양식은 갈수록 낭만주의화되었는데, 이를테면 직선은 곡선이나 구불구불한 선으로 바뀌었고 단순한 표면 대신 자연 소재에 장식이 더해졌다. – 옮긴이

Moderne으로 이행하고, 시사평론가로서 어떻게 바그너주의에서 예언자적 엘리트주의로 도약하고, 사상가로서 어떻게 상징주의적 후기 이상주의에서 관점주의적 자연주의로(이름으로 표현하자면 쇼펜하우어에서 다윈으로) 입장을 바꾸는지 보여줄 수 있다. 만약 니체에게 그의 시대에 종속적으로 머물러 있는 것만이 의미 있었다면, 그의 저작의 수용은 늦어도 1914년에 중단되었을 것이다. 이 전환의 날짜 이후 현대인들은 최종적으로 다른 염려들을 가지며 이미 1927년 하이데거는 이 '다른 염려들andere Sorgen'을 염려 일반, 염려 **자체**sans phrase의 지위로 끌어올린다.

사실 니체가 끼친 충격은 '다른 염려들'의 시대에 겨우 전개되기 시작했으며 이 전개 작업의 끝은 예측될 수 없다. 《도덕의 계보 Genealogie der Moral》의 저자는 위에서 도입한 '신체적 또는 운동경기적 르네상스somatische oder athletische Renaissance'라는 개념으로 파악될 수 있는 과정들을 가장 주목했던 동시대인이다. 이 과정들의 타격 방향과 이동 방향에 관해 어떤 적절한 상을 얻기 위해서는 그의 삶의 기예에 대한 저서들을 다시 읽는 것이 불가피하며, 그때 니체의 지성적 실존의 진짜 날짜에 대한 질문이 강력한 객관적 동기들에서 제기된다.

저자가 자기 자신을 때때로 잘못된 시대에 박혀 있는 한 명의 르네상스인으로 느꼈다는 것을 재검토하지 않고 믿을 수 있다. 우리의 맥락에서 문제가 되는 것은 어떤 선택적 과거나 흘러간 예술과 가차없음Rücksichtslosigkeit*의 황금기에 대한 향수가 갖는 의미가 아니다. 오히려 니체 자신이 실제 일어난 르네상스 사건의 행위자였다는 사실이 결정적이다. 물론 그의 르네상스 개념이 아직은 너무 예술사적으로 제한되어 있다는 바로 그 점 때문에 자신을 그러한 행위자와 같다고 볼 수 없었다. 청년 니체가 야콥 부르크하르트Jacob

---

* 참고로 이른바 정치적 마키아벨리즘의 특징으로 '무자비한 에고이즘과 가차없음' 내지 '가차없는 비도덕주의'를 들기도 한다.-옮긴이

Burkhardt[1818~1897. 스위스의 예술사가 겸 문화사가]의 시대형태론의 걸작《이탈리아 르네상스의 문화Die Kultur der Renaissance in Italien》*를 매우 집중적으로 읽었던 독자들에 속했던 것은 우연이 아니다. 이 저작에서 부르크하르트는 수세기의 시기를 단일한 벽화 하나로 총괄했다. 19세기 후반의 수용자[니체]는 이 거대한 상 앞으로 물러나 지나간 시대를 동경하고 자기 자신을 저 벽화의 알맞은 자리에 투영하는 것 말고는 좀처럼 다른 도리가 없었다. 니체가 그러한 수행들에 낯설어하지 않았음을 모두 분명히 보여준다. 그는 카스트루초 카스트라카니Castruccio Castracanis**의 진영에 스스로를 대입해 영웅적 생기론을 가까이서 체험할 수 있었고, 몽상적인 결의에 가득 차서 테베르강을 산책하며 철학의 체사레 보르자Cesare Borgia***가 될 수 있었다.

그럼에도 불구하고 실스 마리아의 방랑자에게는 예술사적으로 좁혀진 르네상스 도식을 단념하고 과정이론의 르네상스 개념으로 옮겨가는 것으로 충분했을 것이다. 그렇게 그는 '재탄생Wiedergeburt'의 시대가 결코 15세기와 16세기의 예술 사건들과 문화 사건들로 끝난 것이 아니라는 결론에 불가피하게 다다를 것이다. 과정이라는 관점에서 보면 니체 자신은 막 교양시민층이 내린 정의들을 폭파시킬 참이던 계속되는 르네상스의 현재 전환점에서 스스로를 인식할 수 있었을 것이다. 이 운동은 계몽이라는 매개를 통하여 알파벳순으로 열거된 아주 소수의 엘리트들과 그 비서들의 애호에서, 군주들과 대상인들과 같은 예술 후원자들과 그들의 능수능란한 공급자들의(이들이

---

* 야코브 부르크하르트, 《이탈리아 르네상스의 문화》, 이기숙 옮김, 한길사, 2003.-옮긴이
** 1281~1328. 후기 중세 이탈리아의 용병대장으로 마키아벨리가 그의 생애에 대한 책(《카스트루초 카스트라카니의 생애》, 우현주 옮김, 살림, 2014)을 썼다.-옮긴이
*** 1475~1597. 이탈리아 용병대장이자 정치가로 그의 권력투쟁은 마키아벨리가 《군주론》을 쓰는 데 영감을 주었다.-옮긴이

첫 '예술체계Kunstsystem'를 설립했다)* 호화로운 유희에서 민족적이고 유럽적이고 지구적인 문제로 바뀌었다. 르네상스가 소수에서 다수로 퍼지고자 한다면, 그것의 인문주의적 외양을 벗어던지고 고대의 대중문화가 회귀하는 것으로 나타나야만 한다. 르네상스의 본래 질문을 실천철학의 표현으로 다시 정식화하자면 다음과 같다. 우리에게 그리스도교 곁에서 그리스도교 다음의 다른 삶의 형식들이 주어질 수 있고 그래도 되는가, 즉 무엇보다 그 표본이 그리스와 로마의(어쩌면 이집트나 인도에서조차 유래한) 고대에서 창출된 그런 것인가. 이른바 이 질문은 19세기에 더 이상 비밀 담론도 학술적 습작도 아니었고, 오히려 시대의 열정이자 피하기 어려운 **우리를 위한 것**pro nobis 이었다. 이 때문에 잘못된 결론을 경계해야 한다. 낭만주의자들과 초기 사회주의자들 때부터 임박해 있었지만, 1900년이 지난 뒤에야 그 영향력의 정점에 다다랐던 '생활개혁Lebensreform'**이라는 주제를 마음에 드는 고풍스런 잔해와 같은 '건강식품점Reformhäusern'을 갖춘 어떤 종파적 괴벽으로 여기는 결론 말이다. 생활개혁은 오히려 시민층의 예술사에서 현대의 참된 **생활 방식**modus vivendi을 얻기 위한 싸움들의 [고대 로마의 원형] 경기장으로 옮겨진 르네상스 프로그램 자체다. 니체를 이 경기장에 배치한다는 것은 우선 그의 올바른 날짜를 기입한다는 것을 뜻한다.

그런데 이렇게 르네상스-지대를 확장하면 첫걸음을 성취한 것에 지나지 않는다. 여기에 멈춰 서 있으면 기껏해야 반쯤 올바르게 니체의 날짜를 바꾼 게 될 것이다. 그러니까 니체의 현재를 그가 선택

---

* Beat Wyss, *Vom Bild zum Kunstsystem, 2 Bände*, Walther König, 2005[《이미지에서 예술체계로》]를 보라.

** 19세기 후반과 20세기 초 독일과 스위스 등지에서 일어난 자연으로 돌아간 라이프스타일을 주창하는 운동으로 유기농 식품과 대체의학 등을 강조했으며 신지학자인 루돌프 슈타이너 등이 이끌었고 훗날 미국의 히피 운동에도 지대한 영향을 끼쳤다. -옮긴이

한 어느 과거에 편입시켜서 그를 공정하게 다룰 수는 있었을지라도, 그의 더 급진적인 '연대기 정치Chronopolitik'와 관련해서는 근대 전체에서 이탈하려는 그의 노력을 정말 진지하게 생각하지 않았을 것이라는 말이다. 이 이탈의 시도에는 훨씬 더 거대한 도발과 훨씬 더 빈번한 사유의 위반이 숨겨져 있다. 이 사유의 위반을 장악하는 데 얼마 전부터 익숙하게도 니체가 모던이 아니라 포스트모던에 이것을 설립한 아버지들 중 한 명으로 속한다면서 날짜를 바꾸라고 제안하는 것으로도 충분하지 않다. 사실 니체의 입장은 모던과 포스트모던의 양자택일의 틀에서는 특징지을 수 없으며 그의 입장은 이 장場에서는 한 번도 제시될 수조차 없을 것이다. 니체가 자신에게 적합한 어느 시대 속으로 출발한다는 것은 예상하고 싶은 바대로 그것이 무엇을 의미하든 '모던 이후의nach der Moderne' 시대로 그를 이끌지는 않는다. 그의 머리에 떠오른 것은 모던의 어떤 모던화도 아니고 진보의 시대를 넘어서는 어떤 진보도 아니었다. 그는 20세기 후반 내내 계몽의 자기 끊어 밝힘을* 작업하던 비판적인 정신들에게 개연성 있는 것으로 나타났던 하나의 역사를 다수의 역사들로 해체하는 것 역시 결코 추진하지 않았다. 니체에게는 근본적인 비동시대성Allochronie이,** 즉 현재의 한복판에서 어떤 원칙적인 다른 시간성Anderzeitigkeit이 문제였다.

---

* 1967년 니클라스 루만이 〈사회학적 계몽Soziologische Aufklärung〉이라는 제목의 뮌스터대 교수 취임 강연(과 같은 제목의 논문)에서 "철학적 계몽Aufklärung의 목표가 열어auf 밝힘klären이었다면, 사회학적 계몽은 도대체 무엇이 밝아진 것인지를 되묻는 작업이며 현대사회로 이행하면서 이루어진 변화를 끊어ab 밝힌다klären"(정성훈, 〈사회의 분화된 합리성과 개인의 유일무이한 비합리성〉, 《도시 인간 인권》, 라움, 2103, 55쪽)라고 주장하면서 내세운 기획이며 이른바 계몽이 실패한 이후의 '계몽에 대한 계몽Aufklärung der Aufklärung'의 일환이다.─옮긴이

** 인류학자 요하네스 파비안Johannes Fabian이 《시간과 타자: 인류학은 그 대상을 어떻게 만드는가Time and Other. How Anthropology Makes Its Object》(Columbia UP, 1983)에서 만든 개념으로 민족지적 주체-관찰자와 대상-피관찰자의 동시적인 실존coevality을 부정하고 다른 시간에 대상이 존재할 수 있는 가능성을 나타낸다.─옮긴이

그러므로 그의 고유한 날짜는 고대이며 근대moderne Zeit 안의 고대는 반복의 형태로만 존재할 수 있기 때문에 그것은 신-고대Neo-Antike다. 니체 자신이 유래하는 이 신-고대적 고대는 오늘날의 필요에 따라 토의되는 어떤 순전한 프로그램이 아닐 것이다. 날짜가 확정된 고대 따위는 니체의 의도에 반하는 것이다. 고대를 오늘날의 의제에 등록하는 것 자체가 어떤 달갑지 않은 모더니즘을 의미하기 때문이다. 일정은 모던이 미래를 향한 시간표에 자신의 걸음들을 배열하도록 작업 형태들을 전달한다. 이 걸음들을 꽉 차거나 혹은 텅 빈 전진으로 해석하든 마찬가지다. 니체가 마음먹은 것은 고대의 표본을 각기 몇 년 지나지 않은 유행하는 고대의 전형에 따라서 반복하는 것이 아니다. 유행이 수십 년간 혹은 수천 년간 순환하는지에 대한 질문은 그에게서 아무런 역할도 하지 않는다. 그의 비동시대성에 대한 구상은—처음에는 '반시대성Unzeitgemäßheit'으로 아직은 조심스럽게 도입됐다가 나중에는 모던으로부터의 이탈로 급진화된다—고대는 '근본적으로im Grunde' 끊임없이 고유한 힘으로 회귀하기 때문에 뒤잇는 시대에 의해 무대화된 어떤 반복들도 필요로 하지 않는다는, 암시적일 뿐 아니라 환상적인 관념에 근거한다. 달리 말하자면, 고대—혹은 고대적인 것—는 집단적 기억 속에서만 재현되고 교육을 위해 임의로 인용될 수 있는 문화 발전의 극복된 단계를 구현하지 않는다. 그것은 오히려 일종의 지속하는 현재를, 심층의 시간을, 자연의 시간을, 문화적 시간의 기억 극장과 혁신 극장 아래에서 계속 흐르는 존재의 시간을 형성한다. 만약 회귀가 어떻게 반복을 이기고 원환이 어떻게 직선을 조롱하는지 입증할 수 있다면, 니체의 결정적인 자기 날짜 기입의 요점들을 파악할 수 있을 뿐 아니라, 과연 니체가 우리의 동시대인이고 어떤 의미에서 그러한지, 그리고 과연 우리가 그의 동시대인이거나 혹은 그러길 원하고 얼마만큼 그러한지에 대해 어떤 판단을 내릴 수 있을 전제 역시 충족시킬 것이다.

이 정도면 명확해졌을 것 같다. '르네상스'라는 표현은 이것으로 막중한 관념이 표현될 때에만 비옥하고 많은 것을 요구하며 남아 있다. 이 관념에 따르면 그리스도교적 삶과 삶의 형식들에 대한 정의들 곁에서 그것들 다음의 삶과 삶의 형식들을 발전시켜야 하는 일이 유럽인들에게 부과됐다. 니체의 관점에서 보자면 문제는 고대의 표본에 대한 모방이 아니라, 온갖 내용상의 재활성화에 앞서서 비-역사적이고 비-순방향적이고 비-점진적인 시간의 양태로 고대를 발굴하는 것이다. 이것은 바로 그리스도교의 문화적 시간의 중단을 요구한다. 이 중단이 묵시주의적 종말의 가속으로 상상되든, 혹은 세상으로 두루 떠나고 인내하는 순례여행으로 표상되든, 또는 교회정치적으로 두 양태를 영리하게 결합한 것으로 표상되든 마찬가지다. 계몽의 문화적 시간, 진보의 시간 그리고 자본의 시간이 이 중단과 함께 관계하고 있다는 것은 자명하다.

이 연관 속에서만 니체의 매우 격앙된 그리스도교와의 논쟁에 다시 한 번 관여하는 것이 의미 있다. 이 논쟁은 오늘날의 관점에서 오히려 불편한 챕터를 하나 이룬다. 우리는 이 챕터로 되돌아가기만 할 뿐인데, 이렇게 하도록 동기를 부여하는 근거들이 의혹들보다는 훨씬 강력하게 작용하고 있기 때문이다. 만약 이 챕터가 동시에 니체의 가장 가치 있고 지속되도록 정해진 통찰들의 매체가 아니라면 특히 저자에 대한 공감에서 **세기말**신경증fin-de-siècle-Neurose의 일화로 이 챕터의 페이지를 넘길 수 있을 것이다. 이 반그리스도교 논쟁은 이것을 니체의 '고대-프로젝트Antike-Projekt'의 틀 안으로 옮겨놓을 때 생산적인 측면을 보여준다. 이미 본 것처럼 이 프로젝트는 재생의 의미에서 그리스도교 시대 이전으로 뒷걸음질하는 것(그리고 고대-중세-근대라는 도식으로부터의 이탈)에 전념한다. 그리스도교 이전으로 되돌아가고자 한다는 것은 여기서 우리를 구속하던 힘이 부서졌고 이 구속력이 비본래적인 적응과 문화그리스도교적인 번역과 동정윤리적인(자기동정의 정치를 포함한 동정정치적인) 재양식화에서만 영향력이 있는 것처럼 보이는 어떤 **생활 방식** 앞에 자리한다는 것을 의미한다. 만약 니체가 그리스도교의 문화적 시간 이전으로 뛰어 돌아간다면, 결코 그리스도교의 인문주의적 개혁을 편들지 않는다. 이 개혁은 유럽적 근대의 화해 프로그램이었다. 이 근대는 수세기 동안 문학적이고 교육학적이고 박애주의적인 작업에서 에라스무스에서 T. S. 엘리엇T. S Eliot[1888~1965. 미국계 영국 시인 겸 문학비평가]까지, 코메니우스Johnann Amos Comenius[1592~1670. 체코의 근대 교육학의 선구자]에서 몬테소리Maria Montessori[1870~1952. 이탈리아의 교육학자로 몬테소리 교육법을 전파]까지, 이그나티우스Ignatius of Antioch[35~108. 사도 요한의 제자이자 '가톨릭 교회'라는 표현을 처음 사용한 초기 그리스도교 저술가]에서 알베르트 슈바이처Albert Schweitzer[1875~1965. 독일계 프랑스 의사이자 바울의 신비주의 해석에 기여한 루터교 신학자]에 이르는 '그리스도교 인문주의christlicher Humanismus'라는 거대한 자웅동체를 창조했다. 니체가 전념한 것은 어떤 혼합의 가능성의 조건들이 아니라, 저 불완전한 체계와 근본적으로 단절할 수 있는 조건들과 관련된다. '그리스도교Christentum'라는 표현은 니체의 사용법으로는 한 번도 먼저 같은 이름의 종교를 뜻하지 않고, 오히려 그는 어떤 암호와 같은 것으로 종교-형이상학적으로 각인된 어떤 특정한 기질을, 금욕적으로asketisch(참회하고 포기한다는 의미에서) 규정된 세계에 대한 어떤 입장을, 삶의 연기와 내세 지향과 세속적 사실들과의 불화라는 어떤 불행한 형식을 겨누었다. 니체는 이것에 관해《안티크리스트Antichrist》에서 서구적 종교 전승의 토대를 가져와 이것으로 그 고유한 실존 역시 몰락시키길 원했던 어떤 남자의 광포함으로 의견을 말했다.

지금까지 말한 것으로 나는 이 숙고들을 이 책의 주제와 연관시킬 수 있는 나의 테제를 지지할 수 있다. 니체는 달리 파악된 고대의 행위자이자 매개자라는 특징을 띠고 자기수련asketisch적 문화들을 그 헤아리기 어려운 역사적 확장 속에서 발견할 수 있게 됐다. 이때 단어 **아스케시스**áskesis(한 명의 뮤즈의 이름이기도 한 단어 **멜레테**meléte

와 더불어)가 고전 그리스어에서는 단순히 '연습(수행)Übung' 혹은 '훈련Training'을 뜻한다는 점을 인지하는 것이 중요하다.* 니체는 그가 자기수련의 정신들을 새롭게 구별한 결과 수행하는 삶이 현존 양식들 혹은 '문화들'을 형성하는 데 갖는 기초적인 의미와 마주칠 뿐 아니라, 그에 따르면 모든 도덕들에 결정적인 수행하는 삶의 형식들이 건강한 자들의 자기수련들과 병든 자들의 자기수련들로 이원화되는 것을 가리키기도 한다. 그러면서 그는 어떤 주저함도 보이지 않고 풍자에 가까운 예리함으로 이 대조를 제시한다. 건강한 자들은—이 단어

* 미셸 푸코는 그리스인들의 삶의 기예를 본문에 나온 멜레테meléte(진리관계), 마테시스mathésis(명상/성찰) 그리고 아스케시스áskesis(훈련/수행)의 세 형태로 나눈다. 특히 마지막 형태는 "자기를 향해 하는 자기의 작업, 자기를 향한 자기의 관계"(Michel Foucault, *Subjectivité et vérité: Cours au Collège de France(1980-1981)*, Seuil/Gallimard, 2014, p.36)라고 정의한다. 한마디로 '자기를 형성하는 작업'이라는 것이다. 더 나아가 이 그리스적 개념 '아스케시스'와 여기에서 파생된 그리스도교적 개념 '금욕Askese/asceticism'을 구분하면서 두 가지 중요한 차이를 지적한다. 첫 번째로 우리가 흔히 수도사나 사제를 보고 떠올리는 실천적 이미지인 그리스도교적 고행의 궁극적 목표가 "자기포기"인 데 반해 그리스와 로마의 철학에서는 "자기 자신과 맺는 소유관계와 지배관계"를 만들려고 하며, 두 번째로 "그리스도교적 금욕이 이 세계에 대한 관조(무관심)"에 관심을 두는 데 반해, "그리스-로마의 철학적 수련은 개인으로 하여금 이 세상과 맞설 수 있게 해주는 준비, 지식, 장비를 갖추도록" 힘쓴다는 것이다(미셸 푸코, 《파레시아, 담론과 진실》, 오트르망: 심세광·전혜리 옮김, 동녘, 2017, 318~319쪽). 저자는 푸코의 이 개념적 구분을 적극 받아들여서 니체가 발견했던 '금욕론'이 그리스도교의 삶의 형식에서 벗어나 고대 그리스의 삶의 형식이었던 '자기수련론'으로까지 확장되었다고 보며 이것이 니체의 '고대 프로젝트'의 핵심이라고 주장한다. 더 나아가 이 책 전체를 통해 이 '자기수련론'을 자기 향상과 자기변화 등을 목표로 하는 '인간공학'에 연결시키려고 시도한다. 이 점에서 고대 그리스-로마의 철학적 실천과 중세의 그리스도교적 실천 사이에는 단절이 있다고 주장했던 고대철학사가 피에르 아도와는 입장을 달리한다(피에르 아도, 《고대철학이란 무엇인가》, 이세진 옮김, 열린책들, 2017 참조). 따라서 보통 니체의 한국어 번역본에 '금욕/금욕주의/금욕의 가르침'으로 옮겨져 있는 'Askese/Asketismus/Asketik'를 삶에 대한 부정 등 부정적 의미가 아닌 긍정적 의미로 사용될 때에는 주로 '자기수련/자기수련주의/자기수련의 가르침'으로 옮길 것이다.—옮긴이

는 오랫동안 수많은 해체에 굴복해 있었다*―그들이 건강하기 때문에 좋은 자기수련들로 향상하고자 하는 이들이고, 병든 자들은 그들이 병들었기 때문에 나쁜 자기수련들로 복수를 꾀하는 이들이다.

이것을 사태에 대한 머리털이 곤두서는 단순화라고 이름 붙이는 것 말고는 다른 수가 없다. 그럼에도 다음을 인정하지 않을 수 없다. 이 망치로 두드려 만든 테제에 의해 정신사의 위대한 발견들 가운데 하나라고 평가할 수 있는 무엇인가가 밝혀지게 된다고 말이다. 니체는 자기수련의 슐리만Heinrich Schliemann[1822~1890. 독일의 고고학자] 그 이상도 그 이하도 아니다. 그가 발굴지들 한복판에서 수천 년의 정신병적 파편과 영락한 궁전들의 잔해에 둘러싸인 채 어떤 발견자의 승리감에 젖은 얼굴 표정을 지었을 때 그는 완전히 옳았다. 오늘날 우리는 그가 올바른 자리를 발굴했다는 것을 알지만, 그가 파낸 곳은 형상으로 표현하자면 호메로스의 트로이가 아니라 더 나중에 생긴 층이었다. 그가 논쟁적으로 거론한 대부분의 자기수련들 역시 삶의 부정과 형이상학적인 중얼거림에 대한 어떤 표현도 아니었으며, 그것은 오히려 영적으로 미지의 어떤 영웅주의를 다루고 있다. 니체의 개개의 잘못된 해석들이 그의 발견의 의미가 지니는 가치를 떨어뜨릴 수는 없다. 그의 발견으로 니체는 좋은 의미에서 숙명적으로 모던하고 비-유심론적인nicht-spiritualistisch 자기수련론들을 시작하게 된다. 생리적이고 정신적인 기술들, 식이요법과 자기관련적인selbstbezüglich 훈련들로 이뤄진 부록들과 함께, 그리하여 내가 '인간공학'이라는 표현으로 집약하는, 자기생명의 형식에 대한 모든 형태의 자기관련적인 수행Üben 및 작업과 함께 말이다.

자기수련 현상들에 대한 니체의 새로운 관점에서 야기되는 충격의 의미는 좀처럼 과대평가될 수 없다. 모든 중세적이고 모던한 비非

---

*   Aaron Antonovsky, *Salutogenese: Zur Entmystifizierung der Gesundheit*, Dgvt, 1997[《건강 발생론: 건강을 탈신화하기 위하여》]를 보라.

고대 아래에서, 모든 미래 아래에서도 기다리고 있는 어떤 '초-시대적über-epochal'고대 속으로 그가 스스로 옮겨가서 이 자신의 시대를 향해(그리고 이 시대를 향한 것만은 아니다) 외부에서 오는 것과 같은 시선을 던지는 데 필요한 정도의 편심에 다다랐다. 그는 대안적으로 스스로 날짜를 기입함으로써 현재에서 뛰어내릴 수 있게 됐다. 이 도약은 그에게 고등문화들의 연속체인 3000년간의 정신적인 수행들, 자기단련들, 자기고양들과 자기탐닉들의 왕국을, 요약하자면 형이상학적으로 코드화된 수직적 긴장들의 만유를 어떤 들어본 적 없는 줄거리 속으로 포괄할 만큼 충분한 시력을 주었다.

여기서 무엇보다도 도덕 비판의 주저 《도덕의 계보》의 구절들을 인용할 수 있다. 이 구절들은 그것이 다루는 대상에 올림푸스 신전의 선명한 어법으로 대처한다. 결정적인 자리에서 병든 자기수련자들의 형태적 원환 전체의 특징이라고 니체가 말하는 삶을 부정하는 수행 형식들 혹은 세계의 피로가 이야기된다.

자기수련자는(사제적이고 병든 유형의-슬로터다이크) 삶을 마침내 삶이 시작한 곳까지 후퇴해야만 하는 어떤 미로처럼 다룬다. 혹은 행동을 통해 반박하는—반박해야만 하는 어떤 오류처럼 다룬다. 삶이 오류와 함께 가기를 요구하고, 그럴 수 있는 곳에서 현존재의 가치 평가를 강제하기 때문이다. 이것은 무엇을 의미하는가? 이렇게 기괴한 가치 평가의 방식은 인간의 역사 속에 예외의 경우와 기묘한 사건으로 기입되어 있지 않다. 그것은 존재하는, 가장 광범위하고 가장 오래된 사실들의 하나다. 멀리 있는 천체에서 읽어보면 어쩌면 우리의 지구-현존재라는 대문자는 지구는 본래 **자기수련의 별**이자 불평하고 교만하고 부적당한 피조물들의 은신처라는 결론으로 인도할 것이다. 이 피조물들은 자기 자신에 대해, 지구에 대해, 모든 삶에 대해 깊은 불만에서 결코 벗어나지 못하고 고통을 주는 것에 대한 즐거움에서 자기 자신에게 가능한 많은 고통을 가하고 있을 것이다. 아마 그의 유일한 즐거움으로 여기면서 말이다.*

이 메모로 니체는 문화-행성과학이라고 표현할 수 있을 새로운 인간과학의 개척자로 나타난다. 그 방법은 문화적 형성물들을 촬영하여 우리의 천체를 마치 저 높이에 있는 것처럼 관찰하는 데 있다. 이미지를 부여하는 새로운 추상화들을 통해 지구 거주자들의 삶은 더 일반적인 표본을 샅샅이 찾아내게 될 것이다. 그러면서 자기수련주의가 역사적으로 성장한 어떤 구조로 밝혀진다. 니체는 이 구조를 매우 정당하게 "존재하는, 가장 광범위하고 가장 오래된 사실들der breitesten und längsten Thatsachen, die es giebt"의 하나라고 이른다. 이 '사실들Tatsachen'은 그것들에 적합한 제도법과 부합하는 지구과학과 전문지식을 요구한다. 도덕의 계보는 그것 말고 다른 것이 되려 하지 않을 것이다. 도덕체계의 기원(그리고 **바로 그러므로**eo ipso 도덕적으로 방향을 잡은 삶의 형식들과 수행 형식들)에 대한 새로운 학문은 일반 자기수련론이 등장하는 첫 번째 형태다. 이 자기수련론으로 종교들과 윤리들을 인간공학적 실천들로 명시화하는 역사가 시작된다.

니체가 이 구절에서 예외적으로 병든 자들과 그들의 간병인들인 사제들의 자기수련들에 대해 말하고 있다는 사실 때문에 화제를 다른 곳으로 돌리지 말아야 한다. 그가 발견한 자기수련의 별은 수행자들 전체의 별이자 고등문화인들의 별이며 수직적 긴장들 아래에 있는 자신들의 실존에 다소 엄격하게 코드화된 수많은 전력투구의 프로그램들로 그 형태와 내용을 부여하기 시작했던 이들의 별이다. 니

---

* Friedrich Nietzsche, "Dritte Abhandlung: was bedeuten asketische Ideale?", *Zur Genealogie der Moral*. KSA 5, Dtv, 1988, p.362[프리드리히 니체, 《선악의 저편, 도덕의 계보: 니체 전집 14》, 김정현 옮김, 책세상, 2002/2019, 479~480쪽, 번역 일부 수정].

체가 자기수련의 별에 대해 말한다면, 그가 차라리 어느 이완된 별에 태어나길 원하기 때문에 그런 것이 아니다. 그의 고대-본능은 거주할 가치가 있는 각 천체가 하나의—올바르게 이해된다면—자기수련의 별이자 수행자들과 향상하려고 애쓰는 자들과 비르투오소Virtuose들이 살고 있는 그런 별이 되어야만 한다고 그에게 말한다. 그에게 고대는 사람들이 신성하고 제국적인 전체의 상을 받아들일 만큼 충분히 강해져야만 했던 그런 시대의 암호 말고 다른 무엇이 될 수 있을까? 고대의 거대한 세계관들에는 필멸자들에게 그들이 '만유Universum'와 더불어 어떻게 조화롭게 살 수 있는지를 보여주려는 의도가 내재해 있었다. 아무리 전체가 그들에게 그 수수께끼 같은 측면, 곧 개개인을 배려하지 않는다는 것Rücksichtslosigkeit을 보이더라도 그리고 바로 그럴 때에도 말이다. 고대인의 지혜라고 불렀던 것은 본질적으로 어떤 비극적 전일全—주의였다. 영웅주의 없이는 다다를 수 없었던 거대한 전체 안으로 스스로를 끼워넣는 것이었다. 니체의 별은 거주자가, 특히 남성 거주자가 애달픔 없이 새롭게 세계의 무게를 견디는 장소가 되어야만 한다. 스토아주의의 금언에 따르면 우주를 감당할 만큼 체력을 유지하는 것만이 문제다. 여기에 속하는 어떤 것이 얼마 안 있어 하이데거의 염려에 대한 교의에 다시 등장한다. 이 교의의 외침 밑에서 죽기 마련인 이들은 현존재의 근심이라는 특징에 익숙해져야 한다(죽기 마련인 이들이란 1918년 이후에는 다른 전선들에서 다른 죽음의 종류에 대한 대기자들로 준비하고 있어야만 했던 부상자들이자 비-전사자들이었다). 어떤 경우에도 지구는 병든 자들의 르상티망ressentiment[원한, 복수심] 프로그램과 모욕당한 자들의 손해배상의 술책들이 그 풍토에 영향을 주는 공공시설로 남아 있을 수는 없다.

이렇게 자기수련들을 구분하면서 니체는 그가 포악한 시선으로 두루 비추고 있는 사제적인 변종들을 한쪽에, 그리고 정신적으로 창조적인 이들과 철학자들과 예술가들의 규율적인 규칙들을 비롯해 전쟁 군인들과 운동선수들의 연습들을 다른 한쪽에 떨어뜨려놓는다.

사제적 변종들에는 이른바 **병리적인**pathologisch 자기수련에 좌우된다면—이것은 어느 선별된 비통한 자들의 솜씨 좋은 자기억압으로, 이것에 의해 그들은 다른 비통한 자들을 이끌고 건강한 자들을 함께 병듦으로 유혹할 수 있다—, 정신적으로 창조적인 이들 등은 그들이 사상가와 작품들의 창조자로서 최선에 다다르기 위한 수단을 저 규제들에서 본다는 바로 그 이유만으로 그것들을 세운다. 니체가 거리의 파토스*라고 이름 붙인 것은 완전히 자기수련의 정신들을 분리하는 데 할애되어 있다. 그것은 "과제들을 구분"해야만 하고 성공한 자들과 선한 자들과 건강한 자들이 더 성공하고 더 선해지고 더 건강해질 수 있게 만드는 수행들을 단호한 실패자들과 악의가 있는 자들과 병자들 자신을 기둥과 강단에 배치하는 저 수행들에서 분리해야 한다. 그것이 비뚤어진 우월감에 다다르기 위해서든, 아니면 자신의 병듦과 실패함에 대해 괴로워하며 느끼는 흥미로부터 스스로 관심을 돌리기 위한 것이든 상관없다.** 여기서 건강함과 병듦의 대립이 의학적으로만 이해될 수 없다는 것을 강조할 필요는 없다. 이 대립은 억제된 운동을 우선하는 삶보다는 '제1운동'("스스로 구르는 바퀴가 되라!")을 갖춘 삶을 우선시하는 어떤 윤리를 주로 구분하는 것으로 기능한다.

도덕사적 관점들을 확장함으로써 운동경기적이고 신체적인 르네상스의 테제가 무엇을 의미하는지 알게 될 것이다. 19세기에서 20세기로 전환될 무렵 예술학의 언어 규정에 따라 '고대의 재탄생 Wiedergeburt der Antike'을 뜻하는 현상이 고대의, 더군다나 고대 초기의 문화 잔해들에 우리가 관여하도록 하는 동기를 근본적으로 변형시키는 그런 단계에 들어섰던 것이다. 그러면서 문제는 앞서 본 것처럼 삶의

---

*   Ibid., p.371[같은 책, 490쪽].

**   Ibid., p.382[같은 책, 503쪽]. 이러한 단서로부터 알프레트 아들러Alfred Adler는 그의 심리 치료의 개인심리학적인 단초를 이끌어냈다. 여기에서 신경증은 열등한 자를 우월하다고 속이도록 해주는 비용이 많이 드는 보조적 구조로 정의된다.

변화가 아직은 삶을 부정하는 자기수련들의 명령 아래에 있지 않았던 시기로 후퇴하는 것이다. 이 '초시대적' 시기는 마찬가지로 미래라고 이름 붙일 수 있고, 이 시기로 후퇴하는 것처럼 보인 것은 앞을 향한 도약으로도 생각될 수 있다. 릴케가 아폴로-토르소를 경험했던 것처럼 이 방식은 니체가 그 뒤를 밟고 있던 그와 같은 문화적 전환을 증언했다. 그때 니체는 사제적이고 '생명부정적이고bionegativ' 유심론적인 자기수련들의 배치에 대한 그의 성찰을 비롯한 생명의 자기 자신에 대한 역설적 싸움이 가시화되는 지점까지 밀고 나갔다. 그는 더 고등한 인간의 삶의 형식들의 자기수련론적 기초들과 마주침으로써 '도덕'에 새로운 의미를 부여했다. 인간의 태도 속에 수행의 층이 차지하는 그 폭은 긍정하는 '도덕'과 부정하는 '도덕'의 대립을 포괄할 만큼 충분히 넓게 정해져 있다.

한 번 더 강조하자. "존재하는, 가장 광범위하고 가장 오래된 사실들의 하나"에 대한 이 공표는 스스로 괴로워하며 자기 자신과 교섭하는 형태를 갖추는 것과 관계할 뿐 아니라, '자신에 대한 배려(돌봄)Sorge um sich'의 모든 변종들과 마찬가지로 최상의 것에 동화하려는 배려(돌봄)의 모든 형태들을 포괄한다. 게다가 일반 수행이론이자 습성론이고 인간공학의 핵심 분과로 파악될 수 있는 이 자기수련론의 관할은 고등문화 현상들과 정신적 혹은 신체적 수직 상승들의 눈부신 결과들에서(비르투오소다움Virtuosentum의 매우 다양한 특징 안으로 흘러들면서) 멈추지 않고, 모든 생기적 연속, 모든 습관의 연쇄, 모든 체험된 계속을 포함한다. 가장 형태가 없는 것처럼 보이는 표류와 가장 부주의한 쇠약을 포함해 말이다.

니체의 후기 저서들에 뚜렷하게 새겨진 일면성을 잘못 볼 수 없다. 그는 긍정적인 측면에 따른 자기수련론적 발견들을 그가 병적인 극을 탐색하면서 밝힐 때 그런 것만큼 강조하면서 추적하지 않았다. 틀림없이 그가 운동경기적이고 식이요법적이고 미적이고 '생명정치적biopolitisch'이기도 한 긍정적 수행 프로그램의 의미보다는 부정적인 자기수련적 이상의 치료적 의미를 다루기를 더욱 강하게 원했기 때문이었다. 그는 평생 의미 있는 병의 극복 가능성들에 흥미를 느낄 만큼 충분히 아팠고, 의미 없는 것의 전승된 의미 부여를 거부할 만큼 충분히 의식이 또렷했다. 그래서 그에게 지금까지 인류의 역사에서 이뤄진 자기수련적 이상들의 실행에 대한 마지못한 존중은 마지못해서 자신을 위해 이 실행을 요구하는 것과 결합됐다. 자기 자신에게 강제를 행사하는 태도에 대한 인정과 그런 실천들의 이상주의적 과다 긴장에 대한 회의 사이에서 흔들리면서 그는 자기수련, 수행, 자기치료 전체의 태도 영역에 대해 새롭게 주목하게 된다. 그것을 인간공학들에 대한 일반이론의 표현으로 새롭게 기술하는 것이 지금은 시급하다.

'자기수련의 별asketischer Stern'의 발견에 있는 문제들을 비롯해 그 귀결들을 매우 풍부하게 만드는 세 요점을 확인할 수 있다. 첫 번째, 자기수련의 차원에 대한 니체의 새로운 시선은 자기수련들이 영성주의 이후의 것으로post-spirituell 신체화되고, 반대로 영성에 대한 표명들은 자기수련주의 이후에post-asketisch 규율과는 거리가 멀고 비공식적인 길로 빠져들었던 시기에 비로소 가능해질 수 있었다. 이러한 자기수련들의 탈영성화는 짐작컨대 실제 인류의 정신사에서 가장 포괄적이며 그 거대한 형태 때문에 가장 지각하기 어려우면서도 가장 느끼기 쉽고 분위기상 가장 강력한 사건이다. 이 사건에 영성의 비공식화가 그 역방향으로 교통하며 대응한다. 이것은 여기에 부합하는 하위문화들에서 영성이 시장화되면서 일어난 것이었다. 두 추세의 한곗값이 20세기의 정신적인 랜드마크를 제시한다. 첫 번째 추세에는 스포츠가 해당하는데, 이것은 성취 일반에 대한 은유가 됐다. 두 번째 추세에는 대중적인 신-신화학이 해당하는데, 이 **포스트모던적 신심**devotio **postmoderna**은 당대 개개인의 삶을 예측할 수 없는 내적인 예외상태들의 섬광으로 덮는다.

두 번째, 자기수련의 별이 그 자체로 발견된 뒤 이 별에는 스스로 무엇인가 하거나 많이 하는 이들과 스스로 아무것도 안 하거나 적게 하는 이들 사이의 차이가 늘 두드러지게 된다. 이것은 어떤 시기에도 어떤 윤리에도 맞지 않는 차이다. 어떤 사회학도 이 차이를 잘 다루지 못한다. 유일신론의 시대에 신은 모든 것에 영향을 끼치고 모든 것을 하는 그런 자로 여겨진다. 그래서 인간에게는 자기 스스로 무엇인가 하거나 많이 할 수 있는 권한이 없다. 반대로 인간주의의 시대에는 인간이 모든 것에 영향을 끼치고 모든 것을 하는 그런 자로 여겨진다. 그렇게 되면 인간에게는 스스로 아무것도 안 하거나 적게 하는 권리가 더 이상 없다. 인간이 스스로 아무것도 안 하든 혹은 많이 하든, 그들은 [앞서] 전승된 논리들에 따르면 설명할 수 없고 용서하기 어려운 실수를 하나 저지르는 셈이다. 삶을 해석하는 체계 가운데 어느 것에도 어울리지 못하는 차이의 과잉이 있는 것이다. 신에게 속하는 세계에서 인간은 고개를 들자마자 스스로 너무 많이 하지만, 인간에게 속한 세계에서 인간은 보통 스스로 충분치 않게 한다. 인간들 사이의 불평등의 근거가 그들의 자기수련에 놓일 수 있다는 것, 즉 수행하는 삶의 도전들에 대한 입장들의 다양함에 놓일 수 있다는 것, 이 생각은 인간들 사이의 다양함의 최종 원인들에 대한 탐색의 역사에서 한 번도 정식화된 적이 없다. 이 추정을 뒤따라가면 이 원인들은 문자 그대로 생각해본 적 없기 때문에 들어본 적 없는 관점들을 열어젖힐 것이다.

마지막으로, 운동경기적이고 신체적인 르네상스가 탈영성화된 자기수련들이 다시 가능해지고 바람직한 것이 되고 지극히 이치에 맞는 것이 된다는 것을 의미한다면 니체가 그의 저서 《도덕의 계보》의 끝에서 제시한 격앙된 질문 '신들의 황혼 이후 인간의 삶은 어디를 지향할 수 있는가'는 완전히 수월하게 답해진다. 정신적으로도 신체적으로도 이해된 생명력 자체가 이상과 이하 사이의 격차를 담고 있는 매개물이므로 그것은 상승들을 지향하는 수직적 모멘트를 자신

1부. 수행자들의 별

안에 갖고 있고, 별도의 외적이거나 형이상학적인 유인자가 필요하지 않다. 신이 죽었다는 것도 이 맥락에서는 별수 없다. 신과 함께 혹은 신이 없이 모두 그의 컨디션이 그를 견디는 그만큼 멀리 갈 수 있을 따름이다.

자명하게도 '신'은 그가 가장 영향력 있는 문화적 재현의 시대에는 '그를 향하여zu ihm'(그리고 이 '그를-향하여'는 곧바로 '위쪽으로hinauf'와 같은 것이었다) 추구했던 삶의 형식들과 수행 형식들에 대해 바로 가장 많은 신뢰감을 주는 유인자였다. 신의 죽음 이후 수직적 긴장을 구제하려는 니체의 염려는 그가 어떤 의미에서 사태가 심각하기에 자신의 과제를 '마지막 형이상학자letzter Metaphysiker'라고 써넣었는지 입증한다. 이 명칭에 있는 그의 사명의 희극성을 놓치지 않고서 말이다. 신 없는 수직성에 대한 증인으로서 그는 자신의 위대한 역할을 발견했다. 그가 당대에 어떤 라이벌도 두려워하지 않을 수밖에 없었다는 것이 그의 선택이 옳았음을 인정해준다. 망자들이 있을 수 있게 고지를 비워두라는 그의 요구는 20세기의 적지 않은 비통한 동료들에게는 분명한 것으로 남아 있는 어떤 정념이었다. 이것은 오늘날까지도 니체의 실존과 그 실존의 견딜 수 없는 모순들에 대해 많은 독자들이 감염된 것처럼 관여하도록 동기를 부여한다. 여기서 이번만큼은 한정적 형용사 '비극적tragisch'이 자리하고 있다. 그의 영혼의 삶의 인신동형론人神同形論Theomorphismus*은 자신의 신을 파괴하는 수행들을 지탱한다. 《즐거운 학문Fröhliche Wissenschaft》의 저자는 그가 여전히 또한 얼마나 경건한지 의식했다. 동시에 그는 모든 상승들은 범속한 삶의 베이스캠프에서 시작된다는 것이 틀림없이 자신에게 명백해질 정도로 이미 충분히 자기수련의 별에서 유효한 게임 규칙들을 이해하

---

* 인간이 신과 닮아 있거나 신의 속성을 인간에게 부여한다는 의미뿐 아니라 그리스도교의 이단론으로 신이 신의 아들로 육화되면서 신의 본성을 잃어버렸다는 주장이기도 하다.-옮긴이.

고 있었다. '초월한다면 어디로 할 것인가?' '상승한다면 어느 높이로 할 것인가?'와 같은 그의 물음들은 그가 고요하게 자기수련이라는 사실들의 지반에 머물러 있다면 저절로 답해질 것이다. 그는 삶에서 중요한 문제는 부차적인 문제를 진지하게 받아들이는 것이라는 그의 가장 중요한 인식을 따르기에는 너무 아팠다. 부차적인 문제가 강화되는 곳에서 중요한 문제에서 야기되는 위험은 억제될 것이다. 그렇다면 부차적인 문제에서 더 높게 상승한다는 것은 중요한 문제에서 나아간다는 것을 의미한다.

3.
불구자만 살아남을 것이다
: 카를 헤르만 운탄의 교훈

강한 저항을 받더라도 나아가라는 강제에 삶이 접합될 수 있다는 것은 더 젊고 자칭 더 인도적이고 더 이해심이 있고 더 예의 바른 시대정신의 소유자들에 의해 장애인, 다른 재능을 타고난 사람, 돌봄이 필요한 사람, 결국 단순히 '인간들Menschen'*이라고 개명되기 전에 사람들이 부주의하게 불구자라고 불렀던 집단의 사람들이 체험하는 기본 경험에 속한다. 내가 이어지는 장에서 오늘날 이미 무례하게 작용하는 낡은 표현을 계속 사용한다면, 내가 이 탐색들에서 상기시키려는 시대의 어휘 안에 이 표현이 본연의 자리를 차지하고 있다는 이유에서 예외적으로 그런 것이다. 만약 어떤 감수성, 또한 어떤 감상에 불과할지 모르는 것에 편의를 제공하기 위해 이 표현을 포기한다면 이로 인해 필수 불가결한 관찰과 통찰의 체계 하나가 사라지고 말 것이다. 나는 이어서 인간과 불구자의 익숙하지 않은 수렴을 니체 이후 세대의 담론들에 생성시켜서 더 최근에 일어난 인간의 향상 동기의 구조적 변동에 대한 더 폭넓은 해명을 얻고자 한다. 여기서 20세기 인간에 대한 담화가 얼마나 불구자 인간학의 명제들에 입각하고 있는지, 그리고 불구자不具者의 인간학Krüppelanthropologie이 어떻게 자연스럽

---

*　기억을 떠올려보면, 1964년에 설립된 유명한 독일 장애인 구호 단체 '돌봄이 필요한 자를 위한 행동Aktion Sorgenkind'은 올바름correctness이라는 시대정신의 압박 속에서 2000년 3월부터 '인간을 위한 행동Aktion Mensch'으로 개명됐다.

게 어떤 불구不拘의 인간학Ttrotzanthropologie으로 이행하는지 나타날 것이다. 불구의 인간학에서 인간은 무엇인가의 방해를 받았기 때문에 나아갈 수밖에 없는 동물로 출현한다.

동사 '입각하다fußen*'는 나에게 니체에 의해 유발된 수행자들의 별에서의 탐색들—그리고 모종의 방식으로 역시 릴케에 의해 도입된 토르소들에 대한 숙고—을 계속하게 하는 보고서에 대한 표제어를 제공한다. 하이데거의 《존재와 시간》이 나오기 2년 전, 셸러의 《우주에서 인간의 위치Die Stellung des Menschen im Kosmos》가 나오기 3년 전인 1925년 슈투트가르트의 루츠 기념도서관에서 들뜨게 하는 동시에 충격을 주는 제목 《발로 쓴 원고: 어느 팔 없는 자의 삶의 수기들과 30장의 삽화Das Pediskript. Aufzeichnungen aus dem Leben eines Armlosen, mit 30 Bildern》가 출간됐다. 이 책은 1848년 동프로이센에서 태어나 1929년 사망한 카를 헤르만 운탄Carl Hermann Unthan의 '깃펜Feder'에서 비롯됐다. **사실상de facto** 그것은 발로 석필 한 자루를 사용해 타자기를 툭툭 건드려 쓴 것이었다. 틀림없이 운탄은 본의 아니게 실존의 비르투오소들의 만신전에 한자리를 얻을 것이다. 비록 출발의 조건들을 고려하면 그는 스스로 아무것도 못하거나 거의 할 수 없었을 것임을 모두 분명히 보여주는데도 그는 스스로 많이 할 줄 알았던 이들에 속한다. 팔 없이 태어난 소년은 예닐곱 살의 나이에 바닥에 세워둔 상자에 바이올린을 고정시키고 연주할 수 있는 가능성을 우연히 발견했다. 천진난만함과 집요함이 뒤섞인 채 그는 자신이 발견한 두 발을 가지고 하는 바이올린 연주 방법을 개선하는 데 몰두했다. 그러면서 오른발이 손가락들을 바이올린의 현에 두는 손의 역할을 떠맡는 한편, 왼발로는 활을 켰다.

이 젊은이는 인내를 가지고 연습해 쾨니히스베르크 김나지움을 다닌 뒤 라이프치히 음악대학에 입학하게 됐다. 거기서 그는 엄청난 연습량을 이행하면서 상당한 정도의 비르투오소성Virtuosität에 다다랐

---

* 직역하자면 '발Fuß로 서 있다'는 의미다.—옮긴이

다. 그의 연주곡목은 확장되었고 금방 예술적으로 최고난도의 곡목들 역시 포함했다. 당연히 장애인의 바이올린 연주가 평범한 형태로 실행됐다면, 그의 믿을 수 없는 기교로 인해 그에게 주어졌던 것과 같은 많은 주목을 멀리에서 거의 받을 수 없었을 것이다. 주목을 받기까지는 오래 걸리지 않았고, 어느 보드빌 극장 운영자가 운탄에게 관심을 보이기 시작했다. 아직 미성년이던 그는 1868년부터 콘서트 여행을 떠났다. 이 여행은 독일 시골의 기착지들을 경유해 유럽의 대도시들로 그를 데려갔고 나중에는 바다 건너까지 데려갔다. 그는 그 중에서도 요한 슈트라우스 [2세]Johann Strauss II[1825~1899. 오스트리아 작곡가, 왈츠의 왕]와 미하엘 치러Carl Michael Ziehrer[1843~1922. 오스트리아의 작곡가] 같은 악단 지휘자들을 소개받았던 빈에서 연주했다. 뮌헨에서 그는 헝가리-바이에른의 군악대 지휘자이자 왈츠의 황제 요제프 군글Josef Gungl[1809~1889]이 이제 막 작곡한 〈히드로파덴 왈츠Hydropathen-Walzer〉를 그 앞에서 연주함으로써 그에게 깊은 인상을 남겼다. 군글은 특히 발가락으로 중음*을 내는 것에 당황했다. 부다페스트의 "가득 채워진 무도회장"에서 열린 콘서트가 끝난 뒤 첫 줄에 앉아 있던 프란츠 리스트Franz Lisz[1811~1886. 헝가리 작곡가 겸 피아니스트]가 그의 비르투오소다운 연주를 듣고 그를 축하했다. 리스트는 그의 "두 뺨과 두 어깨를" 두드리면서 그를 인정했다. 운탄은 이를 이렇게 적는다. "그의 열광이 진짜인지 나로 하여금 의심하게 만든 것은 무엇이었을까? 어떻게 해서 그의 열광은 나에게 그렇게 나타났는가?"** 70세가 넘어《발로 쓴 원고》를 집필하던 당시 운탄은 이 메모로 늙은 비르투오소들과 젊은 비르투오소들의 관계에서 평가 불가능의 문제를 건드렸을 뿐 아니라, 이 서술된 장면에서 반세기가 지나 내리쓴 질문들은 증상으로서 의미가 있었다고 이해할 수 있다. 저자에게 그가 진기한

---

* 두 개의 현을 동시에 누르고 켜는 음.-옮긴이

** C. H. Unthan, *Das Pediskript*, Lutz, 1925, p.73[《발로 쓴 원고》].

사람이 아니라 음악가로서 진지하게 받아들여질 수 있다는 환상이
아직은 퇴색하지 않았던 멀리 있는 시간을 상기시킨 것이다. 아버지
처럼 동정하는 리스트의 몸짓에서 저자는 50년이 지난 뒤에도 여전
히 환멸의 차가운 입김을 느꼈다. 리스트 그 자신이 옛날에 신동이었
기에 그는 모든 종류의 비르투오소들에게 어떤 종류의 삶이 임박하
는지를 경험으로 알고 있었다. 그만큼 더 리스트는 자연의 어떤 변덕
에 대한 승자로서 세계를 여행하는 한 젊은이에게 이제 무슨 일이 생
길지 예감했다.

널리 퍼진 전기들의 클리셰는 그 주인공이 보통 고생한 첫 시기
가 지나서야 "세계를 정복했다"라고 이야기한다. 운탄은 이 관용구
를 일화에서 일화로 이어지는 그의 성공 시절의 전설Saga*을 대도시
에서 대도시로, 대륙에서 대륙으로 이동하는 장거리 여행 보고서로
진술하는 자화상Selbstdarstellung의 양식으로 붙잡는다. 그는 커나드 증기
선에서, 철도에서, 모든 등급의 호텔에서, 권위 있는 콘서트홀에서,
남루한 거주지에서 끊임없이 이동하는 어느 긴 삶의 이야기를 보고
한다. 그는 자신의 경력의 대부분을 수상쩍은 보드빌 극장의 무대 위
에서 지내며 보냈는데, 그는 자신의 연주를 끝내고 무대 맨 앞에서
깜짝 놀란 청중에게 "발키스"**를 던졌다. 운탄의 공적 삶의 근본소
음은 그의 등장에 소스라치게 놀란 이들의 갈채의 환호였던 것처럼
보인다. 자서전으로도 비망록으로도 표현될 수 없고 그나마 제일 진
기한 일이라는 표제어로 등록될 수 있을 운탄의《수고들》은 능숙한
관용구들이 섞여 있으며 19세기 중반의 견문 작문 어법에 의지하는,
단순한 동시에 감상적인 언어로 작성됐다. 흡사 능변으로 작성됐다.

《발로 쓴 원고》의 페이지마다 저자는 자신의 삶의 성공이 그림
같은 체험의 상황들로 차고 넘치는 어떤 집대성으로 드러난다는 확

---

*   아이슬란드를 중심으로 12~14세기에 성행한 고대 게르만 전설.-옮긴이
**   Ibid., p.147.

신을 표현한다. 부르주아 시대의 어느 여행기처럼 운탄은 그의 보물들을 펼쳐놓는다. 첫 연주회, 첫 자전거, 첫 실망. 그 곁에 기괴한 관찰들이 득실댄다. 황소가 몇몇 투우사들을 찌르는 어느 투우. 우산으로 목을 다친 어느 칼 곡예사. 1873년 아바나에는 화려하게 화장한 모든 나이대의 여성들이 있었고 "모든 것 위에 몰락의 숨결이 내려앉았다". 또한 흑인 여자들의 춤에서 "우리는 상상할 수 있는 한 가장 금지된 것을 보았다". 멕시코의 도마뱀 식사. [인디애나주의] 밸퍼레이조에서 "매진되었고" "태양은 천천히 태평양으로 가라앉았다. 마치 이별이 힘들어 보인 것처럼⋯⋯" "등을 돌리지 않고서" 일곱 시간 동안 박자를 맞추어 헤엄치고 그 때문에 격렬한 뙤약볕 아래에 있었다. [독일] 뒤셀도르프에서 다리 하나로 그림을 그리는 운명의 사촌인 어느 팔 없는 초상화 화가와 마주쳤고 "질문과 대답이 끝없이 이어졌다". "그는 삶의 기쁨과 혈기로 가득 차 있었다. 그럼에도 우리의 수다는 대부분 심연에까지 다다랐다." 어머니의 죽음, "내 안에서 기도를 했고 무엇을 기도했는지 나는 알지 못했고 알지도 못한다". 사람들이 더 특색 있는 동양에서 했던 무대들, "나의 가장 극단적인 체험들을 열거하는 것만으로 책들은 채워질 것이다". "가장 극악무도한 지상의 불량배들이 모였던" 것처럼 보였던 그리스도의 무덤에서의 실망. 카이로에서의 구금, 빈에서의 니코틴 중독, 상트페테르부르크에서 차르 알렉산드르 3세Alexandr III[1845~1894. 재위기에 평화를 유지해서 '중재자'로 불린 러시아제국 황제]의 면전에서 발로 총을 쏜 것, 마나과에서의 객연, "도시 레옹은 퇴보의 특색을 띠고 있다", 쿠바 위로 떨어진 혜성. 〈팔 없는 남자Mann ohne Arme〉라는 제목의 영화 제작에 협력한 것. 뉴욕으로 가는 배 "엘베호"에서 게르하르트 하우프트만Gerhart Hauptmann[1862~1946. 독일의 희곡 작가로 1912년 노벨문학상 수상]의 여행 동반자가 되어 그와 짧은 대화를 나눈 뒤 도착한 새로운 세계, "미국인들은 이례적인 것을 자극적으로 이해한다". "'당신은 내가 아는 한 가장 행복한 사람입니다'라고 미국인들이 존 디John

D.[1830~1937. 미국의 대표적 대부호인 록펠러]라고 부르는 누군가가 말했다. '그러면 록펠러 씨, 당신은 돈이 있어서 행복합니까?'라고 나는 그에게 물었다. '저는 전 재산으로도 당신의 삶의 기쁨을 살 수 없습니다……'"

《발로 쓴 원고》는 일종의 대중적인 의미로 이해된 '생철학적lebensphilosophisch' 퍼포먼스로 읽힐 수 있을 것이다. 운탄은 어떤 기예가Artist의 자세로 청중 앞에 등장한다. 바이올린 위에서, 나중에는 소총과 트럼펫을 가지고 보여준 그의 특별한 비르투오소다움은 비르투오소다움의 총체에, 삶의 모든 측면들을 관통하는 삶의 기예에 대한 수행에 입착되어 있다. 이 책의 삽화 부분이 무엇보다 문을 열고 모자를 쓸 때와 같은 일상적인 일을 하는 저자를 분명히 보여준 데에는 이유가 없지 않다.

운탄의 더 상투적인allgemein 직관들을 어떤 이론적인 어법으로 번역하고자 한다면, 그의 입장은 생기론적으로 채색된 '불구자 실존주의Krüppelexistentialismus'라고 규정될 수 있을 것이다. 이 입장에 따르면 장애인은 장애에 던져져 있음을 광범위한 자기선택의 출발점으로 파악할 수 있는 기회를 가진다. 이것은 니체가 《이 사람을 보라Ecce homo》에서 〈나는 왜 그렇게 현명한가Warum ich so weise bin〉의 제목으로 두 번째 절에서 표현하는 것과 같은 자기치료적인 근본 태도를 의미한다. "나는 나 자신을 손에 쥐고, 내 스스로 다시 건강하게 만들었다……"* 또한 운탄은 그의 선택을 고유한 미래에 관련시킨다. 독립성 속에서 자유를 느끼던 스물한 살에 그는 다음 문장을 입에 담는다. "강철과 같은 주먹으로 나는 나를 쥐고 나에게서 모든 것을 끄집어낼 것이다……"** 장애는 그에 의해 의지의 학교로 해석된다. "태어날 때부터 자기만의 시도에 맡겨져 있고 그렇게 하는 데 방해받지 않는 사

---

* 프리드리히 니체, 《이 사람을 보라 외: 책세상 니체 전집 15》, 백승영 옮김, 2002, 334쪽, 번역 일부 수정.-옮긴이

** Unthan, *Das Pediskript*, p.97.

람은 …… 그에게는 어떤 의지가 발달한다. …… 자립에 대한 충동이 …… 그치지 않고 시도하라고 자극한다."*

그 귀결은 멜랑콜리에 대한 엄격한 금지를 동반하는 정서적 긍정주의다. 운탄의 모든 종류의 동정에 대한 혐오는 니체의 도덕철학과 유사한 규정들을 상기시킨다. 지속하는 고통만이 어떤 장애인을 지치게 할 수 있을 것이다. "의지가 모든 다른 작폐를 무너뜨리고 태양빛을 위한 기반이 구축된다."** 자유롭게 발전할 수 있는 불구자의 "명랑한 삶에 대한 이해는" 듣던 바대로 "완전한 사람"에게서 찾을 수 있는 것보다 "더 높은 삶의 기쁨의 백분율"로 이어진다.***

운탄은 그의 《수고들》을 자신의 고백을 알리는 어떤 개요로 끝맺는다.

> 나는 완전한 사람에 대하여 어떤 면에서도 제한되지 않는다고
> 느낀다. …… 아직 나는 내가 모든 상황을 고려한 뒤 맞바꾸었
> 으면 하는 어떤 사람도 발견하지 못했다. 나는 진정 환경보다
> 는 나 자신과 더 많이 투쟁했다. 그러나 내가 팔이 없기 때문
> 에 일어난 투쟁들에서 바로 자라났던 가장 미세한 영혼의 즐
> 거움을 나는 세계의 어떤 대가를 치르고서도 팔아넘기고 싶지
> 않다.****

전체적으로 불구자에게 자유로운 발휘를 허용하는 것이 유일한 문제라는 이 명제에서 운탄은 해방의 압박과 참여의 요구 사이에서 동요하는 그의 도덕적 직관들을 압축해놓고 있다. 여기서는 '자유로운 발휘freie Entfaltung'를 동시대의 보헤미안 이데올로그들이 주장했던

---

* Ibid., p.306.
** Ibid., p.307.
*** Ibid.
**** Ibid.

것과 같은 미적인 과잉에 대한 허가라고 이해할 수 없다. 불구자에게 "발전하도록 충분한 빛과 대기"*를 허락한다는 것은 오히려 그에게 정상성에 대한 참여의 기회를 허용하는 것을 뜻한다. 그렇게 이 장애인에게서 시민들과 기예가들 사이의 관계가 뒤바뀐다. 그는 범속에서 탈주하는 시민처럼 푸른 마차에 있는 사람들(집시들)을** 뒤따르는 꿈을 꿀 수 없다. 그가 예술가가 되고자 한다면 그는 시민이 될 수 있어야 한다. 그에게 기예Artistik란 시민의 노동의 정수이고, 이 노동으로 그의 생활비를 지불하는 것이 그의 자부심의 근거가 된다. 그때그때 저자는 적는다. 당대의 발테르 폰 데어 포겔바이데Walther von der Vogelweide[1170~1230. 중세 독일의 가장 위대한 서정시인]가 되어 어느 지체 높은 주인으로부터 겨울을 날 수 있는 모피를 선물받기를 원하지 않는다고 말이다. "나는 나의 두 발로 일하여 모피를 얻는 것이 더 좋다."***

운탄의 불구자 실존주의의 윤리적 핵심에서 우리는 정상성이 비정상에 대해 가지는 역설을 발견한다. 여기서는 좁은 의미에서 실존론적으로 세 가지 동기들이 있으며, 이 동기들을 완성하는 일이 20세기 철학에 남겨져 있었다. 첫 번째 동기는 자기선택의 형상으로, 이것에 힘입어 주체는 자신으로 만들어졌던 것에서 무엇인가를 만들어낸다. 두 번째 동기는 모두가 '타자의 응시Blick des Anderen' 밑에 존재하는 사회-존재론적 강제 상태로, 여기에서 자유에 대한 자극이, 달리 말하자면 낯선 시선에서 야기되는 규명의 폭력에 맞서 스스로를 주장하는 '동인Anstoß'이 발생한다. 그리고 마침내 자기기만(불성실)

---

*   Ibid.
**   [영어판 옮긴이 주] 《토니오 크뢰거》(토마스 만, 안삼환 옮김, 민음사, 1998, 13쪽)에서 서술자 토니오 크뢰거는 '초록색 마차를 타고 있는in grünen Wagen' 사람들을 집시들로 특정화한다. "우리들은 그래도 초록색 마차를 타고 유랑하는 집시족이 아니라 점잖은 사람들이지."-옮긴이
*** Unthan, *Das Pediskript*, p.72.

mauvaise foi의 유혹으로 주체는 자신의 자유를 내던지고 사물들 가운데 하나의 사물의 역할을, 즉자An-Sich(그 자체)의 역할을, 자연적 사실의 역할을 맡고자 한다.

프랑스 실존주의의 관점에서 운탄은 모든 것을 올바르게 했다. 그는 자기 자신을 선택하며, 자신을 타인들의 노예로 만드는 동정에 맞서 자신을 관철시키고, 자신의 삶의 행위자로 남아 있으면서 우세하다고 알려진 환경들에 대해 어떤 협력자도 되지 않을 것이다. 그럼에도 그가 모든 것을 올바르게 한 근거는—철학적 은어로 표현될 수 있는 것보다 어쩌면 훨씬 더 올바르게—라인강 왼편[프랑스]에서 반사되는Reflexion 사유 수단으로는 충분히 완전하게 조명될 수 없다. 프랑스적 접근의 불충분은 1940년 이후 프랑스에서 발생한 실존주의가 정치적 장애인들을 위한(이 경우에는 점령당한 땅에 소속된 사람들을 위한) 철학을 정식화했던 상황에 근거를 둔다. 그런데 19세기 후반부터 독일과 오스트리아에서는 육체적 장애인들과 정신적 장애인들을 위해, 말하자면 불구자와 신경증자를 위해 생기론적-치료적으로 채색된 철학이 발생했고, 이 철학은 1918년 이후 정치적, 사회철학적, 인간학적 내용들로 충전됐다. 프랑스인들이 점령을 통해 실존(과 실존적 진리)을 지하에서의 저항과 자유에 연결시키는 것을 배운 반면에, 독일인들과 오스트리아인들은 두 세대 앞서서 실존(과 실존적 진리)을 불구不拘와 보상의 실행과 동일시하기 시작했다. 그래서 20세기 전반 '대륙철학kontinentale Philosophie'—이번에는 바다[도버해협] 뒤의 형식주의자들이 그 내용적인 사유를 우스꽝스럽게 특징화한 것을 사용하자면—의 연극은 더 오래되고 더 포괄적인 중부 유럽의 불구不拘의 실존주의와 정치적으로 좁혀진 더 젊은 서부 유럽의 저항의 실존주의 사이의 대조와 협력을 관찰할 때에만 이해될 수 있다. 불구의 실존주의는 그 원천을 3월혁명* 이후의 시기에, 막스 슈티르너Max Stirner[1806~1856. 독일 철학자로 개인주의적 아나키즘의 선구자] 쯤에서 가지고 있고 니체에게서 정점에 이른 뒤 독일공화국에 영향을 끼쳤던 프로이트와 아들러Alfred Adler[1870~1937. 오스트리아의 정신의학자이자 심리학자로 프로이트의 범성욕주의를 비판] 그리고 나중에 보상의 이론가들에게까지 뻗어 있다. 저항의 실존주의는 앞서 말한 대로 1940년부터 1944년까지 점령기에 그 형태를 갖추었고, 제3공화국의 보복주의를 거쳐 프랑스혁명의 패배자들 사이에서 일어난 분노를 축적한 운동들에까지, 말하자면 초기 사회주의자들과 초기 공산주의자들에게까지 소급하는 전사를 제시하지 못할 것도 없다. 만약 독일 모델을 파악했다면, 그것을 라인강 왼편의 희화화에서 어렵지 않게 다시 인식할 수 있다. 1944년 이후 左안左岸, Rive Gauche에서 대립의 교의로 널리 알려지게 된 것은 독일의 장애인 실존주의를 정치적으로 적용한 것이었다. 이 실존주의의 신봉자들은 '~에도 불구하고Trotzdem'의 윤리를 광적으로 확신하고 있었다.

운탄은 틀림없이 더 오래된 날짜의 불구의 실존주의 흐름에 속한다. 그의 삶의 조건이 띠는 특수함 때문에 운탄은 이 경향에 완전히 포함될 수는 없다. 그를 돋보이게 하는 것은 '불구하고'의 삶의 특별한 형태이고, 이것은 그를 영웅주의적 중심 흐름에서 고립시켜서 기예가들의 사회로 이끌었다. 그의 영웅성은 정상성을 추구하는 영웅성이다. 여기에는 비자발적인 기묘함을 넘어서는 자발적인 기묘함을 그가 기꺼이 하겠다는 각오가 담겨 있다. 결과적으로 그의 입장을 보드빌 극장-실존주의자의 것으로 규정할 수 있을 것이다. 그 시작에는 이상異常의 곤경에서 어떤 기예의 덕을 만들라고 명하는 운명의 간

---

* 1848년부터 1849년까지 독일 국민의 통일과 언론, 출판 및 집회의 자유를 요구하며 일어난 혁명으로 중간계급과 노동자계급이 분열되면서 보수적 귀족주의자들에 의해 진압당했다.-옮긴이

교가 있다. 강력한 출발의 역설들에 의해 촉진되면서 보드빌 극장-실존주의자는 '건전한 전시주의anständiger Exhibitionismus'로 이어진 길을 발견하고자 한다. 그에게 정상성은 비정상성에 대한 포상이 되어야 할 것이다. 따라서 그는 자기 자신에 일치한 채 있기 위해 병리적인 두드러짐을 어떤 적응의 성공에 대한 전제 조건으로 변형시키는 삶의 형식을 발전시켜야만 한다. 그래서 운탄의 미국 무대 제목처럼 팔 없는 바이올린 연주자armless fiddler는 유럽의 서커스와 그리고 더군다나 대서양 건너의 기괴한 쇼의 관행처럼 어떤 대가를 치르더라도 순전한 불구자로 무대의 맨 앞에 등장하지 말아야 했다. 그는 그의 장애에 대한 승리자로 나타나야만 했고 자신의 무기를 가지고 입을 벌리고 그를 쳐다보는 구경꾼들을 가격해야만 했다.

이 성취를 가져왔다는 것이 오늘날 새롭게 몇몇 뛰어난 예술가들이 차지하고 있는 운탄의 비범한 위치를 확인시켜준다. 장애인들은 그들의 존재 방식의 역설들에 대한 발전을 이뤄냄으로써 **인간의 조건**에 대한 가장 신뢰할 만한 강사들이 될 수 있을 것이다. 수행하는 존재 일반을 위한 메시지를 가지고 있는 특별한 범주의 수행하는 존재들이 될 것이다. 운탄이 자신을 위해 획득했던 것은 불구자-비르투오소로서 앞서 제시되고 주시된 것과 같은 정도로 보이고 경탄받을 수 있는 어떤 주체가 되는 가능성이었다. 《발로 쓴 원고》에서 많이 이야기되지만 거의 유익하다고는 이야기되지 않는 기획자들과 서커스 감독들을 통해 제시되고, 호기심을 순식간에 열광적인 감격으로 바꾸는 게 잦았던 청중을 통해 주시되던 것만큼 말이다. 불구의 실존주의가 보드빌 극장의 형태로 첨예화될 때, 자신을 자기-제시의-인간으로 택했던 불구자-비르투오소가 등장한다. 부단히 새롭게 이겨야만 하는, 정상인들의 호기심과 벌이는 경주에서 그의 순수 감정의 자기-전시가 앞질러나간다. 기예와 삶의 대립은 그에게서 떠오르지 않는다. 그의 삶은 엄격한 수행을 통해 얻게 된, 문을 열고 머리를 빗질하는 것과 같은 평범한 일을 하는 기예와 다르지 않다. 발로 바이올린을 연주하고 발로 소총을 작동시켜 쏴서 연필을 절반으로 쪼개는 것과 같은 완전히 평범하지는 않은 일까지 포함해서 말이다. 평범할 수 있음의 비르투오소는 우울한 기분의 호사를 거의 감당할 수 없다. '불구하고'의 삶은 성공하기로 결단한 이에게 공공연한 삶의 기쁨을 강제한다. 그 안쪽에서는 가끔 다르게 보인다는 것은 그 누구의 관심사도 아니다. 미소의 땅에 불구자-기예가가 거주할 것이다.

나는 다다이즘의 공동 창시자이자 취리히 **카바레 볼테르**Cabaret Voltaire(1916)의 공동 설립자인 후고 발Hugo Ball[1886~1927]이 다다이스트의 단계에서뿐 아니라 가톨릭 시기에도 프란츠 카프카와 더불어 독일어권에서 가장 중요한 보드빌 극장-실존주의자였다는 소견을 덧붙인다. 그는 1918년 소설 《플라메티 혹은 빈자들의 댄디즘에 관하여Flametti oder: Vom Dandysmus der Armen》에서 흥행주와 서커스의 주변 세계에서 주변부 형상의 복마전*을 집대성한다. 이 형상들에 대해 그는 어떤 대변자가 설명하게 하는데, 이들은 중용Mitte을 유지하는 데 성공하는 것처럼 보이는 시민들보다 훨씬 더 진실된 사람들이다. 보드빌 극장-사람들은 그들이 변두리로 내던져지고 추락했고 손상되었던 자들이기 때문에 '실제의 삶'에 대해 더 많이 알고 있다. 이 '떠밀린 사람들'은 어쩌면 유일하게 여전히 본래적으로 실존하는 이들이다. 정상인들이 광기에 몰두하던 시기에 그들은 부서졌는데도 불구하고 더 나은 인간 존재의 가능성들을 상기시킨다. 그들은 미지의 과제들을 위해 체력을 유지하는 비-고대적 토르소다. 그들 덕분에 서커스는 보이지 않는 교회가 된다. 집단적으로 자기를 기만하는 들러리가 존재하는 세계에서 서커스 사람들은 거짓말하지 않는 유일한 자다. 높이 걸린 밧줄 위를 건너가는 사람은 한순간도 시늉할 수 없다. 얼마 안 있어 후고 발은 어떤 신성한 곡예의 흔적들과 우연히 마주쳤고, 그는

---

* 그리스어에서 유래한 말로 직역하면, '모든 악마' 내지 '모든 악마가 사는 곳'인데, 영국의 시인 존 밀턴의 《실낙원》(1667)에서 사탄이 악마들을 궁전에 소집하여 종말을 예비했던 도시를 가리킨다.-옮긴이

1부. 수행자들의 별

엄격하게 양식화되고 신-가톨릭적으로 자극받은 연구에서 이 곡예에 《비잔틴의 그리스도교: 세 성인의 삶Byzantinisches Christentum. Drei Heiligenleben》 (1923)이라는 기념물을 하나 세웠다. 이 책은 초기 동방교회의 신앙의 영웅들인 요하네스 클리마쿠스Johannes Klimakos[579~649. 그리스의 수도사이자 성인], [위] 디오니시오스 아레오파기테스Dionysius Areopagita[6세기 초반의 교부로 《디오니시오스 위서Corpus Dionysiacum》로 알려져 있다]와 성 시메온 스틸리테스Symeon Stylites[389~459. 첫 그리스도교 기둥성자]에 할애하고 있는 황혼기 자기수련론의 핵심 저작이다.

이렇게 해서 우리는 수행 현상의 새로운 분기점과 마주치게 된다. 우리가 장애인들의 삶의 형식들로 향하자 자기수련의 별의 거주자들 가운데에서 더 특별한 동기가 우위를 획득하는 수행자 계급이 드러난다. 그들은 신을 위해 자기수련을 추진하지 않는다. 만약 그들이 총을 맞고 불구자가 된 로욜라의 이냐시오Ignatius von Loyola[1491~1556. 예수회 창시자]처럼 수련한다고 해도, 그것은 그들에게 그리스도가 그들의 결핍을 중화시키는 본보기라는 인상을 주기 때문이다. 그리스도가 예수회Jesuitenorden의 창시자에 의해 모든 비통한 자들의 선장으로 본받으라고 이유 없이 권고된 건 아닐 것이다. 그럼에도 이 가시적인 장애인들은 니체가 수천 년 동안 목소리가 쉰 순례 합창단들처럼 나아간다고 보았던 스스로를 괴롭히는 신성한 자들의 행렬들에 주변적으로만 속한다. 니체가 이 장애인들에게 어떤 심리적 질병에 대한 의혹을 보이기는 했지만 그들은 통상적인 의미에서 병든 자들이 아니다. 덧붙이자면 1920년대의 공식적인 불구자 교육학뿐만 아니라 정신분석학 역시 장애인들에게 건강한 이들에게서 느끼는 어떤 시기심의 콤플렉스에 대한 기질이 있다고 추정하기도 했다. 운탄이 자신은 조금도 고생하지 않는다고 단언했던 바로 그것이다. 수행하는 생활 태도는 장애인들에게서 구체적 장애에 자리하고 있는 자극에 응답하며 때때로 기예적인 응답을 유발하는 억제에 대한 자극을 전달한다.

운탄이 규명하는 것처럼, 장애인들에게는 고통스러운 동인이 자신의 의지에 의해 재형성되고 어떤 삶의 프로젝트로 통합될 때까지 "발전하도록 빛과 대기"의 형태로 "자유"가 허용되어야만 한다. 따라서 억제되고 장애를 입은 삶의 현상을 통해 일반 자기수련론이 그 가혹한 시련 앞에 서게 된다.

이제 억제들에 대한 분석에서 반항하는trotzend 실존의 법칙들에 대한 통찰들의 완전한 체계가 어떻게 생기는지 보일 수 있다. 그러기 위해서는 정신사의 카타콤Catacomb 답사가 꼭 필요하다. 실제로 독일에 기원을 두고 있는 불구의 실존주의에 대한 가장 의미 있는 증언인 동시에 더 오래된 불구자 인간학의 선언은 교육학자와 철학자의 동업자 조합에서 남김없이 망각됐다. 나는 니체적인 영감을 받은 국가 장애교육학의 창시자 한스 뷔르츠Hans Würtz[1875~1958. 바이마르공화국 시절 논쟁적인 '불구자 교육학'의 주창자]의 책《목발을 부러뜨려라Zebrecht die Krücken》를 화제에 올리겠다. 이 저작은 1930년대 초반 출간되어 어떤 미미한 반향도 경험하지 못했는데, 이 이유들에 대해서는 곧바로 이야기될 수 있다. 어떤 철학사도 이 책을 언급하지 않고, 어떤 인간학의 교과서에서도 이 책에 관여하지 않으며* 니체 전문가 집단들 안에서는 이 책의 존재를 결코 알지 못했다. 하필이면 니체주의자들이 1918년 이전과 이후의 불구자 교육학의 현장에서 니체의 생각이 수용되는 것을 학적으로든 **일반적으로든**at large 다룰 만한 충분한 근거를 가지고 있었음에도 그랬다. 그런데 니체의 저작이 불구자들과 그들의 대변자들에게 끼친 영향과 그들에게서 나타나는 반영을 파악하지 않고서는 그를 적절하게 이해하는 게 불가능할 수 있다.

이 책이 행방불명된 이유는 무엇보다 그것이 다룬 대상의 정치적인 함축에서, 그리고 그것의 출간 날짜에서 찾을 수 있다. 1932년

---

* 이 주제에 대한 가장 중요한 최근 작업인 Klaus E. Müller의 *Der Krüppel. Ethnologia passionis humanae*(C. H. Beck, 1996)[《불구자: 인간 정념의 민족학》]에서도 뷔르츠의 작업은 언급되지 않는다.

시장에 나왔을 때 《목발을 부러뜨려라》의 제목이 붙은 저작은 독일의 시류에 맞지 않았다. 그러나 이것은 '목발을 부러뜨려라'라는 생각이 당시에 어떤 추종자도 발견할 수 없었을 것이기 때문이 아니라, 반대로 제목의 표어가 극도로 많은 신봉자들을 사로잡았기 때문이었다. 그들은 당연히 실제 장애인들에 대해서는 아무것도 듣고자 하지 않았다. 대형 도서관들에는 이 보기 드문 저작에 온전한 제목이 명시되어 등록되어 있다. 《목발을 부러뜨려라: 인류의 불구자-문제, 말과 그림으로 나타낸 모든 시대의 운명의 의붓자식들Zebrecht die Krücken. Krüppel-Probleme der Menschheit. Schicksalsstiefkinder aller Zeiten in Wort und Bild》(1932, 라이프치히, 레오폴트 포스 출판사). 1875년 홀슈타인주의 하이데에서 태어나 1958년 베를린에서 사망한 저자는 조실부모하고 처음에는 함부르크-알토나의 초등학교 교사였다가 나중에는 베를린-테겔에서 근무했다. 그는 1911년부터 베를린-브란덴부르크주의 불구자 치료와 교육시설을 전신으로 만들어졌던 베를린-첼렌도르프의 오스카-헬레네-하임에서 교육 감독자로 영향을 끼쳤다. 이 젊은 이상주의자의 주도 아래에서 앞서 언급한 기관은 국립 불구자 복지시설의 메카로 발전했고 국제적인 명성을 얻었다. 정형외과 의사 콘라드 비잘스키Konrad Biesalski[1868~1930]와 공동으로 한스 뷔르츠는 첼렌도르프 기관을 이 새로운 형태의 철학적 실천의 중심으로 만들었다. 뷔르츠-비잘스키의 불구자 공공시설은 이곳이 정당 측근의 새로운 소장에 의해 국가사회주의-노선으로 옮겨지기 전까지 20년간 독일에서 불구의 실존주의의 아성으로 지위를 유지했다. 이 기관에서 삶과 권력의지의 동일시에 대한 니체의 생각들은 매일 장애인들을 다루는 시금석의 자리에 세워지게 됐다.

1932년 7월 독일제국의회 선거에서 국가사회주의정당이 37.3퍼센트의 지지를 획득했고 월등하게 다수당이 되어 제국의회에 진출했다. 이 목소리가 큰 정당은 제1차 세계대전으로 새로 장애인이 되었던 이들에게서 강력한 호응을 얻었다. 그 수는 독일에서만 어림잡아 270만 명으로 생각된다. 그런 이유에서 뷔르츠는 《목발을 부러뜨려라》라는 표어와 관련하여 당시의 추세를 따를 수밖에 없었을 것이다. 독일의 시대적 분위기는 광범위한 전선에서 인간이 더 큰 규모로든 가장 큰 규모로든 더 작은 규모로든 실제 현존재를 사전에 배려하는 번거로운 보조 구조물이 없어도 살 수 있게 되는 것과 다를 바 없는 것을 원했다. 격동의 시간이 왔던 것이다. 지배적인 장애 시스템의 신뢰할 만한 분쇄를 약속할 수 있는 사람만이 사람들을 모이게 하는 힘이 있는 운동의 리더로 등장할 수 있었다. 목발이 없는 어떤 현존재가 시야에서 빛났고 주어진 환경 때문에 병들고 장애가 있고 갑갑하다고 느꼈던 모든 이들에게 어떤 모범이 됐다. 인민 아나키즘들의 시간이 온 것이었다.

아나키즘은 그것이 개시된 이래 없음의 철학이었다. 아나키즘은 그것에 귀를 기울이는 청중이 현대 사물의 질서에서 얼마나 많은 보조 수단을 만나고, 만약 충분히 확고하게 주인과 지배 없는 삶을 믿기만 한다면 이 보조 수단이 없어도 지장이 없는지에 대한 통찰에 이르게 하길 원했다. 국가(정치적 목발) 없는, 자본주의(경제적 목발) 없는, 교회(종교적 목발) 없는, 괴롭히는 기쁨의 양심(유대-그리스도교적 영혼의 목발) 없는, 결혼(수년에 걸쳐 섹슈얼리티가 기대어 절뚝거리고 가는 목발) 없는 삶을 믿는다면 말이다. 바이마르공화국의 맥락에서 그것은 무엇보다 독일인들에게 분노를 일으키는 족쇄가 되었던 베르사유조약이 없는 상태를 의미했다. 더 나아가 당시 많은 이들이 민주주의마저 필요로 하지 않았다. 수많은 당대인들에게 민주주의는 인민의 대표자들을 통해 인민을 웃음거리로 만드는 어떤 행사로 여겨졌다. 어째서 포퓰리스트들을 통해 인민의 대표자들을 웃음거리로 만드는 시험을 아예 하지 말아야 하는가? 목발을 부러뜨리는 것이 혁명 정치의 핵심이 될 참이었다. 시류에 적합한 혁명적 존재론의 자극이 될 참이었던 것이다. 정치와 일상 너머 순전히 존재한다는 것으로 우리를 분노하게 하는 모든 것에 반대하는 저항에 대한 외침이 시작됐다. 목발에 지친 사람들은 바로 현실의 굴레를 벗어나고자 했다. 모든 정치가 반란하는 장애인들을 위한 정치로 바뀌었다. 항상 '주어진Gegeben' 것과 '존립하는Bestehend' 것에 대한 분노를 축적하길 원했던 사람은 대부분의 당대인들이 제도적인 것이 표명되는 모든 곳에서 부러뜨려지길 대기하고 있는 목발들을 인식할 준비가 되어 있다고 확신할 수 있었다. 20세기는 보조 구조물에 맞서는 인민전선들의 소유였다.

물론 국가사회주의정당은 그들이 본질적인 측면들에서는 불구자 문제와 목발 문제에 대해 다름 아닌 군사적인 입장을 취했음에도 한순간도 공개적으로 해결될 수 있는 불구자 문제의 표지를 띠고는 등장할 수 없었다. 이 정당은 '살 가치가 없는 생명lebensunwertes Leben'이라는 위험한 주제를 그들의 강령에 넣음으로써 그들이 체현하던 모순을 해소했다. 이 제스처로 그들의 가장 고유한 동기를 근본적으로 외재화하는 데 성공했다. 그렇지 않았다면 이 운동의 지도자는 같은 시기 장애인 장애교육학자 오토 페를Otto Perl[1882~1951]이 그랬던 것처럼 스스로를 불구가 된 불구자의 지도자로 아웃팅*할 수밖에 없었을 것이다. 그들은 어떤 유능함을 가지고 어떤 전권을 위임하는 관계에 근거해 하필 자신들이 민족 혁명의 선두에 서고자 하는지 공표해야만 했을 것이다. 정서적 장애인 히틀러는 도취된 순간들에 인민 공동체와 융합을 추구했고, 다리 불구자 괴벨스는 우아한 1층 상등석 위를 나아갔고, 중독 장애인 괴링은 국가사회주의의 지배에서 자신과 그와 함께 중독된 이들을 위한 거대한 파티를 열 수 있

---

* '아웃팅Outing'은 본래 동성애자인 유명인사들이 자신의 성적 정체성을 드러내지 않고 기존 주류사회에 편입되어 있는 위선을 비판하기 위해 그들의 성적 정체성을 타인들이 폭로하던 방식을 일컫는 말이었다. 맥락상 여기서는 '커밍아웃Comingout'이 오히려 더 적절해 보이지만, 자의냐 타의냐의 여부와 무관하게 비밀로 숨기던 것을 '공개하다', '세상에 알리다' 정도의 의미로 보면 되겠다. 특히 독일어권에서는 성적 정체성이나 성적 지향 문제를 떠나 일반적으로 비밀을 공개할 때도 사용된다.-옮긴이

는 기회를 감지했다. 그들 모두 그들의 투쟁과 꿈과 거대한 '불구하고'가 각기 어디에 존재하는지 명시해야만 했을 것이다. 그들의 심리적 비개연성을 화제에 올리지 않더라도 그러한 고백들이 때맞지 않다는 것은 자명하다. 이 유형의 '운동들Bewegungen'은 그것의 **제1운동자**가 잠재적으로 남아 있다는 것으로 명맥을 이어간다. 부정할 수 없이 저 시기의 정치적 공간은 불구자-문제들의 후예들에게 사로잡혔다. 특히 빌헬름 2세의 장애가 1925년 그의 전기 작가 에밀 루트비히 Emil Ludwig[1881~1948. 독일-스위스 작가로 역사적 위인들의 전기로 유명하다]에 의해 더 많은 대중들에게 심리정치적 관심의 중심으로 이동했던 사실 때문이기도 하다. 공론장에는 장애를 입은 현존재의 의미 부여에 대한 질문들과 권력과 장애의 조화로움에 대한 질문들이 메아리쳤다. 장애인들이 권력을 잡게 두어도 되는가? 장애인들이 권력을 획득할 수 있다면 대체 권력이란 무엇인가? 장애인들이 이미 권력을 얻었다면 우리에게 무슨 일이 일어나는가? 1880년대에 나온 세계에서 파면된 것처럼 보이는 니체의 명상들은 얼마 안 있어 정치의 작열하는 핵 속으로 밀고 들어갔다. 한스 뷔르츠는 어떻게 장애가 올바른 '학교 교육Beschulung'을 전제하고 삶에 대한 성공 의지의 과잉 속으로 흘러들어갈 수 있는지 보여줌으로써 니체의 관점들을 현실화하는 법을 잘 이해하고 있었다.

"자료가 완전히 공평무사하게 집대성되어 있다." 실제적으로 당시 유럽의, 특히 장애가 있는 모든 유명한 문화인들에 대한 백과사전식 조망을 제공하는 책의 서문에서 이르는 말이다. 그래서 뷔르츠는 불구자 문제의 인류사에 대한 조망들과 목록들에서 그의 동시대인 요제프 괴벨스를 역시 언급한다. 그는 이 국가사회주의 선전원을 두 번이나 기형족 불구자의 부류로 인용한다. 여기서 그는 바이런 경 Lord George Gordon Byron[1788~1824. 영국 낭만주의 시인] 같은 인물들 곁에 있는 **선험적으로**a priori 어떤 나쁜 인물을 만들어선 안 되었기에 한 번은 민족들의 목록에서,* 한 번은 '혁명적 정치가들revolutionäre Politiker'**이라는 표제어에 포함된 직무들의 목록에서 괴벨스를 인용한다. 국가사회주의정당의 우두머리 선동가[괴벨스]는 불구자 교육학자 뷔르츠 덕분에 거의 500개의 이름들을 포괄하는 인류의 **명사 인명록**Who's who에 언급되는 영예를 얻는다. 이들 가운데에는 뷔르츠가 수많은 운명의 동족들과 더불어 널리 대표되는 부류 '쇼불구자와 불구자-비르투오소들'***에 수록한 운탄 유형과 같은 인물 말고도 위대한 사람들이 있다.

이 저작의 주인공들에게는 '불구하고'의 철학을 실현하는 능력이 공통적으로 있었다. 더 최근의 추정에 따르면 '흉측함의 불구자 Häßlichkeitskrüppel'였던 예수와 빌헬름 2세—이 두 번째 인물은 팔 불구자로, 게다가 그 안에는 장애가 있는 인형 안에 있는 장애 인형처럼 '불구자 정신장애인Krüppelpsychopath'****이 숨겨져 있었다—와 같은 사람들이 이 학자의 목록들에 등장한다는 것은 이 문제의 부피와 폭발성을 보여준다. 그러한 위대한 사람들의 호명은 장애인들이 그들의 장애 너머 초개인적 가치들의 왕국에 정착할 수 있다고***** 주장하는 삶의 철학에서 정신철학으로 이끌어주는 테제를 설명한다. 실제로 빌헬름 2세는 직접 신경증적 정치를 저질렀을 뿐 아니라, 바이로이트 축제극의 무대 그림들을 도안하기도 했고 다음 객체적인 것으로 넘어가려고 시도했다. 예수가 그에게 있다고 추측되는 장애들의 영역에서 정신적인 영역으로 돌파한 것과 관련해, 그 결과들은 오랫동안 서구 문화의 윤리적 토대들 속에 삽입되어 있다. 뷔르츠가 알지 못했으리라 짐작되는 막스 셸러의 가치철학에서 삶의 긴장들 속에 있는 그 '기초

---

*   Würtz, *Zerbrecht die Krucken*, p.101.

**   Ibid., p.88.

*** Ibid., p.97.

**** Ibid., p.31.

***** Ibid., p.4.

Basis'에 대해 가치 영역들의 자율을 생산하려는 시도가 동시에 행해졌다. 초개인적인 것으로 이끄는 행위의 총괄이 뷔르츠에게서는 시대에 걸맞게 '노동'을 뜻한다. 우리는 이 단어가 그 밑에서 수행 현상의 창발이 진행되는 익명들의 하나에 불과하다는 것을 알고 있다.

"극복된 억제는 모든 전개된 …… 운동의 어머니다."* 여기서 전개됐다고 하는 운동은 뷔르츠에 따르면 보상 운동을 표현할 뿐 아니라 과잉 보상 운동이기도 하다. 이 운동에서 반동은 자극을 넘어선다. 이렇게 해서 저자는 그 유효 영역이 유기적일 뿐 아니라 정신적이고, 정치적일 뿐 아니라 심리적인 모든 종류의 비대칭적인 운동 복합체에 뻗어 있는 어떤 정리를 정식화했다. 비록 그가 자신의 책에서 이 교의를 육체적 장애 현상에서 입증하는 것으로 제한을 두길 원하지만 말이다. 이 응용들은 충분히 까다로웠는데, 학문적 기초에 대한 강도 높은 공동 작업을 통해 독일 의사들, 교육학자들, 사제들이 **"불구자 고양**Krüppelhebung**을 목적으로 한 공동체"**에서 하나가 되어야만 했다. 그가 매우 높은 곳까지 손을 내밀려고 시도했음에도 불구하고 뷔르츠가 한 숙고들의 정치적 잠재력은 그에게 숨겨져 있었다. 그러니까 그는 억제의 극복에서 나온 과잉이 앞으로 나아가는 동학으로 흘러들어간다는 것을 통상적인 표현들로 확정했다. "…… 로욜라의 마비된 이냐시오와 베를리힝엔의 괴츠Götz von Berlichingen[1480~1562. 독일 프랑크왕국의 기사이자 시인으로 '슈바벤 농민전쟁'에서 활약했다]는 항상 도중에 있었"**고, 안절부절못하는 간질병자들인 바울과 카이사르도 마찬가지로 도중에 있었다. 또한 거기에는 "목이 비뚤어진 키가 작은 알렉산더 대제"와 똑같이 "목이 비뚤어지고 몽골족처럼 흉측한 키가 작은 레닌"뿐 아니라 키가 작은 절름발이 로자 룩셈부르크에 대한 언급들이 빠져 있지 않다.***

*   Ibid., p.49.
**   Ibid., p.11.
*** Ibid., p.18.

그럼에도 불구자 심리학의 일반 개념들인 '비애와 불구Trauer und Trotz'는 뷔르츠에게 예외적으로 개인심리학적 의미를 간직하고 있다. 1933년 민족사회주의와 같은 정치적 균열이 무엇보다 운동, 공격과 혁명으로 찬미되고 있었음에도 그렇다. 이 사회주의가 보상 법칙이 외부에 적용된 경우가 아니라면 대체 무엇이었던가? 극복된 억제가 전개된 모든 운동의 어머니라면, 어떤 '어머니의 생장력Muttertriebe'이 거기에서 축제와 테러를 통한 자기증대의 경향이 나오게 했는가? '어머니들Mütter' 쪽으로 간다는 것은 이 단어가 억제와 극복에서 나온 산물을 기술한다면 무슨 말인가? 장애의 과잉보상이 성공의 비밀이라면 여기서 대부분의 인간은 충분히 장애를 입고 있지 않다고 결론을 이끌어낼 수 있는가? 이 질문들이 수사적일 수는 있어도 그것들은 한 가지 사실을 보여준다. 더 거대한 보상 이론의 길이 거북함으로 포장되어 있다고 말이다.*

괴벨스와 관련해 말하자면, 그는 이렇게 설명이 진행되는 것에 명백하게 아무런 관심도 없었다. 자신이 장애인들의 만신전에 수용된다는 것에 대해 그는 열광할 수 없었다. 그가 키르케고르와 같은 위인들과, 또한 이들의 이름만 부르자면 리히텐베르크Georg Christoph Lichtenberg[1742~1799. 독일의 물리학자이자 풍자 작가], 칸트, 슐라이어마허, 레오파르디Giacomo Leopardi[1798~1837. 이탈리아의 시인], 라마르틴Alphonse de Lamartine[1790~1869. 프랑스 낭만파 시인], 빅토르 위고와 쇼펜하우어와 나란히 설 수 있다는 것이 그를 아웃팅으로 유혹하지는 않았다. 생전에 자신의 정신을 학문에 제공한다는 것은 가장 마지막에 그의 뇌리에 떠오를 일이었다. 첼렌도르프 기관의 정형외과 원칙 "그루

---

* **보상인homo compensator**의 교의에 대한 더 작은 변형은 독일에서는 요아힘 리터 Joachim Ritter[1903~1974. 독일 철학자로 '리터 학파'의 설립자], 오도 마르크바르트 Odo Marquard[1928~2015. 독일 철학자로 '리터 학파'의 일원, 국내에 《늙어감에 대하여: 유한성의 철학》(조창오 옮김, 그린비, 2019)이 소개되어 있다]와 헤르만 뤼베Hermann Lübbe[1926~ . 독일 철학자로 '리터 학파'의 일원]의 작업들에서 잘 알려지게 됐다.

3. 불구자만 살아남을 것이다

터기가 가장 좋은 의수다"는 조금도 그의 마음에 들지 않았다. 뷔르츠가 불구자의 세계를 네 가지 핵심 집단으로, 즉 발육 불구(크기 이상), 변형Mißwuchs 불구(기형), 잠재적 불구(잘못된 자세), 흉측함 불구(훼손)로 나누었던 것에서 괴벨스는 보나마나 두 번째 등급에 스스로를 등록할 수밖에 없었을 것이다. 어쩌면 네 번째 등급에도 그리고 추가로 심리학의 장으로 인도하는 하위 등급인 '콤플렉스 불구'*에도 등록할 수밖에 없었을 것이다.

괴벨스는 다른 계획들을 추구했다. 그의 지시로 아직 공급되지 않은 《목발을 부러뜨려라》의 판본 전체가 즉각 회수됐다. 이 이야기가 어떻게 더 진행되었는지는 따로 설명이 필요 없다. 1933년 직후 뷔르츠는 자신이 이끌고 있던 기관에서 인민의 적으로 단죄를 받았고, 그의 비판자들은 그에게서 단번에 귀족 공산주의자와 유대인 옹호자를 식별하고자 했다. 적절한 시점에 공직 남용과 기부금 횡령에 대한 비난이 가해지면서 그는 유예 없이 그리고 연금 청구권 없이 면직됐다. 그는 오스카-헬레네-하임의 후원 단체에 주어졌던 후원금 일부를 《목발을 부러뜨려라》의 출판을 위해 사용했다고 알려졌다. 마치 이 책의 발행이 그가 공동으로 이끌고 있는 기관의 책무들과 아무런 관련이 없는 저자의 사적인 문제인 것처럼 말이다.

어렵지 않게 뷔르츠에 대한 비난들에서 공공시설 부문 노동자들과 출판일을 하는 알파동물[한 집단의 지배적이고 우월한 인간] 사이의 갈등의 윤곽을 발견할 수 있다. 그의 고소인들과 야망에 불타는 동료들은 그가 공직에서 제거된 뒤 주된 직책들에 진출했다. 마치 어떤 성공적인 혁명이란 그 아이들을 먹어 치우는 게 아니라 돌본다는 사실을 명백히 하는 것처럼 말이다. 뷔르츠는 너무 순진하게도 그가 주어진 조건들에서 그의 무죄를 입증할 수 있으리라고 믿었다. 그래서

---

* Ibid., p.67.

1부. 수행자들의 별

그는 자신의 재판 때문에 일시적인 프라하 망명생활에서 나와 독일로 되돌아갔고 1934년 베를린의 어느 재판소를 통해 1년의 징역형을 선고받았으며 이 처벌은 집행유예로 연기됐다. 그 후 그는 독일을 떠나 전쟁이 끝날 때까지 오스트리아에서 도피처를 찾았다. 1947년 그는 법적으로나 업무상으로 완전히 복권되는 데 성공했다. 그는 1958년 7월 베를린-달렘의 공동묘지숲에 매장됐다.

니체의 의지 분석에 대한 접근들과 뷔르츠의 장애교육학에 대한 설명들 사이의 성좌를 조명하는 것은 우리 숙고의 진행에 시사하는 바가 많다. 두 저자는 그들의 공리를 설명하기 위해 각기 서로를 참조했을 수도 있다. 젊은이들과 노인들의 관계에서 실제로도 일어나는 경우처럼 말이다. 베를린 불구자 연구자의 관점에서 니체는 '극복된 억제ueberwundene Hemmung'라는 그의 구상에 대한 하나의 보기를 든다. 그는 이 철학자의 자극 없이는 그의 고유한 작업을 거의 생각할 수 없기에 그를 어느 정도 냉정하게 '정신병리적으로 과중한 짐이 있는 발육 불구자 니체'*라고 분류한다. 여하튼 그가 인정하는 것처럼—고도의 천부적 재능과 격렬한 노동과 결합된 보상 법칙들로 인해—이 불구자는 그의 장애의 부분적인 극복에 성공했다. 그래서 그의 저작은 초병리적 가치 영역들로 이행하려는 시도로 평가받을 수 있다는 것이다.

관점을 뒤집어보면 더 복잡한 그림이 나온다. 니체는 베를린의 불구자 교육학자에게서 그가 의심을 가졌던 학생의 현상들을 식별할 것이다. 이 현상들에 대해서 여기서는 학생들 안에서 보통 선생의 장점들보다는 약점들이 체면을 깎아내리며 확대되어 보이게 된다는 것만을 말할 수 있다. 두 번째 보면 뷔르츠에게 니체에 의해 고발된 사제증후군이 어떻게 구체화되는지 확정될 것이다. 그것의 식별 기준은 더 심한 환자들에게서 나타나는, 허약한 실존들로 이루어진 어떤

*   Ibid., p.37.

수행원 집단을 통솔하려는 경향에 존재한다. 뷔르츠에게 개인적으로 장애에 대한 단서들이 발견되는지 나에게 알려진 문헌에서는 추측할 수 없다. 그래서 나는 니체의 사제적-자기수련적 이상의 동학에 대한 진단들을 그의 계승자(뷔르츠)에게서 **개인적인 것에 기초해** ad personam 확증되는지 당분간은 규명할 수 없다. '승리하는 삶의 투쟁자들Siegreiche Lebenskämpfer'*에 대한 찬가 속에서 절정에 다다른 뷔르츠의 출판 스타일이 그에게 어떤 대변자증후군이 있다고 추정하게는 한다. 그가 자신의 소명으로 불타오르는 방식이 이것을 입증한다. 그가 사제적 유형에 가깝다는 것은 인간 세계의 대부분을 더욱더 그의 관할 영역 안으로 가져오려는 뷔르츠의 제국적인 느낌을 자아내는 취향에서 드러난다. 그러면서 역시 통상적인 알파동물-동학이 가시화된다. 이것은 니체의 관점에서 보면 오인할 여지가 없는 권력의지의 표명이다.

그럼에도 오늘날 알게 된 모든 것에 따르면 뷔르츠에게 베를린의 오스카-헬레네-하임에서의 작업은 그의 참여를 초점으로 한다. 그의 환자들의 복지를 위한 평생에 걸친 노력의 진지함에 대해 의심할 권리가 외부 관찰자들에게는 없다. 아무리 오늘날 그의 권위적인 접근에 대해 거의 찬성할 수 없고 문서 형태로는 오히려 대안적 장애교육학자 오토 페를의 자기결정 모델에 공감하더라도 그렇다.** 게다가 베를린의 이 공공시설은 이곳의 교육 감독관에게는 동시에 강단이기도 했다. 여기서 그는 숫제 탐탁해하지 않는 청중에게 인류의 수수께끼 풀이에 대한 그의 제안들을 공포했다. 이 제안들은 핵심적으로 [동사의] 양상 변화에 존재한다. 네가 하길 원하는 것을 너는 할 수 있고, 네가 해야만 하는 것을 너는 하길 원해야 한다. 네가 하길 원하

---

* 이것은 구조적 불구자 문제들이 전쟁 불구자 문제들과 겹치고 있었던 1919년에 나온 한스 뷔르츠의 초기 책의 제목이다.

** Otto Perl, *Krüppeltum und Gesellschaft im Wandel der Zeit*, L. Klotz, 1926[《시대의 전환 속에서 불구와 사회》].

기를 원하는 누군가가 너를 돕는다는 것이 전제된다면, 너는 하길 원할 수 있어야 하고 너는 그럴 수 있는 능력이 있다. 마지막 표현이 규명되어야 하는데, 그것은 장애인들에 대한 의지의 트레이너라는 형상을 규정할 뿐 아니라, 트레이너 기능 일반에 대한 정의를 제공한다. 나의 트레이너는 내가 하길 원하기를 원하는 그런 사람이다. 그는 나에게 "너는 너의 삶을 바꿔야 한다!"라고 할 수 있는 음성을 체현하고 있다.*

불구자에게 자기 자신에 대한 작업을 독려하는 어떤 의지철학의 정신에서 장애인들을 돌보는 현상은 아주 명백하게 위에서 진술한 19세기와 20세기를 특징짓는 자기수련의 탈영성화라는 거대 사건의 진입 영역에 속한다. 이 사건에는 '종교적' 측면에서 사제주의의 탈영웅화라는 장기 추세가 대응하는데, 1920년대부터 **가톨릭의 부흥**renouveau catholique과 현상학의 경건한 날개들에 전형적인 신성함의 드높임이 이 추세를 일시적으로 저지했다. 이것은 생태학자 카를 아메리Carl Amery[1922~2005. 독일 저술가이자 환경운동가]와 준가톨릭적으로parakatholisch 격조 있고 탁월한 인간 마르틴 모제바흐Marin Mosebach[1951~ . 독일 저술가]와 같은 저자들에게서 입증될 수 있는 지연된 효과들을 낳았다.

뷔르츠가 의지의 교육학자로 영웅주의의 은어를 고수함으로써 그는 아이러니하게도 그의 저작에 귀속될 수 있는 자기수련론적 시대 전환의 미래 지향적인 부분을 놓쳐버렸다. 영웅주의적 제안들에도 불구하고 장애인들과 억제된 이들의 단련을 위한 프로그램에 대한 그의 실용적인 방향 설정은 결정적이다. 그의 유사-사제적인 기질이 액

---

* 스승의 문제들과 트레이너의 문제들에 대해서는 이 책의 13장 462~464쪽을 보라.

면가치 그대로 받아들여질 필요는 없다. 그 안에는 니체의 식이요법 명제들을 통해 알려졌던 실상이 숨겨져 있다. 나는 그것을 환자교육학과 장애교육학의 상황으로부터 일반적인 훈련의식의 창발이라고 부르겠다. 훈련에는 훈련하는 이들과 훈련 프로그램을 비롯해 당연히 트레이너 자신이 속한다. 이는 뷔르츠의 성명들에 대해 빌헬름 2세 시대 말의 생철학적이고 의지철학적인 치장을 하고 명성을 얻는 장래성 있는 형상이다.

트레이너 형상의 등장으로, 더 정확히 말하자면 고대 운동경기 문화가 추락하면서 트레이너 형상이 함께 몰락한 뒤 다시 등장함으로써 신체적이고 운동경기적인 르네상스는 20세기의 전환기에 눈길을 끄는 단계에 다다른다. 한스 뷔르츠를 장애인들의 제국 트레이너로, 흡사 불구자의 트라파토니*와 같다고 부르면 그를 모욕하는 것은 아니다. 그는 《유일자와 그의 소유Der Einzige und sein Eigentum》(1844)의 저자 막스 슈티르너까지 소급하는 트레이너-저자의 전통에 서 있다. 뷔르츠가 슈티르너를 팀 창단을 확실히 의식하고 그의 모범적인 환자들에 포함시켰다는 것을 강조할 필요는 없을 것이다. 고유한 유일성의 트레이너라는 특징을 띤 뷔르츠의 환자 슈티르너에게는 실존 경기장의 형이상학적 과중으로 어떤 나쁜 형상이 만들어진다는 것이 명백해졌다. 그가 자신의 책에서 뇌에서 이데올로기적인 서까래를 제거하라고 권한 것은 이미 하나의 명시적인 정신적 피트니스 프로그램과 다를 바 없었다. 이 자아주의의 가부장을 보고 뷔르츠는 어느 정도 광범위한 일반화에 성공한다. "불구자 슈티르너는 그의 심리적 구조에 따라서 다른 모든 사람들을 무의식적이고 비자발적인 '나'의 가치를 얻으려는 투쟁자로 본다."** 이것은 뷔르츠에게 그가 전제한 것, 즉 유일성 의식과 '삶의 전사戰士성'이 수렴한다는 것을 증명한다.

---

* 　[영어판 옮긴이 주] Giovanni Trappatoni(1939~). 1990년대에 바이에른 뮌헨 팀의 축구 감독으로 독일에서 유명했다.

** 　Ibid., p.50.

오늘날은 더 조심스럽게 표현할 것이다. 드물지 않게 장애에서 민감화가 생기고 여기서 때때로 고양된 전력투구가 생긴다. 이것들은 다시금 유리한 상황 속에서 고조된 삶의 성취로 흘러든다. 뷔르츠가 지속적으로 확인하는 것처럼 슈티르너의 유일성이 신경증에 사로잡혀 있는 반면에, 구성적인 장애인의 작업에서는 "문제적 불구자를 특색 있는 사람으로 해방시키는"* 것이 문제다. 오늘날은 3월혁명 이전의 철학자들에 대해 말하든 혹은 그 밖의 문제적인 본성에 대해 말하든 상관없이 그것을 더 이상 그렇게 표현하지 않을 것이다.

장애인-교육학자가 그의 실천적이고 도덕철학적인 측면에 따라 현대 트레이너성의 첫 특징들 중 하나를 체현한다는 가설은 이 저자의 수많은 진술들을 통해 실체화될 수 있다. 뷔르츠에게 트레이너는 훈련하는 이들의 삶에 위와 아래에 대한 명료한 느낌을 부어넣는 비-형이상학적인 수직적 긴장 속의 시류에 맞는 상대라는 것이 분명하게 인식될 수 있다. 트레이너는 "의사가 처방한 이 (환자에 의해 획득된) 할 수 있음의 수행들을 환자의 힘에 뿌리박도록" 해 "환자의 자기보존에 대한 의지 역시 어떤 구체적인 지지점을"** 발견할 수 있도록 만드는 책임이 있다. 뷔르츠는 스포츠에 대한 분석철학에 경의를 표할 만큼 명료하게 훈련이론적으로 결정적인 자리에서 장애인들을 언급하며 설명한다.

> 그가 예전의 무기력한 상황을 승리를 거둔 할 수 있음과 비교하고 이미 얻은 성공의 횡재로 단련의 목적지를 가늠한다면, 그의 의지는 이렇게 해서 어떤 내적인 삶의 격차를 얻는다. 그의 추구는 전진하는 약동을 얻는다. 예전의 무력감에 대한 극복은 동시에 윤리적 승리다. …… 세심하게 교육을 전달하는

---

*   Ibid., p.63.
**   Ibid., p.34.

3. 불구자만 살아남을 것이다   101

사람은 돌봄에 대한 불안으로 짓눌려질 필요가 없다. ······ 그래서 손이 없는 자들의 교육자에게 우리는 삶에 대한 긍정을 요구한다······*

더 최근의 문헌에서는 수직적 긴장에 대한, 말하자면 생명력의 타고난 격차-의식에 대한 포스트-형이상학적 변형을 비슷하게 터놓고 솔직하게 말하는 진술들이 거의 있을 수 없을 것이다. 이런 명시화를 얻으려면 몇몇 영웅적인 구절들을 견딜 수밖에 없다. 이 구절들은 본질적으로 운동경기적 르네상스의 가면들에 불과하다. 그런데 20세기 스포츠 역사에서조차 트레이너 역할의 탈영웅화가 목격될 수 있다. 물론 스포츠 영역에는—종교적 장에서의 발전과 비슷하게—**스포츠의 부흥**renouveau athlétique이라고 부를 수 있는 반대 흐름이 있다. 여기서는 영적으로 비워진 성인의 짝패인 익스트림스포츠 선수가 선도자가 된다.

20세기의 철학적 인간학은 장애교육학의 공헌을 무시했다. 그럼에도 철학적 인간학은 이 이웃해 있는 개념적 출발 상황에서 같은 종류의 관찰들에 이르렀다. 정상인의 인간학은 그것이 가진 수단으로 특수교육학자들이 꿈꿀 수 있게 되었을 것보다 훨씬 더 일반적인 장애의식을 향한 길을 닦아나갔다. 그럼에도 그 실천적 결론들은 영웅적인 불구자 교수법의 결론들에 정반대로 대립했다. 인간학의 금언은 '어떤 경우에도 목발을 부러뜨리지 말라!'고 한다. 우리는 이미 이 경고의 외침을 프로이트가 문명적으로 그 현존을 사전에 배려하는 지지물이 없으면 살 수 없을 '의수의 신Prothesengott'이 인간의 특징이라고 말할 때 빈의 정신분석에서 들었다. 덧붙여 프로이트는 그의 오이디푸스-전설을 가지고 인류의 남성적인 반쪽을 기형족의 가족에 성공

---

*   Ibid., p.36.

적으로 편입시키면서 여성적인 반쪽에는 선천적인 페니스 결여 형태의 성기 불구를 진단했다. 이 경고의 외침이 훨씬 더 크게 아르놀트 겔렌[Arnold Gehlen, 1904~1976. 독일의 대표적 보수 철학자, 사회학자, 인간학자]의 지지적 제도들에 관한 교의에서 들린다. 그는 방치된 주체성의 광기 어린 무제한은 초개인적인 형태로 된 어떤 보호기구를 통해서만 자기 자신으로부터 구제될 수 있다고 주장한다. 여기서 목발들은 제도들로 다시 등장하고, 그 의미는 20세기의 좌우파 아나키스트들이 목발을 부러뜨리라고 매우 성공적으로 외쳤던 것보다 더욱더 증대된다. 겔렌은 1960년대에 서구의 청년들 사이에 새로운 없음-운동이 일어나는 것을 보았을 때 매우 걱정했다. 그의 인간학적인 제도에 대한 정당화에서 20세기의 반-루소주의가 정점에 이르는데, 이것은 인간은 항상 자신의 쇠사슬 말고도 잃을 게 훨씬 더 많다는 경고에 압축되어 있다. 그는 모든 정치 문화가 쇠사슬과 목발 사이의 구분으로 시작되는 것은 아닌지 묻는다. 그 가장 극적인 형태는 루이 볼크Louis Bolk[1866~1930. 네덜란드의 해부학자로 인간 육체의 태형 보유에 대한 이론을 만듦]와 아돌프 포르트만Adolf Portmann[1897~1982. 스위스 동물학자, 생물학자, 인간학자, 자연철학자]의 생물학적 고인류학의 진술들에 있는 현존재의 목발할 의무에 대한 고백에 다다른다. 이 진술들에 따르면 **호모 사피엔스**는 구조적으로 조산 불구자이자 영원히 미숙으로 정해진 피조물이다. 이 피조물은 생물학자들이 유형성숙(유아 특질과 태아 특질의 유지)이라고 부르는 이 특징으로 인해 문화라는 인큐베이터 안에서만 생존할 수 있다.*

이렇게 고도로 일반화된 현대 인간학의 진술들에서 옛 문화들에 특징적이던 전일주의적 파토스가 기능적으로 명시화된다. 이 문화들은 전통과 풍속(믿을 만한 인큐베이터들)이 쇄신의 열정이 있는 개 ·

---

* 이 접근들은 나의 구체-프로젝트의 제3권에서 격리 공간들의 실존에 대한 일반이론으로 계승될 것이다. Peter Sloterdijk, *Sphären III. Schäume. Plurale Sphärologie*, Suhrkamp, 2004, pp.309~500[《구체 3, 거품: 복수구체론》].

개인들의 기분보다 더 우위에 있다고 굴하지 않고 주장했다. 정통이
란 죄다 그것이 종교적으로 정당화되든 혹은 존귀함과 오래됨을 통
해 정당화되든 상관없이 안정성을 부여하는 구조들에 돌연변이가 일
어나는 것을 막기 위한 시스템이다. 이런 관점에서 옛것의 존속 기간
은 스스로를 정당화한다. 전통은 그것이 오직 충분히 오래된 것으로
나타날 때 그 존속을 통해서만 생존 능력과 다른 존속되는 재화들과
조화로움을 입증하는 반면에, 새로운 착상과 주체적인 이탈은 이것
들이 반복하는 데 관심을 가질 때에만 비로소 그 반복 가능성에 대한
증명을 제출할 수밖에 없다. 돌연변이에 적대적인 전통주의 시스템
들에서는 물론 처음부터 새로운 것의 쓸모를 증명하려는 시도마저도
허락하는 것이 결코 유익하지 않다는 전제에서 출발한다. 반대로 혁
신에 대한 개방을 찬양하는 시대는 심도 있게 관여하면서 도덕적 가
치를 재평가하고 기술적인 쇄신을 하고 나면 바로 우리의 **생활 방식**
을 더 편리한 쪽으로 방향을 돌릴 정도로 충분한 안정화가 가능하다
는 관찰에 세워져 있다. 그럼에도 쇄신은 끊임없이 그것이 일반적인
조산의 불구에 대한 돌봄 시스템들(**통상적인 말로는**vulgo 문화들)의
안정성에 대한 욕구에 부합하느냐는 관점에서 검토되어야만 한다.

인간이 등장하는 곳은 어디든 인간의 불구가 선수를 쳤다. 이 통
찰은 지난 세기의 인간에 대한 철학적 담화의 후렴구를 이룬다. 정신
분석처럼 인간을 자신의 목적지까지 절뚝거리며 갈 수 있을 뿐인 무
기력의 불구자로 이야기하든,* 볼크와 겔렌처럼 인간을 그의 만성적
인 비성장이 부동의 문화적 외피를 통해서만 보정될 수 있는 유형성
숙의 불구자로 여기든, 혹은 플레스너처럼 만성적으로 자신 곁에 서
서 자신이 사는 것을 보는 탈중심적인 불구자로 여기든, 혹은 사르트
르와 블루멘베르크처럼 평생 보여진다는 것의 단점을 이해할 수밖에

---

*   Peter Schneider, *Erhinken und erfliegen. Psychoanalytische Zweifel an der
     Vernunft*, Vandenhoeck & Ruprecht, 2001[《절뚝거리고 가기와 날아가기: 이성에 대
     한 정신분석적인 의심》].

없는 가시성의 불구자로 여기든 매한가지다.

더 나아가 구성적일 뿐 아니라 역사적으로 획득된 불구들이 드러나는데, 이는 무엇보다 현대 유럽인들과 관련해 에드문트 후설을 신뢰할 수 있을 때 그렇다. 유럽인들은 실재하는 것을 지적으로 정복하려는 그들의 노력을 통해 지난 세기가 진행되는 동안 두 가지 위험이 내포한 대규모의 잘못된 태도들에 관여해왔다. 후설은 그것들을 대략 병리적인 표현법으로 물리주의적 객관주의와 초월적 주관주의라고 부른다.* 양쪽 다 포괄적인 세계에 대한 오독Weltverfehlungen과 실재성에 대한 오독Wirklichkeitsverfehlungen에 이르는 세계-내-존재의 사유하는 양태들이다. 우리의 현존재가 '생활세계Lebenswelt'에서 하이데거부터 세계-내-존재라고 부르는 근원적인 관계를 형성한다는 것을 고려한다면 아이러니한 통찰을 얻게 된다. 수고롭게 획득한 결함 특징들Fehlprägungen로 인해 우리는 만성적으로 이 첫 번째 세계를 물리학자들과 철학자들과 심리학자들의 두 번째 세계와 혼동한다는 것이다. 문명화된 유럽인들이 세계를 오독하는 불구자라는 이 난처한 견해는 후기 후설이 그를 배신한 학생 하이데거에게서 간접적으로 받아들인 것이다. 하이데거에게 인간은 무엇보다 가장 먼저 비본래성의 불구자로 시작하고, 현존재의 정형외과적 데이터들을 바로잡는 어떤 트레이너와 조우하는 행운이 없다면 그렇게 끝나고 만다. 최근 신-현상학자 헤르만 슈미츠Hermann Schmitz[1928~]는 획득한 장애들 사이에서 습관성 아이러니를 발견하기도 했다. 이 아이러니는 아이러니스트에게서 공통의 상황들에 관여할 수 있는 능력을 박탈한다. 여기서는 거리의 불구가 고찰의 초점이 되는데, 이 불구는 우아함을 오래 끌도록 강제됨으로써 참여 능력에 장애가 생겨서 발생한다. 실제로 실재성

---

* Edmund Husserl, *Die Krisis der europäischen Wissenschaften und die transzendentale Phänomenologie. Eine Einleitung in die phänomenologische Philosophie*(초판 1936년), Meiner, 1996[에드문트 후설, 《유럽 학문의 위기와 선험적 현상학》, 이종훈 옮김, 한길사, 2016].

3. 불구자만 살아남을 것이다

에 대한 오독의 역사에서 아이러니가 맡은 역할은 지금까지 충분히 평가받지 못했다.

이 규명에서 나온 귀결들은 진단들 자체만큼 매우 다양하다. 그것들은 공통점이 하나만 있다. 만약 인간이 예외 없이 다양한 방식으로 불구자라면, 그들은, 모든 그와 모든 그녀들은, 그와 그녀의 방식으로 그들의 현존을 교정할 수 있는 수련들에 대한 자극으로 파악할 수 있는 근거와 동기를 가진다.

나는 뷔르츠의 불구들의 도식에서 키가 작은 인간이 발육 불구로 분류됐던 것을 상기시킬 수 있다. 나중에 '크기의 성장과 관련한 장애인들'이 이와 같은 사람들을 뜻했다. 장애라는 표현이 역시 불쾌해졌을 때, 키 작은 이들은 이 크기에 준하여 다른 능력을 갖춘 이들로 바뀌었다. 1980년대에 미국의 [정치적으로] 올바른 자들은 보통 위를 향해 바라볼 수밖에 없는 사람들을 **수직적으로 도전받는 사람들** vertically challenged people이라고 부름으로써 그들에게 가장 현실적인 이름을 발견했다. 이 표현에 열광해도 결코 충분하지 않다. 이 표현은 그 고안자들이 무엇에 성공했는지 알아채지 못하고 그들이 겉잡을 수 없는 그런 개념 창조를 기술한다. 우리는 이 표현에서 두 번 웃을 수 있다. 한 번은 올바르지만 부자연스러운 이들에 대해, 한 번은 우리 자신에 대해. 우리에게는 웃을 권리와 근거가 있다. 수직성을 통해 도전받는 이들이 모인 총회에서 우리가 절대다수를 차지하기 때문이다. 이 도식은 우리가 삶을 배우는 법을 수행할 때부터 통용되어왔고, 내가 보여준 대로 우리는 수행하지 않을 수 없고 삶을 사는 법을 배우지 않을 수 없다. 나쁜 학생이 된다는 것조차도 배운 것이 될 것이다.

요약하자면 수직적 긴장 속에 있는 존재의 보편적인 체제를 말하는 어떤 표현과 마주치기 위해서는 장애인들에 대해, 다르게 기초된 사람들에 대해 말할 수밖에 없을 것이다. "너는 너의 삶을 바꿔야 한다!", 이것은 릴케의 토르소-시를 기회로 알게 되는 것처럼, '너는

위쪽 극의 견인이 너에게 어떻게 영향을 끼치는지 내적인 수직에 주
의하고 그것을 검토해야만 한다!'는 말이다. 인간을 인간으로 만드는
것은 수직 보행이 아니라, 인간 안에 직립을 일으키는 것은 내적 격
차에 대한 싹트는 의식이다.

4.

마지막 단식술: 카프카의 기예

호모 사피엔스에 대한 진실을 장애인들에게서 찾으려는 당대 인간학자들의 전형적인 경향은 광범위한 현대 문헌에 반영되어 있다. 팔 없는 바이올린 연주자 운탄을 참조함으로써 개별 경우의 장애인들의 실존주의에서 곡예사들의 실존주의까지는 한 걸음에 지나지 않는다는 것이 입증된다. 장애인들의 조건에서 곡예주의로 이행하는 것이 왜 주변부의 특이성만은 아니었는지 보여주는 것이 남아 있다. 운탄이 타고난 자극에 반응하면서 이 조건을 연마하던 것처럼 혹은 그리스도교적 자기수련인들의 전기문 저자 후고 발이 세계대전 시대의 정신적인 기형을 '시대로부터의 도주Flucht aus der Zeit'를 통해 뛰어넘으려고 시도할 때 그에게 나타난 것처럼 말이다. 20세기에 대해 이렇게 저항하면서 그는 1500년 전 자신들의 시대로부터 달아났던 은둔자들의 사회에 다다른다.

　나는 이어서 맨 먼저 문학적 모델에서, 다음에는 심리학적이고 사회학적인 윤곽에서 어떤 식으로 곡예주의가 훨씬 더 많은 범위를 포괄하는 **인간의 조건**에 대한 현대적 성찰의 척도가 되었는지를 논할 것이다. 이것은 편재하는 니체의 흔적을 따라 인간 안에서, 규명되지 않았고 사격할 준비가 되었으며entsichert 재주를 부려야만 했던 동물을 인식할 때 일어난다. 곡예사를 향해 시선을 돌리면 내가 자기수련의 탈영성화 추세라고 기술하는 시대적 전환의 그 밖의 측면이 드러나게 될 것이다. 우리는 니체에게서 자기수련론의 황혼에 대한 단서를 넘겨받았고 억압적인 자기수련적 이상의 바람직한 몰락이 긍정적인 수행의 삶의 소멸을 결코 초래하지 않는다는 것을 확신한다. 우리가 20세기의 전환점이라고 해석하는 자기수련의 황혼이 비로소 소급적으로 강력하게 바뀐 조명 아래에서 3000년간 형이상학적으로 동기가 부여된 자기수련의 왕국을 완전한 범위로 보여줄지 모른다. 인간을 찾는 사람은 자기수련인을 발견하고, 자기수련인을 조사하는 사람은 곡예사를 발견한다는 것에는 그럴 만한 충분한 이유가 있다.

또 다른 슐리만이 도덕고고학적 발굴을 할 때 처음으로 표명된 이 의혹을 실증하기 위해 나는 프란츠 카프카를 시대의 증인으로 호명하고 싶다. 그의 탐구적 접근과 관련해서는 다음처럼 추정할 수 있다. 그는 니체에게서 온 충격을 이미 청년 시절에 수용했고 매우 강력하게 내면화해 자신의 문제 제기의 출처를 잊었다. 그래서 실제로 카프카의 작품 어느 곳에서도 《도덕의 계보》의 저자에 대해 명시적으로 언급하지 않는다. 그는 영웅적인 긴장을 나아가며 가라앉히는 방향으로 니체에게서 받은 자극을 계속 발전시켰고, 인간 실존에 있는 자기수련적이고 곡예적인 보편적 차원에 대한 의미를 동시에 강화했다.

니체에서 카프카로 지휘봉을 바꾸는 순간을 표시하기 위해 나는 《차라투스트라는 이렇게 말했다》의 프롤로그의 제6편에서 유명한 줄타기 광대의 에피소드를 상기시키겠다. 여기서 차라투스트라는 죽음으로 추락한 곡예사를 그의 첫 제자로 받아들인다. 제자는 아니라고 하더라도 지상의 인간들 가운데 그의 첫 정신적 동류로 받아들인다. 차라투스트라는 그에게 그가 왜 더 이상 어떤 것도 두려워할 필요가 없는지(어떤 악마도 그를 데려가지 않을 것이고 죽은 뒤 그의 생명을 산화시키지 못하므로) 설명함으로써 죽어가는 자를 위로한다. 이에 대해 추락한 자는 감사하며 답한다. 그가 생명만을 잃는 것이라면 많은 것을 잃는 게 아니라고 말이다.

나야 사람들이 매질을 하고, 변변치 못한 먹이를 미끼로 줘가
며 춤을 추도록 훈련시킨 짐승과 크게 다를 바 없으니.*

이 진술에서 곡예적 실존주의의 첫 고백과 마주한다. 이 최소 표
현주의적 진술은 이 불행한 이에게 고귀한 거울 하나를 들이미는 차
라투스트라의 대답에 떼어놓을 수 없이 의지한다.

"그만하라." 차라투스트라는 말한다. "너는 위험을 너의 천직
으로 삼아왔다. 조금도 경멸할 일이 아니지. 이제 너는 너의 천
직으로 인해 파멸을 맞이하고 있는 것이다. 그래서 나 너를 손
수 묻어줄 생각이다."**

이 대화의 요점은 잘못 해석될 수 없다. 여기에는 어떤 원장면
의 의미가 있는데, 이 안에서 새로운 유형의 **콤무니오**communio가 구성
되기 때문이다. 더 이상 신의 민족이 아니라 유랑의 민족이, 성인 공
동체가 아니라 곡예사 공동체가, 안전 사회의 회비 납부자들이 아니
라 위험하게 살아가는 자들이 만든 단체의 구성원이 구성된다. 당장
은 보이지 않는 이 교회에 활기를 불어넣는 요소는 위험을 긍정하는
호흡이다. 밧줄에서 떨어진 곡예사가 차라투스트라의 가르침 쪽으로
움직인 자들 가운데 첫 번째인 것은 우연이 아니다. 이전의 그 누구
에게서도 이해받을 수 없었던 줄타기 광대는 마지막 삶의 순간에 이
새로운 예언가에게 이해받는다고 느꼈다. 춤을 추는 훈련을 받아왔
던 거의 한 마리 짐승에 지나지 않았을지라도 위험을 자신의 천직으
로 삼았던 존재로 말이다.

카프카는 이 곡예사의 소설에 대한 프롤로그에 이어 다음 장을

---

*   프리드리히 니체, 《차라투스트라는 이렇게 말했다》, 28쪽. ‒옮긴이
**   같은 책, 29쪽. ‒옮긴이

                                          1부. 수행자들의 별

작성했다. 그에게 곡예사의 황혼은 이미 그 신성도에서 좀 더 밝았기에 우리는 이 무대 장면을 낮에 가까운 빛 속에서 알아본다. 여기서 카프카 자신이 체조 수행과 채식과 그 시대에 통용된 위생 이데올로기의 신봉자였다는 것에 더 밀접하게 관여할 필요는 없다.* 8행으로 된 그의 노트에서 발췌하고 숫자가 매겨진 목록으로 작성된 문장 더미에서(막스 브로트Max Brod[1884~1968. 프라하 출신의 독일어권 작가이자 연극 및 음악 비평가로 카프카 저작 편집자]가 나중에 《죄, 고통, 희망과 참된 길에 대한 고찰Betrachtungen über Sünde, Leid, Hoffnung und den wahren Weg》이라는 제목으로 편집했다) 첫 항목은 다음처럼 쓰여 있다.

> 진실된 길은, 높은 곳이 아니라 땅 위에 가까스로 걸려 있는
> 밧줄 위로 나 있다. 그 길은 가라기보다 비트적거리라고 있는
> 것 같다.**

아무도 이 메모가 곧바로 그 자체로 이해된다고 주장할 수 없을 것이다. 이 두 문장을 니체가 열었던 무대의 연속으로 파악한다면 그것들은 명료해질 것이다. 그렇지만 영웅적이고 상승을 기뻐하는 니체의 의도에서 결정적으로 벗어난 어떤 방향으로 연속되는 것으로 말이다. 말하자면 '진실된 길'은 계속해서 밧줄과 연결되어 있지만, 높은 곳에서 땅 가까이로 옮겨져 있다. 그것은 곡예사들이 시범 삼아 안전하게 걸어가는 장치라기보다 오히려 실족의 덫으로 기능한다. 그것은 다음을 뜻하는 것 같다. 진실된 길을 발견하는 과제가 이미 충분히 힘들기에 인간은 위험하게 살려고 높은 곳으로 올라갈 필

---

* Rainer Stach, *Franz Kafka. Die Jahre der Entscheidungen*, S. Fischer, 2002[《프란츠 카프카: 결단의 해》].

** Franz Kafka, *Sämtliche Werke*, ed. Peter Höfle, Suhrkamp, 2008, p.1343[프란츠 카프카, 《죄, 고통, 희망, 그리고 진실된 길에 대한 관찰》, 신교춘 옮김, 실천문학사, 1997, 7쪽, 번역 일부 수정].

요가 없다. 밧줄은 더 이상 매우 좁은 기초 위에서 균형을 유지하는 너의 능력을 시험하지 않고, 오히려 네가 너무 확신하면서 접근하면 직진할 때 이미 추락하리라는 것을 너에게 증명해야 한다. 그와 같은 현존은 어떤 곡예의 실행이지만, 어떤 단련으로 이 분야에서 자신을 입증하기 위한 전제 조건들이 제공되는지 아무도 확실하게 말할 수 없다. 그래서 곡예사는 부단히 주의를 기울이는 것 말고는 어떤 수행들이 그를 추락에서 지키는지 더 이상 알지 못한다. 이렇게 기예가 시들해지는 단계가 이 현상의 의미 상실을 보여주는 것은 결코 아니며 반대로 기예적 동기들이 어떻게 삶의 모든 측면에 간섭하는지 밝힌다. 20세기 예술들과 철학들의 거대 테마인 일상적인 것의 발견은 그 에너지를 일상적인 것과 하나가 되어 이뤄지는 곡예사의 황혼에서 가져온다. 우리 시대의 비의가 일상적인 것과 곡예의 동일성을 드러낸다는 이유에서만 이 비의의 탐구는 사소하지 않은 결과들을 밝힌다.

카프카의 애매모호한 메모 역시 내가 자기수련의 탈영성화라고 부른 발전의 복합체에 배열될 수 있다. 저 메모는 카프카가 수천 년 넘도록 영향을 끼친 종교적으로 코드화된 수직적 긴장의 시스템에서 현대인들을 위대하게 비틀어 빼냈던 이들에 속한다는 것을 인증한다. 수없이 많은 사람들이 이 시대에 천상계의 곡예사로 길러졌고, 자기수련의 평행봉으로 '감각세계Sinnenwelt'의 심연 위를 가로지르는 기예를 연마했다. 이 시대에 밧줄은 내재성에서 초월성으로의 이행을 나타냈다. 카프카를 니체에 연결시키는 것은 천상계가 소멸한 뒤에도 팽팽하게 당겨진 밧줄이 남아 있다는 직관이다. 밧줄의 존재에 대한 더 심오한 **존재 이유**raison d'être, 즉 천상계를 잇는 다리라는 기능에서 분리될 수 있을 근거가 입증되지 않는다면 왜 그러한지 완전히 이해되지 못할 것이다. 실제로 그러한 근거가 존재한다. 밧줄은 두 저자들에게 곡예주의가 통상적인 종교적 형태의 '가로지르기Hinübergehen'에 견줘 더 저항력 있는 현상을 이룬다는 통찰을 보증한다.

니체의 "존재하는, 가장 광범위하고 가장 오래된 사실들"의 하나라는 표현을 이 곡예주의에 옮겨놓을 수 있다. 자기수련에서 곡예로 시선을 바꾸면 정신적 충만과 육체적 힘 사이의 스펙트럼에 있는 매우 커다란 대립들을 힘들이지 않고 포괄하는 현상들의 만유가 배후에서 앞으로 옮겨질 것이다. 여기에는 마부들과 학자들, 레슬러들과 교부들, 궁수들과 음유시인들이 불가능한 것으로 난 길 위에서 겪은 공통적인 경험들로 하나가 되어 모여 있다. 세계의 에토스는 곡예사들의 공회의에서 정식화될 것이다.

밧줄은 그것이 팽팽하게 당겨진 것으로 생각될 때에만 곡예주의의 은유로 기능할 수 있다. 그래서 긴장의 원천들, 이 원천들의 고정과 힘이 전달되는 양상들에 유의하는 게 중요하다. 밧줄의 긴장이 형이상학적 전조 아래에서 생산되었다는 점에서 밧줄에 고유한 강도를 설명하기 위해서는 천상계에서 어떤 견인을 취할 수밖에 없었다. 평균적인 실존은 곳곳에 있는 성인들의 예시를 통해 이 위로부터의 견인을 체험했다. 이 성인들에게는 기꺼이 초인적이라고 불렀던 전력투구들로 인해 때때로 불가능한 것에 대한 접근이 허용됐다. 수페르호모superhomo가 원시 그리스도교의 단어이고 이 안에서 고중세가 그 가장 강렬한 염원을 말했음을 잊지 말아야 한다. 이 단어는 13세기 후반 처음으로 프랑스 왕 루이 9세에게 사용되었다! 그러한 내세의 극의 쇠약은 우선적으로 더욱더 소수의 사람들이 공중의 밧줄을 열망한다는 사실에서 입증된다. 평등주의적이고 이웃윤리적인 시대정신에 따라 지금은 아마추어적이고 마루운동적인 그리스도교 해석에 만족한다. 피에트렐치나의 성 비오Padre Pio[1887~1968. 이탈리아의 카푸친 작은형제회 사제]와 같은 신성한 히스테리 환자조차 그의 성흔聖痕의 초월적인 기원에 대해 아주 조금도 신뢰하지 않았기에, 그는 부식용 산을 사용해 두 손의 표면에서 피가 나게 하고 필요할 때 재생하는 시도에 굴복했는지 모른다.*

19세기부터 어떤 대안적인 발전기를 조립해 실존적인 최고의 긴장을 구축하는 것이 의제에 올랐다. 실제로 이 발전기는 스스로 자신을 올바로 이해하는 실존의 내면에서 어떤 등가의 동학을 입증함으로써 배치될 것이다. 다시 니체의 이름을 부를 수밖에 없다. 그는 '삶' 그 자체에서 할 수 있음과 더-할 수 있음, 원함과 더-원함, 있음과 더-있음 사이에 **선험적으로** 있는 강력한 견인의 격차를 발견하는 데 성공한 사람이기 때문이다. 또한 그는 겸허를 핑계로 원하지-않음과 더욱-덜-있길-원함에 대한 원함을 빈번하게 지향하는 회피적이거나 생명부정적인 경향들을 분명하게 밝혔다. 그 사이에 너무 통용되는 권력의지에 대한 담화와 지속적인 자기극복으로서의 삶에 대한 담화가 자신에 대해 작업하는 현존재가 타고난 차이의 에너지역학의 도식들을 전달한다. 이 관계들을 위장하려고 유통되는 이완의 이데올로기들이 역시 무엇이든 할 수 있을지 몰라도, '진실된 길'을 찾으려는 현대의 주인공들은 위로부터 요구된 삶의 기본 사실들을 통속적 도덕, 인간적 친밀과 건강 프로그램을 통해 은폐되기 전에 나타나는 것으로 지칠 줄 모르고 상기하게 됐다. 니체가 이 사실들을 영웅적인 코드화에서 제시했던 반면, 카프카는 비천하고 역설적인 형상들을 선호했다는 것이 이 관찰에서 아무것도 바꾸지 못한다. 양쪽 다 같은 밧줄 위에서 움직인다. 차라투스트라가 그의 첫 인사말에서 "인간은 동물과 위버멘쉬 사이에 연결된 밧줄이다……"**라고 말하든, 혹은 카프카가 이 밧줄을 독선적인 인간들에게 실족의 덫으로 바닥 위에 가까스로 팽팽하게 당겨지게 만들든 상관없이 양쪽 다 같은 밧줄도 같은 재주도 다루지 않고, 매우 오랫동안 곡예사의 도구를 생산한 같

---

*   도핑에 의한 기만을 공개하는 것과 다를 바 없는 이 폭로는 세르지오 루차토 Serio Luzzato의 책(Padre Pio. *Miracoli e politica nell'Italia del Novecento*, Einaudi, 2007)[《비오 신부: 근대 이탈리아 내의 기적과 정치》]에 명시되어 있다. Dirk Schümer, "Ein Säurenheiliger", *Frankfurter Allgemeine Zeitung*, 26. Oktober 2007[〈산의 성인〉]을 보라.

**   니체, 《차라투스트라는 이렇게 말했다》, 20쪽.

은 공장에서 만든 밧줄을 다룬다. 니체가 힘의 곡예와 충만의 곡예에 기운 반면, 카프카는 쇠약의 곡예와 결핍의 곡예를 더 선호했다는 기교상의 단서를 나는 여기서 더 추적할 필요가 없다. 이 두드러진 차이는 좋은 습관과 나쁜 습관의 일반이론의 틀에서만, 그리고 강화 훈련과 약화 훈련 사이의 대칭을 고찰하는 틀에서만 논의될 수 있을 것이다.

카프카는 그의 곡예와 자기수련의 의미에 대한 직관들을 고전이 된 세 이야기에서 있는 그대로 묘사했다. 1917년 〈학술원 보고Ein Bericht für Akademie〉(마르틴 부버가 편집한 잡지 《데어 유데Der Jude[유대인]》에 맨 처음 실림), 그다음에는 1922년 〈최초의 고뇌Erstes Leid〉(잡지 《게니우스Genius[천재]》에 처음 실림), 그리고 마지막으로 1923년 〈단식술사Ein Hungerkünstler〉(《디 노이에 룬트샤우Die Neue Rundschau[신리뷰]》에 첫 출간)가 그것들이다.

첫 번째 언급한 이야기는 흉내 내기의 길에서 인간이 되는 데 성공했던 어느 원숭이의 자서전을 담고 있다. 카프카가 제시하는 것은 어떤 동물의 관점에서 인간화 과정을 새롭게 기술하는 것에 못지않다. 이 인간화의 동기는 보통 그렇듯 진화적 적응과 문화적 쇄신의 조합에 있지 않다. 그것은 어떤 숙명적인 현사실성Faktizität에서 발생한 것이다. 하겐베크 서커스의 포획자가 아프리카에서 원숭이들을 잡아서 인간 세계에 퍼뜨린 상황에서 발생한 것이다. 이와 공명하는 질문이 **명확하게**expressis verbis 제시되지는 않는다. 인간은 그의 발전이 눈앞에서 끝날 때 왜 동물원을 비롯해 서커스를 세웠는가? 그것은 인간이 두 장소에서 자신의 고유한 존재와 생성에 대해 무엇인가를 알 수 있으리라는 모호한 느낌이 확인된다고 깨닫기 때문으로 짐작된다.

이미 이 원숭이에게는 그를 유럽으로 데리고 갈 포획 선박에 승선할 때, 그의 다음 운명과 관련해 동물원과 보드빌 극장이라는 양자택일에 직면하여 보드빌 극장만이 가망이 있음이 명백해진다. 그곳에서만 그는 아무리 하찮은 그의 나머지 족적이라도 지킬 수 있는 기회가 있음을 안다. 그것은 그에게서 한 마리 원숭이에게는 항상 출구가 있을 수밖에 없으리라는 느낌으로 존속한다. 출구란 인간들이 자유라는 과장된 단어로 토의하는 것을 만들기 위한 동물성 원료다. 그런데 이 원숭이는 자신의 타고난 기동성을 완전히 가지지 못한 채 인간 세계에 당도했다. 포획할 때 두 발의 총알이 그에게 상처를 남긴 것이었다. 하나는 얼굴을 쏴서 뺨에 빨간 페터라는 이름을 갖게 만든 붉은 흉터를 남겼고, 다른´하나는 허리 아래를 쏴서 그를 불구자로 만들었고, 약간 절뚝거리며 걷는 것만이 그에게 용납됐다. 한스 뷔르츠는 빨간 페터를 틀림없이 바이런 경과 요제프 괴벨스와 나란히 '변형 불구', 절뚝발이와 기형인 등급으로 분류했을 것이고, 이차로 팔이 없는 바이올린 연주자 운탄과 나란히 배열했을 것이다. 운탄은 회상하는 자리에서 그가 일시적으로 기관상의 이유 없이 절뚝거리기 시작했지만 이 거동상의 결함을 강도 높은 훈련을 통해 다시 고쳤다고 기록했다.

보드빌 극장의 길이 유일하게 여전히 열려 있기 때문에 원숭이의 인간화는 우회로 없이 곡예적인 자취로 이어진다. 빨간 페터가 배운 첫 재주는―이것으로 그의 자기조련이 시작된다는 것을 여전히 알지 못한 채―악수하기였다. 이 제스처로 인간들은 자신들의 동종을 이해할 수 있게 되고 그들을 자신들과 같은 사람으로 존중했다. 코제브 같은 사회철학자들이 인간화를 미비하게나마 무모함으로 지칭되는 어떤 흥분 때문에 상대들이 자신들의 목숨을 거는 대결에 소급하는 반면, 카프카의 곡예적 인간학은 이 대결을 불필요하게 만드는 악수에 만족한다. "악수는 개방을 낳는다……" 이 제스처에서 최초의 윤리가 실현된다. 한 마리 원숭이가 이 제스처를 실행하고 그렇게 해서 윤리적인 것의 기원이 조련(이 경우에는 친교의 조련)에서 왔다는 게 명확해졌다. 악수에 앞서 빨간 페터는 그 밖의 모든 배움의 토대가 되는 어떤 정신적 자세를 획득했다. 도망의 시도는 그 자신의 상황을 악화시킬 뿐이라는 통찰에 기초한 강제된 영혼의 고요 말이다. 사는 곳을 옮긴 동물에게는 인류에 가입하는 것이 유일한 출구를 제공한다는 것을 깨달았으므로 이 동물은 그가 원하는 것은 무엇이든 해도 되지만, 그의 목적지를 향해 기대어 절뚝거리고 가는 목발만은 결코 부러뜨리지 않을 것이다. 원숭이의 자유와 인간화 사이에는 자발적 스토아주의가 있다. 이 스토아주의는 지원자들이 '절망의 행동들'—빨간 페터의 표현—을 못하도록 막는다.

다음 재주는 첫 재주에 가설되어 있는 것을 계속 실행한다. 빨간 페터는 재미 삼아 인간의 얼굴에 침을 뱉고 그들이 앙갚음으로 그에게 침을 뱉는 것에 온화하게 즐거워하는 법을 배운다. 여기에 파이프 담배를 피우는 것이 이어지고 마침내 그의 옛 본성을 처음으로 중대하게 시험하는 화주병을 다루는 법이 이어진다. 지금 말한 두 수업 경향은 분명하다. 인간은 자극과 마취제 없이 그가 자신의 분야에서 구현하려는 것이 될 수 없다. 그때부터 빨간 페터는 보드빌 극장의 능력을 높이는 길에서 많은 선생들을 애태운다. 그중에는 그의 학생과 교제한 결과 착란에 빠져서 정신병원으로 옮겨져야만 했던 이가 있었다. 마지막에 그는 "지금껏 지상에서 반복되지 않았던 전력투구를 통해" 유럽인의 평균적인 교양에 이르렀다. 이것이 한편으로는 아무것도 아니었지만, 다른 한편으로는 그에게 우리에서 벗어나는 출구를, 이 '인간의 출구'를 열어놓았다는 점에서 무엇인가를 의미했다. 인간이 된 원숭이는 자신이 보고한 내용을 간추리면서 그것이 실제로 일어난 일을 치우치지 않게 재현한 것임을 확인하는 것에 치중한다. "저는 그저 보고하는 것입니다. 여러분, 학술원의 높으신 나리들께도 저는 보고를 드렸을 뿐입니다."*

카프카의 보드빌 극장-실존주의 탐구의 다음 단계에는 인간 수행원이 중심에 선다. 카프카가 쿠르트 볼프Kurt Wolff[1887~1963. 독일의

---

*   Kafka, *Sämtliche Werke*, pp.877~878[프란츠 카프카, 《변신, 선고 외: 을유세계문학전집 72》, 김태환 옮김, 을유문화사, 2015, 217쪽].

출판업자]에게 보낸 편지에서 "몹시 불쾌할 정도로 짧은 이야기"라고 불렀던 단편 〈최초의 고뇌〉에는 공연이 끝난 뒤 더 이상 서커스 천장에서 내려오지 않는 것에 익숙해져버린 어느 공중그네술사가 이야기된다. 그는 천막지붕 아래에 살림을 차리고 있으며 공중에 있는 자신을 돌보기 위해 그에게는 주변 세계가 필요하다. 지면에서 멀어진 실존에 익숙해짐으로써 서커스 객연이 제공되는 도시들 사이를 이동하는 것이 그에게는 갈수록 더 고통이 된다. 그래서 그의 매니저가 그에게 옮겨다니는 일을 되도록 덜어주려 시도하지만, 그의 고통은 순식간에 강화된다. 매우 빠른 자동차나 기차 칸의 그물선반에 매달려서만 그는 피할 수 없는 여행들을 견뎌낼 수 있다. 어느 날 그는 앞으로 어떤 일이 있어도 두 번째 그네가 필요하다고 요구하면서 그의 매니저를 놀라게 한다. 정말 그는 흐느끼면서 앞으로 어떻게 봉 하나로만 견딜 수 있느냐고 묻는다. 이윽고 그는 잠들고 매니저는 잠든 이의 얼굴에서 첫 주름살을 발견한다.

이 이야기에는 보드빌 극장-실존주의의 기본 진술들이 아주 빽빽하게 압축되어 있다. 이 진술들은 기예가가 차츰 지면 세계에 대한 관계를 상실하는 것을 관찰하는 것으로 시작하여 예술적인 현존의 내적 동학에 완전히 관계한다. 그는 예외적으로 자신의 재주를 완성하는 영역에 살림을 차리고자 함으로써 나머지 세계에 대한 관계를 해체하고 난처한 공중으로 후퇴한다. 그런 문장들은 은둔, 즉 종교적으로 동기를 부여받아 세속 세계와 단절한다는 관념에 대한 매우 진지한 패러디로 읽힐 수 있다. 카프카의 공중그네술사는 시대적으로나 객관적으로 가까이 이웃했던 고트프리트 벤Gottfried Benn[1886~1956. 독일의 의사 겸 시인]과 토마스 만Thomas Mann[1875~1955. 독일의 평론가 겸 소설가]의 진술들에서 알 수 있는 것과 같은 '예술가와 시민'이라는 이중의 삶을 초래하는 긴장을 해소한다. 그는 예술가의 삶을 통해 그의 현존을 완전히 흡수하는 게 성공할 거라고 믿는다. 두 번째 그네에 대한 요구는 항상 더 계속해서 그 수준을 높이려는 모든 급진적 기예에 내재한 경향을 표현한다. 향상에 대한 압박은 종교적 자기수련에 초현실적인 것에 대한 의지가 내재해 있는 것처럼 예술에 내재해 있다. 완벽으로는 충분치 않은 것이다. 불가능한 것에 미치지 못하는 것에 만족이란 없다.

우리는 여기서 종교적 체계를 구성할 때 좀처럼 빠지지 않는 그밖의 정신적 모듈과 만난다.* 그것은 불가능한 것을 완성할 수 있는 것으로 상상하고 완성했다고까지 주장하는 내적 작용을 포괄한다. 이 작용이 늘 실행되는 곳에서는 가능한 것과 불가능한 것 사이의 경계가 사라진다. 이 세 번째 구성 요소['사물이 있는 곳에 주체가 깃든다'와 '내세를 현세에 나타나게 한다'의 미시 종교적 모듈에 이어]를 수단으로 X가 불가능하다는 것이 그 가능성을 증명한다는 것이 타당하다는 혼종적인 추론이 연습된다. 두 번째 봉을 요구하는 기예가는 테르툴리아누스Tertullian[155~240?. 삼위일체를 가장 먼저 사용한 교부 겸 신학자]가 3세기의 새로운 추론법으로 정식화했던 **크레도 퀴아 압수르둠**credo quia absurdum("부조리하기 때문에 나는 그것을 믿는다")을 독특한 방식으로 반복한다.** 이것이 본래 초현실주의적인 종교 모듈을 기술한다고 말하는 건 불필요하다. 그 실행에는 콜리지Samuel Taylor Coleridge[1772~1834. 영국 낭만주의 운동의 공동 창시자]가—미학적 맥락에서—"불신의 적극적인 중단willing suspension of disbelief"***이라고 표현했던 내적 작용이 속한다. 이것으로 믿음이 깊은 자는 경험적 개연성의 체계를 폭파하고 실제 존재하는 불가능한 것의 영역으로 들어선다. 이 형상을 강도 높게 훈련하는 사람은 믿을 수 없는 것과 교섭하면서 기예가들에게 특징적인 기동성에 다다른다.

---

*　처음 두 측정 단위들에 대한 서술을 위해서는 이 책의 47~49쪽을 보라.
**　테르툴리아누스에 대해서는 이 책의 333~336쪽을 보라.
***　Samuel Taylor Coleridge, *Biographia Litereria*, Rest Fenner, 1817[《문학평전》][새뮤얼 테일러 콜리지, 《콜리지 문학평전》, 김정근 옮김, 옴니북스, 2003]을 보라. 저자에 따르면 이 행위는 **시학적 신앙**poetic faith을 창출한다.

카프카는 어떤 내포적 지시의 형태로 결정적인 발견에 성공한다. 그는 일방적으로 요구하는 훈련의 의무들로 인해 두드러지지 않는 두 번째 훈련을 야기하지 않는 어떤 기예도 없다는 사실을 발견한다. 첫 번째 훈련이 단련의 수행들에 기초하는 반면, 두 번째 훈련은 탈-단련의 훈련과 다름없다. 그것은 밧줄 위의 기예가를 동시에 삶의 무능의 비르투오소로 만든다. 그가 그렇게 그의 첫 번째 직무에서처럼 똑같이 진지하게 받아들여져야 한다는 것은 매니저의 태도에서 기인한다. 그는 자신의 피보호자를 양측면에서 필요한 것을 가지고 돌본다. 한편에서는 그의 공중 퍼포먼스를 위한 새로운 장치를 가지고, 다른 한편에서는 특히 위험한 이동의 순간에 사용되는 삶의 편의를 위한 도구를 가지고 돌본다. 이 도구에 관해 우리는 이제 그것 역시 수행 장치들의 특질을 보유하고 있음을 이해한다. 공중그네술사가 자신의 삶에서 성큼성큼 멀어져감을 수행하게 돕는 장치들 말이다. 매니저는 불가능성의 한계에 대한 이 두 번째 접근을 걱정할 만한 온갖 이유를 가질지 모른다. 다른 한편으로 이것은 공중그네술사의 근본적인 예술가성을 입증한다. 처세에 능한 예술가란 그가 자신의 예술과 함께 비-예술을 하는 일에 시간을 가졌고 이렇게 해서 자동적으로 위인 집단에서 탈락한다는 것만을 드러낸다. 이에 따르면 카프카는 어떤 부정적 훈련이론의 주창자로 이해될 수 있다.

단편 〈단식술사〉에서 이 작가의 시도가 가장 주목할 만하다. 여기서 그는 기예가들의 실존에 대한 그의 관찰에 다가올 그들의 운명에 대한 진술을 덧붙인다. 이 이야기를 시작하는 문장이 이미 그 경향을 분명히 한다. "지난 수십 년 사이에 단식술사에 대한 관심은 크게 줄어들었다."* 예전에는 군중이 그 매력에 완전히 빠져 있었던 반면, 당대의 군중은 그러한 비르투오소의 공연들에서 더 이상 즐거움을 얻을 수 없었다. 이 기예의 전성기에는 하루 종일 우리 앞에 앉아

---

* 카프카, 《변신, 선고 외: 을유세계문학전집 72》, 223쪽.-옮긴이

있던 정기 관람객들이 있었다. 도시 전체가 이 자기수련인에 몰입하기까지 했고, "단식 일수가 늘어날수록 관람객도 많아졌다"*. 그의 기예를 증명하려고 단식자는 몸에 달라붙는 검은 옷을 입었고 이것 때문에 그의 늑골이 두드러지게 눈에 띄었다. 그는 자신의 행동이 완벽하게 통제된다는 것을 뒷받침하기 위해 짚으로 덮은 격자 우리 안에 머물렀다. 감시인들은 그가 비밀스럽게라도 무엇인가를 섭취하지 못하도록 밤낮으로 단식 규칙을 엄격하게 준수하도록 돌봤다. 물론 그는 불순한 수단을 사용할 생각을 하지 않았다. 그때그때 그는 감시인들에게 그들의 수고에 대한 감사를 표하기 위해 자신이 부담한 풍성한 아침 식사를 대접했다. 그럼에도 그의 기예에 대한 의구심이 끊임없이 따라다녔다.

좋았던 시절 단식 공연은 독자적인 선풍적 사건으로 세계에서 가장 큰 장소들에서 선보일 수 있었다. 개별 단식 기간을 매니저는 최대 40일로 확정했는데, 그것은 성경의 유비 때문이 아니라 경험상 대도시에서는 군중의 관심이 이 시간 동안만 일 수 있기 때문이었다. 반면 그 시간이 더 길어지면 관심이 줄어들었다. 단식술사 자신은 이 시간 제한에 계속 만족하지 못했는데, 그는 "여전히 자기 자신을 뛰어넘어 불가사의한 경지에까지 이를"** 수 있음을 입증하려는 열망을 자신 안에 가지고 있었기 때문이다. 그가 40일간 단식술 수행을 마친 뒤 좌절한다면, 그것은 그의 매니저가 원인과 결과를 뒤집어서 주장하는 것처럼 그가 단식으로 소진되었기 때문이 아니라, 오히려 그에게 이번에도 가능하다고 여겨지는 것의 한계를 뛰어넘을 수 있도록 허용되지 않았다는 것에 대한 절망에서다.

첫머리에 밝혀진 것처럼 단식술에 대한 일반 군중의 관심이 줄어들었을 때, 단식술사는 사멸하는 장르를 소생시키려는 몇몇 헛된

---

*　　Kafka, *Sämtliche Werke*, p.888[같은 책, 223쪽].

**　　Ibid., p.891[같은 책, 228쪽].

시도 끝에 그의 매니저를 떠나게 하고 대형 서커스에 고용되기로 결심했다. 그가 알고 있던 대로 그는 대형 서커스에서 결코 하이라이트 프로그램이 아니라 주변부의 호기심으로 등장할 것이다. 그의 우리를 서커스 동물들이 머물던 가축우리들 근처에 세워뒀는데, 이 때문에 중간 휴식 시간에 동물들에게 물밀듯이 밀려오는 방문객들이 이 수척해진 자기수련인을 틈틈이 볼 수 있었다. 그는 그가 "가축우리들에 가는 길의 방해물"[235쪽]에 불과하다는 사실을, 매우 쓰디쓰기도 한 사실을 감내할 수밖에 없었다. 말하자면 그는 이제는 감시받지 않고 있고 그 결과 누구에 의해서도 제지당하지 않기 때문에 예전부터 하길 원했던 만큼 매우 오랫동안 단식을 할 수 있었지만, 그의 마음은 무거웠다. "그는 진심으로 일했지만, 세상이 그를 속이고 그의 보상을 빼앗아갔기"[236쪽] 때문이다. 그는 짚단에 숨어서 아무도 알아채지 못하는 기록들을 세웠다.

죽음에 가까이 왔다고 느꼈을 때 단식술사는 우연히 짚단 아래에서 웅크리고 있는 그를 발견한 감독관 앞에서 자신의 예술에 대해 고백했다.

"나는 언제나 당신들이 나의 단식을 보고 찬탄하기를 바랐소." …… "우린 물론 찬탄하지." 감독관이 호의적으로 대답해주었다. "하지만 찬탄하지 않는 게 좋겠소." 단식술사가 말했다. "그래, 그럼 찬탄하지 않겠네." 감독관이 말했다. "그런데 왜 우리가 찬탄하지 말아야 하는 거지?" "왜냐하면 난 단식할수밖에 없으니까. 다르게 할 수가 없소." 단식술사가 말했다. "허, 이것 좀 보게," 감독관이 말했다. "왜 그럴 수밖에 없다는건가?" "왜냐하면 나는…… 내 입맛에 맞는 음식을 찾을 수가 없었기 때문이오. 내 말을 믿어주게. 내가 그런 음식을 찾았다면, 떠들썩한 일을 벌이지 않았을 것이고, 당신이나 다른 모든 사람들과 마찬가지로 배불리 먹고 살았을 거요."*

그가 죽은 뒤 그의 우리는 새끼 표범 한 마리에게 주어졌고 이 표범은 그 안에서 펄펄 돌아다녔다. 이 표범에 관해 서술자는 다음 문장으로 본질적인 것을 전한다. "표범에게는 아무것도 부족하지 않았다."[237쪽]

나는 여기서 다양하게 해석된 명작에 예술적인 관점에서 논평을 달 계획은 없다. 우리의 연관에서는 이 텍스트를 정신사의 증언으로 취하는 예술감 없는 독해로 충분하다. 여기서 문제는 일반 자기수련론의 모델에 대한 카프카의 성찰이 정점에 이르렀다는 것이다. 보드빌 극장의 철학으로 시작했던 것이 이제는 고전적 자기수련들을 설명하는 형태로 전개될 수 있다. 단식이라는 규율을 택했기 때문이다. 단식은 그 밖의 다른 것처럼 기예적인 규율이 아니라 형이상학적 자기수련 그 **자체**par excellence다. 예로부터 단식은 그것이 성공하면 배고픔에 예속된 범속한 사람이 어떻게 순리를 거슬러 천성을 이길 수 있는지 알도록—혹은 다른 사람에게서 관찰되도록—만드는 수행을 기술했다. 자기수련인들의 단식은 그곳을 제하면 곳곳에서 수동적이고 비자발적으로만 체험되는 결핍으로 인한 괴로움의 할 수 있음의 형태다.** 이 결핍에 대한 승리는 더 큰 결핍이 가세하는 이들에게만 허락되어 있다. 옛 자기수련의 장인들이 신이나 깨달음에 대한 갈망을 진정시키려면 다른 모든 요구를 치워야만 한다고 말할 때, 그들은 이미 결핍의 위계를 전제한다. 이 경건한 언어게임은 세속적인 갈망에 신성한 갈망을 대립시키기 위해 입의 절제를 이중화하는 가능성을 붙잡는다. 실제로 신성한 갈망은 충만에 대한 어떤 요구가 아니라, 오히려 항상성에 대한 추구를 의미한다. 이 항상성에 '배고픔의 진정'은 영적 수사적으로 유지되는 은유만을 제공한다.***

---

*   Ibid., p.895[같은 책, 236~237쪽].

**   배고픔에 대한 자기수련적 반란에 대해서는 이 책의 656~657쪽을 보라.

***   이 은유는 이 문제에서 오해를 살 수 있는데, 그것이 입의 탐색 의도와 입 이전의 탐색 의도 사이의 혼동에 기초하기 때문이다. 굶주린 세계에 유효한 주된 차

카프카의 자기수련 우화에서 결정적인 것은 기예가의 고백이다. 그는 단식하면서 그의 가장 내적인 소질 혹은 달리 표현해 그의 가장 깊숙한 혐오에 부응하는 것 말고는 다른 것을 할 수 없었기 때문에 찬탄받을 만하지 않다고 고백한다. 그는 구할 수 있는 식품은 섭취할 것이라는 기대에 대한 반감에만 항상 복종했던 것이다. "하지만 찬탄하지 않는 게 좋겠소"라는 문장은 지난 세기 유럽에서 가장 영적인 말이다. 우리는 여전히 유사한 말의 필요를 느낀다. "하지만 내가 성인임을 선언하지 않는 게 좋겠소." 니체가 일반적으로 생명력에 장애가 있는 자들의 부정주의라고 기술했던 것이, 이제는 특수하게 영양에 대한 혐오로 회귀한다. 카프카의 기예가는 결코 자신을 극복하지 못하고, 그가 순전히 과장할 필요가 있는, 그에게서 작동하는 어떤 혐오를 따른다. 가장 극단의 기예는 최종 분석에서 취향의 문제로 밝혀진다. 현존재가 공급하는 물품들에 대한 미각의 최후 심판에서 판결된 이 의견에 따르면 여기서는 그 어떤 것도 나의 입맛에 맞지 않는다. 영양에 대한 거절은 〈요한복음〉 20장 17절에서 부활한 예수가 마리아 막달레나에게 했던 말, "나를-만지지-말라"보다 더 멀리 간다. 이 말은 '내-안에-침입하지-말라' 혹은 '나를-완전히-채우지-말라'를 몸짓을 통해 표현한다. 이 말은 접촉의 금지에서 신진대사의 거부로 옮겨간다. 마치 자기 육체의 흡수 경향과 협력하는 것이 모두 극악무도한 모험인 것처럼 말이다.

카프카의 이야기를 통한 실험을 의미 있게 만드는 것은 신은 죽었다는 명제를 잠자코 받아들이며 그 밑에서 시종일관 작업했다는 것이다. 그 때문에 단식술은 그 탈속적인 목적지가 제거된 뒤 형이상학적 욕망에 남아 있는 것을 드러낼 수 있다. 일종의 참수당한 자기수련이 나타난다. 여기서 위에서 견인한다고 추정되는 긴장은 내면

이인 텅 빔 대 충만은 탐구 영역 전체를 덮지 못한다. 그것들 중 영적으로 가장 많은 것을 요구하는 탐구에 대해서는 염려-너머의-항상적임 대 염려-속의-동요 라는 주된 차이가 더 유효하다.

의 반감의 긴장으로 판명된다. 그렇다면 몸뚱이가 전부다. 카프카는 종교의 탈락을 가지고 실험한다. 지금껏 종교가 구성하던 모든 것의 탈락에 대한 마지막 종교를 시험하기 위해서 말이다. 남아 있는 것은 기예적인 수행이다. 그래서 단식술사가 자신을 찬탄하지 말라고 요청할 때 그는 정직하게 말하고 있다. 사람들의 관심이 그의 공연을 등진 것은 다수가 알지 못하고서, 단식의 세계가 끝났다고 맺음말을 하고 싶어 하는 어떤 시대정신의 귀띔을 따르는 것과 같은 바로 그 순간에 이뤄진다. 이제 부족한 것이 없는 자들의 시대가 도래한 것이다. 그것이 표범들이든, 노동자 공화국과 농부 공화국의 거주자들 혹은 사회주의 시장경제의 신봉자든 상관없다. 자기수련들 중 가장 영적이었던 것이 이제는 실제로 "가축우리들에 가는 길의 방해물"에 지나지 않는 것이다.

〈단식술사〉가 나온 지 10년 후 이오시프 스탈린Josef Stalin[1878~1953]은 다른 수단으로 단식술의 종언을 결정했다. 그가 1932년 겨울부터 1933년까지 수많은 우크라이나의 농부들—이 숫자는 350만과 800만 사이를 오가는 것으로 보고된다—을 식량 봉쇄를 통해 죽음으로 내몰았을 때 말이다. 이것 역시 반시대적이었고, 풍요의 길에 대한 방해물이었다.*

스탈린 자신도 배고픔의 세속화를 완전히 강제할 수는 없었다. 그의 시대에는 단식술사가 실제로 있었다. 카프카가 죽은 지 얼마 안 있어 프라하가 아닌 파리에서 몸에 착 달라붙는 검은색 옷을 입고 늑골이 돌출된 사람이 아니라 파란색 양말을 신은 매우 여윈 여성으로 말이다. 그녀 역시 완전한 타자를 위한 체중 감량의 장에서 한 명의 기예가였다. 1909년생으로 20세기에 정통했던 반중력의 위대한 사상

---

* 기아 제노사이드 정치, 강제 집단화와 굴라크로의 추방이 함께 작용함으로써 스탈린의 정치는 1929년과 1936년 사이에 1400만 명의 희생자를 만들었다.

가이자 유대인 가문 출신의 아나키스트로 가톨릭으로 개종했으며 세계 없음의 모든 마의 산의 소식통이었다. 동시에 본래적인 공동체의 뿌리박음에 대한 탐색자이자 저항의 투쟁가이며 불구의 실존주의자로 노동자의 편에서 단식하고자 했고 자신의 식욕 없음을 고귀하게 만들고 그 고귀함을 겸허히 여겼다. 시몬 베유Simon Weil[1909~1943]는 이것을 진척시켜서 영국에서 망명 도중 34세의 나이로 이중의 사인으로 죽게 되었다. 폐결핵과 자발적 아사로 말이다.

1부. 수행자들의 별

5.
파리의 불교: 시오랑의 수련들

내가 이 도입의 숙고들에서 제시하고 싶은 마지막 형상Gestalt인 1911
년 루마니아에서 태어난 아포리즘 작가 에밀 M. 시오랑Emile M.
Cioran(1937년부터 1995년까지 파리 거주) 역시 여기서 토의될 거대한
선회에 편입될 수 있다. 그에게서 자기수련의 비공식화가 수직적 긴
장을 포기하지 않고서 어떻게 진행되는지 관찰할 수 있기 때문에 그
는 우리에게 중요한 정보원이다. 시오랑은 마찬가지로 그의 방식으
로 단식술사다. 정체성에 대한 야무진 영양 섭취를 멀리함으로써 은
유적으로 단식하는 사람이라는 말이다. 그 역시 자신을 극복하지 않
고, 오히려 카프카의 주인공처럼 매우 강하게 온전한 자기를 역겨워
하는 성향을 따랐다. 은유적 단식자로 그가 평생 한 것은 다름 아닌
거부를 위대한 자들의 기초로 완성하는 작업이었다. 그러면서 그는
회의가 판단의 신중함에서 실존함의 유혹에 대한 보류 쪽까지 전개
되는 것을 보여준다.
　니체의 두 진술을 지침으로 택하면 시오랑이라는 현상에 가장
가까이 접근하게 된다.

　자기 자신을 경멸하는 사람은, 그러면서도 언제나 경멸하는
　자신을 존중한다.*
　도덕: 어떤 영리한 인간이 오늘날에도 여전히 자신에 대하여

이 정직한 말을 쓰겠는가? 그렇게 한다면 그는 이미 성 만용수
도회에 틀림없이 속해 있을 것이다.**

마지막 언급은 위인들의 모든 상세한 전기에서 불가피하게 느끼
는 불쾌와 관련된다. 이는 어떤 솔직한 자기기술의 심리학적이고 도
덕적인 비개연성마저 나타낸다. 동시에 그것은 어떤 예외를 가능하
게 만들 조건을 두드러지게 하는데, 실제로 시오랑에게서 니체가 조
망했던 수도회의 수도원장을 인식할 수 있을 것이다. 그의 성 만용聖
蠻勇, heilige Tollkühnheit은 니체가 가장 개연성이 없고 가장 바람직하지 않
은 것으로 여기는 태도에 대응한다. 이것을 거리의 파토스라는 표현
을 쓰지 않고 신중과 예의의 규범들과 결렬한 태도라고 말할 수 있
다. 니체는 이 입장에 그의 《이 사람을 보라》의 '생리적physiologisch'인
문구들에서 솔직한 자기기술에 필요한 '냉소주의Cynismus'를 실행했을
때 딱 한 번 스스로 가까워졌다. 그는 고통스러움의 감정을 관심사의
규모로 보충하기 위해 이 제스처에 지체 없이 '세계사적welthistorisch'이
라는 술어를 요구했다. 그는 그것을 물론 자기 자신에 대한 어떤 실
언이라기보다 오히려 바로크적 자화자찬으로 가져갔다. 이 자화자찬
이 이번에는 더 심오한 형태로 결점을 들춘다는 것을 의미하지 않는
경우라 그렇다. 그런데 니체는 겨우 문틈을 통해 이 탈억제들이 도래
하는 것을 보고 알아차렸던 소심한 예언자로 남았다.
　시오랑처럼 니체의 뒤에서 시작했던 자는 더 멀리 가야만 했다.
이 루마니아 청년은 미셸 레리Michel Leiris[1901~1990, 프랑스의 작가이자
민속학자]와 장-폴 사르트르 같은 자신을 발가벗겼던 다른 이들과 함
께 자신을 성 만용수도회의 정점에 세움으로써 니체의 지시를 따랐
을 뿐 아니라, 마지막 자기존중의 가능성을 그 자신의 경멸에 기초하

---

*　　F. N., *Jenseits von Gut und Böse*, p.78[《선악의 저편, 도덕의 계보》, 110쪽].

**　　F. N., "Dritte Abhandlung: was bedeuten asketische Ideale?", *Zur Genealogie der Moral. KSA 5*, p.386[같은 책, 509쪽/508쪽, 번역 일부 수정].

는 프로그램 역시 실현시켰다. 그는 자신의 계획이 비범해 보이는데도 불구하고 시대정신을 배후에 두고 이것을 할 수 있었다. 잠재하는 것의 명시화를 향한 시대적 선회가 그를 사로잡았고 몇 년 전만 해도 아직 모든 저자가 주춤했을 것들을 기록하게 했다. 이 선회에서 니체가 요청했고 실제로는 배제했던 "자신에 대한 정직한 말"은 전례 없는 어떤 공격력에 다다랐다. 순전한 정직함이 자기 자신에 대한 가차없음Rücksichtslosigkeit의 글쓰기 방식이 된 것이다. 자기파토스의 작가Autopathograph가 되지 않고서는 더 이상 자서전 작가Autobiograph가 될 수 없다. 자신의 병의 기록을 출판하지 않고서는 자서전 작가가 될 수 없다는 말이다. 자신에게 부족한 것을 인정하는 사람이 정직하다. 시오랑은 다음을 표명하기 위해 무대 전면에 등장한 최초의 인물이었다. 나에게는 모든 것이 부족하고, 그리고 같은 이유로 나에게는 모든 것이 역시 너무 많다.

19세기는 1864년 도스토옙스키의 《지하로부터의 수기》*에서 '정직한 말'의 장르를 단번에 극단까지 내몰았다. 이 작품에 대한 니체의 반응은 충분히 알려져 있다. 시오랑은 그의 유일한 주제인 '어떤 이에게 모든 것이 부족하고 모든 것이 너무 많을 때 그가 어떻게 계속하는지'에 대해 찬탄할 만한 가치가 있는 단조로움으로 작업했던 다락방에서 반세기 동안 수기를 저술했다. 그는 이미 일찍이 작가로서의 가망을 니체에 의해 제공된 윗옷을 입는 것에서 알아봤다. 이미 루마니아 시절 그는 이 옷을 잽싸게 입고 다시는 벗지 않았다. 니체가 형이상학을 세계로 인한 고뇌의 증상이자 세계로부터의 도주의 구제 사업으로 해석했다면, 시오랑은 이 진단에 대해 어떤 반대 진술을 하기 위한 최소한의 시도도 하지 않고 그것을 받아들였다. 그가 거부했던 것은 정반대의 방향으로 니체가 도주한 것, 즉 긍정할 수

---

* 표도르 도스토옙스키, 《지하로부터의 수기》, 김연경 옮김, 민음사, 2010.-옮긴이

없는 것에 대한 긍정이었다. 그에게 초인(위버멘쉬)은 유치한 허구이자, 세상은 항상 그렇듯 불편한데도 창가에 그의 깃발을 걸어둔 교만한 건물 관리자다. 한 번 존재하는 것이 이미 너무나 많은 한 번이라면 누가 동일한 것의 영겁회귀에 관해 말하겠는가?

학창 시절에 잠시 시오랑은 그 시대에 널리 퍼진 혁명적 긍정을 가지고 실험했고 루마니아 극우주의가 위세를 떨치던 주변을 배회했다. 그는 당시 유행하던 보편적 동원의 신비주의와 회의와 도를 넘은 내면의 삶에 대한 치료 수단으로 선전되던 정치적 생기론에서 그의 취향을 발견했다. 이 모든 것이 오늘날 '회귀하는 종교'로서 떠도는 유령의 가까운 친척인 '민족Nation'이라는 환영에서 구원을 찾도록 소집했다.

시오랑은 이 입장에—만일 그것이 정말 하나의 입장이었다면—오래 멈춰 서 있지 않았다. 그가 히스테릭한 긍정성의 외도에 대해 더욱더 역겨움을 느끼면서 점차 형안을 돌려받았다. 1937년 60여 년간 은둔자처럼 거주하기 위해 파리로 이주했을 때, 그는 거대한 역사에 참여하려는 유혹에서 아직은 물론 완전히 치유되지 못했지만 청년 시절의 흥분에서 더욱더 멀어져갔다. 처음부터 그에게 각인됐던 공격적이고 우울한 근본기분이 이제는 다른 형태로 작용되었다. 이 단계 동안 시오랑은 "자신에 대한 정직한 말"의 장르에서 결정적으로 기틀을 잡는 데 성공했다.

죽거나 혹은 나를 죽이는 불가능함을 통하여 나는 문학 속에서 길을 잃었다. 이 무능력이 유일하게 나를 쓰는 자로 만들었다.*

그는 루마니아 시절 사춘기적 모방자의 재능으로 붙잡았던 참여의 언어를 다시는 사용하지 않을 것이다. 그가 예전에 독일과 그곳

---

* Emil Cioran, *Cahiers, 1957-1972*, Gallimard, 1997, p.14(번역은 저자)[《수첩 1957~1972》].

의 잔혹한 균열에 대해 품었던 맹목적인 찬미 역시 그에게서 이탈한다. "내가 병에서 치료됐다면 이 병에서다."* 건강을 되찾고 있는 자들에게는 정직하지 않은 수단으로 낫기를 원했다는 고백이 그 고유한 병에 대한 정직한 말의 일부다. 그는 이 악에서 단번에 해방되어 작가 시오랑을 발명하는 과제에 전념했다. 이 작가는 그가 청년 시절 자신 안에서 발견했던 정신병적 자산을 가지고 이 사업의 기초를 세워야만 했다. 당시 자기 스스로 빚어낸 이 형상은 후고 발의 소설 형상 중 하나일 수도 있었을 것이다. 이 소설 형상은 '떠밀린 인간'을, 보드빌 극장의 성인을, 절망과 아무것도-되길-원하지 않음을 매호 나오는 평론에까지 확장한 철학적 광대를 상상한다.

시오랑의 '전작Lebenswerk'에는 자기수련의 세속화와 영성의 비공식화가 될 수 있는 한 함축적으로 관찰된다. 그에게서 중부 유럽의 불구의 실존주의는 그가 파리 지식인들에게서 목격했던 것과 같은 참여적 저항의 실존주의가 아니라, 끝없는 이탈Dégagement 행위의 연쇄로 번역됐다. 이 거부-실존주의자의 전작은 휘말리고 입장을 취하라는 유혹들에 대해 계속되는 거절의 기록이라는 특징이 있다. 이리하여 '입장 없는 사람의 입장, 역할 없는 행위자의 역할'이라는 그의 중심 역설이 더욱더 분명하게 결정화된다. 이미 파리에서 최초로 낸 책 《해체 개요Précis de décomposition》(1949)로 시오랑은 스타일리스트로서 대가의 지평에 도달했다. 이 책은 파울 첼란Paul Celan[1920~1970. 루마니아 태생의 독일어 시인]이 1953년 《몰락의 교의Lehre vom Zerfall》라는 제목으로 독일어로 번역했다. 확실히 시오랑은 없음의 시대정신을 지속적인 성과를 내며 자신 안에 받아들였지만, 그가 부러뜨리길 원했던 목발들은 정체성과 소속과 일관성의 목발이었다. 그는 아무것도 확신하지 않는 것에 좌우되는 하나의 원칙만을 확신했다. 각 책마다 그

* Bernd Mattheus, *Cioran. Portrait eines radikalen Skeptikers*, Matthes & Seitz Berlin, 2007, p.83[《시오랑: 어느 근본적 회의론자의 초상》].

는 눈에 띄게 카프카의 허구적 인물들의 수행들에 가까운 실존주의적 마루 곡예를 진행했다. 그 묘기Nummer는 처음부터 확정됐다. 그것은 도시에서뿐 아니라 만유에서도 집 없는 자Obdachloser(**상 아브리**sans abri), 국가 없는 자Staatenloser(**상 파피어**sans papier) 그리고 거리낌 없는 자 Schamloser(**상 젠**sans gêne)로 나타나는 숙취에 시달리는 주변인들의 묘기다. 그의 자서전적 진술들의 인상 깊은 모음집이 이유 없이 독일어로 《카파르Cafard[바퀴벌레/위선자/고자질쟁이/우울]》라는 제목을 달고 있는 것은 아니다.* 실천하는 기식자로서 시오랑은 기식자를 이 단어의 그리스어 의미 **파라시토이**parásitoi, 즉 차려진 밥상의 배석자에 연결시켰다. 아테네인들은 교제의 유희에 기여하도록 초대한 손님들을 이렇게 불렀다. 그러한 기대를 충족하는 것이 파리에 사는 루마니아 출신의 이민자에게는 어렵지 않았다. 그의 부모에게 보내는 편지에서 그는 확언했다. "제가 선천적으로 과묵했다면 저는 이미 오래전에 굶어 죽었을 것입니다."** 다른 곳에서는 이렇게 적는다. **"우리의 모든 굴종은 우리가 굶어 죽기로 결단을 내릴 수 없다는 것에 근거한다."***

시오랑의 아포리즘들은 마치 하이데거의 기분론을 실천적으로 적용하면서 논평하는 것처럼 읽힌다. 다시 말해 실존에 전-논리적 색조를 **선험적으로** '부여하는' 개별적이고 집단적인 '튀모스Thymos'[기개, 격정 등의 정서적 능력]의 분위기적 수태와 같다. 하이데거도 시오랑도 기분의 부여와 그것을 부여하는 남자들(혹은 부여하는 여자들)에 대해 이 현상의 의미에 걸맞은 구체성을 가지고 말하려고 노력하

---

*   Emile Cioran, *Cafard. Originaltonaufnahmen 1974-1990*, herausgegeben von Thomas Knoefel und Klaus Sander, mit einem Nachwort von Peter Sloterdijk (Audio-CD), Supposé, 1998[《카파르(바퀴벌레/위선자/고자질쟁이/우울): 원음 녹음 1974~1990》].

**   Bernd Mattheus, *Cioran*, p.130.

*** Emile Cioran, *Lehre vom Zerfall, in Das Gesamtwerk*, Suhrkamp 2008, p.852[《몰락의 교의》].

지 않았다. 이것은 하이데거도 시오랑도 심리적 분석을 중단하고 재빨리 실존 진술의 영역으로 옮겨가려는 경향이 있었다는 사실 때문이다. 실제로 시오랑은 자신의 공격적이고 우울한 기분을 자신의 현존의 분위기적 원사실로 받아들였다. 그는 이 원사실을 처음부터 그에게 세계가 권태, 무료, 무감각/무의미, 무취미, 해당하는 모든 것에 대한 반항적인 분노와 같은 이상 긴장의 음색으로 주어졌다는 불운으로 감수했다. 솔직하게 그는 형이상학의 이상들이 육체적이고 또 심리육체적인 병에 대한 정신적 타도로 해석될 수 있다는 니체의 진단이 유효함을 시인한다. 그는 일찍이 자신 이전의 어떤 저자보다도 "자신에 대한 정직한 말"의 노선으로 더 멀리 나아가면서 그에게 문제는 '잘못된 창조'에 대한 상쇄에 착수하는 것이라고 솔직히 인정한다. 사유한다는 것은 하이데거가 제안했듯 감사함을 뜻하지 않는다. 그것은 복수하는 것을 뜻한다.

최초로 시오랑은 니체가 마치 그 현상이 예로부터 존재해온 것처럼 그 정체를 폭로하길 원했던 순수한 르상티망의 철학을 실현했다. 그렇지만 그러한 철학이 니체의 자극을 받고서야 가능해진 것이었다면 어떻게 될까? 이 자극 속에서 독일에 기원을 두는 불구의 실존주의는 시오랑이 깊이가 없는 양태라고 경멸했던 프랑스적으로 각인된 저항의 실존주의를 우회해 비밀-루마니아적이고 다키아*-보고밀파적으로** 채색된 불치의 실존주의로 바뀌었다. 이 전회는 아시아적 비실존주의의 경계에 이르러서야 멈췄다. 그러니까 시오랑은 그의 생애에 걸쳐 유럽적인 공허를 느끼며 어떤 포괄적인 비실재성

---

* 　로마제국에 맞섰던 다키아인들의 거주 지역으로 현재의 루마니에 해당한다.-옮긴이

** 　10세기 제1 불가리아제국에서 사제 보고밀이 설립한 그리스도교적 신그노시스주의 내지 이원론적 종교정치 종파로 육체 내의 세계와 육체 바깥의 세계의 이원론을 믿고 십자가도 사용하지 않고 교회도 짓지 않으며 자신의 육체를 교회로 여겼다.-옮긴이

의 느낌을 가지고 유희했지만, 그럼에도 그는 불교가 실재성Wirklichkeit의 명제를 포기하고 이 명제와 하나가 된 신의 명제를 포기한다면 이 불교는 따르지 않겠다고 결단했다. 이 신의 명제는 잘 알려졌다시피 우리가 알고 있는 실재성을 우리에게 감춰진 '최후의 실재성'을 통해 보장하는 역할을 했다.* 설령 시오랑이 불교에 매혹됐다고 느끼더라도 그는 불교의 존재론을 함께 실행하는 것은 원하지 않는다. 그는 세계의 현실성Realität을 혐오했을 뿐 아니라 동시에 이 현실성을 보충해 채우길 계획했고, 그래서 틀림없이 역시 궤변에 불과할지라도 현실성의 현실성을 받아들일 수밖에 없다. 그는 자기 자신을 구원하려고도 구원되게 두려고도 하지 않았다. 그의 사유는 구원이 필요하다는 기대에 반하여 하는 유일한 항의다.

만약 여기서 수행자들의 별의 상황에 근본적인 변화를 강행하는 널리 의미 있는 경향이 나타나지 않는다면, 이 모든 것을 1945년 이후 파리지앵의 특징이 나타나는 서식 구역들의 진기한 배양 현상으로 방치할 수도 있을 것이다. 앞서 말한 대로 시오랑은 우리가 인간 공학의 출현으로 주제화하고 있는 풍부한 자기수련론의 결과를 낳는 변혁에 대한 주요 증인이다. 그를 통해 우리는 내가 자기수련의 탈영성화에 대한 보충적인 대립 경향으로 파악될 수 있다고 말했던 영성의 비공식화에 주목하게 된다. 시오랑은 그 독창성과 대표성이 그가 모든 목적 지향적인 수행을 거부하는 수행을 한다는 것에서 나타나는 새로운 유형의 수행자다. 방법적 수행은 주지하다시피 구속력이 있는 수행의 목적지가 눈앞에 있는 곳에서만 가능하다. 정확히 이 권위에 시오랑은 이의를 제기한다. 어떤 수행의 목적지를 받아들이는 것, 그것은 다시 분명 믿는다는 것을 뜻하는데, 여기서 '믿는다'는 것은 초심자들이 목적지를 선취하는 수단이 되는 정신 행위를 나타

---

* Robert Spaemann, *Das unsterbliche Gerücht. Die Frage nach Gott und der Aberglaube der Moderne*, Klett-Cotta, 2007[《불멸의 풍문: 신과 현대의 미신에 대한 질문》].

낸다.

이 목적지로-내달림으로 '종교적' 태도 복합체의 네 번째 모듈이 주어진다.* 선취는 보통 다음처럼 일어난다. 반신반의하면서 언젠가 완성된 어떤 것에 필적할 수 있을 것이라는 메시지를 받으면서 그것을 바라본다. 우리는 이 뒤에 오는 장들에서 이 내적 작용의 배치 아래에서 어떻게 수천 년 넘도록 수행자들의 군단이 움직이기 시작했는지 보게 될 것이다.** 목적지로-내달림이라는 모듈이 없다면 **비타 콘템플라티바**vita contemplativa(관조하는 삶)도, 수도회의 삶도, 다른 해안으로 출발하는 무리도, 예전의 어느 더 위대했던 존재처럼 되고자 하는-원함도 없을 것이다. 그래서 강조해도 결코 지나치지 않다. 매우 효과적인 인간공학들은 어제의 세계에서 유래하고, 그리고 오늘날 목소리를 높여서 선전되거나 비난받는 유전자 기술은 아무리 그것이 더 대규모로 인간에게 실행될 수 있고 받아들일 수 있게 되더라도 오랫동안 이 현상들의 주변에서 이에 걸맞게 하나의 일화에 불과한 것으로 남아 있을 것이라고 말이다.

이 완성 속을 믿으면서 내달리는 것은 시오랑의 소관이 아니다. 그는 완성과 구원에 대해 이야기하는 종교적 저서들에 대하여 매우 열정적으로 '흥미를 보이지만', 나중에-그렇게-멀리-있음을 선취하는 것과 같은 그러한 믿음의 작용을 그는 실행하지 않는다. 그러니까 그

---

* 나는 **말이 나온 김에**en passant 앞서 언급된 종교적 내적 작용의 세 모듈을 상기시키겠다. 사물이 있는 곳에 어떤 주체의 깃듦, 내세를 현세에 '나타나게' 하는 어떤 변신의 가정, 어떤 사태의 불가능성에서 그 가능성이 뒤따른다는 양상의 정립. 여기 명명된 네 번째 모듈은 본래 기예적인 것이다. 그것은 신성의 이상들과 마찬가지로 예술적 완성의 이념들에 관련될 수 있다. 다섯 번째 모듈은 압도적인 것의 생생한 재현에 존재하는데, 이는 고유한 실존의 무화될 수 있음과 그 거대한 몰락을 명상하게 하는 내적 작용들을 뜻한다. 이에 대해 자세한 것은 이 책의 698~699쪽을 참조하라.

** 이 책의 12장을 보라.

의 믿을 수 없음에는 두 가지 측면이 있다. 하나는 자신의 근본기분이 완성을 가정하는 데 필요한 단순성을 분해하기 때문에* 할 수 없음의 측면이고, 다른 하나는 그가 회의주의자의 태도를 받아들였고 이 결정적인 임시방편을 어떤 입장을 위해서도 포기하고 싶지 않기 때문에 하길 원하지 않음의 측면이다. 따라서 그에게는 여기서 남은 것들을 가지고 하는 어떤 실험 말고는 할 게 없다. 그는 자신이 목적지향적인 연마가 의미 없을 어떤 악기 연주를, 즉 고유한 현존이라는 음이 맞지 않는 악기 연주를 참고 억지로 하는 것을 본다. 그러나 바로 그의 연주될 수 없는 악기 연주가 억압될 수 없는 수행 차원의 보편성을 보여준다. 적당한 악기가 없는 곳에서 그가 수행함으로써 이 '반-예언자'가 장인성의 비공식 판본을 발전시키기 때문이다.

그는 아무것도-야기하지-않음의 첫 대가가 될 것이다. 카프카의 단식술사처럼 그는 자신의 혐오를 비르투오소의 수행으로 만들고 그의 **카파르**cafard[우울]에 따라 이것에 부합하는 할 수 있음의 형식을 연마한다. 이 형식에서도 갖가지 기예를 부릴 때마다 되돌아오는 호소가 들린다. "항상 나는 당신들이 찬탄하기를 원하오……" 카프카의 단식술사가 이것에 대립되는 요구 "하지만 찬탄하지 않는 게 좋겠소"를 말하기 위해 끝까지 기다리는 반면에, 시오랑은 처음부터 그의 기예의 탈주술화를 거의 모든 측면에서 근본기분의 강제 밑에 되는 대로-둠이라고 공표함으로써 이것에 필요한 재료를 제공한다. 시오랑이 "나는 고통스럽지 않을 수 없다",** "나의 책들은 어떤 비전이 아니라 어떤 **삶의 느낌**을 표현한다"***라고 적을 때 이 기분이 말하고

---

* 자신이 때때로 닥치는 대로 신비주의에 사로잡히게 둔다는 것을 인정하면서 그는 틈틈이 명철함을 "절대적인 것에 대한 백신"이라고 정의한다. Cioran, "Religion", *Syllogismen der Bitterkeit*, in *Das Gesamtwerk*, p.927[에밀 시오랑, 《독설의 팡세》, 김정숙 옮김, 문학동네, 2004, 119쪽].

** Bernd Mattheus, *Cioran*, p.210.

*** Ibid., p.219.

있다. 삶의 감정을 치료를 통해 변형하려는 가능성에 대해 그는 경멸로 가득한 의심을 한다. 그는 결국 자기 기분의 산물들에 의존해 살았고 이것들을 바꾸는 어떤 시도도 거의 할 수 없었을 것이다.

되는대로-둠조차 기술에 능하고, 그리고 만약 할 수 있음에 대한 의지가 여기에 더해지면 훈련할 의무도 있다는 발견에 기여함으로써 시오랑은 성 만용수도회를 도와 어떤 규칙에 이르게 했다. 이 규칙이 《해체 개요》에 보존될 텐데, 이 보기 드문 수행들의 책과 관련해 나는 그것이 어떻게 현대 '문화'의 고유한 헌장을 언명되지 않은 자기수련들의 집합으로 정식화하는지 보여주고자 한다. 이것은 어떤 제본에도 균열을 내는 책이다. 시오랑이 영적 기질을 세속적 장애로 번역하면서 맡은 그의 역할과 그 문학적 통제를 얼마만큼 의식하고 있었는지 그의 명성을 기초한 《몰락의 교의》(여기서 제목을 《분해의 지침》으로 다시 제시하는 것이 마찬가지로 가능했을 것이다)가 입증한다. 원래 이 모음집은 마땅히 《**부정적 수련들**Exercices négatifs》이라고 해야 한다. 부정의 수행들뿐 아니라 반-수련들을 의미할 수 있는 것으로 말이다. 시오랑이 내놓은 것은 그 신봉자들을 소용없음의 길로 인도하는 어떤 규칙과 다를 바 없었다. 이 길의 목적지가 있다면, 그것은 다음처럼 쓰여 있을 것이다. "어떤 성인보다 훨씬 소용없게 되기……"*

이 새로운 규칙의 경향은 반-스토아주의다. 스토아주의 현자가 모든 것을 만유에 알맞은 기량에 도달하는 것에 세운 반면에—로마의 스토아주의는 무엇보다 관리들의 철학이었고 '우주의 군인'으로서 섭리가 가리키는 직책을 참고 견디는 것이 고결하다고 믿고자 하는 사람들에게 매력적이었다—시오랑의 자기수련인은 그러한 우주의 명제를 거부한다. 그는 자신의 현존을 훌륭하게 배열된 전체의 일부로 받아들이길 거부한다. 그것은 오히려 만유가 실패함을 증명해

---

*   Cioran, "Religion", *Syllogismen der Bitterkeit*, p.927[《독설의 팡세》, 116쪽].

야 한다. 시오랑은 우주가 창조라는 그리스도교적인 새로운 해석에서 신이 총체적 실패에 대해 비난받을 수 있는 장본인으로 개입할 때에만 이 해석을 받아들인다. 비록 뒤집힌 전조를 갖지만 어느 순간 시오랑은 칸트의 도덕적인 신의 증명에 가까워진다. 신의 존재는 신이 세계에 대해 사과해야만 하기 때문에 필연적으로 요청될 수 있다고 말이다.

시오랑이 자신의 반-수련들을 위해 발전시키는 절차는 무위를 실존적 반란의 수행 형식으로 끌어올리는 것에 근거한다. 그가 '무위 Müßiggang'라고 이르는 것은 실제로는 구조화된 어떤 종류의 노동에도 방해받지 않고 조울증적 스펙트럼의 마음 상태를 의식적으로 표류하는 것이다. 그것은 나중에 1950년대의 상황주의자들이 **데리베**dérive, 즉 낮 동안의 표류를 찬미하며 선취하는 절차다. 이렇게 표류하는 의식적인 삶은 시오랑이 그의 변덕스러움으로 인하여 들기 쉬웠던 비연속성의 느낌을 수행하며 강화하는 것과 다를 바 없다. 이 강화의 효과는 독단적으로 연속성은 (이것을 어떤 구성물로 부르는 것으로 충분했겠지만) "광기의 이념"*이라는 공격적인 명제를 통해 추가로 더 고조된다. 이제 현존이란 항상 새로운 지금-지점들에서 불쾌하게 느끼는 것을 뜻한다.

수축과 분산의 순간들 사이를 진동하는 시오랑의 자기관찰의 단속평형설**에 문학적 형태의 아포리즘과 출판 장르인 아포리즘 모음집이 대응한다. 저자는 이미 일찍이 여섯 내지 여덟 개의 주제들로 단순하고 안정적인 격자를 만들어서 이것의 도움으로 표류 속 자신의 상태를 샅샅이 훑고 체험의 지점 각각에서 여기에 부합하는 주제적인 마디로 옮겨간다. 시간이 흐르면서 이 주제들은—부분 인격

---

*   E. M. Cioran, *Ein Gespräch mit Sylvie Joudeau*, Erker, 1992, p.29[《실비에 주도와의 대화》].

**   새로운 종이 생길 때 단기간에 급속한 변화를 이루고 난 뒤에는 다시 안정된 상태를 유지한다는 이론이다.-옮긴이

이나 서로 나란히 앉아 근무하는 편집부처럼—고유한 삶을 형성하고 이것으로 인해 체험에 대한 어떤 계기를 기다릴 필요 없이 스스로 계속 더 발전될 수 있었다. '저자' 시오랑은 다만 편집자가 되어 자신의 사무실에서 나오는 제작물들을 검토하는 편집장이다. 그는 내면의 동료들이 정례적으로 건네주는 것을 책으로 조립한다. 그들은 비정규 회의에서 자료를 내놓는다. 신성모독 부서의 아포리즘들, 인간 혐오 스튜디오의 논평들, 환멸 부서의 조롱들, 고독의 서커스 광고부의 공고들, 심연에 대한 고등 사기대행소의 명제들 그리고 동시대 문학을 경멸하는 편집부의 독물들을 내놓는다. 자살에 대한 사유를 정식화하는 것만이 편집장의 능력으로 남아 있을 뿐이다. 이 사유는 그밖의 모든 반복의 연쇄가 의존하는 수행을 포함한다. 이 사유만이 위기 때마다 비참 속에 주권적으로 남아 있다는 느낌을 회복하도록 용납한다. 불쾌한 삶에 최소한의 지지대Halt를 허용하는 느낌인 것이다. 게다가 이 주제들에 결정권이 있는 사람들은 이웃한 편집부에서 각각 무엇을 생산하는지 알기 때문에 그들은 갈수록 더 상호 인용하고 서로 균형을 잡는다. '저자' 시오랑은 이 장르를 암시하는 책의 제목만을 발명할 뿐이다. 삼단논법, 악담, 비문, 고백, 성인전, 실패의 지침 말이다. 아울러 이 제목에서 유사한 논리를 따르는 부제가 파생한다. 일상적으로 그는 쓰는 자보다는 읽는 자에 더 가깝고, 그리고 만약 멀찍이서 어떤 규칙적인 노동 혹은 공식적인 수련과 비슷한 어떤 활동이 그의 삶 속에 있다면 그것은 그에게 위로의 원천이자 모순에 대한 계기로 기능했던 책들의 읽기와 다시 읽기였다. 그는 아빌라의 성녀 테레사Teresa von Avila[1515~1582. 그리스도교 신비주의자이자 카르멜 교단 수도사]의 《삶》을 스페인어 원본으로 다섯 번 읽었다. 수많은 독해는 반-수련들의 절차 안으로 더해졌고 자신에 대한 말을 상기시키는 동시에 n개의 잠재력이 있는 한 뭉치의 상호작용을 형성했다.

　　루마니아 출신의 "서푼짜리 불교신자"—그는 자기 자신을 《삼단논법》에서 이렇게 표현한다—의 '부정적 수련들'은 영적 태도의 최신 역사의 랜드마크들이다. 지금껏 시오랑-수용을 선도해온 지배적 분위기의 한패를 넘어서서 이것들이 유효한 발견들이라고 더 명시화할 필요가 있다. 저자 자신의 언어게임 대부분과 조화를 이루며 그의 말을 따라 말하는 회의는 전혀 '급진적'이지 않고, 비르투오소적이고 우아하다. 시오랑이 촉진하는 것이 단조롭게 나타날 수는 있어도, 급진주의에 수반되는 무감각으로는 결코 이어지지 않는다. 그가 말하고 행하는 것은 그의 고뇌를 그것에 대응하는 할 수 있음의 단계로 끌어올리는 역할을 한다. 다시 한 번 말하자면 이례적인 굴절 속에 있는 "존재하는, 매우 광범위하고 매우 오래된 사실들의 하나"인 수행 현상의 창발을 그의 수많은 역설들에서 지각하자마자 시오랑의 저작은 더욱더 자기모순적이지 않게 나타난다. 그가 자신의 근본기분에 의하면 '수동공격성 잡종passiv-aggressiver Bastard'—마치 1970년대 집단 치료에서 때때로 표현되던 것처럼—일지 몰라도, 그의 윤리에 의하면 그는 수련하는 남자이자 관성에서 벗어나 여전히 묘기를 부리던 기예가였다. 절망에서 어떤 아폴론적 규율을 만들고, 되는대로-둠에서 거의 고전적인 작풍의 습작을 했던 것이다.

시오랑의 저서의 영향사는 그가 그 자리에서 어떤 역설적 수련의 대가로 인식되었음을 알려준다. 당연히 이 책들은 소수의 독자들에게만 말을 건네지만, 깊이 공명하며 그들을 만난다. 집중적인 소수의 수용자들은 이 방종한 저자의 저서들에서 그가 그 실존을 정말 부정했을 만한 어떤 것까지도 발견했다. 동포애적 동요, 유혹적이고 무책임하게 자신을 귀속시킨 "믿음 없는 트라피스트회[성 베네딕토의 규율을 따르는 수도원]"에 좀 더 조밀한 일관성을 부여하려는 숨겨진 경향을 발견했다. 그에게는 그 자신보다 훨씬 더 무력하고 절망한 이들에게 조언을 베풀려는 내밀한 각오가 되어 있었고, 세계로부터의 도주를 수행하는 것으로 유명해지려는 경향을 훨씬 덜 숨겨놓고 있었다. 그가 **실존의 유혹**tentation d'exister에—더군다나 유곽과 사교 사회에서조차—다소 단호하게 저항했을지 몰라도, 그는 언제든 어떤 모범이 되고자 하는 유혹에 굴복할 준비가 되어 있었다. 그래서 시오랑 안에서 비공식화된 자기수련의 실행자뿐 아니라, 그 자신의 **생활 방식**으로 멀리 있는 타인들에게 영향을 끼치는 비공식 트레이너를 본다는 것이 엉뚱하지는 않다. 보통의 트레이너—우리는 위에서 이것의 정의를 발견했다—는 "내가 하길 원함을 원하는"* 그런 자인 반면에, 영적 트레이너는 내가 원하지 않음을 원하지 않는 그런 자로 직무를 수행한다. 그는 내가 포기하고 싶어 할 때 나에게 하지 않도록 충고하는 자다. 그 밖에는 시오랑의 책들이 불특정수의 독자들에게 매우 효과적인 자살 예방을 제공했다는 것을 언급하는 것으로 만족하겠다. 이와 같은 영향은 그와 나눈 개인적인 대화에서 되풀이된다. 충고를 구하는 이들은 그가 어떤 방식으로 가장 건강한 종류의 불치를 발견했는지 눈치챘을지도 모른다.

　나는 시오랑의 '부정적 수행들'의 작업을 '고등문화'의 발생에서—항상 그것이 구체적으로 무엇을 뜻하든—어떤 포기될 수 없는 자기수련적 요인이 작용하고 있음에 대한 암시로 읽고자 한다. 니체는 그가 도덕과 예술과 모든 '부문들'이라는 상부구조의 기초를 만드는 엄격한 조련의 거대 시스템을 상기시킴으로써 이것을 가시화했다. 이 자기수련주의는 '전통들'로 불리는 매우 두드러지는 문화의 표준적 수행들이 카프카의 단식술사의 곤란으로 빠질 때 비로소 전방의 가시선에 등장한다. 이 수행들에 대한 관심이 "지난 수십 년 사이에 크게 줄어들었다"라고 말하자마자 그 존속의 조건들이 특별히 두드러진다. 어떤 삶의 형식에 대한 관심이 가라앉을 때 바로 그곳에서 우뚝 솟았던 이 구조물의 가시적인 부분들의 바닥이 노출되는 것이다.

---

* 　이 책의 98~99쪽과 462~464쪽을 보라.

이행부

종교들은 없다
: 피에르 드 쿠베르탱에서 라파예트 론 허버드까지

이제 주어진 언급들에서 종교적, 윤리적, 자기수련적-기예적 현상들을 인간공학적으로 새롭게 기술하기 위한 결론들을 도출할 때다. 그래서 나는 한 번 더 지난 세기의 수행사적이고 심성사적인 핵심 경향들, 즉 1900년 무렵 신-운동선수 신드롬의 부흥과 비공식 밀교의 폭발에서ー**아주 은밀히**privatssime 나타나든 혹은 심리 기술 종파들의 네트워크 작업에서 나타나든 막론하고ー시작하려 한다. 두 현상들에서 '종교의 귀환'의 유령적인 본질에 대한 명제가 제시될 수 있다. 나는 맨 먼저 피에르 드 쿠베르탱Pierre de Coubertin[1863~1937]에 의하여 발기된 새로운 올림픽 운동의 사례에서 숭배종교Kultreligion로 세워진 사업이 어떻게 그 종교적 설계가 감당할 수 없을 만큼 커져서 노동 세계와 전쟁 세계의 바깥에서 일찍이 관찰될 수 있었던 매우 포괄적인 인간의 전력 태도와 수행 태도를 조직하는 형태로 발전되는지 보여줄 것이다. 중세의 순례자 이동과 17세기 스페인의 수도원 문화의 과도함조차(국민의 상당수가 철저하게 자기 자신을 박탈하기 위해 감옥으로 밀려들었을 때) 새로운 올림픽의 스포츠 숭배의 크기와 비교하면 삽화적 특징만을 가질 뿐이다. 이어서 나는 SF 저자 라파예트 론 허버드Lafayette Ron Hubbard[1911~1986]에 의해 설립된 **사이언톨로지교**Church of Scientology의 사례에서 전부터 알려진 자기암시의 방법을 판매하던 한 기업이 종교적 열망을 갖고 세계적으로 활동하는 영혼지도의 콘체른

Kozern[기업결합]으로 확장될 수 있을 때 여기에서 무엇을 배울 수 있는 지에 대한 물음을 추적할 것이다.

결론들을 미리 말하겠다. 올림픽경기의 운명과 사이언톨로지'교'의 경영은 '종교'가 이 개념의 착취자들이 이해하는 것과 같은 의미에서 존재하지 않고, 그리고 결코 존재한 적 없다는 것을 알게 한다. 드 쿠베르탱도 허버드도 어떤 현대의 신기루에 굴복해 있다. 이 신기루의 탐구가 '종교' 일반의 제작과 구성에 대한 해명을 충족시킨다. 두 사람 다 존재할 수 없는 것을, 그래서 한 번 '세워지면' 창설자의 의지에 따라 그래야만 하거나 그렇게 되길 원하는 것과 완전히 다른 것으로 드러날 수밖에 없는 무엇인가를 창설하거나 설립하길 원한다. 두 건립자들은 서로 대립되는 전조를 띠며 그와 같은 오류에 굴복했다. 실제 올림픽주의는 드 쿠베르탱에 의해 계획된 종교가 되기를 거부한 반면에, 사이언톨로지-운동은 그것이 객관적으로 구현하는 심리 기술의 콘체른으로만 파악되는 것을 꺼렸다. 두 거부를 분석하면서 나는 첫 번째 도움닫기에서는 종교가 존재하지 않는다는 나의 주장에서 무엇이 관건인지를 명료하게 할 것이다. 우리가 실제로 다루고 있는 것은—그 측정을 거의 시작하지도 않았던 차원들에서—외적 태도뿐 아니라 내적 태도에서 자기를 형성하기 위한 다소 잘못 해석된 인간공학적 수행체계들이자 규율의 일람표들이다. 그러한 형태들의 지붕 밑에서 실행자들은 그들의 전 지구적 면역 위상을* 개선하는 작업을 한다. 그러면서 아시아에서만 아니라 유럽의 지반에서 육체적 면역성의 파괴가 어떻게 형이상학적 면역성(불멸)을 일으키는 왕도로 드물지 않게 선전됐는지 그 역설이 눈에 들어온다. 아시시의 프란체스코가 목적으로 삼았던 '형제 당나귀'—이 성인은 평소 자신의 육체를 그렇게 불렀다—에 대한 녹초가 될 정도의 수

---

* 나는 서론(26~27쪽)에서 논한 명제를 상기시키겠다. 인간에게는 하나의 면역체계만 있는 게 아니라 세 개가 존재한다. 그러면서 종교적 복합체는 거의 완전하게 세 번째 면역체계의 기능 영역에 위치한다.

행과 티베트와 몽골의 불교 내지 라마교에서 악명 높았던 모종의 준-자살적인 실행들이 생각난다.

시오랑의 《쓰디씀의 삼단논법》에서 나는 표제어 '종교'에 다음처럼 기입된 것을 발견한다.

> 아이러니가 감시하지 않는다면 종교를 창설한다는 것이 얼마나 쉽게 느껴지겠는가! 호기심 강한 자들을 우리의 수다스러운 황홀Verzückung 주변으로 모이도록 허락하는 것으로 충분할 것이다.*

이 메모는 그 현대적인 풍자에도 불구하고 '종교' 현상에 대한 전근대적 이해를 증언하므로 시사하는 바가 많다. 황홀Ekstase 주변에 운집함으로써 종교가 발생한다는 미시 이론으로 어느 정교 신부의 아들 시오랑은 종교적인 것에 대한 구유럽의 공급이론의 노선을 계승한다. 이것에 따르면 결합되어 종교를 완성하는 두 구성 요소 혹은 '원료들'은 한 개별자가 제공하는 어떤 황홀한 연출과 이것에 부응하여 다수 쪽에서 보이는 호기심이다. 당연히 황홀한 연출은 귀중한 요소를 담고 있기 때문에 자신의 우위를 주장한다. 시오랑의 언급을 더 해석하면 황홀한 공급이라는 이 드문 것이 세속적 호기심이라는 저 빈번한 것에 접근해 이 요소 주변으로 모이도록 허락한다면, 그리고 그럴 때에만, 그것이 어떤 종교에 이를 것이다. 시오랑이 여기서 거친 수준에서지만 고전적 유일신론들의 확신을 재현하고 있음은 명백하다. 이 유일신론들에 따르면 최종심급에서 신 자신이 그리고 신이 전적으로 우리가 응고된 상태의 교회라고 일컫는 운집을 유발하고 허락한다. 신은 흔히 말하는 것처럼 인간에게 계시함으로써 이 운집을 조직한다.

* 시오랑, 《독설의 팡세》, 112쪽, 번역 일부 수정.-옮긴이

유형론의 관점에서 종교 현상에 대한 공급이론적 해석은 가톨릭의 입장에 대응한다. 이 입장이 신에서 인간으로, 신부에서 평신도로 하강하는 엄격히 위계적인 공급 전달 라인에 근거한다는 점에서 그렇다. 주는 자의 상위와 선물의 우위는 이 만유에서 불가침의 것으로 있다. 신앙인들은 여기서 예외적으로 어느 무료 급식소 앞의 굶주린 자들처럼 받는 측에서 등장한다.* 교권주의 시대에 '하느님의 말씀'은 숭고한 선물이었을 뿐 아니라, 동시에 그것에 대해 아니라고 말할 수 없는 공급의 척도를 구현했다. 그래서 가톨릭 신자들 중 가장 가톨릭적인 이들은 지금도 라틴어 미사를 고집한다. 이 미사가 공급 종교의 찬연한 핵심을 눈앞에 세우기 때문이다. 이 종교는 인간이 무엇을 이해할 수 있느냐가 아니라 신이 무엇을 보이길 원하는지 묻는다. 신부가 사람들을 등지고 라틴어로 종교극을 실행할 때 그 신봉자들에게 지고의 것이 가장 가까이 있게 된다. 교회의 라틴어는 "수다스러운 황홀"의 화석화된 형태인 것이다. 시오랑은 꽤 솔직하게 그 자신이 더 소박한 본성의 사람들이 교회를 설립하는 것으로 귀결됐을지 모르는 그런 상태에 자주 있었다고 내비친다.

우리는 종교 현상에 대해 수요이론적으로 해석하며 근대의 지면을 밟는다. 이미지로 표현하자면 여기서 사람들의 운집이 첫 번째 자리로 이동하고, 그리고 다수의 욕구를 무엇으로 가장 잘 들어줄지에 대한 질문이 제기된다. 이제 빈번한 것이 드문 것의 현상에 참여하도록 위에서 허락한다고 더 이상 이야기되지 않는다. 오히려 다수에게 그들이 요구하는 것을 주는 것이 문제다. 혹은 그들에게 그들이 어떤 요구들을 할 수 있는지 제시될 때 그들이 요구하게 되는 것을 주는 것이다. 원한다면 이 안에서 민주주의적 전환을 알아볼 수 있다. 이것은 운집을 수요로 해석하고 어울리는 공급으로 이 수요에 응답

---

* 토마스 마호는 앞서 언급한 에세이("Neue Askese", *Merkur* 1994)에서 가톨릭의 그리스도교는 본질적으로 '무엇이 배부르게 하는가?'라는 질문 주변에 조직된 '배고픔의 종교'라는 명제를 주장했다.

하는 과제를 야기한다. 이 입장을 취하기 위해서는 신앙을 인간 현존재가 타고난 기질의 현실화로 해석할 필요가 있다. 그 밖에도 수요가 우위에 서면 제공하는 측이 왜 유연하게 나타나야만 하고 위협적인 음색을 삼가야만 하는지도 자명하다.

이렇게 해서 우리는 프로테스탄트적 실천들의 장에 다다른다. 이 실천들에서는 수요—이를테면 의로운 신에 대한 수요나 형이상학적 욕구의 청원에 대한 수요 혹은 삶의 성공을 위한 조력자에 대한 수요—의 작용이 **총계되어**summa summarum 중심에 선다.* 물론 그것은 경험적 관점보다는 오히려 유형론적 관점에서 훨씬 유효하다. 실제로 초기 프로테스탄티즘은 특히 그 청교도적 변종들에서 이것들이 진심으로 주먹을 휘두르는 공급종교들의 특징을 띠던 것과 같은 묵시록적 의사소통을 선호했다. 실제로 종교개혁은 가톨릭의 구습에 반하는 공급 신학적 동기의 복원으로 시작됐다. 종교개혁은 사람들이 종교적으로 관심이 있는 대중으로 바뀌었을 때 그 수요 신학적인 특질을 내보였다. 게다가 현대 프로테스탄트 신학은—카를 바르트 Karl Barth[1886~1968]를 생각할 수 있다—18세기부터 정해진 이미지처럼 인간적이고 비교리적으로 번지는 수요자 종교성에 대한 매우 가혹한 거절에 결합된 가장 급진적인 공급 원칙의 정식화로 소급될 수 있다. 종교를 경멸하던 사람들 사이의 교양인들에게 구애하던 슐라이어마허 Friedrich Schleiermacher[1768~1834]에게서 바르트는 수요종교의 대가 신학자를, 혹은 더 난처하게 표현하자면 재능 종교의 대가 신학자를 알아봤고 그와 매우 결정적으로 대립했다.**

---

*   이것은 프로테스탄티즘이 더 이상 '굶주림의 종교'가 아니라 '피트니스 종교'이자 배부른 자들을 위한 영적 잉여라는 말일지도 모른다.
** Karl Barth, *Die Theologie Schleiermachers. Vorlesung Götttingen Wintersemester 1923/24*, ed. Dietrich Ritschl, Theologischer Verlag Zürich, 1978[《슐라이어마허의 신학: 1923~1924년 괴팅겐 겨울학기 강연》]. 여기서 저자는 그의 내밀한 적을 자기가 그리스도인이라고 고백하는 대신 백기를 손에 들고 종교에 대해 교양인들에게 말하는 한 명의 군인이라고 비웃는다(p.438). 그는 엔간히 경멸하면서 슐

"종교는 불신앙"이므로 그리스도교는 어떤 종교도 **아니라**는 그의 시대에 들어본 적 없는 명제에 돌진했던 카를 바르트가 이와 동일인이었다. 이렇게 해서 그는 올바른 말을 했지만, 그 요점은 틀렸고, 그 근거는 가능한 모든 근거들 가운데서 가장 쓸모없었다. 즉 '하느님의 말씀'이 문화적 책략의 직조를 위에서 수직으로 관통하는데도 불구하고, 순수 종교는 항상 아래로부터 정리된 인간성과 극도의 인간성 체계의 일부에 불과하다고 말이다. 이 주장은 1918년 이후 상황의 재난신학적 정점으로는 매우 인상 깊었을지 몰라도, 전반적 상황에 대한 말로는 오해를 사는 것이었다. 현대는 신이 인간에게 수직으로 나타나는 시대와 같다고 한 번도 알려진 적이 없었기 때문이다. 20세기에도 대지는 완전한 바깥과 위에서 떨어졌던 유성들을 만났지만, 신들은 그 가운데에 있지 않았다. 만약 바르트의 명제가 옳다면 그가 모든 자연신학*들과 싸우기로 결단했을 때 옳았을 것이다. 그는 계몽 윤리에서 그리스도교가 해체된다는 것을 싸잡아 비난할 수 있는 것과 똑같이 의식 구조들에서 종교가 파생된다는 것을 죄다 타당한 근거로 비난할 수 있었을 것이다. 그의 명제가 왜 틀렸는지는 "위에서 수직으로"라는 동인을 더 가까이 탐구하면 설명된다. 우리는 위에서 기술한 내용으로 현대의 수직성의 복합체 전체가 새로운 판형을 겪고서, 체현된 확률 없음의 출현에 대해 더 심화된 이해를 하게 되었다는 것을 알고 있다. 그렇지만 바르트는 이 확률 없음의 발전들

라이어마허의 그리스도교도 존재에 대한 정의, 즉 교회에서 "경건한 자극의 완전한 가벼움과 부단함"을 구한다는 것을 인용한다. 엔간히 조롱하면서 그는 초기 슐라이어마허가 스스로에 대해 "종교의 비르투오소"라고 했던 말을 인용한다. 그리고 그를 파가니니Niccolò Paganini[1782~1840. 이탈리아 바이올린 연주자]와 예레미아Jeremia[히브리어 성경의 선지자]의 자웅동체로 등장하게 한다. 슐라이어마허의 종교의 정의에 대해서는 이 책의 526~527쪽을 보라.

* 계시는 오직 그리스도를 통해 주어진 객관적 사건이라고 주장하는 계시신학과 달리 계시가 자연적 존재나 인간의 이성을 통하여 인식될 수 있다고 주장하는 신학.-옮긴이

에 충분히 관여하고 있지 않다. 그는 신학자들에게는 **직무상**ex officio, 즉 수직적 긴장의 차원을 지체 없이 그리스도교적으로 해독된 '위에서의 외침'으로 수령하는 것에 굴복해야 할 의무가 있다는 잘못된 결론으로 나아간다.

그럼에도 바르트는 니체 이후 수직성의 가장 중요한 최근의 '관측자'로 간주돼야 한다. 그는 신의 자기구현의 절대적인 우위를 가정하는 그리스도교 교의를 새롭게 제시하는 데 성공했다. 이 교의에 따르면 인간의 상황은 매우 가파른 수직에서만 이해될 수 있다. 악마는 인간의 수준에 맞추는 반면에, 참된 신은 인간에게 무조건적으로 부담을 주는 그런 자다. 물론 바르트 역시 그가 '종교들'에 그리스도교라는 비-종교를 대립시켰을 때 이 종교들의 존재에 대한 명제를 부정하고 있지는 않다. 그는 자신이 그렇게 표현하는 종교들이 그리스도교라는 표지와 마찬가지로 '종교들'이 아니라는 사실을 놓친다. 그리스도교든 혹은 비-그리스도교든 종교들은 통틀어 **형상적으로**formaliter나 **물질적으로**materialiter 내외적인 행동 복합체들, 상징적 수행체계들 그리고 상위의 시련Stress 유인자들과 '초월적' 힘들과의 교통을 통제하는 규약들 말고는 어떤 다른 것도 만들지 않는다. 한마디로 내포적 양태의 인간공학들을 만든다. 종교들은 로마 국가가 맹신한 언어게임과 숭배게임에 자발적으로나 강압적으로 역으로 관련을 맺으면서 순수하게 실용주의적 이유에서—처음에는 로마적-그리스도교적 대립에서, 나중에는 프로테스탄트적 종파 논쟁과 계몽주의적 체계학의 결과로—1000년간 사용된 라틴어에서 끌어낸 이름인 **렐리기오**religio가 부여됐던 구성물이다.* 아우구스티누스Sanctus Aurelius

---

*   중세가 렐리기오에 관해 했던 말은 오직 신앙인의 덕과 수도회의 소명의 자기수련인들의 삶의 형식을 나타내기 위해서였는데, 그 뒤 종교개혁은 가톨릭을 '참된 종교'의 위조품이라고 낙인을 찍기 위해 '종교'라는 말을 사용했다. 결국 계몽주의는 30년전쟁에서 정점에 이르렀던 종파들의 혼잡과 항해자들에 의해 보고됐던 숭배들의 다양함을 이성적으로 정리하려고 '종교'라는 개념을 일반화

Augustinus[354~430]가 **베라 렐리기오**vera religio(참된 종교)를 말하기 위해 로마인들에게서 렐리기오라는 단어를 가로채기 전에 로마인들에게 **렐리기오**(문자 그대로 '신중'을 뜻하는)가 의미했던 바를 상세하게 가장 일찍이 알 수 있다. 가장 중요한 로마 군단 가운데 몇몇은 명예의 별명으로 **피아 피델리스**pia fidelis(경건하고 신실함)를 달 수 있었는데, 그것은 북아프리카에서 확립되어 기원전 1세기 중반부터 기원후 4세기까지 존속했던 **레기오 테르티아 아우구스타**Legio tertia Augusta*를 비롯해 마인츠에서 확립됐다가 나중에 판노니아에 정착해 네로 시절부터 5세기 중반까지 존재했던 **레기오 프리마 아디우트릭스**Legio prima adiutrix**의 선례에 따른 것이었다. 그리스도교적 의미 이동 덕분에 카이사르의 경건함-신실함에서 오늘날까지 프랑스어로 **레 피델레**les fidèles(신자들)라고 부르는 그리스도의 군단이 나온 것이다.

피에르 드 쿠베르탱의 신-올림픽주의와 론 허버드의 **사이언톨로지교**를 떠올리면 더 많은 물음들이 쇄도한다. 만약 곁에 있는 사람들이 종교를 설립할 수 있다면, 종교란 대체 무엇인가? 만약 시합하는 남자의 육체에 미쳤던 그리스를 좋아하는 어떤 교육학자와 그때까지 무엇보다도 푹 삶은 우주 범죄소설의 저자로 알려졌던 어떤 빛나는 약삭빠른 자가 우리 눈앞에 종교를 창건해야 한다는 것을 진심으로나 경솔하게 확신하며 살았다면, 종교는 무엇을 의미하는가? 그렇다면 스스로 하나의 종교를 세우는 것에 모든 '종교들'을 웃음거리로 만드는 가장 확실한 방법이 있는 것일까? 우리가 새로 창설된 숭배들의 청사진을 연구하고 오랫동안 운영되는 그 **작동 방식**modus operandi

---

했다. '종교'를 사적인 문제로 설명할 수 있기 위해 그전에 계몽주의는 종교를 어떤 인간학적 상수로 일반화해야만 했고 자연적으로 타고난 어떤 것으로 정의해야만 했다[이와 같은 종교 이해를 대표하는 고전이자 저자가 참조한 것으로 보이는 다음 책이 국내에 소개되어 있다. 윌프레드 캔트웰 스미스, 《종교의 의미와 목적》, 길희성 옮김, 분도출판사, 1991].

* 카이사르에 저항했던 로마의 제3아우구스투스 군단.-옮긴이
** 네로에 저항했던 제1군단.-옮긴이

을 관찰한다면 '종교' 일반에 대해 우리는 무엇을 알 수 있는가? 이 질문들은 당연히 여기 선호된 양쪽 사례들에 관련해서만 제기될 수 있는 것은 아니다. 그것들은 동등한 권리로 프랑스혁명 때부터 자신에 대해 말했던 더 최근의 수많은 종교 실험들의 매 개별 경우에서 물어볼 수 있다. 1793년 지고의 존재에 대한 숭배에서* 생시몽주의와 오귀스트 콩트의 사회학적 종교, 모르몬교, 신지학, 인지학을 거쳐 신-힌두주의적 숭배의 브리콜라주와 오늘날 전 지구를 포괄하는 다양한 심리기술 종파들의 네트워크에 이르기까지 말이다. 이 모든 기도들은 이미 계몽주의의 시선 밑에서 발생했고 만약 이것들에 적합한 광학기구들과 방법들을 갖추고 여기에 부합하는 관심을 주고자 했었다면, **인 비보**in vivo(생명체/세포 내에서)와 **인 비트로**in vitro(시험관 내에서)로 연구될 수 있었을 것이다.

쿠베르탱의 신-올림픽주의와 관련해 말하자면, 그 역사는 내가 여기에서 기초적인 내용 이상을 서술해야만 할 정도로 매우 자주 이야기됐다. 마지막으로 이야기된 계기가 1996년 근대 올림픽경기에 대한 100주년 축제였다. 또한 쿠베르탱의 스포츠종교 체계의 세 원천들과 세 성분들은 충분한 평가를 받았다. 그것들은 존 러스킨John Ruskin[1819~1900. 영국의 사회 비평가]의 이른바 율동적 조화에 대한 체조철학적 이념들에서,** 잉글랜드 슈롭셔주 브룩스 박사William Penny Brookes[1809~1895. 잉글랜드의 교육자 겸 외과의사]의 신-헬레니즘 **올림피아 경기**Olympian Games(19세기 중반부터 개최됐다), 현대의 엘리트-공동체주의적 의식 고양 제의의 원형을 산업의 일상과 계급의 분열 너

---

* François-Alphonse Aulard, *Le culte de la Raison et le culte de l'Être Suprême(1793-1794)*(초판 1892년 파리), Scientia, 1975[《이성의 숭배와 최상 존재의 숭배》].
** 드 쿠베르탱은 올림픽주의를 때때로 스포츠의 러스킨주의ruskianisme sportif라고 불렀다.

머 6000피트 높이에서 완벽하게 표현하여 사로잡을 수 있는 리하르트 바그너Wilhelm Richard Wagner[1813~1883. 독일의 작곡가 겸 오페라 지휘자]의 바이로이트 축제에서 발견될 수 있다. 그 밖에도 1889년 영감을 주는 파리의 **만국박람회**Exposition universelle를 참조해 총체화하는 자극의 교류에 대해 논의됐다. 이렇게 비춰보면 올림픽주의는 시대에 걸맞게 작동하고 있는 스포츠의 전 지구화로 나타난다.*

이미 1894년 유명한 '올림픽경기의 복원'을 위한 소르본-회의는 이 성분들을 모아서—드 쿠베르탱의 고유한 사회치료적이고 교육적인 동기로 풍부해지고—매우 효과적인 혼합물을 만들었다. 드 쿠베르탱은 그의 비망록에서 6월 16일 소르본에서 열린 개회식에서 가브리엘 포레Gabriel Fauré[1845~1924. 프랑스 낭만주의 작곡가 겸 피아니스트]가 특별히 이것을 계기로 작곡한 합창, 하프, 플롯, 두 개의 베이스클라리넷을 위한 〈아폴로 찬가Hymne an Apollo〉(op. 63)(얼마 전 델포이에 있는 아테네의 보물 창고에서 발견된 어떤 비문에 따라)가 2000명의 "매혹당한 청중들" 앞에서 어떻게 초연됐는지 보고한다.

일종의 세분화된 자극이 고대의 율동적 조화가 시대의 먼 곳을 지나 두루 비추는 것처럼 확장됐다. 헬레니즘 시대는 이런식으로 넓은 공간에 들어가는 입구를 발견했다.**

동시에 파리 회의는 이 경기와 그것을 받드는 조직의 기초적인

---

* Walter Borger, "Vom 'World's Fair' zum olympischen Fair Play-Anmerkungen zur Vor- und Entwicklungsgeschichte zweier Weltfeste", *Internationale Einflüsse auf die Wiedereinführung der Olympischen Spiele durch Pierre de Coubertin*, herausgegeben von Stephan Wassong, Agon Sportverlag, 2005, pp.125~126.[〈'만국박람회'에서 올림픽의 페어플레이까지: 두 세계 축제의 전사와 발전사에 대한 논평〉, 《피에르 드 쿠베르탱을 통한 올림픽경기의 재도입에 끼친 국제적인 영향들》].

** Pierre de Coubertin, *Olympische Erinnerungen. Mit einem Vorwort von Willi Daume*, Limpert, 1996, p.23[《올림픽에 대한 기억: 빌리 다우메의 서문》].

특징을 확정했다. 새로운 종교 달력처럼 모든 미래의 시간을 배열하는 4년간의 윤번, IOC-의장 지위를 갖는 계몽된 집정관(나중에는 선거를 통해 드 쿠베르탱이 평생 의장으로 굳혀졌다), 스포츠에 대한 모더니즘적 정의, 스포츠 종목들의 동등한 권리, 아동의 배제, 순환하는 게임 원칙, 아마추어주의(그렇지만 논쟁됐다가 1976년 중단됐다), 국제주의와 **팍스 올림피카**pax olympica(올림픽 평화)의 원칙. 그 밖에도 이 경기의 탄생지뿐 아니라 재탄생지에 걸맞은 주목을 받도록 아테네는 최초의 개최지로, 파리는 두 번째 장소로 결정됐다. 1900년의 파리 경기가 올림픽주의 역사에서 최하 지점을 표시하리라고는 예측하지 못했다. 동시에 열린 **만국박람회**의 주변에서 눈에 띄지 않고 저물었다. 이 일로 두 개의 세계 축제가 동시에 열리면 이롭지 않다는 것을 배웠다.

실제로 근대 최초의 아테네 올림픽경기는 정확히 2년 뒤 그리스 국왕의 후원을 받으며 대규모의 축제 장치를 써서 개최됐다. 순수하게 남성들의 축제로 말이다. 이 열광적인 왕은 잘 알려진 것처럼 여성의 스포츠를 거의 지지하지 않았고 여성의 역할을 승자에게 올리브 가지를 수여하거나 혹은 승자의 머리에 화환을 씌우는 순간에 국한되는 것을 보길 원했다. 드 쿠베르탱이 그의 '**경기장에서 여성들을 침묵하게 하라**taceat mulier in arena'를 관철할 수 없었던 것은 그의 '**근육종교**Muskelreligion'를 실제 실현시키면서 연달아 일어난 패배의 시작에 불과했다. 대후원자의 기부 덕택에 아테네의 파나텐 경기장이 그리스가 로마의 지방이던 시절의 모습으로 복원되어 다시 운영될 수 있게 되었다는 사실이 첫 경기의 매우 중요한 결과에 속한다. 이것은 오늘날까지도 고대의 최초 형태를 따라서 새로운 이벤트-건축들을 짓는 20세기 경기장-르네상스와 공연장-르네상스의 서막을 제공했다.* 더

---

*   Peter Sloterdijk, "Die Kollektoren: Zur Geschichte der Stadion-Renaissance", *Sphäre III, Schäume. Plurale Sphärologie*, Suhrkamp, 2004, pp.626~646[〈집합기들: 경기장-르네상스의 역사를 위하여〉]을 보라.

군다나 아토스산의 수도사들이 마치 멀리 아테네에서 그들의 고유한 사라진 원형들의 현대적 복제들이 다시 무대를 밟을 것이라는 착상을 따르는 것처럼 올림픽 기부금을 헌납했다. 동방 그리스도교의 최초의 수도사들은 스스로를 '그리스도의 운동선수'라고 부르고 **아스케테리아**asketería(수도승 공동체)라고 하는 훈련소들에 집결하지 않았던가?

이전에 본 적 없을 뿐 아니라 매우 기억할 만한 아테네 경기의 절정은 첫 마라톤 경주가 만들었다. 이것에 대한 생각은 프랑스의 고대문헌학자이자 헬레니즘 애호가인 미셸 브레아르Michel Bréart에게서 나온 것이다. 그는 소르본-회의의 폐회식에서 이 새로운 경기 부문의 첫 승리자에게 주는 마라톤-우승컵의 제작을 추천했다. 이름이 스피리디온 루이스Spyridon Louis인 23세의 그리스 양치기가 이 경주의 승자가 되어 민족 고유의 복장인 퍼스타넬라를 입고서 1896년 4월 10일 하얗게 빛나는 대리석 경기장으로 달려 들어왔을 때(승리 기록은 2시간 58분 50초로 표시됐다), '예외상태Ausnahmezustand'라는 개념을 통해 수고스럽게만 기술되는 무엇인가가 들어섰다. 그것은 마치 어떤 새로운 종류의 에너지가 발견된 것과 같았다. 이 감정적 전류 형태 없이는 이어지는 시대의 **삶의 방식**way of life을 더 이상 상상할 수 없을지 모른다. 저 빛나는 뜨거운 오후 5시경 파나텐-경기장에서 일어났던 것을 새로운 종류의 주현절(주님 공현 대축일)로 분류할 수밖에 없다. 그때까지 잘 알려지지 않은 순간의 신들이라는 범주가 당시 현대의 대중에게 나타났다. 그것은 어떤 증명도 필요치 않는 신들이다. 그것들이 그들의 현현이 지속할 때에만 존재하고, 믿어지지 않고 체험되는 것이기 때문이다. 이 시각 열광주의 역사의 새로운 장이 열렸다. 이 역사에 대해 말하길 원치 않는 사람이 있다면 그는 20세기에 대해 침묵해야만 한다.* 그리스의 황태자들이 대략 7만 명의 황홀한

---

* 순간의 신들이라는 현상에 대해서는 Hermann Usener, *Götternamen. Versuch*

환호를 받으며 경주 구간의 마지막 몇 미터를 이 주자 곁에서 달렸고 그가 결승선을 가로지른 뒤 그를 두 팔로 안고 경기장의 왕좌에서 일어났던 국왕 앞으로 데려갔다. 위계가 뒤집히는 어떤 시대가 시작됐다는 증거를 제출하길 원했다면, 이것보다 더 효과적으로 연출할 수 없었을 것이다. 잠깐 동안 한 스포츠맨 양치기가 국왕의 왕이 되었고—처음으로 존엄(권력이라는 표현 대신)이 어떻게 군주에게서 스포츠 선수로 옮겨가는지를 봤다—다가오는 수십 년 동안 양치기들과 그들과 같은 사람들이 단독정부를 얻고자 애쓴다는 인상마저 강화됐다. 지속적인 도취의 문턱이 그리스 전역을 가로질렀고, 어느 감격한 이발사는 이 승자에게 평생 무료로 면도를 해주겠다고 약속했다. 올리브 가지와 은메달이 공식적인 명예 훈장이었고 선물들이 빗발치며 이어졌다.

스피리디온 루이스가 어떻게 필요한 컨디션을 창출했는지 예나 지금이나 분명치 않다. 양치기 청년은 어느 공무원의 도보 전령 혹은 물을 나르는 사람으로 일했고 그러면서 매우 긴 거리에 익숙해졌을 것이다. 경기하기 2주 전 그는 시험 경주에서 5등을 차지했다. 훈련이라는 말을 그는 그때까지 거의 들어보지 못했을 것이다. 나는 이것을 모든 수행 행동의 대부분이 언명되지 않은 자기수련의 형태로 이뤄진다는 나의 명제에 대한 증거로 평가한다.* 경주자가 달리기 전날 밤을 성상들 앞에서 기도하며 보냈다는 소문이 바로 퍼졌을 때 아토스산의 형제들에게 그것은 그들의 직관을 확인해주는 것이 되었을지 모른다. 더군다나 드 쿠베르탱은 이 언급을 진지하게 받아들여서 스포츠의 최고 기록의 심리적이고 정신적인 구성 요소들에 대한 최초의 성찰들을 이 확인에 연결시켰다. 프리드리히 니체, 카를 헤르만 운탄과 한스 뷔르츠처럼 올림픽경기의 창설자 역시 최후의 심급에서

---

einer Lehre von der religiösen Begriffsbildung(초판 1896), Vittorio Klostermann, 2000, pp.279~280[《신의 이름들: 종교적 개념 형성론에 대한 시도》]을 보라.

* 이 책의 641~643쪽을 보라.

는 성공과 승리를 산출하는 것이 의지임을 안다고 생각했다. 그래서 드 쿠베르탱은 일반 스포츠와 새로운 특정 운동의 더 높은 차원들을 파악하기 위해 너무 '편협하게' 생각하는 것 같은 스포츠 의료인들의 실증주의에 대한 혐오를 전혀 숨기지 않았다.*

피에르 드 쿠베르탱이 올림픽주의라는 이름으로 맹세한 것은 그의 눈에는 바로 전적으로 타당한 새로운 종교를 뜻했을 것이다. 이 관점이 유리하도록 그는 고대 경기의 종교적 입착을 참조할 수 있다고 생각했다. 이 경기들은 1000년 이상 존속하면서 항상 **신 앞에서** coram Deis 개최됐다. 신들과 대면해 이뤄졌을 뿐 아니라 신들의 동의를 받고 일어났던 것이다. 그런데 신들의 참여로 일어난 것은 아닌지 어찌 알겠는가. 경기장과 체육관에서 운동선수들의 승리를 천상의 동의 없이는 성립될 수 없던 사건들로 해석한다면 말이다. 그리고 신들의 관여로는 왜 또 아니겠는가? 물론 드 쿠베르탱이 새롭게 창출한 '운동선수의 종교'는 직접 그리스 신화론에 연결되지는 않았다. 이 올림픽경기의 창설자는 매우 교양이 있었기에 헬레니즘의 신들이 죽었다는 것을 알았다. 올림픽경기의 출발점은 파괴된 현대'사회'의 화합을 위한 축성의 행동으로 고안됐던 바그너적 유형의 현대 예술종교였다. 모든 온전한 종교에는 교의와 제의와 더불어 서품을 받은 성직자가 있기 때문에 이것을 체현하는 일은 운동선수들에게 주어졌다. 그들은 무아경에 빠진 다수에게 근육의 성체성사를 베풀어야 했다. 이것이 나의 육체이고 나의 시합이고 나의 승리다. 그렇게 쿠베르탱의 올림픽의 꿈에서 19세기의 교육적 파토스뿐 아니라 낭만주의적 그리스 애호가 미적 육체 숭배의 영웅주의와 함께 만나 현대적 요구를 만족시킬 만한 혼합물을 만든 것이다.

드 쿠베르탱이 매우 효과적인 새로운 '종교'에 기대했던 것은 바이로이트의 축제 방문을 회고하는 한 메모에서 추론된다. 거기에서

---

* De Coubertin, *Olympische Erinnerungen*, p.45.

그는 분리된 듯 보이는 영역들 사이의 평행을 이끌어낸다.

> 음악과 스포츠는 나에게 항상 가장 완전한 '고립자들'이었다.
> 사려와 바라봄의 매우 비옥한 수단일 뿐 아니라 마찬가지로
> 인내와 '의지력의 마사지'를 위한 강력한 자극이었다. 한마디
> 로 난관과 위험이 이어진 뒤에는 모든 직접적인 불안들이 흩
> 어진 것으로 나타난다.*

매우 주목할 만한 단어 '고립자Isolator'로 드 쿠베르탱은 현실을 일
상적인 상황들과 이례적인 상황들로 쪼개는 '종교'의 능력을 가리킨
다. 그래서 스포츠와 음악이 있는 그곳이 그에게는 종교도 있는 곳이
다. 그 특징이 일상을 부수고 염려를 없애는 결과로 주어지는 한에서
말이다. '고립자'라는 표현을 계속 발전시키면 '종교적인 것은 예외
상태를 야기하는 것이다'라는 문장이 생겨난다. 종교는 드 쿠베르탱
에게 스포츠라는 수단으로 다른 상태를 생산하는 것이다. 여기서 이
벤트-문화로 이어지는 좁은 길 가운데 하나가 시작된다. 한계치의 상
태들에서는 언제나 그렇듯이 이 스포츠 수단들은 풀려나는 동시에
통제되어야만 한다. 양쪽 다 완전하게 형성된 운동선수-종교의 과제
일 것이다. 운동선수가 연습을 해서 시합에서 예외상태를 예비하고
나면 경기장-숭배는 끓어오르는 자극들을 정해진 길로 가게 한다. 바
이로이트의 '고립자'에서 드 쿠베르탱에게 왜 새롭게 설립된 종교만
이 그의 의도에 적합할 수 있는지 최종적으로 명백해졌다. 리하르트
바그너처럼 그는 양립 불가능한 짧은 순간에 사람들을 그들의 일상
적인 삶에서 뛰쳐나오도록 해서 그들을 변화시키고 고양시키고 정화
해 다시 세계 속에서 자유롭게 만들기를 원했다. 바그너-축제의 비의
적인 분위기에서 드 쿠베르탱은 그의 근본 태도를 확인했다. 매우 가

---

*   Ibid., p.65.

                                          1부. 수행자들의 별

파른 예술종교의 공급 형태가 바이로이트에서는 자기 집처럼 편안했던 것처럼 올림픽주의에서 스포츠종교의 유사한 특징이 고향과 같은 장소를 발견할 것이다. 19세기의 말로André Malreux[1901~1976. 프랑스의 저술가 겸 정치가]와 견줄 수 있을 만큼* 드 쿠베르탱은 20세기는 올림픽적이 되거나 혹은 그렇지 않을 것이라고 말했다.

이러한 배경에서 올림픽 이념의 성공사가 동시에 어떤 의미에서 드 쿠베르탱의 본래 의도들의 실패사를 의미했는지 파악될 수 있다. 올림픽주의의 승리를 마음껏 해석할 수 있지만, 그것은 매번 드 쿠베르탱이 고대에서 근대로 옮겨놓고자 했던 스포츠, 종교, 예술의 3화음과는 완전히 다른 것을 야기했다. 종교 창설자로서 그의 실패를 단순 개념화할 수 있다. 그가 인간의 행동과 체험의 분리된 범주로서 '종교'의 존재를 반박하기에 안성맞춤이었던 하나의 수행과 규율 체계를 창건했다고 말이다. 실제로 세상에 나오고 더욱더 견고한 일관성에 다다랐던 것은 제1차의 티모스적(의기양양하고 공명심 가득한) 에너지와 두 번째 자리의 에로스적(욕망적이고 리비도적인) 에너지의 자극, 통제, 보존, 관리를 위한 어떤 조직이었다. 첫 번째 에너지는 결코 스포츠인들에게서만 출현한 게 아니라, 새로운 제의를 실행할 때 반드시 필요한 새로 꾸려진 조직원들에게서도 마찬가지로 출현한다. 없어서는 안 되는 스포츠 기식자들인 이들에게 어떤 황금기가 시작됐다. 올림픽 운동은 자발적으로 모든 조직의 비밀 가운데 가장 중요한 것을 준수하기 때문이다. 그 구성원들을 티모스적으로 동원하고 이들을 숭고한 책무에 실용적으로 결속시키는 것을 확보하기 위해 가능한 그렇게 많은 직책과 명예직을 만드는 것 말이다. 구舊귀족계에서 곧잘 활동하던 드 쿠베르탱은 그럼에도 불구하고 현대는 신흥-부자와 신흥-유력 인사의 시대라는 것을 파악했다. 신흥-유력 인

---

*   19세기 유럽의 표면적인 이슈는 군주정 대 선출 정부였지만 진짜 이슈는 자본
     주의 대 프롤레타리아라는 앙드레 말로의 주장을 가리키는 것으로 보인다.-
     옮긴이

사들에게 특히 그의 활동은 어떤 이상적인 실증의 장을 제공했다. 공명심 정치의 자극들과 더불어 탐욕적인 포상들이 망각되지 않았다. 올림픽주의에서 수많은 새로운 자산이 생겨났는데, 몇몇은 지원 도시들의 기부금이 직접 IOC-구성원들의 계좌로 흘러들어감으로써 생겨난 것이었다. 두 동인 유형에 대한 실용적인 토대는 팀들, 즉 스포츠 훈련과 트레이너와 훈련자들 사이의 동맹에 대한 자연적인 주형들이었다. 이 주형들은 직접 경기들 속에서 매우 효과적으로 상연되었다. 규율들의 질서에 대해 상황은 명백하게 무르익었다. 만약 이 시대가 경쟁 경제에 속한다면 스포츠 경기는 시대정신 그 자체다.

따라서 드 쿠베르탱의 노력의 전체 결과는 이보다 더 아이러니하게 나올 수 없었을 것이다. 그는 종교의 창설자로는 실패했다. 그가 기대될 만한 정도를 다 넘어 어떤 수행 운동과 경기 운동의 설립자로는 성공했기 때문이다. 이 올림픽경기의 설립자는 다음 세대의 조직원들에게 계속되는 사업의 알파와 오메가를 형성했던 것, 즉 올림픽 이념은 진심에서 우러나온 상부구조가 없는 세속적 제의로만 생존할 수 있을 것이라는 완전히 자명한 사실을 알아차리지 못했다. **형식상**pro forma 유지할 수밖에 없었던 페어플레이의 정념, 젊은이의 축제, 국제주의의 최소 성분들을 더 큰 정신의 도약 없이도 모을 수 있었다. 드 쿠베르탱의 실용적 유산들 가운데 그의 고귀한 평화주의에서 남아 있는 것은 보통 한 번 윙크하는 것이 전부였다. 이 올림픽경기는 한계를 뛰어넘는 대중문화 속으로 통합되어야만 했고 더 결정적으로는 매번 반복되면서 세속적인 이벤트 기계로 바뀌어야만 했다. 어떤 경우에도 그것은 너무 높게 시행될 수 없었다. 드 쿠베르탱의 접근을 특징화하던 '가톨릭적' 혹은 공급신학적 특질이 결코 있을 수 없었다. 의무적인 개최식에서처럼 지고한 것을 완전히 피할 수 없는 곳에서 그것은 운동선수들, 찬가, 성화의 성대한 등장과 세계의 청년들에 대한 호소에 남아 있을 것이다. 1920년 안트베르펜의 전후 경기에서 전쟁에서 죽은 올림픽경기 참가자들의 이름이 낭독되던 어떤 전율의 순간과 함께 처음으로 대성당에서 대미사가 분리되어 거행됐다. 올림픽 이념은 위로부터의 공급종교의 '이교적' 형태로서 결코 어떤 기회도 갖지 못했다. 그것은 운동선수들의 정상회담으로 탈주술화되어 대중을 끌어당기는 저항할 수 없는 인력체가 되었다.

이 실용적인 전환은 그 행위자들에게 드 쿠베르탱의 비전을 배반하라고 한 번도 요구하지 않았다. 옛 주인의 지고한 의도들을 파악하지 않는 것으로 완전히 충분했다. 이내 그 누구도 더 이상 헬레니즘과 현대성의 종교적인 종합에 대한 그의 꿈이 무엇을 의미했는지 알지 못했다. 올림픽 이념의 신봉자들이 IOC의 수뇌부 위원들부터 지역 협회들에 이르기까지 모든 수준에서 순식간에 더 이상 그 이념에 대해 알지 못했기 때문에 이 이념이 승리했다고 주장한다면 과언이 아닐 것이다. 설령 그 승자들에게 존경을 표할 때 눈물을 흘렸더라도 그렇다. 오랫동안 독일 국민 올림픽 위원회의 위원장으로 이 원천들에 대해 접근할 수 있었던 씩씩한 빌리 다우메Willi Daume[1913~1996]는 올림픽 사건의 이상적인 동기가 이해되지 않아 놀랄 수밖에 없었다. '운동선수의 종교'를 비꼬면서 그는 때묻지 않은 조직원의 산문투로 적는다. "그렇게 되면 여기에 이미 무엇인가가 혼란스러워진다."*

20세기의 올림픽 운동은 탈영성화를 통해 하나의 '종교'가 어떻게 자발적으로 그 실제 내용의 구성 방식으로 낙후할 수 있는지 입증한다. 종교가 위계화된 관리 행위, 정례화된 협회 교섭과 전문화된 미디어 재현으로 이뤄진 상부구조에 통합되어 단계적인 수행들과 다양화된 규율들의 체계에서 체현되는 방식인 인간공학적 기초로 말이다. 어떤 증축된 '종교'의 구조적 특징들에서 조직원의 위계와 그 세속적 본성에 대응하는 훈련의 통일성을 뜻하는 수련들의 체계를 제외하고는 아무것도 남아 있지 않다. 로잔의 IOC-바티칸은 신 역시 올

---

*   Ibid., p.10.

립픽적으로 죽었다는 사실을 관리하는 것 말고는 다른 임무가 없다.

이런 관점에서 '운동선수의 종교'는 자신의 수단으로 스스로 탈주술화했던 신앙사의 유일한 현상을 기술한다고 주장할 수 있다. 유럽과 미국의 프로테스탄티즘의 몇몇 지적 변종들만이 이 탈주술화를 거의 똑같이 성취했다. 수많은 사람들이 요구했던 비-종교로서 운동경기의 르네상스는 세계 대부분을 넘어서 확장될 수 있었다. 그것의 발전은 열정이 어떤 산업으로 전환된 것을 보여준다. 최근의 스포츠과학이 거의 실현되지 않고 이미 탈정신화된 이 숭배 운동의 신학이 되려는 어떤 욕망도 드러내지 않는다는 것이 놀랍지 않다. 그러나 인류학자들 역시 오히려 유보적으로 남아 있는데, 지금까지도 그들은 직업 스포츠맨의 인공적인 유래에도, 오리냐크 문화인* 못지않은 주목을 얻었던 새로운 아종이 스포츠 조직원들과 함께 등장했다는 사실에도 흥미를 보이지 않았다.

이미 여러 번 지적한 자기수련의 탈영성화 추세에 대해 20세기에는 올림픽 운동보다 더 강력한 사례는 없다. 영적인 것의 세속적 전유라는 반대 추세와 관련해 소설가이자 **DIY**Do-it-yourself 심리학자인 론 허버드의 **사이언톨로지교**는 수많은 사례들 중 단 하나를, 그럼에도 뛰어난 정보를 제공하는 사례를 든다. 나는 이어서 다이어네틱스Dianetik의 창안자를 20세기의 위대한 계몽주의자의 한 명으로 평가하고자 한다. 주로 비자발적 방식이기는 해도 그가 종교의 본질에 대한 우리의 지식을 결정적으로 증가시켰기 때문이다. 그는 학문과 기술의 만

---

* 상구석기 시대의 고대 문화로 그 표준 유적은 남서부 프랑스의 오리냐크다. 호모 사피엔스가 서유럽, 동유럽, 중유럽으로 확대된 시기인 기원전 32000년에서 26000년 사이 유럽과 서남아시아에 존재했다. 이 개념은 1867년 프랑스 선사시대 연구자 가브리엘 드 모르티예Gabriel de Mortillet(1821~1898)에 의해 '오리냐크 문화 단계'로 도입됐고, 인류의 조형미술의 대표적 사례인 2008년 9월 발견된 홀레펠스의 비너스가 이 문화에 소급된다.-옮긴이

신전에 그의 자리를 얻었다. 그가 심리기술적 실험에서 문화 전반에 매우 의미 있는 결과들을 이끌어내는 데 성공했기 때문이다. 허버드 이후에는 단연코 확인된다. 종교가 존재하지 않는 것을 입증하는 가장 효과적인 방법은 하나의 종교 자체를 세상에 세우는 것에 있다고 말이다.

종교를 설립하고자 하는 사람은 원칙적으로 두 가지 상이한 가정 아래에서 이것을 할 수 있다. 첫 번째 가정은 이미 많은 종교들이 존재하지만 참된 종교는 아직 그 가운데 있지 않다고 말한다. 새로운 통찰들이 이제 이 참된 종교를 창시하는 것을 결국 가능하고 필요한 것으로 만든다. 이 도식에 의하여 바울은 그리스도교를 유대교에서 떨어뜨려놓았다. 나중에 아우구스티누스가 그리스도교를 마니교와 로마식 숭배와 떼어놓았고, 더 나중에는 무함마드가 이슬람교를 선행하는 두 유일신교[그리스도교와 유대교]에서 떼어놓았던 것처럼 말이다. 17세기부터 역사적 종교들에서 분리시켜서 '이성의 종교'의 기초를 놓고자 했던 계몽주의자들이 유사한 방법으로 나아갔다.* 그러한 진취성은 앞장서서 진리를 드러내는 것에 준거한다. 이렇게 해서 그 적합한 형식을 찾아야만 하는 내용이 제시된다. 새로운 내용은 창설자들이 믿는 바대로 여태 알려진 숭배보다 더 많은 구원의 힘을 그 안에 담고 있는 어떤 메시지에 존재한다. 그래서 이 유형의 종교 설립을 내용종교적이라고 부를 수 있다. 이 종교 행위자들은 보통 가치중립적인 의미에서 단순하다. 그들은 그들이 믿는 것을 믿는다고 생각하고자 한다. 그들이 단순하지 않다면 그들은 기꺼이 단순하고자

---

*   Hermann Cohen, *Die Religion der Vernunft aus den Quellen des Judentums*(초판 1919), Fourier, 1988[《유대교의 원천에서 나온 이성의 종교》]을 보라; 마크 릴라Mark Lilla는 최근에 근대 이성의 종교를 사산死産의 숭배라고 기술했다. Mark Lilla, *The Stillborn God. Religion, Politics and the Modern West*, New York, 2007[《사산된 신: 종교, 정치 그리고 근대 서구》][마크 릴라, 《사산된 신: 종교는 왜 정치를 욕망하는가》, 마리 오 옮김, 바다출판사, 2009].

이행부   161

하고 자신들의 믿음의 허약함을 뉘우칠 것이다. 믿음이 허약한 자들 가운데 더 영리한 자들은 자기수련론적으로 그럴듯한 이유로 의심 자체를 믿음의 기관으로 승격시킨다. 만성적인 의심은 의심스러운 것의 명맥을 이어가기 위한 매우 효과적인 수행이다.

어떤 새로운 종교가 시작되게 만들 수 있는 두 번째 전제는 지금 까지의 종교들이 너무나도 그 내용들에 밀착해 있었기 때문에 불충 분하다고 말한다. 반면 앞으로 문제는 종교의 형식 혹은 '정취Stimmung' 를 전면에 내세우는 것이다. 이렇게 형식의 측면에 향할 때 극적인 분기가 목격될 수 있다. 새로운 종교는 교리상의 도약을 더 이상 알 지 못하지만 **선의로**bona fide 종교적인 것의 차원을 '그 자체에' 내용 중 립적으로 보존하고자 하는 자유롭게 유동하는 메타-종교로 발생한 다. 그들이 믿지는 않지만 그럼에도 거기에는 무엇인가가 있다고 믿 는 대개의 신앙을 갖지 않는 현대인들이 대충 이렇게 행동한다. 이 입장의 장점은 구원의 앎과 세속적 앎 사이의, 혹은 신학과 윤리학 사이의 긴장을 완화한다는 것에 있다. 가령 슐라이어마허가 그의 《종 교에 대하여Über die Religion》의 두 번째 강연에서 "어떤 성서를 믿는 자 가 종교를 갖는 게 아니라, 어떤 성서도 필요하지 않고 정말 스스로 한 권의 성서를 만들 수 있는 자가 종교를 갖는다"*라고 설명할 때, 이미 낭만주의적 프로테스탄티즘은 실정종교가 다양한 감정문화 속 으로 스스로 해체하는 것에 근접했다. 혹은 새로운 종교는 예외적으 로 어떤 이질적인 내용을 나르기 위해 종교의 형식적 측면을 붙잡는 다. 그중에서도 스포츠라는 내용을 종교라는 형식에 엮고자 했던 피 에르 드 쿠베르탱이 이 경우에 해당했다. 그것이 어떤 결과를 낳았는 지 우리는 봤다.

형식종교적인 길로 한 걸음 더 가면 **악의로**mala fide 이질적인 내용

---

* 프리드리히 슐라이어마허, 《종교론》, 최신한 옮김, 대한기독교서회, 2002, 110 쪽. 번역 다소 수정.-옮긴이

을 현실화하기 위해 종교를 어떻게 순수한 매개 기능으로 사용할 수 있는지가 나타난다. 여기에 대한 필수 불가결한 사례를 요즘 다시 많이 주목받고 있는 '정치신학들'이 제공한다. 이것들은 종교를 국가가 성공하기 위한 심리사회적 구호 사업으로 끌어온다. 이 태도를 사례들을 통해 명료화하고 싶은 사람은 가령 그들의 군대의 선두에서 교회국가를 확장했던 교황들이나 오스트리아의 그리스도교 지배자들을 해치기 위해 이슬람교를 믿는 터키인들과 동맹을 맺었던 프랑스의 추기경들을 생각할 수 있다. 국민과 민족 전체가 예전뿐만 아니라 최근에도 구원 공동체의 외관을 띠고 등장하기도 했다. 혁명 운동들이 어떻게 메시아적으로 치장될 수 있었는지 20세기의 정치적 경험을 통해 싫증 날 때까지 설명할 수 있을 것이다. 마치 활동가들이 1844년 프리드리히 엥겔스의 "모든 종교의 가능성들이 소진되었다"*는 경솔한 명제가 거짓임을 보여주기라도 하는 것처럼 말이다. 형식종교적인 이해가 급진화되면, 이 추상화는 **콘텐츠 제공자**content provider가 바라는 한에서 잠재적으로 모든 임의적인 **콘텐츠**가 어떤 종교적인 설계를 수용할 수 있는 지점에까지 진행된다. 그렇게 되면 종교는 어떤 수사적-제의적 양태이자 정치적이든, 예술적이든, 산업적이든, 스포츠적이든 혹은 치료적이든 할 것 없이 모든 프로젝트에 자기확장의 매개물로 기능할 수 있는 몰입 절차로 나타난다. 그것은 즉각 옛날의 내용종교들로 다시 옮겨질 수 있다.**

이어서 나는 기업가적이고 문학적-궤변적인 천재 라파예트 론 허버드가 어떻게 1950년 공개된 **다이어네틱스**라는 이름의 생산물을 홍보하는 캠페인에서 형식종교적인 절차의 원칙을 매우 추상적인 특색에

---

*   Friedrich Engels, "Die Lage Englands. Past and Present by Thomas Carlyle", in *Karl Marx and Friedrich Engels, Werke, Band I*, Dietz, 1976, p.544[〈영국의 상황, 토마스 칼라일의 과거와 현재〉].
**   미국의 다수 성경-테마파크가 입증하는 것처럼 말이다.

서 비옥하게 만들어 얼마 지나지 않아 어떤 종교적인 업그레이드 덕분에 이 생산물을 사이언톨로지'교'로 변형시켰는지 보여주겠다. 허버드의 캠페인의 출발점은 저자에게 동시에 개인적인 후퇴를 나타냈던 1940년대 후반의 문화 위기에 놓여 있다. 이 시기에 저자는 생활 상담 문학과 자조自助(자립) 문학 시장에 강력한 성장 잠재력이 있다고 추정할 수 있었다. 정신분석적, 생철학적, 목사적, 기업상담적, 영혼지도적, 종교적, 식이요법적, 피트니스심리적 동기가 뒤섞여 이 시장에 영향을 끼쳤다. 허버드의 명민한 접근은 이 수요들을 유일한 지점에 수렴시키는 데 있었다. 그는 모든 질병에 대해 유일한 약제를 가지고 대응하거나 혹은 모든 문제들에 대해 하나의 해결책을 가지고 대응하는 근대 돌팔이 의사의 전통에(이 말을 또한 가치중립적 의미로 받아들이고) 스스로를 세웠다. 이 태도는 16세기부터 20세기까지 근대철학의 영도의 사유에서 총체적 혁명의 정치적 이념에 이르기까지 수많은 구체화에서 추적될 수 있다. 위대한 돌팔이 의사들에 따르면 이 기술 중의 기술은 예로부터 하나의 수단, 만병통치약, 모든 병인을 증류하는 데 있었다. 이것이 육체적이거나 혹은 도덕적인 증류기에서 일어나든 상관없이 말이다. 이 증류는 보통 하나의 단순 실체와 하나의 최후 요소 내지 하나의 단순 행동과 하나의 최후 조작을 야기한다. 이것을 가지거나 가질 수 있는 사람은 모든 것을 가지고 모든 것을 할 수 있다.

허버드의 생산물은 마음의 만병통치약으로 개념화됐고 들끓는 생활상담 시장에 보내졌다. 첫눈에 1950년 그의 '다이어네틱스'는 뿌옇게 뒤덮은 의식의 원판을 정화하기 위해 막대한 비용을 들여 선전된 새로운 수단과 다를 바 없어 보였다. 여하튼 이 생산물은 주목할 만한 성공적인 판매로 이미 그 첫해에 미국인들이 첫 원자폭탄이 투하된 뒤 5년 후 더 광범위한 전선에서 세계의 문제들을 매우 단순하게 해결하기 위한 정신적인 제안들마저 붙잡을 준비가 돼 있었다는 것을 증명했다. 복잡한 비의를 위한 시간이 더 이상 없기에 세계를 근본적으로 변화시켜야만 한다고, 그러니까 매우 신속하게 변화시켜서 "폭탄이 우리를 선수 치지 않도록"* 해야만 한다고 저자가 말하는 것이 들렸다. **서바이벌**survival이 생활상담의 핵심어가 된 것이다. 그것은 부족해지는 시간에 직면하여 초기 그리스도교적 메타노이아의 미국적 대응물을 만들었다. 미국과 소련 사이에서 시작된 핵 군비 경쟁을 배경으로 '다이어네틱스'는 어떤 대안 경쟁을, 다이어네틱스 자체와 전쟁과 정신병과 범죄의 세계체제 사이의 경쟁을 개시했다. 그러한 시나리오와 관련해 세계의 문제들에 대한 해결책을 가지고 있다고 자기중심적으로 주장하던 이들의 진영으로 누가 가려 하지 않겠는가?

그 해결책은 방법의 명칭에 있다. 다이어네틱스는 두 그리스어 구성 요소인 **디아**dia(~을 통해)와 **누스**nous(정신)에 소급하고 "정신을 통해" 일어나는 것에 대한 학문을 나타낸다. 때때로 그리스어에는 유감스럽게도 존재하지 않는 **디아누아**dianoua 같은 말 역시 출처로 언급된다. 모든 것이 정신을 통해 일어난다고 하는 것의 요점을 직감할 수 있지만, 여기서 '~을 통해'의 의미는 당분간 열려 있다. 아직은 이 체계에서 표면적으로는 '과학적'이지만 심층 구조에서는 그노시스주의적인 정신과 물질의 오랜 대립을 어떻게 새롭게 조립하는지 파악할 수 없다. 짐짓 꾸며서 겸손해하지 않고서 허버드의 새로운 하이퍼-방법은 "정신건강의 현대 과학"으로 소개되고 지금껏 해결될 수 없어 보이던 모든 문제들의 매우 단순한 해결을 가져올 것을 약속한다. 요한 고트리프 피히테**의 캘리포니아산 분신처럼 허버드는 그의 지식학을 예비 시도만 하던 시대를 끝내는 것이라고 찬양한다. 전

---

*   L. Ron Hubbard, *Die Wissenschaft des Überlebens. Vorhersage menschlichen Verhaltens*, New Era Publications, 1983, p.XLVIII[《생존학: 인간의 태도에 대한 예언》].

**   특히 그의 《학문론Die Wissenschaftslehre》(1804, 1812, 1813) 등을 비롯한 다수의 '학문론' 저작들을 가리킨다.-옮긴이

승된 해결책들 자체가 다시 문제들의 일부가 되는 반면에(그것이 종교든, 철학이든, 치료술이든 혹은 정책들로 나타나든 상관없다), 다이어네틱스는 모든 문제의 해결책을 결정적인 명료함으로 공포한다. 이 해결책은 더 이상 문제들 쪽으로 되돌아가지 않는다고 단언된다. 그러므로 사악한 사람과 정신이상자들만이 다이어네틱스를 방해하는 일에 흥미를 가질 수 있다. 이렇게 해서 지금부터 정신병리적 구도를 신속하게 진단하기 위한 새로운 규준을 가지게 된다. 그것은 다이어네틱스의 공급물에 대해 냉담하거나 적대하는지에 따른다. 허버드가 전통적인 정신병학이라고 부르는 것에 반하는 과격한 논쟁이 중심 테마로서 그의 전작과 그의 제자들의 전작을 관통한다. 그는 전문가들이 그와 그의 활동에 대해 무엇을 말할 것인지 보나마나 직감했다. 그는 그의 직감에 대해 그들이 비싼 값을 치르게 했다.*

본질적으로 다이어네틱스는 맨 먼저 정신분석적 기초 가정에 대한 단순화되고 기술화된 변형과 다를 바 없는 것을 제공한다. 그것은 체계들 내지 장의 상태들인 **의식**bw[Bewusstsein]과 **무의식**ubw[Unbewusstsein]의 프로이트적 구분을 기분 좋게 허버드의 분석적 정신(그 명료한 기억은행을 비롯해)과 반동적 정신(그 정념적인 기억은행을 비롯해)의 구분으로 대체한다. 처음 언급된 분석적 정신에는 모든 문제들의 해결책이 발견되는 반면, 마지막에 언급된 반동적 정신에는 모든 문제들의 총체가 숨겨져 있다. 이 출발 상황에서는 명료한 표상들만이 존재

---

* 그 진정성을 의심할 아무런 근거도 확인될 수 없는 문서들에 그가 해군에서 내근직 우체부 자리를 맡던 1943년 자살 충동이 있는 심각한 우울증 형태의 정신병 상태로 고통스러워했고 그래서 군 의료기관에서 치료를 신청했다고 나와 있다. 그는 종전 직전 수류탄으로 심하게 부상당했다고 한다. 이것 때문에 잠깐 동안 시력을 잃었지만 스스로 치료했다고 한다. 그의 회복과 그의 자가 치료 방법에 대해 더 정확한 어떤 것도 알 수 없지만, 정신이 물질을 형성한다는 그의 확신의 기초를 그것들이 함께 세웠을 것이다. 1960년대 오스트레일리아의 어떤 전문가가 작성한 감정서는 허버드의 조짐들을 확인해준다. 그에게 특수한 편집증과 조현병의 특성을 띠는 비정상적인 성격 구조가 있음을 증명한다.

할 때까지 반동적인 정신을 치우는 것이 분석적 정신의 당연한 과제처럼 보인다. 정념적인 저장소를 비워냈던 사람은 분석적 정신의 독재에 다다를 것이고 자신을 명료해졌다고(**클리어**clear) 부를 수 있을 것이다. 모든 '프로세싱'은 다음 금언 아래에서 일어난다. 반동적 정신이 있었던 곳에 분석적 정신이 있어야만 할 것이다. 명료해짐을 산출하는 것이 바로 다이어네틱스 절차들의 과제다. 이 절차들을 통해 고객들은 그들이 어떤 고통을 하소연하든 상관없이 그들의 정념적인 기억 속에 있는 '인상들' 쪽으로 나 있는 내적인 '시간의 길'로 되돌아간다. 그렇게 하면서 보통 '자물쇠들(**록스**locks)'은 병인성의 저장 내용 앞에서 그 빗장을 열 수밖에 없게 된다. 이 되돌리기는 다소 환상적인 가정으로 이뤄지는데, 회상(**리콜**recall)을 통해 옛 인상들이 '풀려나고' 이것들이 야기한 '일탈들'이 제거된다. 이 가정은 그것이 가상적 개연성 그 이상을 결코 가져올 수 없음에도 허버드의 초창기에 정신분석과 알프레드 히치콕을 통해 대중화됐던 것이다.

허버드의 접근에 대한 이 요약으로 그에 대해 전부 다 이야기된 것이라면, 다이어네틱스는 정신분석의 미국화라는 서사시에서 다소 재미있는 장이라는 것을 확인하는 것에 만족할 수도 있다. 이 장에서는 자아심리학의 지지자들이 어떻게 무의식의 심리학을 이용했는지, 혹은 비의적인 서해안[미국]의 건강한 영혼이 어떻게 동해안[유럽]의 병적인 정신에 대해 승리했는지 이야기된다. 그러나 실제로는 다이어네틱스/사이언톨로지의 일화는 내가 서구 심리학의 기술적-그노시스주의적 전환이라고 표현하고 싶은 더 광범위한 정신사적 흐름에 속한다. 이 흐름에서는 마지막 요소들까지 관통하는, 기술적으로 새로운 종류의 정신적, 영적 전통의 존속에 대한 낯설게 하기가 두드러진다. 이 낯설게 하는 에너지는 기원전 700년경 모음 철자로 된 문자들이 관철된 이래 가장 깊숙한 분기점을 인식할 수밖에 없는 기술사적 사건에서 야기된다. 여기서는 컴퓨터 문화가 화제에 오른다. 20세기 중반 이 문화의 전개는 고전적인 정신과 육체의 구분을 수정하도록 압박했다. 계산기 내지 '정신-기계들Geist-Maschinen'의 구성을 통해 지금껏 존재 전체의 정신과 영혼의 측면에 귀속시켰던 현상들 대부분이 실제로는 기계적-물질적 측면에 속한다는 것을 입증함으로써 말이다. 성찰은 물질의 한 특성이지 인간 지성의 특권이 아니다. 새로운 사이버네틱스 수단의 압박 아래에서 세계를 새롭게 분할함으로써 그 이후 동시대 사유의 드라마에 결정적인 영향을 끼쳤다. 이 과정에서 우상들이 왜 추락하는지 명백해지게 된다. 사이버네틱스의 철학은 신의 황혼의 일반이론에 대한 정식화를 가능하게 한다.*

허버드 현상은 아주 명백하게 형이상학적 고전주의의 영역들에 사이버네틱스가 침입함으로써 일어났던 소용돌이에 속한다. 제1세대 사이버네틱스주의자들의 동시대인이자 SF소설의 저자로서(이 장르에 정통한 이들에 의해 어느 정도 평가받는다) 그는 내면의 테크놀로지라는 새로운 세계에 대해 초기에 특권을 가지고 접근했다. 허버드의 SF 현장에서의 '이전 삶'을 어떤 오점으로 바라보는 잘못된 결론에 유의해야만 한다. 지금도 컴퓨터라는 사건의 매우 중요한 철학적 해석자 고트하르트 귄터Gotthard Günther[1900~1984. 독일 철학자이자 논리학자]는 타당한 근거로 SF소설 장르에서 기술 시대의 철학을 위한 실험실을 볼 수 있다는 것을 지지했다. 이 명제는 대가들만을 불러보자면 스타니스와프 렘Stanisław Lem[1921~2006. 폴란드의 SF소설 작가 겸 풍자 작가]과 아이작 아시모프Isaac Asimow[1920~1992. 러시아 출생의 미국 SF소설가] 같은 저자들의 작품을 보면 완전히 정당하게 나타난다.

소설가 허버드가 이 장르를 변형시킨 게 아니라 확장했을 뿐이라는 것의 징후가 짙다. 그의 첫걸음은 매우 정확하게 SF의 경계를 넘어 그 인지적 위상에 따르면 심리학 픽션과 다를 바 없는 것을 구현한 다이어네틱스로 그를 인도한다. 그와 가까운 사람이 보고한 대

---

* Gotthard Günther, "Seele und Maschine", in *Beiträge zur Grundlegung einer operationsfähigen Dialektik, Erster Band*, Meiner, 1976, pp.75~76[〈영혼과 기계〉, 《조작에 능한 변증법을 기초 짓기 위한 논문들》].

로 허버드가 뉴저지의 베이헤드에서 한 달 만에, 그러니까 학문적 연구의 뒷받침 없이 오로지 "외워서(오프 더 탑 오브 히즈 헤드off the top of his head)"《다이어네틱스》라는 500쪽 책을 썼다는 사실이 여기에 대응한다. 그가 준거하고 있는 실험적 기초인 "100가지 개별 연구들" 자체가 발명의 일부다. 이 관찰에서 역으로 프로이트와 C. G. 융의 체계가 조명된다. 심리학 픽션의 도식의 윤곽을 한차례 명료하게 파악한다면 그 특질들을 대체 가능한 판본들에서도 다시 알아볼 것이다.

우리가 논하고 있는 맥락에서 허버드의 두 번째 걸음이 특히 많은 정보를 준다. 그것은 다이어네틱스적 심리학 픽션을 사이언톨로지적 종교 픽션으로 증축시키는 운동이다. 이 이행을 관찰하는 사람은 기술 시대의 종교가 어떻게 첫 무대에 서는지에 대한 증인이 될 것이다.* 허버드가 그의 책《다이어네틱스: 정신건강의 현대 과학 Dianetics. The Modern Science of Mental Health》의 성공을 통해 응용된 허구가 '작동한다'는 회신을 현실에서 획득했을 때, 그는 자신이 품어온 야심들의 청신호를 보았다. 그가 처음으로 SF의 경계를 없애도록 만들었던 것과 똑같은 기백으로 그는 두 번째 경계 제거를 실행했고 심리치료적 전선 뒤에 종교적 전선을 개시했다. 현실에서 온 회신은 그것이 이번에도 '작동했다'고 알려줬다. 종교 픽션은 매우 짧은 시간에 구체화됐고 실제 존재하는 '교회' 형태를 취했다. 이것과 함께 아주 명백하게 정면 돌파의 요소가 개입했다. 허버드가 그의 자조요법 책이 대대적으로 성공한 뒤 조직화된 의사들의 반응을 두려워할 수밖에 없었

---

* 이것이 결코 절대적인 첫 무대가 아니라는 것을 러시아혁명의 아방가르드 운동의 유사하고 보통 더 재치 있는 프로젝트들이, 특히 불멸주의자들과 생명 우주론자들의 저서들이 입증한다. Boris Groys and Michael Hagemeister eds., *Die Neue Menschheit. Biopolitische Utopien in Russland zu Beginn des 20. Jahrhunderts*, in cooperation with Anne von der Heiden, Suhrkamp, 2005[《새로운 인류: 20세기 초반 러시아의 생명정치적 유토피아들》]를 보라. 그 밖에도 이 프로젝트들은 공산주의가 그 나름으로는 응용 소셜 SF의 한 형태였다는 것에 대한 증거물로 읽을 수 있다.

기 때문이다. 이 의사 조합이 그의 '마술적인' 방법들에서 모든 효력을 박탈시키고 고통받는 이들, 그들 가운데 수많은 불치병을 앓는 이들의 희망을 무책임하게 다뤘다고 그를 비난했던 그만큼 종교적 영역의 면책 특권 속으로 대피할 수밖에 없었을 것이다. 그 밖에도 당시 조직자들의 내부 모임에서는 새로운 반-전문적 치료 방법의 교회적인 위장이 세무서를 당혹스럽게 만드는 길이었다는 사실은 공공연한 비밀이었다.

허버드는 1954년 이후 **사이언톨로지교**를 만들면서 형식종교적인 전략을 적용했다. 그는 등록상표 다이어네틱스라는 세속적 내용을, 나중에는 허버드-도서, 허버드-연설, 허버드-상담기술 등등의 내용까지도 종교에 통례적인 예배 기술 장치로 둘렀다. 그 기초는 창설자에 대한 한없는 숭배다. 인류의 각성자로서 대가에 대한 경축이 사이언톨로지 미디어의 영역 전체를 관통한다. 이것은 최근 정신사의 매우 촘촘한 자기찬미적 체계들의 하나를 구현한다. 그 안에서는 마치 우주정거장에서처럼 체계에 고유한 운영 데이터들이 재순환된다. 이에 대한 보충으로 묵시주의의 전략적 판본이 어떤 첨예한 긴급함의 프로파간다로 더해진다. 이 묵시주의는 고객들에게 사이언톨로지와 자살 사이의 불가피한 선택에 대해 설명했다. 이렇게 해서 허버드의 테마파크에 대한 총체적 몰입이 보장됐다. 추가로 이 종파는 수많은 내부 직무 역할들인 '법관' '교무과장' '윤리-공무원'과 매우 많은 새로운 주요 시설을 감독 임무와 통제 임무의 형태로—어떤 교회적 위계에 대한 환상으로 가득한 모작들이다—창출했고 아울러 연구소, 비즈니스-센터, 클리닉, 비정통 학위를(그중에는 신학박사 학위도 있었다) 획득할 수 있었던 대학교까지 만들었다. 이 선견지명이 있는 사업에 새로운 주요 인사들과 이들과 함께 일하고자 하는 이들이 지원되지 않았다고는 주장할 수 없다. 내부 교통용으로 내부자 언어가 도입됐고 이것을 사용해 소속된 자들과 소속되지 않은 자들 사이의 고랑이 소원대로 깊숙한 곳까지 파였다. 상호 통제 체계가 운영을 안정화했고, 구성원들의 회의에 대한 조기 진단을 위한 비밀스런 감시가 교회를 모방하기 위한 일괄 조치를 완성했다. 무엇보다도 사이언톨로지 공동체의 설계가 독창적이었다. 새로운 신앙인들로 각각 새로운 고객을 얻을 수 있도록 계획한 것이다. 이와 유사하게 구원 사업과 화폐 사업의 긴밀하고 품격 있는 관계를 관찰하기 위해서는 16세기 가톨릭의 면죄부 판매까지 소급해야만 한다.*

교회 현상을 모조하고 재구성하면서 이뤄낸 이 성취들에서만큼은 반드시 허버드에게 최고의 인정을 표할 수밖에 없다. 그가 형식종교적인 모방 절차로 종교 형성의 일반 조건들에 대한 매우 가치 있는 계몽을 제시했기 때문이다. 이 조건들이 역사적으로 성장했든 혹은 실제로 종합됐든 상관없이 말이다. 그의 종교적 인공물에서 일어난 아우라의 상실은 그에게 명백하게 어떤 걱정도 일으키지 않았다. 이 새로운 교회는 오래된 존귀함과 관련해 부족한 부분을 개의치 않음으로 채웠는데, 이렇게 해서 이 교회는 늦었지만 적절한 때에 획득한 인류의 진리 추구의 정점으로 나타났다. 사이언톨로지 신학은 노골적으로 붓다, 노자, 예수, 무함마드와 같은 과거의 종교 창설자들과 아리스토텔레스, 칸트, 쇼펜하우어, 프로이트, 베르그손 같은 저자들과 그 밖에 다채로운 선행자들의 목록에 입후보할 수 있는 이들이 이 완성자를 우러러보게끔 했다. 그들 모두 허버드에게서 그들 자신이 아직 신통치 않은 수단을 가지고 추구했던 것이 성취됐다는 것에 대해 당연히 기뻐할 것이라고 말이다. 고대 아시아의 승려라고 알려져 있는 아무개 달마[보리달마]도 일찍이 진리에 완전히 가까워졌다고 한다. 나쁜 생각을 하는 자에게 화가 있으리라! 결국 신약에서도

---

* 이 지점에서만 **사이언톨로지교**는 어떤 시대착오를 구현하고 있다. 그것은 역사적으로 극복된 강제적인 회원 자격 형태들을 어떤 제의적 집합체에서 반복한다. 조직이 구성원들을 유사 카니발적으로 소비하는 지점까지 이를 강화한다. 반대로 개방 시장에서 '종교적 경험' 자체는 일종의 이벤트-상품이거나 소비할 수 있는 특수효과가 됐다.

역사적 비판을 견디지 못하는 진술들을 발견하지 않는가? 나는 허버드가 더 성공적이지 못한 말로 어떤 완전한 교회에는 그 오류의 표지 또한 속해 있다는 것을 보여주고자 했다며 그를 비난해도 되는지 확신할 수는 없다.

허버드가 심리학 픽션과 종교 픽션을 넘어 정치 픽션*의 어떤 형태 역시 창조하고자 했는지에 대한 질문은 이 틀에서는 답해지지 않은 채 남아 있을 것이다. 신념Gesinnung과 여론Stimmung에 따라 각각 정치 픽션에 해당하는 이 대가의 진술들—특히 악명 높은 민주주의자들과 원숭이들의 동일시—은 다다이즘적이라고 혹은 전파시즘적이라고 분류될 것이다. 사이언톨로지 테마의 스펙트럼 전체에는 허버드가 일찍이 손댄 적 있는 것이 어떤 것도 바뀌지 않은 것 없이, 그 위치도 그대로 두지 않는 근본적으로 패러디적인 특질이 두루 흐른다. 그가 항상 상징적으로 전승된 것에서 끄집어낸 것은 기술적으로 반복할 수 있는 현상으로 다시 등장한다. 명백하게 어떤 것도 '종교'처럼 그렇게 기술적 이미지의 만유로 번역되기엔 적당하지 않다. 종교가 그 자체에서 특수효과의 생산을 추구하기 때문이다.

종교 패러디 작가로서 허버드는 뛰어난 것을 실행했는데, 특히 위계 원칙—제1단계에서 제8단계까지 명랑하게 '작용하는 테탄들'[불멸의 영혼]—에 대한 패러디 작가로 뛰어났다. 그런데 영혼(요즘의 **테탄**Thetan)이 그 가장 깊은 내면에서 신을 인식한다는 신비주의 사유의 패러디 작가로서도 뛰어났다. 깨지기 쉬운 정신을 고급의 테탄-이식물들로 대체할 수 있다는 인식으로 허버드는 노벨상을 탔을지도 모른다. 사이언톨로지가 그 배반자들을 다루는 것에도 높은 패러디적 가치가 있다. 이 경우에는 신을 부인한 자들에 대한 고전적인

---

* 정치 픽션이라는 표현은 다른 맥락에서 필립 라쿠-라바라트에 의해 사용됐다. Philippe Lacoue-Labarthe, *Die Fiktion des Politischen. Heidegger, die Kunst und die Politik*, Edition Patricia Schwarz, 1990[《정치적인 것의 픽션: 하이데거, 예술 그리고 정치》].

처벌이 이전-테탄들에 대한 체계적인 괴롭힘으로 희화화된다. 이것이 저 지친 자들에게 사악한 정신 테러를 의미하지 않는다면, 이보다 더 우스꽝스러울 수는 없을 것이다. 우리가 왕의 마음을 돌리면[회심] 민중을 손에 넣는다는 옛 전도 활동의 추종 원칙을 오늘날의 관계로 번역하면 맨 처음 셀러브리티들을 사로잡아야 한다는 통찰이 생긴다.*

이 기술들 덕분에 허버드는 10년도 지나지 않아 한없는 인용들로 이뤄진 정신사적인 라스베가스를 창출했다. 그는 '교회'를 교회의 기술적 재건 가능성의 시대로 이끌었다. 웃음거리로 만드는 모방들로 이뤄진 이 복합체와 직면하여 느끼는 불편함이 '원종교들'에 소속된 이들이 왜 차라리 이 복합체를 회피하기를 선호했는지에 대한 이유 중 하나일지 모른다. 독일의 헌법 보호기관들은 이 애매한 조직을 더욱더 철저하게 신경 썼고, 미국에서는 때때로 FBI의 감시를 받았다. 이 조직이 혐의가 있는 것으로 보이는 것은 교회의 재건 원리를 거의 공개적으로 내보이는 그 설계에서 나온 결과다. 사이언톨로지가 어떤 이질적인 내용을 형식종교적으로 연출하기 위한 표준을 제공하기 때문에 이 점은 변함없다.

2007년 4월 유럽인권재판소는 사이언톨로지가 종교공동체로 설 수 있는 권리를 승인했다. 늘 심각한 것은 아니지만, 때때로 이 조직이 저지른 명백한 경제적 범죄 활동에도 불구하고 말이다.** 이 판결은 그것이 '종교적' 문제에서 우리의 법률체계의 늘어나는 **문맹** illiteracy에 대한 동요를 일으키는 증언을 구현하고 있기 때문에 매우

---

*   Dana Goodyear, "Château Scientology. Inside the Church's Celebrity Center", *The New Yorker*, 14. Januar 2008[〈사이언톨로지 성채: 교회의 셀러브리티 센터 안에서〉].

**   L. 론 허버드 자신은 1979년 프랑스 재판소에서 그가 출석하지 않은 가운데 사기죄로 4년 징역형을 선고받았다. FBI 역시 이 종파의 업무 문서들에서 황금을 캤다. 허버드의 아내는 1970년대에 미국에서 수년간의 징역형을 선고받았다.

크게 주목받았다. 보이는 것과 달리 이 판결은 이 기업의 종교적 특질에 대한 어떤 진술도 담고 있지 않다. 그것은 만인이 어떤 기능적인 허구를 신봉하는 포기될 수 없는 권리만을 확인할 뿐이다. 판사들은 사이언톨로지 조직이 영적이고, '종교적'이고 휴머니즘적인 목적들을 실현시킨다는 그 주장을 액면 그대로 받아들였다. 상세히 고찰하면 스트라스부르의 판결은 다만 그것이 [종교에 대한] 패러디의 문제들에서는 판결 불가로 발표했다는 점에서 재판소의 자기 자신에 대한 진술만을 의미한다. 유사한 논리에 따라 비행장의 안전 요원들이 자신이 폭탄 하나를 기내용 가방 속에 가지고 있다고 사칭한 어느 익살꾼에게 이륙장에 대한 접근을 무조건 금지시켜야 하는 의무가 있었다. 이 통제원들에게는 어떤 진술이 문자 그대로 말고 달리 이해된다는 것을 기대할 수 없기 때문이다.

이렇게 해서 우리 시대의 종교의 구성 요건은 자신이 하나의 종교라는 어느 회사의 주장을 통해 충족됐다고 최고 법정에서 확인됐다. 종교를 기내용 가방 속에 가지고 있는 사람은 게이트를 향해 가도 된다. 예수가 '종교'라는 단어를 알지 못하기 때문에, 그는 유럽인권재판소에서 종교인으로서의 허가에 대한 어떤 불만도 제출할 수 없었을 것이라는 숙고가 판사들의 뇌리에는 떠오르지 않았다. 예수에게는 인권이라는 개념도 허용되지 않았고 심지어 자유로운 가상의 실행에 대한 현대인들의 불가침의 권리조차도 허용되지 않았다. 스트라스부르의 판사들은 그들이 론 허버드에게 얼마나 가깝게 서 있는지 알지 못했다. 그가 하나의 종교를 창설할 수 있다면 그들은 그 하나 역시 허가할 수 있다. 여하튼 판사들은—그들 가운데 위장한 사이언톨로지언이 없다고 한다면—**선의로** 판결을 내리려고 시도한 반면, 허버드는 사정을 뻔히 알면서 그의 '교회'를 아이러니의 심연 위에 창설했다. 더 나아가 사이언톨로지의 변호사들은 수십 년간 그들을 초청하는 나라의 법체계를 사법권 픽션의 극장으로 바꾸는 작업을 했고, 내세울 수 있을 정도로 성공했다. 유럽에까지 퍼진 미국 변호사들의 고소에 대한 즐거움이 없었다면 사이언톨로지는 분명 이미 오래전에 시장에서 사라졌을 것이다.

나는 이 심리기술적인 수행 집단의 종교 위상에 대한 논쟁에서 그것은 종교가 존재하지 않는다는 것을 결정적으로 보여줬다고 추론한다. 종교라는 페티시의 실태를 보면 오로지 인간공학적 절차들(이것은 유비적으로 현재의 두 번째 거대 페티시인 '문화'에도 해당한다)을 인지하게 될 뿐이다. 여기저기의 종교라는 표현은 내면으로는 무너지기 쉽고 착취에 의해 위태로워진 정신 영역을 열기 위한 암호이고, 외부로는 점잖은 외관의 세계로 입장할 때 꺼내 보이는 휘장이다. 발생적genetisch 문화이론의 맥락에서는 이 효과를 유사-초월이라고 표현할 것이다. 이것은 정신(멘탈)을 제작하는 기원들이 '무지의 베일' 뒤로 사라지고 고객들에게 마치 고대의 존엄한 유산처럼 수용될 때 발생한다.* 그러면서 유사-초월적 효과를 일으키기에는 몇 년 걸리지 않아도 이미 충분하다고 확인된다.

요약하려면 물러설 수 없는 것이 있다. 허버드의 사이언톨로지 교의의 우회적인 계몽주의적 동학은, 더군다나 그의 조직 기술의 계몽적인 함축은 전례 없는 그의 절충주의의 거리낌 없음과 연관되어 있다는 것 말이다. 이 지점에서 허버드 자신은 누구나 알고 있듯이 소심하지 않은 루돌프 슈타이너Rudolf Steiner[1861~1925. 인지학의 창시자]를 능가한다. 그의 거리낌 없는 조립Montage 충동은 그가 자신의 방식대로 "사유의 진리에서 상업의 실용주의"**로 옮겨가는 것을 완수한다는 점에서 한 시대의 서명을 담고 있다. 허버드-체계는 전통적으로 정신 혹은 영혼이라고 하던 것에 대해 이제는 이 고귀한 것들 역시

---

* 현대 예술체계에서 유사-초월의 역할에 대해서는 Heiner Mülmann, *Countdown. 3 Kunstgenerationen*, Springer, 2008[《카운트다운: 제3예술세대》]을 보라.

** Gotthard Günther, *Die amerikanische Apokalypse*, Aus dem Nachlaß herausgegeben und eingeleitet von Kurt Klagenfurt, Profil, 2000, p.277[《미국의 묵시록》].

서바이벌의 경기장이 되어야 한다는 것만을 매우 잘 이해하고 있다. 이 **서바이벌**-사유는 그에게서 내세를 관통하고 예전에는 육체적 생명에 대한 정신적인 과잉으로 간주되던 모든 것을 예속시킨다. 이렇게 해서 사이언톨로지는 거꾸로 이곳을 위한 저편에서의 실용주의를 제공한다. 이런 식으로 삶의 피라미드 게임에서 더 높은 위치에 대한 열망의 형이상학적 정당화를 제시한다. 이런 유의 게임에서 새로운 사람들은 끊임없이 더 오래된 사람들의 성장에 대한 비용을 치른다. 악이 또한 곧바로 선이라는, 니체에 의해 준비된 위험한 이 통찰은 그런 게임들에서 완벽히 전개되기에 이른다. 이 게임들에는 모든 것이 하나의 게임에 지나지 않는다는 그노시스주의적인 아이러니가 기초하고 있다. 사이언톨로지가 가장 깊숙하게 정박했던 로스앤젤레스에서 이것을 다음 명제로 번역할 수 있다. 모든 것은 예전 필름들과 관계하는 하나의 필름에 불과하다고 말이다. 여기서 문제는 제작자들의 편에 서는 것이다.

이 '종교'를 그 본질로 소급시키면 더는 환원될 수 없는 세 개의 복합체가 나타난다. 이것들 각각은 인간공학의 차원에 분명히 관련되어 있음을 보여준다. 가장 먼저 교리적인 측면에 따르면 엄격하게 조직된 가상을 수행하는 단체가 나타나는데, 이곳의 구성원들은 시간이 흐르면서 더욱더 깊숙하게 이 환경의 구상들에 젖어들게 된다. 그다음 심리기술적인 측면에 따르면 초월적 생존 투쟁에서 모든 기회를 채굴하기 위한 어떤 훈련 지도가 나타난다. 마지막으로 이 운동의 정점으로 향하면 결코 '종교 창설자'를 볼 수 없다. 우리 앞에는 무엇에든 결단력 있고, 근본적으로 아이러니하고, 모든 측면에서 민첩한 비즈니스-트레이너가 서 있다. 그는 자신의 후진에게 어떤 기술을 가지고 이기주의의 정글 투쟁에서 살아남는지 시범을 보인다. 그런데 이 일이 때에 따라서 매력 또한 있다는 것을 배제하지 않는다. 더욱이 선한 의지를 가지고 있고 완전히 비지성적이지도 않은 사람들이 그들의 의심을 괄호 안에 넣기로 확고하게 결단을 내린다면 당분간 그 안에서 생활 터전을 발견할 수 있다. 한 번 더 콜리지를 인용하자면 "불신의 적극적인 중단"은 언제나 수상쩍은 구성물들이 살아남도록 신앙인들이 행하는 매우 내밀한 기여다. 유기체적 전체의 관점에서 그것은 어떤 타락한 전체가 부분들을 완전히 부패시키지 않고서 그것들의 상대적인 통합을 제 것으로 삼을 수 있게 만드는 규칙을 입증한다. 이 효과 없이 당연히 인류의 종교사 전체는 생각될 수 없다.

특정한 사람들과 관련된ad personam 어떤 논증으로 끝맺기 위해 나는 최근의 정신사에서 유형학적 관점에서 허버드를 그 옆에 세울 수 있는 세 인물들만이 존재한다는 것을 언급하고 싶다. 어떤 섹슈얼화된 권력의지의 방출을 지지했던 철학 픽션의 개척자 마르퀴 드 사드Marquis de Sade[1740~1814], "힘이 진리다"라는 내용의 금언을 말한 러시아의 불가사의한 치료사이자 보헤미안-수도사 라스푸친Grigori Rasputin[1869~1916], 그리고 음흉한 실험들과 마약 과용으로 생애를 보냈고 스스로를 사탄, 적그리스도, 그 숫자를 666으로 가지고 있는 짐승인 묵시록의 야수라고 주장했던 영국의 오컬티스트 알레이스터 크롤리Aleister Crowley[1875~1947]. 크롤리가 오컬트 전통과 벌인 유희들 역시 물질의 재활성화에 대한 야성화된 판본으로 이해될 수 있지 않은지에 대해 나는 여기서 탐구하지 않겠다. 흑마술과 역사적 유물론 사이의 유비는 어느 정도 명백하지만.

이 지옥의 사중주 가운데 가장 최근의 구성원이 확실히 가장 성공적이었다. 허버드의 큰아들 론 허버드 주니어의 한 진술에 따르면 그의 아버지는 이미 일찍이 크롤리에 열광했다. 크롤리의 제자들 가운데 한 명인 캘리포니아 기술연구소의 로켓 과학자 잭 파슨스Jack Parsons[1914~1952]를 통해 허버드는 악명 높은 **동방성도기사단**Ordo Templi Orientalis과 접촉하게 됐고 흑마술의 사유 방식을 전수받았다.* 여기서 그는 의지가 전부이고 전부가 될 수 있음을 배웠을 것이다. 이

학파에서 그는 그 깨달음들 가운데 가장 비밀스런 것만을 가져와 자신의 체계를 떠받쳤다. 모두가 승리할 수 있고 그 누구도 죽어선 안 되고, 신이 되고자 하는 자는 회합에 별로 참석하지 않아도 그리 될 수 있다는 깨달음 말이다. 허버드는 곧장 이 문장들에서 심연에서 짐승이 소리내어 말하고 있다는 것을 알았다. 3000년간의 왜곡과 곡해에 대한 물질의 원한이라고 의역할 수 있다. 1947년 크롤리가 죽은 뒤 허버드는 그의 자리가 비어 있고 어울리는 후계자를 기다리고 있다고 믿었을 것이다.

편파적이지 않은 증인이 아니긴 하지만 아는 것이 풍부한 론 허버드 주니어는 더 나아가 '교회'의 창설 시기 동안 모든 일을 자신과 함께했던 아버지가 1960년대 중반부터 정신적이고 육체적인 난파선이었으며 스스로 만든 허구들의 희생자이고 마약 중독과 약물 중독의 폐허였다고 주장한다. 이 때문에 그는 자신의 추종자들을 피해 어느 호화 요트에 몸을 숨겼고 자신의 콘체른을 수년 동안 거친 바다에서 운영했다. 말년에 그는 그 자신이 만든 올가미에 속아 넘어갔고 어느 폭발하는 폭죽 공장에 갇힌 사람처럼 길을 잃었으며 우울증으로 괴로워했고 격앙된 발작에 압도당했으며 자신의 작업을 감히 비판하려 드는 '압제적인 사람들'을 제거하려는 소망으로 채워져 있었다. 그는 자신을 신봉하는 이들에게 자신의 방법들로 어디에까지 이를 수 있는지 눈앞에 분명하게 보여주지 않기 위해 더 이상 공론장에 모습을 드러내지 않았다.

---

* John Carter, *Raumfahrt, Sex und Rituale. Die okkulte Welt des Jack Parsons*, Hadit, 2003[《우주비행, 섹스 그리고 제의: 잭 파슨스의 오컬트 세계》].

곡예 윤리를 위한 확률 없는 것의 정복

"…… 타오르는 세계의 성숙함으로 도약하다"

─잉게보르크 바흐만Ingeborg Bachmann

강령

'수행자들의 별'에 부분적으로는 서사적으로, 부분적으로는 분석적으로 접근하고 나면 이어지는 탐구 지형은 거칠게나마 그 윤곽이 충분히 잘 보일 수 있다. 지금이 자기수련론의 장을 더 정확하게 측정할 때다. 이는 셸러와 함께 '우주에서 인간의 위치'*를 설명하길 원하든 혹은 블루멘베르크의 발자취를 따라 인간을 자신이 보이는 것을 보는 동물로 호의적으로 보려고 마음먹든 상관없이 '철학적 인간학philosophische Anthropologie'의 환상들Schimäre에 거리를 두는 것을 전제한다. 나는 이 환상들을 본 누군가가 결코 아무것도 보지 못했을 것이라고 말하는 게 아니다. 그러나 그는 자신의 방법들에 의해 지각할 수 있게 된, 의인화된 형태의 이 분야의 관심만을, 즉 전체 진화의 표본이 되어 사바나에서 세미나로 뛰어든 철학교수 그 자신만을 인식할 뿐이다. 그리고 셸러가 인간은 영원한 선동가이자 **혁명가** rerum novarum cupidus[새로운 것들을 갈망하는]인 자연의 카틸리나Lucius Sergius Catilina[BC 108~BC 62. 키케로 정부의 전복을 시도하다 실패한 고대 로마의 정치가]라고 말할 때, 그러한 시선은 이 문제를 정치적이고 범죄학적으로 채색하기까지 하며, 우리는 그 즉시 키케로Marcus Tullius Cicero[BC

---

* 막스 셸러의 책 제목으로 국내에는 《우주에서 인간의 지위》(진교훈 옮김, 아카넷, 2001)와 《우주에서 인간의 위치》(이을상 옮김, 지만지, 2012)라는 두 종의 번역본이 나와 있다.-옮긴이

106~BC 43]가 등장하여 이 영원한 인간[자연의 카틸리나]에게 그가 얼마나 더 오랫동안 우리의 참을성을 악용할 참인지 묻기를 기대한다.

현재 지식 수준에서 실질적 인간학은 일반 인간기술학Anthropotec hnologie 형태로만 발전될 수 있을 뿐이다. 이 기술학은 인간을 자발적이면서 비자발적인 규율들의 사육장에 사는 존재로 기술한다.* 아나키즘들과 만성적인 무규율 역시 이 관점에서는 대체 사육장의 규율들과 다르지 않다. 인간공학Anthropotechnik이라는 말은 어떤 만유를 가리킨다. 이 만유에 대해 아르놀트 겔렌(야성화의 위협을 받는 개인들을 '제도들Institutionen'에 묶어야 하는 필연성을 고수하면서), 자크 라캉(부권적으로 이해된 '상징적 질서symbolische Ordnung'를 편들면서), 피에르 부르디외(계급에 특유한 태도를 '하비투스Habitus'에 기초하는 것에 주목하면서)와 같은 저자들이 이미 중요한 견해를 부분적으로나마 정식화했다. 비트겐슈타인에게서 영감을 받은 민족-어학사들, 구조주의적 제의 연구자들과 푸코주의 담론-역사가들 역시 오래전부터 이 지

---

* 문자문화의 사육장과 문자 이후의postliterarisch 공학들에 의한 이 사육장의 폭발에 대해 나는 그것을 1997년에 '인간농장Menschenpark'이라는 은유로 잠정적으로 언급했다[이 논문은 국내에는 《인간농장을 위한 규칙》(이진우 옮김, 한길사, 2004)에 두 편의 다른 논문(〈대중의 경멸〉, 〈복음의 개선에 관하여〉)과 함께 실려 있다. 이 논문이 1997년 스위스 바젤에서 '휴머니즘의 새로운 길들Neue Wege des Humanismus'이라는 제목의 학술대회에서 처음 발표될 당시만 해도 별다른 주목을 받지 못했으나(2년 뒤 단행본 《문화와 인간성: 휴머니즘의 새로운 길들Kultur und Menschlichkeit. Neue Wege des Humanismus》 (Schwabe, 1999)로 묶여 나옴) 1999년 독일 바이에른주의 엘마우성에서 열린 '존재의 저편: 하이데거 이후의 철학Jenseits des Seins: Philosophie nach Heidegger'에서 다시 발표하면서 이른바 '슬로터다이크 논쟁'으로 격화되었다. 특히 이 발표문에서 요즘 주목받고 있는 포스트휴머니즘 차원에서 새로운 인간을 길들이고 사육하는 방법으로 유전공학을 언급하는 대목이 전체주의적 입장으로 받아들여져 학계와 언론계의 반발을 불러일으켰고 2001년까지 주요 언론에서는 이와 관련한 지상 논쟁이 연일 이어졌다. 이때 잠정적으로 정식화된 '포스트휴머니즘 시대의 인간공학'이라는 주제를 종교성의 차원에서 역사적으로 더 확장하여 논의하고 있는 것이 바로 이 책 《너는 너의 삶을 바꿔야 한다》라 할 수 있다. 이에 대한 더 상세한 내용은 《인간 복제에 관한 철학적 성찰》(이진우 외, 문예출판사, 2004)의 2장(〈인간 복제와 포스트휴머니즘〉, 50~71쪽)과 3장(〈인간 사육인가, 인간 해방인가〉, 72~94쪽)을 참고할 수 있다].

형에 발을 들여놓았다.

이 저자들에게서 배우려 하지 않는다면 그것은 현명하지 못할 것이다. 그런데 니체와 함께 "존재하는, 매우 광범위하고 매우 오래된 사실들"의 하나의 확장에 관해 이해하기 시작했던 사람은 일반 자기수련론에 비춰 인간의 장 전체를 재-조사하지 않을 수 없다. 그 대상이 되는, 인간의 내포적이고 명시적인 수행 태도는 역사적으로 현저한 인간공학들 전체의 중핵을 형성한다. 그리고 유전학이 실제로 그 권한이 오랫동안 불변했던 이 장을 외적으로 변형시키는 것 그 이상에 언젠가 기여하게 될지는 내다볼 수 없는 시간에서는 불확실하다. 내가 수행 지대의 확장을 지지할 때, 그것은 인간이―'노동과 상호작용'*의 이편과 저편에서, 그리고 '활동하는 삶과 관조하는 삶'**의 이편과 저편에서―자기 자신에게 영향을 끼치고, 자기 자신에 대해 작업하고, 자기 자신을 본보기로 확립한다는 압도적인 증거와 관

---

* 독일 사회철학자 위르겐 하버마스의 논문("Arbeit und Interaktion. Bemerkungen zu Hegels Jenenser 'Philosophie des Geistes'", *Technik und Wissenschaft als 'Ideologie'*, Frankfurt a. M., 1968)의 제목으로 예나 시기 청년 헤겔의 정신철학, 즉《예나체계 기획 I, III》(《헤겔 예나 시기 정신철학》, 서정혁 옮김, 이제이북스, 2006;《예나체계 기획 III》, 서정혁 옮김, 아카넷, 2012)을 선구적으로 논했다. 그는 이른바 생산력 중심의 정통 마르크스주의를 비판하고 쇄신하려는 의도로 헤겔이 저 미완의 기획에서 정신의 세 계기라고 공식화하고 있는 언어, 도구, 가족, 다시 말해 상징적 표현, 노동 과정과 인륜적 관계에서 각 계기의 독립성을 주장하면서 마르크스주의가 노동을 도구적 생산의 차원에 국한시켜왔던 것에 반하여, 이것과 구별되는 상호작용의 차원, 즉 하버마스의 개념으로는 의사소통 행위의 차원을 마르크스주의에 도입하고 접목했던 것이다. 당시 독일 내에서 많은 논란을 낳기도 했지만 '노동과 상호작용'을 분리시킨 이 시도는 훗날 '의사소통적 행위이론' 기획의 초석이 된다. 다시 말해 '상호작용'을 '의사소통'으로 바꿔도 무방하다. 이에 대해서는 앞에 소개한《헤겔 예나 시기 정신철학》의 옮긴이 해제(281~285쪽)를 참고할 수 있다.-옮긴이

** 이 책에서도 중요하게 다뤄지고 있는 한나 아렌트의 책《인간의 조건》(이진우 옮김, 한길사, 2017, 독일어판 제목은《비타 악티바 혹은 활동하는 삶에 관하여》)에 나오는 주된 도식으로, 이 내용은 3부(〈과장의 절차들〉)의 〈배경막: 비범 속으로의 후퇴〉에서 본격적으로 다룬다.-옮긴이

련해 일어난다.

나는 이어서 인간의 본질적인 사실들의 자기조형적인 짜임새를 보여줄 것이다. 인간이라는 것/인간으로 존재한다는 것은 전략상 어떤 구부러진 공간 속에 실존한다는 것이다. 이곳에서 행위들은 행위자들에게, 노동들은 노동자들에게, 의사소통들은 소통하는 이들에게, 사유들은 사유하는 이들에게, 감정들은 느끼는 자들에게 역으로 작용한다. 나는 이 모든 종류의 역작용이 자기수련의 특징을, 말하자면 수행적인 특징을 가진다고 주장한다. 설령 이미 말한 바와 같이 그것들 대부분이 언명되지 않고 눈치채지 못한 자기수련들 내지 드러나지 않는 훈련의 일과로 분류되어 있더라도 그렇다. 실존의 자기수련적 원환을 명백히 보이도록 끌어올리는 것은 가장 먼저 표나게 수행하는 사람들이다. 그들은 개별자가 자신의 주체화에 협력하도록 그에게 의무를 부여했던 자기관련적 관계들을 창출한다. 농부든, 노동자든, 군인이든, 필경사든, 요가행자든, 운동선수든, 웅변가든, 서커스술사든, 음유시인이든, 학자든, 악기의 비르투오소든, 모델이든 할 것 없이 그들 모두 인간학적 문제들에서는 우리보다 권위가 있다.

6.
높이의 심리학
: 위를 향한 번식론Hinaufpflanzungslehre과 '위에über'의 의미

진화론적으로 생각된 혼인

내가 인간이라는 사실군에 대한 수행인간학의 관점을 완성하기 위해 자기수련의 장을 매우 폭넓고도 층층이 재발견했던 니체에게서 다시 첫 표제어를 발견한다면, 여기까지 나의 숙고들에 동행할 준비가 되어 있던 이들 중 그 누구도 놀라지 않을 것이다.* 1883년 《차라투스트라는 이렇게 말했다》의 제1부에 있는 〈아이와 혼인에 대하여〉라는 노래에서 새로운 예언자는 더 고등한 인간들을 위한 생활상담가 역할에 종사하고 있다.

> 나의 형제여, 너만을 위한 물음 하나가 있다. 다림추를 내리듯
> 나 네 영혼 속에 그 물음을 던져본다. 네 영혼이 얼마나 깊은
> 가를 알아내기 위해서다.
> 너는 젊고 아이를 원하고 혼인을 원한다. 그러나 묻노니, 너는
> 아이를 원할 **자격이 있는** 자인가?
> 너는 승승장구하고 있는 자, 자신을 제압한 자, 관능의 지배자,
> 너의 덕의 주인인가? 나 네게 묻노라.
> 그것이 아니라면 네 안에 짐승이 있고 절박한 요구라는 것이
> 있어 그와 같은 소망을 갖도록 하는 것인가? 아니면 외로움 때

---

* 　2장 〈자기수련의 별을 멀리서 보다〉를 보라.

문인가? 그것도 아니라면 네 자신과의 불화 때문인가?

나, 네가 거두어들인 승리와 네가 쟁취한 자유가 아이를 갈망하기를 바라노라. 너, 너의 승리와 너의 해방을 기리기 위해 살아 있는 기념비를 세워야 하니.

너는 너를 뛰어넘어 너를 세워야 한다. 그러려면 너의 신체와 영혼이 먼저 반듯하게 세워져 있어야 할 것이다.

앞을 향해서뿐만 아니라 위를 향해서도 번식해야만 한다! 이를 위해 혼인이라는 화원이 너를 돕기를 바란다.

너는 더욱 고상한 신체를 창조해내야 한다. 최초의 운동, 제 힘으로 굴러가는 바퀴를 말이다. 창조하는 자를 창조해야 한다는 말이다.

혼인. 나는 당사자들보다 더 뛰어난 **사람 하나**를 산출하려는 두 사람의 의지를 그렇게 부른다……*

《차라투스트라》를 독해할 때 항상 그렇듯 여기서도 복음서의 어조 때문에 길을 잃어서는 안 된다. 우리는 이 경우 새로운 종교적 지도가 아니라, 오히려 새로운 자기수련 트레이너의 지도를 상대한다. 이번 경우에 이 지도는 체조나 혹은 운동선수의 체육에 관련되는 게 아니라, 오히려 성적 섭생, 더 정확하게 말하자면 인간의 번식 행위의 자연적인 결과들을 긍정하기 전에 이르러야만 하는 내적 태도에 관한 것이다. 니체의 예언자적 분신이 말하는 것은 선형적인 세대 발생Generation의 결과에 대한 비판에 버금간다. 이 비판에 따르면 그 부모들을 **현상 유지하며**status quo 닮는 아이들은 불필요하다. 더 정확하게 말하자면 그들은 불필요한 원본들의 불필요한 복제들이다. 그들이 불필요한 근거를 우리는 똑같이 가까이서 듣게 된다.

새로운 출산 트레이너의 관점에서 모든 혼인은 순전히 아이를

---

* 니체, 《차라투스트라는 이렇게 말했다》, 115~116쪽-옮긴이.

가지고 싶은 소망의 자연적 자동운동 혹은 사회적 역학이 관철되는 강제적 혼인으로 여겨져야 한다. 니체가 안다고 생각했던 것처럼 남자는 지금껏 "진정한 여성"에게 아이를 가지기 위한 수단에 불과했으므로, 여성을 이해하도록 잘 단련된 자에게, 곧 여성적 소망들을 기만당해 실현시킨 이 사람 곁에 어느 조언자가 훗날 등장해야 한다. 이 조언자는 그가 다른 여성들을 고대하도록 격려한다. 이 배우자를 "여성의 시녀"로 만들기 원하지 않으며 그와 함께 더 고귀한 목적을 추구하는 어떤 공동체를 이루려는 동등한 자들을 고대하도록 격려한다. 몇 구절 지나 더 나은 혼인 공동체의 으뜸의 목적이 나중에 정치적으로나 대중문화적으로 성가시게 구는 '위버멘쉬'(초인)라는 표현으로 제시된다는 것이(미국의 차라투스트라 해석자 월터 카우프만Walter Kaufmann[1921~1980]은 이 '위버멘쉬'를 놀랍지도 않게 **슈퍼맨**superman으로 옮겼다) 우리의 마음을 흔들어놓지는 않을 것이다. 그것이 유기체 전체와 관련하여systemisch 또 스포츠와 관련하여 sportiv 번역되고 나서 용인되는 의미들을 다시 얻는 유겐트양식*의 철학사전에 나오는 첫 단어일 리는 없고, **생의 약동**elan vital, 유동체, 무의미한 것의 의미 부여,** 창조적 휴지 등처럼 오늘날 새로운 간판들 밑에서 두 번째, 세 번째, n번째 생명을 깨우는 시들어버린 항목

---

* 유겐트슈틸Jugendstil, 즉 유겐트양식은 프랑스의 아르누보Art nouveau 운동에 비견되는 것으로 19세기 말부터 20세기 초에 걸쳐 독일에서 유행한 미술 양식이다. 시대적으로는 '세기말fin-de-siècle'에 속하며 19세기의 아카데믹한 예술에 대한 반작용에서 시작되어 식물과 꽃의 곡선 등과 같은 자연적 형식과 구조에 깊이 영감을 받았다.-옮긴이

** 철학자 테오도어 레싱Theodor Lessing(1872~1933)이 제1차 세계대전 중에 낸 책 제목,《무의미한 것의 의미 부여로서의 역사Geschichte als Sinngebung des Sinnlosen》(C. H. Beck, 1919)의 일부로, 슈펭글러의《서구의 몰락》과 똑같이 니체의 역사 비판에서 출발하지만 다른 결론으로 나아가는데, 헤겔의 변증법적 역사의식을 정신병이라고 비판하고 칸트와 쇼펜하우어를 근거로 역사적 인과성을 인간의 환상이자, 승리자가 패배자에 대해 쓰거나 산 자가 죽은 자에 대해 쓰듯 과거의 미화이자 왜곡이라고 보면서 대신 역사적 우연성을 주장한다.-옮긴이

을 생각하면 된다.*

여기서 나는 유전학, 교육학, 식이요법과 기예Artistik를 니체의 '위를 향한 번식'에 대한 요구에서 탐구하는 것에는 관심이 없다. 나는 이 프로젝트의 생물학적 파트가 다른 세 계기들과 함께 실제로 무시될 수 있음을 지적하는 것으로 만족한다. 니체에게는—때때로 '사육Züchtung'을 이야기하지만—그가 충분히 살펴보고 온전하게 자기를 존중하면서 파트너를 선택하라고 권고할 때 담겨 있는 것 말고 어느 경우에도 '우생학Eugenik'은 없다. 그 밖의 것은 전부 단련, 규율, 훈육과 자기기획의 측면에 해당한다. '위버멘쉬'는 생물학적 강령이 아니며, 곡예 강령까지는 아니더라도 어떤 기예 강령을 함축한다. 앞서 인용된 혼인의 권고들에서 사유하도록 주어진 것은 앞을 향한 번식과 위를 향한 번식 사이의 차이가 유일하다. 이 권고들은 순수한 반복에 대한 비판을 동반하는데, 흔한 말로 부모가 그들의 아이들 안에서 '회귀한다'면 보아하니 그것은 앞으로는 더 이상 충분하지 않을 것이다. 불완전에 대한 권리는 있을 수 있어도 비속/진부함Trivialität에 대한 권리는 존립할 수 없다.

'위를 향한'은 무슨 말인가? 수직적인 것의 비판을 위하여

인용된 구절은 니체의 장기인, 인간의 가치관계, 서열관계와 성취관계에서 수직성의 문제에 대한 주목을 매우 효과적인 방식으로 소환한다. 이 구절에서 출발해 일반 자기수련론의 주된 질문들이 더 예리하게 정식화될 수 있다. 우리가 수행하는 삶의 사업을 한다는 것은 무슨 말이고 그 목적은 무엇인가? 이런 경우 특수하게는 부모들

---

* 그러한 의미론적 재개발 지역들을 피하려고 미국의 인간유전자공학의 홍보자들 가운데 한 명인 그레고리 스토크Gregory Stock가 자신의 프로젝트를 *Metaman. The Merging of Humans and Machines into a Global Superorganism*(Simon & Schuster, 1993)[《메타인간: 인간과 기계의 전 지구적 슈퍼유기체로의 융합》]으로 제시한 것으로 짐작된다.

에서 자녀들로 이어지는 상승 선분을 다루든, 혹은 일반적으로는 수행하는 삶의 지평들 사이의 단계적 차이를 다루든 어떤 의미에서 수평성과 수직성 사이가 구별될 수 있는가? 니체는 운동의 표지 '앞을 향한Fort'이 '위를 향한Hinauf'보다 그 가치가 더 하찮다는 그의 확신을 어디에서 얻는가? 그는 그런 문제에서 위와 아래의 의미에 대한 그의 지식을 무엇을 출처 삼아 얻는가? 대체 이 장에서 어떤 성취, 어떤 삶의 형식, 어떤 존재 방식이 어떻게 그리고 무엇을 통해 다른 성취, 다른 삶의 형식, 다른 존재 방식보다 **위에**über 있을 수 있는가? '위에'를 판단하기 위한 규준들은 어디에서 파생하는가? 이 규준들은 관계들에 내재적인가 아니면 외부에서 제기된 것인가? 니체에게는 모든 시대와 민족의 노련한 전통적 인간들 대부분이 그랬던 것처럼 수평으로 나아가는 것이 왜 더 이상 최고의 가치가 아닌가? 그리고 복제 게임을 계속해 어떤 상승을 가져오는 그때에만 이것은 긍정할 만하고 비속하지/진부하지 않다는 그의 확신을 규정하는 모티프는 무엇인가?

이 질문들이 분명히 하는 것은 '수직적인 것의 비판'이 없다면 우리는 수행하는 성향의 본질에 대한 이 숙고에서 더 나아갈 수 없다는 것이다. 교육학적이고 운동경기적이고 곡예적이고 예술가적이고, 말하자면 결국 상징적으로 혹은 '문화적으로' 매개된 '위Oben'와 '위에'라는 말에 대한 모든 해석에는 자연적 혹은 지리적 공간에서 최초의 방향 설정과 겹치는 이차적 공간 의미가 명백하게 조회되기 때문이다. 이 두 가지 공간 의미는 진화론적으로는 나이가 같다. 그렇다고 여기 이른바 2차 의미가 적어도 발달심리학의 관점에서는 1차 의미보다 당연히 우선시된다는 것이 배제될 수는 없다. 이것에 대한 근거는 전문가들만 알 수 있는 게 아니다. 모든 유아는 그가 걷는 것을 배우기도 전에 엄마와 관계를 맺으면서 전-상징적이고 초-공간적인 위를 우러러보며 경험한다. 아버지와 조부모 역시 '저 위에' 있다. 그것도 아이가 블록으로 탑 쌓기 놀이를 하면서 한 조각을 나머지 조각들의 맨 위에 놓기 시작하기 오래전부터 그렇다. 그러고 나서 그가 만든 건물들을 넘어뜨리고 자신이 만든 구조물들보다 자신이 우위에 선다는 것을 경험할 수 있다. 위에 있는 나무토막이 무너진 뒤 어떻게 다시 그것이 왔던 자리에 놓일 수 있는지 관찰하는 것으로 충분하다. 그것은 성인들의 비판 놀이에서까지 계속 형성되는 시원적 주권에 대한 경험을 만들어낸다. 모든 해체Dekonstruktion는 고전들과 하는 탑쌓기-놀이다. 이와 달리 아이는 저 위에 있는 부모와 저 아래에 있는 자기 자신의 익숙해진 양극의 상황을 똑같은 방식으로는 뒤엎을 수 없다. 아이는 정신병적인 조절 이상Deregulierung을 예외로 하면 어떤 안정된 수직적 긴장에 편입되어 있는 체험의 지평에 머물러 있다. 그가 신체적으로 그를 제작한 부모의 말에 더 이상 고분고분하지 않게 되는 나이에 이를 때까지 그럴 것이다. 아이들이 부모들과 일반 성인들을 '우러러보는 것Aufblick'에서, 그 가운데 특히 문화 영웅들과 지식 전달자들을 우러러보는 것에서 뚜렷한 수직적 차원을 갖춘 심리의미론적인 협력체계가 발전한다. 초기의 정신세계는 군주제였다고까지 말할 수 있을 것이다.

니체는 그의 《차라투스트라》에서 4000년의 군주제 왕국의 몰락을 사실처럼 전제한다. 자기 자신이 번식 상담자로 도움이 됐으면 하는 심리정치적인 상황은 이렇게 '신이 죽었다'는 문장을 통해서 주조될 뿐 아니라, 마찬가지로 '왕이 죽었다'는 명제를 통해서도 주조되어 있다. 니체에게 첫 번째 문장은 '신이 죽어 있다'는 부가문을 틀림없이 포함하는 반면—이것을 나쁜 소식으로 듣든 혹은 복음으로 맞이하든 이 미친 사람의 메시지에 있는 새로움이다—두 번째 문장에는 오래된 제의 법칙에 따라 '국왕이여 만수무강하소서!'(국왕 만세!)라는 선포가 따라온다. 니체 역시 이 법칙을 더 추상적인 단계로 끌어올리지 않는 것은 아니지만 이것을 따른다. 그러니까 경험론적 왕들은 강한 인상을 남기는 것을 그만뒀고, 조서와 대중물 공연의 의미에서만 '위에' 있다. 그럼에도 순수한 위와, 위에와, 위를 향한 인력의 극으로 이해된 이 왕의 그와 같은 직책은 현실에서는 와해됐지만, 많은 개인들의 상상 속에서 온전한 것으로 남아 있으면서 새로운 해석을 요구한다. 왕들을 대통령들과 명사들로 교체하는 것으로는 두드러지는 이 과제에 아무런 해결책도 제공하지 못한다. 그것은 대통령직Präsidenz의 앞Prä과 명사名師, Prominenz의 앞으로Pro를 새롭게 정의해야 하는 필연성조차도 인지하지 못하고서 표면상의 문제만을 규정한다.

기예가의 시간

심리의미론적이고 문화동학적인 측면들 전체를 염두하고 이뤄지는 수직체계에 대한 폭넓은 개혁이라는 틀에서만 차라투스트라의 세속적 번식 비판이 적절하게 평가될 수 있을 것이다. '신'과 함께 지금껏 그의 신하였던 인간이 죽었으며, 그 후계자를 공포하는 자는 신을 표상함으로써 그 방향이 정해진 **상징적 종들**symbolic species*의 전통적인 대변자인 인간이 '죽어 있다'는 것을 알아둬야 한다. 제의의 법칙을 따르면서도 새로운 조건에서 어떤 살아 있는 왕을 공포하려 한다면 전통적인 의미의 왕도 인간도 아닌 후보자를 물색해야 할 것이다. 여기에서는 특수한 특질들로 인해 범속한 인간 존재의 지평에서 떨어져 나온 존재만이 문제가 되며, 이 피조물은 유별난 왕위 계승의 요구들을 충족하기에 충분할 만큼 비인간적이거나 혹은 인간-다음에 오는 것nach-menschlich이다. 우리가 인간적인 삶의 형식들에 대해 알고 있는 일반 지식과, 이 형식들에 대한 니체의 견해에 대해 알고 있는 특정 지식은 전부 이 역할에 인간적인 것의 아수라장 밖으로 나온 어떤 형상이, 즉 기예가 혹은 더 정확하게 곡예사만이 고려될 수 있다고 말한다. 오래전 그와 함께 완전히 인공적인 것이 인간적인 것에 침투하기 시작했다는 것이다. 그렇다면 그는 지금 시작되는 위대한

---

*   Terrence W. Deacon, *The Symbolic Species. The Co-Evolution of Language and the Brain*, W. W. Norton & Co, 1998.[《상징적 종들: 언어와 뇌의 공동-진화》].

시대의 지지를 받는 형상일까?

우리는 차라투스트라가 고지에서 도시 속으로 가던 길에 얻은 그의 첫 획득물이 어느 추락한 줄타기 광대였음을 기억한다. 그는 자기 자신이 평생 매질과 먹이로 단련된 짐승에 지나지 않았다고 말했다. 그로부터 자극적인 말 '위버멘쉬'의 가능한 의미들에 대한 첫 단서를 받아들인다면, 끊임없는 단련에 종속되어 있고 자신의 신체에서 확률 없는 것에 대한 적응을 이루는 어떤 생명체의 이미지가 생겨난다. 그러한 '위버멘쉬'는 한편으로는 그의 기예의 육체적인 차원 때문에 교양 있는 시민보다는 동물성에 더 가까우며, 다른 한편으로는 매일 직무상 위험으로 인해 일상적인 영역들에서 쫓겨나기 때문에 인간적인 것의 바깥 차원에 더 가깝다. 높이 걸린 밧줄에서 균형을 잡는 사람은 구경꾼들에게 위를 향해 쳐다봐야 하는 이유를 제시하는 것으로 살아간다. 저곳에 인력체들이 끌어당기고 있지 않다면 아무도 우러러보지 않을 것이다. 이 기예가가 끊임없이 헤매는 위험, 걸을 때마다 그를 구하는 체화된 숙련, 그리고 숙련의 정복자가 좌우에 있는 심연 사이를 마치 보통 사람이 대문을 통해 별실로 들어가듯이 지나가게 만드는 불가능성의 극복 말이다. 게다가 이 미심쩍은 위버멘쉬는 그가 원하는 대로 성질을 부여받아서인지는 몰라도, 줄타기 광대와 구경꾼들이 구별되는 것처럼 그를 낡은 인간과 그렇게 구별시키는 특질들을 함께 가져온다. 다른 이야기지만 이미 토마스 만은 그의 《사기꾼 펠릭스 크룰의 고백Bekenntnis des Hochstaplers Felix Krull》*의 파리 서커스에 대한 장에서 주인공들의 입을 통해 기예가들이 범속한 인류에 속한다는 것을 격렬하게 부정한 적이 있다. 거기서 "공중의 딸"인 그네술사 안드로마헤Andromache에 관하여 그녀는 흔한 의미의 여자도 아니고 어떤 인간 존재도 결코 아니라고 이야기된다. 그녀의 진짜 본성대로라면 그녀는 "진지한 만용의 천사"다. 장 주네Jean

---

* 윤순식 옮김, 아카넷, 2017.-옮긴이

Genet[1910~1986. 프랑스의 시인, 소설가, 극작가]도 비슷하게 말한다. "정상이고 제정신이라면 정말 누가 외줄 위를 지나가거나 운문으로 자신을 표현하겠는가? 남자 혹은 여자가? 반드시 괴물이다."*

'위버멘쉬'에서 '위버'는 맨 먼저 그의 밧줄이 구경꾼들의 머리 위로 팽팽하게 당겨진 높은 곳을 가리킬 따름이다. 나는 자주 인용되는 니체 사상의 낭만주의의 가면 뒤에 우선 어떤 명사名師**에 대한 환상과 다르지 않은 게 숨겨져 있음을 밝혀내면서 그를 모욕하지 말아야 한다고 생각한다. 명사를 볼 가치가 있는 사람의 범주로(거론할 만한 게 있는 규준들에 비춰볼 가치가 있다는 것이다) 이해한다는 점에서 그렇다. 빼어난 자Hervor-Steher와 뛰어난 자Heraus-Rager(라틴어로는 **프로미네레**prominere(튀어나오다), **에미네레**eminere(우뚝 솟다))가 높이 걸린 밧줄이나 좁은 판자 다리, 아니면 붉은 양탄자 위를 지나느냐는 기술적인 차이에 불과하다. 여기서 문제는 비인간Monstrum(라틴어로는 **모네레**monere(어떤 경고판을 세우다))의 위치다. 이 비인간에게는 혹독한 훈련을 받고 강화된 능력/가능과 이것이 완전히 보이도록 드러내는 게 어떤 유일한 복합체에 수렴되어 있다. 이 의미에서 명사는 기예Artistik에 맞춰 이것에 결합한 채로 비-인간의 원칙을 통하여 인간 존재를 전복하기 위한 두 번째 동인을 낳는다. 니체는 그의 히스테릭한 위버멘쉬-선전을 통하여 결국 올려다볼 가치가 있는 새로운 밧줄들을 사람들의 머리 위에서 팽팽하게 당길 수 있는 가능성을 가시화하

---

*   Jean Genet, *Briefe an Roger Blin. Der Seiltänzer. Das kriminelle Kind*, Merlin, 1967, p.73[《로저 블렝에게 보내는 편지: 줄타기 광대, 범죄소년》][장 주네, 《사형을 언도받은 자. 외줄타기 곡예사》, 조재룡 옮김, 워크룸프레스, 2015, 139쪽. 한국어판의 번역문은 다음과 같다. "정상이라면, 제대로 생각이 박힌 자라면, 그 누가 외줄 위를 걸으려 할 것이며 시로 저 자신을 표현하려 하겠는가? 지나치다 할 정도로 미친 짓이다. 남자 혹은 여자여야 하냐고? 온전히 괴물인 자."].

**   [영어판 옮긴이 주] 여기서 '명사'로 번역된 독일어 Prominenz는 보통 셀러브리티를 가리키고 미디어와 관련하여 사용된다.

고 있을 뿐이다. '위에'는 여기서 우러러봄의 차원이다. '위에'의 인간은 그가 활동하는 곳이면 어디에서든 눈길을 끄는 기예가다. 그에게 현존재란 저 위에 있음인 것이다.

이 대목에서 '그런데 기예가 니체는 우선 진화론자인 데다 그가 속한 19세기의 숙명적인 몸짓을—한없는 자연주의의 이름으로 정신 세계를 배반하는—본보기로 확인할 수 있는 더 몹쓸 종류의 생물학자이기까지 하다'는 항변이 불가피할 것이다. "인간을 자연으로 다시 번역"하고자 한다는 것이 달리 무슨 말이어야 할까? 니체는 자신에게 자신의 초창기를 소원하게 만들었던 위험한 전향을 실제로 실행하지 않았던가? 그는 단념의 최후 사상가 쇼펜하우어를 외면하고 적응을 통한 긍정의 대사상가 다윈의 진영으로 옮겨가지 않았던가? 그는 적응을 통한 삶의 성공이라는 관념을 정복을 통한 성공이라는 훨씬 더 위험한 교의로까지 밀고 나가지 않았던가?(이렇게 적응의 방향을 뒤집은 것은 생물학적으로 토대가 세워지고 메타생물학적으로 너무 높은 권력 개념의 계열에 온전히 자리했다). 니체가 앞서 인용한 《차라투스트라는 이렇게 말했다》의 〈머리말〉에서 예언자에게 그가 처음 도시 사람들에게 말을 걸면서 "인간은 동물과 위버멘쉬 사이를 잇는 밧줄, 심연 위에 걸쳐 있는 밧줄이다……"(20쪽)라고 말하도록 할 때, 다른 여러 목소리들 곁에서 무엇보다 **호모 사피엔스**와 관련해 진화에 대한 결론이 아직 나오지 않았다고 역설하는 생물학자의 목소리를 들을 수 있지 않은가?

확률 없는 산에서의 자연의 곡예

'위버멘쉬' 개념의 기예적-곡예적 독해법에 대한 이 항변은 근거가 충분하지 않은데, 그렇다고 기예적인 것의 차원이 동이 난 자연과 문화의 분리에 들어맞지 않기 때문은 아니다. 진화생물학은 그것이 자연의 기예론으로 파악될 때에만 나름의 의미를 만든다. 다윈의 광학 밑에서는 자연 자체가 하나의 서커스로 바뀌는데, 여기서 종

2부. 곡예 윤리를 위한 확률 없는 것의 정복

들은 변이, 선택, 유전이라고 알려진 매우 단순한 절차들을 끊임없이 반복하여 매우 신묘한 연출들로 끌어올려지며, 이것은 보통 공동-진화적이고 공동-우발적이며 종-상호 간art-übergreifend 앙상블로 일어난다. 지구상에 존재하는 900종의 무화과를 생각해볼 수 있다. 이 무화과 종들 각각은 무화과에 속할 따름인 무화과 파리 종을 가지는데, 열매 속에 사는 이 파리들이 없다면 무화과 종 가운데 어느 것도 번식할 수가 없을 것이다.* 니체는 문화의 기예적인 발명들 가운데 자연의 예술작품인 동시에 "쓸모 있을 뿐 아니라 쾌적한" 전인간적인 진화의 기예의 걸작에 해당하는 "여성의 젖가슴"과 다를 바 없는 그런 것들을 언급한다.** 우리가 생명이라고 부르는 것은 진화론의 오페라 안경을 통해 보면 헤아리기 어려울 정도로 그 형태가 풍부한 보드빌 극장과 다르지 않다. 거기서 모든 재주 부문들이, 말하자면 모든 종들이 생존이라고 하는 묘기들 중의 묘기를 완성하려고 시도한다. 니체의 줄타기 광대와 유사하게 위험을 자신들의 방식으로 자신들의 천직으로 삼지 않았을 종은 하나도 없다. 늘 수많은 종들이 생길 때마다 그 가운데 90퍼센트가 훨씬 넘게 멸종한다(예를 들어 지난 세기에만 잘 알려진 9800종의 새들 중 150종이 멸종했다)는 자연사가들의 말을 들어보면, '직업(천직) 리스크Berufsrisiko'라는 개념은 사소하지 않은 의미를 갖게 된다. 이것을 고려하면 생물학은 역사적 죽음학이 된다.

반대로 현행 생명 형태들에 관해 말한다면, 바로 자연주의자로서 그 성공담들을 이야기할 수 있어야 하고 그 달성의 원리들을 조명해야 하며, 그러면서 어떻게 이 형태들이 오늘날까지 생존한 것들 쪽

---

*   Deacon, *The Symbolic Species*, pp.325-351을 보라.
**   F. N., "Von alten und neuen Tafeln", *Also sprach Zarathustra III*, p.12[〈오래된 서판과 새로운 서판에 대하여〉, 《차라투스트라는 이렇게 말했다 제3부》][《차라투스트라는 이렇게 말했다》, 341쪽].

에 남는 데 성공할 수 있었는지를 말해야 한다. 스타 생물학자 리처드 도킨스가 정확히 10년 전 **왕립연구소**Royal Institute의 대중적인 강연 시리즈에서—BBC는 이 시리즈를 아이들에게 친숙해 보이는 〈우주에서의 성장Growing Up in the Universe〉이라는 제목으로 방영했다—생명과 그 웅대한 성공 형태들의 역사를 이야기했을 때 과감히 이런 종류의 시도를 했다.* 이 강연의 책 제목《확률 없는 산의 등정Climbing Mount Improbable》은 자신의 분야를 일목요연하게 표현해 대중화하는 도킨스의 수완을 다시 한 번 입증했다. 이번에 그는 목표했던 것보다 더 높은 인기를 얻었다. 확률 없음의 산맥의 험한 코스로 기술된 자연사는 곧장 어떤 자연기예적인 사건이 됐으며, 이때 **확률 없는 산**의 등정이 종들에 의해 해치워질지 혹은 그것들을 연구하는 생물학자에 의해 해치워질지에 대해서는 결정할 수 없고 운 좋게도 결정하지도 말아야 했다. 확률 없음의 정상을 등반한다는 이미지 자체로는 부족한지도 모른다. 종들의 성장은 이미 앞서 존재하는 정상을 정복하는 것으로는 이해될 수 없기 때문이다. 오히려 이 성장이 이뤄지는 가운데 산맥이 그 실제 높이까지 펼쳐지는 것을 의미한다. 확률 없음의 산을 등정하는 이미지 뒤에는 보잘것없는 진화의 힘들에 의해 더 확률 있는 것에서 더 확률 없는 것으로 들어올려지는 어떤 정상의 창발Emergenz이라는 더 심오한 형상이 숨겨져 있다. 그런데 정상의 길을 어떤 등반으로 혹은 지괴 전체의 융기로 이해하든 상관없이 자연사는 자신에 관한 이 고찰 안에 어떤 내재적인 기예적 차원을 담고 있다. '생존'이라는 표현은 자연의 곡예에 대한 암호다. 여하튼 묘기를 부리는 자연을 누가 관찰하는지의 문제는 인간의 관점에서는 대답할

---

* Richard Dawkins, *Climbing Mount Improbable*, W. W. Norton & Co, 1996[《확률 없는 산의 등정》]. 독일어판은 *Gipfel des Unwahrscheinlichen. Wunder der Evolution*(Rowohlt Taschenbuch, 1999)[《확률 없는 것의 절정: 진화의 기적》]이라는 제목으로 번역되었다[리처드 도킨스, 《리처드 도킨스의 진화론 강의: 생명의 역사, 그 모든 의문에 답하다》, 김정은 옮김, 옥당, 2016].

수 없다. 우리가 확정할 수 있는 유일한 관찰자는 생물학자이지만, 이 사람은 1억 년 늦게 진화의 극장에 발을 들여놓는다.

앞서 말한 바에 따라 '생존Überleben'(삶 위에)에서 '위에Über'는 '위버멘 쉬Übermensch'의 '위에Über'처럼 증대되는 확률 없음의 차원과 관련된다 는 생각을 하게 된다. 멸종이 언제나 어떤 종이 살아남기 위해 더 확 률 있는 시도를 해온 결과이며 인간이 인간 존재의 최종 형태에 정체 되는 것은 언제나 더 확률 있는 인류 역사의 결말을 구현했던 반면— 그런데다 이른바 "불완전함에 대한 권리"의 대변자들이 자만하지 않 고 이 결말을 편드는 것도 아니다—생존과 초인간화Überhumanisierung는 공통적으로 확률 있는 것에서 확률이 덜한 것으로 상승하는 경향을 체현한다. 생존하고 있는 종은 확률 없음을 성공적으로 안정화한 어 떤 복제 사슬의 현행 마디를 체현한다. 안정화된 확률 없음이 그 즉 시 계속되는 등정의 베이스캠프가 된다는 점을 받아들인다면, **확률 없는 산**의 정상을 향한 진화론적 흐름을 이해하기 위한 토대를 얻게 된 셈이다.

이리하여 확률 없음의 정상에 대한 생물학자의 담화는 위에서 제기된, 차라투스트라의 명령—"앞을 향해서뿐만 아니라 위를 향해 서도 번식해야만 한다!"—에서 '위를 향한'의 의미에 대한 질문에 현 행 지식의 맥락에서 그럴듯한 답을 준다. 이 답에 따르면 진화에 그 렇게 이미 항상 '위를 향한'이 작용한다는 것은 진화가 연속되는 생 명 형태에 대한 실험들을 끊임없이 격상된 확률 없음의 안정화 수준 에 세운다는 의미에서다. 그것이 어떤 계획된 진보가 아니라는 것이 자명하다고 해도, 그것은 복잡성의 증대 운동으로 명백하게 설정된 과정이다. '앞을 향한'과 '위를 향한'의 대립은 세대 발생들이 이어지 면서 그 자체로 해소되는데, 공시적 관점에서는 안정적인 최종 형태 들을 체현하는 것처럼 보이는 모든 종들이 거대한 시차를 넘어 통시 적으로 관찰하면, 개별적으로는 예측할 수 없어도 전체적으로는 '위를 향해' 가리키는 발생학적인 흐름 내부의 일시적인 상태들로 인식될 수 있기 때문이다. [환경에 대한] 적합 조류Fitnessstrom에서의 전체적인 흐름은 생존을 보상받은 종들에게 어떤 증가 경향으로 나타나고, 이 조류가 직관과는 달리 산 위로 흐른다는 딱 이 경향의 특질을 도킨스는 확률 없음의 정점을 등반하는 이미지로 기술한다.

> 진화의 정점에는 성급하게 이를 수 없다. 해결해야 할 문제가 아무리 까다롭고, 올라야 할 절벽이 아무리 가파르더라도, 천천히 한 걸음씩 내딛다보면 길을 찾을 수 있다.*

'인간'은 종-생명의 현실성에 대한 영구 테스트를 받으며 앞을 향해 다다르는 동시에 위를 향해서도 다다르는 '이기적' 유전자다.

니체의 '기예가-형이상학'은 다윈주의 생물학의 방침들에 힘들이지 않고 연결될 수 있다. 확률 없음을 눈여겨본다는 측면에서 자연적 종들과 '문화들'—후자는 고등 단련 인자와 숙련 인자를 갖춘 전통에 유능한 인간 집단들로 정의된다—은 동일한 스펙트럼에 있는 현상들이다. 인공성의 자연사에서 자연과 문화의 문턱은 특별히 이름 붙일 만한 어떤 분기점도 구현하지 않고, 기껏해야 이 지점부터 더 빠르게 솟구치는 어떤 만곡에 툭 솟아오른 것을 구현한다. 자연에 대한 문화의 유일한 특권은 진화를 **확률 없는 산**의 등반으로 가속화하는 수완에 있다. 이 형성 과정은 유전학적인 진화에서 상징적 혹은 '문화적' 진화로 옮겨가면서 인간이 제 평생에 걸쳐 새로운 것의 출현에 주목하게 되는 지점까지 가속화된다.** 직전까지는 대개 거절

---

* Dawkins, *Gipfel des Unwahrschienlichen*, p.352[《리처드 도킨스의 진화론 강의》, 458~459쪽].
** 이때부터 느린 것을 형이상학적으로 오독하고 초월로 그 위치를 바꾸던 것을 단념할 수 있다. Heiner Mühlmann, "Ökonomiemachine", in *5 Codes, Architektur, Paranoia und Risiko in Zeiten des Terrors*, herausgegeben von Gerd

하다가 그때부터 인간은 자기 자신의 혁신 수완에 대한 의견을 표명한다.

최초의 보수주의와 네오필리아*

지난 4만 년의 인간의 진화 동안 추가적인 확률 없음이 덤으로 두드러진 것에 대한 표준적인 반응은 볼 수 있는 한 무조건적인 방어에 존재한다. 구석기 시대의 초기 형태까지 거슬러 올라가는 고대 문화들은 모두 그 특유의 외관에서 더할 나위 없이 보수적이다. 이 문화들에는 혁신에 대한 본능적인 적대감이 스며들어 있는 것으로 보인다. 의식적 내용들과 상징적이고 기술적인 관습들을 한결같은 능률로 다음 세대에 전승하는 과제를 그들의 능력이 한계에 이를 때까지 요구받기 때문이다. 그와 같은 문화들에는 **호모 사피엔스**의 물려받은 네오필리아적 태도와 무엇보다 불가피하게 네오포비아적인 규율 장치 체제 사이의 근본 모순이 바탕이 된다. 제의적이고 인지적인 내용들을 재생산하면서 처음이자 유일한 염려가 만들어지기 때문에, 이 문화들이 시대를 지나 걷는 길은 악착같이 신-쇄설성neo-klastisch[기존의 암석이나 광물을 부숴 이루는]을 띤다. 새로운 것 전반에 대한 항의는 특수한 우상 파괴들보다 수천 년 앞서 있다. **새로운 것들을 갈망하는 혁명가** 카틸리나 한 명당 소小 카토Marcus Porcius Cato Uticensis[BC 95~BC 46. 카이사르에 맞서서 로마 공화정을 수호한 정치가 겸 스토아주의 철학자로 본명은 마르쿠스 포르키우스 카토] 유형의 옛것의 수호자들은 수만 명이 있다. 그러나 매우 안정적인 문화들에도 끊임없이 상징적

---

de Bruyn, Birkhäuser, 2006, p.227[〈경제기계〉, 《다섯 개의 코드, 건축, 파라노이아 그리고 테러 시대의 리스크〉]을 보라. 마찬가지로 Peter Sloterdijk, *Gottes Eifer. Vom Kampf der drei Monotheismen*, Verlag der Weltreligionen im Suhrkmap Insel, 2007, pp.18~20[《신의 질투: 세 일신교의 투쟁에 관하여》][페터 슬로터다이크, 《신의 반지: 세 일신교의 평화로운 공존을 위한 제안》, 두행숙 옮김, 돋을새김, 2009, 24~25쪽]을 보라.

* 새로운 것neo에 대한 열광적인 집착이나 애호philia를 뜻한다. - 옮긴이

이고 기술적인 혁신들이 침투해 있으므로, 스스로 발명한 것이든, 혹은 이웃한 문화들의 예술과 접촉해 일어난 전염이든, 이 문화들은 새롭게 받아들인 것의 새로움을 위장하고 한 번 파고들어 **원했든 원하지 않았든**nolens volens 통합된 요소들을 가장 고유한 옛것의 저장고에 동화시키는 책략을 실행한다. 마치 그것들이 오래전부터 이 집안의 우주에 속했던 것처럼 말이다. 이렇게 새로운 것을 태고의 것에 편입시키는 것에 신화적 사유의 중심 기능들 중 하나가 있다. 사건들이든 혹은 혁신들이든 확률 없음의 체험을 그렇게 보이지 않게 만들고, 무시할 수 없는 침입성의 새로운 것을 그 '근원'으로 소급시키는 것이다. 지금도 형이상학이 실체적인 것을 선호하고 우연적인 파생체에 대해 원한을 품는 것은 명백하게 신화적 사유 형태다.

나중에 15세기 유럽에서 시작된 새로운 것에 대한 긍정이 문턱에 있던 민족들의 마음 생태계 안에 얼마나 깊게 새겨졌는지는 결코 강조해도 지나치지 않다.* 이 긍정은 모든 가치의 재평가와 다를 바 없는데, 네오필리아적인 개인들이 네오포비아적인 구조들에서 살았다는 매우 오래된 문명의 역설들을 뒤집어놓기 때문이다. 이 구조들은 수세기에 걸쳐 대부분의 사람들을 비자발적인 네오포비아적 위치로 몰아넣어 주변 문명의 혁신에 대한 도취를 거의 따를 수 없게 했다. 이 변화는 옛것의 제왕과 단절하고 새로운 것을 가져오는 저들에게 왕의 직책을 넘겨줬다. 지금 "국왕이여 만수무강하소서!"라고 외치는 자는 혁신가들이자 저자들이고 문화적 세습 영지를 증대시키는 사람들을 뜻할 수밖에 없다. 근대가 새로움을 숭배하는 세계의 시대를 열었다는 바로 그 이유에서만 니체는 감히 이 유행을 첨예하게 만들 수 있었고 그 뿌리부터 바뀐 번식의 규칙들을 권할 수 있었다. 지금껏 번식이 늘 낳는 쪽의 우위의 지배를 받았고 이것의 성공 규준을

---

* 유럽 르네상스의 혁신에 대한 긍정의 **이륙**take-off에 대해서는 이 책의 528~534 쪽을 보라.

손 위의 것이 손 아래의 것에 바라던 대로 회귀했느냐에 가지고 있었던 반면, 미래에는 아이가 우위를 누려야만 한다. 니체가 명백하게 말한 것처럼 이 아이가 그를 창조한 두 사람 **이상의** 것이 된다면 여기에 다다른다. 그것을 원하지 않는 자들을 최후의 인간이라 한다.

기예가의 형이상학

이 전환의 결과들은 예상할 수 없더라도 그 진화론적인 전제 조건들은 분명하게 지정할 수 있다. 마침내 창조자의 정신에 유리하도록 그리스도교적 삼위일체를 재해석하고 **그리스도의 본받음**imitatio Christi에서 **영적인 신부의 본받음**imitatio Patris Spiritualisque으로 옮겨가는 것에 연원하는 유럽 르네상스의 새로운 것을 숭배하는 가치 평가에 있는 것들이다. 이 배경에서 니체는 그의 시대에 이미 완전한 형태를 갖춘 새로운 것의 숭배에서 전통적인 외피들을 벗겨내고 한없는 혁신의 교리를 신봉하는 것 말고는 그 이상 할 필요가 없었다. 그는 **확률 없는 산**이 안개 속에서 어떻게 모습을 드러내는지 최초로 지각할 수 있었던 사람들 중 한 명이었다. 그 순간 그는 이 산 높이의 상대성을 의식하고 있었는데, 높은 능선도 그곳에 가서 서 있으면 평탄하게 나타난다는 것을 그가 깨달았기 때문이었다. 오직 이 때문에 그는 진화의 산이 아직은 충분히 높지 않다는 견해에 이를 수 있었으며, 그는 두 번째 산맥을 첫 번째 산맥 위에 세우길 원하고, 세 번째 산맥을 두 번째 산맥 위에 세우길 원한다. 여기에 대응하는 메시지가, "산이 점점 더 높아질수록 점점 더 적은 수의 사람이 나와 함께 산에 오른다. 나는 더욱 신성해지는 산들로 산맥을 하나 만들어낸다……"다.*
결과물들로 이뤄진 각각의 산맥 위에 과제들로 이뤄진 하나의 산맥이 솟아 습곡을 이룰 수 있다. 새로운 절벽들을 세워야만 산에서 거

---

* F. N., "Von alten und neuen Tafeln", *Also sprach Zarathustra III*, p.19[《차라투스트라는 이렇게 말했다》, 343~344쪽].

주하는 습관으로 일어나는 산의 평탄화가 상쇄될 수 있다.

니체가 여기서 예술가로서 예술가를 얼마만큼 지지하는지 생각해야만 한다. 확률 없음을 산맥들로 이뤄진 한 산맥으로 더 높이 이동시키려는 소망은 어떤 기예적인 고백이 박두할 수 있는 궁극을 진술하고 있다. 미래를 예술을 승격시키는 한없는 기회의 공간으로 바꾸려는 기예적인 의지만이 앞서 인용된 번식 규칙의 열쇠가 되는 문장을 이해시킨다. "창조하는 자를 창조해야 한다. …… 최초의 운동, 제 힘으로 굴러가는 바퀴를 말이다."* 이 규칙은 바로 니체의 신의 죽음 이후의 신학을 담고 있다. 신과 신들이 역시 계속해서 있겠지만, 인류에 내재적으로만 그리고 다다른 곳에 이어져 더 높이 더 빨리 더 멀리** 가려고 하는 창조하는 자들이 있는 한에서만 그렇다. 그런 창조자들은 자명하게도 결코 어떤 스콜라주의적 오해가 주장한 것처럼 **무로부터**ex nihilo 작업하지 않고, 예전 작업의 결과물들을 붙잡아 새롭게 과정 속에 던진다. 창조는 최초의 운동을 재개하는 것이고, 위를 향하여 내뿜는 불꽃으로 회귀하는 것이거나 혹은 '제 힘으로' 굴러가는 바퀴의 회전으로 회귀하는 것이다. 이 표현에는 더 괜찮은 스콜라주의[사변적이고 현학적인 사고 방식]가 역할을 하는데, 여기서 '제 힘으로Aus-sich'는 '자신에서An-sich'(즉자)와 '자신에 대하여Für-sich'(대자)의 운동 차원을 의미한다.

창조하는 자는 굴러가라는 형이상학적인 지시를 따른다. 다만 생명 자체가 진동하고 있는 확률 없음의 산이라면 그것을 훨씬 더 높게 쌓아 올려야만 생명에 대한 긍정을 입증할 수 있다. 그 때문에 위를 향한 번식은 창조하는 자를 창조해야 한다. 세계 속에 따로 확률 없음을 높이는 자를 세워서 확률 없음이 높아지는 동학 전체에 갈채를 보내는 것이다. 그래서 자신의 삶의 장애물을 극복하고 창조성에

---

* 같은 책, 116쪽.-옮긴이
** 올림픽의 고전적 구호이기도 하다.-옮긴이

대한 르상티망에서 해방될 어떤 사람을 요구할 수 있는 것이다. 그런 사람만이 자기 자신을 바로 다음 세대의―그의 조상은 말할 것도 없이―생성을 위한 척도라고 규정할 것이다. 그만이 네오포비아적인 반사 없이 문화적 확률 없음의 산맥이 장차 각 세대마다 한 단계 더 높게 펼쳐지게 될 것이라는 생각을 긍정할 수 있을 것이다. 그는 자기 자신의 불완전함에서 후대에게 주어지는 책무를 만들지는 않을 것이다. 그는 변하지 않고 회귀하기보다는 차라리 사멸하길 원할 것이다. 그에게는 확률 없는 것의 평범화 법칙에 따라 지금까지의 정상이 후대의 지각 속에서는 구릉지 지형이나 혹은 지평선으로 나타나는 것이 매우 납득할 만할뿐더러 환영할 만하다. 여담이지만 우리는 이 법칙을 기생적이고 그 수준이 얕아진 형태들을 통해서도, 예컨대 예술 시장의 증대되는 둔감의 법칙과 에로틱한 하드코어 분야의 단계적 확대의 추세를 통해 익히 알고 있다.

'창조적인kreativ'(이 말은 100년도 채 안 되어 열역학적으로 사망熱死했다) 사람들에게 비교급은―인도게르만족어 화자들이 말하는 것처럼―순전히 문법적 기능만 의미하는 것은 아니다. 기초적인 3항 큰groß-더 큰größer-가장 큰am größten, 좋은bonus-더 좋은melior-가장 좋은optimus, 힘센potens-더 힘센potentior-가장 힘센pontentissimus은 삶을 향상시키는 단계별 작업들을 시원적으로 보여준다. 최고가 오래전부터 **더 나아갈 수 없음**Nec-plus-ultra의 울타리들로 보전됐을지라도 그것이 예전부터 위를 향해서는 열려 있다는 것을 이해하기 위해서는 최상급에 대한 신학적인 봉쇄를 해제하는 것으로 충분하다. 어제의 큰 것을 더 작게 보여주고 예전의 더 큰 것을 얼마 지나지 않아 평범함으로 행세하게 하는 것이 문화적 삶의 과정 자체다. 그것은 어제의 최고 난관을 그 뒤에 곧바로 오는 훈련되지 않은 이들조차 쉽게 나아가는 산책로로 바꾼다. 장애물의 전능에 대한 믿음을 잃어버린 이들에게―고전적 존재론이 거대한 장애물에 대한 믿음이 아니라면 무엇이었을까?―지금까지의 것은 다음 출발을 위한 베이스캠프가 된다. 거기서부터는 곡예적인 길만이 아직 열려 있다.

자기수련의 가르침Asketik을 자연화하기

니체의 '생물학주의Biologismus'로 여기려 해오던 것은—그리고 '생물학주의'는 제국주의를 진단하는 이들 대부분이 추측하는 대로 자본주의 경쟁이 신비화된 형태다—더 정확하게 탐구해보면 일반화된 곡예주의, 즉 불가능에 가까운 것을 과정을 거쳐 병합시키는 이론으로 밝혀진다. 이것은 경제와는 좀체 관련이 없고, 예술가적 기질Künstlertum, 기예론Artistik, 훈련과학, 식이학과 자기수련론으로 이뤄진 혼합물과 훨씬 더 관련된다. 이 조합은 1887년 가을 《도덕의 계보》의 저자가 그의 메모장에 털어놓았던 강령 어구를 이해시킨다.

나는 **자기수련의 가르침**도 다시 **자연화하기**를 원한다. 부정하
려는 의도 대신에 **강화시키려는** 의도……*

내일의 인간 현존재는 전적으로 의지의 체조와 자신의 힘에 대한 담력 테스트를 포함한 수행과 기동성에 세워져야만 할 것이다. 니체는 도덕적 덕성을 닦는 훈련까지 착안하는데, 이 훈련을 통해 우리는 "자신의 말을 지킬 수 있는 강함"**을 입증한다.

자기수련의 가르침을 '자연화'할 때 철학적 곡예의 문제는 반자연주의를 자연에 입각시키는 것이다. 이것은 묘기 형상들의 기초부터 꼭대기까지 항상 육체가 대동되어야만 한다는 것과 다르지 않은 말이다. 중국 국립서커스의 서커스술사들이 그들의 인간 피라미드 묘기들 가운데 하나를 선보이면서 다섯, 여섯, 일곱의 서커스술사들이 서로 연달아 높이 기어올라가 맨 위에 있는 사람이 아래에 있는

---

*   Nietzsche, *Sämtliche Werke*, KSA 12, p.387[프리드리히 니체, 《유고(1887년 가을
~1883년 3월): 책세상 니체 전집 22》, 백승영 옮김, 책세상, 2000, 66쪽].
**   Ibid., p.388[같은 곳].

수많은 사람들의 어깨 위에 서 있고 그 위에서 또 한 손으로 물구나 무서기를 보여주면서 왼쪽 발바닥 위에 놓인 쟁반의 물컵들의 균형까지 잡을 때, 만약 철학자들이 이 서커스를 보러 갔다면 그들에게도 니체가 그렇게 격앙되게 가리켰던 것, 즉 맨 위 지점에서도 중간과 아래 못지않게 육체성이 작동하고 있다는 점이 이해될 것이다.* 마찬가지로 묘기 형상이 어떻게 나름의 방식으로 "정신이 물질을 이동시킨다"는 토포스Topos[진부한 표현과 주제]에 주해를 다는지 분명해진다. 기예는 확률 없는 것의 신체화다.

인간보다 더 기괴한 것은 없다: 고공에서의 실존

이 관점은 오늘날 파생한 것이 전혀 아니다. 그것은 옛 지혜문학에 형성되어 있다. 가장 결정적으로는 유럽적 맥락에서 여러 주해가 달렸던 소포클레스의 《안티고네Antigone》의 합창단의 노래에서다. 이 노래는 '인간'을 경악케 하는 것 가운데 가장 경악케 하는 것(데이노테론deinóteron)**으로, '기괴한' 것 가운데 가장 기괴한 것으로—휠덜린이 멋지지만 치우쳐 번역한 것처럼—그리고 있다. 인간은 위험을 찾으며, **현상태**를 모독하는 끊임없이 움직이는 괴물이다. 이 괴물은 어떤 것도 원래 그랬던 대로 두지 않는다. 대양의 가장 위험한 지대를 탐색하는 뱃사람으로, 신성한 대지를 가래로 더럽히는 경작지의 무법자로, 음험하게 그물을 쳐놓은 새잡이로, 산속에 있는 극단적

---

* 모로코의 서커스 집단도 유명한 피라미드-전통을 보유하고 있는데, 열다섯 명의 서커스술사들이 5층이나 6층의 '구조물'을 만든다. 카탈루냐의 서커스술사들은 인간 피라미드를 8층 혹은 9층까지 세우는 것으로 유명하다. 캐나다의 태양 서커스에서는 줄넘기를 하는 피라미드까지 볼 수 있다.

** 이 문법상 비교급 형태는 수사학에서 기적 같은 것과 경악케 하는 것(미라빌레 mirabile)을 표시하려고 도입됐던 형용사 데이논deinon의 논리적 최상급에 해당한다. 하이데거는 이 표현을 '운하임리히unheimlich(집을 떠나 낯선 상황에 처해 있음)'으로 번역함으로써 이 번역의 전통을 현대화하는데, 이는 이 표현이 철학적 장소론, 정신분석, 건축이론과 유기체 전체의 자극이론 같은 담론들에 수없이 연결되도록 허용한 것이다.

인 맹수 사냥꾼으로, 국가의 건립자이자 입법자로, 고통을 물리치는 의사로―말하자면 모든 점에서 "과도하게 묘기에 대한 총명한 재능을 부여받은" 기예가인 셈이다―다만 죽을 수밖에 없음의 문제와 관련해서는 아무런 출구를 가지고 있지 않다. 그런 성질에서라면 자만이, 숱한 사람들의 머리 위에 있는 곡예사의 거만과 공통적 규약 밖의 오만이 쉽게 짐작된다. 소포클레스의 수중에는 이 무절제함의 성향에 대해 대단한 표현 **아폴리스**apolis가 있었다. 이것의 의미는 '도시국가에서 자유로운stadtlos', 폴리스를 뛰어넘는, 귀중한 중용Mediokrität이라는 시민종교에 오만방자하게 참여하지 않는다는 의미에서 '비정치적'이다. 아테네의 표준적 괴물로 하나가 아닌 여러 밧줄에서 춤추던 과도한 재능을 부여받은 자 알키비아데스를 생각하지 않을 수 없다.*

소포클레스는 여기서 인간의 내면 자체에서 인간성의 전복Unterwanderung이 시작한다는 어떤 원리를 표현한다. 대개 관습적으로 히브리스Hybris(오만)의 원리라고 불러온 것이다. 이 풀이는 맹신적이라고까지는 할 수 없지만 근시안적인데, 억지로 중용에 대한 찬미를 지향하고 있기 때문이다. 고대인들이 이해했던 **메손**meson마저 오늘날 중용으로 이해되는 것과는 완전히 다른 것일지 모른다. 아무튼 이 풀이는 인간을 해로운 높이 때문에 위험해진 존재로 규정하는 방식이기는 해도 인간 현존재에서 분리될 수 없는 수직적 긴장을 표현하는 장점을 제공한다. 그러므로 고대 유럽의 히브리스 비판은 20세기에 '높이의 심리학Höhenpsychologie'이라 불러온 것의 기초 형태를 체현한다. 물론 현대의 히브리스는 그 징후Ansatz가 바뀌었다. 그래서 더 이상 자만이 아니라 가까이서 보면 아무도 요구할 수 없는 어떤 비천함의 거만

---

*   과도한 재능을 부여받아 도시를 뛰어넘는 모티프에 대해서는 Peter Sloterdijk, "Die Stadt und ihr Gegenteil: Apolitologie im Umriß", in *Der ästhetische Imperativ. Schriften zur Kunst*, herausgegeben und mit einem Nachwort versehen von Peter Weibel, Philo Fine Arts, 2007, pp.221~224[〈도시와 그 반대: 비정치론의 개괄〉, 《미적 명법: 예술에 대한 글》]를 보라.

으로 나온다.

막스 셸러는 1920년대에 잘 알려졌다시피 잠시 '심층심리학 Tiefenpsychologie'이라는 표제로 추진되던 프로이트, 융 그리고 다른 이들에 의해 공개된 무의식의 심리학에 대한 불만족을 표현하기 위해 '높이의 심리학'이라는 표현에 닿았다. 셸러는 심층심리학이 충동이론적이든 신경기술적이든 할 것 없이 인간의 심리 메커니즘의 방향이 일방적으로 '아래를 향한nach unten'다고 설명했다고 보았다.* 그는 현대 심리학자들이 인간을 과도하게 생물학화했고 메타생물학적인 현실들의 등록부와 정신적 '가치Werte' 영역들에 대한 인간의 관여를 아주 하찮게 어림잡거나 완전히 부인했다고 확신했다. '정신Geist'이라는 말은 셸러에 의해 유기체적 생명의 절대주의에서 인간이 부분적으로 해방되었음을 가리키는 것으로 해석됐다. 예전에 관념론idealistisch 철학자들이 [이데아Idea에 대한] '관여Teilhabe'라고 부르던 것은 유기체적 굴레가 존속하는데도 더 상위의 대상들에 접근하는 것과 다르지 않은 것을 의미했다. 인간은 그가 자연적인[타고난] 수단을 가지고 자연적인-것-그 이상을 시도하는 한 이 '다른 세계', 정신적인 혹은 메타생물학적인(대개의 저자들은 '생명부정적bionegative'이라고 말한다) 가치지대 높이 우뚝 솟는다. 셸러는 니체의 영향 아래에서 더 상위의 등록부로 이행할 때 육체가 대동되어야만 한다는 것을 파악했다. 이렇게 그는 유리하게 유심론자들과 이원론자들에게서 분리된다.

게다가 그는 현대의 높이의 심리학이 구유럽의 선구자들에게 명해져 있던 과제와는 대립한다는 것을 알았다. 고대인들은 '극단적인'

---

* 셸러의 재치 있는 표현은 후일 빅토르 프랑클Viktor Frankl[1905~1997. 오스트리아의 정신과 의사로 유대인 수용소에서 살아남았고 대표작으로《죽음의 수용소에서》가 있다]의 의미 요법Logotherapie(프랑클 자신은 이 표현을 1938년부터 사용한다)에 의해 선점되고 프로이트와 그의 동료들Freund & Co의 접근들에 대한 반격으로 전도됐다. 이 가부장적 금언에 따르면 복잡한 사람들은 더 많이 행동하고 더 적게 사고해야만 하는데, 여기서는 더 많이 행동하도록 돕는 것이 의미를 통한 치료이며, 더 적게 사고하도록 돕는 것을 '탈성찰Dereflexion'이라 한다.

사람을 메손, 즉 건전한 중용으로 되돌렸던 반면, 현대인들은 현대의 사람이 평균적으로 존재하고 그러면서 가장 행복하다고 느낀다는 점에서 그에게 그와 같은 높은 영역이 있음을 상기시켜야만 한다. 평균에 대한 애착이 남아 있는 곳에서 만성적으로 아래를 향해 변명하고 산 아래의 길이 가파른 등정보다 오히려 더 성공적임을 입증하는 전형들을 즐겨 따른다. 그래서 현대인은 높은 곳으로부터, 지상 위로부터Über-Grund '전'복시킬unterwandern('잠입하여' 바꿀) 수 있을 뿐이다. 그럼에도 눈에 띄지 않는 **지상 위**overground는—그리고 그것은 새롭다—'종교'보다는 훨씬 더 기예에 위치한다. 풀이한 것처럼 기예를 종교에 끌어들이는 경우보다는 훨씬 더 기예에(종교의 쌍둥이들인 자기 수련, 제식, 의식과 함께) '종교들'을 끌어들일 수 있다는 점에서 그렇다. 기예는 위로부터의 전복Subversion이고 '존속하는' 것을 상전上轉시킨다überwandern(위로 전향시킨다). 전복subversive 원칙은, 더 정확히 표현하자면 상전supraversive 원칙은 위버헤플리히카이트Überheblichkeit(자만)의 '**위버**Über'(위에)에도 **히브리스**hybris(오만)의 **히페르**hypér에도 **수페르비아**superbia(교만)의 **수페르**super에도 박혀 있지 않다. 그것은 아크로바틱Akrobatik의 '아크로Akro'에 숨겨져 있다.

'아크로바틱'(곡예)이라는 말은 발끝으로 걷는 것에 대한 그리스어 표현(**아크로**akro, 즉 '높게', '가장 위에'와 **바이네인**bainein, 즉 '걷다', '보행하다'를 결합한 것)을 가리킨다. 그것은 자연적인 반자연성의 가장 단순한 형태를 지칭한다. 19세기 이전에는 이 개념이 공중줄타기 곡예에 예외적으로만 사용됐다가 그 뒤에 고급 체조와 여기에 대응하는 서커스 상연들을 포함해 육체적으로 경악케 하는 대부분의 다른 형태들의 기술에까지 확장됐다. 반면에 육상경기들과 익스트림 스포츠 유들은 제아무리 그 동류성이 강요돼도 검토가 필요한 이유들 때문에 오히려 곡예와 가까워지는 것을 피하려고 애썼다. 확률 없음의 산맥이 융기하는 전쟁에서 광범위한 공동 전선에 대해 침묵하기 위해서였다.

2부. 곡예 윤리를 위한 확률 없는 것의 정복

야곱의 꿈 혹은: 위계

기예를 통한 인간성의 전복 혹은 더 적절하게 표현하자면 인간성의 상전의 핵심 문서는 인간계의 기술혼종적 구성에 대해 소포클레스가 언급했던 것보다 훨씬 앞서 있다. 내가 말하려는 것은 〈창세기〉(**베레쉬트**Bereschit 혹은 **게네시스**Genesis) 28장의 선조들의 역사들에서 서술되는 야곱의 환영이다.

10절: 야곱은 브엘세바를 떠나 하란을 향하여 가다가 11절: 한 곳에 이르러 밤을 지내게 되었다. 해는 이미 서산으로 넘어간 뒤였다. 그는 그곳에서 돌을 하나 주워 베개 삼고 그 자리에 누워 잠을 자다가 12절: 꿈을 꾸었다. 그는 꿈에 땅에서 하늘에 닿는 사다리가 있고 그 사다리를 하나님의 천사들이 오르락내리락하는 것을 보고 있었는데, 13절: 야훼께서 그의 옆에 나타나시더니 이렇게 말씀하시는 것이었다. "나는 야훼, 네 아버지 아브라함의 하느님이요, 이삭의 하느님이다. 나는 네가 지금 누워 있는 이 땅을 너와 네 후손에게 주리라……*

구유럽의 전승은 수직적 힘들에 인간이 매여 있음을 해석하는 데 그 영향력에서 이 성경 구절의 이미지와 견줄 만한 어떤 이미지도 알지 못한다. 여기서도 위버멘쉬가 이야기되고 있지만, 인간에게서 발생한 종들이 아니라, 신에 의해 그와 같이 창조된 종들에 관한 이야기다. 여기서 천사가 하는 것은 처음부터 곡예의 일이다. 그들은 사다리를 타고 올라간다. 다른 번역으로는 그들은 지상과 천상 사이의 층계를 오르내린다. 그들은 이 일을 함으로써 아주 단순하게 확인될 수 있는 상황을 증언한다. 인간의 삶이 일어나는 영역이 아래 세

---

* 본문의 성경 인용문을 따라 '층계'를 '사다리'로 '할아버지 아브라함'을 '아버지 아브라함'으로, '네 아버지 이삭'을 '이삭'으로 고쳐 옮겼다.-옮긴이

계들과 위 세계들 사이의 허리를 이루는 상황을 증언한다. 모든 인간적인 행위는 세속적이든 신성하든 또한 매우 능숙하고 매우 중요하든 할 것 없이 천사들이 행하는 초월적 행위들로 이뤄진 천상계에 의해 덮여 있다. 모든 인간적인 숙달은 초인간적인 지평에서 더 잘 발휘될 수 있다. 그렇게 천사들은 예로부터 인간적인 것을 기예를 통해 위로 전향시키는 데 그들만의 기여를 했다.

구유럽의 역사가 여러 측면에서 야곱의 사다리를 꿈의 영역에서 낮의 문화로 옮기는 역사라고 주장할 수 있는 타당한 근거들이 있다. 이 문화는 위계와 곡예의 공통된 역사를 구성한다. 최초의 **아크로 바이네인**, 즉 "발끝으로 높이-가기"를 지상과 지고의 것 사이에 있는 사다리의 층계들뿐 아니라 민중과 왕 사이를 연결하는 여러 귀족 작위들을 걸어가고 서 있기로 옮겨놓는다는 점에서 그렇다. 게다가 서커스의 사다리 곡예는 공중 곡예의 이행적인 형태를 형성한다. 사다리의 디딤판을 오르는 자들뿐 아니라 마찬가지 비행단으로 상상되는 천사들과 완전히 똑같이 말이다.* 그 때문에 야곱이 천사의 사다리 맨 끝부분이 지상에 접촉하던 바로 그곳에 최초의 신의 집 베델Bethel을 세운다면 그것은 말이 된다. 이 집을 위한 첫 번째 석재로 그는 분기점이 되었던 밤에 그가 베고 잤던 베갯돌을 사용했다. 어느 오래된 유랑민이 정착한다면, 가장 좋은 곳은 그들이 수직으로 계속해서 나아가는 출발 장소일 것이다.

꿈의 위계가 있었던 곳에 현실의 위계가 존재할 것이다.** 천사들이 아홉 서열로 숭배의 치천사들[스랍, 그리스도교에서 첫 번째 계급의 천사]에서 단순 파발 업무를 하는 집행 천사들에 이르기까지 위아

---

* Thomas Macho, "Himmlisches Geflügel-Betrachtungen zu einer Motivgeschichte der Engel", in *Engel*, herausgegeben von Cathrin Pichler, Springer, 1997, pp.83~100[〈천상의 새: 천사 모티프의 역사에 대한 고찰〉,《천사》].

** 프로이트의 유명한 이드와 자아의 도식, "이드가 있었던 곳에 자아가 있을 것이다Wo es war, soll ich werden"를 변주한 문장이다. - 옮긴이

　　　　　　　　2부. 곡예 윤리를 위한 확률 없는 것의 정복

래로 서 있는 것처럼, 위 디오니시오스 아레오파기테스Dionysios Pseudo-Areopgita*에 따르면 실제 존재하는 교회의 구성원들도 위아래로 서 있다. 실제 관청의 일원들과 매우 실제적인 관리 단체의 일원들도 마찬가지다. 그렇지만 구유럽의 9학년의 김나지움이 또한 신플라톤주의적-그리스도교적 성가대 등급을 저 멀리서 투영한 것은 아닌지는 열린 문제로 남아 있을지 모른다.** 위계 사상가들의 교부 야곱이 꿈꾼 것은 섬세한 육체들이 만들어낸 어떤 기예적 피라미드다. 이 피라미드가 1분 동안 유지될 때 서커스에서처럼 그 광경이 반드시 박수갈채의 폭풍을 일으키지는 않는다. 적어도 디오니시오스가 이 사다리의 비전을 그의 체계로 번역했던 것처럼 그것은 1000년 동안 존속해야만 한다. 그런데 위 아레오파기테스가 이렇게 해서 천상의 위계뿐 아니라 교회 위계의 곡예화에 대한 하나의 상징을 동시에 창출했다는 것은 전승된 위계적 체계의 해체가 수직성의 근거들과 그 작용 방식들, 그리고 그것의 탈바꿈들에 대한 새로운 성찰을 유발한 뒤에 비로소 역사의 실제적인 극으로부터 인지될 수 있다.

차라투스트라가 그의 벗들에게 "위버멘쉬에 이르는 모든 층계들을"*** 보여주고자 한다고 말하게 할 때의 니체조차 여전히 이 사다리 전승의 영향을 받고 있었다는 사실이 그 강력함을 증언한다. 여기서 주목할 가치가 있는 것은 이 층계들이 매달려 있을 수 있을 위에서 더는 아무것도 발견하지 못하더라도 그것들이 계속 존속해야만 한다는 역설적인 구성이다. 매우 강력한 고대 세계의 수직성의 상징

---

* 6세기 시리아의 수사로 추정되는데 아우구스티누스와 더불어 중세 기독교 사상 전반에 가장 큰 영향력을 끼쳤고 《위 디오니시우스 전집》(한국어판: 엄성옥 옮김, 은성, 2007)과 《천상의 위계》(한국어판: 김재현 옮김, 키아츠, 2011) 등을 썼다.-옮긴이
** Giorgio Agamben, *Die Beamten des Himmels: Über Engel*, Verlag der Weltreligionen Insel Verlag, 2007[《천상의 관리들: 천사들에 대하여》]을 보라.
*** F. N., "Prolog", *Also sprach Zarathustra I*, p.9[《차라투스트라는 이렇게 말했다》, 34쪽].

은 불가사의하게도 무신론적 위기를 견뎌냈다. 이 상징은 계속해서 고공에서 야기되는 긴장을 표시하는데, 어떤 초월적인 반대 진영도 이 긴장을 더 이상 공고하게 하지 않는데도 그렇다. 인간은 동물과 위버멘쉬 사이를 잇는 밧줄이라는 차라투스트라의 말에서도 반대극에 고정될 수 없는 초월의 연장이라는 문제적인 모티프가 귀환하고 있다. 이 연장이 사다리든 밧줄이든 할 것 없이 이 이미지에서는 이 긴장이 어디에서 와서 위를 향해 가는지 더 이상 알지 못한다. 이 당혹은 전승된 상상의 지평에 해소될 수 없는 것으로 남아 있으며, 만일 니체가 완전히 다른 성질의 확률 없음의 진화론적 상승에 대한 논리로 오래전에 넌지시 조정하지 않았다면 이 당혹이 구조 전체를 틀림없이 파괴하고 말았을 것이다. 이 논리 덕분에 천사들은 거의 눈에 띄지 않고 기예가들로 변신하는 데 성공했다. 천사들이 신의 전령으로 임무를 다했던 것처럼 기예가들은 기예의 전령으로 직무를 수행한다. 그들은 우리가 더욱더 높아지고 신성해지는 산들로 이뤄진 산맥을 쌓아 올리고 있다는 좋은 소식과 놀랄 만한 소식을 전한다.

접두사 '위에Über'가 붙은 말들

끝으로 니체가 새롭게 피어난 수직성 문제에 대한 매우 급진적인 해석자임에도 불구하고 그의 시대에 그 혼자만 그런 것은 아님을 지적할 수 있다. 19세기와 20세기에 그 시류를 가장 따랐던 사상가들은 현대의 수직성이라는 용어를 그 표현만큼은 풍성하게 만들었던 사람들이라고 주장할 수 있다. 마르크스는 상부구조Überbau와 잉여생산Überproduktion에 관해 말했고, 그의 사위 라파르그Paul Lafargue[1842~1911. 쿠바 출신의 프랑스 사회주의자]는 과잉소비Überkonsum에 관해, 다윈은 생존Überleben에 관해, 니체는 위버멘쉬Übermenssch에 관해,* 프로이트는 '초

---

* 니체에게는 이것 말고도 접두어 '위버über'로 만든 약 스무 개의 신조어가 더 있다.

2부. 곡예 윤리를 위한 확률 없는 것의 정복

자아Über-Ich'에 관해, 아들러는 과잉 보상Überkompensation*에 관해, 아우로빈도Aurobindo Ghose[1872~1950. 인도 독립운동에 참여했던 요가행자이자 구루]는 초정신Übergeist 혹은 슈퍼멘탈에 관해 말했다. 한 기민한 핵무기 전략에 오버킬Overkill[핵무기의 과잉보유 상태]이라는 표현이 근거하고 있고, 고혈압Hypertonie이라는 말은 어느 무명 의사에게, 과잉인구Überbevölkerung라는 말은 어느 무명 인구통계학자에게, 슈퍼마켓Supermarkt이라는 말은 어느 무명 대상인大商人에게, 슈퍼스타Superstar라는 말은 어느 무명 저널리스트에게 근거하고 있다. 이 새로운 수직성의 말들에 상응하는 추진력을 관찰하기 위해서는 5세기까지 거슬러 가야 한다. 이 말들은 거의 예외적으로 앞에서 언급한 위계주의의 대사상가 디오니시오스에게서 유래하는데, 그는 접두어 '**하이퍼hyper**'의 도움을 받아 만든 수많은 새로운 신조어 덕분에 플라톤주의적-그리스도교의 신학 어휘를 한 세기 동안 휘저었다.**

---

*   육체적, 정신적, 성격상, 사회적 결핍으로 인한 열등 콤플렉스Minderwertigkeitskomplex
    를 극복하여 균형을 잡으려고 삶의 계획에서 벗어나는 망상적 성향을 띠는 것
    을 가리킨다.-옮긴이

** 게다가 마르틴 루터는 아레오파기테스에게서 교회의 최고 곡예의 트레이너이
    라는 적을 감지했다. 그의 초기 저술들에서 루터는 《독일신학Theologica deutsch》
    [14세기에 독일어로 작성된 신비주의 저서로 《프랑크푸르터Frankfurter》로도 불린다]의
    영감을 받은 그 자신의 단순한 어둠의 신비주의에 아레오파기테스를 끌어들이
    려고 시도한다. "디오니시오스에게서 자주 사용되는 단어가 'hyper'이기 때문
    에 모든 최고의 생각이 단순히 흐릿함 속으로 들어갈 수밖에 없다Unde in Dionysio
    frequens verbum est hyper quia super omnem cogitatum oportet simpliciter in caliginem entrare." 나
    중에 루터는 디오니시오스에게는 경건한 어둠 속으로의 신속한 입장이 아니
    라, 엄격한 배제성의 특징을 갖춘 종교의 비르투오소들을 위해 창출된 단계적
    논리가 문제임을 이해한다. 이때부터 그에게 이 부정신학의 창설자는 어떤 공
    포가 되며 그리스도인보다는 플라톤주의자에 더 가깝다고 간주된다. Thomas
    Reinhuber, *Studien zu Luthers Bekenntnis am Ende von De servo arbitrio*, De
    Gruyter, 2000, p.102[《《자유롭지 않은 의지에 대하여》의 끝에 나타난 루터의 고백 연
    구》]. 푸코가 1960년대와 1970년대의 프랑스 이데올로기를 표현하기 위해 주조
    한 '하이퍼마르크스주의Hypermarxismus' 같은 말은 이와 달리 시작부터 풍자적으
    로 의도됐다.

사건 자체는 늘 있었지만 20세기의 사전에 빠져 있는 단어가 하나 있다면 그것은 **위버뫼르더[대량살상자]**Übermörder다. 그것은 수직성을 보지 못하고 반위계적인 대중문화의 효력을 가지고 대개는 사회주의를 핑계로 위대한 정치를 만들었던 독재자 집단을 표현한다. 니체의 의심스런 위버멘쉬와 관련해 나는 이 개념에 대한 나의 숙고를 아이러니한 메모로 끝내지 않을 수 없다. 실상은 뻔하다. 이 개념을 만든 장본인은 위버멘쉬 시대의 날짜와 관련해 있을 수 있는 모든 광학적인 기만들 가운데 가장 거대한 것에 굴복해 있다. 위버멘쉬의 시대는 미래가 아니라 과거에 놓여 있다는 사실에 비하면 어떤 것도 그렇게 명백하지 않아 보이기 때문에 놀라운 일이다. 이 날짜는 인간이 초월적인 원인을 선호해 매우 극단적인 수단을 가지고 그들의 육체적이고 정신적인 상태를 극복하길 원했던 시대와 같다. 위버멘쉬라는 말에는 그리스도교가 부정할 수 없는 저작권을 보유하고 있는데, 이 말을 반그리스도교적으로 뒤집을 때 이 권리 자체에 대한 인세의 지불 기한은 만기가 된다.*

도덕의 노예들의 반란은 없다: 그리스도교적 운동경기주의

나는 주인도덕과 노예도덕의 차이에 대한 니체의 해석과 관련하여 그의 유산으로부터 가장 확실하게 거리를 둔다. 나는 니체에 의해 그렇게 빈번하게 항의되던 "도덕에서의 노예들의 반란"과 같은 대사건이 예전에 일어났는지 확신할 수 없다는 것을 인정한다. 오히려 나는 이른바 이 모든 가치의 재평가와 정신의 역사에서 일어난 모든 자연적인 올바름에 대한 이 막대한 조작에서 문제는 이것들이 저자가 몇몇 매우 중요하고 올바른 관찰들을 어떤 불안정한 구성물로 끌어

---

*   Ernst Benz, "Das Bild des Übermenschen in der europäischen Geistesgeschichte", in *Der Übermensch, Eine Diskussion*, herausgegeben von Ernst Benz, Rhein-Verlag, 1961, pp.21~161[〈유럽 정신사에서 위버멘쉬의 이미지〉, 《위버멘쉬: 하나의 논의》].

올리는 데 쓰려고 만든 허구라는 견해에 마음이 기운다. 이에 대한 계기는 니체가 자신의 종교를 세우려는 계획은 없었음에도 불구하고 전승된 그리스도교를 신성한 열광으로 탈-설립하고자[무너뜨리려] 했다는 사정에서 볼 수 있다.

니체가 재개한 바로 이 자기수련론을 조망함으로써 '이교적' 고대에서 그리스도교 세계로 이행할 때 그 연속성이 뚜렷하게 두드러질 수 있다. 그중에서도 경기자와 철학자의 자기수련주의에서 수도원과 교회의 **생활 양식**으로 이행하는 결정적인 이 영역에서 그 연속성이 두드러진다. 그와 같지 않다면 이집트와 시리아의 초기 수도사들을—사도들이 벌이는 시합에 대한 바울의 이미지를 그 증거로 끌어들이면서—'그리스도의 경기자들Athleten Christi'이라고 지칭하지 않았을 것이다. 그리고 수도원의 자기수련이 육체 선수들의 체제를 내면화했을 뿐 아니라 그리스도교의 전조를 보이는 철학적인 삶의 기예론을 인수했던 것이 아니라면, 수도사 문화는 5세기와 18세기 사이에 관찰될 수 있는 것처럼 무엇보다 서로마와 북서부 유럽의 특징들을 띠고서 모든 문화전선들(자선적, 건축술적, 행정적, 경제적, 지성적, 선교적)에서 그 힘을 펼치는 것으로 이어질 수 없었을 것이다. 말하자면 실제로 일어났던 것은 경기장에서 수도원으로 운동경기주의가 이동한 것이었다. 더 일반적으로 말하자면, 그리고 여기서 옛 능력 보유자와 새 능력 보유자인 당시와 나중의 덕론 집단을 개별적으로 부르지 않고 시대명만을 사용하자면 무너진 고대에서 시작되는 중세로 유능함이 옮겨진 것이었다.*

후고 발이 그의 책《비잔틴의 그리스도교Byzantinisches Christentum》

---

* 그것은 단순한 과제가 아니었을 것이다. 고대에는 체조적이고 경쟁적인 규율들을 전승하는 것으로도 운동경기주의-현상들의 거대한 주변을 표상하도록 허용하기에 충분했지만, 어떤 진정한 이미지를 제시하기에는 너무 파편적이었기 때문이고, 중세에는 수도원주의의 역사가 그 폭과 세부 사항의 풍부함에서 그것을 기술하려는 시도 각각의 수용력을 초과하기 때문이었다.

(1923)의 서문을 위한 어느 초안에서 수도사들의 영적 영웅주의는 선수들의 '자연적 영웅주의'를 능가하는 대항 기획을 담고 있다고 강조할 때 그는 이 이동들에서 본질적인 것을 파악했다.* 이렇게 일그러짐으로 이어진 대이동에 르상티망의 영향이 있었다는 것은 명백하다. 그럼에도 매우 편파적이고 니체에 의하여 무자비하게 폭로된 "그러나 첫째였다가 꼴찌가 되고 꼴찌였다가 첫째가 되는 사람들이 많을 것이다"(〈마태복음〉 19장 30절)**와 같은 문장 자체는 덕의 대이동의 의미로도 읽힐 수 있다. 이 문장은 권력관계와 소유관계에서 발생하는 순위 매기기가 유일하게 허용된 견해로 남아서도 안 되고, 영적인 등급관계에 대한 표준적인 견해로 결코 남아서도 안 된다는 것을 뜻할 수 있다.

귀족주의냐, 능력주의냐

반복해서 말하지만 도덕의 노예들의 반란은 나의 관점에서 보면 구유럽에서 결코 일어나지 않았다. 사실 가치들의 재평가는 그리스인들에게서는 아직은 생각될 수 없었을, 권력과 덕(**아레테**areté, **비르투**virtù)을 분리하면서 이뤄졌다. 이 분리는 뿔피리를 불어 알린 19세기 유럽 귀족주의의 결승전까지 계속 전개됐다. 구유럽의 사회질서는 그리스도교화가 아니라, 곳곳에서 어떤 귀족이 **비르투**(덕) 없이 정상에 오를 수 있는 신분 체제와 악마의 계약을 맺음으로써 긍정적 자기수련의 가르침의 정신에 반대하는 죄를 실제로 저질렀다. 그러면서 비-능력주의적 착취의 귀족주의가 관철됐다. 이 귀족주의의 유

---

* Hugo Ball, *Der Künstler und die Zeitkrankheit. Ausgewählte Schriften*, herausgegeben und mit einem Nachwort versehen von Hans Burkhard Schlichting, Suhrkamp, 1984, p.301[《예술가와 시대의 질병: 선집》].

** Vinzenz Hamp, Meinrad Stenzel, Josef Kürzinger, *Die Heilige Schrift. Familienbibel mit Bildern. Altes und Neues Testament. Vollständige Ausgabe*, Verlag Katholisches Bibelwerk, 1966[《성서, 그림이 있는 가족성경, 구약과 신약, 완전판》]의 번역을 따랐다.

일한 성취는 자만에 들뜬 자기의식을 똑같이 무능한 후대에 보통 수 세기 넘도록 그대로 전달했다는 것에 있었다. 2000년이 넘도록 교양 귀족으로 세습 귀족을 억제했던 중국의 고대 학습 문화를 이러한 상황들의 반대로 취하면, 유럽의 이 만성적인 오점인 세습 귀족을 이해할 수 있게 된다. 니체가 암시했던 것처럼 두드러지는 가치들의 재평가를 통해 병든 소인배들의 르상티망이 권력에 다다랐던 게 아니라, 오히려 지방 권력을 세습받은 이들에게서 게으름, 무지와 잔혹함이 섞이면서 이것이 제1급의 심리정치적인 규모로까지 확장됐고—베르사유궁전은 유럽을 뒤덮었던 고귀한 무용無用 군도의 정점에 불과했다—그리고 시민들과 비르투오소들이 떠받쳤던 15세기와 19세기 사이의 신-능력주의 르네상스가 비로소 유럽의 세습 귀족 유령을 차츰 종식시켜갔던 것이다. 여전히 중독성 있는 **황색신문**Yellow Press의 환영들은 무시하고 말이다.

그 뒤에 비로소 다시 말할 수 있다. 유럽적 삶의 형식으로서 정치란 모든 해방들 중 가장 중요한 해방이 이뤄질 수 있는 제도들의 뼈대를 얻으려는 투쟁이자 배려를 의미한다고 말이다. 이것은 복종, 지배, 특권을 통해 창출되고 계속 주어졌던 차이들에서 성과를 통해 발생하고 통제되는 차이들을 해방시키는 것이었다. 앞서 언급한 위버뫼르더(대량살상자) 집단이 어떤 정치가들이 아니라, 복종술 말고는 어떤 두 번째 규율도 인정하지 않는 동방의 권력 개념의 대표자들이었다는 것을 강조할 필요는 없을 것이다. 그들은 정치적인 것에 대한 유럽적 정의에 관해 일절 알려고 하지 않았다. 그들에게는 차이들의 본질에 관하여 계급이론과 인종이론이 설명하는 것과 같은 그 정도만을 볼 수 있었기 때문이다. 그런 이론들은 유능함의 단계들로 이뤄진 차이의 발생이 문제가 되는 그 즉시 예로부터 이 차이에 대한 몽매함으로 심한 타격을 받았다.

7.
"문화는 하나의 수도회 규칙이다"
: 삶의 형식들*의 황혼, 규율학

비-지배적 등급화

수직적 긴장에 대한 걸음마 단계의 분석을 처음 답사하고 나면 정치적 위계들에 대한 의존성은 말할 것도 없고 내적 다층성을 형성하려는 문화적 삶의 경향에 유의하지 않는 문화이론이 왜 전부 외눈박이로 간주될 수 있는지에 공감할 수 있다. 나는 이 명제를 가지고 지난 수십 년간 다양한 이유에서 그 주변이 눈에 띄게 잠잠해져버린 이른바 '고급문화Hochkulturen'에 대한 기묘한 논쟁을 다시 부추길 생각은 없다. 오히려 나는 지배와 복종의 매트릭스에서 모든 위계 효과들 혹은 등급 현상들을 허술하게 끌어오는 것보다는 윤리적으로 더 능력 있고 경험상 더 적합한 대안을 발전시키는 게 간절하다.

그와 같은 시도는 근대'사회'가 평등주의적 동인과 아울러 신-엘리트주의적 동인을 가지고 200년간 실험한 뒤 이 시도의 대열에서 전체 결론들을 도출하고 그 결과물들을 평가할 수 있게 된 단계에 들어선 뒤 집요하게 따라온다. 비-지배적인 등급화의 동학에 대한 풍부

---

*   후기 비트겐슈타인 철학(즉《철학적 탐구》시기)의 핵심 개념으로 국내 분석 철학계에서는 '삶의 형식'(이명현), '생활 양식'(정대현), '생태 양식'(엄정식)으로 각기 달리 옮기지만 이에 대해 분석한 이승종(〈생활 양식과 언어게임〉, 《철학적 분석》12, 2005, 121~138쪽)의 견해를 따라 '생활 양식'은 독일어의 'Lebensweise'에 더 가까우므로 형식의 의미를 살려 '삶의 형식'으로 통일하고 예외적으로만 '생활 형식'으로 옮긴다.―옮긴이

한 추론을 가능하게 한 20세기 스포츠 시스템—위에서 '운동경기의 르네상스'라고 지칭한 것—의 등장이 이 새로운 상황을 가리키는 범례. 비-귀족주의적 탁월Prominenz 경제의 형성이 마찬가지로 고무적인 영향을 끼쳤는데, 만일 이 경제를 탐구하지 않는다면 근대의 거대 집단들을 수직적으로 분화하고 공적 공간에서 영향력이 있는 원동력을 이해할 기회를 갖지 못한다. 이 영역들을 다만 불러보자면 학문, 관청, 학교, 공중위생과 정치 정당이 있는데, 이와 같은 세계들의 내부에 있는 등급화 현상들 역시 지배의 종속에 의해 조종되는 이론적 배치의 둔탁한 자동 집게들을 가지고 집을 수 있는 것에서 멀리 벗어나 있다. 나는 얼마 전 등급을 이루는 힘들을 **티모스**thymós(자존심, 야망, 현시의 의지)의 정치심리학의 장에 있는 형상으로 더 일반적으로 규정하기 위해 나의 책《분노와 시간Zorn und Zeit》에서 상당히 구체적인 탐구를 내놓았다.* 플라톤, 헤겔, 그리고 개인심리학의 모티프 안으로 유입되는 이 신-티모스적 분석은 사회의 장을 정욕에 의해 움직이는 것과 마찬가지로 자존심에 의해 움직이는 시스템으로 기술한다. 말하자면 자존심(**티모스**)과 정욕(**에로스**éros)은 그 대조적인 본성에도 불구하고 서로 성공적인 연합을 체결할 수 있다. 그럼에도 자존심의 보상인 명성과 자기존중과 정욕의 보상인 자기화와 향락은 분명 분리된 영역들에 포함된다.

나는 이어서 계급사회이론(지배, 억압과 특권을 통한 수직적 분화가 있는)이 규율사회이론(자기수련, 비르투오소성Virtuosität과 성과를 통한 수직적 분화가 있는)으로 어떻게 전환될 수 있는지 개괄적으로 보여주겠다. 나는 1단계에서 이 조작에 대한 철학적이고 이념사적인 멘토들로 루트비히 비트겐슈타인과 미셸 푸코Michel Foucault를 끌어오겠다.

---

*   Peter Sloterdijk, *Zorn und Zeit*, Suhrkamp, 2006[《분노와 시간》][페터 슬로터다이크, 《분노는 세상을 어떻게 지배했는가》, 이덕임 옮김, 이야기가있는집, 2017].

비트겐슈타인은 그가 현대 사회학의 행동 형상들에서 언어의 참여('언어게임Sprachspiele')에 주목하면서 현저하면서도 잠재적인 의례 구조들을 밝히는 데 효과적인 도구를 손에 쥐어줬기 때문이고, 푸코는 그가 담론들과 규율들의 교차에 대해 탐구하면서 단순 비난 너머 권력에 관한 한 이해를 돌파하는 데 성공했기 때문이다. 그리고 이렇게 해서 프랑스혁명이 남긴 병인성 유산들로 결국 되돌아가는 이데올로기적 오해의 오랜 역사에서 하차할 수 있었다. 이렇게 이중으로 자극을 받으며 동시에 다음 걸음을 내딛을 수 있는 방향이 분명해진다. 언어게임이론에서 출발하여 어떤 보편적인 수행이론과 자기수련이론으로 더 나아가면서 비트겐슈타인을 넘어설 수 있고, 담론 형식들에 대한 분석을 어떤 한계 없는 규율학으로 더 발전시켜서 푸코를 넘어설 수 있다.

비트겐슈타인의 수도회 규칙

나는 그 출발점을 첫눈에는 좀 불가사의해 보이는, 비트겐슈타인이 죽기 2년 전인 1949년 그의 노트들의 한 곳에 털어놓은 어느 짤막한 메모에서 발견한다. "문화는 하나의 수도회 규칙이다. 또는 문화는 하나의 수도회 규칙을 전제한다."* '수도회 규칙Ordensregel'과 같은 말이 철학자의 어휘집에 등장한 것이 당장은 의아함을 자아낼 수도 있다. 그의 케임브리지의 생활 방식에서도 수도원의 유비에 대한

---

*   Ludwig Wittgenstein, *Vermischte Bemerkungen. Eine Auswahl aus dem Nachlaß*, herausgegeben von Georg Henrik von Wright, neu bearbeitet durch Alois Pichler, Suhrkamp, 1994, p.149[《유고에서 선별된 잡상》][루드비히 비트겐슈타인, 《문화와 가치》, 이영철 옮김, 개정판, 책세상, 2020, 175쪽]. Thomas Macho, "'Kultur ist eine Ordensregel'. Zur Frage nach der Lesbarkeit von Kulturen als Texten", in *Lesbarkeit der Kultur. Literaturwissenschaften zwischen Kulturechnik und Ethnographie*, eds. Gerhard Neumann and Sigrid Weigel, Wilhelm Fink, 2000, pp.223~244[<'문화는 하나의 수도회 규칙이다': 문화를 텍스트로 독해 가능한지 질문하기 위하여>, 《문화의 독해 가능성: 문화기술과 민족지학 사이의 문예학》].

연결 지점은 좀처럼 없다. 청렴한 학계의 일상이 그와 같다고 인정하고자 하는 경우가 아니라면 말이다. 최근 전기 작업들이 비트겐슈타인의 삶이 종교적 모티프에 얼마만큼 잠겨 있었고 그의 윤리적 완전에 대한 추구가 얼마나 깊숙하게 미쳤는지를 보여준 뒤로는 이 매혹적인 표현이 조금은 덜 놀라워 보인다. "당연히 나는 완전해지길 원해!"라고 그는 청년 시절 어느 여자친구의 비판적인 질문에 답했다.*
빈 시절의 벗 파울 엥겔만Paul Engelmann[1891~1965. 오스트리아 건축가]에게 보내는 편지에서 그는 1921년 새해에 적었다. "나는 내 삶을 선으로 향하게 해야만 했고 별 하나가 되어야만 했다네. 그렇지만 나는 지상에 앉아 있고 이제 천천히 가라앉고 있다네."** 버트런드 러셀Bertrand Russell[1872~1970]의 증언에 따르면 비트겐슈타인은 《논리철학논고Tractatus Logico-Philosophicus》를 끝내고 난 뒤 1년 후 어떤 반향도 거의 기대할 수 없다고 여기던 1919년 무렵 한 수도원에 들어갈 생각을 하고 있었다. 오스트리아 시골의 초등학교 교사로 기가 꺾일 정도로 실패한 뒤 1926년 실제로 잠시 빈의 휘텔도르프의 '자비로운 형제들Barmherzigen Brüder' 수도원에서 정원사로 일했다. 매우 두드러지는 비트겐슈타인의 종교적 문제에 대한 진술은 1948년 메모에서도 발견된다.

> 충실한 종교적 사상가는 어느 줄타기 광대와 같다. 그는 아마
> 도 거의 허공만을 걸어간다. 그의 바닥은 상상할 수 있는 한
> 가장 좁다. 그런데도 그곳을 실제로 걸어갈 수 있다.***

---

*   Eckhard Northofen, *Der Engel der Bestreitung. Über das Verhältnis von Kunst und negativer Theologie*, Echter, 1993, p.144[《논쟁의 천사: 예술과 부정신학의 관계에 관하여》].

**   Paul Engelmann, *Ludiwig Wittgenstein. Briefe und Begegnungen*, Oldenbourg, 1970, p.32[《루드비히 비트겐슈타인: 편지와 만남》].

***   Wittgenstein, *Vermischte Bemerkungen*, p.141[《문화와 가치》, 166쪽].

나는 '비트겐슈타인은 가벼운 것이 불가능한 것보다 더 무겁게 나타나는 어느 전도된 곡예사가 처한 희귀한 상황을 다루고 있다'는 명제에 대한 여기저기 흩어진 관찰들을 짜 맞추려 한다. 그의 재주 또한 수직 축을 이동했던 것은 당연하지만, 만일 이 사상가를 야곱의 사다리에 배치할 수 있다면 그는 아주 명백하게 하강하는 천사 집단에 속하며, 이때 추락하는 천사들은 고려되지 않는다. 서른둘의 저자가 벗에게 보내는 편지에서 그가 별 하나가 되어야만 했다고 적었을 때, '되다'를 '남아 있다'로 읽을 수 있을지 모른다. 그가 그런 별이 한 번이라도 존재한 적이 있었다는 확신을 어디에서인가 가져오지 않는다면 누가 별이 되려 할 것인가? 이 만만찮은 관찰자는 아주 멀리 위에서 왔기에, 앞으로는 지상에만 존재해야 하는데도 너무 높이 있는 기원을 떠올린다는 것이 오류임을 차츰 이해한다.

이 지상의 실존이 무엇을 의미할 수 있는지 1925년 엥겔만에게 보내는 편지의 한 문장이 밝히고 있다. "나는 행복하지 않지만, 나의 불결Schweinerei이 나를 괴롭혀서가 아니라 불결 속에서 나는 불행한 거라네."* 자주 인용되는 이 비트겐슈타인식 '신비주의Mystik'는 결코 중단되지 않고 탄생을 낯설게 여기는 자가 남긴 자취다. 우아하지 않은 정신의학 용어로는 조현증의 구조를 이야기할 수 있을지 모른다. 이와 같은 이주자에게는 여기 이 경우처럼 이러저러한 것이 놀랍게 나타나는 게 아니라, 그 앞에 놓여 있는 것 전체가 그렇게 나타난다. 그의 현존재의 굴곡은 가지고 있는 평정은 너무 많이 잃지 않고서 객관성의 지면에 무난하게 도착하기 위한 오랜 투쟁을 기술한다. 훨씬 더 깊은 '불결' 속으로 빠지지 않은 채 사태를 있는 그대로 파악하고 현지[지상의] 문법에 걸맞게 불가피한 나날의 삶을 꾸릴 수 있는 대로 그렇게 사는 것, 이 안에 비트겐슈타인의 수행의 목적지가 존재했을

---

*   Allan Janik/Stephen Toulmin, *Wittgensteins Wien*, Hanser, 1984, p.316[앨런 재닉/스티븐 툴민,《비트겐슈타인과 세기말 빈》, 석기용 옮김, 필로소픽, 2013, 395쪽].

것이다. 그래서 1930년 고집스럽게 체념하며 메모했던 것이다. "내가 다다르려 하는 곳이 어떤 사다리로만 오를 수 있다면, 거기에 다다르는 것을 포기하겠다. 내가 실제로 향해야만 하는 저곳은 내가 본래 이미 있어야만 하는 곳이기 때문이다. 사다리로 다다를 수 있는 곳은 내게 흥미가 없다."*

비트겐슈타인이 현존재에 대한 마루 운동식 해석에 얼마나 대단히 스스로를 설득하려 했는지 1937년의 한 기록이 보여준다. "우리는 자신에 대해 얼마나 높이 있는지 쓴다. 그때 우리는 의족이나 사다리가 아니라 맨발로 서 있다."** 다른 한편으로 이 저자는 (죄와 현실과 중력에서) 해방되는 것이 어떨지 상상할 수 있다. 그렇게 되면 너는 더 이상 지상에 서 있을 수 없고 천상에 매달려 있게 될 것이라고 말이다. 천상에 매달려 있는 것과 지상에 서 있는 것은 밖에서 보기에는 실제로 동일한 이미지를 만들기 때문에, 물론 외부 관찰자는 그것을 즉각 구별할 수는 없을 것이다.*** 절망으로 소명받은 이에게나 가능한 것처럼 실존으로 하강한 뒤 매우 행복해진다는 것이 중요하다는 게 마지막까지도 비트겐슈타인의 확신으로 남는다. "늘 지혜의 민숭민숭한 고지에서 우둔함의 푸르른 골짜기로 늘 내려가라."**** 이 같은 명제들은 철학자들이 그때까지 늘 사다리를 오르는 천사들을 상대하고자 했다는 점에서 더 이상 통상적인 의미의 철학적 기획을 허용하지 않는다. 이는 비트겐슈타인에게 자명했다. 그의 분석철학의 아성의 약탈자들도 똑같이 이 점을 명료하게 보았으면 하고 바랐을지 모른다.

이런 전제에서 "문화는 하나의 수도회 규칙이다. 또는 문화는 하나의 수도회 규칙을 전제한다"는 문장—어느 예순의 남자가 펜으로

---

* Wittgenstein, Vermischte Bemerkungen, p.31[《문화와 가치》, 40쪽].

** Ibid., p.73[같은 책, 87~88쪽].

*** Ibid., pp.74~75[같은 책, 89쪽].

**** Ibid., p.145[같은 책, 170쪽].

썼다―이 무엇을 의미하는지 묻는다면, 가장 먼저 주목을 끄는 것은, 얼마나 부주의하게(게으르다는 표현 대신에), 저자가 여기에서 '문화'라는 말을 사용하는지다. 하필 곳곳에서 동음이의의 피상적 표현들 밑에 숨겨진 다의성을 감지할 수 있는 제7의 감각을 따로 드러냈던 그가 말이다. 이 순간 그에게는, 만일 그가 알아보려 했더라면 그 즉시 공동空洞 상태를 느꼈을 '문화'라는 말이 그렇게 문제였던 게 아니라, '수도회 규칙'이라는 표현이 문제였음을 다 시사하고 있다. 이 표현이 독특하게 들리는데도['오르덴스레겔Ordensregel'] 불구하고 명백하게 분석적으로는 더 세게 강조되어 있다. 그 의미는 비트겐슈타인의 눈앞에 더 명료하게 있다. 그와 같은 규칙은 그가 문법에서 이해하는 내용에 대한 가장 암시적인 접근 가운데 하나를 표현한다. 그것은 더 이상 정당화될 수 없는 규정들의 집합을 하나 만드는데, 그 총합이 어떤 삶의 형식을, 파코미우스Pachomius[292~348. 케노비테 수도회의 창립 수도사] 양식이든, 아우구스티누스 양식이든, 카시아누스Johannes Cassianus[360~435. 초기 중세에 그리스도교 수도원 생활의 이념과 실천을 전파한 영성가] 양식이든, 베네딕트 양식이든, 프란체스코 양식 등등이든 수도원의 **삶의 방식**way of life을 낳는다. 규칙을 하나 따른다는 것이 무엇을 의미하는지 파악하고자 한다면―그리고 이것은 후기 비트겐슈타인에게 만성적으로 되돌아오는 질문이다―어느 종교 수도회에 입회해 어떻게 살아갈지 생각하는 것으로 충분하다. 무엇이 이 수도회의 독특함을 주조하고 이곳의 규칙이 그 실행자들에게 어떻게 영향을 끼치는지는 그 스스로 수도사의 삶의 방식을 택해 이 규칙을 자기 것으로 만드는 이에게만 밝혀진다. 물론 비트겐슈타인의 수도사는 그의 수도회의 민속지학자의 역할을 떠맡을 운명이다. 그는 정신적인 이유들로 집단적인 삶의 형식에 어우러지지 못하고 있기 때문이다. 게다가 그는 원주민들에게 속는 민속지학자일 것이다. 그는 원주민은 없고 그 자신처럼 입회한 구성원들만 있는 어느 종족에 합류한 셈이다.

수도회 규칙이라는 것의 특별함은—그리고 이렇게 해서 비트겐슈타인의 문장이 문제가 되기 시작한다—개별적으로 어떤 규정을 다루든 수도사들에게(이 저자는 수녀들은 거의 고려하지 않을 것이다) 모든 발걸음과 모든 손놀림을 명상하듯 조심스럽게 하고 모든 말을 신중하게 하는 규정을 부과한다는 데 있다. 삭발 형태를 다루든, 옷 정리 정돈, 식사 당번, 수도원 정원 활동, 공동 침실의 정리 지시와 공동 침실에서 늙은 수도사와 젊은 수도사의 행동, 수면 시간의 배분, 성경 독회, 기도 모임, 책상머리 작업, 창고와 대식당의 배치 등등을 다루든, 이 구체적인 규칙들은 수도사가 매우 작은 손놀림이라도 순전히 답답한 습관에서 실행하지 않고 매 순간 상급자의 실제 명령으로 그 진행이 중단될 각오를 해야만 한다는 모든 규칙들의 규칙 속에 들어서eingebettet 있다. 마치 구세주가 땅에 발을 들여놓는다는 것을 그가 항상 염두에 두기라도 하는 것처럼 말이다. 요한 카시아누스는 필경사 수도사가 그의 상급자가 그를 문으로 불러내면, 시작했던 글자를 끝까지 쓰지 않고 도리어 새로운 지시에 완전히 준비되도록 벌떡 일어서야 한다고 역설한다.*

말하자면 수도회 생활은 세 측면에서 일상적인 생활과 구분된다. 첫째, 수도회의 입회는 이러저러한 것을 준수하는 수도원 생활에 활기를 불어넣는 세심하게 기입된 규칙들로 이뤄진 인위 체계에 대한 동의를 포함한다. 이와 달리 일상의 문화에서는 그 규칙들에 복종하길 원하는지 질문받지 않고서도 그 안에서 차츰 적응하며, 대부분은 그곳의 삶의 형식에 대체 **레굴라**regula(규칙)가 있는지에 대해 생각해본 적조차 없다. 두 번째, 수도원 담장 뒤편의 삶은 임의적인 임무에 대한 경계와 준비 태세로 이뤄진 특이한 분위기를 낳으며, 이 분위기는 비-수도원 영역들의 삶의 형식에서는 결코 만날 수 없는 것이다. '순종Gehorsam'과 '경건'이 여기에 총체적으로 접근하기 위한 은유

---

*   Thomas Macho, "'Kultur ist eine Ordensregel'", p.229.

들이다. 수도원의 실존의 기본 리듬은 실천적인 임무들과 예배를 위한 중단들의 계산된 상호작용에서 생긴다. 양손은 노동에는 좋지만, 기도에는 더 좋다는 수도원 공산주의의 금언을 이런 식으로 표명한다. 마지막으로 세속적 문화의 매우 강력한 특징인 성별에 따른 분업과 성교로 태어난 어린 야만인들에게 현존하는 삶의 형식들을 어떻게 전달할지에 대한 근심이 수도원 문화에서는 사라진다.

문화는 분리Sezession에서 발원한다

비트겐슈타인은 명백하게 다른 무엇인가를 의도한다. 그가 "문화는 하나의 수도회 규칙이다"라고 적을 때 '문화'의 의미는 가늘게 체로 치고 남은 것으로 쪼그라든다. 어떤 경우에도 '사회들'의 삶의 형식들에 일반적으로 나타나는 일체를 문화라고 할 수는 없다. 명시성, 엄격함, 경계, 본질적인 것으로의 환원과 **관련해**in puncto 어떤 수도회 규칙을 따르는 현존에 견줄 수 있는 것만, 그리고 섹슈얼리티의 결과들에 대한 부담의 면제가 처음이자 마지막 규준을 구성하는 **생활 양식**을 허용하는 것만이 문화라고 할 수 있다. 여기서는 확실하게 신성하고 분명하게 엘리트주의적인 수도원의 규칙들이 결국 자연언어들의 임의적인 문법을 확정하는 것과 똑같이 자의에 그 기초를 마련한다는 것이 아무런 역할도 하지 않는다. 다만 수도원 규칙 밑에 있는 삶의 분리주의 동학이 결정적이다. 비트겐슈타인의 '문화' 개념의 사용은 어떤 의심도 생겨나게 하지 않는다. 그가 보기에 진지한 의미의 문화란 실제 교양 있고 배운kultiviert 사람들을 이른바 기타 '문화'에서 분리시킬 때 비로소 발생한다. 이 문화는 더 나은 습관들과 더 나쁜 습관들로 이뤄진 혼란스런 집합체이고 이 습관들은 그것들을 다 합해도 여느 '불결'을 낳기만 한다.

여기서 왜 비트겐슈타인이 철학이 교과목에서 참여의 분야로 도로 변화되는 것을 목격할 수 있었던 현대의 소수 저자들 가운데 한 명—어쩌면 하이데거를 제외하고 니체와 푸코 사이의 시기에서 유일하게 중요한 저자—에 속하는지 쉽게 설명될 수 있다. 그의 사례에서 철학이 연구Studium에서 다시금 수련Exerzitium이 될 때 무엇이 일어나는지 읽어낼 수 있다. 이 전환의 근거가 그의 분리주의 문화 개념에서 발견된다. 힘들이지 않고 이 개념이 비트겐슈타인이 한 번도 포기하지 않았던 오스트리아의 유산에 속했다는 것을 보여줄 수 있다.

분리가 무엇인지 비트겐슈타인은 어린 시절부터 알고 있었다. 구스타프 클림트Gustav Klimt[1862~1918. 오스트리아 상징주의 화가이자 빈 분리파 운동의 일원], 콜로만 모제르Koloman Moser[1868~1918. 클림트와 더불어 빈 분리파 운동의 대표적 예술가이자 빈 공방의 공동 설립자]와 요제프 호프만Josef Hoffman[1870~1956. 오스트리아 건축가이자 상품 디자이너로 콜로만 모제르와 함께 빈 공방 설립] 주변의 예술가 집단이 1897년 역사적으로 주조된 보수적 빈의 예술가협회에서 분리된 것이 빈의 **세기말**Fin-de-siè의 주요 사건들 가운데 하나였기 때문이다. 이 철학자의 아버지이자 철강 산업가이고 음악 후원자였던 카를 비트겐슈타인Karl Wittgenstein[1847~1913]은 이 분리파의 가장 중요한 후원자들에 속했다. 그는 칼스플라츠의 건물들을 세웠을 뿐 아니라 개별 예술가들에게 사적인 지원도 했다. 클림트가 1905년 분리파에서 분리해 제2차 이탈 운동을 무대화했을 때 청년 비트겐슈타인은 열여섯이었고, 아돌프 로스Adolf Loos[1870~1933. 오스트리아/체코의 건축가이자 영향력 있는 현대 건축이론가]*의 획기적인 글 〈장식과 범죄Ornament und Verbrechen〉**가 출간됐을 때는 열아홉이었다. 늦어도 이 순간부터 문화 개념이 분리라는 현상에 돌이킬 수 없이 녹아들어갔다는 것을 받아들일 수 있다.

---

* 국내에 그의 글들을 모은 책이 《장식과 범죄》(현미정 옮김, 미디어버스, 2018)라는 제목으로 나와 있다.-옮긴이
** 1908년 같은 제목의 강연문을 바탕으로 하고 있으며 국내에 번역 소개된 같은 제목의 책은 1897년부터 1930년까지(1897~1900의 《허공에 말했다》와 1900~1930년의 《그럼에도 불구하고》) 그가 여기저기에 발표한 글들을 묶은 것이다.-옮긴이

청년 비트겐슈타인에게는 다른 곳이 아닌 젊은 빈의 문화적 무대가 그랬다. 여기에는 익숙한 것에서 이탈시키는 추진력에 신실하게 남아 있기 위해서는 분리로는 충분하지 않다는 경험이 포함된다. 관습들의 비참에서 거리 두기를 꾸준하게 계속 진행하는 것만이 현대화 프로젝트의 순수성을 지킬 수 있다. 여기서 20세기 예술의 지속적 분리의 율동성이 발생한다. 이것은 분리시킬 수 있는 것이 더 이상 아무것도 남아 있지 않을 때까지 작동한다. 실제로 로스는 이미 일찍부터 제1차 분리 미학에 대한 매우 예리한 비판자들 가운데 한 명이었다. 거기서 그는 하나의 키치를 다른 키치로, 통속적인 장식을 정선된 장식으로 바꾸는 것만을 보았을 뿐이었다.

앨런 재닉Allan Janik[1941~ . 오스트리아 출신의 미국 철학자]과 스티븐 툴민Stephen Toulmin[1922~2009. 영국 철학자로 비트겐슈타인의 영향을 받아 도덕 추론의 분석에 기여]이 보여준 것처럼 빈의 모던의 고유함은 전체적으로 가장 광의의 분리주의 모티프에 있었다. 이 주인공들이 볼 때 문화 설립의 제스처는 [합스부르크]제국 수도의 귀족주의적-부르주아적 청중이 탐닉하고 있던 관습들의 체계에서 탈퇴하는 것에 존재했다. 건축, 회화, 음악 혹은 언어 할 것 없이 다뤄지는 모든 장에서 모던한 집단들은 어떤 분리주의의 조작을 통해, 즉 청교도주의자들이 장식주의자들에게서, 구성주의자들이 탐닉자들에게서, 논리학자들이 저널리스트들에게서, 그리고 문법학자들이 수다쟁이들에게서 이탈함으로써 구성됐다. 새로운 예술가들을 결속하는 것은 모든 종류의 과잉에 대한 혐오다. 그들의 눈에는 문화와 예술이 카를 크라우스 Karl Kraus[1874~1936. 오스트리아의 저술가 겸 저널리스트]가 "아돌프 로스가 입증했던 것과 같은 장식을 통한 실제 삶의 타락Verschweinung"*이라고 그렇게 표현했던 것에 대한 근본적인 대립 덕분에 나아갈 수 있을

---

*   Karl Kraus, *Heine und die Folgen. Schriften zur Literatur*, Wallstein, 1910, p.11[《하이네와 그 결과들: 문학저술들》].

뿐이었다. 로스가 그의 글에서 수행한 장식과 범죄의 동일시는 사물의 실제 사용에 의해 규정된 형식적 명료함의 새로운 에토스를 완벽하게 표현하는 것 말고도 기능주의가 처음에는 도덕주의였음을, 더 정확히 표현하자면 책임질 수 없는 것을 생략해 선善에 더 가까이 가고자 애썼던 절제의asketisch 실천과 같다는 것을 상기시킨다. 이 로스라는 인자를 비트겐슈타인의 논리적 하비투스에서 **상세하게**en détail 입증하는 것은 어렵지 않을 텐데, 가령 이 철학자가 "나는 사용이 문화의 형식이자 대상들을 만드는 형식이라고 주장한다……"*라고 적을 때 그렇다. '문화의 형식'에 대한 탐색이 이뤄지는 논쟁적인 분위기를 카를 크라우스의 아포리즘 하나가 표명하고 있다.

> 아돌프 로스와 나는(그는 문자 그대로 나는 언어상으로) 항아리와 요강 사이에는 차이가 있고 비로소 문화는 이 차이에서 활동의 여지를 가진다는 것을 보여주는 것 못지않게 그렇게 되도록 했다. 그러나 다른 이들, 실증적인 이들은 항아리를 요강으로 사용하고 그리고 요강을 항아리로 사용하는 이들로 나뉜다.**

비트겐슈타인의 후기 메모 "문화는 하나의 수도회 규칙이다"는 여전히 초기 빈 모던의 형식적 순수주의의 공격적인 축소의 윤리와 미래 요청의 정취를 전제한다. 비트겐슈타인의 발언에서 들리는 기묘한 울림은 분리주의의 근본 태도가 기대고 있는 역설, 즉 문화에서 믿을 만한 상승은 기초 형식들로 하강해야만 도달할 수 있다는 것을

---

*   Janik/Toulmin, *Wittgensteins Wien*, p.129[《비트겐슈타인과 세기말 빈》, 155쪽].

**   Karl Kraus, "Nachts"(초판 1919), in *Ich bin der Vogel, der sein Nest beschmutzt. Aphorismen, Sprüche und Widersprüche*, marix Verlag, 2007, p.363[〈밤에〉, 《나는 둥지를 더럽히는 새다: 아포리즘, 격언 그리고 모순들》][《비트겐슈타인과 세기말 빈》, 145쪽에서 재인용].

이해하면 해명된다. 이 형식의 열광자들에게는 단순한 것이 복잡한 것보다 우위에 있다. 과잉의 것을 생략하는 것이 윤리적 행위다. '사태들로zu den Sachen', '기초적인 삶의 형식들로zu den elementaren Lebensform', '실제 사용으로zum realen Gebrauch'라는 외침은 '타락한' 영역들로부터의 대탈주에 참여한 이들에게는 같은 의미다. 기능주의적일 뿐 아니라 현상학적이고 실증주의적일 뿐 아니라 축소주의적인 이러한 활동들을 통해 '장식들'—혹은 과잉의 것들이라고 부르길 원하든—로 이뤄진 세계 전체가 무너져 내린다. 앞으로 중요한 것은 시원의 형식들과 문법들과 그 구성 원칙들의 단계다. 새로운 의미의 '문화'를 가능하게 만들고 정당화하는 이 단계에 참여하고 있는 이들은 어떤 명시적인 규칙 밑에서 살아가는 예술가-절제자 집단을 형성한다. 그들에게 윤리학, 미학, 논리학은 같은 방향을 가리킨다. 빈의 수도회 규칙은 그 각각의 개별 규정에서 타락한 관계들의 패권에 반대한다는 이유에서만 새로운 '문화'의 발생에 대해 중요한 척도가 된다. 그 양식은 명료함, 단순함 그리고 기능성의 삼위일체를 통해 기초가 놓인 **데푸르부** dépourvu(없음)*로, 신-시토회Zisterzienser[수작업과 자급자족을 하는 봉쇄수도회]와 흡사하다.

형식과 삶

나는 만일 이 분리의 형상이 빈의 역사와 무관하게 더 일찍 그리고 가장 일찍 표명되기도 했던 수행하는 삶의 조직 형태에 대해 이어서 이야기되는 내용 전체에 의미 있지 않다면 이 연관들을 상기시킬 필요는 없을 것이다. 이와 같은 분리의 제스처에 이미 "너는 너의 삶을 바꿔야 한다!"는 명령이 표현되어 있으며, 이게 없다면 일찍이 어떤 '수도회'도, 어떤 개혁도, 어떤 '혁명'도 있을 수 없었을 것

---

* 비트겐슈타인의 《논리철학논고》에 나오는 '의미 없음'을 뜻하는 독일어 표현 'unsinnig'의 프랑스어 번역어가 'dépourvu de sens'로 저자가 여기에서 차용한 것으로 보인다.-옮긴이

이다. 이 경우 삶 자체에는 개인이 가지고 있거나 혹은 터득할 수 있는 어떤 능숙에 의해 변화되는 특별한 무엇인가가 있다고 전제된다. 1937년 비트겐슈타인은 적었다. "삶이 문제투성이라는 것은 당신의 삶이 삶의 형식에 (걸)맞지 않다는 것이다. 그렇다면 당신은 당신의 삶을 바꿔야 하고, 당신의 삶을 삶의 형식에 맞추면 문제가 됐던 게 사라진다."*

형식과 삶 사이의 더 나은 '(걸)맞음Passung'의 가능성에 대한 믿음에는 소크라테스와 플라톤이 철학의 기초를 놓던 단계와 브라만교의 자기수련의 초기까지 더듬어 소급할 수 있는 한 형식 개념이 바탕이 된다. 이 개념은 삶의 '좋은 형식'이 하나 있다는 확신을 표현한다. 빈의 공방에서 유래하든, 아테네 학당에서 유래하든, 혹은 바라나시[인도 힌두교의 성지]의 수도원들에서 유래하든 이 형식을 인수하면 틀림없이 실존의 장애를 제거하는 것으로 이어진다는 것이다. 좋은 형식을 발견하는 것은 어떤 도덕적-논리적 수련이 포함된 설계Design 과제와 같다. 철학 자체가 처음부터 그러한 임무를 함축했다는 이유에서만 철학은 '학교/학파를 만들' 수 있는 것이며, 그와 같은 학교/학파는 이미 하나의 분리 현상으로, 아카데미의 설립자 플라톤과 빈의 모던 참여자들Moderne이 거의 다르지 않을 것이다. 분리가 있는 그곳에서 앞서 발견한 사실들에 대한 개혁가들의 인내는 끝난다. 그들은 익숙한 관계들도 그것의 모상들도 더 이상 보고 싶어 하지 않는다. 원형에 대한 애정의 시간이 시작된 것이다. 원형은 삶을 모사하지 않고 삶보다 앞선다. 바로 원형을 향한 분리의 정신에서 철학이 탄생했다고 말할 수 있다. 플라톤이 기원전 387년 설립한 아테네 학당―[루키우스 코리넬리우스] 술라Lucius Cornelius Sulla Felix[BC 138~BC 78. 로마 시대의 정치가 겸 장군]에 의해 기원전 86년 파괴될 때까지 그 운영이 꾸준히 계속됐다―이 도심에서 거의 1마일 북서쪽으로 떨어져 중심에서 벗

---

* Wittgenstein, *Vermischte Bemerkungen*, p.62[《문화와 가치》, 76쪽].

어나 있는 것이 우연만은 아니었다. 이곳은 당연히 매우 적절하게도 공공연하게 바로 교육 조직에 포함됐던 더 큰 규모의 체육시설인 체조장 옆에 있었다.

학교/학파의 설립이라는 것은 후기 아테네적이든 혹은 후기 합스부르크적이든 운명이라는 통속물Schicksalskitsch에 대한 거부를 함축한다. 그것은 운명의 문제를 규율의 과제들로 전환할 것을 요구한다. 플라톤은 이미 그가 비극에서 도덕적인 '타락'을 탐지했기 때문에 그것을 거부했다. 다른 사람들이 어떤 상황에 얽혀들어 몰락할 때 그들을 편안하게 감상적으로 방관하는 대신 자신의 실수를 걱정하고 한 번 의식한 이 실수를 가장 나은 앎에 따라 고치는 것이 더 득이 많을 테니까. 플라톤의 학교는 '실수'의 발견에 의거해 있다고 서슴없이 말할 수 있다. 이 실수는 교정할 수 있는 세속화된 불운이고, 학생은 실수를 통해 배우고 그것을 제거하려고 애쓰는 자다. 이 지점에서 니체가 그의 초기 저서들에서 작업했던 것과 같은 소크라테스의 근본 태도와 비트겐슈타인이 계속 자기를 규명하면서 보여주는 맹아Ansatz가 눈에 띄게 수렴한다. 이 언어분석가에게도 비극성은 없고, "그리고 갈등은 장엄한 무엇인가가 아니라 어떤 **실수Fehler**가 된다".[*]

이 숙고들의 목적이 무엇인지 터놓고 말해보자. 비트겐슈타인의 문화 개념에서 개인적인 실수와 집단적인 상황의 실수 '작업Arbeit'에 대한 예리한 분리주의적 이해가 대두된다는 것을 입증하면 다양한 영미 분석철학의 변종에서 동반되어 나타나는 평등주의적이고 상대주의적인 이데올로기 쪽으로 그의 문화 개념을 끌어들이는 가능성들이 모두 사라진다. 실제로 비트겐슈타인의 '저작/작업Werk'은 20세기가 친숙했던 윤리적 엘리트주의의 가장 강고한 특색을 체현하고

---

[*]   Ibid., p.35[같은 책, 42쪽]. 비트겐슈타인과 소크라테스의 가르침 사이의 관계에 대해서는 Agnese Grieco, *Die ethische Übung. Ethik und Sprachkritik bei Wittgenstein und Sokrates*, Lukas Verlag für Kunst- und Geistesgeschichte, 1996[《윤리 수행: 비트겐슈타인과 소크라테스에서 윤리와 언어비판》]을 보라.

있다(유일하게 대등한 체격을 갖춘 개혁적 엘리트주의자라고 할 수 있을 시몬 베유는 제외하고 말이다). 그의 엘리트적 분리주의 접근은 그렇게 깊이 다다라서 이 저자가 그 일이 가능했더라면 기꺼이 자기 자신과 그의 뒤섞인 '난잡함Schweinereien'에서마저 철회하고자 했을 것이다. 비트겐슈타인의 가차없는 엘리트주의가 밝혀진다면—더 나아가 이 엘리트주의는 비정치적이고 비역사적인 만큼 매우 급진적이다—이것은 그의 가장 성공적인 정리定理 '언어게임'론을 이해하는 데 영향을 끼칠 뿐 아니라, 교사라는 비트겐슈타인의 역할도 매우 색다르게 비춘다.

언어게임들은 수련들이다: 일상 언어의 현혹

지금이면 싫증 날 때까지 인용되던 '언어게임'이 실제로는 자기수련을, 더 적절하게 표현하자면 미시적 자기수련의 모듈을 구현한다는 점이 곧바로 명료해질 것이다. 즉 이 게임을 실행하는 것이 유익하거나 바랄 만한 것인지 우리에게 일언반구 없어도 해오던 대로 실행될 수 있는 언어적으로 표현된 실천적 수행들인 것이다. 명백하게도 문화들 자체는 우리에게 이 문제들을 밝히지 않고 긍정할 수밖에 없다. 언어게임이론 역시 이 지점에서 책임 회피의 답을 한다는 것은 받아들일 만한 게 더 못 된다. 이리하여 이 이론이 대부분의 언어게임에서 '불결한' 통상성의 모방이 어떻게 착수되는지에 대해서는 침묵하는 동안, 분리의 참여라는 본질적인 것은 대개 불명확하고 이해 불가로 남아 있다. 우리는 늘 해오던 대로 언어게임을 하며 본래 수행할 가치가 없는 것을 수행한다. 하는 것이 가치 있는지 곱씹어보지 않고 다들 하는 것을 하면서 **좋든 싫든** 수행한다. 늘 해오던 언어게임이란 이와 같이 언명되지 않은 '불결한 자들'의 일상적인 훈련이며, 그리하여 이들에게는 그들의 삶의 형식이 어떤 시험을 견딜 수 있는지는 아무래도 좋다.

매우 드문 경우들에만 언어게임에 참여하는 이 수완은 분리적 삶의 형식이 밝혀지고 여기에 자발적으로 연계함으로써 얻어지게 된다. 이와 같은 삶의 형식이 비트겐슈타인이 [앞에서 인용한] 문장의 두 번째 부분에서 강조한 것처럼 어떤 명시적인 '수도회 규칙'을 전제할 것이다. 이때 '명시적'이라는 말은 형식의 지식 혹은 자기수련의 지식과 관련되는데, 이 지식은 오랫동안 수행하는 삶을 가지고 실험을 진행하면서 증류됐거나(파코미우스에서 세비야의 이시도르Isidor von Sevilla[560~636. '고대 세계의 마지막 스콜라 학자'로 일컬어지는 주교로 《어원백과사전》에 고대 지식을 집대성]까지의 규칙서 저자의 시대나 혹은 브라만교와 요가 전통들처럼) 혹은 어떤 문화 위기의 내부에서(빈의 **세기말**처럼) 급진화된 설계로 새롭게 발전됐던 것이 분명하다. 그렇다면 수행이라는 것은 언명된 자기수련을 수단으로 수행할 가치가 있는 것과 일체가 된다는 말일 것이다. 이 수준의 수행들은 불결하지 않은 이들의 언어게임과 삶의 형식으로 이어진다. 매우 기초적으로 보일지 몰라도 그것들은 기예의 배 속에 일상을 완전하게 배는 것이다. 평범함Normalität의 완전한 제시는 이렇게 해서 곡예의 수행이 된다. 비트겐슈타인에게는 **확률 없는 산**의 정상에서 삶의 형식이 논리적으로 분석되고 기술적으로 재구성됨으로써 밝혀질 수 있게 되는 윤리적 기적이 일어난다.

후기 비트겐슈타인이 겸허하려는 노력을 다했는데도 불구하고 그에게 어느 정도의 가식이 있었음을 입증해야 한다. 마치 그가 자신의 언어게임이론이 저속하고 '불결한' 차원의 실존에 대한 불투명한 용인을 담고 있음을 알지 못하는 것처럼 그렇게 행동하곤 했기 때문이다. 이 차원의 실존에 대한 거리 두기를 결코 포기한 적이 없었는데도 말이다. 그는 자신을 위해 저렇게 밝혀진 수도회 규칙들을 흘끔 봤는데, 이 규칙들 밑에서 그가 두드려 만든 예외적 인간들과 같은 등급의 분리주의자들이 살기 원할지 모르며, 그들이 이 규칙들의 요구 사항들과 조화롭게 살 수 있을지도 모른다. 이 형식들을 마찬가지로 '언어게임'으로 지칭할 수 있지만, 우리는 수도복들이 올이 매

　　　　　　　　　2부. 곡예 윤리를 위한 확률 없는 것의 정복

우 촘촘한 옷감으로 만들어져 있음을 알아챈다. 수년 전 유행한 **일상언어철학**Ordinary Language Philosophy이 비트겐슈타인을 증인으로 끌어냈을 때, 이 철학은 저 대가 자신이 결코 책임이 없지 않았던 어떤 현혹에 굴복해 있었다. '일상 언어gewöhnliche Sprache'에서 그가 흥미 있는 것은 결코 그것의 일상성이 아니었다. 이 언어의 재주는 **일상**ordinary이라는 말로 빈의 공방의 완전주의에서 무엇인가를 통감하는 데 있었을 것이다. 우리들은 이 영국 환자들에게 그들이 일상적인 것의 찬미에 대해 너무 일찍 기뻐해선 안 된다고 언급하는 것을 잊어버렸다. '이례적인'을 의도하면서 '일상적인'이라고 말했다는 것이 이 대개혁의 정신 중의 정신이었다. 본질적인 사용 형식을 찾는다는 것이 무엇을 의미하는지 일상주의자들의 파티를 망칠 위험을 무릅쓰고서라도 관심이 있는 이들에게 설명해야만 했을 것이다. 일찍이 그의 외투를 아돌프 로스의 옷장 옷걸이에 걸어뒀던 사람은 잊히지 않는 척도를 하나 가지고 있는 셈이다. 영국과 미국의 동료들이 그들의 소지품을 어디에 걸어두는지 본다면 그들을 다시는 결코 진지하게 받아들일 수 없다.

언어게임이론의 미묘한 허위가 보나마나 그 성공의 비밀이다. 게다가 이 허위에서 비트겐슈타인의 '교사'라는 하비투스에서만 따로 '보여지는' 무엇인가가 분명해진다. 그러니까 그는 가르친다는 것이 시범을 보이는 것이라는 점을 알고는 있었지만, 그가 비르투오소로서 시범을 보일 수 있는 언어논리적 분석은 그가 본래 시범을 보이고자 했던 성인의 삶의 형식과는 천지 차이가 있다. 비트겐슈타인의 가르침에서 '보여지는' 것은 그에게 무엇이 중요한지를 그가 보여주지 못했다는 것 말고도 그가 하고 싶었던 대로 할 수 없었고 그가 할 수 없는 것을 하길 원하기를 중단하지 않았다는 것이다. 잘 팔리는 비트겐슈타인 성인전은 오랫동안 그 영웅이 1920년부터 1926년까지 오스트리아의 초등학교 교사라는 그의 역할에 다소 안쓰럽게도 실패했다는 것을 인정한다. 그렇지만 비트겐슈타인이 대학교 교사로 똑같은 정도이자 훨씬 심각하게, 즉 결정적으로 실패했다는 것은 아무도 감히 말하려 하지 않는데, 이는 남몰래 심리적으로 이 저자의 혐의를 벗겨주는 것 말고도 그가 세계적으로 저명해지면서 **호모 아카데미쿠스**homo academicus가 감히 꿈꿀 수 있었던 것 그 이상을 이룩했다는 의견을 가지고 있기 때문에 그런 것으로 추측된다. 비트겐슈타인이 1946년 교직에서 물러나기 직전 "나는 내 학생들에게 그들이 훤히 알기는 불가능한 어떤 기괴한 풍경의 단면들을 보여준다"*라고 적을 때, 그는 자신이 실제로 무엇을 선호하는지 그의 청중이 잘 모르게 두는 데 **은연중에**implicite 동의했다. 자신에게 필요한 일이었다면 그는 이 풍경을 밝히려고 더 많은 것을 할 수 있었을 테지만, 고귀한 방향감각 상실을 더 제공하고 싶어 했다. 마치 케임브리지에서 그의 그리스도교적 완전주의가 당시 거의 믿어지지 않던 그의 동성애와 마찬가지로 고백할 수 없는 사적인 일이라도 되는 것처럼 말이다.

보여지는 것

비트겐슈타인의 대학교 교사의 역할에 대한 명시적인 비판의 오류는 내가 보기에 그의 학생들이 이 교사의 모호성을 간과했고 그 교훈의 절반에 만족했다는 것에 대한 간접 증거를 하나 제시한다. 이 절반의 교훈으로 도달할 수 있는 게 무엇인지는 대서양의 이편과 저편에 있는 대학 철학을 최근 50년 이상 지배하던 유행이 보여준다. 비트겐슈타인이 그의 대학의 페르소나로 함께 세웠던 예리한 감각을 자랑하는 사유의 스포츠맨과 불손한 인식론자의 범례가 곳곳에서 우위를 차지했던 반면, 이 사상가에게 실제로 중요한 것은 분석 세미나의 주제 목록에서 완전히 사라진 것이나 마찬가지다. 비트겐슈타인 자신이 '보여지다'의 길에 바라던 것과 완전히 다른 무엇인가가 드러났다는 것을 깨달았던 게 분명하다. 그가 1947년 "이렇게 해서 내

---

*   Wittgenstein, *Vermischte Bemerkungen*, p.111[《문화와 가치》, 131~132쪽].

가 영향을 끼칠 수 있는 것은 기껏해야 무엇보다 나의 자극으로 인해 **막대한** 양의 쓰레기 같은 글들이 쓰인다는 점, 그리고 **어쩌면** 이것이 어떤 좋은 것을 위한 자극을 준다는 점일 것이다"*라고 적었을 때, 모범의 직접적인 영향이라는 이상은 오래전에 무너져 있었다.

철학사에서 어떤 사상가가 그의 영향을 매우 정확하게 예견했다는 것에 대한 두 번째 예시를 찾는 것은 헛되다. 동시에 이 문장은 20세기 후반의 지성적 재난을 개괄하고 있다. 비트겐슈타인이 당장 혹은 사후에 자극하리라는 것을 알고 있는 이 '쓰레기Dreck'는 그가 공식적인 후기 이론인 겉보기에 중립인 언어게임이론을 가지고 그 손에서 놀아나야 했던 '불결'과 다를 바 없다. 비트겐슈타인이 나중에 보인 모호성은 당연히 사적인 콤플렉스만을 표현하지는 않는다. 그것은 그가 뛰어넘을 수 없었던 객관적인 곤란도 표명한다. 후기 합스부르크 세계의 생존자였던 그에게 시계는 1918년 11월[제1차 세계대전이 끝남과 동시에 오스트리아-헝가리제국이 멸망한 때]에 멈춰 있었으며, 이 시계는 그의 일생 동안 더 이상 계속 움직이지 않았다. 그때까지는 빈 모던의 그 밖의 주인공들처럼 그의 시대를 앞서 있었다. 대개 혁을 향해 떠났던 이들의 절제적-형식주의의 문제 공동체에 연결된 채 말이다. 오스트리아 세계가 붕괴된 뒤 그는 현재의 테마들에 대한 모든 연관을 상실했고 날짜도 없고 수신인도 없는 문제들로 이뤄진 어떤 공간을 향해했다. 여기에 '참여적인' 초기 단계의 히스테리한 과잉 행위와 단절한 뒤 마찬가지로 현존재의 통상성에 맞서는 일종의 추방되고 맥락에서 벗어난 저항으로 옮겨갔던 에밀 시오랑이 유일하게 견줄 수 있을지 모른다. 비트겐슈타인과 시오랑을 그들의 시대에 맞지 않는 수련들에 대한 시각 밑에 나란히 세우는 것이 유익할 텐데, 둘 다 무엇인가를 발견했으며 시오랑은 원래 그의 책 제목이었

---

* Ibid., pp.121~122[같은 책, 143쪽].

던 **부정적 수련들**로 이것에 대한 올바른 개념을 찾았다.* 비트겐슈타인이 1929년부터 1951년까지 그의 영국 시절에 성취했던 것은 전체적으로는 전쟁을 일으키며 카카니엔적인** **세상의 개혁**reformation mundi 을 정지시킨 것에 대한 비극적인 증언을 이룬다.

자신의 세계가 절단된 뒤의 오스트리아는 현실성이 없는 땅이었고 비트겐슈타인이 다시 들여온 철학은 삶의 허위였다. 비트겐슈타인이 후기 합스부르크의 오스트리아주의***에서 톨스토이식의 지적 존재(설계자)****의 그리스도교로 옮겨간 것이 1918년 전이라면, 이 것은 가장 훌륭한 사람들이 느꼈던 근본 개혁의 불가피함의 일부를 상징화할지 모른다. 1918년 이후에 그런 선택은 왕조 이후의 세계에서 살아가는 데 필요한 규칙을 정식화하는 과제를 거의 다방면에서 거부한 것의 일부에 지나지 않았다. 비트겐슈타인이 당시에 이미 문화가 하나의 수도회 규칙임을 믿었다면 그는 시대의 궁핍을 보고 그와 같은 규칙을 기초하거나 혹은 이 규칙을 작성하는 데 영향을 끼치

---

* 이 책의 136~137쪽을 보라.

** 로베르트 무질의 《특성 없는 남자》(안병률 옮김, 북인더갭, 2013)의 8장 제목이기도 한데, 오스트리아-헝가리제국을 가리키는 'kaiserlich und königlich'(제국의 형태를 띠고 황실이 지배하는 이중 군주국)를 줄여 만든 'Ka und Ka'에서 따와 〈카카니엔Kakanien〉이라고 붙인 것에서 유래해 오스트리아-헝가리제국을 카카니아Kakania로 표현한다. 이 약자는 합스부르크제국의 모든 주요 기관들을 표시하는 데 사용되기도 했고 독일에서는 아이를 향해 사용할 때 '대변의 나라'나 '똥의 땅'이라는 의미도 있다(앨런 재닉/스티븐 툴민, 《비트겐슈타인과 세기말 빈》, 석기용 옮김, 필로소픽, 2013, 14쪽).-옮긴이

*** 오스트리아주의Österreichertum란 후고 폰 호프만슈탈Hugo von Hofmannsthal, 헤르만 바르Hermann Bahr, 로베르트 무질Robert Musil 등이 대표하고 그들의 전작을 관통하는 담론으로 제1차 세계대전 이전에 그 기반이 마련되었다가 전후에 급부상한, '독일적 원리'를 배척하고 '오스트리아적 원리'에 기반한 오스트리아만의 유일성을 규정하려던 정치사회문화적 시도를 가리킨다.-옮긴이

**** 지적 설계Intellectual Design, ID란, 의사과학에서 신의 존재를 증명하기 위해 우주와 생명체의 특징은 정밀하고 복잡한 시계처럼 자연발생적으로 만들어진 게 아니라 지적 원인(지적 존재Designer)과 같은 설계자의 의도가 발현된 것이라고 주장하는 이론이다.-옮긴이

려고 시도했을 것이다. 이 또한 포스트-봉건 세대들을 위한 정당 강령이나 교육 구상과 같은 멋없는 형태로만 존재할지라도 말이다. 오히려 그는 오스트리아의 시골 초등학교라는 구식 세계를 택했는데, 그는 이 세기에 길을 잃고 방황하던 한 인민주의자Narodnik였다. 나중에 그는 자신의 철학적 분석을 통해 현실 도피라는 오스트리아의 양식을 대영제국을 우회해 대중화하는 데 기여했다. 이 언어게임이라는 허위는 저 현혹이 어디에 근거했는지 아무도 깨닫지 못한 채 서구 세계의 세미나들을 통해 개선 행렬을 시작했다. 그것은 마치 미국의 건축 자재 시장이 불가피하게 다만 시장에 흔히 있는 것만을 공급할 수 있을 뿐이라는 점을 고려하지 않은 채 오로지 로스식의 귀족주의적 형식주의의 생산물을 판매해야 했던 것과 같았다. 비트겐슈타인은 1918년 그의 멈춰 섬의 방식을 통해 1945년 이후 영국 세계의 정신적인 멈춰 섬을 이데올로기적으로 공동 설립했다. 외면적으로는 '모든 삶의 형식들의 표면상 등가, 분석적 적합과 자유주의적인 **무엇이든 좋다anything goes**'가 있었고, 그 내면에는 우둔함*의 푸른 골짜기에 대한 향수와 과거에서 온 어느 엘리트의 위계감이 있었다.

언명된 수행들

나는 내가 내린 진단들이 파괴적인 비판으로 오해되는 것은 보

---

*   이 말의 의미를 앨런 재닉과 스티븐 툴민(한국어판 432~433쪽)에 기대어 헤아려볼 수 있다. "비트겐슈타인은 늘 영리해서만은 안 된다는 것이 철학에서 매우 중요하다고 설명했다. 왜냐하면 '영리한' 철학자는 그의 사상이 마땅히 빛을 던져주어야 할 일반 대중의 문제들에서 오히려 멀어지고, 자기 자신이 만든 부차적인 문제에 몰두하게 될 위험이 있기 때문이다. 가끔씩 솔직한 우둔함의 기운을 느껴보는 것만이, 직업적인 강단 철학의 논증이 어디에서 우리의 진정한 지성적 욕구에 답하는 데 실패하고 있는지를 이해하는 데 도움을 줄 것이다." 그밖에도 이 단어는 비트겐슈타인과 더불어 대표적인 빈의 모더니스트이자 철학자, 소설가인 로베르트 무질의 마지막 작품이자 연설문의 제목이다. 국내에는 그의 유고집과 묶여 《생전 유고/어리석음에 대하여》(신지영 옮김, 워크룸프레스, 2015)로 소개되었다.-옮긴이

고 싶지 않다. 반대로, 비트겐슈타인에게서 야기되는 왜곡을 수정하는 것은 해결할 수 없는 과제가 아니다. 언어게임이론이 본래는 언명된 자기수련과 언명되지 않은 자기수련 사이의—이 이론 쪽에서는 언명되지 않은—차이에 근거하는 어떤 훈련이론을 구현한다는 것을 포착하는 데에는 좋은 형식에 대한 탐색의 분리주의 동학을 상기하는 것으로도 충분하다. 개별 언어게임은 숙고는 말할 것도 없고 그들이 무엇을 하는지 알지 못한 채 해오던 대로 게임자들에 의해 실행되는 미시적 자기수련의 모듈이다. 그들이 배워온 대로 행동할 때 그들은 문법에 들린 자들이 확실하지만(설령 문장 구조상의 습관들에 가볍게 들린 것만을 다룰지는 몰라도) 그렇다고 해도 무의식적으로든 혹은 반쯤 의식했든, 따르던 어떤 규칙에 들려 있다는 것은 사람들이 참된 것과 옳은 것에 관계하는 타당한 방식이 결코 될 수는 없다. 어떤 말의 의미가 그 실제 사용이 될 수 있다고 해도, 결정적인 것은 이 사용을 정련하는 일이다. 아돌프 로스가 일상에서 사용하는 사물들의 고유한 삶을 매우 정확하게 연구하여 매우 평범한 이 대상들을 매우 정제된 단순화와 최고의 물질적 순수함을 갖춘 용기들로 대체하지 않았던가? 그리고 비트겐슈타인 자신은 어땠는가? 그가 누나를 위해 설계한 빈의 집에서 외견상 확정적으로 주어진 문 손잡이 형태들마저 거부하고 그 자리에 문이 바깥으로 아니면 안으로 열리는지를 그 형태를 통해 알게 하는, 자신이 새로 도안한 손잡이를 설치하지 않았던가?

두 사람의 유사성에서 나오는 귀결들은 멀리까지 가닿는데, 실제로 언명되지 않은 수많은 수행들은 언명된 수행들로 변환되고 그러는 가운데 이 수행들이 밝혀질 수 있고 또 그래야만 한다. 언명되지 않은 수행과 언명된 수행 사이의 격차 자체가 최초의 윤리적 사실에 속한다. 이 차이는 비트겐슈타인이 1930년 '진보'에 유리하도록 명료함을 계몽주의적으로 도구화하는 것에 맞서 세운 명제를 정당화한다. "나에게는 반대로 명료함이, 투명성이 자기목적이다."* 자기목적이라 하는 것은 실제로는 틀린 채로 규칙들을 적용하던 것이 자유로운 수행으로 변환되는 일이 일어나는 매개다.

윤리적 원형문 "너는 너의 삶을 바꿔야 한다!"는 그렇기 때문에 가장 먼저 수행자들이 자신들의 수행을 수행으로, 말하자면 수행자들에 관여하고 있는 삶의 형식들로 의식해야만 따를 수 있을 뿐이다. 이 요구에 대한 근거는 명백하다. 이 게임자들 자신이 불가피하게 그들이 게임하는 것과 게임하는 방식(그리고 그들이 게임하도록 주입되어온 방식)에 의해 주조되어 있다면, 그들이 얽혀들어 있는 그 게임들의 본질이 무엇인지 밝힘으로써 자기변화라는 명령의 가교에 도착할 뿐이다. 따라서 언어게임이론은 미국 철학자 브라이언 파렐Brian Farell이 1946년 건축 자재 시장 고객들은 충동적이지 않다는 근거를 가지고 주장했던 것처럼 '치료 실증주의therapeutischer Positivismus'**의 표현이 될 수 없다. 비트겐슈타인이 왜 이 정의에 대하여 "극도로 화를 냈는지" 이해가 간다. 이 이론은 변형을 위한 자기수련주의의 작업 형태이고, 그리하여 행동하는 윤리적 분리주의다. 그것은 상황적 압박 속에서 일체화되고 불가피하게 '불결'에 가깝게 우선적으로 주어져 있는 삶의 형식들의 혼잡으로부터, 앞서 밝혔던 '수도회 규칙'으로 인수될 수 있는 게임들을 선별하는 것을 목적으로 하여 실행될 것이다. '언어게임'은 살아 있는 수정水晶과 불결 모두에 해당하지만, 여기서 문제는 뉘앙스다.

---

*   Wittgenstein, *Vermischte Bemerkungen*, p.31[《문화와 가치》, 39쪽].

**   Janik/Toulmin, *Wittgensteins Wien*, p.295[《비트겐슈타인과 세기말 빈》, 367쪽. 이는 1940년대 후반 미국의 비트겐슈타인 수용의 한 양상을 보여주는 것으로 마치 비트겐슈타인의 철학이 프로이트의 정신분석처럼 지나친 충동 제거와 같은 치료 요법의 기능을 한다는 주장을 담고 있다].

무엇에 침묵해선 안 되는가

이렇게 해서 삶에서 실제로 문제되는 모든 것에서 명목상 침묵이 유지돼야 한다는 비트겐슈타인주의자들 사이에서 유행하는 잡담이 남게 된다. 기호가 문제가 될 때 우리는 침묵하지 않는다. 역시 이 지점에서도 혼란의 출처를 찾다보면 비트겐슈타인 자신에게 인도된다. 이 민감한 지점에서 그는 자신의 이데올로기에 속아 넘어갔는데, 그에게 이미 예전부터 매력적인 예수주의적이고 수도원주의적인 침묵의 하비투스를 암암리에 논리적 약점을 보이는 메타언어의 가능성에 대한 부정과 융합했던 것이다. 마치 그의 저작 전체가 침묵의 규칙을 유일하게 깨뜨린 게 아니고 수십 년 동안 정력을 쏟아 무엇을 말하고 어떻게 말할지에 대해 이야기하지 않기라도 한 것처럼 말이다.

이 침묵에 대한 잡담은, 어떤 수행자에게 문제는 수행을 하는 것이지, 수행에 대해 사고하는 게 아니라는 것을 분명히 하는 데 필요한 만큼만 남아 있을 뿐이다. 원반을 던져서 원반 던지기를 완수할 수 있을 뿐이지, 원반들과 원반들을 던지는 올바른 방법에 대한 어떤 잡담도 던지기를 대체할 수 없으며, 또한 던지기 선수의 일대기와 던지기 문헌의 서지 사항으로는 한 걸음도 나아가지 못한다. 그것은 만일 '원반학Diskologie'이라는 게 존재한다면 그것은 기술 규칙에 따라nach dem Stand der Kunst 수행될 수 있는 하나의 분과가 될 수 있다는 사실에서 아무것도 바꿔놓지 못한다. 이 분과에서 실행은 이러한 ~학에 속하는 언어게임들을 **기술 규칙에 따라**lege artis 실천하는 데 있을 테니까. 던지기 연구와 인간 탄환학의 특수 연구 영역에서도 왜 그렇지 않겠는가? 담론 던지기 선수와 원반학자 가운데 어느 쪽이 더 나을지는 또 다른 문제다. 이것은 각 분과의 방식으로 모두를 능숙하게 만들고자 하는 두 분과 가운데 선택을 하도록 강제하거나, 혹은 이 전문 분야들을 결합시켜서 **박학다식한 운동선수**athleta doctus를 만들어내는 것으로 이어진다.

비트겐슈타인의 침묵은 그 자체로 따지면 에리히 케스트너Erich Kästner[1899~1974. 독일 소설가 겸 시인]의 시구 "선한 것은 없다. 선을 행하는 것을 제외하고" 만큼의 깊은 의미를 품고 있다. 하려고 하면 이 침묵을 역시 베네딕트 규칙서와 연결시킬 수 있을 텐데, 이 규칙서의 〈어떤 수도원장이 되어야 하는가Wie der Abt sein soll〉라는 절에서는 "이와 같이 수도원장이라는 칭호를 받아들인 사람은 자신의 제자들을 이중의 가르침으로 관리해야만 한다. 그는 말을 통해 보여주는 것보다 행위를 통해 선하고 거룩한 모든 것을 더 보여줘야만 한다"*고 이른다. 비트겐슈타인의 이 하비투스는 예수가 빌라도 앞에 서 있는 것을 구현한 것과 같이 '침묵하며 진리를 육화하는' 원장면이 두루 비춤으로써 '종교적'으로 충전된다. 이 철학자의 태도는 그가 영원히 빌라도 앞에 서는 모습을 상상하면 더 잘 이해될지 모른다. 이리하여 "그러나 비트겐슈타인은 침묵했다"는 문장을 은유적으로bildlich 해설할 수 있게 된다. 그는 실제로는 침묵하지 않았고, 반대로 세계는 무엇인가를 보여주기에 이상적인 장소라는 것을 확신하는 어떤 남자에게 적합한 태도로 강의했다. 그가 보여줄 수 있는 것의 그 내용에 대해서는 그렇게 정말 명료하게 알고 있지는 않았기에 그는 공식적인 대학 강사와 트레이너의 역할에도 착수할 수 없었고 현저한 구루와 메시아의 역할을 하겠다는 결단도 할 수 없었다. 그는 매우 중요한 지점에서 결단하지 않고 있었는데, 정신적인 것이 한 가지 이유였고, 다른 이유는 그가 자신의 침묵의 보여주기론 내부에서 기술적 장인으로서 본보기를 제시하는 과제와 삶의 교사로서 스스로 본보기가 되는 과제 양쪽을 분리할 수 없었기 때문이다.

---

*   *Die Benediktusregel*, Lateinisch/Deutsch, Beuron, 2006, 2, 11~12, pp.84~85. id est omnia bona et sancta factis amplius quam verbis ostendat[베네딕도, 《베네딕도-수도 규칙》, 이형우 옮김, 분도출판사, 1991/2000, 61/61쪽; 베네딕트, 《베네딕트의 규칙서》, 권역일 외 옮김, KIATS(키아츠), 2011, 24쪽].

자기수련론의 황혼과 즐거운 학문

자기수련론과 윤리학의 차이를 설명할 수 없는 비트겐슈타인의 무능―그리고 어떤 수행의 보여주기 시범을 '윤리적인' 것의 침묵의 육화와 혼동하도록 이렇게 조건화한 것―은 말하자면 반세기 동안 분석적 기회주의 진영에 혼동을 제공했지만, 그렇다고 그 자체로 치유될 수 없는 결함을 의미하지는 않았다. 이 책에 전개된 시도의 표현들로 말해보자면 비트겐슈타인의 저작은 지금껏 다뤘던 모든 저자들처럼 내가 자기수련론의 황혼이라고 일컬은 19세기 후반 시작된 운동에 속한다. 나의 주장을 반복하자면 이 황혼에서 이것이 일반 인간공학이라는 종점에 다다른다는 결론을 틀림없이 도출할 수 있다. 이 저자가 남긴 것은 수행 태도의 목적지를 끊어 밝히려는 일관되게 비일관적인 습작들 무더기다. 기이하게도 그의 실제 어휘의 결정적인 곳에는 틈이 하나 벌어져 있는데, 아무튼 나는 그의 저서들에서 '수행하다üben'라는 단어가 부수적인 방식 이상으로 사용되는 어떤 구절도 알지 못한다. 또한 나는 비트겐슈타인이 '아스케시스'(자기수련)와 '수행'의 어원론적 동일성을 의식하고 있었다는 것에 대한 어떤 힌트도 발견하지 못했다. 그래서 비트겐슈타인의 '저작'은 맹점처럼 빠져 있는 근본 개념 '아스케시스'(자기수련) 둘레에 배열되어 있다고 말할 수 있을지 모른다. 문법적인 것에 대한 그의 명시적인 감각은 자기수련적인 것에 대한 내포적인 이해와 분리될 수 없다.

그리하여 비트겐슈타인의 언어게임의 다양함에 관한 탐구들은 일반 자기수련론에 대한 기여로 읽을 수 있다. 즉 인간의 행동 영역 전체에 실천적으로 수행하는 모티프가 편재한다는 것에 대한 지시들의 축적으로 말이다. 미시적 자기수련은 항상 현행적이다. 그것은 인간이 하는 모든 일에 관여하고 있다. 전인격의 지대에까지, 저마다 고유한 역사[이야기]가 있는 모든 육체 부위의 특유한 언어에까지 가 닿는다. 이 게임들과 언어게임들에서 벗어날 수는 없다. 의도적으로 일어나든 혹은 나에게서 먼 의도 없는 반복의 연쇄로 일어나든 수행

2부. 곡예 윤리를 위한 확률 없는 것의 정복

의 법칙에서 아무것도 벗어날 수 없기 때문이다. 일상과 수행이 동일하다는 것은 언어게임 담론의 가장 강력한 직관들에 속한다. 그렇다고 일상적인 것이 전부 **그 자체로**per se 질서정연하지는 않고 어떤 진부한 언어게임을 반복한다고 그게 전부 수행자를 증진시키거나 혹은 그에게만 유익한 것도 아니라는 것을 평준화된 언어게임에 대한 잡담의 중심 흐름을 거슬러 명료화할 가치는 있다. 게다가 철학이 일상의 언어 사용으로 되돌아가서 치료될 수 있을 언어의 질병이라는 것도 진실이 아니다. 일상 언어에 귀를 기울이는 것은 오히려 정반대의 것을 가르친다. 일상 언어는 그것이 치료한다고 알려진 철학보다 더 많이 자주 병들어 있다고 말이다.

비트겐슈타인이 언어윤리학자이자 논리 개혁가로 종이에 썼던 것은 전부 내가 보기에는 그것이 《즐거운 학문》의 니체의 강령을 매우 진지하게 새롭게 수용하는 것으로까지 이해될 때에만 의미를 낳을 따름이다. 이 학문은 보통 개혁주의 논쟁과 결합되는 근본주의자의 까다로운 경향에 굴복하지 않은 채 우둔함을 손상시키려고 해명을 촉진하는 그만큼 즐겁다. 그래서 나는 감히 비트겐슈타인을 감춰진 니체주의자로 여긴다. 전술상 혹은 외형상의 차원(《인간적인 너무나 인간적인Menschlich, Allzumenschlich》의 저자처럼 그의 인식 가운데 가장 뛰어난 부분을 소규모로 맹비난하면서 기록하므로)에서만 그런 게 아니라, 전략적으로도(그가 니체처럼 철학에 어떤 게릴라 형식을 부여하고, 삶의 형식을 해명하고 변화시킴으로써 삶 자체를 근본적으로 바꾸려는 목적을 가지고 실존적으로 결합된 변형적 분석을 입안한다는 점에서) 그렇다.

푸코: 어떤 비트겐슈타인주의자

비트겐슈타인이 감춰진 비자발적인 니체주의자였다면, 미셸 푸코는 처음부터 현저하고 자발적인 니체의 상대로 등장했다. 그럼에도 전체 학문의 부문들 내지 인식론적 분과들은 **그 별칭이**alias 담론들 내지 담론적 실천들인 복잡하게 조립된 언어게임들과 다를 바 없다는 것을 증거로, 푸코는 비트겐슈타인이 작업을 남겨뒀던 그곳에서 이 작업을 시작했다고 말할 수 있다. 비트겐슈타인이 말하기가 앎보다도 얼마만큼 더 행위에 가까운지 보여주기 위해 언어 이론의 인지주의적 선입견과 단절했던 것처럼, 푸코는 그가 탐구한 분과들이 현실의 '반영'보다도 얼마만큼 더 수행체계에 가까운지 명시하기 위해 학문 이론의 인식론적 선입견과 단절했다. 그가 자신의 책《말과 사물Les mots et les choses》에서 학문적 지식 내지 지식 효과의 수행성을 논하는 분과군에 고르고 골라 **에피스테메**episteme라는 표현을 사용할 때, 우리는 여기서 어떤 훌륭한 아이러니를 상대하는데, 이와 관련해서는 정신분석이 소망을 받아서서 이뤄지는 신경증자의 논리적 정돈을 특징화하는 데 사용한 '합리화Rationalisierung'라는 말에 견줄 수 있을 뿐이다. 이것과 유사하게 **에피스테메**의 분과들은 이론의 권력자들이 정신의학자, 의사, 생물학자, 경제학자, 교도소장 혹은 법률가로서 실천하든 상관없이 그들의 담론적인 정돈들을 조직한다. '담론들'은 그 수행적인 위상에 따르면 실천의 권력사의 매 순간 지식 효과와 집행 능숙이 융합된 것이다.

그래서 1950년대 후반부터 1970년대 중반까지 발전했던 푸코의 작업들을 하이데거로 강화된—그리고 초현실주의로 급상승한—비트겐슈타인주의라고 부를 수 있는 것이다. 이것은 1945년 이후 프랑스 문화가 전체적으로 분석적 전통의 관념들에 대해 어떤 온상도 제공하지 않았던 것처럼 독일과 영국의 출처에 대한 더 상세한 지식 없이 진기한 방식으로 발생했다. 푸코의 시도는 당연하게도 파리 구조주의라는 유행 사조와 거의 관련이 없다. '하이퍼마르크스주의'*라는 규정에 대항하는 전선을 세울 때 가졌던 확실한 공통점은 제쳐놓고 말이다.

---

*   이 책의 213쪽 두 번째 각주를 보라.

비극적 수직성

그렇다고 해도 푸코의 저작은 단 하나의 관점으로 요약하기에는 매우 다양하고 다채롭다. 나는 우리의 문제 설정에 대해 명백한 관련을 보이는 두 측면들에 논의를 국한시키겠다. 첫 번째는 푸코가 인간 실존의 수직적 차원을 새롭게 규정하려고 멀리까지 뛰어나게 해석한 간결한 초기 논문들이고, 두 번째는 고대의 자기조형적 혹은 자기조각적인 삶의 테크닉에 대한 풍부하게 갈라졌던 후기 연구들이다. 첫 번째 측면과 관련된 문서를 나는 푸코가 현존재의 '비극적 수직성'을 표현하고 있는, 루트비히 빈스방거Ludwig Binswanger[1881~1966. 스위스의 정신의학자이자 정신분석가]의 책 《꿈과 실존Traum und Existenz》(1954)에 대한 푸코의 장문의 서문에서 찾는다. 남아 있는 두 번째의 출처는 이 사상가가 1976년과 1984년 사이 저자로서 침묵하던 시기에 촉진되어 '자기배려(돌봄)Selbstsorge', '자기수양Selbstkultur', '자기 자신과의 투쟁 Kampf mit sich selbst'과 같은 형상 주변에서 사후 편집된 저작군을 체계화하고 있는 작업군에 속한다.

이 양극에서 '곡예의' 차원은—실존에 내재한 수직적 긴장의 등장에 직면하여 실존이 취하는 입장으로서—못 보고 지나칠 수 없다. 푸코의 수평적 현상들과 자주 인용되는 '담론들'의 역사적 형성에 대한 숙고를 나는 여기서 고려하지 않는다. 그것들이 우리의 문제 설정에 대해서는 효과가 없고 비트겐슈타인의 언어게임 정리와 같은 유혹적인 모호성을 내보이기 때문이다. 그것들은 지식인들이 자신들의 비판적인 반사행동을 확인하기 위해 기꺼이 빠지는 덫의 작용을 한다. 마치 다른 누구도 아닌 푸코가 자신은 삶에서 아직 어떤 '지식인'도 만나보지 못했고, 늘 소설 쓰는 사람들과 환자와 일하는 사람들, 가르치는 사람들, 그림 그리는 사람들, 즉 "그들이 대체 무엇을 하는지 내가 결코 올바르게 이해하지 못했던" 사람들을 만났을 뿐 "한 번도 지식인은 만나보지 못했다"*고 강조하지 않기라도 한 것처럼 말이다.

1966년《말과 사물》이 갑작스럽게 나온 뒤 푸코 수용의 소란에서 이 저자가 12년 전 반-정신분석의 북소리를 내며 등장하기 시작했다는 것은 늘 좀처럼 인지되지 못했다. 그는 놀라울 정도로 자신감에 차서 프로이트의 꿈에 대한 분석의 변형의 역학인 이른바 '꿈의 작업'을 제쳐놓고 꿈을 인간에 대한 비극적 진실의 결정적인 표명으로 확립했다.

꿈은 인간의 가장 심층의 의미들을 나르는 운반체다. 꿈이 이 의미들의 숨겨진 메커니즘과 비인간적인 톱니바퀴 장치를 발견해서가 아니라, 반대로 꿈이 인간의 근원적인 자유를 드러내기에 그렇다.**

잠이 죽음을 흉내 내 그것을 부인한다면, 꿈은—특히 죽음에 대한 꿈은—진실을 말한다. 꿈은 "개인에게 가장 개별적인 것이 등장"***하도록 만들어서 일종의 '자기충족'을 완성한다. "모든 경우에 죽음은 꿈의 절대적인 의미다."****

---

*   Michel Foucault, "Der maskierete Philosoph", in *Von der Freundschaft als Lebensweise. Michel Foucault im Gespräch*, Merve, 1984, pp.9~24[〈가면을 쓴 철학자〉,《생활 양식으로서 우정에 대하여: 미셸 푸코와의 대화》]. 그 밖에도 푸코가 '담론'을 수평적인 것에 배열하는 것은 빈스방거에게서 발견했을지 모르는 생각이다. 빈스방거는 푸코가 보나마나 알고 있었던 그의 1949년의 '극단Verstiegenheit'에 대한 에세이에서 '담론성'을 수평 공간에 있는 현존재에게 지정하는 반면, 조현병적 극단은 수직성의 병리학에 포함시킨다[이 인용문에서 푸코가 말하는 지식인은 이른바 사르트르 등처럼 사회가 나아갈 길을 보편적인 언명으로 제시하는 '보편적 지식인intellectuel universel'으로, 그가 만났다고 말하는 소설가, 교사, 화가 등은 이 유형과 달리 자신의 직업 분야에서 얻은 지식을 바탕으로 말하는 전문가로서 '특수한 지식인 intellectuel spécifique'에 해당한다].

**   *Foucault*, Ausgewahlt und vorgestellt von Pravu Mazumdar, herausgegeben von Peter Sloterdijk, Diedrichs, 1998, p.94[《푸코》].

***   Ibid., p.95.

****   Ibid., p.97.

만일 이것이 맞다면, 실존의 구조는 꿈의 분석에 의해서만 밝혀질 수 있다. 그러나 결코 프로이트의 의미는 아니다. 꿈에서 인간은 자기만의 디오니소스 극장에 발을 들여놓지만, 새로운 오이디푸스가 되기 위한 것은 아니다. 우리는 꿈꾸면서 기하학과 밝은 공간에 사물을 일목요연하게 배열하는 공간성보다 더 근원적인 어떤 정리된 공간성을 이동한다. 꿈의 실존적 공간성에서 수직축은 수학이나 건축학의 수직축과는 완전히 다른 특질을 보유하고 있다. 이 수직축은 열광이 신적인 것 근처의 정상에서 평온해질 때까지 그 상승의 방향을 규정한다. 동시에 이

> 수직축은 지상에서 고향을 상실했고—건축가 솔네스*처럼—
> 거기 저 위에서 신과 논쟁을 시작하는 실존의 벡터 역시 될 수
> 있다. 그다음 이 수직축은 끝없는 도주를 표시하고 처음부터
> 추락의 비틀거림을 감추고 있다.**

이미 빈스방거는 그가 볼 때 상승과 추락의 드라마에서 본질적인 실존의 시간성이 드러났기 때문에 수직적 차원의 인간학적 우위를 확립했다. 푸코는 수직축에서 '초월하기Transzendieren'는 "실존의 기초들에서 뜯어내기"라는 하이데거의 규정을 이어받는다. 이 보충 운동은 비극적인 '초탈월Transdeszendenz'[상승적 추락]***로, 그 유일한 의미

---

* 헨리크 입센의 1892년 희곡 제목이기도 하다.-옮긴이
** Ibid., p.101.
*** 초월하면 보통 상승 운동을 떠올리는 것과 달리 이 표현에서는 초월하려는 상승의 욕망과 동시에 일어나는 추락에 대한 공포를 표현하고 있다. 푸코는 이것을 "현재의 위험한 정점에서 곧장 떨어지는 것으로 체험될 수 있다"(푸코, 〈빈스방거의 《꿈과 실존》 서문〉, 《말과 글 1권. 1954-1969》, 160쪽)("Einführung", Michel Foucault, *Schriften in vier Bänden. Dits et Ecrits: Band I. 1954-1969*, Suhrkamp, 2001)라고 정의하는데 이 표현을 바슐라르에게서 차용한 것 같다. 바슐라르는 시인이 표출하는 수직적 상상력이 주로 도약은 위를 향하고 추락은 아래를 향한 것이라는 일반적인 이해에 반하여 상승적 추락 혹은 솟구치는 지

가 극단적인 이들에게 숙명적인 추락에 필요한 낙차를 제공하는 것처럼 보이는 어떤 정상에서의 추락으로 나타난다.

푸코의 사유의 길이 그가 빈스방거에 대한 해설에서 건드렸던 자리에 다시 다다르기까지는 대략 25년이 흐를 것이다. 그때 그는 수직성에 대한 작업이 초기 숙고들에서 이야기됐던 근원적인 상상력의 문제만은 아니라는 것을 알고 있었다. 이 작업은 이제 개인의 윤리적 능숙이 압축돼 있는 자기형성의 힘까지도 의미한다. 청년 푸코가—그는 20대 초반 두 번의 자살 시도에서 살아남았다—자살을 재발견된 근원의 몸짓으로 해석한 것처럼(마치 자유의 원천으로 되돌아가 기분을 푸는 것처럼 "이 제스처로 나는 세계를 만든다"*), 후기 푸코는 이 수행적 자기형성을 가장 고유한 현존의 가능성에서 기인하는 운동으로, 자신과 함께 자신을 넘어서는 운동으로 발견한다.

이 발견에 대하여 이 사상가는 무엇보다도 다음 이유에서 매우 흥분했다. 이 발견으로 그가 그리스도교적-플라톤주의적 스타일의 세계 전체에 대한 초월의 오솔길에서 이탈했다가 남몰래 다시 되돌아가려 한다는 의혹에 빠지지 않고 진심을 다해 자신이 수직적 인간임을 고백할 수 있었기 때문이다.** 같은 방법으로 그는 니체에 대한 관계를 해명한다. 그는 니체를 출발점으로 하는 과잉에 대한 유혹을

옥의 이미지를 제시하고 이러한 추락에 대한 상상력을 상승에 대한 상상력이 앓는 병으로 본다. "생생한 지옥은 파내려 드는 지옥이 아니라 타오르고 솟구치는 지옥, (치솟는) 불길의 굴성을 지닌 지옥, 외침의 굴성을 지닌 지옥, 그 속에서의 고통이 커져가는 그런 지옥이다. …… 커진다는 것은 언제나 들고일어나는 것임을 알게 될 것이다."(바슐라르, 《공기와 꿈》, 178쪽)-옮긴이

*   *Foucault*, p.105.

**   이것의 표준구locus calssicus는 아우구스티누스의 *Von den wahren Reilgion*, XXXIX, 72[《참된 종교에 관하여》][아우구스티누스, 《참된 종교》, 성염 옮김, 분도출판사, 2011, 167쪽]다. "바깥으로 가지 말고 네 자신 안으로 되돌아가라. 내면적인 인간에 진리가 거주한다. 그리고 너의 본성이 여전히 불안정하다는 것을 발견한다면 역시 네 자신을 초월하라transcende et te ipsum. 그러나 네가 너를 초월할 때 너를 초월하는 것은 추론하는 영혼이라는 것을 생각하라Sed memento cum te transcendis, rationcinantem animam te transcendere."

후기 니체의 고유한 자기수련의 가르침으로 교정한다. 더 정확하게 말하자면 니체가 자기수련의 가르침을 다시 "자연화"*하길 원한다고 설명했을 때 그가 꿈꿨던 이 가르침의 그리스도교 이전의 표준을 통하여 교정한다. 푸코는 스토아주의자를 이식하지 않으면 디오니소스주의자가 실패한다는 것을 이해했다. 스토아주의자는 자기-바깥으로-떨어짐Außer-sich-Geraten은 반드시 자신을-넘어-감Über-sich-Hinausgehen이기도 하다는 오해를 없앤다. 자신을-넘어-감에서 '위에Über'는 겉보기에는 초기에 비극적 혹은 이카루스적인 수직성을 발견할 때 이야기되던 것과 같은 것에 지나지 않는다.** 사실 그것은 뛰어난 성숙의 '위에'이고 수행 사다리의 디딤판에서 얻을 수 있는 것이다.***

푸코가 수년 전 바타유에게 주워 그의 모방적인 재능 자체 덕분에 몇몇 불안정한 본보기를 희사했던 위반의 키치가 뒷전으로 물러난다. 그것은 돌이켜보면 다만 수행하는 삶의 자기형성적인 체제들을 더 일반적으로 이해하는 도중에 겪은 일화를 의미할 것이다. 이때 르상티망에 의해 움직이는 프랑스의 좌파 환경에 대한 마지막 연줄 역시 잘려나갔다고 말할 필요는 없다. 푸코는 이미 오래전부터 이 좌파의 생산라인에 거리를 두고 있었다. 그리고 그가 1980년에 나눈 대화에서 "저에게는 당신들에게 자신의 법칙을 강요하는 주인이라는 사유보다 이질적인 것은 없습니다. 저는 지배의 표상도 법칙의 보편성도 받아들이지 않습니다"****라고 설명할 때, 그는 20년 넘도록 그를

---

*   이 책의 204쪽을 보라.

** Jacques Lacarrière, *L'envol d'Icare suivi de Traité des chutes*, Seghers, 1993[《추락의 개론에 이어지는 이카루스의 비상》].

*** 높이에 대한 환상 일반에 대해서는 Gaston Bachelard, *L'Air et les songes. Essai sur l'imagination du mouvement*, Librairie José Corti, 1943[《공기와 꿈: 운동의 상상력에 대한 에세이》][가스통 바슐라르, 《공기와 꿈: 운동에 관한 상상력》, 정영란 옮김, 이학사, 2000]을 보라.

**** Michel Foucault, *Der Mensch ist ein Erfahrungstier. Gesprach mit Ducio Trombadori*, Suhrkamp, 1996, p.117[《인간은 경험의 동물이다: 둣치오 뜨롬바도리와의 대화》][미셸 푸코/둣치오 뜨롬바도리, 《푸코의 맑스: 우리는 어떻게 또 얼마나 다르

프랑스 지식인 무대의 스탈린주의, 트로츠키주의, 마오주의 날개들에서 갈라놓았던 어떤 확신을 말하는 것이었다. 자유주의 아나키즘과 좌파 디오니소스주의 흐름들에 대한 몇몇 관계만을 유지하고 말이다.

그가 이때 자신의 권력 연구의 편집증적인 잔여에서도 자유로워졌다는 것이 더 중요했다. 나중에 획득한 방법론적인 태연함의 태도로 인해 비로소 그는 체제들, 규율들 그리고 권력게임들 개념을 정식화하는데 성공했는데, 그것은 어떤 반권위주의적인 억지 반사행동을 더 이상 표현하지 않았다. 그가 같은 대화에서 자신이 추상적 반란을 시작했던 것을 떠올리면서 한 문장으로 "우리는 완전히 바뀐 세계에서 완전히 다르게 되고자 했습니다"*라고 정식화할 때, 그는 이미 그가 시작했던 것들에서 광년만큼 멀어져 완전한 타자성에 대한 혼란스러운 요구를 떠올리는 실제 바뀐 사람으로 말하고 있다. 이 어법으로 그는 아이러니의 저편에, 심지어 유머의 저편에마저 있다. 그의 방식으로 푸코는 '존재하는' 것을 전복할 수 있는 게 아니라 상전할 수 있을 뿐이라면서 이 발견을 되풀이했다. 그는 밖으로 나와 이미 프랑스적 도식들로 조건화된 지성에는 박하게도 가시화될 수 없는 무엇인가를 지각할 준비가 되어 있었다. 자유와 자기결정을 요구하는 인간은 규율들, 체제들과 권력게임들의 억압을 받는 게 아니라, 이것들을 통해 가능해진다는 사실 말이다. 권력은 본래 자유로운 능력/가능을 방해하는 부가물이 아니라, 온갖 변종의 능력/가능에 대하여 구성적이다. 그것은 곳곳에 어느 자유로운 주체가 위로 이동하도록 지상층을 짓는다. 그래서 자유주의를 사소하게라도 찬미하지 않고 비난도 하지 않으면서 규율적인 **확인**checks과 **균형**balances의 체계로도 기술할 수 있는 것이다. 어느 문명 트레이너의 태연한 완고함으

게 생각할 수 있는가?》, 이승철 옮김, 갈무리, 2005/2010, 164쪽].

*   Ibid., p.37[같은 책, 51~52쪽].

로 푸코는 단언했다. "물론 개인들을 단련하지 않고서는 그들을 해방시킬 수 없습니다."[*]

언어게임, 담론게임, 일반 규율학

이렇게 해서 일반 규율학의 길이 열렸다. 푸코는 연속해서 다양한 스토아주의 저자들을 정확하고도 새롭게 독해하면서 고대철학의 자기수련의 만유를 새롭게 활보하여 더 먼 거리까지 갈 수 있었다. '자기지배Selbstbeherrschung'의 모든 형태에서 종속을 탐지하고 삶의 태도 Lebensführung의 모든 규율에서 즉각 외부의 억압을 이중화할지 모르는 자기억압을 추정하는, 곳곳에 세워진 비판적 키치의 울타리의 방해를 받지 않은 채 말이다. 가장 유명한 사례 하나를 언급하자면, 아도르노와 호르크하이머의 《계몽의 변증법Dialektik der Aufklärung》이 《오뒷세이아Odyssee》의 사이렌 장에서 읽어냈던 부조리를 떠올려볼 수 있다. 이는 그리스의 뱃사람에서 충동이 억압된 부르주아를 만들기 위해서였으며 더군다나 이 부르주아는 지체없이 유럽적 '주체'의 원형으로 부상한다. 우리는 한 세대 젊은 지식인들에게 그와 같은 서투름이 비판적 사유의 극치로 나타나는 시기를 전전긍긍하며 회상해본다.

후기 푸코의 저서들의 매력은 고대 저자들에 대한 연구가 그를 어떤 영역으로 이끌었는지에 대한 감탄을 숨김없이 표현한 것에 있다. 그는 자기수련 내지 '자기테크닉'의 역사 속으로의 탐험을 어떤 '철학적 수행'의 상황이라고 주장한다.

그것은 그의 관점을 바꾸려고 하는 노력들의 아이러니다. …… 그 노력들은 실제로 다르게 사유하는 것으로 이어졌는가? 고작해야 이미 생각했던 것을 다르게 생각하고 원래 하던 것을 다른 시각과 더 밝은 빛으로 지각하도록 이끌었을지

---

[*]   Ibid., p.116[한국어판: 같은 책, 162쪽]

모른다. 멀어질 작정이었지만 자기 자신에 대하여 수직으로 있다.*

비트겐슈타인의 형식 해명과 푸코의 철학적 수행 사이가 가깝다는 것은 놀랍다. '언어게임'과 '진리게임' 사이의 유비도 제기된다. 수행하는 삶을 사는 두 사상가 사이의 본질적인 차이는 반대로 **확률 없는 산**의 정상에 체재하는 것에 대한 그들의 해석을 비교하면 알게 될 것이다. 비트겐슈타인이 놀랍게도 만약 이 고지에 존재하는 것이 논리학자들이 거주하는 티베트의 산상수도원에 체재하는 것과 같아질 때까지 삶의 형식들이 그렇게 멀리까지 해명될 수 있다면 그것으로 충분하다고 여기는 반면, 푸코는 다양한 곳을 깊게 파내면서 산맥의 높이와 숨겨진 습곡들의 수를 분명하게 제시하는 채광 엔지니어의 역할에 투신한다. 그에게 확률 없음의 산은 문서고인 셈이고, 그곳에 거주하는 가장 그럴듯한 방식은 이 문서고의 자연학Physik을 연구하기 위해 오래된 회랑을 깊이 파고들어가는 것이다. 물론 그는 이 산이 그곳에 사는 각각의 모든 개인 안에서 정점에 이르고 있다고 느낀다. 그래서 이 연구의 윤리는 어떤 지괴地塊처럼 보이는 것이 실은 각기 특이한 정점들의 축적물임을 명료하게 만들고자 한다. 설령 이 정점들 대부분은 그렇게 느껴지지 못하더라도 말이다. "너는 너의 삶을 바꿔야 한다!"는 명령은 여기서 '너 스스로가 확률 없음의 산이기에, 네가 주름 잡혀 있는 그대로 우뚝 솟아라'를 이른다.

비트겐슈타인과 푸코 사이의 이 객관적인 평행선들은 인상적이다. 일찍이 동성애를 타고났고 멀리까지 내몰렸던 자기파괴가 시도의 단계를 지나 일종의 자기치료에 다다랐던 두 사람의 **평행하는 삶** bioi paralleloi의 정신역학적인 측면을 고려하지 않더라도 그렇다. 1948

---

* *Foucault*, pp.465~466[미셸 푸코, 《성의 역사: 제2권 쾌락의 활용》, 문경자 외 옮김, 3판, 나남, 2018, 32쪽].

년에 쓴 비트겐슈타인의 메모 "나는 너무 유약하고, 너무 약하고 그래서 의미 있는 것을 행하기에는 너무 게으르다. 위대한 사람의 부지런함은 그들의 내면적인 풍요의 표지라는 점을 제쳐두면 무엇보다도 특히 그들의 **힘**Kraft의 표지다"*는 내가 알기로는 지금껏 푸코의 고백의 실천에 대한 연구에 비춰 탐구된 적이 없다. 이 몇 줄이 비트겐슈타인이 푸코를 만난 뒤에 쓰였을지 모른다고 쉽게 상상할 수 있다. 물론 비트겐슈타인은 푸코의 초기와 중기 스타일을 견딜 수 없다고 생각했을 것이기에 1975년까지 푸코가 했던 작업들을 경탄하기보다는 혐오했을 것이다. 그는 진정 푸코의 유작들이 매너리즘에서 자유롭고 명료하다는 점에서 그것들이 경이로운 저작들이라는 것을 읽고 깨달았을 것이다.

그럼에도 두 사상가는 그들이 끼친 영향사의 관점에서 매우 강력한 유사성을 보인다. 양자 모두에게 극도의 모방 가능성의 지점이 그들의 학문적인 성공의 도화선을 만든다. 두 경우 모두 이 지점이 매우 오해받기 쉽게 만드는 지점을 구현하기 때문이다. 우리는 비트겐슈타인에게 언어게임이론이 어떻게 **일상 언어**로 잘못 이어졌는지 보았으며 푸코의 경우에는 힘들이지 않고 그의 담론이론이 왜 비판적인 순응주의의 손쉬운 희생물로 여겨졌는지 이해할 수 있다. 이 독특한 문서학자가 더 이상 비극적이지 않는 수직성으로 돌아갈 수 있기 전에 그가 수평적인 것에서 어떤 종류의 수련을 이수해야만 했는지 아무도 알지 못했다. 사람들은 수용소, 병원, 정신병원, 경찰과 감옥에 대한 이 모든 연구들을 약간 기발한 형태의 사회 비판으로 여기고 서정시의 약물이 투입된 그 철저함에 높은 격찬을 표했다. 이것들이 늘 세 번째 자살 시도를 대신했던 자기수련적 자기형성의 수행들이라는 것을 어떤 독자도 포착하지 못했고, 그리고 어쩌면 저자 자신도 이 점에 대해 항상 명쾌하지만은 않았다. 저자성의 익명성에 대한

---

* 루트비히 비트겐슈타인, 《문화와 가치》, 164쪽.-옮긴이

그의 고집은 같은 방향을 지향했다. 아무도 없는 곳에서는 역시 아무도 자살할 수 없는 것이다. 그래서 후기 푸코가 벗어난 자의 아이러니로 갑자기 방향을 바꿔 도망가고 그를 따라오던 비판적인 것과 전복적인 것을 뿌리쳤을 때 그 당혹감은 컸었다. 그렇다면 여전히 그의 발자취를 추적하길 원하는 사람은 철학은 어떤 분과가 아니라 이 분과들을 '횡단하는' 어떤 활동이라는 자주 반복되는 단언으로 위로받는다. 이리하여 푸코는 비판주의 아나키즘의 키치에, 즉 진실을 말하자면 그 자신이 전복적인 힘이라고 믿고 싶어 하는 이 게으름에 마지막 피난처를 제공했다.

철학 다종목경기: 수행연쇄의 담지자로서 주체

실제로 푸코는 철학이 수련과 같다는 구상 쪽으로 뚫고 나갔고 초현실주의적 과중의 마지막 초과분을 감량했다. 미학주의, 행동주의적 낭만주의, 지속의 아이러니, 위반에 대한 잡담과 전복주의는 간신히 형식의 결핍을 감추고 있는 공상적인 관성에 불과하다는 것이 그에게 분명해졌다. 오래전부터 그는 전복[파고들어 바꾸기]을 말하고 생성에 열광하는 사람은 초급반에 속한다는 것을 이해했다. 푸코는 자기 자신을 니체가 후기 '생리학적' 메모들에서 처음으로 개념을 제공했던, 순수한 근육과 순수한 주도성이 된 어떤 지성의 보유자로 만들었다. 그래서 그의 후기 스타일에는 매너리즘이 완벽하게 부재한다. 극단을 틀에 박힌 방식으로 바꾸는 것—빈스방거와 함께 해독될 수 있는 그의 중간 시기의 비밀이다—이 불필요해지게 된 것이다.

푸코에 따르면 철학은 인지주의적 오해로 인해 탈선되기 전에 철학의 본연이었던 실존의 수련이 되는 것을 다시 사유할 수 있다. 투명한 삶의 에토스로서 철학은 순수한 규율이자 순수한 다종목경기다. 철학은 나름의 방식으로 고대의 5종 경기를 복원한다. 이 시합에 참여하는 군상을 손꼽아 확정하지 않고서 말이다. 스포츠 종목 대 담론 종류와 지식 종류 사이의 유비를 가능한 문자 그대로 받아들여야 한다. 철학적 지성은 그 본연의 규율을 무엇보다 그것이 깊이 빠져 있는 개별 분과에서, 부득이할 경우에는 '철학'에서마저 수행한다. [분과의] '횡단하기'에 대해 주의해야만 한다. 100이면 99는 초심자가 저지르는 실수로 남게 되기 때문이다. 당연히 메타 규율 따위는 없으므로, 이미 시작할 때부터 그 자체가 결정적인 수행이 아닌 철학에 대한 개론 역시 없다.

푸코가 주는 자극을 피에르 드 쿠베르탱과 함께 사유할 때에만 그를 정당하게 다룰 수 있는 것 같다.* 1900년경 경기자의 회귀를 통한 르네상스의 완성은 현자의 회귀를 포함한다. 지성의 모든 투쟁에서 이 현자는 오늘날 르네상스가 어떤 형태로 계속되는가에 대한 질문을 규명하는 데 그 나름의 기여를 한다. 그 답은 늘 그렇게 들릴 것이다. 르네상스라는 표현은 더 이상 예술사적이고 교양시민적인 의미로 환원될 수 없다. 그것은 구유럽의 길드사회와 신분사회 너머 예상할 수 없이 멀리 미칠 정도로 능력/가능의 형식과 지식의 형식이 해방된다는 것을 방증한다. 현재의 '르네상스'는 명상과 피트니스 사이를 새롭게 짜서 확률 없음의 산의 고원에서 새로운 축제들을 가능하게 한다. 일찍이 그런 축제에 참여했던 사람은 아무리 새로운 기만자들이 이야기하더라도 '지식사회Wissensgesellschaft'도, '정보사회Informationsgesellschaft'도 역시 없음을 안다. 르네상스 이래 영구적으로 생기는 것은 능력/가능의 경계를 확장시키는 다중 규율과 다중 비르투오소의 세계다.

어느 기괴한 풍경을 조망하며
만일 규율과 규율들 너머에 '철학 활동'이 존재한다는 환영에서 해방됐다면, 푸코의 세계에서 전체 장면이 활짝 열려 있는 순간을 체험할 수 있다. 학생들에게 보여줄 수는 있지만 "그들이 훤히 알기는

---

* 이 책의 150~160쪽을 보라.

불가능한 어떤 기괴한 풍경"*이라는 비트겐슈타인의 표현으로 이 순간이 가장 적절하게 서술된다. 그것은 포착할 수 없을 만큼 광대한 규율들의 풍경이다. 그 총합이 모든 문화와 모든 능숙을 훈련할 수 있는 일과의 기초를 만든다. 여기서 우리는 **사실상**de facto 그리고 **권리상**de jure "존재하는, 가장 광범위하고 가장 오래된 사실들"을 염두에 두고 있다. 푸코가 모범적으로 갔던 길은 충분히 멀리까지 계속된다면 능력/가능의 게임 백과사전이라 할 수 있는 일반 규율학으로 이어진다.

이 게임들 가운데 푸코에 의해 연구된 담론 형성과 지식게임은 본보기가 될 만큼 높은 활력을 가지고 있다 해도 가늘고 긴 조각 하나를 이룰 뿐이다. 푸코가 끼친 촉진의 작용 범위는 언젠가 일반 규율학의 완성된 형태가 존재한다면 비로소 측정될 것이다. 그 발전에 한 세기를 어림잡아야 할지도 모른다. 이 일반 규율학의 이식은 이른바 '학과' 혹은 '학위 과정'의 조직에 관련되는 것만 아니라 대학 교육학의 기초 전제와 관련해 시대에 적합한 종합대학과 단과대학의 변형을 요구했다. 이 교육학은 여전히 더 나은 지식에 반하여 가르침과 배움은 교수의 가방에서 학생들의 상자로 지식을 옮겨 담는 것과 다를 바 없다고 하는 가방 이론과 상자 이론을 붙들고 있다. 그러면서도 오랫동안 배움은 예외적으로 규율들에 직접 참여함으로써 일어난다는 사실이 알려져왔다. 객관적이면서 방법적으로 규율에 기초한 대학 시스템을 실현시키는 것은 동시에 어떤 지식의 대전당의 대상들과 과제들에 대한 개혁 이념에 토대를 둔 어떤 현실주의적 저항이 교육제도의 쇠약에 대항할 수 있을 유일한 방법일 것이다.

그와 같은 재배열 과정에서 인간에 의해 만들어진 **확률 없는 산**에 대한 유효한 지리학이 드러날 것이다. 이 규율들의 **우니베르시타스**universitas(전체)는 문화적 환영이 다량의 능숙체계들과 갈고닦을 수

---

* Wittgenstein, *Vermischte Bemerkungen*, p.111[《문화와 가치》, 131~132쪽].

있는 능력/가능의 통일체들로 해소된 뒤의 실질적인 문화과학을 구현한다. 과도하게 논의돼온 주체에 대한 물음은 주체는 연속적인 수행의 담지자로 활동한다는 탄탄한 언급으로 축소된다. 더 나아가 여기에서 뒤따르는 결과는 때때로 호평받던 과잉, 탈중심화와 주체의 죽음 같은 사유 형상들은 기껏해야 자격을 부여하는 수행들에 기생하는 주변 수행들이라는 것이다. 그것들은 고급반에 있는 사람들이 저지르는 실수들이라는 표제어에 배정될 수 있다.

나는 여기서 극도로 조심스럽게 일반 규율학에 어떤 대상들이 모여드는지 그 대강을 서술할 수 있을 뿐이다. 이것은 어떤 경우에도 더이상 순전히 해당 자기수련들과 집행들이 속하는 담론 혹은 진술군에 대한 이론이 아닐 것이다. 그것은 지식과 실행들로 구성된 수완체계들의 스펙트럼을 통합적으로 포괄할 것이다. 이 스펙트럼은 기술 종류와 장르들 체계를 포함한 (1) 곡예와 미학에서 시작해(포스트-대학의 지식의 전당에서는 철학이 아니라 기예가 **교양 교육**studium general을 조형한다는 것에 **주목하라**nota bene) (2) 경기학(일반 스포츠 종목학)을 거쳐 (3) 수사학 내지 궤변론까지, 그다음은 온갖 전문 의료분야의 (4) 치료법과 (5) 인식학(철학을 포함해)까지, 이어서 (6) 일반 직업학(**기술공예**Arts et Métiers의 영역에 분류되는 '응용예술'을 포함해)과 (7) 기계를 담당하는 공학에 미친다. 계속해서 정치적인 것 내지 통치적인 것의 정적인 하부구조를 비롯해 법률체계의 만유를 구성하는 (8) 행정학을 포함하고, 나아가 자기테크닉과 비-자기테크닉의 이중 형태를 갖춘 (9) 명상체계의 백과사전(여기서 언명된 명상과 언명되지 않은 명상 사이의 구분이 개입한다)과 계속해 (10) 의례학(비트겐슈타인의 주장에 따르면 인간은 의식儀式의 동물이고 의식들은 훈련될 수 있는 행동의 모듈을 만들고 이 모듈의 보유자들이 '종족'으로 등장하기 때문에 언어학들은 게임이론과 이른바 종교이론처럼 의례학의 하위 분과를 구성한다), (11) 성애 실천학 (12) 요식학과 마지막으로 (13) 수양할 수 있는 활동들의 개방된 목록들을 포함하는데, 이 개방성은 규율들을 이루고 그럼으로써 주체화를 가능하게 하는 장의 비종결성 자체를 의미한다. 이 목록에서 푸코의 개입들은 1, 3, 4, 5, 8, 10, 11의 장을 건드리고 있다는 것을 알 수 있다. 늘 해오던 철학은 5장에 제한되나 그때그때 8장 혹은 1장과 3장으로 짧은 여행을 떠난다. 이렇게 해서 푸코의 범경기적 특질에 대해 충분히 이야기될 수 있다.

나는 머리가 열셋 달린 규율학 괴물의 이 첫 개관에 상식적인 의식의 이목을 끄는 현상들인 전쟁과 '종교'가 빠져 있음을 조심스럽게 지적해본다. 여기에는 타당한 방법론적 이유가 있다. 전쟁은 그 자체로 어떤 분과가 아니라 경기학, 의례학을 비롯해 기계공학의 요소들이 포함되어 있는 무장한 소피스테스 철학(다른 수단을 가지고 권리를 유지하는 기예를 이어가는 것)이다. 마찬가지로 '종교'는 제대로 구획된 분과가 아니라 이미 넌지시 내비친 것처럼 그때그때 곡예와 명상이 더해지는 수사학, 의례학과 행정학의 혼합물이다.

규율들 사이에서

마지막으로 나는 '비판'의 차원에 대한 물음이 어떻게 각각의 장에 내재하고 그것들 각각을 넘어서는지 덧붙이고자 한다. 각 개별 영역에서 규율을 실행할 때 올바른 것과 올바르지 않은 것 사이의 분리로 이어지는 끊임없는 실천상의 위기가 일어난다. 이 위기는 빈번히 내재적으로 논란이 있는 결과를 낳는다. 그래서 모든 개별 규율은 그것에만 고유하고 그 내부에서만 이해될 수 있는 수직적 긴장을 보유한다. 주어진 장에서 어떤 성과 주체가 차지하는 지위조차도 다른 영역들에서 그의 서열에 대해서는 아무것도 알려주지 않는다. 도덕철학의 관점에서 장 내부의 차이들이 니체의 좋음과 나쁨의 구분에 속하는 차원을 이룬다는 것이 결정적이다. 이것은 동시에 규율들 사이에는 나쁜 것은 있어도, 반대로 결코 악한 것은 없다는 말이다.

2부. 곡예 윤리를 위한 확률 없는 것의 정복

다른 한편으로 규율에서 멀리 떨어진 심급들과 개인들을 통해 끊임없이 규율들에 대한 외부 관찰이 일어난다. 그들은 고유한 척도들에 따라 낯선 영역들의 수행 결과들을 평가하거나 비난한다. 경기자들이 하는 일이 바깥의 관찰자들에게는 중요하지 않게 보일 수 있고, 보석 세공사가 하는 일이 불필요하게 보일 수 있다. 이 배심원들은 경기자들이나 보석 세공사들이 그들의 분야에서 최고인지 틀림없이 아랑곳하지 않을 것이다. 외부 관찰자들은 이러저러한 규율이, 더군다나 규율들로 이뤄진 어떤 온전한 복합체가 존재하지 않는 게 낫다고, 심지어 규율들 대부분의 그런 존속이 비난해야 할 과실이라고까지 말할 자유가 있다. 그렇게 초기 그리스도교인들은 검투사들이 그 분야의 대가라 하더라도 이들의 싸움이 악하고, 빵과 게임의 시스템 전체가 혐오스런 도착과 다를 바 없는 것을 의미한다고 확신했다. 이 부정적 가치 평가로 그들은 **마침내**à la longue 확고한 기반을 얻었다. 내가 알기로는 아무도 이것을 개탄하지 않았다. 그들의 성공에는 그들이 대안이 되는 엄정한 규율을 도입하고 이것을 긍정적인 가치 평가로 감쌌던 상황이 결정적이었다. 반대로 오늘날의 동시대인들 대부분은 의회민주주의 혹은 정통 의학 혹은 대도시는 이 모든 것에서 어떤 선한 것도 나오지 않기 때문에 폐지해야 한다는 의견을 가진다. 이 비판자들은 그들이 그 대신 무엇을 할 수 있을지 보여주지 못하기 때문에 확고한 기반을 얻을 수 없을 것이다. 여기에 작동하고 있는 것은 선과 악의 구분이다. 악에 관해서는 그것이 존재하지 말아야 한다는 것이 통한다. 악을 개선할 수 없기에 배제해야 한다는 것이다. 첫 번째 구분[좋음과 나쁨의 구분]이 가치를 취소하는 일을 하는 것처럼 두 번째 구분[선과 악의 구분]은 존재를 취소하는 일을 한다.

규율학자에게는 첫 번째 구분만이 의미 있다는 것은 자명하다. 그에게는 대량의 규율들 자체가 **확률 없는 산**을 의미하며, 이 산맥을 비판하지 않고 그것을 오르거나 내버려둔다. 니체는 정말 최초로 통상의 도덕주의가 산을 오르지 않는 사람이 산맥을 비판하는 것임을 파악했다. 실제로 '세상에서' 삶과 다른 무엇인가를 완벽할 때까지 수행하기 위해 '세상'을 긍정할 수 없는 수행들의 총괄로 외면하려고 마음먹을 수 있다. 후기 고대의 세상에서 도피한 자들은 바로 이것을 마음먹었다. 그럼에도 초기 그리스도교인들과 현대 급진주의자들 사이의 이 지점에는 언급할 가치가 있는 차이가 하나 있다. 그리스도교 주교들은 다른 산들에서의 삶을 위해 수도회 규칙들을 작성했으며, 이 규칙들 밑에서 1500년간 살 수 있었고 일부는 오늘날까지 그렇게 산다. 현대 급진주의자들은 이 경우에 해당하는 모든 것에 방관하고 있고 그것이 불공평하다고 생각한다. 그들에게는 모든 산들이 악하다.

푸코는 전복, 우둔함, 부적합 이 세 단어가 같은 문제를 가리킨다는 것을 파악했다. 그에게 1984년 《레 누벨 리테라테르Les Nouvelles Littéraires》의 두 기자가 "당신의 그리스인들로의 회귀는 우리가 사유하고 살아가는 지면의 파괴에 기여합니까? 당신은 무엇을 파괴하고자 했습니까?"라고 질문을 내놓았을 때, 그는 "저는 결코 아무것도 파괴하고자 하지 않았습니다!"*라고 전복을 말하는 앵무새들에게 간결하게 답했다. 이 200년간의 파괴의 민간 전승에 대한 거부는 "그렇게 보면 저의 연구 전체는 어떤 무조건적인 낙관주의의 요구에 근거하고 있습니다. …… 저는 도움이 되기 위하여 제가 말하는 그 모든 것을 말합니다"**라는 1980년의 단언과 함께 푸코의 철학적 유언을 이룬다. 1984년의 이 대답은 거의 문자 그대로 그의 마지막 말이었다. 5월 말 이뤄진 대화가 끝난 며칠 뒤 그는 자신의 집에서 무너졌고 3주 지난

---

*   "Die Rückkehr der Moral. Gespräch mit Gilles Barbedette und André Scala", in *Foucault*, p.485[〈도덕의 회귀: 질 바르베데트와 앙드레 스칼라와의 대화〉][미셸 푸코, 〈도덕의 회귀〉, 《자유를 향한 참을 수 없는 열망: 푸코-하버마스 논쟁 재론》, 정일준 옮김, 새물결, 1999, 112쪽].

**   Foucault, *Der Mensch ist ein Erfahrungstier*, p.117[《푸코의 맑스》, 165쪽].

6월 25일 **살페트리에르**Salpêtrière의 병원에서 사망했다. 이 병원의 예전 기능들을 푸코는 그의 책 《광기의 역사l'Histoire de la folie à l'âge classique》에서 기술한 적이 있었다.

8.
에페소스에서 잠 못 이루다
: 습관의 다이몬들과 제1이론[윤리학]을 통한 그 길들이기에 관하여

극단에 대한 치료 수단: 담론분석

루트비히 빈스방거는 푸코를 예견했다고는 말할 수 없어도 푸코 자신이 이해받는다고 느끼게 한 유일한 정신의학자였을지 모른다. 푸코가 빈스방거의 저서들에서 일반적인 경우뿐 아니라 특유한 경우에서 위태롭게 된 삶을 표현하는 데 가장 중요한 요소들을 발견했다는 의미에서 말이다. 그는 빈스방거를 통해 현존재의 '극단'은 실존 사다리의 매우 높은 디딤판에 단단히 고정됨을 뜻한다고 하는 수직성에 대한 비극적 해석을 알게 됐다. 푸코는 분명 그에게서 1892년 초연된 헨리크 입센Henrik Ibsen의 희곡 작품 《건축가 솔네스Baumeister Sollness》*에 대한 참조 또한 넘겨받았다. 이 작품은 "자신이 오를 수 있는 것보다 더 높게 짓다가" 결국에는 자신이 지은 탑의 견딜 수 없는 높이에서 추락해 죽게 되는, 강박관념에 시달리는 어느 건축가를 다룬다.** 무엇보다 푸코는 빈스방거에게 특유한 실존의 근본 문제에 대한 초기 통찰을 빚지고 있다. 하이데거의 영감을 받은 이 정신의학자는 이것을 공간 분석의 표현으로 넓이와 높이, 혹은 담론과 비상의

---

* 《대건축사 솔네즈》, 이주상 옮김, 예니, 2002.-옮긴이
** 《꿈과 실존》에 대한 서문에서 솔네스에 대한 푸코의 암시는 이 책의 249쪽을 보라. 푸코가 빈스방거의 책 *Henrik Ibsen und das Problem der Selbstrealisation in der Kunst*(Lambert Schneider, 1949)[《헨리크 입센과 예술에서 자기실현의 문제》]를 소화하여 자기 것으로 만들었는지 나는 모르겠다.

2부. 곡예 윤리를 위한 확률 없는 것의 정복

불균형Disproportion이라고 주장했다. 이 불균형Mißverhältnis(잘못된 관계)은 빈스방거가 1949년 그의 에세이 〈극단Verstiegenheit〉에서 해석했던 것처럼 조증의 비약성과 **상상의 비상**vols imaginaires* 속에서 관념으로 도주하는 방황으로 등장하거나 혹은 경험 지평이 좁은 것과는 전혀 어울리지 않는 고지를 조현증 성향을 보이며 간신히 기어오르는 것으로 나타난다.** 이 의미에서 극단은 재능을 타고난 청년들의 병이다. 이 병의 치료는 산악 구조대의 개입과 같다. 길을 잃은 등반자를 골짜기로 다시 데려가 그가 다음 등정에서 그가 처한 상황을 받아들일 수 있을 때까지 그 지형에 대해 그에게 설명하는 것이 중요하다. 그가 이해해야 하는 내용에 비탈의 난이도와 등반자의 숙련도 관계가 속한다.

현존재 분석의 치료술은 말하자면 의술이라기보다 윤리학에 더 가깝다. 그것은 실존의 공간에서 균형을 의식하는 태도에 대한 안내를 제공한다. 여기서 수직성과 수평성이 기하학적 의미가 아니라 윤리적 의미를 가진다는 점에서 이 공간은 실존적으로 구조화되어 있다. 그렇게 수평적인 것은 경험과 '담론성Diskursivität'***을 상징하고—여기서 푸코는 수평 공간에서의 탐색력의 획득과 같은 것으로 담론 분석이라는 관념을 품었는지 모른다—수직적인 것은 실존의 높이가 결단력의 차원을 함축한다는 점에서 등급 단계와 결단성을 상징한다.

이렇게 해서 윤리학 개념 하나가 나타난다. 여기서는 가치, 규범, 명령이 아니라 실존의 '장Feld'에서의 기초적인 방향 설정이 중심

---

*   이 표현은 가스통 바슐라르의 저작 *L'air et les songes. Essai sur l'imagination du mouvement*[《공기와 꿈: 운동에 관한 상상력》]에서 핵심 역할을 한다.

**   Ludwig Binswanger, *Drei Formen mißglückten Daseins. Verstiegenheit, Verschrobenheit, Manieriertheit*, De Gruyter, 1956, p.6[《불행한 현존재의 세 형태들: 극단, 뒤틀림, 부자연스러움》].

***   Ibid., p.4.

이 된다. 이렇게 현존재의 방식, 지향, 목적에 대해 방향을 정하며 윤리적으로 접근할 때 그 출발점은 '주체들'―자신의 삶에 대한 능력자와 무능력자로 실존하는 자들―이 '이미 항상' 그들에게 기반이 되는 이웃관계, 정서 상태, 방향의 긴장을 공급해주는 어떤 장 혹은 어떤 환경에 잠겨 있다는 사실이다. 그래서 윤리학은 최초의 열려 있음 Erschlossenheiten과 사로잡힘Ergriffenheit의 이론이며 그런 점에서 제1학문이다. 최초의 것은 주어진 것이 아니라 양극단을 오가는 경향의 특질이다. 가중, 완화, 좁힘, 넓힘, 편애, 꺼림, 침하, 융기 말이다. 이것들이 ―하이데거가 철학에 개시했던 '기분Stimmungen'의 매트릭스로서―논리와 대상과 평가의 세계 연관이 걸려 있는 논리 이전의 해명과 방향 설정의 복합체를 이룬다.

헤라클레이토스의 최초의 윤리적 구분

기원전 6세기에서 기원전 5세기로 바뀌던 때 이오니아에서 살던 원시 철학자 헤라클레이토스의 것으로 여겨지는 단편 모음집이 구유럽 공간에서 대략적인 의미의 윤리학을 표명하고 있는 사유를 최초로 언급하고 있음을 발견할 수 있다. 나는 여기서 무엇보다 스토바이오스Johannes Stobaios[기원전 5세기 초의 고대철학 수기 및 교지 수집자]가 전승한, 매우 잘 알려졌던 만큼 수수께끼 같은 단편 102절,* **에토스 안트로포 다이몬**ēthos anthrópo daímon을 염두에 두고 있다. 이것은 문헌학적으로 겸허하고 철학적으로 절제하고 있는 야프 만스펠트의 번역에서는 "인간의 태도(혹은 성격)는 그의 운명이다"로 옮겨진다. 잘 알려

---

* 야프 만스펠트Jaap Mansfeld가 매긴 번호를 따른다. *Die Vorsokratiker I*, Griechisch/Deutsch, Reclam, 1983, p.275[《소크라테스 이전 철학자들 1》]. 헤르만 알렉산더 딜스 Hermann Alexander Diels[또 다른 소크라테스 이전 철학자들의 단편 편집자로 그가 1903년에 초판을 낸 책이 한국어로 번역되어 있다. 《소크라테스 이전 철학자들의 단편 선집》, 김재홍 외 옮김, 아카넷, 2005]의 단편에서는 119절에 해당한다[한국어판에서는 125절, "인간에게는 성품이 수호신이다", 263쪽].

2부. 곡예 윤리를 위한 확률 없는 것의 정복

졌다시피 하이데거는 1946년 장 보프레Jean Beaufret[1907~1982. 프랑스 철학자이자 독문학자로 프랑스의 하이데거 수용을 주도]에게 보내는 그의 편지 〈'휴머니즘' 서간Brief über den 'Humanismus'〉에서 이 평범한 번역에 대한 불만족을 표현했다. 그는 이 번역이 현대적이지만 그리스적이라고는 생각되지 않는다면서 비난한다. 이 문장을 약간 바꿔 살짝 슈바벤Schwaben* 표현법으로 옮기더라도 여전히 이 반대는 유효하다. "인간의 특색이 그에게 그의 다이몬이다." 하이데거는 이 번역 문제를 바로잡으려면 기초 존재론의 거탄을 퍼붓는 것이 필요하다고 여겼다. 그는 소박한 느낌을 자아내는 **에토스**와 **다이몬**의 표현을 마치 그것들이 어느 관념사 은행에 예치된 예금이라도 되는 것처럼 취급한다. 매우 낮은 이자를 받다가 2500년이 넘게 지나서야 막대한 재산으로 불어난 예금 그 자체로 말이다. 그에 따르면 유일하게 기초 존재론에만 이 고대의 의미 계좌에서 인출할 수 있는 권리가 있다. 이 존재론만이 소크라테스 이전과 형이상학 이후의 방식으로 동시에 사유가 가능하기 때문이다. 나는 지금부터 그의 이 제안이 어디까지는 완전히 틀리지 않았다는 것을 그 제안이 기이한데도 불구하고 보여주고자 한다.

하이데거의 꾀

하이데거는 이 의미금에 접근하기 위해 해석학적 책략을 하나 사용한다. 그는 이 에토스와 다이몬의 문장을 아리스토텔레스가 퍼뜨린 한 일화에 연결시키는데, 이 일화에 따르면 소아시아 에페소스의 철학자 헤라클레이토스는, 그를 방문하려 했다가 그가 빵 가마 근처에서 몸을 녹이고 있는 것을 발견하고 머뭇거리는 한 이방인 무리에게 다음처럼 말하며 들어오라고 권했다. "여기에도 신들이 있다."

---

* 슈바벤은 독일 바덴-뷔르템베르크주 남부와 바이에른주 서남부 일대를 포함하는 지역에 대한 역사적 명칭인데, 하이데거의 고향 메스키르히가 바덴-뷔르템베르크주에 속해 있다.─옮긴이

이 맥락화의 전략은 매우 단순한 만큼 효과적이다. 빵 가마의 일화가 평범한 것에도 비범한 것이 두루 빛나고, 가장 눈에 띄지 않는 것일지라도 신적인 것이 현전한다는 것을 상기시키는 것처럼, 이 해석이 분분한 단편은 잘 알려진 것에 미지의 것이 있고 일상적인 것에 초현실적인 것이 있다는 것을 표현한다. 따라서 이 격언은 **에토스**를 '체류지' 혹은 '거주지'로 번역하고(문제가 있다) **다이몬**을 '신'으로 번역한다면(뭔가 도가 지나치다) "인간이 인간인 한 그는 신 가까이 산다"는 말이다.*

설령 내가 하이데거의 이 첫 번째 번역을 문헌학적으로나 철학적으로 실패했다고 여기더라도 거기에는 자극을 주는 한 요소가 있다. 신 가까이 산다는 것은 참으로 어떤 수직적인 이웃관계의 형식을 발견한다는 것인데, 여기서는 옆집의 이웃과 함께하는 것보다 윗집에 사는 사람과 함께하는 어떤 **생활 양식**을 찾는 것이 훨씬 더 중요하다. 이 힌트를 가지고 설령 남은 내용에 확신이 안 가더라도 더 작업해볼 수는 있다. 그렇지만 이것으로는 충분하지 않기에 하이데거는 두 번째 번역을 제안한다. 이 번역으로 그는 이웃관계의 모티프를 집을 떠나 낯선 상황에 처해 있음Unheimlichkeit의 모티프로 보충함으로써 이 문제적인 것에 그로테스크한 것을 덧붙인다. 이제 세 개의 자그마한 단어들, **에토스 안트로포 다이몬**은 다음을 의미할 것이다.

"(친숙한geheuer) 체류지는 인간에게 신(친숙하지-않은/섬뜩한 자 das Un-geheuere)의 현전을 위해 열려 있는 장이다."**

이 진술의 의미가 정말 그러하다면, 헤라클레이토스는 고대 그리스가 낳은 매우 심원한 하이데거 주석자의 지위로 진급할 것이다.

그럼에도 하이데거는 헤라클레이토스의 격언에서 중요한 한 측면을 올바르게 파악했다. 뭔가 더 토착적으로 받아들여서 정확성은

---

*   Martin Heidegger, "Brief über den 'Humanismus'", in *Wegmarken, Klostermann*, 1978, p.351[마르틴 하이데거, 《이정표 2》, 이선일 옮김, 한길사, 2005, 171쪽].
**   Ibid., p.353[한국어판: 같은 책, 173쪽].

조금 떨어지지만 '태도' 혹은 '습관'으로 번역해야 하는 **에토스**라는 말은 **다이몬**이라는 말과 엮이면서 '위를 향한' 긴장 속에 옮겨지게 된다. 여기서 '신' 대신 선으로 혹은 악으로 향하는지 확정되지 않은 어느 정신적인 힘을 생각하는 것으로 충분하다.* 또한 이 위력은 인간의 **에토스**-복합체와 밖에서 서로 이웃할 뿐만 아니라 이 복합체를 안에서부터 압도하고 흡수할 수도 있다.

다이몬이 일으키는 것: 윤리적 구분

하이데거의 헤라클레이토스에 대한 접근에서 기묘한 순간들을 제쳐두면, 그의 논평들에서 어떤 투영 이상의 무엇인가가 남는데, 그것은 모든 인간의 태도 복합체에 높이와 깊이의 모종의 긴장이 작용하고 있다는 것이다. 이 긴장을 그림으로 나타내도 된다면 그것은 어떤 존재론적 이층 구조에 존재하는데, 만약 진술과 묘사를 대등하게 취급할 수 있다면 지금부터 이 구조를 명시적으로 진술해보겠다. 이 구조는 습관적 기초인 아래층과 다이몬적인 것인 위층이 서로 빨아들일 수 있게 하는데, 이것은 두 방향으로 이뤄진다. 한 방향은 헤라클레이토스가 터무니없게도 동물과 줄줄이 비교하면서 지치지 않고 설명한 것처럼 어떤 나쁜 **에토스**가 카코다이몬kakodaimōn(불운, 악령) 처럼 인간이 돼지들을 상대할 때까지 그들을 아래로 끌고 가고—"인간은 돼지와 같다"는 언어게임은 분명 헤라클레이토스의 에페소스부터 비트겐슈타인의 빈까지 거쳐간다—다른 방향은 좋은 **에토스**가 아가토다이몬Agathodaimon(호의적인 신)처럼 인간을 일으켜 그가 신적인 것(**테이온**theion)의 영역에 가까워지게 한다. 이것은 켈수스Celsus[2세기 그리스 철학자]가 전승한 헤라클레이토스의 격언(만스펠트의 단편 101절)과 일치하는데, 평범한 인간의 태도(**에토스 안트로페이온**

---

* 하이데거가 단수 형태 **다이몬**을 신으로 번역한 것은 호메로스 이래 증명된 **다이몬**과 **테오스**theos의 유의어 관계를 통해 지지된다는 점을 덧붙일 수 있다. 그렇지만 해당 맥락에서 이 번역은 내가 볼 때 거의 개연성이 없다.

éthos anthrópeion)는 어떤 유효한 통찰들(그노마스gnómas)도 가지지 않고, 반대로 신적인 것(테이온)이 그러한 통찰들을 전적으로 보유한다고 한다.*

따라서 화두는 친숙한 인간의 '체류지'가 그 자체로 이미 '친숙하지 않은/섬뜩한 것'을 향해 초월한다는 것이 아니다. 도리어 여기 헤라클레이토스의 견해는 인간이 평균적인 **에토스**에 박혀 있는 한 그를 더 위쪽에 연결시키는 그 어떤 것도 가지고 있지 않다는 것이다. 단편 102절[에토스 안트로포 다이몬]이 인간의 '장소'나 '체류지'에 대해 **암묵적으로**implicite 입장을 취해야 한다면, 그것은 우리가 있는 그곳에서 금수처럼 습관들에 제약된 다수와 로고스에 개방된 소수가 충돌한다는 뜻이 되겠다. 이것은 헤라클레이토스의 것이라고 주장되는 다른 수많은 진술들의 경향과 완전히 일치한다. 이 진술들은 전통적으로 침울한 사람이자 **바로 그러므로**eo ipso 거리를 둔 사람이라는 평을 받는 그가 다수가 누리는 삶의 형식들을 어떻게 평가했는지 아무런 의심도 들게 하지 않는다. 하이데거가 제안한 것처럼 이 '인간을 경멸하는' 사상가가 '인간들'을 그 습관에 따라 배치하여 신적인 것에 개방되어 있다고 그렇게 표현했을 것이라고는 한마디로 상상할 수 없다.

그럼에도 불구하고 올바르게도 하이데거는 헤라클레이토스의 **에토스**라는 말의 사용에서 기초적인 수직성의 문제학을 알아차렸다. 이것을 초-나, 초-너 혹은 초-그것으로 상상하든 이른바 '인간적인 것이' 신적인 것 쪽으로 초월하는 것과는 아무 관련이 없다. 헤라클레이토스는 인간학자가 아니라 윤리학자다. 이 최초의 윤리학은 사유를 통해, 아마 더 적절한 표현으로는 로고스의 차원을 주목해 처음으로 명시화되는 인간 안의 어떤 차이에 대해 작업한다. 헤라클레이토

---

*   "인간의 본성은 예지들을 지니지 않지만, 신의 것은 그것들을 지니고 있다.", 〈단편: 헤라클레이토스 30절〉,《소크라테스 이전 철학자들의 단편 선집》, 김재홍 외 옮김, 2005, 231쪽.-옮긴이

스의 인간에 대한 경멸은 이 명시화를 시작할 때 팡파르가 내는 진동이다. 그것은 인간 안의 차이가 어떻게 인간 사이의 차이로 나타나는지 보여준다. 헤라클레이토스가 소수와 다수를 엄격하게 서로 대립시킨다면, 그가 엘리트주의적으로 생각해서가 아니라, 예로부터 있었지만 그렇게 우리 안에서 몰래 일어나는 사유에 특히 주목하게 됐던 최초의 사람들에 그가 속하기 때문이다. 그리고 이렇게 해서 마찬가지로 사유하는 사람, 더 정확하게는 로고스에 주목하는 사람과 그 밖의 주목하지 않는 사람 사이의 차이가 처음으로 현실화된다. 그가 예전에 자기 자신의 비-사유를 사유의 우세 밑에, 더 적절하게 말하자면 사려하는 것(**소프로네인**sōphronein)의 우세 밑에 두지 않았다면, 그는 이렇게 할 수 없었을 것이다. 그래서 단편 109절*이 사려하는 것을 가장 큰 덕(**아레테 메기스테** aretè megíste)이라고 주장한다.

사려하지 않는 것을 사려하는 것에 종속시키는 이 제스처에서 정확히 윤리학이 제1이론으로 생겨난다. 따라서 윤리학은 인간이 자기 자신과 벌이는 대결이라는 형식만을 받아들일 수 있을 따름이지만, 이 대결은 이것을 회피하는 자들을 향한 도발로 외부화될 수 있다. 이 최초의 윤리학은 이미 그 첫마디 말로 위에 있는 것과 아래에 있는 것 사이의 차이를 다루지만, 대개는 위를 향해 다다르려 노력한다. 시원의 방향 설정인 이 '윤리학'은 그것이 "**소프로네인**이 있다"라는 테제를 담고 있다는 점에서 직접 '존재론적' 의미가 있다. 물론 그것이 명제적 내용이 뜻하는 것만을 표현하는 것에 불과하다면 이 문장은 정리적으로** 제한되고 만다. 그것은 그의 수신자들을 다음 도

---

* 　같은 책, 〈단편: 헤라클레이토스 38절〉, 233쪽.-옮긴이
** 　참고로 프랑스의 고대철학 연구자 피에르 아도에 따르면 '정리적인'은 아리스토텔레스의 'theōrētikos'에서 유래한 말로 '실천적인'의 반대말로 쓰이는 '이론적인'과 달리 "앎을 위한 앎"을 가리키는 동시에 "그 같은 지식의 양태에 생애를 온전히 바치는 생활 양식"을 뜻한다. 피에르 아도, 《고대철학이란 무엇인가》, 이세진 옮김, 열린책들, 2017, 143쪽.-옮긴이

전에 직면하게 하는 권위적이며 박차를 가하는 강직한 문장이다. "소프로네인을 우선시하라!" 이 메타노이아적 명령의 가장 오래된 표현 양식이 이미 인간 자체 안에서 상부와 하부를 구분하라고 그들에게 요구한다.

자기 자신을 능가함

소크라테스 이전 철학자들의 말 소프로네인에 "너는 너의 삶을 바꿔야 한다!"라는 윤리의 원형이 그것도 현저한 수행이론의 경향을 띠며 위험하게 작용하고 있다는 것은 플라톤이 헤라클레이토스가 죽고 100년 뒤《국가·정체Politeia》의 제4권의 매우 경탄을 자아내는 구절(430e~432b)*에서 했던 숙고에서 밝혀질 수 있다. 여기서의 화두는 개개인과 폴리스에서의 근신(소프로쉬네sophrosyne)이다. 거기서 근신은 가장 먼저 "욕망에 대한 지배"(에피티미온 에그크라테이아epithymion egkráteia)로 정의되는데, 나는 이 자리에서 이렇게 '욕망'으로 지칭된 '에피티미아의epithymisch' 자극이 무엇인지 그리고 여기서 '지배'로 무엇을 이해할 수 있는지 추론할 수는 없다. 그런 뒤 소크라테스는 이렇게 표현된 자기관계의 기묘함에 주목하게 한다. 만약 근신이 정서Affekte[정동]나 정념에 대한 지배와 유사하거나 그 본질이 같다면, 그것은 인간의 내적 격차를 나타낸다. 피할 수는 있지만 중성화할 수는 없는 자기 자신에 대한 인간의 극적인 어긋남을 나타낸다. 누군가 "그 자신보다 더 강하다"(크레이토 아우투kreitto autou)라는 어법이 이에 대한 증거다. 이것은 "자기 자신을 능가해 있다"로도 번역된다.

처음 보면 그런 어풍은 소크라테스가 느낀 것처럼 우스울뿐더러

---

* 플라톤,《국가·정체政體》, 박종현 옮김, 개정 증보판, 서광사, 2005, 280~284쪽;《국가》, 천병희 옮김, 숲, 2013/2014, 231~233쪽, 한국어판에서는 '소프로쉬네'를 똑같이 '절제'로 옮기고 있지만 여기서는 본문에 나온 독일어 번역어 '베존넨하이트Besonnenheit'를 따라 '근신'으로 옮겼다.-옮긴이

2부. 곡예 윤리를 위한 확률 없는 것의 정복

역설적인 것 같다. "그 자신보다 더 강한 사람이 그 자신보다 더 약할 수도 있을 것이 분명하고, 더 약한 사람이 더 강할 수 있다"(430e, 281쪽)라고 둘 다 동일한 사람에 대해 이야기하고 있기 때문이다. 사실 이 우스운 어법은 매우 심각한 사태의 증상이다. "인간 자신 안에"(**엔 아우토 토 안트로포**en auto to anthrópo)(431a, 같은 쪽) 그의 영혼과 관련해(**페리 텐 프쉬켄**peri ten psychèn) 더 나은 것과 더 못한 것이 분명히 있다고 하는 이 농담할 수 없는 사태는 **실제로는**in actu 이중의 방식으로, 즉 여기 세워둔 숙고들과 이것들이 다루고 있는 삶의 관계들에서 출현한다. 그렇다면 본성상(**피세이**physei) 더 나은 것이 더 못한 것을 지배할 때 저 자신보다 더 강함 혹은 자기 자신을 능가함으로 부르고 당연하게도 이 관계를 찬미한다. 그런데 역으로 동시에 그 수가 더 많은 더 못한 것이 당연히 그 수가 더 적은 더 나은 것을 압도하게 된다면, 저 자신보다 더 약함 혹은 자기 자신보다 열등함을 화제에 올리고 그에 맞게 비난한다. '정신에서와 마찬가지로 폴리스(도시국가)에서도 그러하다'*는 모든 정치심리학의 금언에 따라 이 숙고를 계속 응용할 수 있다.

두 순간이 철학사적으로 운명적인 이 자리를 이해하는 데 결정적이다. 첫째로 이 절에서 플라톤은 헤라클레이토스에게 조야한 외관을 띠고 등장한 경멸의 정서를 정신의 구조에 통합하는 데 성공하고, 그 결과 경멸은 인격의 규제 원칙이 되고 자기조정의 동인이된다. 자기 자신을 경멸할 수 있다면 그 사람에게는 결정적으로 이미 도움이 되었다. 둘째로 소크라테스는 더 못한 것이 힘을 넘겨받는 것이 왜 "나쁜 교육"(431a, 같은 쪽)을 받은 뒤에만 일어날 수 있는지 분명히 밝힌다. 이 교육의 규준은 고삐가 필요하고 제대로 이뤄진다면 즉각 고삐를 채울 수 있을 무엇인가를 고삐 없이(**아콜라스톤**

---

* 정치심리학의 존재론적이고 신학적인 변종들은 '존재에서처럼 도시에서도 그러하다'와 '천상에서처럼 지상에서도 그러하다'를 가리킨다.

akólaston) 둔다는 데 있다. 그리스인들에게 **파이데이아**paideia는 통찰과 단련 덩어리—달리 표현하자면 지성적인 가르침과 육체적인 훈련의 결과로 나온 것—를 의미한다는 것에서 출발한다면, 이 못한 것의 위협적인 권력 장악에 대한 담화에서 명백하게 더 많은 단련에 대한 요구 내지 차질이 생긴 단련에 대한 불만을 들을 수 있다.

여기서 당연히 지금도 통용되는 사회학화의 스타일로 플라톤의 자기 자신을 능가함에 대한 담화는 그리스의 계급관계가 정신에 투영된 것이라고 이의 제기할 수 있다. 그러고 나서 더 이상 전혀 흔하지 않은 유토피아주의의 화법으로 덧붙일 수 있다. 계급 없는 사회에서 정신의 자기관계는 개축될 것이라고, 그것도 완전히 아나키적이지는 않아도, 즉 거론할 만한 위아래의 차이가 없지는 않아도 평평한 위계로 그렇게 될 것이라고 말이다. 이 이의 제기에는 **파이데이아**의 본질이 빠져 있다. 고삐를 당긴다는 관념은 교사와 학생 내지 트레이너와 운동선수의 차이를, 경우에 따라 통상적인 의미에서 지배와 관련이 없는 기수와 말의 차이를 내면화하는 것에서 생겨난다. 귀족층과 천민의 관계는 이 관계들의 은유가 될 뿐인데도, 이것을 문자 그대로 받아들이면 이 비유적인übertragen 담화의 고유 법칙을 오해하게 만든다. 실제로 **파이데이아**에는 정치적 지배로의 환원은 말할 것도 없고 정치적 지배를 반영하지 않는 수직성의 현상형식이 출현한다. 당연히 이렇게 하여 이 사태 자체가 그것을 나르는 매개체들인 교육의 수술자와 환자들에 의해 이미 이해됐을 것이라고는 주장될 수 없다.

그리스 윤리학의 기본적 혼동은 이 윤리학에 속하는 교육술의 혼동처럼 정념과 습관의 차이를 필요한 만큼 명료하게 작업할 수 없었다는 사정에 그 원인이 있다. 그래서 이 윤리학은 여기 부합하는 지배와 수행의 차이도 마찬가지로 명료하게 개념화하지 못했다. 그 결과가 2000년 넘도록 유럽의 교육학이 보인 애매함에서 나타난다. 이 교육학은 학생들을 처음부터 자주 지배적 규율 밑에 질식시켰다.

2부. 곡예 윤리를 위한 확률 없는 것의 정복

그들을 마치 피지배자처럼 다뤄서 결국에는 더욱더 자주 실패한 성인이라고 부르고 모든 규율과 수행의 긴장에서 자유롭게 했다. 학생들이 곡예사라고는 말하지 못해도 맨 먼저 보통은 컨디션을 조정하는 것이 중요한 성장하고 있는 운동선수라는 사실은 도덕주의적이고 정치적인 교육학의 신비화 때문에 결코 매우 중요한 문제를 다룰 때 필요한 만큼 명시적으로 강조되지 못했다.

처음에는 이미 수중에 있는 정념, 파괴적인 과격함이나 강박 상태가 고삐 당기기를, 말하자면 지배를 요구하는 반면, 습관은 **선험적으로** 주어지는 게 아니라 오랜 단련과 수행으로 구축될 수밖에 없다는 숙고보다 더 단순한 것은 없어 보인다. 습관은 따라 하는 반복의 태도를 통해 성장하여 발달의 어느 특정 지점부터는 의지의 지지를 받는 자기추구로 옮겨간다. 습관과 정념의 구분이 매우 기초적으로 나타날 수 있음에도, 윤리적 사유의 역사에서 두 주된 형상에 대한 연상은 매우 다양한 혼동으로 이어진다. **아스케시스**를 파악할 때 그 애매함이 아스케제(자기수련) 자체와 더불어 "자기수련의 별"에 "있는" "가장 광범위하고 가장 오래된 사실들"을 구현한다고 극단적으로 말할 수도 있을 것이다. 유럽에서 아스케제(자기수련)와 이것에 대한 오해는 실제로 똑같이 오래됐다. 비교될 수 없을 만큼 철두철미하게 사유된 인도 **아사나스**asanas[요가의 좌법 체위]의 만유는 우리에게 이 오래 가는 혼동이 보편 법칙이 아니라 어떤 지역적 운명을 다룬다는 것임을 동시에 보여준다. 그것이 파악된다면 구유럽의 아스케제(금욕, 고행)의 억압 구조에서 수행이 해방된다는 것—나는 이것을 첫머리에서 암시했다—이 왜 20세기의 가장 중요한 정신사적이고 육체사적인 사건을 의미할 수도 있는지 이해하게 된다.

두 압도 사이에서: 들린 인간

인간 자체 내의 수직적 구분에 대한 플라톤의 언급에서 헤라클레이토스의 에토스-다이몬 문장으로 되돌아가면 에페소스의 사상가가 어떻게 같은 문제를 완전히 기초적이고 빈궁에 가까운 논리로 다루는지 밝혀진다. 지금은 이 고대의 세 단어로 된 경이인 **에토스 안트로포 다이몬** 자체가 그것의 화두를 어떻게 형식적으로 가리키는지 분명히 파악된다. '사람'이라는 단어가 극도로 혼동될 수 있는 두 개의 윤리적인 주된 형상들 사이의 한가운데에, 즉 왼쪽에는 습관을 오른쪽에는 정념을 두고 서 있다. **에토스**가 여전히 더 무엇을 의미할 수 있든 상관없이 여기서는 곡해되지 않고 습관적인 것, 풍속의 것과 통용되는 것과 관련되는 반면, **다이몬**이라는 단어는 더 상위의 힘, 압도하는 것, 초습관적인 것을 표현한다.

두 애매한 용어들을 밝히려는 이 의미론적 숙고를 인정한다면, 헤라클레이토스의 문장에 두 가지 새로운 번역 가능성이 생긴다. 첫 번째는 "인간에게 나쁜 습관들은 압도하는 것이다"로, 두 번째는 "새로운 좋은 습관들은 매우 격렬한 정념이 있는 인간에게 주인이 될 수 있을 것이다"를 이른다. 헤라클레이토스가 첫 번째 혹은 두 번째를 말하고자 했는지는 당연히 결정할 수 없다. 고대적인 것이 아직 구분되지 않은 것과 혼동 이전의 것에 대한 압축적 체현을 의미한다는 점에서 그의 논리는 고대적이었다. 혼동되는 것이 이미 펼쳐진 대안들을 엉클어놓는 반면, 혼동 이전의 것에는 아직 펼쳐져 있지 않은 대안들이 **축약되어**contracte 서로 뒤섞여 있다. 여기에는 표현될 사유에 비해 말이 훨씬 적게 있다. 그래서 다이몬적인 것이 나쁜 습관으로 아니면 고귀한 열정의 형태로 나타나는지는 말해지지 않거나 '안으로 접혀' 있다. 소크라테스 이전 철학자들의 명성이 왜 바로 20세기 초반 그 정점에 다다랐는지 설명이 필요 없다. 어느 시대도 유럽 지성의 혼동 이전의 시초에 대한 향수가 당시만큼 활기를 띠지 않았다. 동시에 이 향수는 부적절한 단순화로 회피함으로써 혼동을 고조시키는 더 강한 유혹에는 결코 노출되지 않았다.

유럽 철학의 근원적인 윤리적 혼동은 인간이 어떻게 살아야만

하는가라는 질문에 대한 숙고의 역사를 관통하는 유서 깊은 두 보완적인 오류들에서 나타난다. 첫 번째 오류는 정념의 고삐 당기기를 더 낮은 다이몬의 추방과 혼동하고, 두 번째 오류는 나쁜 습관의 극복을 더 높은 정신을 통한 깨달음과 혼동한다. 첫 번째 잘못된 길은 무감각 내지 천상계로 재빨리 달아나려는 스토아주의와 그노시스주의 사조가 대표적이고, 두 번째 길은 육신의 금욕 내지 육화된 현존재 저편으로 날아가는 경향이 있는 플라톤주의와 신비주의 전통이 대표적이다. 이 매혹적인 잘못된 길들이 중심 사조로 빠지지 않게 된 것은 일상 문화의 익명의 지혜가 도움이 됐던 실용주의 윤리학들의 저항 덕분이다. 이 지혜와 윤리학이 유럽적 삶의 기예에 대한 지식의 유산을 창출한 원천들이다. 미셸 푸코의 후기 연구들은 이 원천들을 매우 실제적으로 증명한다. 아리스토텔레스주의, 에피쿠로스주의, 회의주의의 기원을 갖는 이 반-극단주의 프로젝트는 보통 수직적 긴장과 정념의 고삐 당기기를 수평적 노력, 좋은 습관에 대한 모방과 장려로 생산적으로 조정하는 데 성공했다. 그것들은 두 시원적인 운동 방향, 곧 확장과 상승의 요구가 일어나는 난지형을 점검했다.

이 에토스-다이몬 문장을 직접 소크라테스의 정념의 고삐 당기기에 대한 담화와 함께 읽어보면, 구유럽의 사유가 어떤 오솔길에서 '(신)들림Besessennheit'이라는 항목으로 종교적 맥락에서 다뤄졌던 문제 제기와 마주치게 됐는지 더 잘 이해할 수 있다. **다이몬**이라는 말이 더 예전에 사용될 때 그것은 인간 존재와 들려 있음이 실제로는 처음부터 같은 의미라는 것을 상기시킨다. **다이몬**이 없는 사람은 그를 인도하고 채워주고 움직이게 하는 영혼이 없고, 그리고 그런 영혼이 없는 사람은 존재하는 자가 아니라, 오히려 떠도는 죽은 자, 기껏해야 인간의 꼴을 한 식물이다. 이렇게 **에토스**와 **다이몬**의 표현이 매우 조밀하게 압축되어 **안트로포스**가 곧장 그 사이에 서게 되면 인간이 원칙적으로 두 종류의 들림 사이에 어떻게 묶여 있는지 보인다. 인간은 습관과 관성에 들린 채 생기가 부족하고 기계화되어 나타나거나,

정념과 이념에 들린 채 과도하게 생기가 있고 지나치게 조증으로 기울어 있다. 그러므로 그의 생기의 형태와 정도는 그의 들림의 양태와 음색에, 그리고 이 점령자가 자기 자신에 통합될 수 있느냐에 완전히 의존해 있다. 인간 대다수는 예로부터 이 후자, 즉 들림의 심령적이거나 정념적인 후자의 측면만을 인식한다(동행의 다이몬, 침입의 다이몬, 사적인 정령Genie과 악한 영Geister에 대한 고대의 표상에서 풍부하게 이미지화되어 등장한 대로다). 그들은 이 측면에 대한 부정인 영혼 없음, 정신 없음, 우울을 걱정으로 눈여겨본다. 이와 달리 초기 철학자들, 최초의 구루들과 교육학자들은 그들의 기예에 서광이 비칠 때 더욱더 제2전선인 인간 조건의 '습관의 동물'이라는 측면에도 착안했다. 여기서 들림의 습관적이거나habituell 성품적인hexisch 형태들에 관해 말할 수 있을 것이다(라틴어 **하비투스**habitus는 습관이고, 그리스어 **헥시스**hexis는 가지고 있음, 처신함, 내적 자산, 습관이다). 그것은 어떤 비-정신을 통한 들림, 체화된 메커니즘이 인간을 차지한 상태를 나타낸다.

파이데이아: 습관의 뿌리들을 쥐다

인간의 이 이중적인 들림이 어떻게 윤리적-자기수련의 계몽으로 일어나는지 파악하기 위해서는 유럽의 인간학적이고 교육학적인 사유의 역사가 **오랫동안**in the long run 정신의 진보적인 세속화와, 말하자면 들림의 논리를 규율 프로그램으로 바꾼 것과 동일했다는 것을 고려할 수 있다. 이 전환이 이뤄지면서 첫 번째 유형의 들림은 열광주의로 다시 정식화되어 유익한 열광주의—《파이드로스Phaidros》에서 플라톤이 네 가지 좋은 열광을 열거한 것을 생각할 수 있다*—와 해로

---

* 예지적인 예언, 신에 의해서 권해진 치료술, 뮤즈에 의해서 고무된 시인의 광기(**마니아**manía), 신들에 의해서 보내진 사랑. *Phaidros*, 244a~245b[플라톤, 《파이드로스》, 김주일 옮김, 이제이북스, 2012, 78~80쪽; 《플라톤의 향연/파이드로스/리시스》, 박종현 옮김, 서광사, 2016, 274~277쪽].

운 열광주의로 분리됐다. 해로운 열광주의에는 그리스도교의 시대에 칠죄종七罪宗의 목록에 자리 잡았던 분노, 공명심과 탐욕이 두각을 나타낸다.* 그것들은 더 이상 공식적인 들림이 아니라 그 기능적인 후신들에 불과하므로 더 이상 구마식을 해서 내쫓지 않고 규율에 따라 그 고삐를 당긴다. 만일의 경우 매우 난폭한 수단들을 동원한다.

이 진행 동선에 헤라클레이토스가 죽은 지 900년 뒤 아우렐리우스 아우구스티누스가 그의 저서 《참된 종교에 관하여De vera religione》에서 그리스도인들에게 자기 자신 안의 "여자들"을, 이 "탐욕의 환영과 폐"를 구속하는 "남자들"이 되라고 요구하는 진술들을 배열할 수 있다. 이 과제는 여성들에게 유사한 방식으로 세워지는데, 그들은 마찬가지로 "그리스도 안에서" 여성적 욕망들(페미네아스 볼룹타테스femineas voluptates)을 자신 안에서 구속하기에 충분한 남자가 되어야 하기 때문이다. 여전히 아우구스티누스는 현혹되지 않고 우리가 지배하지 않으면 우리를 지배하는 것을 지배하는 것과 우리가 소유하지 않으면 우리를 소유하는 것을 우리가 소유하도록(인 노스트람 포세시오넴in nostram possessionem) 하는 것인 플라톤의 정서와 영혼지도론Psychagogik의 도식을 꽉 쥐고 있다.** 그에게는 악마 신학의 입착으로 인해 정념을 다시 다이몬화하려는 경향이 계속 실재해 있다. 여기서 '내적 자연'에 대한 독재라는 억압적인 금욕(고행) 개념이 어떻게 그리스도교의 세기들을 지나는 개선 행렬을 시작했는지 포착할 수

---

*   이 정념들은 디온 크리소스토모스Dion Chrysostomos(기원전 2세기)—그의 디오게네스와 알렉산더 대왕의 논쟁에 대한 서술은 푸코에 의해 1983년 *Six Lectures on Discourse and Truth*[《담론과 진실에 대한 여섯 강의》][미셸 푸코, 《담론과 진실: 미셸 푸코 미공개 선집 2》, 오트르망 옮김, 동녘, 2017]에서 자세히 참조된다—에게서도 여전히 은유적이기는 해도 다이몬들로 기술된다. Plutarch, "Des Sokrates Daimonion", in *Moralia*, B. G. Teubner, 1942, pp.238~239[〈소크라테스의 다이몬에 관하여〉, 《모랄리아》]를 보라. 여기에는 다이몬이 어떻게 내세에까지 다시 확장되는지 서술되어 있다.

**   Aurelius Augustinus, *De vera religione/Über die wahre Religion*, Lateinisch/Deutsch, Reclam, 1983, pp.133~135[《참된 종교》, 179쪽].

있다.

두 번째 유형의 들림인 습관에 관해 그것의 세속화는 자기훈육
Selbsterziehung이라는 개념으로 이어지는데, 여기에는 적당한 자기에 대
한 구마식Selbstexorzismus이 포함된다. 자신의 습관에 의해 소유된 사람
은 이 소유관계를 뒤집고 그를 소유하는 것을 자신의 소유로 관리
할 수 있도록 해야만 한다. 무엇보다도 좋은 습관으로 바꿔야만 하
는 나쁜 습관들이 여기에 해당한다. 그래서 토마스 아 켐피스Thomas à
Kempis[1380~1471. 독일의 신비주의자]는 최초 교육학자의 전통에서 더
욱 온전하게 말했다. "습관은 습관으로만 극복될 것이다."* 더 급진
적인 영적 수행체계에서는 오늘날까지도 습관적인 각인의 중단에 대
한 요구가 중립적인 습관들과 이른바 좋은 습관들에까지 확장되어
있는데, 가령 콘스탄틴 스타니슬랍스키Konstantin Stanislawski[1863~1938. 메
소드 연기의 원조이자 모스크바 예술극장을 창립한 러시아의 연출가이자 배
우]의 연기교육학에서나 1922년 10월부터 퐁텐블로에 정주한 게오르
게 이바노비치 구르지예프George Ivanowitsch Gurdjieff[1866/1872/1877~1949.
아르메니아 출신의 미국 신비주의자이자 철학자]의 '인간의 조화로운 발
전을 위한 연구소Institut zur harmonischen Entwicklung des Menschen'에서 그렇다. 이
급진주의자들의 관점에서 인간 실존의 습관(하비투스)이라는 기초
전체는 사후적으로 지극히 노력하여 자유로운 나의 영혼이 이식되어
야만 하는 영적으로 가치가 없는 인형극장에 지나지 않는다. 이 이식
에 성공하지 못하면, 수많은 스포츠 선수와 모델들에게 친숙한 어떤
효과를 일반 사람들에게서 체험한다. 그들은 겉보기에는 전도유망하
게 활동하지만, 그 문을 두드려보면 안에 아무도 없다. 이 교의들에
따르면 신봉자가 그의 삶을 어떤 엄격한 수행체제에 복종시킬 때에
만 그가 보유하고 있는 것에서 거리 두기가 가능하며, 이 체제를 통

---

*   Thomas à Kempis, *Imitatio Christi*, p.53[토마스 아 캠피스, 《그리스도를 본받아》, 박
       동순 옮김, 두란노, 2010, 59쪽].

해 그는 모든 주요 차원들에서 그의 자동화된 태도에서 벗어난다. 동시에 그는 이 새롭게 배운 태도를 다시 자동화해 그가 되고자 하거나 구현하고자 했던 것이 그에게는 제2의 본성이 된다.

사유와 깨어 있음

불분명한 사람, 시초의 사람, 혼동 이전의 사람 헤라클레이토스에게는 그런 분화와 착종이 부재한다. 그에게는 정념과 습관이 여전히 한 부류에 함께 있는 게 당연하며 이는 단편 101절에서 **에토스 안트로페이온**(인간의 태도)이라고 칭해진 막연한 차원에 포함되어 있다. 이 차원에 신적인 것, 이성의 불, 헤아릴 수 없는 정신과 모든 것을 관통하는 로고스 같은 초인간적인 주된 형상들이 맞서 있다. 이 형상들에 견줘 평가해보면 가장 영리한 인간조차 원숭이와 같다는 게 우리가 읽은 바다. 거기서 **파이데이아**는 아직 화두가 아니지만, 헤라클레이토스에게 이미 조롱하듯 교육학자들의 2500년 제국을 선포하는 한 문장(스토바이오스에 따르면 단편 33절*)이 돌연 나타난다. 이것은 무분별한 다수를 포함해 원칙적으로 모든 사람들에게는 자기 자신을 아는 것과 사려하는 것이 부여되어 있을 것이라고 말한다.

헤라클레이토스가 훗날 합리성의 문화에서 다양한 분과에 할당되기까지 하여 해명되어야 하는 깨어 있음, 사려하는 것 그리고 로고스에 귀 기울이기를 그의 교의의 '정신적인 측면'에 한데 둘 수 있을 때 더욱더 커다란 특권이 그에게 주어진다. 이후 세대들과 더 먼 시대는 깨어 있음을—잠과 꿈의 현상과 더불어—심리학과 보안 임무에 할당할 것이며, 반대로 사려하는 것은 실천철학 내지 윤리학에 제출할 것이고, 로고스에 대한 감수성은 논리학, 수학 그리고 구조 이

---

* "자기를 아는 것과 사려하는 것이 모든 인간들에게 부여되어 있다", 〈단편: 헤라클레이토스 37절〉, 《소크라테스 이전 철학자들의 단편 선집》, 233쪽.—옮긴이

론에 비축할 것이다. 소크라테스 이전 자연철학Vorsokratismus의 만만찮은 특징이 있다면—대개 동의하는 것처럼 이 자연철학이 현대 편찬자들의 발명을 구현한 것에 불과한 게 아니라면—내가 보기에 그것은 깨어 있음과 사유의 격한 동일시에 있는 것 같다.

이오니아 시대에 사유가 무엇이었는지 한 문장으로 말해야 한다면 그 대답은 다음과 같을 것이다. 사유는 에페소스에서 잠 못 이루는 것, 밀레토스에서 매일 밤을 봉헌하는 것을 이른다. 이것을 거의 문자 그대로 이해해도 되는데, 이오니아인들이 밤마다 천체를 관찰하는 칼데아* 전통과 가까워서 그들 역시 정신적인 야간 작업을 좋아할 수 있었기 때문이다. 깨어 있는 이들이 잠자는 이들을 경멸하는 것은 정신적인 운동경기주의의 기초재에 속한다. 헤라클레이토스의 단편들이 시사하는 대로 낮의 활동과 밤의 활동의 구분이 깨어 있는 사유에 영향을 미치지는 않는다. 사유와 하나가 된 깨어 있음은 최초의 철학이 형성되도록 돕는 유일한 자기수련을 실행한다. 깨어 있는 사유로서 그것은 순수한 규율, 잠들지 않음의 곡예다. 이 곡예가 사상가를 항상 깨어 있는 로고스와 서슴없이 일치시키지는 못한다고 해도 로고스와는 긴밀하게 짝짓게 한다. 헤라클레이토스의 매우 엄격한 몇몇 격언이 범속한 사람들의 잠에 사로잡힌 상태를 다루는 것은 우연이 아니다. 그에게 **다수**hoi polloi란 아침에 공동의 것(**코이논** koinon)을 따르려고 깨어 있는 게 아니라, 마치 그들이 독자적인 통찰(**이디안 프로네신**idían phrónesin)이라도 있는 것마냥** 그들의 사적 세계와 꿈의 백치 상태에 머물러 있는 사람들과 다르지 않다. 그것은 종교적인 문제에서도 말하자면 끝까지 잠들어 있는 사람들과 같다. 그

---

* 칼데아Chaldea/Chaldaea. 기원전 10세기 후반 또는 9세기 초반부터 6세기 중반 사이에 존재한 셈어를 사용한 민족으로 바빌로니아에 흡수됐다.-옮긴이

** "이 때문에 〈공통의 것〉을 따라야만 한다. 그런데 로고스는 공통의 것이거늘, 많은 사람들은 마치 자신만의 생각을 지니고 있는 듯이 살아간다", 〈단편: 헤라클레이토스 5절〉, 《소크라테스 이전 철학자들의 단편 선집》, 222쪽.-옮긴이

들은 "마치 진창에 빠진 어떤 이가 진창으로 씻을 때처럼"* 스스로를 피로 더럽혀 정화할 작정이다. 사람들은 고유한 세계에 사로잡힌 채 잠들지 않는 이들이 그들에게 말해야만 하는 바를 듣지 않는다. 우리가 모든 것에 두루 영향을 끼치는 로고스에 관해 그들에게 말한다면 그들은 어깨를 으쓱한다. 그들이 일자 안에 잠겨 있더라도 그것에서 아무것도 보지 못한다. 그들은 신이 그들 앞에 서 있는데도 마치 그를 찾는 것처럼 행동한다.

깨어 있음 없는 사유, 사유 없는 깨어 있음: 동서의 대립

20세기 사상가들 가운데 2500년의 철학 전통에서 스스로를 분리하여 혼동 이전의(축약kontrakt 상징적인) 사유의 특권들을 다시 얻고자 했던 최초 인물이 하이데거였다. 하이데거는 그의 방식으로 자신이 살던 시대에 맞서면서도 그 시대의 수준을 많이 고려하여 철학함을 '소크라테스 이전' 상태로 회복하려고 시도했다. 잠시 동안 깨어 있음과 사유의 통일성이 가능한 적이 있었던 상태로 말이다. 이 혼동 이전의 통일성의 몰락은 2500년 전 이미 제지하기 어려운 것으로 밝혀졌다. 신속하게 진보하는 개념 형성이 옛 기본 어휘들을 다수의 부분 의미들로 쪼갰다. 모든 어휘가 이 전개에서 손상되지 않고 생존한 것은 아니었다. 특히 사려하는 것을 뜻하는 고대 세계의 가장 우아한 성취 어휘인 고대의 동사 **소프로네인**은 다른 덕을 갖춘 어떤 집단 내부의 근신의 덕을 표현하는 명사 **소프로쉬네**로 응고되면서 그 투철한 활력과 내밀한 호소력을 상실했다. 물론 하이데거가 이 사건—동사가 명사로 경화되고 사건에 대한 직관이 개념의 졸작으로 바뀐 것—을 '존재 망각'의 역운[역사적 운명]으로 해석한 것은 이것이 암시하고 있는 문제를 극복하는 데 많이 기여하지 못하는 불편한 침소봉대를 품고 있다.

---

* Heraklit, "Fragment 21"[〈단편: 헤라클레이토스 99절〉, 같은 책, 254쪽].

이 비대칭적인 몰락의 산물들에서 서양과 동양의 합리성 문화 내지 '윤리들' 사이에 지대한 영향을 가져올 차이들이 생긴다. 간추려서 말하자면 서양의 오솔길에는 학문의 이상에 의무가 있는 깨어 있음 없는 사유가 관철됐다면, 반면에 동양의 오솔길에는 오히려 개념적으로 엄밀한 규정이 없는 깨달음을 추구하는 학문 없는 깨어 있음이 활기를 찾았다. 모든 대가들이 어느 정도는 소유하고 있는 지혜 형상들의 국보에 의지한 채 말이다. 신-소크라테스주의 이전의 태도로 과학주의와 조명주의의 양자택일을 무산시키려는 하이데거의 시도는 분명 담론구성이나 해체구성보다는 명상적인 깨어 있음에 더 근접해 있는 '사유' 개념을 낳았다. 담론 실천보다는 어떤 수련을 더 닮았던 그의 후기 존재의 목가는 의식철학을 실존철학에 통과시켜 각성시킨 뒤 그것을 세계를 아우르는 깨어 있음의 철학으로 변화시키려는 기도를 가리켰다.* 인간은 '존재의 수호자'로서 잠에 대한 금지에 지배된다는 것을 진정 받아들여야 한다. 물론 하이데거에게는 존재를 수호하는 그 일정이 어떻게 정해져 있는지 너무도 분명하지 않을 것이다. 이 수호자들이 최고 수준의 연구 실험실에서 야간 작업에 대한 허가를 어떻게 얻는지도 쉽게 알 수 없다. 이 내기는 그럴듯한 만큼 매우 까다롭다. 지금은 현대 합리성 문화의 수준 뒤로 후퇴하지 않고서 하이데거가 조망한 대로 사유를 깨어 있음에 대한 수행으로 변모시키는 것이 중요하다.

하이데거 자신이 여기에 성공했는지는 일련의 이유들 때문에 의심스러울 수밖에 없다. 그의 후기 목가론은 너무나도 기괴함으로 빠졌다. 하이데거보다 앞서 오스발트 슈펭글러가 깨어 있음의 일반론을 가지고 잠정적이지만 중요하지 않은 것은 아닌 합리주의적 세계 포착에 대한 몇몇 비판의 스케치를 개진했다. 그러나 이 비판은 계

---

* 19세기와 20세기의 마취 실행에서 사유와 깨어 있음의 결합의 중단에 대해서는 이 책 16장 601~603쪽을 보라.

2부. 곡예 윤리를 위한 확률 없는 것의 정복

속 끝까지 추구되지 못하고 고등문화의 사변적인 심리학으로 번역됨
으로써 철학적으로 중성화됐다. 게다가 슈펭글러는 깨어 있는 현존
재의 불안 체제에 대한 그의 미묘한 언급을—이것은 10년 뒤 1929년
하이데거의 교수 취임 강연 〈형이상학이란 무엇인가?Was ist Metaphysik?〉
에 다시 등장한다—그의 실용주의적인 '사실들'의 우위에 대한 조야
한 믿음으로 왜곡했다.* 전체적으로 보면 20세기 철학은 깨어 있음
문화의 명령 앞에서 그것을 안쓰러울 정도로 거부한다. 이 철학이 잠
재적 고객 대부분을 심리치료의 하위문화들에 잃어버린 것에는 까닭
이 없지 않은데, 이 문화들에서 깨어 있음과 지식의 관계에 대한 새
로운 실행 가능한 양식화가 발생했고, 이것이 공무원으로 임명된 이
론의 양육자들을 매우 불쾌하게 했다.

동양과 플라톤의 원천으로 이뤄진 신지학 전통의 혼합을 배경
으로 지두 크리슈나무르티Jiddi Krishnamurti(1895~1986)는 20세기에 들을
수 있는 가장 급진적인 깨어 있음의 교의를 발전시켰다. 그는 초기
이념 주입에 거리를 두고 지성 세계의 구조물에서 즉각 하차해 모든
표상을 '주목의 불꽃'에서 태우는 게 언제나 가능하다는 명제를 공
포했다. 크리슈나무르티는 완전히 투명하지는 않은 이유에서 불변의
깨어 있음에 대한 순간적인 능력과 자기 자신에 대한 수행적인 작업
내지 카타르시스적인 정신의 해명 사이의 연관을 더 가까이 탐구하
고 그런 연구들에서 나올 수 있는 결과들을 그의 교의에 통합하길 거
부했다. 그의 고유한 해명의 기록이 영적 수행의 역사에서 가장 극적
이고 가장 뛰어나게 입증된 문서들에 속하는데도 그랬다.**

하이데거 다음에는 특히 푸코가 이 내기를 받아들이고 그의 저
작으로 깨어 있음과 사유가 동시대의 실존적-지성적 기획에서 어떻

---

* Oswald Spengler, *Der Untergang des Abendlandes*, pp.557~579[《서구의 몰락 2》, 219~223쪽].
** Pupul Jayakar, *Krishnamurti-Leben und Lehre*, Bauer, 1992[《크리슈나무르티: 삶과 가르침》].

게 다시 확실히 결합될 수 있을지 입증했다. 하이데거의 자극을 받아 실제 가능한 것의 한계까지 다다랐던 독일 사상계에서는 특히 카를 프리드리히 폰 바이츠제커Carl Friedrich von Weizsäcker[1912~2007. 독일 물리학자이자 철학자이고 평화 연구자]를 들 수 있다. 그는 동시대 지식의 수준에서 소크라테스 이전 자연철학의 역설적인 이상에 가장 가깝게 다가갔을 수도 있다. 끝나가는 20세기의 가장 심오한 자연과학 철학서일지 모르는 그의 후기 주저 《시간과 지식Zeit und Wissen》*은 철학자 동업조합과 공론장에서 똑같이 무시당했고, 숨넘어갈 지경으로 재미있게 산다고 생각하지 않던 이들에 의해서도 무시당했다.

---

*   Carl Friedrich von Weizsäcker, *Zeit und Wissen*, Hanser, 1992[《시간과 지식》].

9.
하비투스와 관성
: 수행하는 삶의 베이스캠프에 관하여

한 번 더: 높이와 넓이―인간학적 균형성

니체, 비트겐슈타인, 푸코, 하이데거와 헤라클레이토스에 대한 앞선 숙고에서 빈스방거가 표현한 '인간학적 균형'에 대한 일련의 관찰 내용을 함께 가지고 와보자. 빈스방거는 하이데거에게 자극을 받은 정신의학적 인간학의 개척자였다. 그는 실존적 방향 설정의 근본 현상을 기초 공간 윤리 혹은 균형 윤리로 발전시켰다. 특히 1949년 널리 주목받지 못했던 그의 입센 연구에서 그랬다. 이 연구에서 빈스방거는 정신적이고 예술가적인 자기실현의 드라마가 압도적으로 **깊이**Tiefe와 **높이**Höhe의 차원에서 일어나는 반면 범속한 삶에서 인간의 자기실현은 어찌하여 무엇보다 **좁음**Enge과 **넓음**Weite의 양극의 의미 방향에서 이뤄지는지 밝힌다.* 이 양쪽 경우에서 괴테가 때때로 "우리 인간은 연장延長과 운동에 의존해 있다"**라고 적었던 삶의 동적인 근본 경향을 알아차릴 수 있다. 수평계의 실존적 운동성은 나아가는 길과 돌아오는 길의 상대적 대칭을 통해 지배되는 반면, 수직적 운동성에는 보통 어떤 비대칭이 등장한다. 말하자면 하강이 상승에 대한 순전한 반영에 그치지 않을 때, 즉 헤라클레이토스적인 "위로의 길과 아래로의 길은 같은 것이다"가 적용되는 경우가 아니라, 하강이 추락

---

*   Ludwig Binswanger, *Henrik Ibsen und das Problem der Selbstrealisation in der Kunst*, p.48.
**   Ibid., p.50.

일 때 그렇다. 나는 이 관계를 프라부 마줌다르Pravu Mazumdar*가 빈스방거의 저서들에서 이어받은 표제어 '비극적 수직성'으로 다뤄왔다. 빈스방거는 수평적인 것에도 일종의 추락이 있다는 자명한 이의 제기에 대해 따로 논평하지 않는다. 말하자면 방황하는 유대인**과 방황하는 네덜란드인***이 구현하는 것처럼 먼 곳으로의 걸음이 퇴로 없이 나아가는 것으로 떨어질 때 그렇다.

이 정신의학자가 수직 운동에서 확인한 비극적 비대칭들은 자연적인 의미나 도덕적인 의미와 같은 높은 곳에 관련되지 않는다. 오히려 높은 곳에서 움직일 수 없으면서도 그곳을 기어오르는 행위자의 불충분한 할 수 있음에 관련된다. 일반적으로 오르고 있는 사람을 위에 다다르게 하는 그와 같은 할 수 있음은 '비극적 수직성'의 자취가 개입하지 않더라도 그를 또다시 아래로 데려간다는 것을 받아들여야 한다. 이카루스의 날개처럼 할 수 있음의 주변 조건들에 대한 할 수 없음 혹은 고려하지 않음이 간섭할 때에만 이 추락들이 있을 법한 것이다. 그 밖의 경우에 할 수 있음은 하강하기에도 어느 정도는 완전히 충분하다. 항공 운항이 매일 이것을 입증하는데, 어차피 이것은 확실히 훈련된 등산과 아주 똑같이 비-이카루스적인 기술 형태다. 행위자가 필요한 테크닉을 보유하지 못하고 무엇인가를 위험을 무릅쓰고 감행하든, 그가 시험해본 적이 없기 때문에 할 수 없는 새로운 것을 시도하든, 능숙하지 않은 것과 안전하지 않은 것에 돌진할 때에만 추락의 문제학이 등장한다. 나는 여기서 예술가, 범죄자, 독재자와 **모험상인조합**Merchant Adventurer****의 상황과 관련해 이 관찰들을 상술

* 인도 뉴델리 출신으로 뮌헨에 거주하며 미셸 푸코의 철학을 발전시키고 있는 철학자 겸 문화이론가.-옮긴이
** 13세기의 그리스도교의 전설 속의 인물로 예수의 십자가 죽음을 비난했다는 이유로 방황할 수밖에 없는 그 혈통이 알려지지 않은 유대인.-옮긴이
*** 리하르트 바그너가 1843년에 초연한 오페라의 제목이자 전설 속의 인물.-옮긴이
**** 외국과 무역을 시작한 상인을 이르는 말로 보통 14세기부터 16세기까지 주로

하는 것은 단념하겠다. 그들 모두 실패로 이끄는 견인이 달라붙지 않고서는 생각될 수 없는 상황에 처해 있다. 물론 이 상황에서 배울 수 있는 기회가 없는 것도 아니다. 이 상황과 관련해 올리버 크롬웰Oliver Cromwell[1599~1658. 청교도혁명을 주도한 영국의 군인이자 정치가]의 것으로 여겨지는 말을 떠올려볼 수 있다. 어떤 남자는 그가 어디로 가는지 알지 못할 때 가장 높게 오른다.

베이스캠프에서: 최후의 인간들

빈스방거가 '인간학적 균형성'에 대해 상술한 내용에서 나는 내가 '베이스캠프 문제'라고 부른 것에 대한 힌트를 도출하겠다. 그 발견자로—불가피하게—니체가 다시 인정받을 수 있다. 그것은 더 이상 플라톤적으로 구상될 수 없는 자기 자신을 넘어서는 인간의 상승에 대한 예언자 차라투스트라가 설교를 시작할 바로 그때 대다수 인간은 지금 상태보다 더 이상의 것이 되려는 생각이 없다는 사실과 그가 마주치는 순간 떠오른다. 그들 욕망Wünsche의 평균적인 방향을 조사하면 그들은 가지고 있는 것을 다만 더 편리하게 만들려 한다는 판정이 나온다. 욕망 문화가 처해 있는 이 상황에서 차라투스트라의 최후의 인간에 대한 담화는 청중을 향한 공격이 되기 시작한다. 그의 즉흥적인 두 번째 노래—첫 번째 노래는 위버멘쉬를 선포했다—는 태양 아래 있는 가장 경멸적인 피조물을 묘사할 것이다. 열망 없는 인간을, 행복을 발견하고 수영장에서 일광욕을 하며 지나가는 여자들을 구경하는(어떤 다른 이유로 그가 다른 것에 눈길을 보내겠는가?) 최후의 속물 말이다. 물론 그의 연설에서 차라투스트라의 기대는 어긋난다. 그것은 그렇고 이 연설을 철학사의 최초의 잠재적인 현대적인 사건Pop-Ereignis이라고 이를 수 있을 것이다. 차라투스트라는 들

직물을 취급하던 모험상인회사Company of Merchant Adventurers의 일원을 이른다.—옮긴이

는 이들의 자존심에 호소하려 시도하다가 그들이 더 이상 자존심이 없고 그것을 회복하려는 것에 더 이상 관심이 없다고 확언하기에 이른다. 이 때문에 차라투스트라의 실패한 자극 요법의 개입에 이어 청중에서 열광적인 반향이 들린다. "우리에게 이 최후의 인간들을 내놓아라!"* 이 반향에 차라투스트라는 답하지 않는다. 그때부터 그는 인간을 청중과 벗으로 나눈다. 청중에는 내가 나를 넘어서면 거기서 얻는 게 무엇인가라고 물을 수 있을 사람이 속한다.

니체의 최후의 인간들에 대한 담화는 베이스캠프 문제의 첫 번째 판본을 제시한다. 이 문제는 강령에 의거해 베이스캠프와 정상이 같은 것이라고 주장할 수 있게 된 그 즉시 등장한다. 더 정확히 말하자면 베이스캠프에 머무르는 것과 그 체재 연장이 모든 종류의 정상 탐험을 불필요하게 만든다는 의견을 발설할 수 있을 때 등장한다. **확률 없는 산**의 고원에 있는 현존재에 대한 그런 해석들이 어떻게 19세기부터 개연성을 띠게 됐는지—다윈주의에서뿐 아니라 마르크스주의에서도—나는 이미 우회적으로 밝혔다. 이 해석들은 **현상태**의 인간이 생성의 종점을 체현하고 있기에, 종점의 성과들에 대한 재분배를 정리하는 일이 남아 있을 뿐이라고 주장하는 진화론의 표준 해석에서 도출된다. 여기에 대응하는 사회철학의 강령들이 이 주장을 변호한다. 20세기는 이데올로기적으로 다양하게 정당화된 베이스캠프와 정상의 동일시로 완전히 표시된다. 변화된 일상에 대한 설계의 초기 선포부터 포스트모더니즘에서 삶의 형식의 총체적인 병존에 이르기까지 말이다. 같은 종류의 정신에서 분석철학은 일상 언어를 최후의 언어라고 천명했고, 그리고 자유주의는 소비와 보험의 융합을 최후의 지평으로 천명했다. 최근 주도 담론이 된 생태주의는 생태계와 종들을 최후의 자연으로 선언하고 그 선언으로 지금 그것들이 도달

---

* Nietzsche, "Prolog 5", *Also sprach Zarathustra*[《차라투스트라는 이렇게 말했다》, 26쪽].

2부. 곡예 윤리를 위한 확률 없는 것의 정복

한 상태의 불가침성을 확립함으로써 이 경향의 지속을 21세기 안에 체현하고 있는 것인지도 모른다.*

따라서 이 간략하게 서술한 이유들 때문에 20세기 철학은 특히 사회철학의 특색들을 띠고 바로 베이스캠프 문제에 대한 일련의 입장을 제공한다고 말할 수 있을 것이다. 여기 인용된 저자들도 대부분 토대의 측면을 강조하면서 'A도 물론이고 B도 그러하다'의 형식으로 이것에 대한 의사를 표했다. 호명된 이들 가운데 수직적인 것의 우위에 대한 무조건적인 고백을 한 이는 니체가 유일하다. 그에게 베이스캠프에 대한 정당화는 더욱더 높고 더 미지의 정상을 탐험하기 위한 출발점을 이룬다는 것에 예외적으로 존재한다. 니체에게는 초기 푸코뿐 아니라 후기 푸코가 가장 가까이 있고 영웅주의적인 기분에 젖어 있는 초기 하이데거도 또한 가깝다. 이 시기 하이데거는 그가 독일의 운명을 '시작하는' 계기가 되길 바랐던 민족혁명이 야생의 상태에 있는 베이스캠프와 다르지 않다는 것을 아직은 이해하지 못했다. 저 유명한 '오른 뒤 치워버리는 사다리'를 사용했던 《논고》 시기의 비트겐슈타인에게도 수평적 실상의 만유를 윤리적 정상에 대한 수직적 행동을 통해 뛰어넘을 수 있으리라는 희망의 흔적들이 나타난다. 이와 달리 더 훗날의 비트겐슈타인과 중기 푸코와 후기 하이데거가 수평적인 것으로 방향을 바꿨다는 것을 부인하기란 어렵다. 그들 모두 매우 다양한 이유와 각각의 방식으로 일종의 **중용으로 물러남**resignatio ad mediocritatem을 실행한다. 언어게임의 유희들, 예전의 권력게임 담론들을 재차 통과하기, 새로운 존재의 신호를 후기 경건주의자처럼 기다리기, 이 모든 것은 명백하게 더 이상 앞으로 나아가지 않는 어떤 캠프에서의 태도다. 이 저자들이 등정에 대한 자투리 희망을 보존하고 있을지는 모르지만. 빈스방거와 관련해 말하자면 그는 중

* Slavoj Zizek, "Unbehagen in der Natur. Warum unser Realitätsglaube uns blind macht für die Umweltkrise", *Lettre International*, Nr. 78, 2007[〈자연 안의 참을 수 없는 것: 우리의 현실에 대한 믿음은 왜 환경 위기에 눈멀게 만들었는가〉].

차대한 질문에서 내가 보기에는 어떤 고유한 견해를 발전시킨 게 아니라, '인간학적 균형성'의 바람직함을 가리키는 것으로 만족하는 것 같다. 한편으로 그는 후기 하이데거와 공감하면서도 다른 한편으로는 정신의학의 산에서 활동하는 조난 구조대원으로 '극단적인' 이들을 데리고 돌아오려고 시도하므로, 소명 때문에 수직성의 동학에 대한 이해를 퍼뜨렸던 베이스캠프에 근무하는 외근직에 그를 충분히 포함시킬 수 있다.

부르디외, 최종캠프의 사상가

20세기 후반의 저자들 가운데 피에르 부르디외가 독단에 가까운 형세를 취하며 정상 탐험에 대한 모든 사유를 회피한다는 문제적인 이점으로 두각을 나타낸다. 첨예화해 표현하자면 그는 결정적인 베이스캠프의 사회학자고, 그리고 더욱이 잠깐이지만 베이스캠프의 지식 대장으로 직무를 수행했다. 여기에는 위르겐 하버마스Jürgen Habermas가 견줄 만한데, 그의 의사소통적 행위이론에 대한 출판물은 평지에 베이스캠프를 마지막으로 증축하는 것에 대한 설명서처럼 읽을 수 있을 것이다. 부르디외가 프랑스 지식인 무대에 입장했던 1960년대 초반은 이론의 '장Feld'—그가 선호하는 개념들 가운데 하나로 파악하자면—이 거의 남김없이 마르크스주의적으로 약호화된 사회 비판 형태들에 의해 점유되어 있었다. 레몽 아롱Raymond Aron[1905~1983. 프랑스 철학자이자 사회학자로 《지식인의 아편》이 대표작]의 조교로 잠깐 일했으며 막스 베버, 에밀 뒤르켐과 알프레드 슈츠Alfred Schütz[1899~1959. 오스트리아 출신의 미국 철학자이자 사회학자로 '현상학적 사회학'의 창설자]의 독자였던 그에게 마르크스주의적 접근들의 불충분함은 감출 수 없는 것이었다. 레닌과 스탈린을 통해 그것들이 불길하게 유지될 때 특히 그랬다. 만약 그가 프랑스 비판 문화의 성공의 장에서 한자리를 얻고자 했다면, 빈곤화 비판과 착취 비판의 믿지 못할 언어게임들을 한쪽으로 치우고 이 비판들의 잃어버린 공격력을 지배 비판의 영역에서 따로 추구해 보충해야만 했을 것이다. 이것은 오직 직접적인 지배의 이론에서 지배자 없는 지배의 논리로 옮겨가야만 도달될 수 있었다. 이제는 익명적이고 전인격적인 행위자들이 어떤 억압적 주권자의 지위를 획득한 것이다. 이 정세에서 부르디외적 '비판이론kritische Theorie'('비판이론'이란 독일 독자들이 아는 대로 혁명 가능성에 대한 믿음을 저버린 익명의 마르크스주의다)의 변종에 특징적인 전환과 혁신이 전부 나온다. 이 국면에서 이론 자체—더욱더 전복적으로 행동하는 예술과 함께—가 혁명의 대체물이 된다.

마르크스주의 사유의 만만찮은 특징은 반-관념론(반이데아론)적인 현실성의 위계를 도입한 것에 있다. 이것에 의하면 토대Basis는 정치경제적 '실천'으로 파악되어 그 밖의 모든 '영역들'보다 더 많은 현실성의 내용을—결과와 부수적 결과를 야기하는 더 많은 힘을— 보유하기 때문에 이 영역들은 토대에 의해 결정된 '상부구조'의 역할에 만족했다. 국가, 법률체계, 학교제도와 그 밖의 모든 '문화'의 접합물Artikulationen들이 이렇게 2등급으로 강등되는 일을 당했으므로 토대의 정치적 존재론은 전승된 정신의 생태론에 극심한 단절을 낳았다. 이 접근의 가장 필연적인 현실화는 스탈린주의에서 목격될 수 있었다. 그 작용 방식modus operandi은 단순한 도식으로 표현될 수 있을 것이다. "토대와 단락短絡함[작은 도선으로 접촉함]으로써 상부구조를 제거하기."

하비투스: 내 안에 있는 계급

1945년 이후 '비판이론'을 창설하려면 스탈린 치하에서 완성된 사실들을 주시하고 현실성을 '실천'으로 대안적으로 해석해야만 거기에 도달할 수 있었다. 그러므로 '실천'의 정의를 새롭게 착수하고 이것이 경제적으로 제약된 표준 마르크스주의에서 기술되던 것과는 다른 법칙들에 따라 작동한다는 것을 보여주는 것이 중요했다. 이것은 토대를 더 깊숙한 곳에 둬야만 실행될 수 있었고, 이 자리에서 더 깊이 파고들고자 하는 사람은 생산과정의 지평에서 심신의 현실 지평으로 내려와야만 했었다. 시대정신은 이 계획을 뒷받침하기 위한 소임을 다한다. 이론사의 관점에서 '육체Körper'의 호경기는 1960년대에 시작됐다. 후기 마르크스주의가 자신의 생존이 어떤 대체 토대의 존재를 입증하는 것에 얼마나 많이 달려 있는지 파악했던 때였다. 독일에서 이 전환은 변형된 '주체적 요소subjektiver Faktor'에 대한 연구 형태로 압도적으로 이뤄졌고, 프랑스에서는 계급적 망탈리테(심성 구조)의 체화Inkorporierung*에 대한 일종의 민족지적 현장 연구가 실현됐다. 실제로 부르디외는 1958년 북알제리 카빌리의 농경사회에서 조사를 시작할 때부터 명예의 경제학과 교환의 경제학의 깊은 차이에 주목하게 됐고, 그렇게 해서 '토대' 문제에 대한 새로운 답을 찾도록 고무됐다.

이곳에 부르디외의 매우 중요한 개념적 혁신인 하비투스의 구상이 개입한다. 이 구상이 동시대 사회학의 가장 생산적인 도구들 가운데 하나를 구현한다는 것은 의심할 바 없다. 비록 그것이 내가 보여줄 것처럼 부르디외의 조작에서는 상당히 제한적으로만 동원됨에도 그렇다. 하비투스 개념의 가장 큰 덕목은 그것의 도움으로 관습적 마르크스주의 내부의 풀릴 수 없는 두 가지 수수께끼가 **첫눈에**prima vista 만족스러운 답을 찾았다는 것에서 나타난다. 하나는 이른바 토대가 이른바 상부구조에 어떻게 반영될 수 있는지에 관한 수수께끼고, 다른 하나는 '사회'가 어떻게 개인들 안에 스며들어 그들 안에서 현존을 유지하는지에 대한 수수께끼다. 그 해결책은 다음과 같다. 계급에 특유한 심신psychosomatisch 단련으로 인해 사회적인 것은 개개인에게 생

---

* "사회적인 힘이 개인의 신체 안에 주입되는 과정"(이상길, 〈용어 해설: 부르디외 사회학의 주요 개념〉, 피에르 부르디외/로익 바캉, 《성찰적 사회학으로의 초대》, 이상길 옮김, 그린비, 2015, 527쪽)을 가리키는 부르디외의 체화 incorporation에 대한 독일어 번역어로 Inkorporierung과 Inkorporation 둘 다 가능하다.—옮긴이

2부. 곡예 윤리를 위한 확률 없는 것의 정복

산된 동시에 생산하는 성향Disposition으로 깃들어 있는데 이는 이 개인 안에 경험에 개방된 채 일대기적으로 움직이지만 궁극적으로는 과거를 통해 지울 수 없이 주조된 고유한 삶을 전개하기 위해서다.

즉각 하비투스와 언어 사이의 유비가 눈앞에 떠오른다. 언어 역시 나름의 방식으로 발화자들에게 축적된, 구조화하는 동시에 구조화된 사회적 현실성을 이루기 때문이다. 1960년대 구조주의의 시대정신이 부르디외가 **랑그**langue 개념으로 표현되는 사태가 주제화됐던 페르디낭 드 소쉬르Ferdinand de Saussure의 저작에 잠시 몰두하도록 만들었는지 모른다. **사실상** 부르디외는 그의 하비투스 구상과 촘스키 Noam Chomsky[1928~ . '현대 언어학의 아버지']의 문법 관념 사이의 유비를 소환했던 셈이다. 이 관념을 육체적으로physisch 고정된 심층 구조들에 근거한 조건화된 자발성의 체계로 이해하는 경우에 그렇다. 이 비교는 한쪽에 계급을 조건으로 하는 태도의 성향이 있고 다른 쪽에는 문법을 원인으로 하는 담화의 조건화들이 있기 때문에 가능할 수 있다. 하비투스는 흡사 나에게 실행된 계급 단련의 최초 언어(모국어)와 같고, 그리고 개개인이 살아가면서 새로운 내용과 능력을 역시 얻으려고 아무리 애쓰더라도 부르디외가 보기에 그들은 모국어에 의해 주조되어 있고, 그리고 주조됐기 때문에 앞으로도 주조한다.

토대와 퓌시스Physis(육체) 혹은
: 사회는 어디에 박혀 있는가?

그러므로 하비투스는 신체화된somatisiert 계급의식이다. 그것은 헨리 히긴스Henry Higgins의 여인 둘리틀Doolittle*조차도 내쫓을 수 없을 결코 사라지지 않는 방언처럼 우리에게 달라붙어 있다. 부유해진 해방 노

---

* 조지 버나드 쇼의 희곡 《피그말리온》(1916)에 등장하는 인물들로 헨리 히긴스 교수는 하층계급의 여인인 부랑녀 일라이자 둘리틀을 데려와 세련된 부인으로 교육시킬 수 있는지 친구와 내기를 한다. 결국 그녀의 투박한 영어 사투리를 떨쳐내고 히긴스 교수는 그녀와 사랑에 빠진다.-옮긴이

예 트리말키오Trimalchio*가 자신이 베푼 만찬에서 품위 없게 자랑할 때 옛 엘리트에 속한 자들은 그 안에서 전형적인 노예를 알아본다. 이와 달리 부르디외가 어느 가난한 **소작인**métayer의 손자이자 베아른의 어느 우체국 직원의 아들에서 프랑스 순수사회학'장'의 대사상가이자 주인으로 상승할 때 지울 수 없는 그의 계급의 하비투스에 대한 생각은 경력으로 자신의 출신을 배반했다는 의심을 누그러뜨리도록 그를 돕는다. 이 관점에서 고찰하면 하비투스 이론은 그 장본인을 도덕적으로 진정시키는 데 평가할 수 없을 정도의 이점을 제공한다. 내가 본래의 계급을 배반하길 원했더라도 나의 옛 아담**에게 계급이 일체화되어 나의 사회적 존재의 토대를 형성하므로 그럴 수 없을 것이다. 이것을 떠나서도 이 이론은 그 사용자들이 학계뿐 아니라 개방된 지식 시장에서도 비판적인 가상을 유지하도록 돕는다. '사회'의 다양한 수직적 분화들을 남성의 특권이든, 물질적일 뿐 아니라 상징적인 자본 소유자의 특권이든, 단순한 지배적 특권들의 매트릭스에 본뜨는 수단을 그들에게 제공함으로써.

부르디외가 토대의 차원을 개개인의 심신 구조에 매설하기 위해 치른 대가는 그 자신이 의식한 것보다 훨씬 더 비쌌다. 우선 그는 방금 간략히 서술한 것처럼 이 하비투스 구상으로 사회적 공간의 수많은 규율의 장들에서 벌어지는 수직적 긴장의 게임을 이 사태에 충분히 가깝게 기술할 수 있는 더 나은 수단을 포기했다. **실제로** 부르디외의 저술가적인 작업은 독창적이고 생산적이다. 예를 들어 '미세한

---

* 　세계문학사에서 가장 오래된 소설로 알려진 1세기 로마 페트니우스의 《사티리콘》의 2부 〈트리말키오의 연회〉에 등장하는 내용이다.-옮긴이
** 　바울에 따르면 구약의 〈창세기〉에 등장하는 최초의 인간인 옛 아담Adam Kadmon은 신학에 이르면 예수 그리스도에 의해 구원을 받는 마지막 아담과 구별되면서도 이 양극에 인류는 걸쳐 있으며, 특히 옛 아담에는 타고난 몸에 해당하는 프쉬케psyche가, 마지막 아담에는 영적인 몸에 해당하는 프네우마pneuma가 각기 대응된다.-옮긴이

차이들'을 얻으려는 차별화(구별짓기)*의 투쟁에 대한 분석과 《호모 아카데미쿠스Homo academicus》**에 대한 민족지학에서 하비투스 구상을 처음으로 적용해서가 아니라, 계급적 주조가 역할을 해도 그것이 결정적이지는 않는, 경쟁을 생산하는 등급화 메커니즘에 대한 저자의 강렬한 외부자적 주목 덕분에 그렇다. 부르디외가 신흥 부자와 야심가들에 대한 웃음 없는 풍자시를 쓸 때 가장 뛰어나고, 그가 **인간 의 조건**conditio humana의 비극적인 잔여를 건드릴 때 가장 심오하게 사유한다.

하비투스 구상을 이렇게 읽을 때 계속되는 약점은 그것이 실존적 자기기획의 개별화된 형태들을 고려할 수 없다는 것에서 나타난다. 부르디외의 분석은 호모 소시올로기쿠스homo sociologicus(사회학적 인간)가 모든 것에 최종 결정권을 가지고 있기라도 하는 것처럼 필연적으로 유형적이고 전인격적이고 평균적인 것에 머물러 있다. 분명한 방식으로 부르디외는 하이데거의 《존재와 시간》에서 가져온 세상사람(세인)에 대한 분석을 그 징후를 뒤집어 패러디한다. 하이데거에게 인간의 현존재는 "무엇보다 대개" 세상사람의 익명성에 퇴락해 있고 결단성의 행위를 통해 비로소 본래성에 다다른다면, 반면에 부르디외에게 현존재의 본래성은 하비투스에 존재하며 그 밑에 어느 정도 우연적인 야심, 능력과 차별화 속성의 상부구조가 집결한다. 세상 사람에 대한 분석의 이러한 전도는 거의 필연적으로 토대가 상부구조에 의해 덧붙여지는 것보다 더 실제적이라고 주장하는 실천적 사유의 정치적 존재론에 대해 동의할 때 생긴다. 따라서 인간은 하비투스를 통한 주조가 그를 따라 미치는 그곳에서 항상 대부분 그 자신일 것이다. 우리에게 가장 진정한 것은 일체화된 계급이라도 되는 것

* 국내에서는 '구별짓기'로 번역되곤 했는데, 부르디외의 《언어와 상징권력》(나남, 2014)의 옮긴이 인류학자 김현경의 제안을 따라 '차별화'로 통일했다.-옮긴이
** 김정곤 옮김, 동문선, 2005.-옮긴이

처럼 말이다. 우리에게 우리 자신이 아닌 그것은 대부분 우리 자신인 것이다. 하비투스 이론은 하이데거에게서는 세상 사람 속에 흩어진 자기라는 관념을, 루카치에게서는 계급의식의 구상을 수용해 양자의 은밀한 교차를 제시한다. 두 인물을 함께 짜 맞춘 결과 우리 안에 있는 전의식적인 계급 '그 자체'가 본래적인 자기가 된다. 여기에 부르디외가 실행한 다양한 '장들'에서 사회적 공간의 분해가 상응한다. 이 장들에서는 당연히 어떤 '인격들'이 등장하는 게 아니라, 하비투스에 의해 조종되는 행위자들만이 이 장의 여유 공간들에서 그들의 계획들을 실현하지 않을 수 없다.

이런 종류의 제안들을 받아들일 수 있다고 여긴다면 마지막으로 부르디외의 가장 성공한 책 《차별화La distinction》*에서 미적 혹은 미식가적 취미 판단의 실행이 '지배'를 재생산하는 매개를 구현한다고 입증될 때 그것 역시 그럴듯하다고 생각할 수 있다. 사회학자들 사이에서는 이 문제에서 수직적으로보다는 차라리 수평적으로 분화된 환경 이론을 가지고 모방적인 메커니즘을 관찰하기 위한 도구와 조합하는 것이 익명의 지배이론보다는 본질적으로 더 정확한 진술에 다다를 수 있다는 사실이 파다했을 수 있다. 토대와 상부구조의 도식 그 자체와 관련해 말하자면 그것은 계속 논평하는 것이 가치 있을 정도로 매우 자주 반박됐다. 나는 덧붙여지는 것[상부구조]이 보통 덧붙여지는 곳[토대]만큼 현실에 대해 힘을 가지고 있고 때로는 더 많은 힘을 가지고 있다는 것을 보여주는 데 드는 비용은 적을 뿐이라는 말을 덧붙이겠다. 그렇지 않다면 인간은 겉보기에만 변화될 수 있고 배울 수 있는 존재에 불과할 것이다.

습관의 정령에 관하여: 아리스토텔레스와 토마스 아퀴나스

그런데 부르디외가 편집한 하비투스 구상의 결정적인 약점은 설

---

* 《구별짓기: 문화와 취향의 사회학》상·하, 최종철 옮김, 새물결, 2005.-옮긴이

명하려고 제출된 그것인 '습관'이라는 구역을 어떤 식으로도 적절하게 묘사하지 못한다는 데 있다. 인간 실존의 형성에서 습관의 역할에 대한 철학적이고 정신생리적인 숙고의 위대한 전통이 이 저자에게는 지배 비판의 목적에 사용될 수 있는 자투리로 오그라든다. 수행, 훈련과 익힘을 통한 효과적인 주체 형성의 파노라마 안으로 입장하는 대신에 부르디외식 하비투스 이론은 "우리 안에 있는 계급"의 침전물을 구성하는 습관의 국한된 부분에 만족한다. 이 이론은 그 명칭이 시사하는 풍부한 내용과 관련해 그 사용자들을 기만한다. 물론 부르디외는 에르빈 파노프스키Erwin Panofsky[1892~1968. 독일 출신의 미국 예술사가]의 연구 《고딕 건축과 스콜라철학Gotische Architektur und Scholastik》(1951)에서 이 표현을 넘겨받았고 그 간추린 철학적 전사에 대해 분명하게 알고 있었다.* 그는 토마스 아퀴나스Thomas von Aquin의 **하비투스**habitus 개념과 아리스토텔레스의 **헥시스**hexis(성품) 개념이 덕론의 인간학(말하자면 인간을 덕을 행할 수 있는 생명으로 그리는 이론)의 틀에서 윤리학을 정립하는 데 대부분의 부담을 졌다는 것을 알았지만, 그럼에도 그는 그의 목적에 쓸모 있는 측면들에만 제한을 두려고 이 **하비투스** 교의의 폭넓은 이해를 의식적으로 무시했다.

이미 더 이전의 저자들에게 수동성과 자발성의 두 측면의 특질을 띠는 탄력 있는 메커니즘으로 충분히 발전된 하비투스 형상이 발견된다. 고대인에게 '습관의 힘'은 숙련을 통해 압도당한 상태일 뿐 아니라 전인격적으로 고정된 행동의 발생 원칙으로 이해됐다. 스콜라철학자들이 **하비투스**에 관해 말할 때 그들은 야누스의 얼굴을 한 성향을 의도한다. 한쪽 얼굴로는 이 성향이 형상화했던 과거의 유사 행동들의 연쇄를 되돌아본다면, 반면에 다른 얼굴로는 이 성향이 스

---

* Erwin Panofsky, *Gotische Architektur und Scholastik: Zur Analogie von Kunst, Philosophie und Theologie im Mittelalter*, DuMont, 1989[《고딕 건축과 스콜라철학: 중세의 예술, 철학 그리고 신학의 유비에 관하여》][에르빈 파노프스키, 《고딕 건축과 스콜라철학》, 김율 옮김, 한길사, 2016].

스로를 새롭게 입증해야 하는 다음 계기들을 예상한다. 이렇게 해서 **하비투스**는 새로워진 행위들에 '현실화'되는, 예전 행위들에서 만들 어진 '잠재력'을 이룬다. 그런 구상을 부르디외는 당연히 매우 훌륭 하게 사용할 수 있었다. 사회학자로서 과도한 사회적 결정과 바닥을 알 수 없는 개별적 자발성 사이의 그럴듯한 중간에 인간의 태도를 배 치하는 개념들을 기대했기 때문이다. 그럼에도 그는 고전적인 **하비 투스** 개념에서 일면적으로 그의 판본의 '토대'에, 말하자면 '우리 안 에 있는 계급'의 전의식적인 작용을 의미하는 것에 꼭 들어맞게 할 수 있는 요소들만을 넘겨받았다.

이와 달리 아리스토텔레스뿐 아니라 토마스 아퀴나스에게서는 '우리 안에 있는 좋음'까지는 아니더라도 '우리 안에 있는 유능함' 의 가능성을 밝히는 것이 문제였다. 그들은 습관이 좋은 습관인 경우 에 한해 행위자들을 덕이 있는 행동을 하도록 준비시키는 어떤 체현 된 성향으로 파악한다. 나쁜 습관은 확실하게도 나쁜 행동을 하도록 준비시키지만, 이것은 그들의 탐구의 초점에 있지 않다. **헥시스** 내 지 **하비투스**는 변함없이 실천철학의 고전주의자들을 위해 대기 근무 를 하고 있다. 그것들은 문제가 등장하면 그 자체로 좋고 가치 있는 것을 실행하기 위해 벌떡 일어서야 한다. 마치 그것이 세상에서 가장 쉬운 일이라도 되는 것처럼 말이다. 그런데 그것은 끊임없이 수행하 여 좋음의 확률 없음을 미리 힘들여 제거할 때에만, 그리고 오직 그 렇기 때문에 쉽게 나타날 수 있다. **헥시스**와 **하비투스**는 인간이 도덕 적으로나 미적으로 행동하는 경우 그들이 이미 항상 소유하는 소유 됨, 주조하는 주조됨, 성향을 가지는 성향 있음, 행동하는 행동됨을 통해 규정되어 있다는 까다로운 사태에 대한 해명으로 어느 비판 사 회학의 순수한 보조 개념과는 아주 다른 것들을 이룬다. 그것들은 정 신적인 것의 체현을 밝히기 위해 자동(기계/무의식)적으로mechanisch 보이는 과정을 인내를 비롯한 향상의 측면에서 기술하는 인간학적 구상이다. 그것들은 인간이 제때 자신의 능력을 보살폈다면 해야만

하는 것을 할 수 있는 동물로 인간을 정체화한다. 동시에 그들은 이렇게 획득한 성향들이 새로운 향상을 향해 계속 자라나는 것을 본다.* 이것을 위해 토마스 아퀴나스는 인류의 미적 교육에 대한 편지**를 쓸 필요가 없다. 능력이 좋음의 준비 상태로 안내한다는 개념을 설명하는 것으로 완전히 충분하다.

실제로 이왕 하는 김에 고전적인 **하비투스론**을 훈련이론으로 읽는 것이 가능하다. 올바로 수행한 사람은 좋음의 확률 없음을 극복하고 제2의 본성처럼 덕을 나타나게 한다. 제2의 본성은 능력의 성향으로, 그 덕분에 인간은 **비르투스**virtus(훌륭함, 덕)의 예인Artist이 되어 높은 곳에서 존속할 수 있다. 그는 거의 불가능한 것을, 최고의 것을, 마치 그것이 거의 저절로 생긴 가볍고 자발적이고 자연적인 것처럼 행한다. **주목하라.** 여기서 좋음은 아직 '당위'로, 더군다나 나의 결정과 평가에 의존하는 '가치'로도 이해되지 않는다. 그것은 신에 의해 팽팽하게 당겨진 외줄로, 그 위를 극복의 예인들이 건너간다. 그리고 극복은 언제나 기적적인 것을 손쉬운 것으로 내놓는 것을 뜻한다.***

---

* 우리의 구성된 능력 체계 안에서 항상 새로운 이동의 출발점으로서 습관의 의미는, 특히 프랑스 철학자 펠릭스 라베송Félix Ravaisson에 의해 강조됐다. Félix Ravaisson, "Die Gesetze der Gewöhnung", in Im Netz der Gewohnheit. *Ein philosophisches Lesebuch*, herausgegeben von Michael Hampe und Jan-Ivar Lindén, Junius, 1993, pp.135~136[〈습관화의 법칙들〉,《습관망에서: 철학독본》][펠릭스 라베송,《습관에 대하여》, 최화 옮김, 자유문고, 2016, 69~73쪽].

** 프리드리히 폰 실러가 썼던 책의 제목이기도 하다.-옮긴이

*** 정확히 이것이 근대 당위의 윤리학에 의해 거부된다. 칸트가 그의 윤리학에서 능력에 대한 염려에서 순수한 당위로 얼마나 결정적으로 전환했는지는 다른 것보다 의무를 실행할 때 조력하는 하비투스(숙달)라는 관념을 배척한 것이 보여준다. 이때 덕은 "힘을 사용하는 순전한 기계장치"이기 때문이다. "…… 덕은 (반대로) 자기의 의무를 따르는 **도덕적 강함**moralische Stärke이고, 이것은 결코 습관이 되지 않고 완전히 새롭고 또한 근원적으로 항상 마음씨에서 나와야 하는 것이다." Immanuel Kant, *Werke XII*, Suhrkamp, 1977, p.436[이마누엘 칸트,《실용적 관점에서 본 인간학》, 이남현 옮김, 울산대학교출판부, 1998/2014, 45~46/49~50쪽;《실용적 관점에서의 인간학》, 백종현 옮김, 아카넷, 2014, 148~149쪽; 인용문의 번역은 이남현의 번역본을 따랐다]. 인간이 의무를 통해서만 구제된다면, 성향과 경향

이 때문에 장 주네는 그가 내밀하게 가톨릭의 영감을 받아 줄타기 광대에게 조언하면서 그에게 다음을 함께 권한다. 모든 것이 외줄 덕분이라는 것을 항상 의식하라.*

오늘날 우리가 '좋음'에 대해 그렇게 더 이상 생각할 수 없더라도 **하비투스**에 대한 고전적 분석은 통용된다. 이 분석은 **필연적인 변화를 가해**mutatis mutandis 동시대의 훈련심리학, 신경 사이버네틱스 그리고 실용주의의 언어로 번역될 수 있다. 그 도움을 받아 옳고 적절하고 능숙한 행동의 가능성에 대한 심신 조건들이 높은 수준에서 대상에 밀착하여 밝혀질 수 있다. 이 분석은 내밀한 마르크스주의의 '토대' 해석이 원하는 바대로 사회적인 것이 어떻게 육화되는지 확실히 설명할 수는 없을 것이다. 도리어 그것은 좋은 것과 옳은 것 그리고 적절한 것을 실행하려는 성향이 어떻게 인간 현존재에 일체화될 수 있는지를 말한다. 덧붙이자면, '좋은', '옳은' 그리고 '적절한'은 본질적으로 평범한 것의 외양을 띠고 나타나는 비범한 것에 대한 이름들이다.

더 오래된 **하비투스** 이론은 말하자면 덕의 체화Inkorporation와 내부-편성In-Formation에 대한 교의의 일부다. 그것은 응용 덕론으로, 활동하는 인간 안에서 작용하고 행동을 추구하는 힘에 대한 심층 분석의 형태로 실행된다. 이런 종류의 '조성된 활력'은 자신 안에 자기강화의 원리를 담고 있다. 이 활력의 최적화에는 외부에서 어떤 한계가 세워지지 않는다. 아키텐의 프로스페르Prosper von Aquitanien[390~455. 5세기 성인이자 그리스도교 저술가]는 말한다. 성인에게조차 "그들이 성장할 수 있어야 하는 부분이 되는 무엇인가가 항상 남아 있다."(**수페레스트 쿠오 크레스케레 포신트**superest quo crescere possint) **하비투스** 이론을 토마스 아퀴나스에게서 다다른 그 상태로 파악했다면 좋은 것의 기

쪽에서의 도움은 무시된다.

* Jean Genet, *Der Seiltänzer*, p.73, "네가 춤을 추는 게 아니라 외줄이 추는 것이다."[《사형을 언도받은 자. 외줄 타기 곡예사》, 134쪽].

예로 인간 존재를 해석하기 위한 여정을 절반 넘게 마친 셈이다. 이 이론으로 우리는 모든 능력의 영역에 내재한 수직적 긴장을 섬세하게 개념화하는 내적 테크놀로지의 효력에 대한 인간학적 구상을 손에 넣게 된다. 이 이론은 이미 제법 훌륭하게 성공한 바로 그것이 더 좋은 것의 소용돌이를 감지하는 것이 어떻게 가능하고, 그리고 특히 능숙한 것이 왜 훨씬 더 높은 능력의 인력장에 서 있는지 밝힌다. **하비투스** 이론의 진정한 형식은 신중을 기해 인간을 **비르투스**(훌륭함, 덕)의 곡예사들로 묘사한다. 사회적이고 예술가적인 성취력으로 이행하는 도덕적 능력의 보유자들이라고도 말할 수 있을 것이다. 이 이론은 르네상스 사상가들이 성인들을 비르투오소들로 바꾸기 위해 그냥 통과해 지나가면 됐던 널찍하게 열려 있던 문이다.

호모 부르디비너스: 또 다른 최후의 인간

이 분석을 기준으로 측정하면 부르디외의 하비투스 개념에 대한 전유는 어떤 경솔한 영락처럼 나타난다. 그것은 들림을 길들일 수 있는 정념들과 형성할 수 있는 습관들*로 떼어놓는 것이 아직 이뤄지지 않았던 비자발적인 소크라테스 이전 자연철학으로 퇴행하는 것과 흡사하다. **호모 부르디비누스**homo bourdivinus(부르디외적 인간)는 계급에 들린 자와 같은데, 그는 소유하는 동시에 소유되면서 하비투스라는 마녀의 빗자루를 원을 그리며 타고 간다. 그는 마치 베이스캠프에 탐험의 목적지가 있기라도 하는 것처럼 그곳에서 행동하는 사람이다. 그에게 위를 향한 여행은 시작하기도 전에 끝났다. 최후의 인간의 이 가장 어린 형제에게 그가 획득할지 모르는 차별화 전체가 하비투스의 부가물, 즉 캠프 주민 내부에서 일어나는 유사 수직적인 분화에 지나지 않는다는 것이 노골적으로 제시됐다. 부르디외가 계급사회라고 부르는 것은 모든 등정이 내부에서 일어나면서도 외부 목적지를

---

* 이 책의 275~278쪽을 보라.

향한 등반은 엄격하게 배제되어 있는 베이스캠프다. 부르디외는 비-유토피아적 좌파의 모든 구성원과 마찬가지로 '계급 없는 사회'가 일련의 만만찮은 근거들 때문에 있을 수 없다는 것을 내심 매우 잘 알고 있었기에 베이스캠프에서의 비판은 비판의 가상을 유지하는 것에 국한된다. 그럼으로써 비판의 무대에서 차별화의 이득이 달성되는 만큼 이것은 의미 있다. 그래서 '다름에 순응하는 자들'이 모여 사는 환경에서 부르디외가 성공한 것이다.* 캠프 거주자들이 우리가 토대를 발견했다고 말하면서 눈짓을 보낸다.

　여기서도 이 이의 제기들을 파괴적인 비판으로 오해해선 안 된다고 강조할 필요는 없을 것이다. 인간의 수행 태도를 이해하는 데 부르디외의 간접적인 기여는 비트겐슈타인의 언어게임과 푸코의 담론분석들과 마찬가지로 여러모로 가치 있지만, 이 기획들처럼 부르디외에게서 발견되는 형태의 하비투스 이론에도 인간공학의 일반 이론을 촉진시키는 잠재력을 방출하는 어떤 방향 전환이 필요하다. 이를 위해 하비투스 개념을 바로잡는 것으로, 즉 계급 현상들에 대한 고착에서 이 개념을 풀어주고 아리스토텔레스와 후대의 경험주의 전통에서 보유했던 풍부한 의미들을 이것에 되돌려주는 것으로 충분하다. 그런데 이 개념을 자기수련을 '실증화'—니체가 사용했지만 오히려 부적합한 '자연화하다'라는 표현을 오늘날의 맥락에서 그렇게 번역해야 마땅하다—하는 니체의 강령과 결합할 때 비로소 이것은 자신의 실행 능력을 완전히 펼칠 때까지 전개된다.

　이것은 부르디외가 꾸며낸 단수성의 '하비투스'—사람 한 명당 하비투스 하나—를 해체하고 각 개개인에 축적된 다량의 불연속적

---

*　Norbert Bolz, *Die Konformisten des Andersseins. Ende der Kritik*, Wilhelm Fink, 1999[《다름에 순응하는 자들: 비판의 종언》][이 책은 68혁명 이후 비판(이론)이 대중소비주의와 개인주의화와 맞물려 소수 지식인에 의해 생산되고 유통되는 형태에서 다수 대중의 급진적인 다름에 대한 추구로 변질되면서 하버마스식 계몽주의와 이에 바탕을 둔 비판이 종언되었다고 주장한다].

이고diskret 습관적인 행동의 준비 상태를 분명하게 제시하는 것을 요구한다. 그렇게 개괄될 수 없는 수많은 손질될 수 있는 '습관들' 내지 훈련될 수 있는 능력의 모듈이 나타나며, 현실의 개인들은 이것들로 '구성되어' 있다. 부르디외의 '하비투스'는 포이어바흐에 대한 여섯 번째 테제가 제출된 뒤부터 매우 잘 알려진 대로 더 이상 추상적 '존재'로 생각될 수 없는, 개인에 '내재하는' '사회적 관계들의 총체'다. 물론 마르크스가 이 내재함을 반드시 적절하게 개념화했다고는 할 수 없는데, 그가 부르디외보다 훨씬 더 대폭 지배 비판의 틀을 깔아놓았기 때문이다. 개개인에 육체적으로leibhaft '내재하는' 것을 **사실상** 구성하는 규율들과 수행군의 총체에서 계급에 특유한 특질들 역시 나타난다면, 우리가 부르디외에게 이것들을 해독하는 법을 배운 경우 우리에게는 **그럴수록 더욱 좋을 것이다**tant mieux. 이렇게 일체화된 것의 층을 '토대'로 특권화하는 것은 오히려 이데올로그들이 염려할 일이다.

소명으로서 교사 존재: 관성에 대한 공격

여기까지 숙고를 마친 상황에서 지금과 더 과거의 전통에서 습관, **헥시스**와 **하비투스** 같은 대상들이 왜 그리고 어떤 의도에서 화두가 됐는지 분명해질 수 있다. 처-신Ge-Habe과 습관을 따르는 것, 영혼신체(심신)상 일체화된 것에 대한 명시화는 제1이론인 윤리학을 언급하며 시사했던 것처럼 내가 들림의 정념과 습관으로의 분할이라고 불렀던 과정의 부분 현상이다. 이 변모는 최초의 교육학자들의 압력 밑에서 이뤄지는데, 당연히 그들은 현존하는 영혼사회적인psychosozial 관계들에 대해 윤리적-자기수련적인 공격을 가하는 가장 결정적인 매개자Träger들이었다.

2500년 동안 계속해서 교사들이 인류를 성가시게 한다는 것이 본래 무슨 뜻인지는 아는 자들이 아직 알지 못하는 자들을 어떤 각도로 공격하는지 고찰할 때 비로소 파악될 수 있다. 개개인뿐 아니라 집합체에서 영혼의 세속화가 예정되어 있는 곳에서만 가르침을 받을 수 있는 자들의 내적 관성과의 관계가 가르치는 자들의 주제다. 이 관계들은 이제 이해되기 시작한 것처럼 인간이 사정없이 그들의 새로운 윤리 감독관들의 지시를 따를 능력이 없다는 것의 원인이 된다. 최초의 철학자들/교육학자들 사이에서 강박적으로 습관이 이야기된다면, 그것은 말하자면 어떤 저항에 대한 분석의 틀에서다. 이 분석의 도움으로 인간 안에 이미 존재하는 것인 **헥시스**와 **하비투스**와 **독사**doxa(18세기에는 선입견이 더해진다)가 어떻게 새로운 것, 철학적 에토스, 명시적 로고스, 정제된 마테시스Mathesis(배움/지혜) 그리고 규명된 방법의 수용을 어렵게 하거나 혹은 불가능하게 만드는지 당연히 이해된다. 단어뿐 아니라 사실로서도 '습관'은 이미 습득하여 어느 정도 돌이킬 수 없이 체현된 특성들(그 밖에도 다량의 물려받은 질긴 억견들Meinungen이 틀림없이 포함된다)의 돌덩어리에 영혼이 사실상 들려 있음을 나타낸다. 이 돌덩어리가 꿈쩍 않고 있다면 새로운 가르침은 시작될 수 없다. 이러한 종류의 관찰들이 아시아 세계에서도 집적되고 견지될 수 있다는 것을 유명한 선사禪師의 일화가 보여준다. 이 선사는 찻잔에 차를 부으면서 그의 제자가 놀랄 정도로 그 찻잔이 가득 찼을 때 멈추지 않고 계속 부었다. 이렇게 해서 가득 찬 정신에는 아무것도 가르칠 수 없다는 것을 보여줄 것이다. 그렇다면 공부는 찻잔을 비우기 위해 무엇을 해야만 하는가라는 질문에 대해 숙고하는 것에 있다. 이 찻잔을 새로 채워야만 하는지 혹은 한 번 도달한 이 텅 빔을 고유한 가치로 장려할 것인지는 다른 주제다.

초기의 학교는 보통 베이스캠프로, 학교장들은 정상에 대한 인상적인 야심을 품었다. 비록 정상이 학교의 특성에 맞게 정의되더라도 말이다. 모든 학교 운영은 자발적으로 어떤 내적 수직성을 발전시키고 조만간 **고유한**sui generis '계급'사회를 낳는 단계 시스템을 형성한다(여기서 '계급' 개념이 비-정치적인 단계의 형성에서 유래한다는 것을 매우 잘 알 수 있다). 그럼에도 초기의 학교는 우선은 어떤 자연

2부. 곡예 윤리를 위한 확률 없는 것의 정복

적인 외향성Extravertiertheit을 간직한다. 학생들의 직업과 직무 관련 자격 부여든, 인격 형성, 계발, 철학자들의 지배와 같은 초학교적인 완성이든, 혹은 이 무작정 난사가 무엇을 더 뜻하든 학교 운영에 초월적인 과업들을 지향한다. 반대로 나중의 학교는 이 초월적 요구들을 정리하고 학교의 실제 외부가 있을 수 있다는 생각을 물리친다. 그런 뒤 학교라는 캠프 내부에서의 이동만을 배울 수 있을 따름인 베이스캠프가 된다. 정확히 부르디외가 계급사회의 야심의 게임을 어느 정도 망상적인 차별화의 장점들을 얻으려는 유사 수직적인 노력으로 기술할 때 그의 처음 직관에 그대로 일치한다.

게으를 권리로서 정체성

유사 수직성의 세계는 정체성의 집합소다. '정체성'이란 그것이 사적인 것으로 혹은 집단적인 것으로 제시되든 인간이 서로 위계적으로 돋보일 수 없으면서 서로를 구별하길 원할 때에만 매력적이고 가치가 있을 수 있다. 이렇게 보면 동시대 사회학에서 통용되는 정체성 개념은 부르디외의 하비투스론에 대한 일반화된 대응물을 이룬다. 이 개념으로 관성은 교정될 수 있는 결핍에서 가치 현상으로 승격된다. 나의 정체성은 나의 교정될 수 없는 사적이고 문화적인 관성의 복합에 있다. 사르트르가 "내가 **가진** 것이 나의 **있음**이다", "나의 소유물 전체가 나의 존재 전체를 반영한다"*라고 주장하는 반면 정체성의 소유자는 나를 가지고 있는 것이 나의 존재라고 말한다. 나의 존재의 현실성은 나를 소유하는 것의 총합으로 보장된다. 정체성론자들은 스스로를 레디메이드(기성품)로 여기고 문서 폴더 속의 자기 자신과 함께 보존을 요구하는 가치의 넓은 지붕 아래로 들어선다. 그

---

* Jean-Paul Sartre, *Das Sein und das Nichts, Versuch einer phänomenologischen Ontologie*, Rowohlt Taschenbuch, 1993[《존재와 무: 현상학적 존재론의 시도》]에서 "Handeln und Haben"[〈함과 가짐〉]의 장(p.1012)[장-폴 사르트르, 《존재와 무》, 정소성 옮김, 동서문화사, 2009, 955쪽]에 나온다.

들은 스스로를 관성의 시스템으로 상상하고 그들 안에 가라앉은 타성에 최고의 문화적 가치를 귀속시킴으로써 이것을 변용Verklärung(미화)시키길 요구한다. 고대 스토아주의자들이 그들의 삶을 꾸준한 수행을 통해 보이지 않는 대리석으로 최고의 자기를 만들어낸 입상을 자신 안에 세우려는 시도에 바치고자 원했다면, 현대인들은 완성된 관성의 조각으로 존재하고 정체성 공원에 설치된다. 그들이 민족적인ethnisch 날개를 택하든 혹은 개인주의적 자유의 땅을 선호하든 마찬가지다.

그러므로 하비투스와 더불어 정체성은 베이스캠프 문화의 주된 가치이고, 그리고 어떤 트라우마가 정체성에 이르면 가치의 중핵에 대한 변용(미화)을 더 이상 훼방놓을 수 없다. 새로운 높은 곳에 대한 생각이 터부시될 수밖에 없다는 것이 결정적이다. 만약 그러한 것이 도달된다면 저장품들의 가치 저하가 등장할 수 있을 것이다. 지금껏 도달된 것이 베이스캠프에서 그렇게 문화의 보호 아래에 세워질 때, 그리고 그렇기 때문에 수직적인 것으로의 탐험 기획은 죄다 모든 뼈대가 된 가치들에 대한 모독 행위이자 조소다. 정체성의 레짐에서 활력은 모조리 탈수직화되고 문서 보존실로 이관된다. 거기에서 곧장 영구 수집이 진행되는데, 여기에는 '진보적인 매달기progressive Hängung'도, 진화의 등급화도 존재하지 않는다. 베이스캠프의 지평에서 모든 정체성은 각기 다른 가치가 있다. 따라서 정체성은 그렇게 국부적으로 주조된 그대로 있기를 원하고 그것이 매우 좋을 것이라고 생각하는 모든 이들에게 최고의 하비투스다. 이런 식으로 정체성론들은 예상치 못하게 "너는 너의 삶을 바꿔야 한다!"라는 명령을 다시 어딘가에서 들을 수 있게 되면, 그것이 안전하게 가청 범위를 벗어나 있게 한다.

10.
왜 곡예적 인간인가cur homo artista
: 불가능한 것의 가벼움에 관하여

투석기Katapulte

이 탐구를 진행하면서 뒤에 지나온 길을 요약하는 것이 의미 있는 어떤 지점에 이른 것 같다. 핵심을 찔러 말하자면 이 길은 수행하는 자들의 별에 대한 일화적 형식에서 '습관' 구역의 창발로 이어지고, 그리고 습관의 등장에서 초습관적인 것으로의 도약으로 연이어진다. 이 초습관적이라는 표현은 **확률 없는 산**의 고원에서 자연사적으로나 사회사적으로 세분화된 평균적인 확률 없음이 아니라, 혼자서든 공모자 무리 안에서든 개개인이 가장 먼저 속해 있기 마련인 하비투스의 공동체들 바깥을 향해 자신을 투석기로 쏘기herauskatapultieren 시작하는 그 즉시 이르게 되는 평균을 넘는 확률 없음을 의미한다. 이렇게 높이 들린 자들이 베이스캠프의 거주자들에게서 느닷없이 으스스하게unheimlich 분리되는 것을 그들의 운명에 따른 것으로 파악한다면, 이 투석기에 대한 기술로만 문화이론을 의미 있게 해나갈 수 있을 뿐이라는 것이 자명할 것이다.

여기서 인지적인 자기서술Selbstdarstellung을 향한 문명의 도정을 촉진하며 이끈다고 알려진 명시화의 운동이 새롭게 나타난다. 명시화는 불명확한konfus 개시성(개방성)에서 찾은 것을 파헤치고 이미 발견된 것의 집합에 다음 발견들을 계속 더한다. 그러면서 평범한 것과 비범한 것 사이의 경계가 그 위치를 바꾸고, 인간은 더욱더 기적 같은 일을 스스로 완료한 원작자가 되는 것이다. 다들 동의하는 것처럼 인간이 '습관에 빠져 있다'는 사실보다 더 자명한 것도 없다. 그렇지만 훗날 가끔 자신의 집단이 나아갈 세계의 방향을 정하는 문제에서 개척자의 직무를 다하는 개개인들이 습관에서 분리되기에 이른다는 사실은 전혀 자명하지 않다. 바로 이것이 철학행위Philosophieren의 고대 탄생지 그리스를 비롯해 인도와 중국에서 목격될 수 있는 초습관적인 것을 향한 운동이다. 문화사가라면 이 과정을 도시화와 분업 같은 현상들과 연결시키겠지만, 이 문제를 밝히는 데 기여하는 바가 거의 없다. 실제로 생각해야만 하는 것은 도리어 이 분리가 이뤄지면서 습득된 습관의 복합체가 어떻게 그 자체로 주제가 되고 개개인 안에서 초습관성에 관한 생각이 어떻게 강력해질 수 있느냐의 문제다.

이 문제에 대한 답은 한결같다. 이 중단에서 비로소 고등문화인이 이전처럼 남아 있을 수 없는, 쪼개지고 되비치고 자기 자신 곁으로 그 위치가 바뀐 동물로 발견된다고 말이다. 인간 안의 차이는 이제 인간 사이의 차이로 첨예화된다. 이 차이가 '사회들'을 계급들로 나누지만, 계급'사회'의 이론가들은 이 사회들에 관해 아는 게 없다. 그들을 지난 삶에서 투석기로 투척하라는 명령을 듣는 자들은 상위 계급에 속하고, 자기 자신을 위해 이 명령에서 결코 어떤 것도 듣지 못하거나 혹은 보지 않는 모든 이들이 그 밖의 계급에 속한다. 보통 이들은 더 고등한 노력은 결코 경탄을 하는 자의 일이 될 수는 없고 오로지 경탄받는 자의 일일 수 있다는 것을 분명히 하기 위해 재빨리 경탄할 준비가 되어 있는 사람들이다.

이 정치적이지 않은 계급 분열은 내면의 증인 혹은 '관찰자'의 역사를 개시한다. 하비투스, 삶의 형식, 담론과 언어게임의 물속에서 함께 헤엄치는 것과 이 물에서 나와 물가에서 하비투스의 수영장에서 헤엄치고 있는 동료들을 보는 것은 다른 문제다. 이 차이가 가르침과 삶의 형식이 될 만큼 고유한 언어를 형성하는 그 즉시 물가에 토대를 둔 이들은 헤엄치는 이들과 거리를 두게 된다. 예를 들어 고대 인도인들이 관찰자 내지 의식적 증언의 존재Zeugenbewußtsein를 발견하고 그를 아트만atman이라는 주관적인 세계 원리와 동일시할 때 그들은 명상하는 자들을 움직이게 하지 못하는 동시에 그들을 움직이게 하는 과잉 주목에 대한 통로를 만들어낸 셈이다. 그리고 헤라클레이토스가 같은 강물에 두 번 발을 담그는 것은 불가능하다고 말할 때, 이것은 돌이킬 수 없는 생성의 물살쯤을 가리키는 건지도 모른다. 이 명언을 '만물이 흐른다'에 대한 편리한 유비로 읽곤 했다. 사실 이 모호한 문장은 더 극심한 돌이킬 수 없음을 상기시킨다. 한 번 물 밖으로 나온 사람은 더 이상 처음의 수영법으로 되돌아갈 수 없다고 말이다.

인간의 태도에 있는 습관의 본성에 대한 의식이 출현해 그것이 보이는 그 즉시 반드시 또 넘어서야 하는 문턱에 다다르게 된다. 습관에 거리를 두지 않고서는 습관을 발견할 수 없다. 달리 말해 이 링의 주인의 정체가 밝혀지는 습관과 벌이는 결투에 빠지지 않고서는 그 발견이 불가능하다. 모두가 이 싸움에서 이기길 원하는 것은 아니며 역대 보수주의자들은 습관에 의해 패배당하고 난 뒤 습관이 극복될 수 없기라도 한 것처럼 이 승리를 거둔 자를 반드시 섬기려고 약한 척한다. 반대로 다른 이들은 습관 밑에서는 어떤 올바른 삶도 존재하지 않기에 습관이 이방의 지배자라고 확신한다. 이 입장은 푸코가 고대 저자들의 '자기배려(돌봄)Selbstsorge'에 대한 후기 연구에서 밝혔던 것이다. '자신에 대한 배려(돌봄)Sorge um sich'는 자기 자신 안에서 반대자 중의 반대자와 마주친 이들의 자세다. 우리는 이 머리가 둘인 **다이몬**이 인간을 어떻게 들린 채 붙드는지 보았다. 한 번은 자극의 힘으로, 말하자면 내 안에 들끓는 정서의 복합체로, 다른 경우에는 관성의 힘으로, 말하자면 내 안에 침전된 습관의 복합체로 그렇다. 같은 맥락에서 이야기됐던 영혼의 세속화는 어떤 새로운 조작술의 발생과 다를 바 없는 것에 존립하는데, 이 기술 덕분에 들림은 조종이 가능한 성향으로 바뀐다. 이 과도기에 주술사들은 자기 자신을 탈주술화해 교사로 변신한다. 그들은 초습관적인 것을 향해 사람들을 투척하기 위한 투석기를 세우는 미래의 선동자들이다.

축의 시대의 효과: 두 속도의 인류

정념을 비롯한 습관의 발견은 철학자들과 문헌학자들 사이에서 '정신의 발견'*으로 지칭됐던 이미 오랫동안 잘 알려진 과정에 대한 심리학적 대응물을 이룬다. 카를 야스퍼스Karl Jaspers[1883~1969. 실존철학의 대표자이자 정신의학자]는 이 심리적 복합체를 약간 불가사의한 '축의 시대Achsenzeit'라는 표제어로 요약했고, 중국, 인도, 페르시아, 팔레스타인, 그리스를 다섯 '출현'지로 지정했다. 최초로 고등문화의 정신적인 진보가 씻을 수 없이 멀리까지 영향을 끼치며 이뤄졌던 무대를 이루는 곳들이다. 기원전 8세기와 기원전 2세기 사이의 시기에, 앞서 말한 문화에 속한 사람들은 우리가 오늘날까지도 진정 문명적인 의미에서 하는 그 모든 것을 가지고 계속하고 있는 '보편적인 것으로의 걸음'을 내딛었을 것이다. 훗날 이성과 인격이라고 부르는 것이 당시에 처음으로 그 대강이 알려지게 됐다. 그런데 무엇보다 가장 높이 올린 개인들과 다수 사이의 심연은 그 뒤 헤아릴 수 없게 됐다. 야스퍼스는 적는다.

> 개개인이 도달한 것은 결코 모두에게 퍼지지 않는다. 인간에게 가능한 것의 정상들과 다수 사이의 간극이 당시에는 심했다. 그럼에도 불구하고 개개인이 도달한 것은 간접적으로 모두를 변화시킨다.**

---

* 　고대 그리스의 철학과 문학에서 서구 정신의 기원을 추적했던 고전문헌학자 브루노 스넬의 책 제목이기도 하다. 브루노 스넬, 《정신의 발견: 희랍에서 서구 사유의 탄생》, 김재홍 외 옮김, 그린비, 2020.-옮긴이

** 　Karl Jaspers, *Vom Ursprung und Ziel der Geschichte*(초판 1949), Piper, 1963, pp.22~23[카를 야스퍼스, 《역사의 기원과 목표》, 백승균 옮김, 이화여자대학교출판부, 1986, 25쪽].

극한주의자들은 인간화의 높은 밧줄 위에서 자신들의 수행을 재촉해 나머지 사람들에게 인간화된 자의 수행공동체에 남기 위한 소곡예를 통과하는 의무를 도입한다. 천진난만한 사람들은 그들이 구경하는 것만으로도 어지럽다는 것을 인정하면 통과증명서를 획득한다.

실제로 정념과 습관의 발견은 생각Meinung의 발견과 분리될 수 없다. 인간을 감정과 습관의 강물에서 나오도록 하는 이와 같은 중단이 인간을 마음의 타성Routine 영역에도 주목하도록 만들기 때문이다. 이 중단은 관찰자가 등장하는 계기가 되며 안팎으로 사실의 총체에 대한 새로운 입장을 돌이킬 수 없이 창출한다. 강물 밖으로 나온다는 것은 말하자면 상속받은 문화 속의 낡은 하비투스의 안전을 포기하고 1차 문화공동체에 심은 식물이 되기를 중단하는 것이다. 이제 문제는 강가에서 새로운 거주자들과 함께 어떤 새로운 세계를 건립하는 것이다.

그러므로 축의 시대의 효과가 반드시 전 세계에 갑자기 등장한 찬양받는 정신화에 대한 관심에 기인하고 있는 것은 아니다. 그것은 강가라는 위치에서 인간 안에 구현된 관성의 발견 가능성을 따르는 하비투스에 대한 거대한 교란에서 생겨난다. 이 교란에 대한 원인은 —매우 중요한 부분에서— 초기 문자 문화에 의해 일어난 내적 가속에 있다. 이것은 글 쓰는 자들의 뇌가 고행자, 운동선수 그리고 곡예사의 육체가 일반인의 육체를 능가하는 것과 똑같이 글 쓰지 않는 자들의 하비투스를 능가한다는 것을 설명했다. 가속화의 규율들을 추가로 야기하는 문자 수행의 속도악마적인veloziferisch 힘*은 평균적인 육

---

* Manfred Osten, *'Alles veloziferisch' oder Goethes Entdeckung der Langsamkeit*, Insel, 2003[《'모든 것은 속도악마적이다' 혹은 괴테의 느림의 발견》]. 괴테에 의해 주조된 이 표현은 19세기 초반부터 성서에 바탕을 두지 않는 페이스메이커가 문자에 기초한 고전적인 인간성을 앞지르는 두 번째 추월의 과정이 시작됐다는 사실을 가리킨다. 알파벳 이전의 삶의 형식의 관점 자체에서 문자에 기초한 고

체에 파묻힌 낡은 에토스의 관성을 감지하게 만든다. 가속의 수행이 그 효과를 관철하는 곳에 문화적 진화가 쪼개진다. 그 결과 두 속도를 가진 인류가 나온다.

이 교란은 배우는 자와 수행하는 자로 이뤄진 어떤 엘리트를 낡은 공통성에서 분리되도록 강제하는 것이다. 이것은 낡은 지상 위에 어떤 새로운 천상을 짓고 낡은 공동의 것 위에 새로운 **코이논**(공동의 것)을 구성하는 것으로 이어진다. 이 공통적인 것은 밀레토스인들이 살던 때부터 별, 로고스 그리고 폴리스가 동일한 질서로 이뤄졌음을 입증해야 했으며 이 획득이 가능한 **코이논**은 너무나도 숭고하기에 만인이 접근하기에는 일상의 직관들에서 매우 멀리 떨어져 있다. 여기서 모든 보편주의의 기초가 되는 역설이 전개된다. 공통적인 것은 전부 대부분의 사람들이 이해하지 못하는 양태로만 참여할 수 있도록 세워진다고 말이다. 3000년 동안 지배적이었다가 200년도 못되어 부분적으로 바뀌었던, 글을 읽고 쓸 줄 아는 그룹과 글을 읽고 쓸 줄 모르는 그룹으로 인류가 분열된 것이 이에 대한 범례다. 마땅히 잠재적으로는 모든 사람이 글쓰기를 알고 있을 수는 있지만, 실제로는 소수만이 쓸 뿐이며 그리고 이 소수는 자신이 나머지 모두를 위해 쓴다고 확고하게 믿는다. 이와 같은 것이 모든 논리적, 윤리적, 매체적 사회주의의 형상에도 해당한다. 보편주의의 덫을 놓는 것을 계급사회 진입의 정신적 측면이라고 부를 수 있을 텐데, 물론 이 구분의 규준이 여기서는 더 이상 비무장 노예에 대한 무장 주인의 지배에 있지 않다. 수행하는 개인들이 자기 자신 안의 관성에 반하여 문자(쓰기)Schrift, 논리, 체육, 음악과 기예 일반으로 무장하는 것에 있다. 이 수행 문화적 전환에 축의 시대의 정신성Spiritualität에 대한 모범적 형

전적인 인간성이 이미 가속화의 악행이었다는 것을 인문주의자들은 볼 수 없었다. Peter Sloterdijk, *Regeln für den Menschenpark. Ein Antwortschreiben zu Heideggers Brief über den Humanismus*, Suhrkamp, 1999[《인간농장을 위한 규칙: 하이데거의 휴머니즘 서간에 대한 회신》][《인간농장을 위한 규칙》, 37~85쪽]도 보라.

2부. 곡예 윤리를 위한 확률 없는 것의 정복

상인 현자, 각성자, 운동선수, 인도의 벌거벗은 고행자, 신성한 교사와 세속적 교사가 구성된다. 다음 1000년 동안 고등문화인은 이 유형의 인물을 다룬다(현대적 의미의 예술가는 처음에는 아직 이야기되지 않았다). 그들은 반드시 문화의 시대가 정신적인 모범의 시대가 되도록 할 것이다.

이면에 다가가기: 운동경기학으로서 철학

강물 밖으로 나오는 이미지에 계속 머물러보자. 자기 자신 안의 관성을 명시화하는 데 관여해본 사람은 경험을 하면서 세 번까지는 이 자기실상Selbstbefund의 이면으로 가지 않을 수 없다. (1) 그는 정념이 내면에서 어떻게 작용하는지 깨달아 이 정념을 견디는 데 그치지 않고 고통의 명수까지 되기 위해서는 정념Passion의 이면에 다다르는 것이 문제임을 파악한다.* (2) 그는 습관이 어느 정도 그를 지배하는지 깨달아 습관에 들리는 데 그치지 않고 습관을 소유하기 위해서는 그것의 이면에 다가가는 것이 결정적일 것임을 곧장 통찰한다. (3) 그리고 그의 영혼이 혼란스런 표상의 식민지가 된다는 것을 깨달아 난삽한 사유에 사로잡히는 데 그치지 않고 논리적으로 안정적인 생각들을 발전시키기 위해서는 이 혼잡한 표상의 이면에 다다르는 것이 얼마나 바람직한 것인지 갑자기 이해하게 된다. 사유는 신피질의 자유로운 계산 능력을 획득하려는 '밈Meme'**의 경쟁이라고 새롭게 기술되는 연상의 익살극이 중단될 때 시작된다. 이 세 가지 측면의 교체가 플라톤이 '철학'이라는 조어로 요약했던 활동 전반에 대한 윤리

---

* [영어판 옮긴이 주] 특히 독일어에서는 정념과 고통은 가까운데, '정념'을 뜻하는 독일어 Leidenschaft는 '고통을 겪다'는 뜻이 있는 leiden에서 파생한 것이다.

** 리처드 도킨스가 《이기적 유전자》(1976/2018)에서 문화의 진화를 설명할 때 처음 등장한 유전자에 대한 문화적 대응물로, 한 문화 내에서 쓰기, 말하기, 제스처, 의례 등을 통해 개인들 사이에 특정 현상이나 주제, 의미 등을 전달하기 위한 생각, 행동, 양식 등 모방 가능한 사회적 단위이다.—옮긴이

강령을 이룬다.

이 '철학'이라는 말이 플라톤이 개입하던 때 매우 광범위한 동의를 누렸던 경기자의 두 가지 주요 덕목에 대한 숨겨진 암시를 담고 있다는 것은 의심할 바 없다. 그것은 한편으로는 '필로티미Philotimie', 티메timè에 대한 사랑, 즉 경쟁의 승자들에게 약속되는 것과 같은 영광스러운 명성에 대한 귀족주의적 태도의 사랑을 가리킨다. 다른 한편으로 그것은 포노스ponos, 즉 수고, 부담, 혹사에 대한 사랑을 뜻하는 '필로포니Philoponie'를 가리킨다. 경기자들이 헤라클레스를 그들의 수호성인으로, 우주가 발생해 지금까지 포노이ponoi(포노스의 복수형)의 원형들로 기억됐던 열두 가지 행동의 완성자로 참조한 것은 우연이 아니었다. 플라톤 이후의 철학자들이 스스로를 지혜의 벗으로 자칭한 것처럼 이미 오래전부터 체육인과 격투인은 남자를 남자로 만드는 부담의 벗이자, 그리고 신들이 승리 앞에 놓아둔 굳건하고 오랜 수고의 숭배자로 나타났다. 나중에는 특히 퀴니코스파가 그들이 유일하게 철학적으로 총체적인 자기수련인이자 진정한 경기자라고 주장하는 명제의 근거를 마련하기 위해 기꺼이 헤라클레스를 그들의 선조로 이용했다. 그렇다면 스포츠 선수는 견고한 덕과 우주에 부합하는 이성에 관해 아무런 생각도 없이 덧없는 성공을 희구하는 나약한 근육 허풍선이에 불과한지도 모른다.*

따라서 "너는 너의 삶을 바꿔야 한다!"는 명령은 기원전 5세기부터 구유럽의 공간의 수많은 입상들에서 울려나온 셈이다. 그리스인들은 해방된 이미지의 충동Zwang에 사로잡힌 것처럼 신전 지역과 광장에 이 입상들을 세웠다. 그들은 필멸하는 폴리스의 민족에 입상으로 된 민족을 덧붙이고자 했던 것처럼 그랬다. 이것은 신들과 승리자

---

* 준퀴니코스파 디온 크리소스토모스Dion Chrysostomos가 그의 책 *Von der Herrschaft*[《지배에 관하여》]에서 기술하는 디오게네스와 알렉산더 사이의 철학적 결투를 다룬 미셸 푸코의 강연을 보라. M. F., *Diskurs und Wahrheit. Berkeley-Vorlesung*, 1983, Merve, 1996, pp.128~129[《담론과 진실》, 284쪽].

2부. 곡예 윤리를 위한 확률 없는 것의 정복

들의 유사성에 주목하게 만들기 위함이라고 추측된다.* 그뿐만 아니라 이 명령은 새로운 지식의 관계들에서, 더 정확하게 말하자면 식자층이 삶의 과제들에 대해 취하는 변화된 입장에서 훨씬 많이 기인한다. 자신의 삶을 바꾼다는 것이 이제는 내적 능동화를 통해 정념의 삶, 습관의 삶, 표상의 삶을 능가하지 않으면 안 되는 어떤 수행 주체를 양성한다는 것이다. 그다음 이 주체는 그 자신의 탈수동화 프로그램에 참여하고 순전히 형성된 존재에서 형성하는 자 쪽으로 옮겨간다. 윤리학으로 지칭되는 전체 복합체는 할 수 있음으로 전향하는 제스처에서 발생한다. 전향은 하나의 신앙체계에서 다른 신앙체계로 건너가는 것이 아니다. 근원적인 회심은 능동적인 현존재의 양태에 입회하는 것과 함께 수동적인 현존재 양태 바깥으로 빠져나오는 것으로 일어난다.** 능동화와 수행하는 삶에 대한 신봉이 같은 의미라는 것이 문제의 본질이다.

이것을 단서로 니체가 그의 《도덕의 계보》에 대한 숙고에서 지구를 **자기수련의 별**로 특징화했을 때 그가 무엇을 봤는지 더 정확하게 파악될 것이다. 아스케시스(자기수련)는 어느 관찰자들의 전위가 자신들의 그림자를 반드시 뛰어넘지 않으면 안 된다고 생각하는 그 순간부터 불가피한 것이 됐다. 더 정확히 말하자면 이 세 그림자는 정념, 습관과 불명료한 관념의 형태로 그들을 따라다닌다. 더 고등한 문화가 시작될 때부터 등장한 이 세 그림자를 뛰어넘기 위한 해명과 수행의 강박Zwang을 주시하면 니체의 진술을 첨예화하고 지구를 **자기수련의 별**로 말하는 것이 정당화된다. 게다가 이 표현은 니체의 가장

---

*   Babette Babich, "Die Naturgeschichte der griechischen Bronze im Spiegel des Lebens. Betrachtungen über Heideggers ästhetische Phänomenolgie und Nietzsches agonale Politik", *Internationales Jahrbuch für Hermeneutik*, Vol. 7, herausgegeben von Günter Figal, Mohr Siebeck, 2008, pp.127~190[〈삶에 비친 그리스 청동의 자연사: 하이데거의 미학적 현상학과 니체의 경쟁적 정치학에 대한 고찰〉].
**   전향과 기회주의적 전회의 차이에 대해서는 이 책 14장의 473~476쪽을 보라.

중요한 도덕철학적 직관을 훨씬 더 정당하게 평가할 수 있는 장점을 제공한다. 그가 결국에는 다시 이해되지 못할 뿐 아니라 없어서는 안 되는 고대 엘리트들의 단련과 향상의 자기수련을 가리키기 위해 있는 힘을 다해 **아스케시스**라는 개념을 그리스도교적 참회-금욕(고행)의 음산한 야단법석에서 떼어놓기를 원할 때, 그는 인간이라는 사실들을 엄격히 기예적으로 해석하라는 출발 신호를 보냈던 것이다. '위버멘쉬'를 미래로 잘못 투영한 것에서 눈을 돌리면, 니체가 무엇을 파악했는지 자명해지는데, 그것은 민족들이 고등문화 단계에 들어서는 그때부터 모든 성과 주체가 곡예적인 긴장 속에 빠진다는 사실이다.

자기수련의 가르침과 곡예

불가능한 것을 쉬운 수행처럼 보이게 하는 것이 문제가 되는 곳곳에 곡예가 개입한다. 외줄을 건너가고 높은 곳에서 **목숨을 건 도약** salto mortale을 하는 것으로는 충분하지 않다는 말이다. 곡예사가 동시대의 사람들에게 건네는 결정적인 메시지는 그가 등장한 뒤 인사하면서 짓는 미소에 있다. 이 메시지는 퇴장하기 전 무심하게 손을 움직이는, 높은 관람석에 보내는 인사로 여길 수 있는 저 몸짓에서 더욱 분명하게 말한다. 그것은 '우리 같은 사람에게 그와 같은 것은 결코 아무것도 아니다'처럼 매우 많은 것을 의미하는 어떤 도덕적인 교훈을 실제로 전달한다. 우리 같은 사람이란 주변 분야에 인상을 남기면서 불가능이라는 전문 분야에 이름을 올렸던 이들이다. 이들 중 여럿은 그들의 이력 끝까지 투기장과 경기장에 남고, 다른 이들은 **아스케테리아**(수도승공동체)로 옮긴 뒤 종교의 사다리를 오르는 것을 더 우선시하고, 많은 이들은 숲과 사막으로 떠나고, 한 다른 분파는 회화와 음악 예술을 시험해보고, 다시 다른 이들은 더 높으며 가장 높은 국가에 대한 봉사에 대해 숙고한다. 플라톤은 잘 알려진 것처럼 정치적 예인들이 10세~50세까지 40년간 교육을 받는 과정에서 이 불가능한 것을 준비하는 경우 국가 통치술 역시 완전해지도록 익힐 수 있다는 것을 보여주려 했다. 국가를 이념에 따라 통치하는 능력은 으레 어떤 권력의 어릿광대처럼 한 상황에서 다른 상황으로 비틀거리는 것에 그치지 않고 만일 이것을 위한 의지가 주어진다면 노련하게 통제되는 수공업이 될 때까지 추진될 수 있을 것이다. 이것을 하기 위해 파라오처럼 신으로 태어날 필요는 없다. 어느 깨우친 그리스인이 올바른 영혼기술의 지도를 받으며 파라오의 수준에 이를 때까지 수행하는 것으로 충분하다.

니체는 그의 자기수련의 가르침과 기예의 수련에 대한 통찰을 내가 '운동경기의 르네상스'와 '자기수련의 탈영성화' 같은 표제어로 고쳐 쓴 19세기 후반의 동향과 일치시켜 보여준다. 이 운동을 지각했다면 자기수련적 자기배려(돌봄)가 미동을 시작할 때 왜 참회적인 자기경멸이 전혀 없었는지 쉽게 이해할 수 있다. 초기의 수행 존재는 세 가지 자동현상Automatismen의 이면에 다다르는 것에 무슨 일이 있어도 달려 있다는 기초적인 직관에서 출발한다. 오직 이런 식으로만 '인간'은 자신의 '본성'을 변화시키고 자신의 '본성'을 실현시키는 연이은 수행에 초점을 두게 된다. 여기서 그는 조종, 수행, 사유를 언도받은 동물이 된다. 20세기 초부터 철학적 인간학계에서는 인간이 막 단순히 빈둥거리며 사는 게 아니라 그의 삶을 '이끈다führen'*고 의미심장하게 강조하면서 입버릇처럼 즐겨 말한다. 이 말은 틀린 게 아니며 중요한 통찰을 하나 표현하는데, 그럼에도 수없이 많은 사람들이 특히 서구의 중독 지대에서 도리어 삶을 이끌지 않고 이끌어지지도 않는 듯한 인상을 주는 것이 어찌 된 일이고 어째서 상황이 바뀔 수 없는지 설명할 수 있다면 이 통찰은 더욱더 가치 있을 것이다.

---

* 최근에는 Dieter Henrich, *Denken und Selbstsein. Vorlesungen über Subjektivität*, Suhrkamp, 2007[《사유와 자기존재: 주관성에 대한 강연들》]을 보라.

인간공학: 반복에 반하도록 반복의 힘의 방향을 바꾸기

그 답은 수행의 축의 시대에 인간공학이 창발한다는 것을 가리
킴으로써 주어질 수 있다. 이 시대는 우리가 자동 프로그램들—정서,
습관, 표상—에 들려 있음을 아는 그 즉시 이 들림을 깨뜨리는 조치
를 취하는 시대가 될 것이다. 그 원칙은 말한 바와 같이 반복적으로
일어나는 일의 이면으로 건너가는 것에 있다. 그와 같은 이행은 반복
자체에서 반복을 억제하기 위한 단초를 발견하고 난 뒤부터 정밀한
규칙에 따라 이뤄질 수 있어 보인다. 이 발견에 인간공학적 차이는
초연初演을 축하한다.

이에 대한 설명은 이 사안 자체의 분열성에 있는데, 반복의 힘으
로 반복의 이중적 본성이 반복된 반복과 반복하는 반복으로 동시에
파악된다. 그것은 반복의 주체에 있는 능동태와 수동태의 구분을 격
하게 강조한다. 자극받은 정서Affekt 말고도 자극하는 정서가 있고, 수
행된 습관 말고도 수행하는 습관이 있고, 표상된 표상 말고도 표상하
는 표상이 있음을 이제는 이해한다. 이 기회는 항상 현재 능동 분사
에 있다. 이 형태 안에서 능동화된 인간은 느껴진 것, 수행된 것, 표상
된 것에 대해 독자적으로 느끼는 자, 수행하는 자, 표상하는 자로 결
정된다. 이리하여 (매우 근대적이고 매우 인지적으로 채색된 부적합
한 표현을 여기서 사용해도 된다면) 주체적 인간은 차츰 객체적 인간
에게서 떨어져 나오게 된다. 객체적 인간의 위치에서 인간은 예전처
럼 수동적인 것, 반복된 것, 싸워보지도 못하고 제압당한 것으로 남
아 있고, 반대로 주체적 인간의 위치에서는 수동-이후의 것, 반복하
는 자, 싸울 준비가 된 자가 된다. 첫 번째 길을 택하면 "훈육된 인간
erzogener Mensch"이 태어나는데, 이것에 관하여 괴테는 이 인간이 예전에
괴롭힘을 당한 자라는 것을 알았다.* 이 인간을 교양敎養의 등정에 놓

---

* 괴테의 *Dichtung und Wahrheit*[《시와 진실》, 박광자 옮김, 부북스, 2014]의 모토
는 '호 메 다레이스 안트로포스 우 파이데우에타이Ho mé dareis anthrópos ou
paideuetai', 즉 '괴롭힘당하지 않은 인간은 교육되지 못한다'이다.

아두는 것은 예전에 그의 것이기도 했던 천진난만함인데, 여기에는 극복된 판에 박힌 말과 생각을 경멸하고 부서지지 않은 것을 그리워하는 이중적 입장이 함께였다.

'굳어진' 습관을 가르침에 저항하는 관성 원리로 발견한 것은 우리가 고대 세계의 매우 중대한 혁신으로 오늘날까지도 느끼고 계속 떠받치는 조치들을 전부 불러낸다고 할 수 있다. 처음에는 정말 '아이를 다루는 기술' 혹은 '소년을 혼내는 테크닉'과 같은 것을 의미하는 일명 **파이데이아인** 교육술로 방향을 바꾼 혁신 말이다. 실제로 습관이 창발한 뒤 비로소 아이들이 아이들로 방법론적 시야에 들어올 수 있었다. 아직 습관에 들리지 않았기에 그들은 깨어 있는 수행 지도자의 이목을 끌게 된다. 동시에 인간공학의 여명이기도 했던 교사의 여명에서 아이는 순전한 자녀 현상에서 교육 드라마의 행위자로 변신한다.

'소년 통제'로 이렇게 방향이 전환되기 전에 아이들은 문화적으로 비가시적이었다고 곧장 주장할 수 있다. 습관 구역을 발견한 뒤 비로소 그들은 유럽의 중세처럼 일시적으로는 약화될 수 있어도 더 이상 완전히 없어지지 않는 가시성의 특권을 얻게 된다. 이제 소년들은 진정한 기예로 발전되는 어떤 돌봄의 대상이 된다. 이것은 습관의 발생을 조종하고 자동화된 수행의 주춧대에 복잡한 능력을 구축하는 기예다. 물론 아이라는 존재가 가진 상대적인 주조되지 않음과 주조에 대한 개방성과 같은 장점은 소년의 강력한 과민성Emotionalität과 즉흥성이라는 자연적인 결점을 지불할 수밖에 없다. 그런데 초기의 교육학자들에게 이것을 지속적으로 잘해내겠다는 생각이 없었다면 스스로를 '교육학자들Pädagogen'로 부르지 않았을 것이다. 여기 교육학자들 뒤에 거의 감춰져 있지 않은 조련사의 형상을 보게 된다. 참으로 모든 가르침 뒤에 조련이 있는 것처럼 말이다. 그래서 교육학의 참된 역사는 아이와 동물의 공통된 역사를 이야기한다. 대✶ 플리니우스 Gaius Plinius Secundus[23~79. 초기 로마제국의 자연철학자]가 그의 자연사에서

10. 왜 곡예적 인간인가

보고하는 대로 조련사가 코끼리들이 밧줄 위를 지나가게 하거나,* 혹은 또 다른 저자가 언급하는 대로 코끼리들이 긴 코로 그리스어와 라틴어 단어를 쓰게 될 때까지 조련한다 하더라도, 교육학자는 그의 학생들에게 이 단순 조련을 뛰어넘어 있을 수 있는 삶의 트랙 더미 중에서 그들 자신의 것을 알아보고 선택하는 능력을 줘야만 한다.

응용역학으로서 교육학

요약하자면, 기원전 10세기에 있었던 교육학자들의 여명에서 습관적인 것의 관성의 특질이 명시적으로 파악됐기 때문에 이 예전의 저항 원리에서 어떤 협력인자를 만들어내기 위해 습관을 **생겨나고 있는 것으로**in statu nascendi 포착하려는 의도가 떠오른 것이었다.

여기서 우리는 고전적인 인간공학 전반의 원리를 건드리고 있다. 인간과의 모든 기술적 교섭—그리고 바로 교육학이 맨 앞에 있다—은 관성을 극복하기 위해 관성력을 작동시킨다는 고전 역학의 원형이 되는 관념에 근거한다. 이 관념은 지레 원리의 발견에서 첫 승리를 축하한다. 더 작은 힘이라도 그것이 더 긴 수단으로 배가된다면 더 큰 힘을 움직일 수 있다. 이와 유사한 접근이 고대에 잘 알려진 도르래의 바탕이 된다. 따라서 간계를 뜻하는 그리스어 **메카네**Mechané는 바로 고유한 수단으로 자연을 꾀어내는 것을 의미한다.** 이 교육학적 **메카네**는 습관 자체를 지양하기 위해 습관을 활용하는 뛰어난 결단에서 생긴다. 이 **메카네**가 확률 없음을 증가시키는 매체로 확률 있는 것을 사용한다고도 말할 수 있을 것이다. 습관에서 저항의 특성을

---

*   Plinius, *Historia naturalis*, 8, 4~5[《자연사》].

**   Peter Sloterdijk, "Der andere Logos oder: Die List der Vernunft. Zur Ideengeschichte des Indirekten", in *Regel und Abweichung: Strategie und Strategeme. Chinesische Listenlehre im interdisziplinären Dialog*, eds. Achim Hecker et al., LIT, 2008, pp.87~112[〈다른 로고스 혹은 이성의 간계: 간접적인 것의 관념사를 위하여〉, 《규칙과 이탈, 전략과 책략: 중국 간계론에 대한 학제간 대화》].

끄집어내어 다른 도리로는 도달할 수 없을 목적지들에 유용하도록 만든다. 이것은 교육학이 더 긴 지레를 손에 쥘 수 있다면, 말하자면 반복들의 수행을 통한 조건화의 뿌리에 다다를 수 있다면 성공한다. 그때부터 '**반복이 공부의 어머니다**Repetitio est mater studiorum'가 통한다. 인간의 작은 힘이라도 그것이 수행이라는 더 긴 수단으로 배가된다면 불가능한 것에도 영향을 끼칠 수 있다.*

이 역학의 발견은 유럽과 똑같이 아시아에 영적 학교들을 **생겨나게** 하는 도취 상태를 불러일으킨다. 그래서 초기의 학제와 수행체제는 플라톤주의의 비의적 중핵을 비롯해 브라만교의 대다수 훈련 형태와 도가주의의 연금술에서 발견되는 것처럼 양성의 목적지에 전형적으로 수직으로 접근했다. 물론 학교 운영은 항상 개방적인 지식Exoterik과 직무에 대한 준비를 의미하지만, 가르침의 뜨거운 중핵에는 학생들을 수직으로 된 벽으로 인도해 그들이 불가능한 것을 향해 오르려고 시도하게 해야만 하는 것이 있다. "덕은 배울 수 있다"고 하는 학교 광고 안내서의 명제 뒤에는 "신적인 것은 배울 수 있다"라는 (서구적 기반에서는 이루 형용할 수 없는) 메시지로 요약될 수 있는 비의적인 급진주의가 숨겨져 있다. 만약 신들을 향한 등정이 확실한 방법에 따라 숙달될 수 있다면 어찌 될까? 불멸이 수행의 문제라면 어찌 될까? 이것을 믿는 자는 플라톤과 인도의 스승들 그리고 도교의 신선들(팔선八仙)과도 함께 불가능한 것을 가르칠 수 있는 어떤

---

* 깨우친 반복들을 통한 교육학적 훈육과 더불어 예로부터 문화들은 충격을 통한 훈육 테크닉 내지 어떤 성스러운 장면을 충격적으로 낙인찍어 규범을 새기는 테크닉도 가지고 있었다. 하이너 뮐만Heiner Mühlmann의 *Jesus überlistet Darwin*(Springer, 2007)[《예수가 다윈을 꾀다》]을 보라. 이 책은 한 집단이 공동으로 올린 살해의 드라마(희생 행위)를 통해 기억 행위적인 건강memoaktive Fitness을 어떻게 증진시킬 수 있는지 보여준다. 이 분석에 비춰보면 그리스도교의 미사는 이중의 각인 형식으로, 즉 한편으로는 끊임없이 반복되는 살해의 드라마이자 다른 한편으로는 유혈의 희생 행위를 상징적 유희로 대체시키는 연습으로 나타난다.

전권을 보유하고 있다고 믿는다. 설령 이 적임자들의 소집단을 넘어서면 결코 그럴 수 없더라도 말이다. 가르침의 사명은 관성을 극복하기에 적합한 수단을 전부 투입하는 것까지 포함한다. 지난 수천 년간 인류의 상을 규정해온 영적이고 운동경기적인 극한주의자들의 긴 대열은 그것이 어디까지 가는지 보여준다.

교수법적 승천: 삶의 삶을 위한 배움

초기 학교가 개방적 혹은 비의적으로 나타나든 마찬가지로 그것은 자기 자신을 결코 운영의 목적으로 여기지 않는다. 중세 교사의 금언 **논 스콜라이 세드 비타이 디스키무스**non scolae sed vitae discimus(우리는 학교가 아니라 삶을 위하여 배운다)*는 여전히 우리는 베이스캠프를 위해 배우지 않으며 믿는 것은 다만 탐험뿐이라고 명백하게 말하고자 한다. 그런데 이 고백이 매우 완고하게 들릴지는 몰라도 그것을 해석하면 괴물 같은 차원들이 드러난다. 그러니까 **비타**vita(삶)라는 말은 처음 읽으면 바로 외부의 전선인 직업과 직무에서 자신을 입증해 보이는 것을 뜻한다. 그럼에도 이 고급 게임의 각 참여자에게는 이렇게 해서 그 첫걸음만이 표시됐을 뿐이라는 게 분명했다. 이 게임의 더 심오한 설계에 따르면 '삶을 위해 배운다'는 매우 가파른 등정 기획들, 즉 이를 위해 신적인 것이 정말 충분하게 높게 있었던 기획들을 위한 표어였다.

---

* 이것은 세네카의 풍자적인 문장 논 비타이 세드 스콜라이 디스키무스non vitae, sed scholae discimus(우리는 삶이 아니라 학교를 위하여 배운다)를 뒤집은 것이다 (Seneca, *Epistorale morales ad Lucilium*, 106, 12)[《루킬리우스에게 보내는 서신》]. 이 문장은 학교가 지식 운영을 위해 타락했음을 확언한다. 고유한 학교의 프로그램인 신적인 것의 학습은 따라서 다른 매체에 복사해야만 한다. 이 철학자가 어느 더 젊은 벗과 서신을 교환하는 사례가 있다. 그러므로 세네카가 입증되지 않은 고래의 격언을 뒤집었다는 게 그럴듯하다. 이렇게 하여 중세의 교사들이 **'논-스콜라이-세드-비타이non-scholae-sed-vitae'**(학교가 아니라 삶을 위해)의 판본으로 회귀하는 게 완전히 정당화될지 모른다.

이와 같은 신과 삶의 동일시는 아주 엄청난 수직적 긴장을 구축하기에 적합했다. 이리하여 '삶'의 의미에 대한 보통의 관념을 급진적으로 교정할 수밖에 없었다. 단번에 술어 '살아 있는lebendig'의 최상급을 만들고 명사 '삶Leben'을 제곱하는 것이 가능해졌다. '삶'을 말하는 자는 조만간 '삶의 삶'을 또한 말할 것이다. 그럴 경우 다시 한 번 '삶을 위해 배운다'는 순수한 과잉을 위해 배운다는 것을 이른다. 이 제곱된potenziert 삶의 연구에서 경험적 현존재의 축에 수직으로 서 있는 **비타 비탈리스**vita vitalis(삶의 삶)와 우연히 마주친다. 이것이 최초의 초현실주의에, 즉 서구에서는 '형이상학Metaphysik'과 같은 잘못된 표현이 깔렸던, 모든 고등문화에 작용하는 저 수직의 견인에 방향을 제시한다. 어쩌면 '메타생명학Metabiotik'이나 혹은 라틴어를 지반으로 하는 '슈퍼생명학Supravitalistik'이라는 표현이 적합한 용어일지 모른다. 설령 두 단어가 그 자리에서 그것들의 흉측함으로 망하는 값을 치를 것임에 동의할 수밖에 없더라도 말이다. '형이상학'이라는 표현은 현대인들에게는 **서바이벌**에 대한 표준적인 교의인 다른 개념적 기형이 우위를 차지할 때까지 우리 교과과정의 정점에서 유지됐다.

죽음-퍼포먼스: 형이상학적 무대 위의 죽음

수행력이 있는 새로운 주체에 대한 매우 난해한 증명 시험을 죽음이 구현한다. 죽음이 인간을 가장 강력하게 수동성으로 몰아넣는 심급을 이루는 탓이다. 따라서 죽음을 할 수 있음의 지배적 영역에 편입시키기 위해 도전하는 자는 이것이 성공할 경우 인간의 가능성의 반경에 극복할 수 없는 것을 극복하거나, 혹은 충격적인 것과 하나가 되는 것이 위치함을 증명하게 될 것이다. 그래서 처음에는 자주 나타나는 정서, 검토되지 않은 습관, 종족Stamm*과 시장Forum**의 환영

---

* 프랜시스 베이컨의 4대 우상 가운데 종족의 우상(집단의 공통된 성질에서 생기는 우상)을 가리킨다.-옮긴이
** 프랜시스 베이컨의 4대 우상 가운데 시장의 우상(사람들의 교제, 특히 언어가

을 통해 영혼이 이질적으로 조종되는 것을 조준하던 모든 수행들이 결국에는 복종들 중의 복종이자, 모든 들림 중의 들림인 죽음의 힘에 지배받는 인간의 예속Untertänigkeit에 취하는 조치들에 불가피하게 접어든다. 이것은 두 다른 방식으로 일어날 수 있다. 한편으로는 인위적으로 습득한 죽을 수 있음의 태도로 이어지는 어떤 자기수련을 통해서다. 그와 같은 것을 구유럽 세계의 가장 중요한 죽음 퍼포먼스인 소크라테스의 죽음에 원장면을 가지고 있는 철학적 **아르스 모리엔디**ars moriendi(죽음술)에서 읽어낸 바 있다. 그와 같이 인도의 고행자들Asketen은 육체를 떠나는 기예를 다수의 변종으로 변화시키며 시범을 보였다. 그리고 일본의 할복(세푸쿠seppuku) 문화가 그와 같은 것을 입증한 바 있는데, 이 문화에는 삶이 명예보다 더 오래 지속될 수 있는 위험이 존재하는 그 즉시 삶을 청산하는 것이 항상 가장 의미 있었다. 그런데 죽음의 폭정으로부터의 해방은 영혼이 살아 있는 신국에 속함을 주장하는 어떤 신화를 정식화하는 것으로도 일어날 수 있다. 그런 경우에―이집트의 내세론과 그리스도교적 플라톤주의가 가장 유명한 사례들을 든다―영혼의 회귀에 대한 권리는 자기수련을 따로 추구하기보다는 오히려 통합적인 처신을 통해 보장된다.

곡예의 별의 기후는 고등문화의 초현실주의가 도래했을 때부터 어떤 영구 변화에 굴복해온 셈이다. 이것은 꾸준히 상승하는 도덕적 [열의] 방출로 인한 지구온난화에 견줄 수 있다. 이것은 집단 하비투스의 흐름대로 '그럭저럭 살기Dahinleben'에서 개성을 부여하는 individualisieren 학교의 힘에 영향을 받는 처신으로 전환하도록 강제한다. 이 새로운 종류의 처신은 학교와 삶의 영역에 대한 관념이 삶 자체는 어떤 대규모 교육학 시험Pädagogicum에 지나지 않으므로 비의적인 학과처럼 배워야만 하고, 살면서 동시에 삶을 모범적으로 마치는 기예를 배워야만 한다는 기이한 학설로 녹아들어가는 그 지점까지 현존재를

사고를 제한하는 것에서 생기는 우상)을 가리킨다.-옮긴이

낯설게 만든다. 이런 이유에서 그리스인들이 **에우타나시아**euthanasia라고 부른 아름다운 죽음의 기예는 곡예 혁명의 비밀스런 허리를 이룬다. 그것은 수행자들이 삶에서 메타-삶(삶-다음)에 다다르기 위해 걷는 법을 배우는 어떤 심연 위에 드리워진 외줄이다.

구유럽의 전승은 플라톤이 묘사한 소크라테스의 죽음과 함께 복음서에 서술된 예수의 죽음으로 사인학적으로 심상치 않은 두 번째 원장면을 구비하고 있다. 정신의 수행자들이 죽음의 폭정에서 해방되는 것을 최고의 높이에서 목격할 수 있는 장면이다. 이 양쪽 수난사는 해야 함(당위)이 할 수 있음(능력)으로, 이 상황들이 희생자들에게 이중의 수동성, 즉 소크라테스의 사형선고의 부당함과 예수의 **로마식**more Romano 처형의 잔혹함을 강요하는 것보다 훨씬 더 인상적인 결과를 보여주는 할 수 있음으로 완전히 바뀌는 것을 강조한다. 소크라테스에게서는 특히 현자의 할 수 있음이 어떻게 외적 강제를 제 것으로 만드는지 분명해진다. 형식적으로는 정당하지만 객관적으로는 부당하게 죽음을 선고받은 자가 마치 그 자신이 그에게 닥친 수난 드라마의 연출가라도 되는 것처럼 강요된 절차와 협력하기 위해 이 판결을 자신의 의지로 받아들임으로써 말이다.

이렇게 해야 함보다 자발성을 우위에 놓는 것은 대화 《크리톤Kriton》에서 소크라테스에게 말하는 법률의 알레고리에 가장 찬란하게 구현된다. 거기서 인격화된 법률은 이 죽음의 지원자에게 원뜻에 맞게 다음처럼 말한다. "친애하는 소크라테스여, 당신이 사는 동안 여기 아테네가 당신의 마음에 가장 들었음을 모두 분명히 보여주오. 우리 법률들과 우리가 통치하는 이 도시는 지금까지 분명 완전히 당신에게 만족스러웠소. 많은 사람들이 그러듯이 당신은 다른 도시들과 다른 법률들을 알기 위해 한 번도 여행을 떠나지 않았소. 비길 데 없이 당신은 우리의 실행 밑에서 존재하는 운명을 찬미했소. 게다가 법정 앞에서마저 당신은 추방보다 죽음을 더 원한 것을 자랑했소. 70년 동안 당신은 우리와 이 도시를 등질 시간이 있었지만 우리에게 남기를 더 원했소. 그렇다면 지금 당신이 우리가 지시한 당신의 처형을 앞두고 우리 앞에서 도주하기를 원한다면, 결국 인간은 덕과 정의를 다른 어떤 것보다 더 높게 존중해야만 한다고 당신이 여기서 지치지 않고 말하는 바를 어떻게 언젠가 다른 곳에서 되풀이할 수 있겠는가? 그러니 도망치라는 크리톤의 충고를 따르지 말고 '여기 남아서 당신의 길을 끝까지 가라!'라고 말하는 우리의 충고를 따르게." 여기에 의거해서 이 현자는 그에게 유일하게 가능한 결론을 도출한다.

"나의 사랑하는 크리톤아, 마치 코뤼반테스들의 환희에 찬 피리 소리가 들린다고 믿는 것처럼 나는 이 말을 듣는다고 믿는다네. 그 소리가 나의 내면에서 울리고 나를 모든 다른 말에는 둔감하게 만든다네. …… 신이 우리를 이끄는 길을 가세나."*

예수가 '다 이루었다'고 말한 것은 얼마나 옳은가

이렇게 외적 강압을 자신의 의지로 흡수하는 것은 복음서의 골고다 이야기에서도 효과적으로 장면화되는데, 로마식 처형은 그리스의 죽음술의 문명화된 무늬로부터 생각할 수 있는 한 멀리 떨어져 있다는 것보다 이 점이 훨씬 더 인상적인 대목이다. 예수의 수난은 희생자가 외적 강압의 행동에 종속되는 것과 관련해 소크라테스의 수난을 훨씬 능가하지만, 그럼에도 바로 이 수난에서 해야 함이 양도할 수 없는 할 수 있음으로 완전히 바뀌는 것을 매우 효과적으로 입증해야 한다.

십자가 위의 최후 순간의 장면은 갈수록 더 이에 대한 예를 드는 복음서 저자들 자신의 활력으로 충전된다. 〈마가복음〉 15장 37절과 〈마태복음〉 27장 50절에는 여전히 이 순간이 예수가 식초에 절인 해면을 들이마신 뒤 크게 외치며 죽었다고 이르는 반면, 〈누가복

---

* Platon, *Kriton*, 54d[플라톤,《에우티프론, 소크라테스의 변론, 크리톤, 파이돈》, 박종현 옮김, 서광사, 2003, 243~245쪽;《크리톤》, 이기백 옮김, 이제이북스, 2009, 52~53쪽; 천병희 옮김, 숲, 2012, 99~100쪽].

음〉 23장 46절에는 이와 같은 장면에 대해 이미 잠재적으로 할 수 있음의 소리를 내는 이행구가 있다. **"아버지, 제 영혼을 당신의 손에 맡깁니다et haec dicens expiravit."**〈요한복음〉 19장 30절은 여기에 할 수 있음의 권역에 완전히 속하는 말 **테텔레스타이**tetélestai를 덧붙인다. 이 말은 라틴어로는 **콘숨마툼 에스트**consummatum est로, 독일어로는 "다 이루었다!Es ist vollbracht!"로 옮길 수 있다. 이 번역들이 매우 유서 깊을지는 몰라도 요한이 이 말을 덧붙이던 그 정신을 정당하게 다루지 못한다. 그리스의 사도 요한이 이 자리에서 벌이는 것은 구세주의 죽음을 운동경기화하는 것과 다르지 않다. 그래서 예수의 마지막 말은 수난에 대한 그리스도교적 고찰의 관습에 역행할지 몰라도 오히려 '해냈다!Es ist geschafft!' 혹은 '결승선이다!Am Ziel!'로까지 옮겨질 수밖에 없다. 이 조작의 목적이 오해될 리 없다. 예수는 유대-로마의 사법의지의 우발적인 희생자에서 신적인 예견이 지시한 사명의 완료자로 변신해야만 한다. 그리고 이것은 고통받음이 예견된 것, 결정된 것, 의지된 것으로 남김없이 '지양'될 때만 성공한다. 십자가 위의 예수가 마지막 숨을 쉬면서 한 그와 같은 말 **테텔레스타이**는 요한에 의해 직접 사용된 것으로, 골고다의 기록을 통해 성서에서 예견된 일의 '실현' 내지 목적에 다다름을 확언하기 위해서였다. 십자가 위의 예수 자신이 사명의 '실현'을 인식하고 완성됐다고 여긴(**스키엔스 예수스 쿠이아 옴니아 콘숨마타 순트**sciens Jesus quia omnia consummata sunt) 그 결과 그의 마지막 말이 실은 성서적-메시아적-운동경기적 성취에 대한 확언을 담고 있다는 것이 결정적이다.

그리스도교의 곡예 혁명은 십자가에서 증명된 죽음의 수동성에 대한 극복으로는 소진되지 않는다. 성금요일 저녁과 부활절 아침 사이에, 모든 기간 가운데 가장 비장한 날에 할 수 있음이 할 수 없음을 이긴다. 이 기간에 죽임을 당한 예수는 순전히 들어본 적 없는 것, **아크로 바이네인**akro bainein을 지옥에서 실행한다. 즉 발끝으로 죽음의 왕국을 통과한다. "셋째 날에" 부활하자 이 왕국에서 반중력이 자신의 위대한 승리를 축하한다. 그것은 마치 신의 곡예사들 가운데 최초로 그리스도가 그와 그의 추종자들에게 그때까지 닫혀 있거나 신화적으로만 어렴풋이 느낄 수 있는 절대적인 수직에 대한 접근을 열어젖히는 수직의 외줄을 하나 붙잡은 것과 같았다. 이 부활한 자는 **生命의 도약**salto vitale을 통해 죽음으로 인한 중단이 우세하다는 믿음으로 주조되어 있던 세계의 형식을 폭파한다. 이 순간부터 모든 생명은 곡예적이고 생명 자체는 영원하고, 그러니까 철회할 수 없이 선포된 지금-부터Ab-jetzt 영원하다는 것을 믿으며 외줄 위에서 추는 춤과 같다.

클라우스 베르거Klaus Berger[1940~2020. 독일 신학자로 성경 전승의 탈신화화에 반대]는 복음서 저자들의 아타나시우스적* 신학에 대해 적는다. "죽음을 응시하는 자리에 죽음 너머로 옮겨가는 이들의 행렬이 삽입된다. 신체상의 죽음도 뛰어넘을 것이므로 이 죽음은 연속되는 사건들에서 비본질적인 부분에 지나지 않는다."** 죽음은 사물의 활동에서 '비본질적인 부분'이라는 그런 경솔한 말을, 혹은 다음처럼 말할 수 있다면 그런 유한성의 속박에서 자유로워졌다는 상식을 벗어난 말을 인류가 듣기 위해 오랫동안 기다릴 수밖에 없었던 걸까? 이와 같은 학설이 세계에 존재하는 그 즉시 심리 정치의 **구체제**ancien régime인 현실주의식 정상적인 우울은 이를 감지하기 더 어렵다고 느낀다. 끊임없는 반우울적 정치 활동을 진행하는 것이 역사를 일으키지만 역사는 기적의 지체 법칙을 따른다. 여기서 알렉산더 클루게Alexander Kluge[1932~ . 독일 영화감독으로 뉴저먼 시네마의 대표자]가 "혁명들의" 막대한 "시간 부족"***이라고 부른 것이 나온다.

---

* 알렉산드리아의 아타나시우스Athanasius von Alexandria(300~373). 알렉산드리아의 대주교로 '정교의 아버지' 혹은 '교회의 기둥'이라고 불렸다.-옮긴이

** Klaus Berger, *Theologiegeschichte des Urchristentums. Theologie des Neuen Testaments*, UTB, 1994, p.661[《원시 그리스도교의 신학사: 신약의 신학》].

*** Alexander Kluge, *Tür an Tür mit einem anderen Leben. 350 neue Geschichten*, Suhrkamp, 2006, pp.341~342[《다른 삶으로 문을 맞대고서: 350개의 새로운 이야기들》].

2부. 곡예 윤리를 위한 확률 없는 것의 정복

죽음의 경기자들

요한에게 암시적으로 나타난 그리스도교적 죽음 투쟁의 경기화는 마르쿠스 아우렐리우스Marc Aurel를 통해 시작되고 그의 후예들에 의해 계승됐다가 202년 무렵 세베루스Septimius Severus[145~211. 193년부터 211년까지 로마제국의 통치자] 치하에서 다시 더 격렬하게 타올랐던 남부 갈리아의 그리스도교 박해 시기에 그 정점에 이른다. 이 시기에 북아프리카인 테르툴리아누스는 수사적으로 강력하게 양식화된 텍스트인 그의 위로서 《순교자들에게Ad Matrtyres》를 저술했는데, 이 책은 비엔과 리옹 감옥의 수감자들에게 그들의 상황이 전투를 앞둔 군인들의 것에 견줄 만하고, 더욱이 시합을 앞둔 경기자들의 것에 견줄 만하다는 것을 자각시키기 위해 고대 자기수련론의 병기창을 전부 투입한다. 이 아프리카인은 약간의 냉소를 띠며 그의 갈리아 형제들과 자매들에게 외부세계는 참된 그리스도인에게 훨씬 더 고된 감옥이므로 그들이 감옥에 앉아 투기장에서의 처형을 기다리면서 진정 행운에 관해 이야기할 수 있음을 상기시킨다.

감옥이라는 이름을 폐지하고 그곳을 은둔지라고 부릅시다.*

이 강건한 위로자가 순교자들에게 거는 기대는 이미 극도로 스포츠화되어서 그는 투기장에 있는 믿음의 형제들에게 최고 성적과 다를 바 없는 것을 기대한다. 이 믿음의 경기자들이 이렇게 그들의 사형집행인들에게 빅 매치를 보여주는 것은 그리스도에게 빚지고 있다.

---

*   Tertullian, *Tertullians private und katechetische Schriften. Neu übersetzt, mit Lebensabriß und Einleitungen versehen von D. K. A. Heinrich Kellner*, Kösel, 1912, p.218[《새 번역. 테르툴리아누스의 사적이고 교리교적인 저서들: 하인리히 켈너가 쓴 생애 개괄과 서문 첨부》].

당신들은 훌륭한 경기Kampf(보눔 아고넴bonum agonem)를 하러 가
는 것입니다. 이 경기에 살아 있는 하느님(데우스 비부스Deus
vivus) 자신이 시합Spiele(아곤테테스agonthetes)의 개최자이고 성령
은 경기장의 장장場長(크시스타르케스xystarches)입니다. 당신들
이 받을 승리의 화환은 영원이고 당신들이 받을 부상副賞은 천
사의 본성, 천상에서의 시민권(폴리테이아politeia)과 길이 남을
명예입니다. 그러므로 당신들을 성령으로 축성하고 이 경기
의 구덩이(스캄마scamma) 속으로 인도하는 당신들의 트레이너
와 감독(에피스타테스 베스테르epistates vester)인 예수 그리스도
가 경기Agon 날 전에 당신들이 스스로를 더 자유로운 삶의 방
식에서 더 혹독한 준비 훈련으로(아드 두리오렘 트락타티오넴
ad duriorem tractationem) 철수시켜서 당신들 안에서 힘이 자라나기
를 원하는 것입니다. 그런 식으로 경기자들 역시 완전히 거리
낌 없이 힘을 수행하기 위해 더 엄격한 수행 시험(디스키플리
나disciplina)에 응시해야 합니다. …… 그들은 스스로를 강제하
고(코군투르Coguntur) 고통스러워하며(크루키안투르cruciantur) 소
진됩니다(파티간투르fatigantur). …… 그리고 이 모든 것은 사도
의 말대로 덧없는 승리의 화환을 얻기 위해서입니다. 그러나
우리는 영원한 화환을 추구하므로 감옥을 우리의 훈련소로(프
로 팔라이스트라pro palaestra) 해석하고 이렇게 해서 우리는 동시
에 재판 광장이기도 한 경기장 안으로(아드 스타디움 트리부
날리스ad stadium tribunalis) 최고의 몸 상태로(베네 엑세르키타티
bene exercitati) 들어섭니다……*

테르툴리아누스는 이미 이교도 민족 출신의 세속적 인간들이 어
떻게 죽음을 위로하고 가장 힘든 고통을 용감하게 감수했는지 상기

---

*   Tertullian, *An die Märtyrer*, ibid., p.219[《순교자들에게》].

시킴으로써 그의 숙고를 이어나간다. 예를 들어 철학자 헤라클레이토스에 관해서는 그가 자신을 쇠똥으로 덮어 불태웠다고 전해지며, 혹은 그 비슷하게 엠페도클레스Empedokles[BC 495~BC 435. 4원소론으로 유명한 소크라테스 이전 철학자]는 에트나산의 불길 속으로 뛰어들었다고 한다. 모처의 이교도 도시들에서 젊은 남자들은 오직 그들이 무엇을 견딜 수 있는지 입증하기 위해 피가 날 때까지 자신을 채찍질했다. 이런 사람들도 한갓 모조 진주를 얻기 위해 그런 대가를 지불했는데 하물며 그리스도인들은 진짜 진주를 위해 얼마나 더 가볍게 그 대가를 지불해야만 하는가!

로마의 시골 극장에서 고문을 당한 그리스도인들이 철학적인 **죽음의 지식**savoir mourir의 이상과는 아주 다른 것을 연출한다는 것에 동의할 수 있다. 그럼에도 매우 가차없는 테르툴리아누스의 수사의 첨예화를 통해 어떤 경기 윤리의 메아리가 용솟음친다. **자기수련**과 자기 자신에 대한 완고(스크레로테스sklerotes) 덕분에 너무 힘든 것도 쉬운 것으로 바뀐다고 메아리친다.

케르툼 에스트 퀴아 임포시빌레Certum est quia impossibile
: 불가능한 것만이 확실하다

리옹에서 죽음에 처한 자들에게 보내는 테르툴리아누스의 대담한 트레이너 연설은 그 어느 다른 곳에서도 다시 다다를 수 없는 명쾌함으로 그리스도교적 곡예주의의 논리를 발설한다. 그것은 엄격히 부조리한 것, 한없이 불합리한 것, 완전한 불가능성에 대한 선한 의지로, 이것이 신학을 신학으로 만든다. 이 의지만이 신학이 통상적인 존재론으로 도로 미끄러지는 것을 막는다. 존재 안에 불연속성으로 나타나는 것은 신의 왕국에서는 순수한 연속성이다. 그리스도가 부활했다면 누구도 부활할 수 없는 세계가 반박된다. 그러나 우리가 여기서 그 누구도 부활하는 것을 보지 못한다면, 무대를 바꿔서 여기 일어나지 않는 것이 일어나는 곳으로 가야만 한다. 여기 있는 것도 좋지만, 저기 있는 것은 더 좋다. 테르툴리아누스에 따르면, 몸가짐을 단정히 하는 어떤 그리스도인도 세속인들이 가능하다고 여기는 것의 반대만도 못한 것을 제시하는 서커스에는 출현하지 않을 것이다. 믿는 자는 속물을 경악시켜야만 한다. 이 저자는 최선을 다해 비판하려는 기분에 젖어서 이 문제를 마르키온주의자들에 대한 항변서 《그리스도의 살에 관하여Vom Fleisch Christi》에서 요약한다.

> 신의 아들이 십자가 위에서 죽었다. 그것은 하나의 치욕이기 때문에 아무런 치욕이 아니다. 신의 아들이 죽었다. 그것은 하찮기 때문에 믿을 만하다. 그리고 그는 무덤에 묻혔고 부활했다. 그것은 불가능하기 때문에 확실하다.*

이 **"불가능한 것만이 확실하다"**에 유럽인들이 2000년간 수직적인 문제에 대해 알고 있는 모든 내용이 실제로 근거한다. 게다가 시몬 베유의 거창하게 과장된 명제 **"인간의 삶은 불가능하다La vie humaine est impossible"****의 구석구석, 불가능성에서 발원한 확실성의 바람이 분다. 우리가 진리라고 부르는 것은 지상의 무게와 반중력 사이의 논쟁에서 말미암은 것이다. 그리스도인들에 의해 호소되는 성령은 반드시 순교자들에게 수평적인 삶의 모티프를 상기시킴으로써 그들이 처한 극단적 상황을 완화되도록 만드는 지혜술이었다. 이 의미에서 성령은 유럽의 첫 정신의학자였고 초기 그리스도인들은 그의 첫 환자들이었다. 종교적 면역의 역설들을 완화시키는 것이 그의 임무에 속한다. 석방된 믿음의 증인들이 그들의 초월적인 면역성을 극도로 확신하기 때문에 그 육체적인 면역성을 허약하게 하는 그 순간 이 역설들이 터져 나온다.

---

* Tertullian, *De carne Christi*, ibid., p.5[《그리스도의 살에 관하여》].

** Simon Weil, *Schwerkraft und Gnade*, Kösel, 1953[시몬 베유, 《중력과 은총》, 윤진 옮김, 이제이북스, 2008].

로마의 대중문화의 경기장에서 일어난 것은 한 번 더 니체의 문제적인 정리를 상기해봐도 결코 도덕에 일어난 노예들의 반란이 아니었다. 그것은 순교자들이 검투사들을 능가하는 것이었다. 여기서 육체적인 경기는 설령 신앙의 고백자들이 로마인에게 매우 사랑받는 금발의 야수인 사자들 앞에 던져졌더라도 '나는 그리스도인입니다ego sum Christianus'라는 고백을 굳게 지키는 경기로 바뀌게 된다. 순교를 불신하며 그 안에서 그들의 삶을 확증의 제스처로 내던져버리는 것 말고는 더 나은 삶을 시작할 줄 알지 못하는 인간의 근본적인 융통성 없음을 탐지하는 사람도 박해기 순교자의 행위들에 때로는 본래적인 그리스도교 곡예주의의 정신과 같은 무엇인가가 지각될 수 있다는 것에 동의할 수밖에 없다. 게다가 옛 고통의 증인들 여럿에게 더 높은 삶의 훈련소에서 수행하기 시작했던 것과 같은 넘어감에 대한 의지를 느낄 수 있다. 신앙에 대한 의지가 여기서는 아직 프로테스탄티즘의 청교도적 변종과 최근 **미국 종교**American Religion*의 변신들에서 목격하는 것처럼 현세의 삶의 성공에 대한 의지와 동일시되지 않았다. 그 징후는 오만한 초생명주의Transvitalismus(초생기론)였다. 이 이념이 유효했던 곳에서는 우울한 현실 원칙인 죽음의 우세에 대한 믿음이 그 가장 무거운 반동을 참고 견딜 수밖에 없었다. 반중력에 대한 믿음은 비극을 중단하고 삶의 두 상태 사이에 있는 외줄을 매우 팽팽하게 당겨서 많은 이들이 감히 그 외줄을 가로지르려는 무모한 계획을 마음속에 품게 만드는 것이었다.

　　여전히 니체의 《차라투스트라는 이렇게 말했다》의 머리말에서 추락한 줄타기 광대는 현세에 고정된 외줄과 내세에 고정된 외줄 사이의 긴장에서 득을 본다. 그리고 비록 근대적 교의가 내세의 강가에는 삶을 위한 어떤 발판도 더 이상 존재하지 않는다고 말하더라도,

*　　Harold Bloom, *The American Religion. The Emergence of the Post-Christian Nation*, Simon & Schuster, 1992[《미국 종교: 포스트-그리스도교적 국민의 출현》].

가로지르는 자들의 걸음들을 견디기에 충분히 팽팽해진 외줄들을 여전히 내재성에서 발견한다. 그것들 위에서 "아마도 거의 허공만을" 걸어간다. 이 외줄들은 단단한 지면의 모든 특징들이 빠져 있는 어떤 지면을 이룬다. "그런데도 그곳을 실제로 걸어갈 수 있다."* 이 외줄 위에서 내딛는 모든 걸음은 틀림없이 만 번 수행됐을 것이고, 동시에 마치 모든 걸음이 최초인 것처럼 저 위에서 내딛을 수 있다. 이 외줄에 익숙해진 사람은 지면에 익숙해진 습관들의 토대를 빼앗는 어떤 **파이데이아**에 종사한다. 외줄 위를 걸어간다는 것은 존재했던 모든 것을 현재에 집결시킨다는 것이다. 오직 그렇게만 "너는 너의 삶을 바꿔야 한다!"는 명령이 매일 연이은 수행으로 바뀔 수 있다. 이 곡예적 실존은 반복을 반복될 수 없는 것을 작동시키는 데 사용함으로써 삶을 탈속화한다. 이 실존은 모든 걸음을 최초의 걸음으로 바꾼다. 모든 걸음은 마지막 걸음일 수 있기 때문이다. 이 걸음에는 어떤 윤리적 행동이 존재할 뿐이다. 확률 없는 것을 정복함으로써 모든 관계를 상전시키는 행동이 있다.

---

*   Wittgenstein, *Vermischte Bemerkungen*, p.141[《문화와 가치》, 166쪽].

3부
과장(도를 넘기)의 절차들

실제 열심인 사람은 만반의 준비가 되어 있다.
확실히 정념에 맞선 투쟁은 육체노동보다
더 많은 땀과 노력을 요구한다.
자신을 경계하고, 자신을 격려하며, 자신에게 경고하라.
너는 너 자신이 자제하는 만큼 똑같이 많이 진보하게 될 것이다.
―헤이르트 흐루테Geert Groote*/토마스 아 켐피스
《그리스도를 본받아》**

과잉의 길은 지혜의 궁전으로 이어진다.
―윌리엄 블레이크William Blake, 〈지옥의 격언Proverbs of Hell〉

*   헤이르트 흐루테(1358~1393)는 14세기 네덜란드의 부제(사제 밑의 직위)로 '공
    동생활형제단'(이곳에 토마스 아 켐피스가 가입했다)을 세웠고 14세기에서 15
    세기에 걸쳐 네덜란드에서 일어난 '데보티오 모데르나devotio moderna'(새신심운
    동)을 주도한 핵심 인물이다. 이 운동에서 주장한 계율들이 《그리스도를 본받
    아》 등과 같은 책을 통해 대중화됐다.―옮긴이
** 박동순 옮김, 두란노, 2010, 78~79쪽.―옮긴이

배경막: 비범속Ungewöhnlichkeit으로의 후퇴

근대 세계와 고대 세계의 본질적인 차이를 오직 한 문장으로 요약하고 동일한 문장으로 양쪽 세계의 상태를 규정해야 한다면, 그 문장은 틀림없이 다음처럼 쓰여 있을 것이다. 수행과 완성의 이름으로 사람들을 최대한 동원하는 모든 삶의 형식들을 고대적이라고 한다면, 반면 근대는 노동과 생산의 기호Vorzeichen 아래 인간의 힘을 최고로 동원해낸 시대다. 이 문장에서 유럽의 '중세'는 그 명칭이 이르는 것과 달리 고대와 근대 사이의 어떤 독립된 중간을 구현하는 게 아니라, 아주 명명백백하게 고대의 일부를 형성한다는 사실이 도출된다. 비록 표면상으로 보면 중세의 그리스도교적 채색으로 인해 중세가 고대-이후 혹은 대항-고대로까지 여겨질 수 있음에도 그렇다. 그리스도교적 중세는 노동의 시대라기보다 오히려 수행의 시대였기 때문에 활동이론의 관점에서 중세가 고대 체제에 속한다는 것은 의심할 수 없다. 고대에 산다는 것과 노동이나 경제적 삶의 우위를 믿지 않는다는 것, 이 양자는 동일한 사태에 대한 두 개의 다른 표현들에 불과하다. 때때로 기도에서 억지로 쥐어짜낸, 노동의 정신에 대한 인정이라고 오해되곤 하는 베네딕트 교단의 **라보라**labora(일)조차 원래는 명상수행이 양손의 물질적 사용으로 연장된 것을 의미할 뿐이었다. 수도회 규칙이 **오라레**orare(기도하다)와 **라보라레**laborare(일하다) 사이의 대칭을 유지하는 동안은 노동이 그 말의 근대적 의미에서 무엇을 뜻하는지 어떤 수도사도 파악할 수 없었다. 베네딕트 규칙서(전승에 따르면 525년에서 529년 사이 몬테카시노Monte Cassino[로마 남부의 바위산]의 수도원 설립을 계기로 나왔다)의 **라보라**에 대한 강조가 수백 년간 이어진 수도사의 병리들에 대한 관찰에서 다음 결론을 이끌어낸다는 것도 더불어 알아야만 한다. 근대인들이 노동으로 인한 질병을 요양과 휴가로 상쇄하는 반면, 수도사들은 명상으로 인한 질병의 제거 방법을 강구하기 위해 노동에 전력투구했다.

고대는 실천적으로 수련의 특성을 띠고 반대로 근대는 노동의 특성을 띤다는 명제는 수행 세계와 노동 세계, 완성 세계와 생산 세계의 대립과 아울러 내적 연관을 주장한다. 이를 통해 르네상스라는 구상은 상당히 바뀐 의미를 받아들인다. 실제로 고대의 재탄생과 같은 현상이 후기 그리스도교 세계나 그리스도교 이후의 세계에서 아니면 오히려 노동 이후의 세계에 존재한다면, 그것은 수행하는 삶의 모티프를 재활성화시킴으로써 드러날 수밖에 없다. 이에 대한 방증들이 없지 않다. 양쪽 체제를 특징짓는 것은 인간의 힘을 대규모의 노력 프로그램에 통합하는 능력이고, 이 체제들을 분리하는 것은 근본적으로 갈라진 동원의 방향이다. 근대의 경우, 소생된 활력이 대상(객체) 내지 생산물의 우위에 완전히 종속되다가 결국에는 이윤이라고 하는 추상적 생산물이나 혹은 '작품'으로 전시되며 수집되는 심미적 물신에까지 종속된다. 고대의 경우는 모든 힘이 수련 과정에서 훨씬 더 높은 단계의 순수 수행적인 존재 방식으로 발전하는 수행하는 주체를 강화하는 데 유입된다. **활동하는 삶**vita activa에 대립시키기 위해 **관조하는 삶**vita contemplativa으로 지칭했던 것이 실제로는 **퍼포먼스(수행遂行)하는 삶**vita performativa이다. 이 삶은 나름의 방식으로 가장 활동적인tätig 삶과 똑같이 활동적이다. 물론 이것은 한나 아렌트Hannah Arendt가 아리스토텔레스의 발자취를 따라 활동하는aktiv 삶의 형식들의 정점에 세우길 원했던* 정치적 행위의 양태로는 표현되지 않는다. 또한 노동하기, 생산하기와 경제하기의 양태가 아니라, 모든 유한한 피조물이 행하고 견딜 수 있을 것보다 더 많이 행하고 더 많이 견디며 결코 피로를 느끼지 않는 보편적 혹은 신적인 존재-무에 동화된다는 의미로 표현된다. 물론 이 피조물은 신적인 존재-무와 마찬가지로 언제나 자신 안에 머무르며 충만하고 방해받을 수 없는 평정 역시 알고 있다. 그 내막을 잘 알고 있는 사람이 전하는 바에 따르면 이것은 결코 세속적인 소진에 의한 평정과 같지 않다.

물론 수행修行하는 삶의 양태에 대한 재발견이 정확히 노동의 우상화(독일제국의 "우리 모두는 노동자다"라는 절정에 이르기까지)가 그 정점에 다다랐던 시점에 시작됐다는 것은 우연이 아니다. 여기서 나는 19세기 후반을 이야기하고 있다. 이 시기에 대해 나는 '운동경기적 르네상스'와 '자기수련의 탈영성화'와 같은 약호를 제안했다. 두 정식은 생산주의 시대를 넘어서는 동향을 가리킨다. 그 수행이라는 활동 유형이─심미적 유희와 함께─노동의 그림자에서 벗어났을 때부터 근대의 지반에서 새로운 종류의 활동 생태계가 발전하는데, 이 생태계에서 생산 가치의 절대적 우위는 수행 가치들, 퍼포먼스(수행) 가치와 체험 가치들에 유리하도록 교정된다.

그래서 오늘날은 퍼포먼스(수행)의 차원이 어떻게 노동의 차원을 따라잡는지 느끼지 못하는 그 누구도 믿을 만한 동시대인이 될 수 없다. 그렇게 스포츠 체계는 수백 개의 주변 세계가 있는 다중 우주로 발전해왔다. 그 안에서 자기관련적selbstbezüglich 운동, 쓸모없는 유희, 불필요한 지출, 모의 투쟁이 어느 정도 마음이 들뜬 채 노동 세계의 공리적 객관주의에 매우 분명하게 대립하며 자신의 현존을 축하한

---

* Hannah Arendt, *The Human Condition*, 1958[《인간의 조건》]. 독일어 번역본: *Vita activa oder Vom tätigen Leben*, Piper, 1960[《비타 악티바 혹은 활동하는 삶에 관하여》][한나 아렌트, 《인간의 조건》, 이진우 옮김, 한길사, 2017]. 이에 대한 비판을 위해서는 한 명의 아렌트 제자 Richard Sennett, *Handwerk*, Berlin Verlag, 2008, pp.9~10[《수공업》][리처드 세넷, 《장인》, 김홍식 옮김, 21세기북스, 2010, 13~15쪽]을 보라. 또한 이 책의 465쪽을 보라.

다. 혹시 또 어느 둔해 빠진 사회학이, 스포츠는 자본주의화된 경쟁 이데올로기의 공장과 예비학교를 위한 훈련소에 불과하다고 여전히 주장할지도 모른다. 여하튼 고대적 의미에서 스포츠 세계의 가장 '원형경기장'적인 부분이 무엇보다 올림픽 위원회 주변을 비롯하여 축구와 자전거 경기의 전문 부문에서 경제 영역의 매우 강압적인 성과적 사고에 견줘 어떤 면에서도 뒤지지 않는 어떤 성적成績 물신주의에 그동안 스스로 굴복해왔다는 것에는 동의할 수 있다. 그런데 다른 한편으로 이 스포츠 세계의 분야에서 프로 한 명당 아마추어 1만 명 혹은 그 이상이 존재함을 통계들이 가리킨다면 그것은 무엇을 의미하는가?

지난 세기의 예술 운영에서 자기관련적-수행적인 행위를 전시하려는 동향이 더욱 분명하게 나타난다. 미적 현대란 온전히 고유한 가치를 상연하는 수많은 무대를 세우기 위해 노동 세계의 절차들과 목적들에서 퍼포먼스(수행)적인 것이 분리되는 시대다. 오랫동안 예술의 노동 형태에서의 해방은 체계 내적으로도 작품이 다시 자기관련적인 수행하기의 과정 속으로, 더 적절하게 표현하자면 창조적 에너지의 형태 변화 속으로 용해되는 지점에 이르렀다. 작품은 그 발생 조건에서 항상 벗어나 '완성된fertig'이라는 술어를 통해 순수한 대상화의 영역으로 옮겨진 세계 내의 자율적 결과물로 더 이상 존재하지 않고, 순간 고정된 수행의 결정체로, 즉 퍼포먼스(수행)의 한 상태에서 다음 퍼포먼스(수행)의 상태로 표류하는 것에 대한 표지로 존재한다.

다른 한편 로댕 같은 위대한 예술가들은 언제나 대상적인 생산물을 지향하면서도 멈추지 않고 수행하는 그들의 활동을 최고 형태의 '노동'이라고, **"항상 노동하라**toujours travailler"라고 말했다. 예술이 자기관련성에도 불구하고 가장 사심 없는 일일 뿐 아니라, 가장 진지한 일을 뜻함을 참으로 분명히 하기 위해서였다. 이렇게 하여 이 예술가들은 나름의 방식으로 원작자가 끊임없이 재료의 목소리를 들어야만 자신의 일에 통달하면서도 항상 그 원작자의 '영혼'이 잘 만든 사물 속으로 흘러들어간다고 하는 구식의 수공업자들과 물신 제작자들의 비밀을 하나 누설한다.

이와 더불어 20세기가 지나며 발전해온 수많은 심리 치료 체계들은 보통 구 모델과 유사성을 의식하지 않고서 수행적인 자기성찰의 고대적 실천을 다시 소생시켰다. 니체는 그의 독자들이 그를 정말 이해하길 원한다면 근대인이 되어서는 안 되며 노동 논리가 수련으로 회귀하는 그 시작을 알리는 명상가 혹은 '되새기는 자'가 돼야 한다고 요구했다. 이와 달리 푸코가 1980년경 '자기배려'(돌봄)에 대한 고대 담론을 현재의 논의 속에 다시 가져왔을 때 이것은 치료 이데올로기의 시대가 종결됐다는 신호였다. 그때부터 중요한 의제가 된 것은 고대철학과 근대의 예술 실천과 육체 실천의 출처들에서 어떤 일반화된 수행의식을 다시 획득하는 것이다. 여기저기서 20세기의 치료주의 그 자체는 어떤 동향의 전환을 시대적 특징으로 덮는 현상에 불과했다는 것을 파악하기 시작한다. 나는 정신분석의 열쇳말 '두르히아르바이텐durcharbeiten'[극복 과정, 돌파 작업]이 스토아주의의 수행 원칙을 신중하게 차용한 것에 근거하고 있음을 상기시킬 수 있다. 이것은 명상하면서 어떤 표상이나 어떤 정서의 방향을 이리저리 바꾸는 것인데, 그리스의 학파 용어로는 **아나폴레인**anapolein 내지 **아나폴레시스**anapólesis이고 라틴어로는 **인 아니모 베르사레**in animo versare다. 그것은 스포츠와 명상마저 기꺼이 '노동'(아르바이트)으로 제시하는 근대의 시대정신을 나타낸다.

매우 중대한 노동 신앙과 생산 신앙의 전복은 소비에트연합의 공산당이 1917년 10월혁명 후에도 여전히 압도적인 예전 차르제국의 농경 경제에 근대화의 치료를 하기로 결정했을 때 그 고유한 지형에서 이뤄졌다. 이 변혁에서 근대 임노동의 동기가 되는 토대들, 소유 경제의 신용체계에서 일어나는 채무 상환에 대한 압박 그리고 복지에 대한 사적 추구가 매우 깊숙한 곳까지 파괴되어 공산주의 지배의 영향권 전반에 근대적 유형의 능률적인 노동 문화와 같은 것을 결코 형성할 수 없었다. 자신의 이익에 대한 지향이 **선험적으로** 중단됐던 탓에 소비에트의 일하는 사람들에게는 자발적인 기록 제조자나 자기를 비꼬는 로봇의 태도 사이의 선택지만 남아 있었다. 이 양쪽 태도들에서 결과의 우위에 대한 노동의 지향은 서서히 망가지다가 어느 정도 자기관련적인 수행으로 바뀌었다. 근본적으로 소비에트 경제는 어느 냉소적인 국가 성직자가 잉여생산물을 빼앗는 봉건적 사원 경제와 어느 구르지예프 집단으로 이뤄진 복합물이었다. 잘 알려진 것처럼 이와 같은 모임의 추종자들은 이 집단의 지도자가 세운 임무들로 인해 소진할 때까지 밤낮으로 노동하고 난 뒤 생산물이 어떻게 그들의 눈앞에서 파괴되는지 체험한다. 명목상으로는 그들의 내적 해방을 촉진하기 위해서였다. 이 의미에서 공산주의는 그 자신의 주민들과 함께 노동 숭배를 구실로 노동을 **부조리하게**ad absurdum 운영했던 어떤 유사-영적인 수행을 실행했다고 주장할 수 있다. 공산주의는 역사가 무시했던 어떤 정치적 장식을 생산하느라 3대의 삶을 다 써버렸다. 그 운명은 저 멀리 티베트의 수도승들이 색모래로 거대한 만다라들을 만드는 방법을 떠올리게 한다. 이 만다라들은 완성되면 낮에 강물로 씻어내도록 정해져 있었다.

3부에서 나는 **명시적으로** 수행하는 삶의 몇몇 특징을 재구성하겠다. 여기서 논의될 수밖에 없을 엄청난 자료를 고려할 때 그 윤곽을 스케치하고 일화의 형태로 채색하는 것으로 만족할 수밖에 없다. 나는 이 사안 자체의 전개를 따라 고대부터 목격될 수 있는 것, 즉 수행자들이 사회적 삶의 연속에서 분리해 종전의 집단적인 구속과 유기체의 관성의 명령을 받던 현존재에 대하여 체계적으로 강화될 수 있는 편심偏心, Exzentrik에 스스로를 고정하던 것에 대한 이야기로 시작하겠다. 이러한 집합적 정체성에서의 후퇴—모든 정신적인 **에포케**epoché(판단 중지)의 실천적인 모체다—가 자기수련의 **생활 양식**의 한 특징을 이룬다. 인간의 '탈중심적 위치성exzentrische Positionalität'론의 원작자 헬무트 플레스너Helmuth Plessner[1892~1985]는 이 특징을 마치 모든 개개인이 **선험적으로** 자신 곁에 서서 보통의 배우, 체질적 히스테리 환자나 공적 관계의 관리자처럼 예전부터 혼자 자신의 삶을 거울 앞에서 영위하기라도 하는 것처럼 **인간의 조건**의 일반적인 특징으로까지 호의적으로 과장해 양식화했다. 그런데 거울이 2000여 년 전에 이미 드문 경우에 사용됐음에도 불구하고 얼추 200년 전부터 비로소 더 전반적으로 확장되기에 이르렀다는 사실을 상기해야 한다. 마침내 100년 전 거울 시장이 포화 상태에 다다랐을 때 곳곳에 있는 거울은 모든 남자와 모든 여자의 자기관계에서 모종의 신중한 편심을 불러일으켰다. 거울은 그 사용자들을 유혹하여 그들이 이미 항상 '자신 곁에서' 성찰한다는 믿음으로 이끌었다. 그렇지만 역사적 관점에서 거울은 자기 이미지에 좌우되는 근대인의 주된 자아기술 매체라는 역할을 매우 명백하게도 아주 최근에야 맡기 시작했다.

다음 장에서 나는 수행자들의 내면세계가 어떤 식으로 이상적인 모범 세력의 영향을 받는지, 그리고 더 나아가 멀리 있는데도 구속력이 있는 완전함에 대한 직관이 어떻게 강력한 수직적 긴장의 구축으로 이어지는지 보여주겠다. 이것은 이념에 의해 촉진되는 도약과 미묘한 유인자의 왕국을 낳는데, 근대인들은 보통 '나르시시즘Narzißmus'이라는 개념을 순환하는 캐리커처로 가시화되는 정도로만 이 왕국에 관해 알고 있다. 여기서 완성 사상에 의해 견인되는 어떤 현존재의 시간 형식에 대한 통찰이 생겨난다. 구유럽의 변종에서든, 아시아의 변종에서든 완성을-향한-존재Sein-zur-Vollendung의 시간 구조에서 근대인들이 어떻게 역사철학의 유령에 의해 유혹당할 수 있는지 이해하는 데 필수적인 완전주의의 힘에 대한 해명을 얻을 수 있다.

지역, 전통과 기호에 따라 스승, 구루, 아버지, 치료사, 천재, 다이몬, 교사 혹은 고전주의자로 표현되는 필수 불가결한 트레이너 형상에 대하여 몇 차례 역사적이고 체계적으로 언급하고 난 뒤 나는 종교학적으로 훌륭하게 검토된 전향이라는 현상에 새롭게 시선을 돌리겠다. 이것은 수행자들이 어떻게 다른 트레이너와 함께 계속 작업할 수밖에 없는 곤경으로 드물지 않게 빠지는지 밝히기 위해서다. 그러면서 수많은 분야와 수준에서의 교체자가 맨 먼저 잘못된 구성 방식의 '신'과, 즉 적절한 때에 그리스도가 능가한 보탄Wotan[북유럽 신화의 전쟁의 신]처럼 너무 실패한 신과, 혹은 근대에 항상 괴로워하는 그리스도에서 즐거운 행운의 여신(포르투나Fortuna)으로 옮겨갈 때 목격되던 것과 같은 매우 진지한 신과 훈련했다는 것을 보여주겠다. 우리 곁을 떠났던 트레이너가 어찌해서 항상 그의 예전 피보호자의 영혼의 가계에서 우상, 다이몬 혹은 **대악당**cattivo maestro으로 제2의 삶을 영위하는 좋은 기회를 가지는지 보게 될 것이다. 이렇게 해서 종교사회학의 최고 분야인 전향이론에서 어떤 교정이 무르익게 된다. 나는 본래적인 회심(나는 이것을 분리라고 부른다)이 수행하는 삶이라는 고등문화 분야에 진입할 때에만 일어나는 것과 달리 단순 분야 교체와 종파 교체─바울이 유대적 열성주의에서 사도적 열성으로 도약할 때처럼─는 어떤 실제적인 전향의 특징을 내보이지 않음을 보여줌으로써 (비록 실제적인 전향은 없다는 오스발트 슈펭글러의 명제를 지지하지 않음에도 불구하고) 통용되고 있는 전향 모델에 의혹을 제기하고 싶다.

11.
최초의 편심
: 수행자들의 분리_{Absonderung}와
그들의 자기대화에 관하여

처음의 삶에서 뿌리 뽑힘: 영적 분리주의

수행하는 삶으로 내딛는 걸음은 윤리적 구분을 통해 달성된다.*
이것은 누가 감행하든 혹은 누구에게 닥치든 삶의 흐름 밖으로 나와
강가를 체류지로 택하게 한다. 저 밖으로 나온 자는 그 자신의 내면
과 싸울 준비가 된 주도면밀함을 키우고 그때까지 지탱하는 세계 그
자체를 의미했던 새로운 외부에 대해 적대적인 의구심을 유지한다.
정신적이고 신체적인 종류의 모든 향상은 범속에서 분리하며 시작한
다. 이것은 대개 과거에 대한 빈번한 반발을 동반하는데, 역겨움, 회
환 같은 정서와 이전 존재 양식에 대한 완전한 배척의 도움으로 일
어나는 경우도 드물지 않다. 오늘날 약간 경건한 억양으로 '영성'이
라고 불리곤 하는 것은 애초에 보편적으로 존중받을 만한 어떤 영적
인 실천이라기보다는 신성한 도착에 더 가깝다. 영적 '가치들'에 대
한 근원적인 경외는 인도 탁발승들의 괴물적인 연출이든, 스토아주
의자들의 돌처럼 굳어지는 수행이든, 혹은 그리스도교 극단주의자들
의 승천 수행을 다루든 도착의 공포와 반자연적인 불가사의를 마주
할 때 느끼는 전율에 의해 언제나 완성된다. 스토아주의에 공감하는
호라티우스_{Quintus Horatius Flaccus}[BC 65~BC 8. 로마 공화정 말의 시인] 같은
저자마저 에픽테토스_{Epiktet}[50~135. 로마 제정 시대의 스토아주의자]에 대

---

* 이 책의 269~272쪽을 보라.

해 이 사람은 그의 엄격함 때문에 **아트록스**atrox, 즉 무섭고 소름 끼쳤다고 적을 때,* 이는 고대 정신성의 기후에 대하여 모든 비의적인 피리들보다 더 많은 것을 말한다. 실제로 에픽테토스는 제 자식에게 입맞춤을 하는 사람은 "내일 너는 죽게 될 것이다"라고 그에게 내면에서 소리쳐 알려야만 하고 이것으로 비-고착을 수행하고 어떤 편안한 표상을 불편한 반대 표상으로 조정하게 될 것이라고 가르치지 않았던가?** 이와 같은 가혹함은 붓다의 말에서도 울린다. 그는 승려의 완전함을 다음 도식으로 파악한다.

> 친척도 없는 타인을 돌보지 않는 자, 자제하는 자, 진리에 고정되어 근본악이 소멸해 있는 자, 자신에게서 증오를 던져버린 자, 나는 이들을 브라만이라고 부른다.

이 각성한 자의 말에서 이야기되는 단절이 얼마나 깊은 곳까지 미치는지는 몇 세대 전까지만 해도 브라만의 구제가 다만 친척관계에서만, 더 정확하게 말하자면 아버지 혈통과 가족 내에 지켜졌던 희생술Opferkunst에서 왔음을 상기하는 사람만이 파악한다. 그러므로 항상 고려해야만 한다. 스토아주의자들, 초기 그리스도교인들, 탄트라교(밀교)인들, 불교도들과 확률 있음에 대한 여타 경멸자들의 극단주의란 우리를 그 자체로 건전하고 온화한 가르침에 넌더리 나게 하기 위해 병적인 미래의 선동자들이 발견하게 될 어떤 사생아적인 부가물이 아니라, 곳곳에 있는 원천들 자체에서 비롯되는 것이다.

---

* 더 앞선 시대를 살았던 호라티우스가 후대의 인물인 에픽테토스에 대해 논했다는 것 자체가 논리적으로 맞지 않는다. 다음 각주에 나오는 파울 라보Paul Rabbow의 책(132쪽)의 착오로 보인다.-옮긴이

** Paul Rabbow, *Seelenführung. Methodik der Exerzitien in der Antike*, Kösel, 1954, p.137[《영혼의 인도: 고대 수련들의 방법론》], 이것은 Epiktet, *Enchiridion* 3[《편람》]을 재인용한 것이다. 이와 동일한 모티프가 Marc Aurel, *Selbstbetrachtungen* 11, 34[마르쿠스 아우렐리우스, 《명상록》, 천병희 옮김, 3판, 숲, 2016, 189쪽]에 나온다.

급진적인 분리 동학의 원어를 들으려면 〈마태복음〉 10장 37절을 다시 읽는 것으로 충분하다.

아버지나 어머니를 나보다 더 사랑하는 사람은 내 사람이 될 자격이 없고 아들이나 딸을 나보다 더 사랑하는 사람도 내 사람이 될 자격이 없다.

이것은 서구라는 반구의 공격적인 수직 언어의 **표준구**locus classicus 이자, 묵시를 야기하고 결별을 강제하는 어느 천상에서 보내는 퍼포먼스(수행)적인 번개와 같다. 처음의 삶과 단절하기 위한 요건의 기초는 〈마가복음〉 10장 28~30절이 보고하는 한 대화에서 분명하게 제시된다. 베드로가 말하기를, "보시다시피 저희는 모든 것을 버리고 주님을 따랐습니다". 이에 대해 예수는 말한다.

누구든지 나를 위하여 또 복음을 위하여 집이나 형제나 자매나 어머니나 아버지나 자녀나 토지를 버린 사람은 집과 형제와 자매와 어머니와 자녀와 토지의 복도 백배나 받을 것이다.

이 토대 위에서 그 추종자가 이전 삶의 비속은 매우 역겨운 이단이고 그와 같은 실재성은 유행병과 같다는 것을 파악할 때까지 뿌리 뽑힘이 수행될 수밖에 없다. 이 유행병과 그 지배원리에 대한 믿음이 독기 속에 잠겨 있는 것이다.

이 뿌리 뽑힘은 괴물적이지만 거기에도 방법은 있다. 거대한 변형적 윤리의 분리주의는 처음의 삶에는 어떤 구제도 없음을 최종적으로 확립하고자 한다. 처음의 결속은 영혼을 구원될 수 없는 상태에 묶는 족쇄로 밝혀진다. 들림, 타락, 구제 불가라는 구역이 비로소 발견됐다면 이 유령을 추방하는 데 어떤 일도 서슴지 않을 것이다. 그러므로 급진주의자들에게는 마을, 토지와 네트워크를 떠나는 것으로는 충분하지 않고, 육체적이고 정신적인 옛 자기 역시 뒤에 남겨둬야 한다. 2세기의 동명의 문법학자와 동일시되곤 했던, 기원전 5세기 혹은 기원전 4세기 요가 수트라 신비주의의 저자 파탄잘리Patanjali는 명상에 앞서 자기수련의 정화(**타파스**tapas)가 명상가들에게 자신의 육체에 대한 유익한 역겨움을 불러일으키고 타인들의 육체들에 대한 모든 접촉을 중단하도록 압박한다고 적는다.* 나에게 세계가 더러움으로 가득한 늪과 같은 것으로 나타나는 그 즉시 자유를 향한 길의 절반이 성취된 것이다. 자신의 이전 현존재에 맞서는 올바른 수행자들의 태도는 힌두교에서 **바이라가**vairagya라고 서술된다. 문자 그대로 '벗어남Loslösung'이라는 말이고 일상적인 향락과 염려에 대한 역겨움이 섞인 무심함을 표현한다.

그리스-로마의 스토아주의 역시 애착에 대한 단절과 처음의 삶에 대한 혐오를 알고 있고 이것을 찬미한다. 운명을 거스르는 어떤 단단한 피부를 기르길 원하는 사람은 먼저 편안한 것에 대한 자연적인 선호를 버려야만 한다. 니체가 낮은 목소리로 패러디하며 이에 대해 적는다.

반면에 스토아주의자는 역겨워하지 않고 돌과 벌레, 유리 파편과 전갈을 삼키는 수행을 한다. 그의 위는 결국 실존의 우연이 그 안으로 부어넣은 모든 것에 대하여 무신경해져야만 할 것이다……**

---

*   Patanjali, *Yoga-Sutra*, 2장 41절[파탄잘리, 《파탄잘리의 요가 수트라》, 정창영 외 옮김, 시공사, 1997, 183쪽].

**   Friedrich Nietzsche, *Fröhliche Wissenschaft*, 306[프리드리히 니체, 《즐거운 학문》, 안성찬/홍사현 옮김, 책세상, 2005, 282쪽]. 이것은 Marc Aurel, *Selbstbetrachtungen*, 10, 31[《명상록》, 169쪽]과 유사하다. "모든 인간적인 것은 너에게 마치 연기와 참된 무처럼 나타날 것이고 모든 대상들에 대한 숙고는 '이성에 대한 수행 수단'으로 기능할 것이다. '어떤 튼튼한 위가 모든 것을 소화하기에 익숙한 것과 마찬가지로' 사물들을 자기 것으로 만들 때까지 그것들을 철저한 자연 연구자

스토아주의의 수행은 위의 무신경에서 더 나아가 임의적인 광경에 대한 눈의 무신경, 임의적인 소리에 대한 귀의 무신경과 임의적인 표상에 대한 정신의 무신경을 목표로 한다. 이것은 마르쿠스 아우렐리우스가 《자기 자신에게An sich selbst》*라는 경고의 격언에서 적은 것처럼 어떤 것에도 놀라기를 원칙적으로 거부할 때까지 진행된다.

> 자신의 삶에서 일어나는 어떤 사건에 대해서든 깜짝 놀라고자 한다면, 그것은 가소롭고 세상 물정 모르는 사람이라 할 것이다.**

그 의도대로 냉혹하게 들리는 이 금언은 인간공학의 간계를 두루 비춘다. 스토아주의자가 목표로 한 놀람과 손상의 동일시에서 문제가 되는 것은 놀람에 대한 면역화를 통해 동시에 손상에 대한 필요한 양만큼의 내후성을 습득하는 일이다.

범속한 것das Gewöhnliche에 대한 전쟁을 통한 존재자의 균열

한 번 더 말해보자. 윤리적 사유에 발을 들여놓는다는 것은 이전에 아무도 실행하지 못한, 자신의 현존재 전체와 어긋난다는 것이다. 여기에 속하는 언어 행위가 있다면 그것은 "이렇게 해서 저는 범속한gewöhnlich 실재성 밖으로 걸어나옵니다"라고 할 것이다. 습관의 세계에서 분리하는 이 최초의 윤리적 수술(작용)은 세계 안에 미지

의 시선으로 바라봐야만 한다……"

* 《명상록》의 그리스어 제목(Ta eis heauton)을 가리킨다. 라틴어 제목은 *Ad se ipsum*('자기 자신에게')이다. 국역본의 역자에 따르면 '명상록'이라는 제목은 후대인이 붙인 것으로, 영어로는 *The Meditations*, 독일어로는 *Selbstbetrachtungen*('자기 성찰') 또는 *Wege zu sich selbst*('자기 자신에게 이르는 길'), 프랑스어로는 *Les Pensée*('명상록' 또는 '수상록')이다(《명상록》, 천병희 옮김, 9쪽).-옮긴이.

** Marc Aurel, *Selbstbetrachtungen* 12, 13[《명상록》, 195쪽].

의 균열을 도입하는 것으로 이어진다. 이것은 인류를 길을 떠나는 식자 집단과 통속적인 애착의 장소에 머무르는 무지한 집단으로 비대칭적으로 쪼개며 무지한 집단에 대한 식자 집단의 전쟁 선포를 불가피하게 함축한다. 여기서 가르침의 권한이 있는 돌아온 자들이 어제에서, 즉 거대한 어긋남이 발견되기 전의 시간에서 와서 이제 자신들이 학생들—그리고 보통 나쁜 학생들이자 잃어버린 학생들이고 알지 못하면서 저주와 유희하는 교육될 수 없는 자들이기까지 하다—이라는 것을 알게 된 나머지 모든 사람들과 벌이는 무혈 전쟁이 비롯된다. 동시에 논리적-윤리적 내전이 발발한 모든 문화에는 이 균열에 다리를 놓으려고 도모하는 중재자들이 없지 않다. 그들은 보편주의적 감성의 화해의 도식을 통해 로고스에 의해 굴복당한 자들, 고상한 진리들에 의해 모욕당한 자들, 유익한 수행들에서 배제된 자들을 저 공격 당파에 가까이 가게 만든다. 성직자 장치, 조직화된 세계로부터의 도주의 네트워크와 세속에 소속된 학교, 병원, 빈민 구호소를 포함한 이른바 거대 종교는 이 창설자들이 세계에 심었던 손상을 일으키는 과도한 긴장들을 완화하려는 사업과 다를 바 없는 것을 구현하는지 모른다. 항상 보편주의들이 등장하는 곳에서 거대한 포용의 제스처로 급진주의자들의 공격에 대해 어느 정도 기만적인 배상이 이뤄진다. 이것은 언제나 소수자들의 업적들은 소수에게 속한 특권이 아니라 만인에게 속한 노획물이라고 주장한다. 보편주의는 바로 선택된 집단의 개편Umformatierung을 성취할 수 있을 뿐이라는 것이 진실이다. 이 집단은 조만간 그 세력 범위를 밀고 나가면서 더 거대한 무리의 새로운 회심자들과 공감자들을 견고한 중핵 주변에 집단화한다. 이와 같은 주변부에서 절대적인 포함의 꿈이 성장한다. 전체적으로 보면 추상적 보편주의는—사르트르가 정의 내린 '인간'처럼—헛된 열정으로 남는데, 이는 훈련되지 않은 이들에게는 위로와 같고 훈련된 이들에게는 환영과 같다.

　이 분리를 실행한다는 것은 세계를 쪼갠다는 것이다. 이 수술자

(작용인)는 그가 떠남으로써 세계의 표면을 맨 먼저 화해될 수 없이 떼어진 두 지역으로, 즉 떠난 자들의 지대와 남은 자들의 지대로 절개하는 사람이다. 이 절개로 양쪽은 이전에는 만인에게 공통적이고 많은 사람으로 이뤄졌음에도 분리될 수 없고 대결이 불가능한 어떤 통일체처럼 보였던 세계가 실제로는 쪼갤 수 있고 대결이 가능한 거대 존재라는 것을 가장 먼저 알게 된다. 자기수련인들의 후퇴는 이 연속체를 절개하는 칼이다. 절개된 뒤 세계는 완전히 달라진 인상을 준다. 세계가 그것을 부정하는 자들로 이뤄진 새로운 계급에 의해 양분되고 더 상위의 차원에서 다시 화합된 뒤, 고등문화적으로 코드화되어 도덕적-우주적으로 전체에 손을 뻗는 것이라는 의미로 '세계'의 존속을 비로소 이야기할 수 있다. 그전에 전체das Totum가 모호한 통일성의 근거 앞에서 다양한 힘들의 두서없는 다원성을 이뤘다면, 이제는 절개로 인해 생긴 같지 않은 부분들을 전력을 다해 종합하기에 이른다. 하이데거가 '세계상의 시대'라고 지칭했던 것은 근대의 지구와 어깨에 지구를 짊어진 아틀라스와 함께 비로소 시작하는 게 아니라, 이미 축의 시대의 우주의 비전과 제국의 비전과 더불어 시작한다. 윤리적으로 가장 훌륭한 사람들이 달아나는 세계는 더 이상 모든 삶의 형식들에 대한 모성적 저장소가 될 수 없다. 고행자, 명상가, 사상가의 대탈주로 인해 이 세계는 윤리적인 자극을 받은 거주자들을 적당히 투숙시킬 수 있는 능력이 이곳에 있는지를 근본적으로 문제시하는 어떤 드라마의 무대가 된다. 이 세계에 대한 가장 강력한 진술이 이곳에 대한 기피에 있다면 이 세계란 무엇일까? 이 거대한 세계 극장은 분리주의자들과 정주하는 자들 그리고 세계에서 도주한 자들과 세계 안에 남은 자들의 결투를 다룬다. 그런데 극장이 있는 곳에는 관찰자의 형상이 등장한다. 세계 전체가 하나의 무대가 된다면 그것은 이곳의 공연자가 아니라 다만 방문자를 표방할 뿐인 분리주의자들이 있기 때문이다. 순수 이론이란 예약된 방문자들이 하는 세계에 대한 비평이다. 이 방문자들이 출현하여 유사-초월적 위치에서 관

찰함으로써 '존속하는' 것에 윤리적으로 도전하게 한다. 이 관찰자들은 '세계의 경계'에서 이 뜻밖의 장소의 사정이 어떠한지 증언하고자 한다.

수행자들의 후퇴 공간

이 언급을 가지고 나는 어느 지리 정치가 측정할 수 있는 것보다 더 깊은 경계와 교섭하는 어떤 영적 공간 질서를 간략히 서술하겠다. 분리로 창출된 공간—맨 먼저 은자의 암자, 수도원, 아카데미 그리고 자기수련적-명상적이고 철학적인 후퇴의 다른 공간 유형—을 문화적 마르크스주의의 더 좋았던 시절에는 의심의 여지없이 '유토피아 정신'*의 일상적인 거점이라고 표현했을 것이다. 그러나 '유토피아는 어떤 현실의 장소에 존재하지 않는 더 좋은 세계에 대해 이야기의 형식으로 환기되는 이미지에 지나지 않는다'가 정확한 의미의 말이므로, 이 표현은 분리에 의해 창출된 장소성을 특징화하기에는 부적합하다. 분리는 실제 공간을 만들어낸다. 그것은 경계를 세우는데, 그 뒤에서 실제로 다른 종류의 현존재 양식이 의지를 불러일으킨다.

분리주의자가 체재하는 곳에는 현실 초현실주의의 규칙이 유효하다. 히말라야 강가에 있든 혹은 알렉산드리아에서 남쪽으로 며칠을 걸어 닿을 수 있는 와디 엘 나트룬 계곡가에 있는 수도원은 어느 꿈꿔온 대서양의 섬과는 아무런 공통점이 없다. 그곳은 엄격한 체제에 복종하는 단단하게 다듬어진 초현실주의자가 거주하는 구체적인 생태서식공간Biotop이다. 이집트 은둔자의 동굴, 인도 **상냐신**Samnyasin(세속을 저버린 사람)의 숲속 피난처와 산속 피난처, 그 밖의 나머지 명상적인 물러남이나 혹은 자기수련적인 세계 상실의 거점도 똑같다. 역설적인 방식으로 기도 기둥의 꼭대기에 있는 단 위에서 수년간 '하늘에 더 가까이 가다'라는 표현에 대한 수수께끼를 무대화했

---

* 에른스트 블로흐가 1918년에 냈던 책의 제목이기도 하다.-옮긴이

던 시리아 기둥성자의 하늘로 치솟은 캠프마저도 해당한다. 결국 자신의 눈을 더 이상 믿을 수 없게 하는 무엇인가를 한 번 보기 위해 폐허가 된 도시에서 사막으로 물밀듯이 밀어닥쳤던 어느 기적을 찾는 어중이떠중이Pöbel의 눈에는 세계 경멸의 극장이었다.

그러므로 윤리적 분리가 공간을 형성하는 결과에 대해 1967년 미셸 푸코가 건축가들 앞에서 했던 거의 알려지지 않은 강연 〈다른 공간들Des espaces autres〉*에서 주조한 '헤테로토피아Heterotopie' 같은 표현을 사용하는 것이 더 그럴듯해 보인다. 헤테로토피아는 푸코에 따르면 '다른 장소적' 공간의 창조로, 한편으로는 어떤 특정 문화의 사회적 자리들emplacements의 구조에 속하고, 다른 한편으로는 그 내부에 전체의 논리에 보통 역행하는 완고한 규칙들이 통용되기 때문에 일상적인 연속에서 떨어져 나온다. 헤테로토피아의 예로 묘지, 수도원, 도서관, 귀족의 유곽, 영화관, 식민지와 선박을 든다. 힘들이지 않고 이 목록을 체육시설, 섬 휴양지, 순례지, 성지Mirakelhöfe, 주차장**과 다양한 종류의 **접근 금지 구역**no-go-areas 같은 현상들로까지 연장할 수 있다. 20세기 후반의 헤테로토피아적 공간 발명 가운데 우주정거장은 가장 중요한 혁신들에 속할 수 있을 것이다. 그런데다 우주정거장에서 특유한 형태의 우주 비행사의 영성이 형성됐음을 쉽게 입증할 수도 있다. 이 영성이 지구 표면에 사는 거주자들에게 미치는 역작용은 연구될 것으로 남아 있지만.***

최초의 실제적인 헤테로토피아는 두 번 발을 담글 수 없는 헤라

---

* 　《헤테로토피아》, 이상길 옮김, 문학과지성사, 2014, 41~58쪽.-옮긴이
** 　Jürgen Hasse, *Übersehene Räume. Zur Kulturgeschichte und Heterotopologie des Parkhauses*, Transcript, 2007[《간과된 공간들: 주차장의 문화사와 헤테로토폴로지를 위하여》]를 보라.
*** 　Sloterdijk, "Starke Beobachtung. Für eine Philosophie der Raumstation", in Stefan Dech et al., *Globaler Wandel: Die Erde aus dem All*, Frederking & Thaler, 2008[〈집중 관찰: 우주정거장의 철학을 위하여〉, 《전 지구적 변화: 만인으로 이뤄진 지구》]를 보라.

클레이토스의 강 이미지에서 출발해 내가 강가라고 불렀던 공간 유형이다. 강가의 특질을 띠는 장소들은 사람이 사는 세계의 가장자리 전체에 투영될 수 있다. **사실상** 분리하기로 결단한 수행자들이 습관의 강 밖으로 나온 곳곳에서 이 장소들이 발생한다. 그것들이 첫 편심의 교두보를 짓는다. 중심에서 도주하는 것이 긍정적으로 단언되던 곳에서 뿌리 뽑힘이라는 구제의 필연에 대한 거대 명제가, 예를 들어 불교의 출가론이나 혹은 그리스도교의 순례 윤리가 점차 생긴다. 《디가 니까야 수트라Digha Nikaya Sutra》(《장아함경Längere Sammlung》)는 붓다에 대해 다음처럼 이른다.

> 그러나 그가 집을 떠나 집이 없는 상태로 옮기면, 그는 신성해지고 깨어날 것이고 세계의 베일을 걷어낼 것이다.*

삶에 대한 그리스도교적 토포스(주제) **페레그리나티오**peregrinatio(낯선 곳의 삶)와 신앙인에 대한 토포스 **호모 비아토르**homo viator(순례자)와 관련하여 그것들은 오늘날까지도 매우 유명해서(실제 순례 붐으로 다시 현실화되며 영성 관광으로 평가되기까지 한다) **현상태**와 단절함으로써 있기 시작한다는 점을 가리키면 충분하다. 그런 형상들에는 분리주의적 요점들이 유일하게 결정적이다. 일차 사회화에서, 즉 옛 하비투스에 들리고 종족과 전통과 극장의 우상에 지배되는 삶에서, 요약하자면 기원에 속박되는 삶에서는 구제를 찾는 것이 불가능하므로 이 점을 파악한 사람은 옛 결속들과 단절할 수밖에 없다.

집이 없는 상태와 순례하는 실존이 도주를 통해 탈중심의 공간들을 창출하여 출가한 자, 순례하는 자, 세계의 이방인은 영구적으로

---

* 〈불설장아함경 제13권 1. 아미주경〉, 《장아함경 2》, 김월운 옮김, 동국역경원, 2006, 95~96쪽; 한국어판의 해당 부분은 다음과 같다. "만일 그가 세간을 좋아하지 않고 집을 나가 도를 구한다면 마땅히 여래, 지진, 등정각 등 10호를 구족한 자가 될 것이다."—옮긴이

그 자신의 사막과 그의 은거지와 알리바이를 몸에 가지고 있다. 범속한 삶의 현장에 체재한다는 것이 이 고귀한 기피자에게는 더 이상 고려되지 않는다. 자신의 도주 공간을 항상 자신 주변에 가지고 있는 자는 다른 한편으로는 더 이상 육체적으로 떠날 필요가 없다. 사막의 은유화는 최초 분리주의자들Sezessionäre에게 있던 극단주의를 완화하고 모든 이에게 후퇴의 시민적 변종을 퍼뜨리는 것을 가능하게 했다. 이 경향을 교화 문학이 지탱했는데, 그것은 무엇보다도 14세기부터 무거운 법전이 소책자로 대체되어 독자에게 주머니 속 사막을 자기 몸에 지니고 다니도록 허용한 뒤였다.* 실제로 유럽 근대 초기의 문학 매체들은 문외한에게 강력한 수행 매체를 제공했다. 책을 한 권 펼치고 문장 하나를 읽어라, 그러면 순간의 은둔이 실현되어 있다. 수백 년 동안 책은 사색적인 이에게 '그 자신의 시골집'으로 후퇴하기 위한 운송 수단으로 기능한다.**

헬무트 플레스너가 무릇 '인간의' 것이라고 본 인간의 자기관련Selbstbezug이라는 '탈중심적 위치성'은 실제로는 근대의 자아기술 매체를 사용한 결과다. 이 매체들은 100년도 채 되지 않아 실제로 모든 개개인들에게 부드러우면서도 지속적으로 자신의 바깥에 있기 위한 필수 부속물인 기도문구, 성찰기략, 소설, 일기, 초상화, 사진, 신문과 무선 미디어 그리고 무엇보다도 사방 거울과 함께 장착됐다. 이 자아기술 장비들을 설치한 채 개인들은 어느 순간 처음 위치에 반하는 두 번째 입장을 발전시킨다. '자신의 공간'에 대한 인권을 돌려받기를 요구한 현대인들 중 거의 아무도 이 요구의 유래가 멀리까지 거슬러 올라가는 사회적 장소론soziale Topologie의 변경에서 왔다는 것을 예상하

---

* 이 맥락에서 페트라르카Francesco Petrarca[1304~1374. 이탈리아 시인 겸 인문주의자]가 1336년 4월 26일에 쓴 매우 유명한 편지를 떠올릴 수 있다. 그는 이 편지에서 몽방투 정상에서 아우구스티누스의 《고백록》 문고판을 가지고 읽었다고 주장한다.

** Rabbow, *Seelenführung*, p.93를 보라.

지 못한다.

더 심오한 구분: 자기 획득과 세계 단념

그럼에도 불구하고 근원적인 편심을 철학적으로 평가하기에는
윤리적-자기수련적 분리를 통한 세계의 균열에 대해 지금까지 했던
언급이 불만족스러운 것으로 밝혀진다. 사실 이 언급은 대략 3000년
전에 몇몇 고등문화들에서 그때까지 잘 알려지지 않은 유형의 자기
수련 엘리트들에 의해 지탱되어 정신사적으로 매우 중요한 일련의
분리Absetzung 운동이 진행됐다는 이론의 여지가 없는 관찰에서 출발한
다. 그럼에도 이 규명들은 분리 행위의 원동력을 충분히 명료하게 부
각시킬 수는 없다. 이 불충분에는 방법론상의 이유가 있다. 그런 분
리Abspaltung에 어떻게 이를 수 있었는지 사회학적 직관만으로는 밝히
는 것이 불가능하기 때문이다. 원칙적으로 외부의 관점에서 분리 사
건의 원동력은 찾을 수 없는 것으로 남아 있다. 그 논리적 원천은 자
기수련인과 나머지 세계 사이의 대립을 어떤 존재론적 분석을 규준
으로 삼아 재구성할 때 비로소 자명해질 것이다. 이 분석만이 존재자
전체가 어떻게 일종의 지방정부의 재구성Gebietsreform 밑에 놓여 있는지
분명히 할 수 있을 것이다. 이 재구성이 진행되면서 자기 자신과 나
머지 사물에 대한 '인간'의 관할이 근본적으로 새롭게 분할됐던 것이
다. 정말로, '인간'은 이 우주의 재구성에서 발생했으며 이것으로 비
로소 구원의 기회를 보유한 자로 창조됐다고 주장할 수 있다. '인간'
은 다수 밖으로 걸어나와 그들이 본래 만인이라고 주장한 소수의 자
기수련의 극단주의자들에게서 생겨난다.

따라서 분리주의적인 이들을 통한 세계의 균열은 더 심오한 구
분을 전제한다. 이 구분에 의하여 다른 곳에서 수행하는 이들이 옛
장소에서 계속 나아가는 자들에게서 분리되던 게 비로소 그 완벽한
급진성에 다다를 수 있었다. 이 구분은 더 커다란 그림에서 모양 하
나를 잘라내는 것에, 혹은 납작하게 만든 반죽에 틀을 잡아 한 조각

을 찍어내는 것에 견줄 수 있다. 실제로 사유하고 수행하는 자가 그의 처음 환경에서 윤리적, 논리적, 존재론적으로 스스로를 끄집어내는 일종의 뺄셈에서 시원적인 차이가 형성된다. 그렇지 않다면 그는 이 환경에서 육체적으로나 정서적으로도 거리를 두고자 할 수 없을 것이다. 이렇게 스스로를 끄집어내는 것은 근본적으로 다른 두 존재자의 영향권을, 나 자신의 힘의 영향권과 나머지 모든 힘의 영향권을 구분해내는 것에 근거한다. 처음 보면 이것은 나 자신을 거의 무화시키는 근본적으로 비대칭적인 분할을 발생시킬 수밖에 없다. 나의 힘과 나의 의미가 다른 모든 세력 범위와 힘에 견줘 자명하게도 영도^零^度에 가까워지고 있는 탓이다.

다른 한편으로 이 구분은 나에게 저절로 힘까지는 아니더라도 무한을 향하는 하나의 의미를 지정한다. 마치 정말로 내가 나와 나의 것을 '세계의 잔여'에 맞서도록 설득당하기라도 한 것처럼 여기서 처음으로 나 자신의 영역들이 비-자신의 것의 영역에 대한 대칭추로 세워지기 때문이다. 이 자신의 것의 아주 작음Winzigkeit은 윤리적 분할을 통해 거대한 비-자신의 것의 바윗덩어리와 대등해야 하는 곤란에 빠지게 된다. 이 과정을 내적 인간의 발명, 가상의 내면세계로의 입장, 내적 투사를 통한 세계의 이중화, 외적인 것을 물화하는 정신에서 심리학주의의 탄생, 영혼의 메타우주적인 혁명 혹은 더 고등한 인간공학의 승리로 마음껏 부를 수 있다. 본질적으로는 개인의 영향권과 체험권을 다른 모든 세계의 사실들의 세력 범위에서 고립될 정도로 들어 올려서 꺼내어 개인을 발명한다는 것을 뜻한다. 나는 여기서 스스로를 자신 자체로 잘라내는 원동력에 '주체'라는 표현을, 그와 같은 절단면에 '주체성'이라는 용어를 삽입하겠다. 이 개념들이 독일이상주의(관념론)에서 차용됐다거나 하이데거의 근대 '주관주의Subjektvismus' 비판을 떠올린다며 부담을 주지는 않겠다. 위에서 밝힌 대로 주체를 연쇄적인 수행의 담지자로 이해하는 것으로 충분하다. 이어서 이야기될 주체를 형성하는 기초적 수행은 명백하게 '삶' 혹은

'세계'라고 지칭되는 공통된 상황의 복합체에서 방법적으로 실행한 후퇴와 다르지 않다. 이제부터 '세계 안에 있음in der Welt sein'이란 **자기의 것만을 돌보기**suum tantum curare, 즉 비-자신의 것으로 분산되는 것에다 맞서 자신의 것을 돌보는 것, 오직 이 자신의 것만을 돌보는 것을 뜻한다.

내가 나의 힘과 관할 구역을 다른 모든 힘과 관할에서 분리시키는 사이 나에게는 비좁게 지정된 영향권이 열리게 된다. 이 안에서 나의 할 수 있음, 나의 하길 원함, 그렇지만 무엇보다도 나 자신의 현존재와 관련한 나의 조형의 사명이 확실히 단독정부Allein-Regierung로 상승한다. 이 승격을 가능하게 하는 중차대한 구분은 서구의 지반에서는 **명시적으로**expressis verbis 맨 먼저 스토아주의자들에게서 나타난다. 그들은 전력을 다해 우리에게 달려 있는 사물과 우리에게 달려 있지 않는 사물 사이의 분리를 어떤 영속적인 수련으로 실행한다. 자신의 것인가, 아니면 자신의 것이 아닌가라는 문제는 모든 관계를 다시 측정하기 위한 칼날 모양의 기준을, 척도를 제공한다. 이 절개는 우주를 두 영역으로 나누는데, 이것들 가운데 수술자는 당연히 그에게 결정적인 의미가 있는 자신의 절반만을 택한다. 그래서 스토아주의자의 전형적인 격언은 "그것은 너의 권한의 일이다……"로 시작한다.

어떤 실습생이 자기 획득의 연수회에서 어떻게 세계에서 스스로를 잘라내고 혼잡한 당일 주제에 의식적으로 참여하지 않음으로써 거기서 벗어나는지는 에픽테토스의 수행 지도서에서 가져온 악명 높은 구절 하나가 보여준다.

바로 아침에 나가서 네가 보는 것과 듣는 것 역시 검토하고 다음 물음에 답하라. 너는 무엇을 보는가? 아름다운 남자 혹은 아름다운 여자를 본다. 다음 기준을 갖다 대라. 의지에 속하는가, 속하지 않는가? 속하지 않는다. 집어치워라! 너는 무엇을 보는가? 자기 아이의 죽음에 대해 애통해하는 누군가를 본다.

기준을 갖다 대라. 그 죽음은 의지에 속하지 않는다. 집어치워라! 어떤 집정관과 마주치면 기준을 갖다 대라. 집정관직, 그것은 무엇인가? 의지에 속하는가, 속하지 않는가? 속하지 않는다. 너와 아무런 관련이 없다면 집어치우고, 내던져버려라! 그리고 우리가 아침부터 밤까지 그렇게 수행한다면, 신들 가까이에 있는 그 무엇인가가 출현할지 모른다. 그것 대신에 우리는 바로 모든 떠오르는 상들에 우리가 사로잡히게 둔다……*

"집어치워라"가 최초의 방법론Methodismus**의 열쇠 문장이다. 자기 자신에 대한 인간공학적 작업은 비-자신의 것을 제거하여 내면 공간을 비우는 것으로 시작된다. 우리는 지금 위에서 사용된 존재론적 '지방정부의 재구성'의 이미지가 무엇을 의미하는지 보고 있다. 우리에게 달려 있는 것에는 향하고 나머지 모든 것은 회피함을 보여준다. 이 지혜로운 제자는 그의 가망이 두 존재 지역의 분리에 근거한다는 직관에서 출발한다. 이 지역들을 명료하고 분명하게 구분해야 어떤 상황에서든 그가 하는 일과 내맡기는 일이 최상의 의미를 획득한다.

첫 번째 존재 지역은 자신의 것의 지역을 이룬다. 라틴어를 사용하던 플라톤주의자들 사이에서는 이 지역이 '내적 인간'의 영역으로 불리고 그 안에 유일하게 진리가 있다(**내적 인간 안에 진리가 거한다**in interiore homine habitat veritas)***고 주장되며 그 자신의 육체는 배제되기 마련이다. 이와 달리 동양의 요가행자와 나체 고행자는 육체도 내면세계에 포함시킨다. 나의 고립영토 내부에서는 나 자신이 이곳에 대해

---

* Epiktet III, 3, 14; Rabbow, *Seelenführung*. p.135에서 재인용.

** 특정하게 고정된 행동 규칙을 사용하는 것을 가리키는 말로 제한된 시간에 제한된 지식을 가지고 그럴듯한 진술이나 실천 가능한 해결책을 찾는 방법을 뜻하는 '발견법Heuristic'에 가깝다.－옮긴이

*** Aurelius Augustinus, *De vera religione*, 39, 72[《참된 종교》, 167쪽].

사소한 것까지도 책임을 지기 때문에 나에게 어느 것도 전적으로 무관할 수 없다. 나에게는 다만 나의 소관이 아닌 것은 어느 것도 욕망하지 않고 나의 소관인 것은 어느 것도 피하지 않는 것이 중요하다.

두 번째 영역은 단번에 나머지 전체 세계를 포괄한다. 이 세계는 외부, **시대**saeculum*를 뜻하고 마치 임의적인 것들이 거주하는 어떤 망명지처럼 나를 마주하고 있다. 어떤 '외부세계'를 지나는 영혼의 긴 행렬이 그렇게 시작된다. 이 세계가 서서히 낯섦으로 물러나는 이유가 어디에 있는지 아무도 더 이상 올바르게 파악하지 못한다. 말하자면 비-자신의 것이 존재론적으로 분열되고 예전의 공통적인 포괄적 상황이 멀리 밀려나 상관없게 된 대상들로 이뤄진 어떤 집합체로 응고됐기 때문이다. 실제로 거대한 분리를 행하는 자들은 세계를 소외시키려고 무엇이든 한다. 그러나 어떻게 그들 자신이 반드시 감각 지각의 파노라마에서 '대상들'이 등장하게 하고 이 대상들의 총합에서 외부세계라는 이름의 이물질이 발생하도록 기여하는지 이해할 수는 없다.** 마르쿠스 아우렐리우스는 적는다. "감각 대상들은 우리 바깥에 있다. 말하자면 우리의 문 앞에 고독하게 서 있다."*** 질이 낮은 감각성과 메마른 대상성으로 그려 보이는 '외부'에는 실제로 분열되어 있는 자아의 입구에 멈춰 서는 것 말고는 다른 것이 남아 있지 않다. 이 외부는 후퇴(**은둔**anachoresis), 도주(**시대로부터의 도주**fuga saeculi)와 경멸(**세계 경멸**contemptus mundi)의 대극으로만 여전히 쓸모 있을 뿐이며 기껏해야 분해하고 탈주술화하는 탐구의 객체가 될 것이다. 후

---

* 한 도시가 세워지고 처음 살던 거주민이 모두 죽을 때까지 100년에서 110년의 기간이자 영원한 시간과 대비되는 현세의 지금 시간.-옮긴이

** 객체주의와 외부세계적 가상의 시대에 대한 철학적 대항 운동이 어떤 모습일 수 있는지 나는 나의 구체-프로젝트(*Blasen. Mikrosphärologie*, Suhrkamp, 1998[《기포: 미시구체론》]; *Globen. Makrosphärologie*, Suhrkamp, 1999[《지구: 거시구체론》]; *Schäume. Plurale Sphärologie*, Suhrkamp, 2004[《거품: 복수구체론》])에서 구체화했다.

*** Marc Aurel, *Selbstbetrachtungen* 9, 15[《명상록》, 146쪽].

퇴의 이상이 뒷자리에 서는 앞으로의 상황에서 이 외부가 배려, 사명과 정신적인 정복의 목적지로 '재발견'될지 모른다. 결정적인 사실은 분리주의적 구분에 뒤따라 외부가 상관없게 되면서 이로 인해 개인 안에 엄청난 자기관련성의 과잉이 방출된다는 것이다. 이 과잉을 몰두 프로그램에 연결하는 것이 윤리적으로 분열되어 있는 현존재의 목적이다. 실제로 외부세계가 최초로 한 번 나에게서 분리되고 멀리 밀려났다면, 나 혼자만 남아 나 자신을 무한한 과제로 발견한다.

물러남의 정신에서 개인의 탄생

내가 분리라는 표현으로 펼친 이 숙고들에서 논했던 것은 이렇게 해서 더 나은 표현이 없어 부득이하게 물러남으로 표현하고자 하는 어떤 내적 행동에 기초한다. 이 표현으로 가장 먼저 개개인이 세상 문제들의 강바닥에 잠겨 있던 존재 방식에서 후퇴하는 것을 의미한다. 혹은 이미 여러 번 사용된 이미지를 한 번 더 빌리자면 삶의 강물 밖으로 나와 강가에 자리를 하나 얻는 것을 의미한다. 이렇게 물러나고 자기를 격리하자 비로소 푸코가 스토아주의의 용어 **쿠라 수이**cura sui에 바탕을 두고 '자기배려(돌봄)', 즉 **수시 드 스와**souci de soi라고 불렀던 행동 방식의 복합체가 발생한다. 이것은 배려(돌봄)의 대상인 자기가 이미 사회적 삶이라는 상황의 강 밖으로 나와 스스로를 **고유한** 지역으로 수립할 때에만 전개될 수 있다. 자신 안으로 후퇴가 이뤄진 곳에서—각계각층의 수도사들이 보통 그러듯이 실제로 수행자들이 뒤에 있는 다리들을 무너뜨리든, 혹은 스토아주의 유형의 세계 현자들의 특징으로 나타나는 것처럼 자기의 극과 세계의 극 사이를 매일 오가든—그는 존재자 안에 어떤 고립영토의 발생을 강화한다. 이 영토에 대해 나는 강가의 이미지에 머무르면서 강가의 주체성이라는 표현을 사용한다.

수천 년 전부터 이 주체성은 낯설어진 강의 기슭이라는 곤란한 위치에서 당혹스러운 자기 경험에 적합한 언어를 얻기 위해 분투했다. 이 경험을 표현하려는 시도는 양극단 사이를 오간다. 한쪽에는 영적-영웅적인 과잉보상이 있다. 여기서 외부세계의 이질성은 내면이 신적인 것과 동맹을 맺음으로써 제압된다. 승리의 순간들을 누리는 헤라클레이토스와 우파니샤드 시대의 인도인들이 시범을 보인 것과 같다. 그리고 다른 쪽에는 마치 삶의 강에 머무를 수 없는 불가능성이 자신의 극심한 죄로만 설명될 수 있기라도 한 것처럼 참회를 향한 도주가 있다. 이것은 그리스도교가 가로수 길로 세우기 전에 가장 먼저 고대 유대교가 걸었던 오솔길이다. 자신 안으로 후퇴한 주체성은 그가 외부 사실들의 복합체로 응결된 전체에서 느끼는 당혹감의 실상을 규명하고자 하는 질문을 던질 때 그의 상황에 대한 진실에 그나마 제일 가까이 간다. 그렇게 별칭이 콘스탄틴 콘스탄티우스*인 쇠렌 키르케고르Sören Kierkeggard는 수천 년간 이어진 강가 주체들의 행렬을 대표하여 묻는다.

저는 어디에 있는 것입니까? 세계라고 하는 것은 대체 무엇을 뜻하는 것입니까? 이 말은 무엇을 뜻하는 것입니까? 나를 속여서 이 전체 속으로 끌어넣고는 여기에 나를 내버려둔 자가 누구입니까?**

고립영토 안의 자기

자기 자신에게 물러나는 인간은 고립영토화된 주체성의 형식을 만든다. 그 안에서 그는 우선적으로나 영구적으로도 자신과 자신의 내면 상태와 관계한다. 그는 그 거주자들이 올바른 헌법을 찾아야 하는 어떤 약소국으로 변신한다. 아무도 마르쿠스 아우렐리우스처럼 매우 명료하게 [거기] 살아가는 자들에게 자신의 삶에 대한 자치를 요

---

* 《반복》에 사용된 키르케고르의 필명.-옮긴이
** Kierkegaard, *Die Wiederholung*, Diederichs, 1995, pp.70~71[쇠렌 키르케고르, 《반복/현대의 비판》, 임춘갑 옮김, 치우, 2011, 145쪽].

구하는 물러남을 명령하지 못했다.

> 그러니 너 자체인 저 작은 영역으로 후퇴하는 것과, 그리고 무
> 엇보다 너를 분산시키지 않는 것을 결국에는 생각하라……*

이렇게 해서 모든 마음의 집중Sammlung에 대한 명령의 근원이 표현된다. 이 명령이 없었다면 고등문화적 주체성이 집중Konzentration의 산물이라는 점에서 이 주체성은 결코 그것의 잘 알려진 특성들을 띨 수 없었을 것이다. 동시에 나 자신인 초소형 도시가 오랫동안 과도정부를 그럭저럭 꾸려나갈 수밖에 없는 것도 이 사태의 본질이다. 이 도시의 단독 거주자가 보통 파괴되어 거의 통치할 수 없는 상태로 이 도시를 넘겨받을 것이다. 영성은 내면의 **실패한 국가(상태)**failed state, 곧 실패한 영혼에 대해 정리 작업을 하며 시작된다. 나중에 붓다가 되는 청년 고타마Gautama가 세계의 고난과 마주친 뒤 그의 청년의 세계상이 와해됐을 때 자기수련의 길을 공연히 시작한 것은 아니었다. 아니면 이 와해는 경건한 발명에 지나지 않았고, 그리고 이 나중에 각성한 자가 행한 분리의 뿌리에는 전사 귀족적인 삶의 백치에 맞서는 자기수련의 반란이 있었던 것일까?**

고대의 전설보다 동시대의 증언이 더 믿을 만하게 보이는 사람은 독일 강제수용소의 체험으로 도덕적으로나 정신적으로도 파괴되어 신경의 와해가 임박해 있던 어느 젊은 프랑스인 베르나르 앙진저Bernard Enginger(1923~2007)가 어떻게 아우로빈도 고쉬Sri Aurobindo[1872~1950. 인도 독립운동에 참여했던 인도의 구루이자 요가 성자]와 '마더Mother'[미라 리처드Mira Richard/미라 알파사Mirra Alfassa, 1878~1973. 고쉬의 영적 협력자로 인도 오로빌 공동체의 설립자]를 만나 새로운 영적 각

---

*   Marc Aurel, *Selbstbetrachtungen* 4, 3.[《명상록》, 51쪽].
**   이 책의 424~425쪽을 보라.

오에 다다랐고, 제2의 이름으로 사트프렘Satprem을 얻게 됐는지 찾아볼 수 있다. 항상 철학적 수행이나 다르마Dharma(불법佛法) 혹은 그리스도 교 **영성수련**exercitationes sprituales의 오솔길을 걷는 사람은 자기지배를 완 전히 갖추고 하는 게 아니라, 이 지배의 결핍을 통찰하면서, 물론 동 시에 실제로 해낸 모범적인 이들의 지지를 받으며 언젠가 자기통치 (**엔크라테이아**enkrateia)술의 왕좌에 이르게 되리라 희망하면서 한다. 세속적 맥락들에서 어떤 수장을 이룰 수 있는 힌두교의 칭호 **스와미** swami(산스크리트어로는 **스바미**svāmī로, '고유한', '자기의'라는 뜻이고, 라틴어로는 **수우스**suus이다)는 영적인 관점에서 '자기 자신에 대한 주 인'을, 자신의 힘을 완벽하게 통제하기 위해 수행의 길을 떠났던 자 기수련인들을 의미한다.

수행하는 삶의 미시 기후에서

이렇게 해서 고립영토화된 주체성은 자기배려(돌봄)가 권력을 쥐게 되는 어떤 과도기의 상태로 구성된다. 수행하는 삶의 형식은 임 시정부와 자기관찰을 위한 감독관청이 있는 내면의 보호령과 같다. 실천적으로 이 **생활 양식**은 윤리적 개혁에 이미 성공했다고 가정되 는 어떤 교사와 자기수련의 협정을 맺어야만 자리 잡을 수 있다.* 고 립영토화를 관철하기 위해 경계에 대한 끊임없는 감시와 외부의 침 투에 대한 나날의 통제가 필수 불가결하다. 실제로 후퇴한 주체의 과 제에서 가장 까다로운 부분은 수행자들을 이전 환경에 연결하는 정 보 흐름의 중단에 있다. 이때 특히 끊임없이 어떤 위험이 비롯되는 두 약점이 관찰된다. 하나는 감각적인 개방이고 다른 하나는 공동 세 계에 대한 언어적 결속이다. 두 위기 영역을 엄격하게 통제하지 않는 다면 **관조하는 삶**의 모든 시도는 처음부터 실패할 수밖에 없다. 감각 적 접촉의 주제와 관련해서는 모든 관조 시스템들이 지각의 연속이

---

* 이것에 대해 더 상세한 내용은 이 책의 13장 441~451쪽을 보라.

중단되도록 어떻게 작동하는지 어느 정도 알 수 있다. 이 시스템들은 무엇보다 시각 채널들을 폐쇄하고(음성 채널이나 촉각 채널은 말할 것도 없다) 수행자에게 완전한 탈애착에 다다를 때까지 모든 감각 전선들에서 체계적으로 후퇴하라고 명령한다.

여기가 호라티우스의 **니힐 아드미라리**nihil admirari(아무것에도 놀라지 않는다)*가 만들어진 삶의 맥락이다. 삶과 **수련**exercitatio이 이미 유의어로 간주된다는 전제 조건에서 그렇다. 세네카Lucius Annaeus Seneca[BC 4~AD 65. 로마 스토아주의 철학자이자 네로 황제의 스승]는 기회가 닿을 때마다 처형의 광경을 바라보는 것은 우리에게 자극 없는 풍경을 바라보는 것과 매한가지여야 한다고 말한다. 무감각화에 대한 그런 조언들에 '내면의 아성' 혹은 '내면의 입상'과 같은 이미지가 연결될 수 있었다. 이 이미지들로 명상가의 눈앞에 그의 조형적인 자기완성의 목적에 대한 표상들이 제시될 수 있었다. 모종의 냉정이 획득될 수 없다면 무감각, 영혼의 평정 혹은 비-집착 같은 영적 태도들은 현실화될 수 없다. 고등문화의 윤리는 어떤 인위적인 비인간성을 낳으면서도 이를 보충하기 위해 마찬가지로 인위적인 박애가 투입된다.**

처음 사회의 언어 흐름 밖으로 주체가 분리되는 것이 훨씬 더 비중이 크다. 이 언어 흐름을 통해 감각의 개방보다 훨씬 더 깊숙하게 일상의 표상들과 정서들의 이질적 지배에 묶여 있기 때문이다. 그래서 모든 수행공동체들은 상징적으로 환기된 미시 기후를 만들고 그 안에서 고행자들, 명상가들, 사상가들은 마을 광장, 공개 토론장 혹은 가족 안에 있을 때와 근본적으로 다른 것을 듣게 되고 말하는 것을 배운다. 물러남으로 인해 항상 어떤 밀어가 발전될 수밖에 없다는 뜻이 아니다. 설령 수많은 영적 하위문화들에서 이 밀어에 대한 접근들

*   Quintus Horatius Flaccus, *Episteln I*, 6, I[《서간시 1》].
**   이것은 특히 불교의 전개와 소승불교의 **아라한**Arhat-이상이 대승불교의 **보살** Bodhisattva-이상으로 전환되는 곳에서 밝혀질 수 있을 것이다.

이 없지 않더라도 말이다.* 영적 교사들이 계몽된 단순함으로 민중의 언어를 사용하는 곳에서조차—이와 관련해 붓다나 예수에 대한 신망이 두터운 것처럼—배타적인 언어게임권들을 형성하려는 경향은 아주 명백하다.

자기배려(돌봄)에 대한 거부: 결과적 숙명론

물러남의 주체는 오직 두 조건에서만 살 만한 체제를 완성할 수 있다. 첫 번째, 이 주체는 윤리적 분리가 실제로 성공적인 자기배려(돌봄)의 활동 영역을 열어젖힐 것이라는 확신으로 가득 차 있어야만 한다. 두 번째, 이 주체가 도중에 자신과 대화를 나누고 당장의 상황 자체를 견뎌내는 양태가 발견돼야만 한다. 첫 번째 전제 조건이 수행자계에서는 오랫동안 일종의 **상식**common sense을 이룸에도 불구하고, 결코 자명하지는 않다는 것을 숙명주의적 사유체계의 역사가 보여준다. 이 체계의 신봉자들에게 민중의 삶에서 영적으로 분리된다는 것이 물론 완전히 배제되지는 않지만—숙명론자들 역시 자기수련인이 될 수 있다—그럼에도 그들에 따르면 효과적인 물러남은 불가능한 사안이다. 그들에게는 세계가 우리에게 달려 있는 사물들과 우리에게 달려 있지 않은 사물들로 쪼개지는 것이 가상적으로 보인다. 결과적 숙명론에서는 모든 것이 절대적으로 우리 자신에게 독립해 있다. 숙명을 통한 순수한 내던져짐을 의미하는 우리 자신의 현존재조차 그러하다. 모든 인간의 해방과 자유의 추구는 헛됨을 선고받았다. 이 입장을 완고하고 음울하다고 부를 수 있을지 모르지만, 여기에 어떤 인상적인 귀결이 없지는 않다.**

---

* 탄트리즘(밀교)의 '수수께끼 언어Rätselsprache' 혹은 '고안 언어intentionale Sprache'에 대해서는 Mircea Eliade, *Yoga. Unsterblichkeit und Freiheit*, Insel Verlag, 2004, pp.258~259[미르치아 엘리아데, 《요가: 불멸과 자유》, 김병욱 옮김, 이학사, 2015, 332~333쪽]를 보라.

** 요한 고트리프 피히테Johann Gottlieb Fichte는 1800년 인간의 사명에 대한 그의 저

엄격히 결정론적 숙명론인 이른바 **니야티**niyati 철학의 가장 영향력이 지대했던 교사가 인도의 지반에서 그의 동시대인 고타마 붓다를 그의 생전에 유명했던, 유일하게 눈에 띈 격앙된 논쟁으로 선동했던 바로 그 사람 마스카린[마칼라] 고살라Maskarin Gosala[?~BC 484]였다는 것은 확실히 우연만은 아니다. 붓다는 이 라이벌의 교의가 자기추구의 구제력에 완전히 토대를 두고 있는 그 자신의 설교에 대한 가장 위험한 도전임을 알아봤고 **니야티**론의 결정론을 그 신봉자들을 꾀어내어 망치는 영적 범죄라고 표현했다. 고살라의 접근에 근거하면 세계의 균열과 물러남의 주체의 떼어내기는 불가능해질 것이다. 그에 의하면 어떤 피조물도, 구제를 추구하는 인간조차도 고유의 의지를 가질 수 없기 때문이다.

> 모든 존재, 모든 개인 …… 모든 생물에게는 의지가 없을 뿐
> 아니라, 힘도 없고 정력도 없다. 그것들은 (예외적으로) 운명
> 의 영향을 받아 발전한다……*

불교의 교의도 이 점에서 스토아주의 교의와 정확히 유사하게 나를 통해 완성될 수 있는 것을 엄격하게 나머지 모든 것에서 떼어놓는 존재론적 '지방정부의 재구성'에 근거한다는 것에 대한 증거를 구한다면, 고살라의 교의에 대한 붓다의 논박을 참조하면서 이 증거를 손에 넣는다. 고살라의 교의에 따르면 모든 존재는 온전히 저절로 진화의 단계 전체를, 반드시 8만 4000번 육체를 입고, 다른 서술에 따르면 마찬가지 수많은 4겁Mahakalpas 혹은 대년Weltzyklen을 지나 나아간다. 모든 삶의 형식과 현존재의 단계는 그 스스로 이 과정이 얼마나

서[J. G. 피히테, 《인간의 사명》, 한자경 옮김, 서광사, 1996]의 제1부에서 완벽한 시뮬레이션으로 결정론적-숙명론적 입장을 선보이고 실천적 관념론으로 나아가는 절망을 환기시켰다.

* Eliade, *Yoga*, p.198[《요가》, 256~257쪽]에서 재인용.

멀리까지 진척되어 있는지 보여준다. 그래서 자기수련은 기껏해야 이 발전의 결과이지 결코 그 근거가 될 수 없다. 붓다는 이것을 결코 인정할 수 없었다. 그는 고살라의 존재와 시간 내지 현사실성과 운명의 동일시를 공격함으로써 구원 지식의 획득에 기초해 있던 그의 대립되는 교의에 대한 여지를 보장했으며, 그리고 이렇게 해서 해방의 가속에 대한 여지를 보장했다. 오직 그렇게만 그는 인식을 통한 존재론적 바윗덩어리의 제거를 공포할 수 있었다. 붓다가 그의 더 빠른 해방의 가능성을 주장해 그의 시대의 정신적 결핍에 부응했다고 말할 필요는 없다. 그때부터 내면 추구의 시간이 활기 없는 세계의 시간을 능가해야만 한다. 더 고등한 문화가 시작하는 곳에서 기다리는 것과는 다른 무엇인가를 할 수 있다고 듣길 원하는 사람들이 전면에 등장한다. 그들은 마치 눈에 띄지 않고 흐르는 빙하의 바위 조각들처럼 사태의 급변으로 인해 함께 운반될 뿐 아니라 스스로 움직인다는 것에 대한 증거들을 찾는다.*

엄격한 결정론적 교의는 그 신봉자들에게 어떤 유혹적인 만족을 창출했던 게 분명하다. 이 교의가 14세기에 퇴색하기 전까지 **아지비카**Ajivika** 고행자 운동에서 거의 2000년간 전승됐기 때문이다. 무엇이 그 매혹을 구성했는지 충분히 생각될 수 있다. 모든 문화에는 존재하는 것을 받아들이고 사태가 어떻게 흘러가는지 바라보는 것 말고는 아무것도 할 수 없다는 것이 그들에게 입증되면 일종의 음울한 만족을 느끼는 개인들이 있다. 고살라를 따랐던 동반자들의 고행은 하길 원함과 할 수 있음의 모든 미동에 대한 파업을 일생 동안 고수

---

* 이 측면에서 붓다는 그 공격의 방향에 따라 무엇보다 인문주의적 단련 프로그램으로 볼 수밖에 없는 그리스의 소피스테스 철학과 '동시대적'이다. 이 철학에서는 무력함(**아메카니아**amechania)에 가라앉은 태만함Sich-Gehen-Lassen이 가장 나쁜 태도로 여겨지고 숙명론은 **아레테**, 즉 자조를 위한 준비 상태에 대한 암살 행위로 여겨진다.

** 고살라가 이끄는 인도 불교의 한 종파로 현대 진화론과 유사한 자연주의적 세계관을 표방했다.-옮긴이

하는 것에 있다. '나'의 환영에 대한 인도 전반의 거부는 그들이 그러는 데 도움이 되었을지 모른다. 우리는 예상외로 놀라며 고대 인도가 최초의 실증주의자들이 자신들의 등장을 축하했던 무대였음을 알게 된다.

고독의 테크닉들: 너와 말하라!

물러남의 주체화의 실존에 대한 호명된 조건들 중 두 번째인 언어의 통제 역시 엄격하게 다뤄지고 항상 새롭게 확인되어야만 한다. 이 추종자는 그에게 끊임없이 구제 지식과 수행 지식의 폐쇄적인 언어게임권에서 안정을 유지하는 정보가 주어질 때에만 자기통치의 길 위에서 그의 노력을 포기하지 않기 때문이다. 이 요구는 방법적으로 통제된 자기대화의 실천을 갖춤으로써 충족된다. 게다가 여기서 수행하는 삶은 신비적이거나 혹은 초합리적인 영적 과정들의 특질에 관한 유명한 상투적 표현들이 암시하는 것과 달리 거의 대부분이 내면으로 옮겨진 수사적 현상들에 달려 있고 그 이유가 무엇인지, 그리고 내수사학적endorhetorisch 기능들이 중지되면—**사마디**samadhi처럼 보기 드문 명상적 황홀 상태는 제외하고—그와 같은 영적 삶은 정지된다는 것이 분명히 나타날 수 있다. 이른바 신비주의는 대부분 내수사학적 실천이다. 이 실천에서는 말을 하지 않는 희귀한 순간들에 말할 수 없는 것의 기적들에 관해 끝없이 말하도록 고무하는 임무가 배정된다.

내수사학적 실천들의 만유에서—여기에 이신론적 수행체계들의 기도들, 제의적 낭송들, 독백들(한마디로 된 연도連禱)* 그리고 여기서 우리와 아무런 관련이 없는 마술적 초혼들을 더할 수 있다—나는 세 가지 유형을 부각하고자 한다. 이것 없이는 안정화된 물러남의

---

*   삼위일체의 각 위격을 부르는 것처럼 청원 기도나 탄원 기도로 만들어진 대충적인 화답 기도로 보통 주송자가 연도를 외우면 신도들이 고정된 응답을 한다.—옮긴이

수행 담지자들의 실존은 생각할 수 없다. 이 모든 담화 형태에 토마스 마호Thmoas Macho가 주조한 개념 '고독의 테크닉'이 사용될 수 있다. 이 개념은 후퇴한 사람들이 자기 자신의 말벗이 되는 법을 배우게 하는 처치들을 표현한다.* 이 처치들의 도움으로 물러남으로 고립된 자들은 은둔자들과 수많은 다른 분리주의자들의 역사/이야기가 보여주는 것처럼 어느 정도 엄격하게 세계에서 자신들을 배제한 것을 추방으로 겪지 않는 데 성공한다. 오히려 그들은 은둔을 이제 본질적인 것이라고 하는 것에 구제가 배태된 집중을 하는 것으로 형태화한다. 고독의 테크닉 절차의 근본적인 특성은 마호가 입증하는 것처럼 관조자의 '자기이중화'에 있다. 이것은 도중에 있는 모든 수행자들에게 필수 불가결한 전략을 전한다. 그들에게 세계에서 후퇴한 뒤 걱정할 필요 없이 지낼 수 있는 어떤 처치를 보여준다. 후퇴한 자가 자신과 이중화되지 않고 외롭게 있을 때 그에게 제공되는 것보다 항상 더 나은 상태로 말이다.

이 자기이중화는 여기서 두 대칭적인 반쪽이 생기지 않을 때에만 의미를 낳는다. 두 대칭적인 반쪽이 생길 경우 관조자는 그에게 과도한 반영에서 느끼는 혼란함을 다시 한 번 눈앞에 제시하는 그의 일란성 쌍둥이와 만났던 것이 된다. 성공적인 수행자들은 예외 없이 비대칭적인 자기이중화를 하고 활동한다. 이 이중화에서는 그들에게 내면의 타자가 우월한 상대로 연상되며 어떤 천재나 혹은 천사에 견줄 만하고 마치 정신의 모니터처럼 피보호자 가까이에 머무르면서 끊임없이 그를 보고 검토하고 엄격하게 판단하면서도 위기 상황에서는 역시 지지받을 수 있다는 확실함을 그에게 전달한다. 보통 우울증자는 고독을 지나 그의 무의미의 심연으로 가라앉는 반면, 잘 준비된

---

*   Thomas Macho, "Mit sich allein. Einsamkeit als Kulturtechnik", in *Einsamkeit. Archäologie der literarischen Kommunikation VI*, eds. Aleida Assmann and Jan Assmann, Wilhelm Fink, 2000, pp.27~44[〈유일하게 자신과 함께: 문화테크닉으로서의 고독〉,《고독: 문학적 커뮤니케이션의 고고학 4》].

은둔자는 그의 고귀한 관찰자—세네카는 이 관찰자를 때때로 그의 **쿠스토스**custos, 곧 파수꾼이라고 불렀다—가 지속적으로 그를 잘 동행하고 최고로까지 동행한다는 느낌을 그가 받도록 하기 때문에(물론 그를 엄격하게 감독도 하면서) 주목받는다는 특권을 얻는다. 베네딕트 규칙서에서 형제들은 수도사가 매시간 천상에 있는 신이 자신을 지켜보고 있음(**레스피키**respici)을 알아야만 하며 그의 각각의 행동이 신의 관측 지점에 의해 지각되어(**아브 아스펙투 디비니타티스 비데리**ab aspectu divinitatis videri) 지속적으로 천사를 통해 위를 향해 보고됨(**레눈티아리**renuntiari)을 유념해야만 한다는 것을 떠올릴 것이다.*

이렇게 해서 물러남의 주체성이 어떻게 강렬한 대화를 위한 공개 토론장이자 자기와 그의 내밀한 타자 사이의 열정적인 결투까지 이뤄지는 공개 토론장으로 발전할 수 있는지가 납득이 된다. 대타자는 다수의 당일 주제들에서 후퇴함으로써 비로소 더 명료한 현전에 다다르므로—20세기의 정신분석과 응용 치료 기술 역시 이 절차에서 혜택을 받았다—후퇴한 자는 자기 자신을 유일한 테마로 고립시켜 정신적인 함축성을 얻는다. 그 자신이 어떤 사람이 되어야 하는지 그의 내면의 타자를 통해 알게 되며 자신이 어떤 상태에 있는지 그는 날마다 자기시험의 부담을 진다. 물론 그가 이러한 통제에서 당분간 쪼개진 주체로 남아 있다는 것을 인정해야 한다. 그는 바로 **코람 데오**coram Deo(하느님 앞에서)는 아니지만, 그가 실망시킬까 두려워하는 스승이나 천사의 시선을 받으며 고독자로 산다. 신플라톤주의와 인도의 비이원성 학파에서 가르치는 것처럼 대타자와 하나가 되거나 혹은 현실적 자기와 이상적 자기의 이원성을 지양하는 것에 관해 이 단계의 자기배려(돌봄)에서는 아무것도 이야기될 수 없다.

---

* Regula Benedicti 7, 13 and 7, 28[《성 베네딕도 수도 규칙》, 87쪽, 89쪽/87쪽, 89쪽; 《베네딕트의 규칙서》, 40쪽, 42쪽].

내수사학과 역겨움의 수행

본질적으로 물러남의 주체가 정신 체조 수련을 할 때 내면의 공개 토론장에서 늘어놓는 세 가지 형태의 담화가 있다. 첫째로 물러남의 강화에 전념하는 분리의 담화가 있고, 두 번째로 수행자가 그의 영적 면역 상태를 개선하려고 애쓸 때 하는 단련의 담화가 있고, 마지막으로 관조자가 전체와 높은 곳을 향해 시선을 돌리고, 그리고 상상 속 높은 곳에서 낮은 곳으로 시선을 돌리게 하는 비전Vision의 담화가 있다.

물러남을 안정화하려면 첫 번째 유형의 담화가 특히 중요하다. 이 담화는 속인의 체험 방식으로 낙오하려는 수행자의 경향과 투쟁하기 때문이다. 배제적 자기배려(돌봄)의 위치가 개개인들이 집단의 흐름, 집합적 호기심과 범용한medioker 산만함 속에서 자유로울 수 있었던 자연적인 참여적 복수주의라는 예전에 실행된 삶의 방식보다 실존적으로 훨씬 더 확률이 없고 따라서 계속해서 더 돌봄이 필요하다는 것은 자명하다. 잘 알려진 것처럼 하이데거는 《존재와 시간》의 세상사람에 대한 분석에서 이 자기형식의 **본질 양식**modus essendi을 키르케고르의 철학적인 관객 모독의 사례와 연결 지어* '각자 타인이고 아무도 그 자신이 아니다'라고 서술한 바 있다. 하이데거는 더 이상 고립영토화의 후퇴가 아니라 존재의 외침으로 일으켜진 역사적인 '생생한 고유화Ereignis'와 새롭게 함께 가는 것을 거쳐야만 하는 본래성의 길을 찾으러 갔다. 그럼에도 후퇴에 대한 영적 호소가 유효하다면, 항상 다시 떠오르며 범속한 삶과 그 소소한 탈출 행위를 공동체주의적 마취처럼 매력적으로 여기는 경향만큼 자주 투쟁되는 것은 없다. 그러나 뭍으로 오른 뒤 다시 범속함의 더할 나위 없는 기쁨을 꿈꾸는 자는 영적으로 패배한 것이다. 물론 첨예화된 물러남으로 인해 평범한 상황 속에 있는 현존재의 단순 소박한 진리, 곧 자연적이

---

*   Sören Kierkegaard, *Eine literarische Anzeige* (zuerst 1846), Gütersloh, 2002[《문학적 광고》].

고 공동체적인 상황 속에 참여하고 입착되어 있음(포스트형이상학적인 구체론의 분석이 포괄적인 서술에서 명시화한 대로다)이 희생될 수밖에 없다는 것은 고조된 수직적 긴장 속에 있는 삶이 치르는 대가에 속한다. 여기서 항상 평범함을 탈자연화하고 확률 없는 것을 제2의 본성으로 변화시키는 것이 요구된다.

잃어버린 평범함에 대한 향수의 자극에 맞서도록 돕는 것은 역겨워함에 대한 분석 유형의 내수사학적인 수행이다. 이것은 뒤에 남겨진 외부세계를 때때로 아름답다고 생각하는 유혹과 그 뿌리에서부터 투쟁하기 때문에 효과적이다. 그렇게 마르쿠스 아우렐리우스는 적는다.

> 목욕할 때 너는 무엇을 보는가? 기름기, 땀, 때, 끈적거리는
> 물, 역겨운 것들만을 본다. 삶의 모든 부분과 삶 속에 존재하는
> 것이 전부 그와 같은 종류다.*

이것은 외부의 생성에 윤리적이고 정서적인 거리의 메커니즘까지 어떻게 속하는지 매우 암시적으로 보여준다. 외부성에 대한 감각적인 역겨워함에는 각성의 분석과 탈주술화의 분석이 도움이 된다.

> 그러면 전체적으로 인간적인 것을 매 순간 덧없고 가치 없는
> 것으로 바라보라! 어제는 싹을 트고 있었던 것이 내일은 이미
> 미라가 된 육신이거나 한 더미의 재다.**

이 맥락에서 고대 원자론들이 도덕적 장소를 발견한다. 이 이론들은 모든 현상적인 삶이 어떻게 입자들의 일시적인 조합에 근거하

---

*   Aurel, *Selbstbetrachtungen* 8, 24.[《명상록》, 127쪽].
**   Ibid., 4, 48[같은 책, 64~65쪽].

는지 보여준다. 입자들의 흩날리는 바니타스(공허)에 대해 정신적인 영혼만이 지속 가능할 수 있다. 불교가 원자론에, 그리고 더 일반적으로는 조합된 것의 분석론에 얼마나 많이 빚지고 있으며, 그 안에 피할 수 없는 역겨워함의 모티프와 각성의 모티프가 얼마나 자주 작용하고 있는지 말할 필요는 없다. 불교에 매우 특징적인 비-자기(**아나트만**anatman)론 역시 이론적인 의미보다는 혐오적인 의미가 있다. 이 교의는 그 추종자들을 설득해 자기와 영혼 같은 것이 존재하더라도 이것들은 분해될 수 있는 주된 형상들에 속해 있다는 것을 음미하게 한다. 우리의 상황이 처음부터 망쳐져 있었다는 의미다.

유기체의 변신들에 대한 관조는 다른 일도 한다.

> 네가 바라보는 모든 감각존재를 이미 분해되고 변하고 말하자면 부패되거나 확산되고 있는 것으로 여기고 상상하라. 모든 사물은 죽기 위해서 태어났을 뿐임을 유념하라.*

이 맥락에서 변화 현상을 시적으로 구제하는 오비디우스Publius Ovidius Naso[BC 43~AD 17. 로마제국 시대의 시인으로 《변신 이야기》가 대표작이다]가 해낸 성취가 이해될 수 있다. 너무 멀리까지 밀고 나간 각성에 대한 분석의 황폐화에서 평범함의 공간을 보호하는 것이 이 시의 영예였던 것이다. 그 곁에 끊임없이 분리와 탈애착을 수행하여 비-자신의 것에 대한 모든 정서적인 애착을 불가능하게 하려는 목적이 있는 자기경고들이 풍부하게 있다. 나는 한 번 더 부모가 자신의 아이를 이미 그다음 날 죽음으로 잃을 수 있음을 생각하지 않고서는 그에게 입맞춤을 하지 말라던 에픽테토스의 권고를 가리켜본다. 수행자는 밤낮으로 이와 같은 자기경고와 자기단련을 위한 격언을 영적 응급처치 상자처럼 '즉시 사용할 수 있도록' 가지고 있어야만 한

---

* Ibid., 10, 18[같은 책, 165쪽].

다. 스토아주의의 용어로 그런 심중의 보유를 **프로케이론**procheiron이라고 하고 그것에 관해 이러저러한 것을 '채비해parat' 가지고 있다고 여전히 우리 시대에 말하는 사람은 저 멀리 가라앉은 수행 문화의 관례를 인용하고 있는 셈이다.

힌두교, 불교, 그리스도교, 영적 이슬람교 등등의 수행체계들은 비교 가능한 경향의 내수사학적 표현들을 넘치게 제공한다. 장작 더미 옆에서 화장터(**슈마샤나**shmashāna)에 대해 명상하는 인도의 **사드후**sadhus*의 이미지들을 다들 알고 있다. 시체 위에 앉아 묵고에 빠지는 악명 높은 아고리Aghori에게 묘지란 "'나'의 의식에 의해 양육된 심리적이고 정신적인 삶 전체"**에 대한 상징이다. 시바파의 극한주의자들은 굽히지 않고 브라만들의 해골을 가지고 먹고 마셨으며 이에 관해 떠들썩하게 증언했다. 그들이 납골당에서 나눈 내면의 대화에서 자기 자신에게 무슨 말을 했는지가 쉽게 상상될 수 있다. "너는 그 모든 것을 넘어서야만 한다." 가톨릭 교육을 받은 사람들은 둘도 없이 엄격하게 수사적으로 정리되어 명상가가 그리스도의 수난에 참여하고 세속성의 경솔을 기피하도록 설득하는 행위를 구현하고 있는 [로욜라의 성] 이냐시오의 수련을 떠올린다. 프로테스탄티즘 쪽에서, 말하자면 청교도주의에서 신앙인의 하루는 세속의 유혹들에서 후퇴하라는 경고들로 이뤄진다. 시아파의 이란에서는 성인 남자들이 후사인Husayn ibn Ali[625~680. 이슬람 시아파의 제3대 이맘]의 순교를 추모하기 위해 슬퍼하고 피를 흘리면서 도시의 거리들을 지나고 단조롭게 고통을 주는 자기대화를 하면서 폭이 넓은 칼로 머리를 때리는 매우 음울한 행렬들을 알고 있다.

---

* 사두라고도 하며 다양한 힌두교 종파의 성자나 수행자를 총칭한다.-옮긴이
** Eliade, *Yoga*, p.304[《요가》, 391쪽].

여기서 자신의 지성에 보내는 미래상과 세계관을 비롯하여 면역화와 단련과 관련된 담화적 실천에 대한 구체적인 사례들을 들 필요는 없다. 초생명적이고 죽음을 덮는 자기보호에 대한 추구는 직접 최고 단계의 상징적 면역체계로 옮겨가려는 목적이 있기 때문에 양쪽 모두 서로 긴밀하게 연관돼 있다. 스토아주의의 교의들에서 이 면역체계는 만물Allnatur로 제시된다. 설령 내가 일시적으로 나의 육체로 느끼는 원자 덩어리의 분열이 동반되더라도 이 만물 안에서 해체되는 것은 최상의 통합으로 생각될 수 있다. 이와 달리 그리스도교에서 죽음은 현재의 삶에서 영원한 삶으로 옮겨가는 것으로 이해된다. 카르마(업보) 사상의 지배를 받는 권역에서 최종 면역성은 죄로 작동되는 인과적 추동력을 중단시켜 도달된다. 그래서 고통을 낳기를 완전히 그만뒀을 삶만이 이 고통이 미치는 역작용에 더 이상 따라잡힐 수 없을 것이다. 이 의미에서 **니르바나**nirvana는 어떤 장소라기보다 존재함의 영향을 받아 생긴 모든 손상과 더럽힘이 중단되는 상태를 나타낸다.

분해, 이행과 최종 중단 같은 관념들을 실존적으로 그럴듯한 것으로 간주하기 위해 수행자들은 부단히 그들의 유한성을 깨닫고 이 유한성을 절대적 면역성으로 지양하는 것을 그때그때 그들의 문화권의 관습에 따라 내수사학적으로 선취해야만 한다. 그때 그들은 마치 자기 자신이 유일한 학생이라도 되는 것처럼 이 학생에게 몸을 돌리는 완성된 교사들의 위치에서 자기 자신과 이야기를 나눈다. 물러남의 주체성은 항상 만유, 신, 니르바나로부터 개인 수업을 받는다. 이 세 절대물은 그것들이 학생들에게 불가능한 것을 잡힐 만큼 가까운 그 무엇처럼 바라보는 용기를 북돋지 않는다면 나쁜 교사들일 것이다. 그런데 학생들이 즉시 뚜렷하게 더 나은 성과를 보여줄 수 없는 경우 때로는 수업을 중단하여 이것으로 학생들을 위협하지 않는다면 이때에도 나쁜 교사들일 것이다.

이렇게 해서 수행하는 삶은 자기설득의 행위들로 이뤄진 어떤 연속체를 이룬다. 이 행위들이 없다면 수행자들에게 어떤 사소한 일도 일어날 수 없다. 다수의 아시아 교육 시스템의 상황처럼 압도적으로 비언어적인 수행 양태에 몰두했던 이들에게조차 그렇다. 수많은 교의들은 활성화된 내면 상태들이 이해력의 지평과 그 언어적 근거의 지평에 대해 갖는 거대한 차이를 부단히 강조한다. 그럼에도 불구하고 말로 표현할 수 없는 상태에 대한 숭배는 상승의 단계와 뉘앙스에 대한 끝없는 담화의 흐름을 향해 흘러간다. 모든 수련들은 실제로 요가, 경기, 철학 혹은 음악 종류든 할 것 없이 내수사학적 절차들이 이것들을 떠받칠 때에만 일어날 수 있다. 이 절차들에서 각각의 학풍의 규준들에 따라, 그리고 목적에 다다른 스승들을 끊임없이 참조하면서 자기경고, 자기시험, 자기평가의 행위들이 어떤 결정적인 역할을 한다. 그렇지 않다면 거리를 둔 물러남의 주체성은 곧 그 산만한 출발지점으로 낙오하고 다시 개발되지 않은 상황들과 뒤섞이고 말 것이다.

내면의 증인

말한 바와 같이 고립영토화된 주체성의 특별함에 자기양분兩分의 테크닉이 속해 있다. 이 테크닉으로 은둔은 내면으로 옮겨진, 격정할 필요가 없는 상태에 있기 위한 기예의 경계선 사례Grenzfall로 함양됐다. 물론 후퇴한 주체의 심화된 자기분석은 관찰되는 자기와 관찰하는 대타자로 수행 담지자가 이중화되는 것에 이 주체가 머무를 수는 없음을 보여준다. 물러남으로 고립된 영혼과 그 내면 상대의 이원론적 관계는 그 편에서는 양극의 기저를 이루는 익명의 의식에 근거를 둔 형상으로 밝혀진다. 수행에 종속된 나와 수행을 감시하는 그의 멘토가 나누는 대화에는 제3의 심급으로 양자의 교환에 이미 항상 참석하는 내면의 증인이 더해질 수 있다. 마음 공간의 3항 구조가 발견되면서 동시에 대타자가 나로 통합되거나 나에게 융합되기 시작한다. 만약 다리를 놓는 제3자, 바로 내면의 이원관계의 양극 위에 처음부터 중립적으로 배치되어 이 장을 형성한 저 증인-의식이 없다면,

대타자는 항상 앞지르지 못하고 이 이항관계의 나의 극과 반목할 것이다.

대타자의 시선 밑에서 계속되는 수행으로 처음에는 자기 자신이 어떤 불쾌감, 고통의 원천, 준-외부의 대상에 지나지 않았을 은둔 초심자의 정념의 나는 차츰 증인 출석의 혜택을 입는다. 이 출석은 은둔 추종자들의 명상 수행에서 강화된다. 수행의 자가조형 작용은 반드시 증인 의식이 관조자의 육체적 기억 안에 더욱더 깊숙하게 새겨지도록 한다. 초심의 내가 점점 더 정념의 특성에서 해방되고, 마찬가지로 탈물화되거나 혹은 탈객체화되어 무조건적인 증인의 출석을 자기에게 유리하게 만든다. 그런 식으로 점차 초심의 나는 대타자를 통해 보이게 된다는 정념의 하비투스를 벗을 수 있다. 이것이 숙달자들에게 최초의 내가 사멸하고 초인격적인 동시에 더 독특한 자기로 대체된 것처럼 보이는 지점까지 다다른다.

아무튼 확실한 것은 증인의 강화만이 명상가의 통합으로 이어지고 대타자에게 들린 상태로 퇴행하는 것을 막는다는 사실이다. 광신주의들의 역사는 그런 퇴행들이 '종교들'의 의제가 된다는 것을 보여준다. 광신주의는 3항의 장을 내파한다. 그때 정념의 나는 대타자의 위치를 직접 자기 것으로 삼아서 증인을 제외시키고 대타자의 이름으로 행동한다. 이 진단에 비춰보면 여기서 어떤 이유로 '종교'가 처음에 대부분은 오해된 마음 수행체계와 다르지 않으며 더군다나 보통 초심자가 저지르는 실수들과 정념적인 주체성의 특징들이 사태의 본질로 드높여지는 반값의 자기수련에 근거하고 있는, 정신동학의 통제에서 벗어난 수행체계와 다를 바 없다고 자주 주장되는지가 자명해진다. 당연하게도 특히 두 팽창주의적 유일신론들이 그 추종자들에게 수행체계로서의 특질을 적절하게 표현하지 못할 때, 그리고 그렇기 때문에 그런 광신주의들로 인해 위태로워졌다. 자주 그것들은 그 설교적인 외면에서 순수한 고백의 사안으로 구현되며 이렇게 해서 병인성의 오류에 문호를 개방한다. 그런 다음 나의 형성이 실패하고 여기서 탈주하여 이것이 바로 대타자에 의한 들림으로 이어지는 것이다. 유일신론적 포퓰리즘의 작동이 목격되는 곳에서 어떤 정신적 수행체계가 다시 한 번 본질적으로 이 체계가 무엇인지 침묵했다. 곧 어떤 훈련 프로그램이 새롭게 '종교'로 팔렸던 것이다. 그럴 때 내향성의 선동이 우월하다면 그것은 놀랍지도 않다. 정말로, 근대적 효과인 '종교'가 어떤 윤리적 수행 프로그램이 집합적 정체성을 형성하기 위한 목적으로 그 기능이 바뀜으로써 비로소 발생하는 것은 아닌지 자문할 수 있다. 이런 식으로 영적 수행은 요구가 많은 후퇴의 형식에서 신앙고백으로 불리는 헐값의 들림 형식으로 바뀐다. 이 '신앙'은 신의 이름으로 벌이는 홀리건*이다.

나에 대한 심문

같은 맥락에서 물러남의 주체화의 위치에서 발전된 수행체계 전체의 공통적인 특징이 밝혀질 수 있다. 나는 지나친 가치가 부여된 '나'의 관계를 통한 유혹에 조심하라고 어디에서나 격앙되어 표현된 실천자들에 대한 경고를 떠올린다. 지중해와 근동近東의 유일신론들을 비롯해 인도와 동아시아의 체계들에 공통적인 전 세계적인 어떤 심문에 관해 바로 말할 수 있을 것이다. 높은 곳을 목표로 한 실존적 곡예들이 등장했을 때부터 동서양에서는 주목할 만큼 같은 목소리로 인간이 그의 자아에, 또한 즐겨 말하듯 그의 작은 나에 달라붙어 이로 인해 사회적 연관을 비롯한 우주의 위계에 그의 참된 자리를 놓칠 수 있을 것이라는 위험이 하소연된다. 자아에 반하는 전 세계적인 영적 모반은 그런 자아 현상을 싹 틔웠던 운동에서 이 모반이 비롯되기 때문에 독특한 매력이 없지 않다. 자기 자신을 만물의 척도로 세우는 '나'와 같은 그 무엇이 있었다면, 그것은 보나마나 무엇보다 먼저 여기 서술된 자아 테크닉의 절차들 주변에 있었을 것이며, 별로 중요하

---

* 스포츠 경기에서 관중들이 일삼는 폭력 등의 행위.-옮긴이

지 않지만 권력게임과 명망게임의 흐름에 빠지는 처세인들 쪽에 있었을 것이다.

자주 인용된 자아는 고립영토화의 그림자 자체이며, 존재론적인 지방정부의 재구성이 이뤄진 뒤 그렇게 잘려나갔던 자기가 눈에 잘 띄기 때문에 이 그림자가 그럴듯하게 시야에 들어온다. 물러남의 고립된 주체가 뒤돌아보는 즉시 그의 그림자를 주목하게 된다. 쉽게 파악되듯 이 그림자는 '세계의 잔여' 전체에 드리워진다. 이 점을 깨닫는다면 개개인이 깜짝 놀라며 그런 종류의 괴물 같은 그림자를 드리운 것에 자신에게 비난을 보내는 일은 일어날 수 없다. 성직자들과 스승들이 이 관찰 내용을 손에 넣는 즉시, 이 비난은 모든 필멸하는 것에 계속 미치며 '나'를 가진다는 생각을 결코 하지 못한 가엾은 다수 사람들에게 역시 미친다.

매우 쉽게 영성인들의 눈에 띄는 필멸하는 것의 범속한 허영과 관련하여 그것은 보통 찬양받는 '나'의 관계를 지시하지 않고, 오히려 개인들이 집합적 우상들에 들려 이 우상들에 적응하려는 어느 정도 순진무구한 노력을 가리킨다. 현상적으로 눈에 띄는 처세인의 '자아주의Egoismus'는 실제로는 타인의 환영으로 정신이 압도된 상태를 가리키므로, 대개 오해받는 형태의 침투적인 이타주의를, 부모나 가족 가운데 최고 어른의 시선에 사로잡혀 빛나길 원하는 상태를 형성할 뿐이다.

이와 달리 실제로 모험적인 자아주의 프로그램은 '주관적 관념론'의 체계들에 이를 때까지 이뤄지는 고립영토화에 토대를 두는 그런 영적 수행체계들에 숨겨져 있다. 이 수행체계들이 처음 1000년 동안 고대 신분 질서의 보호를 받으며 번창할 수 있었다는 것은 놀랍지 않다. 사회적 강제에서 도주하려는 경향이 이미 일찍이 유행병과 같은 규모를 취했으며 이 경향은 영적 하차를 정상적인 삶의 행로에 통합시켜야만, 말하자면 정년의 형태로만 진정시킬 수 있었던 고대 인도에서 가장 명백하게 나타났다. 그래서 브라만의 삶의 행로는 아버지나 어머니가 학생과 부모로서 의무를 다하고 난 뒤 삶의 제3단계에서 마침내 유랑 걸인(브히크수bhikshu)의 삶을 영위하기 위해 '숲으로 떠날'(바나프라스타vanaprastha) 준비를 하는 것으로 예정됐다.

그리스도교 시대에 물러남의 주체성의 침투는 강력한 공동체주의적인 대항을 통해, 특히 의무적인 겸허의 수행(이 수행의 기저에 있는 역설—낮춤을 통해 꼭대기로 이끈다—만이 매우 잘 알려져 있다)을 통해 상쇄될 수밖에 없었다. 그러므로 영적 자아주의들의 내부 안정화를 위해서는 처음부터 이 자아주의가 그와 같은 프로그램이 되는 것을 단호하고도 광신적으로까지 부정하는 것이 불가피했다. 서양뿐 아니라 동양에서 반사회적이거나 혹은 '집 없는' 삶의 방식이 특징적이던 걸인의 존재는 이 부정의 징후로 해독될 수 있다. 인간 세계에서의 후퇴와 인간 세계의 과잉에 대한 참여 사이에 역사적인 화해가 이뤄질 때 급진적인 수행자들은 그들의 방법적인 세계로부터의 끄집어냄이 실제로는 가장 겸허한 생활 양식임을 자기 자신에게 설득시키는 형식을 발견했다.

처음부터 끝까지 매우 일관되게 내면의 영역이 존재자의 연속체에서 잘려나가면서 세속적일 뿐 아니라 영적인 자아주의를 격앙되게 상쇄하는 프로그램이 시작된다. 이 프로그램이 없다면 윤리적 분리는 자신에 대해서도 사회적 관점에서도 신뢰할 만하거나 혹은 견딜 만한 것에 지나지도 않았을 것이다. 요약하자면 물러난 주체가 지칠 줄 모르는 겸허의 프로파간다와 탈자기화의 프로파간다에 종속되어야 그는 간신히 성공적으로 떼어내지고 그의 존재론적인 특별한 위치로 승격된다. 여기서 이 주체를 겸허하게 만드는 신적인 것, 만유, 전체, 보편적 생명 모나드, 무無 등등은 문제적인 외부의 형식으로는 더 이상 생각될 수 없다. 이 겸허를 요구하는 주된 형상은 이제 자기 편에서만, 곧 내면의 신으로, 내면의 코스모스로, 내면의 비-자기로 떠오를 수 있을 뿐이다.

그래서 고등문화의 공간에는 전형적으로 2단계의 주체성이 있다. 이 안에서 일상적이고 망상적인 작은-나는 참되고 실제적인 큰-나에 의해 떼어져야 하며, 그리고 자명하게도 작은-나는 큰-나 속으로 '몰락'해야 한다. 이른바 외부세계가 도대체 아직도 어떤 역할을 한다면, 그것은 모든 것을 초래하는 생명 모나드들의 권력에 대한 비유로, 초월적인 힘의 은유들에 대한 원천으로, 영혼이 정말 무엇을 온통 냉담하게 만드는지 시험하고자 하는 영혼의 스파링 파트너로서 그렇다. 이와 같이 대부분의 수도사들은 기꺼이 그들이 유혹에 빠지지 않고 밤새 어떤 젊은 여자 곁에 누워 있을 수 있다는 것을 뽐냈다. 정신이 자기 자신으로 물러나려고 떠나면서 삶을 바꾸라는 명령에 응하자마자 이 변화를 바꾸라는 교정의 명령을 듣는다. 그러므로 성스러워지려는 노력 끝에 이뤄낸 성공들이 성인들의 자기의식을 매우 깊숙하게 파고들 수는 없다. 그렇지 않으면 타인들에게 모범이 됨을 상실하고 말 것이기 때문이다. 이 위치의 역설은 어디에서나 체계적으로 모호해져서 성인은 그가 어떤 상태에 있는지 알 수밖에 없는 첫 번째 사람인데도 불구하고 알 수 없다. 성스러움은 [자기가] 투영된 개별성과 양립할 수 없으므로 정신적 평범함을 희생해서만 다다를 수 있는 것처럼 보인다. 그것은 루만의 언급에서 끌어올 수 있는 것처럼 성인이 근대소설의 주인공과 함께 공유하는 특징이다.*

자아주의를 재활성화하다

나는 분리주의 운동과 수행 담지자인 주체의 물러남의 분리를 통해 근원적인 수행 공간이 생긴다는 것에 대한 이 숙고들을 수천 년 동안 비방받은 자아주의를 재활성화하려는 니체의 노력들을 상기하면서 끝맺으려고 한다. 무엇보다 나에 대한 심문의 역사에서 항상 옆

---

*   Niklas Luhmann, "Die Autopoesis des Bewusstseins", in *Selbstthematisierung und Selbstzeugnis: Bekenntnis und Geständnis*, herausgegeben von Alois Hahn, Volker Kapp, Suhrkamp, 1987, pp.64~65[〈의식의 자기제작〉, 《자기주제화와 자기증언: 고백과 자백》]를 보라.

으로 제쳐놓았던 두 중차대한 관찰이 그의 노력들을 도왔다. 첫 번째 관찰은, 대부분의 사람들이 하는 자아주의 비판이 '나'를 형성하면 어떤 나쁜 그림자를 드리울 수 있을지 모른다는 당혹감을 그들이 결코 느낀 적이 없기 때문에 너무 일찍 왔었다는 것이다. 두 번째 관찰은, 물러남의 자기인수를 통해 어떤 '나'에 도달했던 이들에게서 역시 이 '나'는 반자아주의 심문을 행하는 자들이 그것에 부과했던 겸허를 결코 얻지 못했다는 것이다.

이 심문은 우리가 지금 이해하는 바대로 성인은 그가 성인이라는 것을 알아선 안 된다는 기저에 있는 역설을 모호하게 만들려는 필수 불가결한 조치와 다를 바 없는 것을 의미한다. 기술적으로 말하자면 구식의 종교적 '비르투오소'—슐라이어마허의 불길한 표현을 빌리자면— 는 자기 자신 앞에서 자신의 비르투오소다움을 숨겨야 하는 상황에 처해졌다는 역설이다. 왼손이 하는 일을 오른손이 알아서는 안 되는지는 모르지만, 왼손이 하는 일을 알았던 뇌는 이미 항상 오른손의 활동을 역시 내려다봤다.

그럼에도 성인들은 자기관계의 악마의 현전을 알아채지 못하면서 그것 때문에 고통받을 수 있었다. 첼라노의 토마스Thomas von Celano[1190~1260. 프란체스코 수도사이자 연대기 저자]의 성 프란체스코의 두 번째 삶의 기술(1246/1247)에서 가져온 구절 하나가 이 점을 밝힌다. 이것에 따르면 아직 '회심하지 않은' 젊은 남자가 아시시와 페루자의 시민들이 충돌한 뒤 감옥에 갇힌 낙담한 그의 동료들 앞에서 황홀한 목소리로 그 자신의 미래를 예견했다. 그 자신은 풀이 죽지 않는다. "내가 성인이 되어 온 세상에서 존경을 받는 때가 올 것이기 때문이다."* 이어지는 영적인 이력의 꿈들에 대한 그런 증언들을 피하기 위해서 **지나가며** 말하자면 아시시의 프란체스코라는 위대한

---

*   *Das Leben des heiligen Franziskus von Assisi. Beschrieben durch den Bruder Thomas von Celano*, Basel, 1921, p.108[《첼라노의 토마스 형제가 서술한 아시시의 성 프란체스코의 생애》].

사례에 따르면 주의 상처들로 인한 성흔聖痕 인각은 평생 유일하게 견딜 만한 신성을 요구하는 형식이었다. 확실히 이 성흔 인각이 [성인] 지원자의 자기의식을 스쳐 지나가면서 성화의 위상을 어떤 객관적인 수난의 사실처럼 제시했기 때문이다. 성흔이 인각된 자가 성스러운 표지를 만드는 것에 고유하게 기여하는지에 대한 문제는 예로부터 경건한 집단 내부에서 금기로 남아 있다.*

주체 자신은 그의 수행 연쇄의 담지자─수동적 측면에서는 개별화된 하비투스 효과들의 집합체이고, 능동적인 측면에서는 불러올 수 있는 기질들의 건반을 연주하는 능력의 중심이다─와 다를 바 없다는 것을 이해하는 즉시, 니체와 더불어 다시 침착하게 수천 년 넘게 이루 형용할 수 없었던 진술, 자아주의는 보통 최고의 인간 가능성들에 대한 흉악무도한 익명에 불과하다는 것에 동의할 수 있다. 후밀리타스humilitas(겸허)의 히스테리에 비출 때 부담스러울 정도로 과도한 자기관계처럼 나타나는 것 대부분은 어떤 보기 드문 성취에 집중하면서 치르게 되는 자연적인 대가 그 이상이 아니다. 비르투오소가 자기 자신과 그의 기술의 상태를 적확하게 평가하는 능력을 통하

---

* 성흔 인각의 기적에 대한 비판자들은 금기를 깨뜨리는 질문을 정식화했다. 프란체스코와 그의 모방자들에게서 왜 손의 상처는 손의 표면에 났고, 역사적으로 타당할 것처럼 손의 뿌리뼈에 나지 않았는지 물었다. 그들의 대답은 다음과 같다. 프란체스코는 그 나름대로 그의 시대의 회화로 표현되고 조각으로 만들어진 십자가상을 모방했고 여기서 손의 표면에 못을 박는 것은 오랫동안 관습이 됐기 때문이다. 이것으로 아직은 이 상처들이 자기를 훼손한 결과 경건한 기만을 통해 발생한 것인지, 아니면 신체상으로는 설명될 수 없는 경건한 육체의 자기조형적인 고유한 실행에 근거하고 있는지가 답해지지 않았다. 아시시의 프란체스코와 관련해 크리스토프 튀르케Christoph Türcke가 첫 번째 판본에 찬성표를 던졌는데, 그는 성인을 가장 위대한 배우 내지 중세의 가장 단호한 꾀병쟁이로 간주한다. Christoph Türcke, "Askese und Performance. Franziskus als Regisseur und Hauptdarsteller seiner selbst", *Neue Rundschau*, 4/2000, pp.35~36[〈자기수련과 퍼포먼스: 자기 자신의 감독과 주연배우로서 프란체스코〉]를 보라. 위대한 어머니의 신봉자 라마크리슈나Ramakrishna에 대해서도 유사하게 그가 그녀에게서 월경이라는 자비의 표지를 얻었다고 주장되었다.

지 않고서 어떻게 달리 그의 수준에 도달해서 그것을 유지할 것인가? 자기관계가 공전하는 곳에서만 탈선한 수행에 관해 말할 수 있다. 그런 경우들은 죄보다는 오히려 탈선에, 어떤 악의보다는 오히려 어떤 잘못된 도야Fehlbildung에 해당한다. 신학 저자들에 의해 매우 높은 등급이 매겨지는 악을 위해 악해지길 원하는 것—자주 인용되는 아우구스티누스의 **잉쿠르바티오 인 세이프숨**incurvatio in seipsum(자신 안으로 구부림/자신 안에 갇힘)을 포함해—은 완성된 신성과 마찬가지로 드물다고 추측할 수 있다. 악을 판결하는 신속한 소송 절차로 자아주의를 벌할 것이라고 추측되는 곳을 더 정확히 바라보면 매우 두드러지는 덕의 모체를 발견한다. 이것이 분명하게 제시됐다면 겸허한 자들이 이 두드러지는 덕과 어떻게 관계를 맺는지 그들이 설명할 순서다.

12.
완성자들과 미완성자들
: 완전의 정신은 어떻게 수행자들을
이야기들 속에 끌어들이는가

완성의 시대에

　더 고등한 문화들에서 인간을 명시적인 수행 프로그램의 담지자로 변형시키면 영적 고립영토 안에 있는 현존재에게 탈중심적인 자기관계가 만들어진다. 이뿐만 아니라 수행자들에게 근본적으로 바뀐 시간과 미래의 의미가 새겨진다. 실제로 고등문화들의 모험은 보편적인 우주의 시간에서 어떤 실존의 시간을 분리하는 데 있다. 이 틀에서만 인간에게 균형 잡힌 존재의 시간에서 나와 극적 긴장이 있는 어떤 기획의 시간으로 옮겨가라고 요구할 수 있다. 실존적 시간에는 가속이 특징적인데, 이 덕분에 현존재는 세계 진행의 타성에서 벗어난다. 수행하는 삶으로 떠나는 자는 이 전체[진행의 속도]보다 더 빨라질 것이다. 그가 여전히 '이 삶[현세]에서' 해방을 추구하든, '천상으로 격상되려는'(엑살타티오 첼레스티스exaltatio caelestis) 등정들을 **현재의 삶**vita praesente에서도 성취하든 그렇다. 서구 수도사주의의 스승 누르시아의 베네딕트Benedikt von Nursia 자신이 신을 향한 **신속한** 오르기에 관해 말할 때, 이는 그의 사적인 맹렬을 드러내는 게 아니다. 그는 영적 기획의 시대를 살아가기 위한 규칙들에 완전히 적합한 태도를 취하고 있다. 그의 복된 삶을 향한 가르침은 묵시적인 즉시(**목스**mox)*와

---

*　　*Regula Benedicti*, 7, 67[《성 베네딕도 수도 규칙》, 99쪽/99쪽; 《베네딕트의 규칙서》, 47쪽].

사도적인 신속(벨로치테르velociter)*에서 결론들을 이끌어냈을 뿐이다. 물러남으로 분리된 실존 자체가 어떤 반-관성 프로그램을 의미하기 때문에 그 도약은 항상 일반적인 진화보다 앞서 이뤄진다. 현존과 서두름(페스티나레festinare)은 서두름에 대한 강요와 완전에 대한 의지가 함께 속하는 것처럼 동일하다.** 이 지점에서 그렇게 인내하는 듯 보이는 동양과 현저하게 그렇게 안달하는 서양이 수렴한다. 붓다가 그의 제자들에게 이번 생이 마지막인 것처럼 영위하라고 충고하듯, 그리스도교 교의는 유대교와 지중해의 사유를 총괄하면서 그 추종자들에게 이번 생은 그들이 언젠가 갖게 될 유일한 것이고 매일은 마지막 기회의 일부라는 확신을 엄하게 가르친다.

나는 다른 곳에서 의로움(정의)과 고통의 보상에 대한 요구가 기원전 10세기에는 어떻게 지체되는 복수의 특징을 띠는 새로운 종류의 긴장된 시간 구조를 설립하는 것으로 이어졌는지 보여주려고 시도했다.*** 부당한 일을 당해 생긴 고통이 이 부당한 일의 장본인에게 등가의 처벌의 고통을 가하려고 온 힘을 다하는 개별적이면서도 문화적인 기억을 낳는 동안, 이 시간의 곡선은 팽팽해진다. 이를 통해 명백한 복수의 최후가 있는 어떤 실존화된 시간이 발생한다. 그러나 부당한 일을 당한 모두가 자력으로는 만족을 얻을 수 없으므로 복수의 정력 대부분은 위를 향해 전달되고 고통을 보상하는 신적 경제에 의해 관리될 수밖에 없다. 여기서 그리스도교와 힌두교의 도덕화된 세

---

* Regula Benedicti, 7, 5[《성 베네딕도 수도 규칙》, 85쪽/85쪽; 《베네딕트의 규칙서》, 39쪽].

** 이 때문에 Regula Benedicti, 73, 2[《성 베네딕도 수도 규칙》, 259쪽/259쪽; 《베네딕트의 규칙서》, 128쪽]과 73, 8[《성 베네딕도 수도 규칙》, 261쪽/261쪽; 《베네딕트의 규칙서》, 128~129쪽]에 "수도원 생활이 완전해지도록 서두르기"와 "천상의 아버지나라로 서둘러 가기"(아드 파트리암 첼레스템 페스티나레ad patriam caelestem festinare)와 같은 표현들이 등장한다.

*** Sloterdijk, Zorn und Zeit, pp.80~81[《분노는 세상을 어떻게 지배했는가》, 100~101쪽].

계 시간에 대한 구상들이 비롯된다. 그리스도교에서 세계 시간은 창조와 (부당한 행위들이 그 장본인들에게 돌아오는) 위협적인 최후심판 사이의 상대적으로 짧은 기간으로 압축된다. 힌두교에서는 축적된 다수의 부당한 일 자체가 느린 카르마(업보)의 과정을 촉진하는데, 이 과정은 어떤 즉결심판처럼 예전에 육체를 입었을 동안 했던 그 행위들의 도덕적인 대차대조표가 각 개별 삶 속에서 반드시 표현되도록 한다. 양쪽 경우에 생애를 어느 정도 타당하게 도덕화된 세계 시간의 과정에 끼울 수 있다.

나는 이어서 이렇게 실존적 시간이 복수의 긴장 내지 초월적으로 격상된 고통의 보상에 대한 요구에서 파생되고 난 뒤 어떻게 수행의 긴장 내지 완성의 선취에서 2차 파생되어 온전해질 수밖에 없는지 논하고자 한다. 이것은 본질적인 수행 과정들에 수행자의 생애를 엄중 단속하는 명백한 목적성Finalität이 입증될 수 있을 때에만 가능하다. 이 조건은 수행하는 삶의 고전적인 형식들에 의해 명백하게 충족된다. 복수의 시간이 고통이 그것을 야기한 자를 따라잡는 충족된 순간을 앞당겨 구조화된 것처럼, 그렇게 수행의 시간은 수행자가 멀리 떨어진 수행의 목적지에(이 목적지가 비르투오소성을 이르든 혹은 최고선에 대한 조명 혹은 동화를 이르든) 도착하리라는 것을 상상적으로 앞당겨 구조화된다. 수행하는 삶의 시간 형식에는 필수적으로 어느 정도 상태처럼 혹은 대상처럼 채색된 도착到着의 판타지들이 속해 있다. 이 판타지들이 없다면 어떤 초심자도 그 길을 갈 수 없고 어떤 숙달자도 그 길을 지속할 수 없을 것이다. 복수의 의도가 있는 삶의 시간 구조를 복수를-향한-존재라고 기술할 수 있다면, 수행하는 삶의 시간 양태에는 목적지를-향한-존재나 혹은 서슴없이 완성을-향한-존재를 덧댈 수 있다. 고대적 의미의 '목적지'는 반드시 멀리서도 보일 수 있다는 것이 그 특징이다. 그래서 그리스어로 **스코포스**skopós라는 표현은 매우 먼 거리에서 '목표'를 알아볼 수 있음을 강조한다. 목적지들에 가까이 다가갈수록 탈대상화된다는 아이러니는 보통 숙달자들에게 이르러야 명백해진다.

목적지를 통한 감동

시작 단계의 수행하고 열망하는 삶의 구조의 특징은 임의적으로 먼 거리에 있는 그 목적지의 이미지를 통해 감동받을 수 있다는 것이다. 그것은 아리스토텔레스의 원인론에서 네 번째 인과 유형(질료인, 형상인, 작용인에 이어)으로 거론되는 목적인 혹은 **카우사 피날리스** causa finalis에 대한 가장 일목요연한 예시를 든다. 나머지 **원인들** causae이 작용-Wirkung을 흡사 '나르거나tragen' 혹은 늦추는 데 반해, 목적인에는 위에서 혹은 앞에서 작용하는 견인력으로 인해 발생한 긴장Zugspannung을 통해 작용-Effekt이 완료될 수 있도록 지원하는 특징이 걸맞다. 이 논리에 따르면 목적지들은 인력 범위에 있는 적당한 대상들을 저항할 수 없이 자기 쪽으로 이동시키는 자기장과 같은 그 무엇이다. 이것은 객관적으로 다음처럼 생각될 수 있다. 목적지는 수수께끼 같은 방식으로 이미 자기 쪽으로 끌어당겨진 몸체들 안에 심어져 있다고 말이다. 아리스토텔레스가 명명했던 각각의 유기체들에 고유한 **엔텔레케이아** entelechéia(문자 그대로 '내면의 목적의식'을 의미하고 어떤 **선험적인** 격정을 표현한다)이든, 어떤 욕망할 수 있는 존재에게 어느 주어진 순간 그에게 지금까지 알려지지 않았거나 혹은 의식되지 않았던 목적지가 보여서 결과적으로 마치 더 이상 포기할 수 없는 이상처럼 이 목적지를 향해 나아가는 것이든 그렇다.

이 두 번째 종류의 목표지향, 즉 **후험적으로** a posteriori 목적지를 인식함으로써 감동받은 상태는 어떤 잠재된 완전함의 이상을 활성화하는 것이나 혹은 반박할 수 없는 포상의 약속(그리스 운동선수들이 얻으려고 경쟁했던 **아트론** athlon, 즉 포상에 비교될 수 있다)과 같은 그 무엇을 암시한다. 그리스도교 순교자들이 승리의 화환, 곧 **스테파노스** stéphanos(왕관이기도 하고 나중에는 주교의 예모禮帽를 가리켰다)라고 불렀던 것이 그와 같은 경품과 다름없다. 자신의 행동을 동기가 되는 포상에 정향하는 것을 유명한 바울의 운동선수 비유보다 더 분명하게 표현하는 곳은 없다. 그는 〈고린도전서〉 9장 26절에서 그의 사도적 격정을 염두하며 진술한다.

> 그러므로 나는 달음질을 하되 목표 없이 달리지 않고 권투를 하되 허공을 치지 않습니다.

여기서 그리스도교식 목표지향은 운동경기의 성공 지향에 놀랍게도 직접 관련된다. 이것은 바울이 운동경기계의 관례를 특히 신뢰했을 것이라는 의미가 아니다. 그는 그의 동료 신앙인들에게 불멸의 승리의 포상이라는 익숙하지 않은 표상을 가능한 입체적으로 설명하기 위해 다만 **아트론**(포상)의 모티프를 끄집어냈던 것이다.

현자와 사도의 차이에 관하여

중요한 것은 사도 자신이 목적지에 도달하여 말하는 게 아니라, 그 도중에 있는 한 수행자—혹은 현대적으로 말하자면 한 참여자—의 위치에서 말하고 있다는 사실이다. 그는 그 자신이 영적 모니터가 되어 몸을 향하고 있는 쪽의 사람들과 거의 똑같이 목적지에서 멀리 떨어져 있다. 더욱더 강조하여 그는 목적지의 표상을 통한 감동받음의 의미에 대해 증언한다. 초기 그리스도교가 '신앙'(**피스티스**pistis)으로 이해했던 것은 맨 먼저 아직은 그 도달 가능성이 결정되지 않았던 어떤 모범이나 혹은 어떤 이상에 앞으로 나아가며 자신을 고정시키는 것과 다를 바 없었다. 신앙은 그것이 선취로 인해 선취하는 자의 실존을 목적지를 향해 활성화할 때 이미 작용을 일으킨다는 점에서 순수한 선취의 효과다. 이것을 플라시보Placebo(위약)에 유비적으로 무비보 효과Movebo-Effekt[목적지를 향해 실존을 움직인다move는 의미에서]라고 틀림없이 부를 수 있을 것이다. 바울은 정확히 이것을 그의 〈고린도전서〉의 독자들에게 요구할 때 참조한다. "내가 그리스도를 본받는 것처럼 여러분도 나를 본받으십시오."(〈고린도전서〉 11장 1절) 여기서 이 연사를 본받을 만한 가치는 그가 이뤄낸 성공이 아니라 목적지에 의한 그의 감동에 있다. 그런 그리스도를 본받는 자를 본받는 사람은 어떤 경주자를 뒤따라 달리고 있는 셈이다.*

이 접근으로 어느 수행 문화의 최소한도가 미리 확정된다. 그것은 기초적인 3단계 구조를 암시하는데, 이것이 없다면 수행 초심자들을 조직하여 더 높은 목적지로 인도할 수 없다. 이 그룹의 선두에는 당연히 목적지에 완전히 다다른 자, 완성된 자, 이 경우에는 신인神人, 인격의 그리스도가 있다. 앞서 말한 대로 믿음과 선취가 이 연관에서는 같은 뜻이므로 그의 완전함을 '믿는' 것 또한 참으로 그의 상대적인 본받을 만함을 믿는 것과 같은 의미다. 고등문화의 교육학이 본받을 만하지 않는 것에 대한 본받음을 가르친다는 역설에 대해서는 아래에서 계속 더 구체적으로 이야기될 것이다.** 중간 그룹에는 이곳뿐 아니라 곳곳에서 숙달자의 형상이, 이 경우에는 사도가 발견된다. 그는 여기서 영적으로 불안정하고 지도가 필요하며 그들의 결핍을 통해 사도를 고취하는 고린도의 젊은 공동체 구성원들인 2차 초심자들과 본받는 자들로 구성된 핵심 그룹 앞에서 1차로 뒤따르면서 긴장하고 있다.

여기서 중요한 것은 가장 단순한 위계를 미리 확정하는 이 시원적인 단계의 논리에 의해 실제로 살아가는 시간 속에서 실행되어야 하는 어떤 기획의 밑그림이 주어져 있다는 사실이다. 이 직관적인 이

---

* 이렇게 활성화된 미메시스는 나중에 니사의 그레고리우스Gregor von Nyssas [335/340~394 그리스도교 주교로 대표적인 그리스도교 플라톤주의 교회 이론가]의 신비주의 신학에서 그리스도교적 욕망이란 그것이 한없는 대상을 따르기 때문에 결코 잠잠해질 수 없고 달리기와 정지 상태의 역설적인 통일성으로 접어든다는 명제로 과장되어 표현된다.

** 이 책의 434~435쪽을 보라.

미지에서 서로 위아래로 있는 것은 시간 축에 투영되는데, 초심자의 위치는 지금과, 숙달자의 위치는 나중과, 그리고 완전함의 위치는 마지막과 동일시될 수 있다. 이제부터 앞으로와 위로는 같은 뜻이다. 온갖 것을 망라하는 수행의 이야기들은 목적론적으로 정렬되어 있을 뿐 아니라 잠재적으로 종말론적인 구조를 내보인다고 말할 수 있다. 이 장에서 상상적인 목적지들과 최후의 것들은 서로 뒤섞이는 경향을 보인다. 수행자에게 장인 신분을 획득하면서 종료될 수 있는 어떤 수공업이나 혹은 어떤 기예 지도뿐 아니라 삶 전체가 승격과 변용을 추구하는 실존적인 기예가 문제가 되자마자 죽음과 완전함이 불가피하게 서로 접촉한다. 이 특징은 매우 다양한 문화들 속 영적 수행의 길에서 공통적으로 나타난다. 이 길을 구분하는 것은 최상과 최후의 약호화, 근접의 양태들, 통과할 수 있는 단계들의 수 그리고 숙달자들이 붙잡고 씨름하는 어느 정도 변별적으로 구현된 강도다. 초기 하이데거가 내던져진 현존재의 유한성 의식에서 유일하게 읽어내려고 했던 죽음을-향한-존재Sein-zum-Tode는 예로부터 후퇴의 실천자들에게는 잘 알려진 것이었다. 당연히 그들은 이것을 완성을-향한-존재로 이해했지만. 시종일관 그들의 실존성은 잘 알려진 것처럼 세계에 구속된 자들에게만 해당하는 내던져짐을 뜻하지 않는다. 그들의 현존재는 완전히 최상 쪽으로 끌어당겨져 있다는 특징을 띤다.

바울이 그리스도를 본받듯이 고린도인들이 자신을 본받았으면 한다는 그의 요구는 단계 형성이 중간에서 조정되는 방식을 분명히 한다. 중간은 그 위에는 완전한 것이 있고 그 뒤에는 초보가 있는 상태다. 그런데 가르침의 권한이 스승의 완전한 깨달음Realisation이라는 조건에 연결된 인도 세계와 달리, 스토아주의와 그리스도교는 불완전한 교사의 현상에 익숙하다. 이 교사는 자신의 약점들을 가르침의 일부로 만들어서 무시한다. 바울이 그 자신이 가지고 있지 않은 것을 가르칠 수 있다고 마음먹었다면 그는 특히 참여하고 있는 '경주자'였다는 점에서만 동료 신앙인들에게 자신을 모범으로 제시할 수 있었다. 이것은 교양 있는 열성 당원이었던 그에게 잔악한 짓이 틀림없었을, 그리스의 스포츠적 사유 형태에 대해 그가 때때로 친밀함을 간직했다는 것보다는 편지를 쓰면서 자기 자신을 그 자신의 수신인으로 변신시키는 그의 재능이 더 사실임을 증명한다. 말하자면 로마인들에게 말하는 것이 문제일 때 그가 로마인이 됐던 것처럼, 그가 그리스인들에게 말했던 이곳에서 그는 일시적으로 그리스인이 됐던 것이다. 그런데 그에게는 목적지의 자력을 작용하게 만드는 완전함이 그의 인격에서 비롯될 수 없고 그 자신이 본받으려고 노력했던 위대한 모범에서 유일하게 비롯될 수 있다는 것이 완전히 명백해졌다. 그래서 그는 부활한 뒤에 **당장**in praesentia 활동하는 능력과 의지가 여전히 있었다면 실제로 가르칠 수 있었을 이의 이름을 대신하여 그의 교도직을 수행했다. 바울은 그의 인격적인 카리스마의 결핍을 고통스럽게 의식했으며 그의 허약한 용모가 참석한 사람들에게 거의 인상적이지 않았음을 잊은 적이 없었다. 시종일관 그는 자신의 권위에 대한 요구를 저 멀리 히스테리화된 사도적 발화 행위에 두었다. 그런 언어 행위들은 기원후 48년과 60년 사이의 시기로 날짜를 매길 수 있는 바울의 교서들[〈갈라디아서〉, 〈데살로니가서〉, 〈고린도서〉, 〈로마서〉]에 반박되지 않고 보관될 수 있었다.

유사한 방식으로 세네카는 숙달자들의 위치를 문학적으로 비옥한 철학 강사직의 출발 지점으로 발견하고 62년부터 마찬가지로 교서의 작성자로 두각을 나타냈다. 이 교서는 그 형태에 따르면 어떤 아무개 루킬리우스라고 하는, 그 인격적인 윤곽이 불분명하고 철학적 수행들을 따르는 삶으로 회심했던 어떤 젊은 남자에게 보내는 것이었지만, 시작부터 이 사람을 뛰어넘어 대규모의 독자를 목표로 삼았다. **형식상**Formailter 세네카는 나름대로 어떤 완성론의 매개자로 발언하여 어떤 사도적인 발화 역할과 유사해졌으며, 또한 그 학파의 **영성수련**에 초심자를 입회시키고 그와 함께 동시에 더 폭넓은 독자층을 모집하기 위해 도중에 겪은 경험들을 철저하게 이용했다. 그는 자신이 아직은 완전을 향해 가는 도중에 있고 자기 앞에 상당수의 길이 남아 있다는 것을 의식했다. 그럼에도 불구하고 그의 심화된 성숙의 등급은 그의 현재 상태 너머에 있는 최고선에 대해 권위를 가지고 말하도록 허용했다. 그와 같이 그는 질문했다. "완전함에 무엇이 더 더해질 수 있을까?" 즉석에서 바로 답한다. "아무것도 없다. 무엇인가 더해졌다면 그것은 완전하지 않았기 때문이다", "더할 수 있음은 불완전한 어떤 것의 특징이다."* 이미 성장이 불완전함을 암시하니 하물며 저하는 더욱더 그러하다.

죽음의 시험: 잔혹 극장의 훈련으로서 지혜론

완전함의 목적지라는 세네카의 지혜 개념에는 그 마지막 힘줄에까지 현실적인 것의 현실성을 삶의 가혹함으로 이해하는 로마의 현실 원칙이 스며들어 있었다. 따라서 현실성을 가르치는 교육은 항상 잔혹한 일들을 견뎌내는 시험에 대한 준비를 의미한다. 로마의 권력이 숙명과 협력하는 것으로 행사된다면, 로마의 지혜는 운명의 힘에 맞선 굽히지 않는 저항으로만 입증될 수 있다. 특히 인간이 타인의 자의로 인해 고통을 당하는 그런 종류의 운명에 관련된다. 어떤 다른 문화도 여태껏 충격을 무대화하고 삶의 말소를 공적 제의의 중심으로 세우는 것에 그렇게 친숙하지 못했다. 도대체 어떤 곳에서 이곳과 같은 오락과 학살의 통일을 목격할 수 있었겠는가?

세계를 잔혹 극장의 이미지로 구상하는 곳에서는 현자가 그런 무대 위의 배우로밖에 생각될 수 없다. 이 무대 위에서는 어떤 가장假裝도 허락되지 않는다. 이 연기들이 삶 자체보다 더 현실적으로 상연되기 때문이다. 삶이 흔히 우연적으로만 잔혹하다면, 로마의 경기장에서는 모래밭 위에서 실제 전투들이 벌어지고 무대 제일 앞쪽에서

---

* Seneca, *Epistulae morales ad Lucilium*, 66, 9.

진짜 고문이 가해질 때까지 잔혹을 원칙과 정례로 끌어올린다. 이 유형의 세계 무대 위에는 마지막까지도 여전히 똑바로 서 있는 자들과 쓰러져 누워 있는 자들 사이에 남아 있는 차이를 만드는 차이가 있을 뿐이다.* 따라서 지혜는 여기서 똑바로 서 있는 자의 이미지로만 언급될 수 있다. 일찍이 헤겔 이전에 주체로서 발전할 수 있었을 어떤 실체가 있었다면, 그것은 스토아주의의 서 있는 자의 형상으로 제시되었을 것이다. 그러므로 세네카는 말한다. 시험받지 않은 자가 태연자약하게 하염없이 산다는 것이 더는 놀랍지 않다. 그러나 "누군가가 모두가 바닥에 눌러 일어나지 못하는(**데프리문투르**deprimuntur) 저곳에서 똑바로 서 있고(**엑스톨리**extolli) 모두가 바닥에 누워 있는 저곳에서 선 채로 있다면ibi stare ubi omnes iacent"** 네가 놀랄만 하다. 고문할 때 유일하게 위협적인 악은 고문이 똑바로 선 기관, 곧 정신을 굽힐 수 있다는 것이다. 그렇지만 완전한 현자는 굽히지 않음 자체다. "모든 임의의 부담을 지면서도 그는 똑바로 서 있다. 아무것도 그를 더 작게 만들지 못하며, 부담해야만 하는 것 가운데 어느 것도 그를 불편하게 하지 않는다. …… 그는 그가 어떤 무거운 책임을 지기 위해 산다는 것을 알고 있다."***

세네카가 바울처럼 그의 메시지가 믿을 만하다는 것을 보여주기 위해서는 어떤 본보기가 되는 개인 안에 완전한 것을 견고하게 구현하는 게 필요하다. 비록 그가 사도 바울처럼 그 **안정성**stabilitas이 죽음을 넘어서 미쳤던 어떤 변함없음의 스승을 지시할 수 없더라도 말이다. 그러므로 세네카는 완전한 현자가 있었던 적이 없었더라도 우

---

*   Peter Sloterdijk, "Exkurs 1: Später sterben im Amphitheater. Über den Aufschub, römisch", *Sphären II, Globen, Makrosphäerologie*, Suhrkamp, 1999, pp.326~339[〈부설 1: 장차 원형극장에서 죽다, 로마적 유예에 대하여〉,《구체 2: 지구, 거시구체론》]를 보라.

**   Seneca, *Epistulae morales ad Lucilium*, 71, 25.

***   Ibid., 71, 26. 스키트 세 에세 오네리 페렌도Scit se esse oneri ferendo.

리에게 구속력을 발휘하며 남아 있는 이상을 언급하는 것으로 만족한다. 스토아주의의 죽음에 대한 승리는 수행자가 다른alternativ 완전의 양태에 참여하도록 그에게 요구하며 비-그리스도교적 **죽음의 지식**을 목표로 한다. 그 호소는 전개된 인간의 정신(**멘스**mens)에 거주하는 **최고선**summum bonum을 향하고 있다. 이 정신이 아직 완전한 자기확신에 이를 때까지 완성되지 않은 동안은 불확실함과 부침(**볼루타티오**volutatio)에 계속 친숙하다. 정신이 완전하다면 움직이지 않고 머물러 있는 안정성(**인모타 스타빌리타스**inmota stabilitas)*에 들어가며, **스타빌리타스**는 앞서 말한 대로 로마의 맥락에서는 항상 죽음의 시험을 받는 고문 앞에서 의연한 상태를 뜻한다. 다만 이 규준에 어떤 완성된 현자(**사피엔스**sapiens)와 어떤 숙달자(**프로피시엔스**proficiens) 사이의 차이를 고정할 수 있다. 만약 세네카가 숙달 집단에 속한다면 그것은 보나마나 그가 매우 진지하게 철학적 수행을 했던 지난 수십 년을 돌이켜보기 때문이다. 그럼에도 그렇게 오랜 시간이 지나서야 그는 지금껏 자신에게 무엇이 최선일지를 권고(**수아데레**suadere)할 수 있었을 뿐이라고 인정하지 않을 수 없다. 그는 매 순간 자신을 완전하게 설득(**페루수아시오**persuasio)할 수는 없었다. 정말, 그가 알던 대로 운 좋게 자신을 설득한 경우조차도 그는 목적지에는 아직 도달하지 못할 것이다. 이 목적지는 지혜론이 그에게 완전히 살과 피로 바뀌어서 모든 삶의 상황에서, 가장 방해가 되는 상황에서까지도 마련될(**파라타** parata) 수 있어야 비로소 도달되기 때문이다. 그가 강조하듯 정신을 지혜로 칠하는 것(**콜로라레**colorare)으로는 충분하지 않기에, 정신이 지혜 속에서 흡사 부식되고(**마케라레**macerare) 지혜로 물들여서(**인피케레**inficere) 남김없이 지혜에 의해 변화되어야만 한다.

세네카의 증언은 라틴어를 쓰는 스토아학파의 내수사학적 절차들에 대한 통찰을 허용한다. 그뿐만 아니라 초심자, 숙달자, 완전자의

---

*   Ibid., 71, 27.

통상적인 3계열을 갖춘 단계론에 대한 접근을 보여주기도 한다. 이 단계론에서 마지막 단계의 정상은 구름으로 덮여 있다. 늘 그렇듯 여기서도 본질적인 조작은 중간에 있는데, 이 중간에서만 확률 없는 것의 일체화 작업이 이뤄질 수 있기 때문이다.

교사 세네카는 그 자신의 불완전함을 그의 제자의 불완전함과 통합하기에 충분히 매력적이다. 그래서 그들 모두에게 경고를 보낸다. "우리가 이미 극복한 것 그 이상이 아직 남아 있지만, 앞으로 나아가는 것에는 앞으로 나아가려는 의지가 가장 중요하다." 이 길은 아득하다. 우리가 얻길 원하는 것은 페르시아 전쟁의 승리가 아니라 대부분의 민족들을 무너뜨렸던 탐욕, 야망, 죽음의 공포와 같은 힘에 대한 승리이기 때문이다.*

세네카는 다른 곳에서(특히 72번째와 74번째 편지에서) 다섯 단계의 피라미드의 윤곽을 펼친다. 그는 숙달 추구자들이 있는 중간 지대(메디medii)를 한 번 더 세 그룹과 세 단계(그라두스gradus)로 나눈다. 질병 회복기의 환자들처럼 일어서는 자들, 최고에 이르기까지는 아직 많이 부족하지만(물톰 데시트 아 숨모multum desit a summo) 확실히 더 큰 진전(프로펙투스profectus)을 보이는 자들, 그리고 마지막으로 완성된 지혜를 벌써 손이 닿는 거리에(인 익투in ictu[깜빡할 사이]) 가지고 있는 세 번째 종류(테르티움 게누스tertium genus)에 속한 자들로 구분한다. "그들은 아직 건조한 지면에는 오르지 못했지만 벌써 항구에 다다랐다(논둠 인 시코, 이암 인 포르투nondum in sicco, iam in portu)." 수행자는 매 상승 등급마다 최고선에 더 가까이 간다. 이 선에 관해 우리의 욕망은 "최고의 것 위에는 …… 더 이상 자리가 없기 때문에"(퀴아 울트라 숨뭄 논 에스트 로쿠스quia ultra summum non est locus)** 불가항력적

---

*   Ibid., 72, 10.
** Ibid., 71, 11. 스토아주의 교의는 완전함을 정지하고 포화된 것으로 생각하지 않고서는 이것을 구상할 수 없는 반면에, 그리스도교 신비주의는 욕망함이 식지 않는 어떤 완전에 대한 조망을 개시했다. 그렇게 카를 라너Karl Rahner는 그의 니

으로 이 최고선에서 멈춘다고 이른다. 완전함을 향한 상승이 더 높아질수록 마지막 면역성에 더 안정적으로 정박한다.

스토아주의 신학은 삶의 최종 목적지에 대한 교의에서 플라톤주의적 정신이론의 요소들을 갖고 있다. 이 이론에 따르면 인간은 노에시스* 영역에 관여하는 자로서 이 영역의 파괴 불가능성에 참여한다. 수행 작업은 불투명한 관여에서 투명한 공동소유를 만들어내고 부패할 수 없는 것에 대해 부패할 수 있는 것의 지분을 최소화하는 과제와 관계할 뿐이다. 인간의 가망이란 불안정한 **메텍시스**Methexis(관여)를 안정적인 **헥시스**Hexis(소유, 습관)로 변형시키는 것이다. 인간은 더 높은 영역들을 때때로 접촉해야 할 뿐 아니라 그 영역들에 뒤집을 수 없을 정도로 확고하게 친숙해져야 한다. 그것이 어떻게 성공할 수 있는지는 통상적인 완전의 원환을 통해 설명된다. 우리가 완전함에 관여했던 적이 없었다면 우리는 결코 완전해질 수 없을 것이며, **최고선**이 목적지의 이미지로 우리 안에 설령 불투명하고 끊어진 채라도 있지 않다면 우리는 **최고선**에 한 번도 가까이 가길 원할 수 없을 것이다. 이 끊어짐을 꺾어버리며 이 불투명함을 밝히고 운명의 판결을 받아 완전함이 불완전함으로 탈선한 것을 교정하는 것이 모든 수행의 의미다.

선험적인 이력

말하자면 현자는 새로운 것이 눈앞에 아른거리는 예술가가 아니라, 본원의 상태를 찾는 복원자다. 그의 열정은 어떤 숨겨진 원형 이

사의 그레고리우스의 상승 신비주의에 대한 개괄에서 다음과 같이 확립한다. "열망에 어떤 결정적인 포화를 제공하지 않는 그것만이 신의 실제적인 바라봄이다." Marcel Viller/Karl Rahner, *Askese und Mystik in der Väterzeit. Ein Abriß der frühchristlichen Spiritualität*, Herder, 1989, p.144[《교부 시대의 자기수련과 신비주의: 초기 그리스도교적 영성의 개요》]를 보라.

* 판단, 의미화 등의 정신적 행동 절차.-옮긴이

미지를 원상복구하기 위한 것이다. 이 복원이 성공할지는 다른 문제인데, 서구의 **자기배려(돌봄)**의 실천자들에게는 동양인들에게 잘 알려진 수단의 일부만 제공되기 때문이다. 그들은 그들의 구제를 주로 수없이 반복함으로써 보장된 자동화에서 찾을 수밖에 없는데, 이 자동화를 통해 영혼의 평정이라는 확률 없는 하비투스가 육체의 기억 속에 각인돼야 한다. 이것이 **죽음술**이라는 이름을 얻었던 그 요구들을 충족하는지는 불확실하게 남아 있다. 그러나 **극단적으로**in extremis 무엇보다 정신육체적인 구성이 영향을 미치는데, 일생 동안 시험된 습관이 함께 작용하면서 죽음의 공포를 억누르고, 상황을 있는 그대로보다 훨씬 악화시키는 판타지들을 허락하지 않도록 관여할 뿐이다.

확실히 3단계의 단순 도식은 수행자의 삶의 경로가 상승의 계획에 어떻게 통합되어 있는지를 보여준다. 물러남으로 분리된 주체성은 속인들의 습관적인 삶의 경로Lebenslauf에 더 이상 곧바로 참여할 수 없고, 그래서 특수한 달리기의curricular 길에 맡겨져 있다. 외부 인간의 운명들에는 흥미가 없어졌지만, 내면의 발전이 온전한 주도면밀함을 요구하므로 수행하는 세계-내의-존재가 참으로 어떤 영적 사다리 내지 인간공학적 사다리의 상승 형식을 취한다는 것은 놀라운 일이 아니다. 특히 인도의 수행 형식들에서는 항상 미묘한 생리학의 장에서의 진전들 역시 고려되어야 한다. 그럼에도 동양의 체계나 서양의 체계를 바라보든 상관없이 곳곳에서 그런 후퇴 행위가 어떤 트랙의 첫 출발점을 나타낼 뿐이라는 것은 자명하다. 관찰하는 강가에 있는 현존재의 실제 난관은 달리기의 단계들을 마무리할 때 그 모습을 드러낸다. 이는 반드시 수행하는 현존재를 의미 있게 체험할 수 있는 연속적인 사건들로 나누고 높은 목적지에 대한 접근을 지원자의 자기 경험과 일치하는 구간으로 배열한다. 실제 삶에서(그리고 생체를 모방하는 스포츠 행사들,* 토너먼트와 대규모 자전거 경주에서) 중간 단계와 당일 구간에 해당하는 것이 이력서에서는 각 장에 대응한다.

완성을-향한-존재의 모티프가 실존을 움켜쥐자마자 그것은 수직 사다리의 도식을 시간 축에 투영한다. 이 때문에 상승이 지속으로, **사다리**scala 위의 운동이 삶의 경로로 파악될 수 있다. 그와 같이 완성을-향한-존재는—최신 문예학의 **전문용어**terminus technicus를 받아들이면—매우 강력한 '일대기 발생기Biographiegenerator'가 된다.** 이 발생기는 실제로 때때로 회고하면서 이야기할 가치가 있어 보이는 이력들이 자기수련의 기획들에서 발생한다는 의미에서 달리기의 효과들을 일으킨다. 이뿐만 아니라 완전에 이르게 하는 삶의 기획들의 발생 에너지가 마치 도래할 삶의 경로들이 미리 이야기되기라도 한 것처럼 확실히 이 경로들과 관계한다. 이에 따라 수행자는 그의 고유명 내지 그의 정신적인 이름과 그의 수행하는 삶의 국지적 특유함을 일대기적 양식으로 끼워넣기만 하면 될 것이다. 현존재를 수행의 길이라는 단계별 시스템으로 도식화하는 일은 개개인이 그의 실패를 고백하거나 자기수련의 요구 사항에 대한 그의 거절을 선명하게 그려냄으로써 그의 이야기에 개별 점수를 부여할 수 있게 될 때까지 진행된다. 게다가 그가 발을 들여놓았던 이 '길'은 마치 **선험적인** 이력인 것처럼 작용한다. 이 이력을 정말 실제로 살아내어 그것의 실제 내용을 도식과 일치시킬 수밖에 없을 뿐이다.

실제 삶에 대한 도식의 우위가 결코 영적 일대기의 어떤 특성을 구현하지 않는다고 말할 필요는 없다. 그것은 나머지 '신분들'의 삶의 경로에 똑같이 규칙적으로 등장한다. 유사 이래 신분에 따라 계층화된 사회들에서 전형의 충족은 동시에 개개인의 충족으로 이해됐다. 찬양받는 수직적 운동성, 분화된 교양의 길, 사회적 동요와 유행성의

---

*   골프공의 표면을 바다거북의 등 모양처럼 바꿔 퍼팅의 정확도를 높이는 것은 자연에 잘 적응한 생물의 장점을 모방하여 사람에게 유용한 기술에 접목시키는 '생체모방'이 스포츠 분야까지 확장된 사례라고 할 수 있다.—옮긴이

** Luhmann, *Selbstthematisierung und Selbstzeugnis*, pp.12~13을 보라.

신경증주의(보충적인 자기발명을 강제하는 부작용과 함께) 같은 새로운 운명의 발생기들이 실제 삶 쪽에 더 강력한 변동이 일어나도록 하는 곳에서 비로소 이야기된 삶은 사전-일대기들의 도식주의에서 점차 이탈할 수 있다. 이 강조점의 변경은 단편소설이 전설에서 해방되는 유럽 중세의 출구에서 나타난다. 그것은 무엇보다 17세기와 20세기 사이에 개개인들의 요구 사항을 비-도식적인 일대기들로 표현했던 근대소설이었다. 근대소설 나름대로 탈선하는 삶의 이야기들에 대한 도식들을 생산하지 않은 것은 아니었으며, 이 도식들은 새로운 차별들의 원인이 됐다.

개인들이 완성을-향한-존재의 외침을 따르는 곳에서 "너는 너의 삶을 바꿔야 한다!"라는 절대명령은 "매 순간 너의 생성 과정을 이야기로 재현하는 것을 보편화할 수 있는 완성에 대한 이야기의 도식으로 기능할 수 있도록 처신하라!"라는 자기수련 내지 완전주의 명령으로 구체화된다. 본보기가 되는 삶에 대한 이 호소는 그 수신자들을 단번에 자연의 이야기들과 민중의 이야기들에서 끄집어내어 완성의 별 아래에 그들의 자리를 마련한다. 이 별은 몇몇 영적 공동체들에서 구원의 별로 표현될지 모른다. 두 별은 동일한 천체이며 이 별에 가까워지는 것은 수직적인 것에 있는 현존재와 동일한 법칙을 따른다. 어떤 별에 접근하는 것—오직 이것만이!—은 말하자면 완성 시대를 사는 실존의 기초이다. 물론 하이데거—언급된 이 표현이 그에게 빚지고 있다—는 그의 초기 저작에서 불투명하게 비치는 구름층 뒤에 이 별을 은폐했고 이 별에 대한 간접적인 접근을 '죽음을-향한-존재'라는 유사-숙명론적 도식으로 위장했다. 사실 이미 청년 하이데거가 개개인이 완성의 죽음으로 마주치는 고귀한 죽음을 완전히 시야에서 놓치지 않았으며, 그가 세계대전이 드리운 그늘에서 근대의 의미 붕괴에 대해 기꺼이 인정하려고 했던 유일하게 본질적인 점은 그가 시작의 불투명한 현사실성과 마찬가지로 끝의 불투명한 현사실성을 강조하며 자랑스러운 듯 내보였다는 것에 있다. 내던져진 자들이 있는 그곳에 또한 추락한 자들이 있는 것이다. 따라서 그는 일찍 벌어지고 표면화된 죽음에 모종의 완성의 의미를 부여했으며 그 결과 모든 죽음에는 **암시적으로** 완성된 미완성 혹은 미완성된 완성이 가시화될 수 있었다.*

더 오랜 전통들에 따르면 완성의 별에 대한 접근(혹은 완덕의 절정을 향한ad celsitudinem perfectionis** 상승)은 어떤 협약 아래에서 이뤄진다. 개관할 수 없을 정도로 그 변종이 풍부한 인도 세계의 영적 교육 과정(요가학파, 밀교학파 혹은 베단타학파에 속하든 똑같이)과 마찬가지로 그리스도교 반구의 다양한 수도회 규칙들과 수련서들이 이 협약에 대해 증언한다. 양쪽의 만유에서 수행하는 삶 **자체**가 어떤 거대 서사의 형식을 취한다. 이곳뿐 아니라 저곳에서도 항상 문제는 하나뿐이다. 쪼개진 개별자가 절대적인 것에 통합되는 것이 문제다.

베네딕트의 겸허의 사다리

개별자가 절대적인 것에 유사해지는 것은 두 종류의 접근 운동으로 이뤄진다. 한편에는 우리를 **최고선** 혹은 마지막 생명 모나드 내지 공허와 유사하게 만드는 힘들을 꾸준히 증대시키는 **완덕의 길** via perfectionis 위의 운동이 있고, 다른 한편에는 추종자가 옛 나의 자리에 언젠가 절대적 자기나 혹은 무가 자리를 차지하리라 가정하면서 그 자신을 벗어던지는 **겸허의 길**via humilitas 위의 운동이 있다. 첫 번째 운동은 두드러지게 앞으로 나아가는 목적성이 있는 어떤 업적소설

---

* 장-폴 사르트르의 자서전 *Les mots*(1964)[《말들》]이 지금까지 남아 있는, 완성의 별 아래에 있는 어떤 실존에 대한 마지막 선례를 제시한다. 이 자서전에서 청년 사르트르의 **선험적인** 예술가 이력으로의 도주는 신경증의 제작물과 같은 것으로 해체된다.

** *Regula Benedicti*, 73, 2[《성 베네딕도 수도 규칙》, 259쪽/259쪽; 《베네딕트의 규칙서》, 128쪽].

Leistungsroman로 번역된다. 이 소설의 요소들을 나는 위에서 구유럽의 두 위대한 죽음 장면인 소크라테스의 죽음과 [사도] 요한이 편집한 그리스도의 십자가 죽음에서 입증하려고 시도했다. 두 번째 운동은 반대로 확실히 뒤로 가면서 어떤 순차적인 자기평가의 역사로 틀림없이 이야기된다. 첫 번째 도식에서는 평범한 인간성의 가면 뒤에 숨겨진 신인이 '현실화'되어야 한다면, 반면에 두 번째 도식에서는 감각적이거나 혹은 경험적인 인간의 '자기의 것'이 완전히 사라져서 그 자리를 대타자 내지 거대한 비-자기에게 내주는 지점까지 그를 데려가는 것이 문제다.

나는 그리스도교 전통에서 세속의 주체와 더 높은 자기의 교환이 어떻게 생각됐는지 서구의 초기 수도사주의에서 가져온 하나의 사례에서 밝히고 싶다. 누르시아의 베네딕트는 〈겸허에 관하여Von der Demut〉를 다루는 그의 규칙서의 결정적인 7장에서 열두 단계의 탈자기화의 항로를 그려 보였다. 이 항로를 그는 야곱의 꿈에 나타난 사다리에 대한 수도원식 유비로 제시한다. 겸허의 수행은 어떤 역설적인 층계처럼 묘사되는데, 수도사는 자기 자신─오히려 자신 안의 자연인─을 내려놓는 것을 배우는 만큼 이 층계를 오른다. 야곱의 사다리에는 천사들이 맡은 직무들의 차이에 따라 그곳을 오르내리는 천사들을 볼 수 있는 반면, 베네딕트는 어지간히 임의적으로, 내려오는 천사들을 교만한 영혼들과 동일시한다. 그렇다면 매우 오래된 이 영혼들에 관한 영적 암시를 따라 아래로의 운동은 교만Superbia에 대한 정당한 처벌이라고 주장될 수 있다. 내려오는 천사들이 외근 중인 사심 없는 전령들일 수 있다는 것에 대해서는 더 이상 생각되지 않는다. 반대로 유일하게 참된 수직성은 수행자들이 자기를 낮춤으로써 오르도록 하는(**우밀리타테 아스켄데레**humilitate ascendere) 수직성이다.*

---

*   Ibid., 7, 7[같은 책, 85쪽/85쪽; 같은 책, 39쪽].

1단계에서는—공포와 전율 속에서—내세의 관찰자와 협정이 맺어지고 결정적으로 자신의 의지를 포기하려는 뜻을 품게 된다. 2단계에서는 자신의 의지(프로프리아 볼룬타스 propria voluntas)에 대한 거부가 진지하게 고려된다. 3단계에서는 상급자에 대한 추종자의 내면의 복종이 완전하게 이뤄지는데, 이것은 **그리스도를 본받으라**는 첫 번째 권고들에 비교될 만하다. 4단계는 자연적 자기가 부당한 취급 때문에 반항하려는 경향을 보이는 상황들에서도 순종을 강화하는 임무를 다한다. 5단계에서는 모든 악하고 저급한 마음의 흥분을 수도원장에게 고백하는데, 성례의 정신분석의 시초다. 6단계에서는 수도사가 그가 모든 사람들 가운데 가장 낮은 자이자 꼴찌라는 생각에 만족하는 순간에 다다른다. 그때 그는 첫 번째 통찰의 빛으로 예언자의 말을 되풀이한다. "저는 무가 되었기에 아무것도 이해하지 못합니다……" **(아드 니힐룸 레닥투스 숨 에트 네스키비**Ad nihilum redactus sum et nescivi). 7단계에서는 **수도사**monacus가 6단계에서 입술로 고백했던 진리에 의해 완전히 사로잡혀 있는 것을 본다. 그때 그는 털어놓는다. "저는 한 마리 벌레이지 인간이 아닙니다"(숨 베르미스 에트 논 호모sum vermis et non homo). 8단계에서는 수도사는 수도원 생활의 하나의 기관에 지나지 않는다는 것을 배운다. 그는 규칙이 요구하는 것만을 하는데, 규정에 따라 복무하는 양태가 아니라 강력한 동기를 부여받아 마음대로 할 수 있는 정신에서 그렇게 한다. 9단계, 10단계와 11단계에서는—베네딕트는 두드러질 만큼 서둘러서 실제 진전시키려는 생각 없이 연달아 썼는데, 그것은 그가 이 구절들을 앞선 몇몇 구절들처럼 카시아누스의 《규칙서》의 유사한 절들에서 좀 기계적으로 받아들였기 때문으로 보인다—무언無言을 강화하고 표정 없는 미소를 억누르는 것이 얼마나 중요한지 강조된다. 말하자면 **그리스도의 본받음**에 가치를 두는 자는 구제에 필요하고 본보기가 되는 것만을 말할 때까지 그의 말을 줄여야만 한다.

　　마침내 목적지인 12단계에 이르러 베네딕트회의 주형에서 생겨난 수도사는 완전히 수도사 생활의 초상이 되어 늘 시선을 바닥으로 향하고 매 순간 피고인이자 죄인으로 몸을 굽히고 스스로를 낮춘다 incurvatus et humiliatus.* 그런데 이 항로가 끝날 때 사랑이 공포를 몰아낼 것이며, 꾸준한 노력의 자리에 초연한 자의 가벼움이 들어설 것이다. 이 가벼움은 정신적 성공의 서명이 된다. 공포와 전율이 있던 곳에 수월함이 존재할 것이다. 지옥을 더 이상 두려워하지 않고 주와 우정을 유지한다.

이 자리에―그 최고조를 표현하자면―인간공학의 중심 개념 보나 콘수에투도bona consuetudo, 곧 좋은 습관이 온다. 이 완전함의 교의의 핵심 표본에서 깨달음, 완성 혹은 변용에 대한 어떤 두드러진 말도 들을 수 없다. '완전한'이라는 술어는 더 이상 결코 인간 담지자에 적용될 수 없고 그 가장 중요한 특질인 신의 사랑(카리타스 데이 caritas dei)에만 적용될 수 있을 뿐이다. 이 사랑은 완전하므로(페르펙타 perfecta) 자신에게서 모든 공포가 떠나라고 지시한다고들 한다. 티모르 timor라는 표현은 초심자가 들려 있다고 느끼던 병리적인 감정Affekt의 총합을 나타낸다. 목적지에 다다른 자는 자신 안에 더 이상 이 감정에 대한 흔적을 발견하지 못할 것이다. 신의 사이코패스가 되는 것을 중단했기에 이제는 스스로가 가장 손쉽게 마음대로 할 수 있음, 순수한 기쁨과 축적된 자발성을 통해 신과 유사해진다. 그럼에도 불구하고 그는 가차없는 침묵taciturnitas의 계명으로 인해 창조적이고 표현적인 차원을 축소하고 있다.** 그가 최상의 존재와 유사해졌다면 그것은 아버지 쪽을 따른 것이 아니라, 죽을 때까지 순종한 아들 쪽을 따른 것이다. 수도사가 살아 있는 참회자의 입상으로 변한 것은 그가 교만으로 인해 위험해지지 않고 사다리의 최고 층계에 올랐음을 뒷받침한다. 그것은 불가능한 것이 쉬워지며 기적 같은 일이 관습이 되

---

*   Ibid., 7, 66[같은 책, 97쪽/97쪽; 같은 책, 47쪽].
** 수도사의 과묵에 대해서는 *Regula Benedicti*, 6, 1~8, 7, 9~11[《성 베네딕도 수도 규칙》, 83쪽, 87쪽/83쪽, 87쪽; 《베네딕트의 규칙서》, 37~38쪽, 39~40쪽]을 보라.

고 해방이 일상이 되는 단계다. **말하자면** 이제 수도사는 **자연스럽게** velut naturaliter 마치 그가 내세에 있는 것처럼 여기서 산다.

천국의 사다리: 은둔의 정신분석

베네딕트회의 규칙이 어느 정도까지 서양의 길에 동양을 이식하는 것을 추진했는지 충분치 않게 주목해왔는지도 모른다. 이 수도사 규칙의 엄청난 성공으로 이보다 더 오래된 유럽의 주체성 문화를 생각하는 데 반드시 필요한 사막[광야]이 그렇게 번역되게 되었다. 처음 루터의 종교개혁이 신교에서 동양을 몰아냈으며, 이렇게 해서 동시에 평신도의 영성에 대해 수도사의 구제 노력이 차지하던 우위도 몰아냈다. 사막을 정신의 체육장이자 다이몬들의 경기를 위한 훈련장으로 변화시켰던 안토니우스 주교Antonius der Große[251~356. 이집트 수도사로 '수도사의 아버지'로 불린다]의 은둔은 전적으로 동양적이었으며, 그 호소가 대영제국과 인도에까지 미쳤던 시리아 기둥성자들의 나체 고행적이고 반¥요가적인 과도함은 동양적이었고, 은둔주의를 경건한 공산주의의 모체가 된 초기 케노바이트들(공동생활을 뜻하는 **코이노스 비오스**koinos bios에서 유래했다)의 엄격한 수도원 병영 시스템으로 변형시켰던 것은 동양적이었다.* 정신의 교사를 주님Dominus이자 영혼의 전제 군주로 변형시키는 것에서 비롯됐던 무조건적인 순종의 관념은 동양적이었으며, 무엇보다도 오랜 자기수련을 마친 뒤 세속의

---

*   초기 **아스케테리아**(즉 수도사의 훈련소)와 군사시설과의 유사성을 이미 마르셸 빌레Marcel Viller와 카를 라너Karl Rahner가 그들의 저작 《교부시대의 수련과 신비주의》(p.92~93)에서 지적했다. 여기에서 두 번째 순종의 이상이 종교적으로 과도하게 코드화된 군대 편제에서 파생되어 나온다. 세 번째 파생에서는 제국주의적이고 에클레시아적인(교회공동체적인) 공무원의 윤리에 관해 이야기될 것이다. 에클레시아적 측면에 대해서는 Giorgio Agamben, *Die Beamten des Himmels. Über Engel*, Verlag der Weltreligionen im Insel Verlag, 2007[《천상의 관리들: 천사에 대하여》]을 보라. 제국주의적 측면에 대해서는 Peter Sloterdijk, *Sphären II, Globen, Makrosphäerologie*, Suhrkamp, 1999, pp.729~730을 보라.

내가 신성한 자기다움과 교환되는 것이 가능하다는 그 시대에 널리 퍼진 비밀-천사주의의 구상들에서 드러난 것처럼 살아 있는 동안 구제를 강요한다는 과장된 관념이 동양적이었다.

초기 가톨릭 동방주의의 대가는 보나마나 일명 클리마쿠스Climacus로 통하는 시나이산의 성 요하네스Johannes vom Sainaï(대략 525~625)다. 그는 약 580년부터 출애굽 민중들이 살던 이 거룩한 산의 수도원장이었고, 독일어판으로는 《정신의 널빤지들Geistige Tafeln》이라는 제목으로 나온 《플라케스 프네우마티카이plákes pneumatikaí》의 저자였다. 이 책에 이미 첫 필사자들이 **클리막스klimax**, 즉 사다리라는 명칭을 붙였고, 여기서 라틴어로 번역되어 **스칼라scala**, 말하자면 **스칼라 파라디시scala Paradisi**(천국의 사다리)가 됐다. 이 저작은 그 언어의 힘과 개념적 확실성뿐만 아니라 수도사의 영혼지도론Psychagogik에 대한 독립적인 개관을 통해 범람하는 수도사 문학에서 더욱 탁월했다. 《아타나시우스의 안토니우스의 생애Antioniusvita des Athanasius》*의 자극을 받아 동방의 그리스도교에서 수백 년에 걸친 학습 과정으로 전개됐던 은둔의 정신분석의 총체를 제공한 것이나 다름없다. 영혼지도론의 분석들은 온통 죄의식의 발견과 첨예화, 교만의 저항에 맞선 투쟁, 우울(**아케디아akedia**)과 탐욕(**가스트리마르기아gastrimargía**(그리스어), **굴라gula**(라틴어))의 회피를 비롯하여 병리적 공포의 완전한 근절을 통한 영혼의 회복 주변을 맴돈다. 여기서도 완성이 **아파테이아apátheia**(평정) 내지 **트란스쿠일리타스 아니미transquillitas animi**(마음의 평화)라는 표현으로 나타난다는 것은 수도원의 수행체계를 그리스도교 이전의 실천철학과 은유화된 운동경기주의의 자기수련의 기술들에 다시 연결하는 연속성을 증언한다. 저기도 여기도 완성된 자의 삶은 죽음을 향한 원정Anabasis처럼 있다.**

*   허성석 옮김, 분도출판사, 2015, 51~178쪽.-옮긴이
**   *S. Joannis Abbatis vulgo Climaci Opera Omnia editore et interpreto Mattheo Radero*(1663), In: *Patrologiae Cursus Completus*, accurante Jacuqes-Paul Migne,

고대의 다른 문서에서는 거의 드문 일이지만 이 문서에서는 그리스도교의 방법론[개인의 금욕적인 생활 방법을 요구한다는 의미에서] 이 사막에서 유래한다는 것을 추론할 수 있다. 이는 체육장, 경기장과 수사학자들의 학교에 머물렀던 헬레니즘의 방법론과 달랐으며 전쟁터에서 유래했음을 결코 부정하지 않았던 로마의 방법론과도 달랐다. 그중에서도 특히 키케로가 이미 특수 훈련을 하는 군대의 명칭(**엑세르키투스**exercitus)과 수련(**엑세르키타티오**exercitatio) 사이의 연관을 지적한 것에는 이유가 없지 않았다. 물론 여기서 야곱의 베델에 대한 꿈 이미지의 관련성이 빠져 있을 수 없다.《정신의 널빤지들》에서도 영혼의 오랜 방황에 대한 수도원주의-신비주의 서사가 동원되는데, 이 서사는 의무적인 출애굽으로 시작하여—그리고 애굽(이집트)들은 개념적, 도덕적, 정서적으로 소외된 '외부세계'가 있는 곳이면 어디에서나 만날 수 있다—"전반적인 부활에 앞서는 영혼의 부활"*과 할 수 있는 만큼 신을 닮도록 가까워진 채(**호모이오시스 테우**homoiosis theou(그리스어), **시밀리투도 데이**similitudo Dei(라틴어)) 영혼이 무감각의 천국으로 멀어지면서 끝이 난다.

이《천국의 사다리》의 30개의 로고스 혹은 장은 이미 일찍이 천국의 사다리의 층계들(**그라두스**)과 동일시되었으며, 비록 이 장들의 차례가 항상 계획적으로 진행되는 역정歷程에 짜맞춰져 있지 않더라도 그랬다. 그렇지 않으면 요하네스가 열광적으로 할 줄 알았던 그 기도가 맨 끝 세 번째 층계에서 비로소 구체적으로 언급된다는 것은 거의 생각될 수 없을 것이다. 베네딕트 규칙서의 겸허의 장처럼 시나이산의《천국의 사다리》는 낮춤의 사다리를 만든다. 그 첫 번째 디딤판들은 세속의 삶을 포기하며 사회적 염려들을 내던지고 순례를 떠

Series Graeca 88, Turnhout ca. 1967, col.1152[《마테오 라데로가 편집하고 해석한 별칭이 클리마키인 성 요하네스 수도원장의 전작》,《교부신학의 완결된 역정》]. 나는 이어서 그리스어 원본뿐 아니라 라틴어 번역본도 사용할 것이다.

*   Ibid., col.1147.

나는 데 있다. 여기서 **순례**peregrinatio는 재빨리 시대로부터 도주(**푸가 사이쿨리**fuga saeculi)하여 '종교적 삶'에 입회하는 것과 동일시될 것이다.* 이렇게 해서 고대의 저자들이 **렐리기오수스**라는 수식어를 사용한다면 그것은 예외적으로 수도원과 자기수련의 **생활 양식**이 문제라는 것이 또한 새롭게 드러날 것이다. 그런데 현대의 허수아비인 '종교'는 아득히 멀리 있다. 디드로에게서조차 수녀는 여전히 손쉽게 **라 러리죄**La religieuse라고 했으며, 그것은 세계의 단념을 소명으로 택한 사람을 이르는데, 이 경우에는 비극적으로 귀결된다.** 통속의 세계에서 순전히 벗어나기 시작하는 이 첫 번째 층계에서 금지될 수밖에 없는 어떤 일이 있다면 그것은 이집트에 대한 향수로 저마다 발작하는 것이다. 어떤 이가 세계의 이방인(**케노스**xenos)이 되길 원한다면 그는 이 세계를 어떤 광범위한 타국으로 바라본다. 뒤돌아보는 자는 롯의 아내처럼 입상으로 변할 것이다.***

세 개의 도입부 로고스가 외부세계로부터의 구제적인 분리를 다뤘다면, 4장에서 저자는 그의 독자를 신의 훈련소로 소집한다. 이것은 바로 '복된 순종'(**데 베아타 오베디엔티아**de beata obedientia)이라는 표제하에서 일어날 수 있다. 이 서술에서 실제로는 어떤 역정의 한 단계가 아니라, "강철 같은 습관의 흉갑을 때려 부수는 것"이 문제인 "그리스도의 권투 선수와 경기자"의 현존 전체가 딛고 설 수 있는 발판을 다룬다.**** 여기서는 자기로부터의 도주가 돕지 않는다면 이 세계로부터의 도주는 불충분하다는 것을 보여준다. 순종이란 이 기술의 규칙에 따라 옛 사람과 결별 선언을 실행하기에 적합한 테크닉의 총괄에 대한 수도원의 약호어로 여겨진다. 요하네스가 월등하게 가장

---

*   Ibid., col.663.
**   드니 디드로의 소설 《수녀La Religieuse》(이봉지 옮김, 지만지, 2013)를 가리킨다.-옮긴이
***   Ibid., col.674.
**** Ball, *Byzantinisches Christentum*, p.26.

포괄적인 이 책의 장에서 실행하는 사례들의 수집은 수도원에서의 변신들에 대한 감독의 직무가 맡겨졌던 옛 수도원장들의 절차적 의식을 증언한다. 여기서 옛 자기경험에 대한 지식이 얼마만큼 누적되어 작성되었는지가 나타난다. 250년 동안 사막에서 영혼지도를 위한 실험들이 벌어지면서 수도사의 경험적 지식의 보물창고는 지붕에 닿을 만큼 가득 채워졌다. 이 지식의 관리자들이 보기에 그 추종자들이 계속해서 하는 상승들은 전부 그들에게 천국 연구의 첫 번째 학기에 주어졌던 지도들에 달려 있다는 것이 분명했다. 그래서 오늘날의 관점에서 이 지도들은 파악할 수 없을 만큼 혹독했으며 그 안에서 비인간성과 초인간성이 서로 접촉했다.

요하네스의 사다리의 어느 곳에서 강제적으로 진전이 이뤄진다면, 그것은 참회와 유치장을 다루는 네 번째 층계에서 다섯 번째 층계로 옮길 때 가장 먼저 일어난다. 현대의 독자들은 참회 수행을 서술하는 부분에서 열렬한 현대 집단 치료 형식들에 대한 유비를 눈치채지 않을 수 없다. 이와 달리 유치장을 다루는 절들의 파토스는 가장 먼저 프라이멀 스크림primal scream 요법,* 환생 요법 등등과 같은 현대의 퇴행 처치들을 생각나게 한다. 그러면서 저기도 여기도 경건함 내지 유사 구원을 위해 거리낌 없는 시험들의 과도함으로 인한 환자들의 정신적 분쇄가 감수된다. 눈물의 의미와 관련해서도 고대와 현대의 카타르시스주의자들은 기묘하게도 가까이 있다. 이미 사막의 주교들은 눈물이라는 선물을 구제를 약속하는 지참금으로 축하했다.** 죄가 어떤 개별화된 사태가 아니라고 옛 사람 전부 틀림없

---

*   유아기의 외상적 사건을 현재화하여 신경증을 치료하는 요법.-옮긴이

**   동시에 수도원의 영혼지도자들은 자기동정의 그릇된 눈물과 회환 내지 헌신의 참된 눈물의 차이를 알았다. 유사하게 Milindapanha, *Die Fragen des Königs Milinda. Zwiegespräche zwischen einem Griechenkönig und einem buddhistischen Mönch,* herausgegeben und teilweise neu übersetzt von Nyanaponika Thera, Interlaken, 1985[《밀린다 팡하: 왕 밀린다의 질문, 그리스 왕과 불교 수도승 사이의 대화》]에서 3.3.6절 "Zweierlei Tränen"[〈두가지 눈물〉]을 보라.

이 그렇게 여겼다는 것을 우리는 익히 들어 알고 있다.* 게다가 여기서 우리는 전적으로 운동경기적이고 철학적인 맥락에서 잘 알려진 개념인 **아스케시스**áskesis(자기수련)와 **포노스**pónos(수고)와 다시 마주친다.** 스토아주의의 자기의-것만을-돌보기(**수아 탄툼 쿠라레**sua tantum curare) 역시 수도원의 약호에서 그것에 상응하는 자리를 얻는다. 이것은 유일하게 자신만을 돌보는 자는 자기 자신을 제외하고 그 누구도 비난하지 않는다는 것을 지킨다. 역설의 사다리 위의 여섯 번째 걸음이 죽음에 대한 명상으로 이어진다는 것은 회환의 논리로 이해된다. 무효화될 수 있음을 앞서 서둘러 무효화함으로써 고독하게 완전함을 얻기 위해 일하는 자들은 매우 멀리에서도 항상 목적지에 접근할 수 있다는 약속을 받는다. 그러나 일곱 번째 층계에 정주하여 기쁨을 창출하는 비탄(**펜토스**pénthos, **룩투스**luctus)에 대해 고찰해야 어떤 광명이 처음 나타난다. 자신의 타락을 불평해야 수도사의 길을 더 높은 단계들까지 인도하리라는 것을 말할 필요는 없다.

신을 모방하는 광휘

나는 《천국의 사다리》에 대해 계속 설명하는 것을 포기하고(이 책은 이어지는 내용에서도 믿을 만한 어떤 영혼의 여행 소설보다는 수도원 심리학 안내서에 더 가깝다) 최종 층계를 잠깐 일람하는 것으로 만족하고자 한다. 스물일곱 번째 상승의 디딤판에서는 세속의 자아성을 벗어내고 난 뒤 다다를 수 있을 신성한 영혼의 평정(**페리 히에라스 헤시키아스**peri hieras hesychías)이 이야기된다. '영혼 속을 거닐다'라는 표현이 이 상태를 가리킨다. 그럼에도 항상 주의는 필요한데, 복귀에 대해 느끼는 근거 있는 공포가 가장 숙달된 수행자들의 독방들조차 에워싸기 때문이다. 그리고 기도에 대한 설명이 이어

---

*　…… All' hólos ho palaiós ánthropos harmartía kaleitai. Non enim unum est peccatum, sed totus vetus homo peccatum appellatur. Col.781/82.

**　Joannis Climaci, *Scala Paradisi*, ibid., col.782[《천국의 사다리》].

진다. 이 설명에서 너무 높아진 기도의 어조와 더불어 무엇보다 마치 이 추종자들이 저 강력한 도구를 마지막 순간에만 쥘 수 있기라도 한 듯 기도가 늦게 등장한다는 점이(그럼에도 수도사들은 첫 번째 날부터 기도를 드린다) 주목할 만한 것 같다. 스물아홉 번째 층계에서 수도원의 인간공학의 기초어인 완전함(**텔레이오테테스**teleiótetes, **페르펙티오**perfectio)이 승리하기에 이른다. 어떤 다른 표현도 이 **층계(그라두스)**의 표제어에 이미 등장하는 '신을 모방하는 무감각'이라는 표현, 즉 신을 본받는 영혼의 평정만큼 이 완전함을 정의하는 것에 기여할 수 없다. 이 상태를 염두에 두어야만 요하네스는 "이제는 내가 사는 것이 아니라 그리스도가 내 안에서 사시는 것입니다"*라는 내장된 주체의 교환에 대한 바울의 도식을 재확인하면서 죽을 운명인 인간이라는 그릇에 '신이 동거한다'라는 관습적일 뿐 아니라 과장된 표현을 그럭저럭 잘 사용할 수 있다.** 무감각은 모든 종류의 인간사에서 벗어나는 것뿐 아니라 이 인간사를 떠올리는 일 자체에서 벗어나는 것으로 이어진다. 더할 나위 없이 훌륭한 플라톤적 방식으로 무감각은 아름다움 안에서 불멸을 보는 선물을 선사한다.***

서른 번째 층계이자 마지막 층계에는 복음서 덕목의 삼위일체인 믿음, 소망, 사랑에 대한 명상이 간직되어 있다. 여기서 인간의 신체는 어떤 살아 있는 성광으로 바뀐다. "영혼이 즐거워진 곳에서 얼굴에 꽃이 핀다."**** 대부분의 수도사들은 이 층계에서 먹고 마시는 것을 잊는다. 신을 보는 특권을 누렸던 모세처럼 그들은 영광으로 둘러싸여 있다. 신의 사랑으로 넘쳐흐르는 이 온전한 인간에게서 밝은 광휘가 나온다. 이때 그리스도교의 절대주의를 개괄하는 동시에 최

---

* 〈갈라디아서〉 2장 20절.
** Climaci, ibid., col.1149/1150.
*** Ibid., col.1153/54.
**** Ibid., col.1157/58.

상 존재가 어떻게 비-최상 존재 안에 현전할 수 있는지 설명하는 단어인 스타투스 앙젤리쿠스status angelicus(천사의 위상)마저 사용해도 된다. 신과 인간의 존재론적 차이가 마지막까지도 효력이 있기 때문에 하부 존재가 상부 존재에 관여한다는 것을 보장하기 위해서는 어떤 중재자가 필요하다. 천사들이 인간 세계보다 신에게 더 가까이 있다는 점에서 어떤 사람이 천사가 된다는 것은 그가 **인간의 조건**에서 해제되어 초인간적인 존재의 등록부로 인도되는 것과 같은 의미다. 동시에 이 천사의 개체화는 영적 저자들의 생각대로라면 바로 인간이 **악을 본받음**imitatio diaboli으로써 그의 본성이 타락되기에 이르지 않았다면 그가 줄곧 그러했고 그렇게 남아 있어야 했을 상태로 되돌아감을 의미한다.

완전주의와 역사주의

이렇게 분명히 너무 서둘러서 '서구 목적론'*의 몇몇 특색들을 언급하고 나면 그다음 사실이 자명해진다. 완전성에 대한 지향은 완전 모티프의 초기에는 예외적으로 현자와 성자의 삶의 경로와 관련됐다고 말이다.** 완전주의의 경향이 '민중'과 인류 전체에, 정말 때로는 만유에까지 어떻게 확장되었는지는 다른 자리에서 여기에 걸맞게 구체적으로 논해질 수밖에 없다. 당장은 완전주의와 보편주의의 공통 역사에 대한 어떤 비판적인 보고가 빠져 있다. 이것에 대한 암시들은 200년 동안 '계몽주의' 혹은 '진화'와 같은 어떤 추세를 가

---

*   Jacob Taubes, *Abendländische Eschatologie*, Zürich, 1947, Neuausgabe, Berlin, 2007[야콥 타우베스, 《서구 종말론》, 문순표 옮김, 그린비, 2019]를 보라.

**   여기 해당하는 문헌은 '수도원 생활 밖의 완전함'의 가능성에 대한 공치사를 충분히 실행한다. 그럼에도 위에서 여러 번 인용된 예수회원 빌레와 라너와 같은 저자들조차도 초기 그리스도교의 영성을 개괄하면서 얼마나 짧게 이 주제를 끝마쳤는지 본다면(§36), 이 사안의 본질이 무엇인지 알 수 있다. **데보티오 모데르나(새신심운동)**가 시작되기 전 수도회 밖에는 **구원이 없다**nulla salus는 것이 실천적으로 유효하다.

리키는 개념들로, 그리고 여기에 해당하는 거대 서사들로 유통됐다. 그 누구도 좀처럼 이 표현들에서 그리스도교화된 사막에서 엄격하게 개별적이고 개별 영혼에 관련된 전조들을 띠며 부화됐던 익명의 완전에 대한 관념들이 계속 발전하고 있다는 것을 알아차리지 못한다. 오직 사막에서 영혼이 어떤 역사를 획득했기 때문에 내세행 나룻배인 교회는 이와 유사한 역사성을 얻을 수 있었다. 교회사가 완전이라는 비밀을 따로 간직할 수 없었으므로 그것은 세계사에 누설됐고 철학에 의해 출판됐다.* 디드로의 표어 "우리 서둘러서 철학을 대중적으로 만들자"는 계몽주의자들의 이름으로 지난 날짜의 서사 형식을 계속 지니고 다니던 익명의 완전주의자들의 암호가 되어야만 했다.

그러니까 역사주의로 지칭되는 것은 표면적으로만 보면 생성의 시각에서 모든 사물을 고찰하는 것이라고 할 수 있다. 더 심층적인 의미에서 역사주의는 완전주의의 전염이 더 커다란 통일체들로 점점 더 뻗어가는 것과 그 본질이 같다. 민중을 이르든 혹은 인류나 만유를 이르든 그것은 실제로 존재하는 최대한까지 확장된다. 완전함으로 이어지는 역정은 정화로 인한 고통의 연쇄로 이뤄지므로 완전의 관념이 개개인에서 교회의 민중으로, 교회의 민중에서 인간 종으로 확장되는 것은 카타르시스적으로 시험될 수 있는 집합체를 끊임없이 더 거대한 판형으로 만드는 것과 같은 의미다. 처음에는 사막을 개별 연옥의 무대로 발견한 은둔자들이 있었으며, **아스케테리아**(수도승공동체)로 불리고 나중에는 **모나스테리움**monasterium과 수도원으로 불린, 최초의 완전함의 집단 훈련소이자 종교적 공산주의의 발생지인 집단 연옥을 발명했던 케노바이트들이 그들을 뒤따랐다. 그 뒤 고도 중세

---

* 이것에 대하여 늘 표준이 되는 책은 Karl Löwith, *Weltgeschichte und Heilsgeschehen. Die theologischen Voraussetzungen der Geschichtsphilosophie*(초판 1949/1953, Kohlhammer), in *Sämtliche Schriften Band 2*, Metzler, 1983, pp.7~239[카를 뢰비트, 《역사의 의미》, 이한우 옮김, 문예출판사, 1990]다.

는 내세의 '제3의 장소'(마르틴 루터의 표현)에 대한 표상을 대중화했는데, 이것은 실지 공적으로는 연옥이라는 이름을 지녔고 이곳에서 천국에 찬성하는—초기 민주주의적으로—그리스도교 다수는 계속 더 치료받았다.* 여기서 초월적 이행 사회가 그 첫 윤곽을 획득한다. 마침내 계몽주의는 진보적 '역사'를 속세 안의 연옥으로 고안해내고 그 안에서 어떤 완전화된 '사회'의 가능성의 조건을 작성한다. 그때 근대의 공격적인 사회신학이 제국 시대의 정치신학에 작별을 고할 수 있었던 전제 조건들이 충족됐다. 계몽주의가 그 심층 구조에서 배움과 고통에 대한 고대의 후렴—**마테인 파테인**mathein pathein(배움이 고통이다/고통이 배움이다)—을 집단적으로나 종의 폭으로 번역하는 시도가 아니라면 무엇이었을까? 그것은 모든 것들을 대대적으로 최적화하는 것에 선행하는 이행의 고통에 다수가 몸을 내맡기도록 설득하기를 원하지 않았던가?

'역사'와 그 여신인 '사회'에 대한 경험들은 물론 거의 고무적이지 않아서 포스트모던의(혹은 포스트완전주의의) 시대정신에 스며든 반목적론적 반응을 모든 측면에서(정처 없는 표류에 도취할 때까지 도를 넘는 경우를 포함하여) 이해할 수 있었다. 이 탈주술화를 배경으로 샤토브리앙François-René de Chateaubriand[1768~1848. 프랑스 문학의 낭만주의를 정립한 작가이자 역사가]의 심오한 논평은 그 진가가 인정될 수 있다. "연옥은 시에서는 천국과 지옥을 능가한다. 천국이나 지옥에는 없는 어떤 미래를 나타내기 때문이다."** 낭만주의자의 눈에 미래는 불완전함의 운문이 펼쳐지는 차원을 의미한다. 관성의 유혹과 마찬가지로 완성의 유혹에 저항하는 자가 이 차원에 대한 몫을 획득하며, 이것이 왕림에 대한 지옥의 패러디다. 니체가 최후의 참된 역사가였다는 것을 말하는 게 더 필요할까? 그는 평평해진 일반[보편] 교

---

*   Jacques le Goff, *La naissance du purgatoire*, Gallimard, 1981[자크 르 고프, 《연옥의 탄생》, 최애리 옮김, 문학과지성사, 2000]을 보라.

**   Ibid., p.7[같은 책, 17쪽]에서 모토로 인용됐다.

양Allgemeinbildung의 세기의 한복판에서 더 위대한 인간을 낳는 개별 연옥이라는 은둔의 비밀을 수호했던 사람이었다.

인도의 목적론

나는 마치면서 인도 완전주의의 기초 형식들과 이것이 수행하는 현존재의 시간 구조들과 맺는 관계를 요약하며 살펴보고자 한다. 서구의 목적지를-향한-존재의 첨예화마저 훨씬 앞질렀던 어떤 사상이 일찍이 존재했다면, 그것은 인도 아대륙의 기반에서 전개됐던 것과 같은 동양의 목적론이다. 완전함의 자기장이 어떤 문명에서도 고대와 근대의 인도에서처럼 그렇게 강력한 영향을 행사할 수 없었다는 것을 확언하는 사람은 진부한 말을 하고 있는 셈이다. 인도의 영성은 지구의 나르시시즘의 곡창지대다. 정신분석에 의해 주조되었음에도 더 이상 독점되지 않는 이 개념을 영적 자기관계들 일반을 새롭게 기술하려는 목적으로 열어놓는다는 것을 전제로 할 때 그렇다.

자아기술 면에서 계몽되지 않은 젊은이 나르시스가 물가 위로 몸을 기울이고 그의 유혹적인 거울상을 껴안고자 한다면(그로 인해 그는 균형을 잃고 앞쪽으로 넘어지고 물에 빠진다), 반면에 인도의 관조자는 그의 내면 위로 몸을 굽히고 오르기 시작한다. 그는 그를 바라보는 거울상에 오래 머무르지 않고, 오히려 할 수만 있다면 그의 의식의 장을 초월적 증인의 현전을 위해 개방시키길 원한다. 설령 이 증인이 여기서도 처음에는 대개 대타자의 형상과 혼합되더라도 말이다. 신들의 수가 인간의 수를 능가하는 문화에서는 정신의 삶은 대타자들이 벌이는 끊임없는 시합으로 빠질 수밖에 없다. 모든 것이 신들로 가득 차 있다는 소크라테스 이전 철학자들의 격언은 그리스적 관계들보다는 인도적 관계들에 훨씬 더 들어맞다.* 신이 과잉거주한 그

---

* 로맹 롤랑Romain Rolland[1866~1944 노벨문학상을 받은 소설가이자 극작가이고 예술사

결과는 표상적인 사유의 요소들이 순수한 증인-자기의 기대와 겹친다는 것이다. 신학적 환영이 개별 영혼 안에 모든-영혼의 이미지 없는 현존 앞으로 자기도 모르게 이동한다. 이와 같은 겹침을 철거하고 예전의 삶들과 실제 어린 시절에서 유래한 병리적 개별성의 찌꺼기를 '주목의 불꽃' 속에서 불태우는 것이 인도의 기반에서 전개된 모든 영적 테크닉들에 표명된 의미다. 이 테크닉들의 풍부한 형식들, 절정들과 뉘앙스들과 관련하여 **상세하게**in extenso 어떤 적합한 개념을 만든다는 것은 인도인을 비롯해 비인도인들에게도 거의 똑같이 희망이 없는 시도일 수 있다.

인도의 인간공학의 시초는 아리아인들 이전 시대*까지 소급할 수 있는 고대의 심성과 영혼지도의 운동경기주의로 거슬러 올라간다. 여기서 고행자들에 대한 가장 오래된 명칭이 **슈라마나**shramana, 즉 스스로-애쓰는 자라고 적힌 것은 이유 없이 그렇게 된 것이 아니다. 이 말은 곧장 그리스어의 **포노스**(수고)와 **필로포니아**philoponía(근면)를 자랑하는 경기자들을 떠올리게 한다. **아슈라마스**ashramas라는 말은 산스크리트어 어근 **슈람**shram(수고)에서 파생해 브라만의 삶의 길의 네 단계를 총괄하며** 처음부터 고행자들과 숲속 은둔자들의 수행들을 표현했다고 한다. 이 말에 '아슈람Ashram'이라는 개념도 의존해 있는 것 같은데, 이것은 본래 어떤 은신처, 말하자면 어떤 영적 교사 곁에서 하는 수도원과 유사한 취락을 포함하여 명상을 위한 물러남이 가능한 모든 시설로 확장되기 이전의 어떤 고행자의 수행지를 의미했

가이자 신비주의자]은 그의 책 *La vie de Ramakrishna*(Librairie Stock, 1929)[《라마크리슈나의 생애》][로맹 롤랑, 《라마크리슈나: 신화가 되어버린 영혼》, 박임외 옮김, 정신세계사, 2006]에서 3억 명의 신들과 똑같이 많이 사는 인도인들 사이의 인구학적 동등함의 순간을 해석한다.

* 아리아인들의 인도 북부 침입과 정착은 BC 3000~BC 1500년에 이뤄졌다.-옮긴이

** 이 책의 369~371쪽을 보라.

다. 그리스도교 은둔주의의 현상들(1000년 이상 더 젊다)에 대한 유비들이 떠오르는데, 이때 이곳뿐 아니라 저곳에 주어진 요가적인 자기배려(돌봄)와 영적인 자기배려(돌봄)를 위한 운동경기적-신체적 수행의 유사성은 명백하다. 인도(신성한 남자를 **무니**muni, 즉 벙어리라고 불렀던 곳에서)뿐 아니라 이집트 사막들에서 침묵에 보인 존중 역시 이와 동일한 방향을 가리킨다. 양대 고행의 중심지에서 모든 종류의 습관적 발화는 영혼이 그 후퇴의 의미를 구성하며 해방되었던 곳으로 영혼을 다시 빠지게 만드는 어떤 세속화와 다름없다고 이해되었다.

인도의 영성이 분리 모티프의 설립에 얼마나 근본적으로 기반을 두는지는 그곳의 관조자들이 오래전부터 그들의 정신적 목적지를 표현하던 어휘집을 잠깐 보면 확실히 밝혀진다. 영적 삶의 네 기초어 **모크샤**moksha, **아파바르가**apavarga, **니르브리티**nirvritti, **니브리티**nivritti는 예외 없이 후퇴, 회피, 사라짐, 중지와 꺼짐의 단어장에 속할 수 있다. 이것들 각각에는 물러남의 특질을 일체화할 의무가 있는 인간공학 절차들의 어떤 포괄적인 장치가 속한다. 나는 계속 해설하지 않고 하인리히 침머Heinrich Zimmer[1890~1943. 독일의 인도학 학자이자 남아시아 예술사가]의 최고 목적지어들의 의미장들에 대한 통찰을 따르겠다. "**모크샤**는 '떼다, 자유롭게 하다, 가게 하다, 해방하다, 풀어주다, 구출하다와 떠나다, 남겨두다, 뒤에 남기다'를 뜻하는 어근 **무크**muc에서 왔는데, 그 의미는 '해방, 도주, 자유, 구원, 구제 그리고 영혼의 최후의 벗어남'이다. **아파바르가**는 '회피하다, 파괴하다, 분쇄하다와 찢어내다, 뽑아내다, 떼어내다'는 의미의 동사 **아파브리**apavrij에서 파생했는데, 그 의미는 '벗어던지다, (어떤 투석 무기를) 끊임없이 던지다, 짐을 내리다, 맡기다 그리고 완성이자 끝'이며 '어떤 행위를 완수하거나 완료하는' 것이기도 하다. **니르브리티**는 '사라짐, 절멸, 휴식, 평정, 평화, 완성, 충족, 세속의 현존으로부터의 해방, 평화로워짐, 행복, 지복'을 뜻하며, **니브리티**는 정지, 종결, 사라짐 그리고 행위와 노동의 절제, 중지, 인도, 포기 그리고 세속적 행동과 감정의 중지, 내면의 평정, 세계로부터의 분리됨 그리고 평정, 평화, 행복을 뜻한다."[*]

인도 수행 문화의 발전을 고도의 추상화의 광학에 비춰 추적하고 싶다면, 여기서도 근원적인 자기수련의 분리와 물러남의 주체화 문화의 형성이 이뤄지는 그 양태에 대해 질문될 수 있을 것이다. 인도의 인간공학의 운명은 그 서구의 대응물과 오직 한 지점에서만 완전히 근본적으로 구별된다. 카스트 체제로 인해 가장 나이가 많은 브라만들에게는 분리가 확실히 친숙한 유산으로 주어졌고 그래서 처음에는 절대명령에 대한 개별화된 반응을 통해서는 획득될 필요가 없었다. "너는 너의 삶을 바꿔야 한다!"라는 호소에 대한 응답은 그 총체가 어떤 집단적인 분리와 다를 바 없는 것을 나타내는 그런 브라만의 삶의 형식에 있다. 그것은 본질적으로 비-브라만 인구의 한복판과 위쪽에 어떤 신인의 카스트 혹은 더 적절하게 표현하자면 인신들의 카스트를 이식하는 것을 의미한다. 이 시각에서 고찰하자면 가장 오래된 브라만의 실존은 거의 확정된, 상속이 가능한 초인간성의 구조 안에서 평온하게 자라서 뻗어가는 것에 대한 약속이다. 셰익스피어의 재담으로 이해하자면 서구의 보통 사람이 어떤 유일한 덕의 접근도 허용하지 못하는 잘 조직된 "실수의 공화국"[**]으로 정의될 수 있는 것처럼 브라만적 인신의 **삶의 양태**는 보충될 수 없는 장점들을 갖춘 안정적인 공화국으로 기술될 수 있을 것이다.

두 번째 분리의 비밀: 카르마를 어둡게 만들기와 해방의 추구

그럼에도 불구하고 이와 같은 문화에서도 이 유산의 사적인 전유에 대한 문제가, 무엇보다도 초기 도시들에서 최초의 개별화가 시

---

[*]   Heinrich Zimmer, *Philosophie und Religion Indiens*, Suhrkamp, 1973, p.50[《인도의 철학과 종교》].

[**] William Shakespeare, *Much Ado About Nothing*, 5. Akt, Zweite Szene[윌리엄 셰익스피어, 《헛소동》, 지유리 옮김, 동인(이성모), 2014, 136~140쪽].

작됐던 사회적 전환의 시대에서 제기된다. 프로테스탄티즘에서 목사관의 혈통이 목사 아들의 영적 문제들을 자동적으로 규정하지 않는 것처럼 브라만 가문이라는 출신도 브라만의 자손이 살아가는 데주어질지 모르는 모든 불확실함을 세계에서 제거할 수 없었다. 이렇게 해서 열망된 신분상의 격정의 개별화는 이 문제의 논리에 따르면 개개인이 분리된 집단에서 추가로 분리해야만 성취될 수 있을 뿐이다. 두 번째 분리에 대한 이 강제가 고대 인도 문화의 진화 엔진을 가동시킨다. 이 문화가 출발하는 역설들은 그것이 능가할 수 없어 보이는 정상을 이어지는 분화들의 출발점으로 규정한다는 것으로 표현됐다. 따라서 향상과 능가를 자청했던 브라만의 실존의 유일한 차원은 세계와 삶 전체에 대한 부정적인 입장의 영역에 있었다. 말하자면 가장 초기의 브라만들에게도 이미 확실히 세계에서 멀어지는 일이 친숙했다. 이것은 이미 감각세계로부터의 몰아적인 벗어남을 강조하면서—예로부터 최후의 실재성을 경험하기 위한 왕도로 찬미됐다—생기지만, 그럼에도 브라만의 가장들의 사제적이고도 가족적인 결속들은 그들의 신적인 자기의식과 함께 현실화된 세계로부터의 도주에 감지될 수 있는 한계를 뒀다. 후진들 가운데 몰아 상태의 유산을 심화시켜 전유하길 원하는 자는 이렇게 해서 저절로 그런 것처럼 후퇴를 급진화하라는 충고를 받았다. 브라만의 번식 의무를 다하고 후세에 신의 비밀들을 넘겨주고 난 뒤의 인생 후반부가 아니라, 이미 생식에 대한 압박을 배척하면서 그때까지 모든 것을 지배하는 신성한 불을 아버지에게서 아들에게 넘겨주기를 포기하는 인생 전반부에 이미 충고받은 것이다. 이리하여 무엇보다—예로부터 인도에서 짓누르는 실제 비참으로 인한 것 훨씬 그 이상으로—실존의 총체에 대한 판단을 비관적으로 탁하게 만드는 것이 우위를 차지할 수 있었다.

이 연관에서만(다른 곳에서는 거의 명백하지 않다) 베다의 시인들에게는 아직 알려지지 않은 환생의 바퀴(윤회)라는 표상에 대한 인도 문화의 개방이 파악될 수 있다. 환생론의 불가사의한 성공은 고행자들이 두 번째 분리의 정신에서 마땅히 세계상을 어둡게 만들려고 택했던 수단을 그 안에서 볼 때에만 평가될 수 있다. 환생론은 초기에 하차한 이들의 고행생활Asketismus에 존재론적 토대를 제공한다. 이 고행생활만이 만유를 영혼의 덫과 같다고, 낳아지고 태어난 이들 모두가 다시 낳아지고 다시 태어나서 감금에서 감금으로 나아가는 감옥이자 환영 시설과 같다고 기술하는 것에 관심을 가질 수 있다. 이 관점에서 환생론은 끊임없이 낳는 죄의 숭고한 형이상학을 표현할 뿐 아니라―여기에는 이집트적-그리스도교적 심판의 신화론에 대한 기능상의 등가물이 있고, 따라서 형이상학화된 르상티망의 어떤 매개체 역시 확실히 존재한다―마찬가지로 청년 직업 고행자 계급을 분리하기 위한 **불가결의 조건**conditio sine qua non이기도 하다. 이 반란자들은 그들에게 번식을 직접 불운의 번식으로 파악하는 것이 의미 있게 된 뒤부터 끊임없이 번식의 불운에 거역하는 데 성공했다. 그때부터 실재적인 것의 실재성은 인간들이 공시적으로 서로에게 가하는 비참을 통해 정의될 수 있을 뿐 아니라, 마찬가지로 통시적으로 저장된 죄가 확산되는 것으로도 여겨질 수 있다. 그때부터 주된 표어 해방(**모크샤**)은 근원적인 몰아 상태에 다시 연결되는 가능성을 나타내기보다는 불순하고 절망적인 존재에서 도주하는 것을 가리키는 암호로 바뀐다.

그런 조건들 속에서 해방이 어떻게 **장기 지속**longue durée의 현상으로 변이될 수밖에 없었는지 알 수 있다. 그와 같은 해방은 아직은 어떤 실존적 기획으로 첨예화하기에는 적합하지 않다. '실존적'은 항상 '이번 생에서 성취할 수 있는'과 동의어이기 때문이다. 개개인들이 카르마 시간의 기나긴 길을 이동한다는 점에서 해방을 위한 순례에서는 활기 없는 리듬이 우세하다. 말하자면 환생론이 침투한 뒤 모든 본질적인 시간이 구원의 시간으로 인식되지만―그리고 구원은 언제나 엄격하게 개별 영혼별로 생각될 수 있다―처음 역사적 붓다의 가르침이 활기 없는 카르마 기계를 부수고 반드시 이번 생에서 그 기계가 정지하길 원할 것이다. 그럼에도 결정적인 것은 인도의 고행이 그리스도교 사막의 고행처럼 결국 개별 연옥의 시험들과 개별 종말론의 구원들에만 정통하다는 사실이다. 이 고행이 세계를 구원하는 시간과 같은 것을 구상할 수 있다면 아마도 가장 먼저 길이, 색깔, 견실도가 다양한 수많은 카르마의 개별 실들로 이뤄진 어떤 두꺼운 밧줄의 이미지에서일 것이다. 어떤 보편적인 역사Geschichte의 이념을 통한 유혹에 대한 인도의 면역성은 그 명상 문화가 보편적 세계 시간에 대한 환영을 이미 일찍이 엄청나게 많은 개별화된 구원의 이야기들 Geschichten 속으로 해체했다는 것에 근거한다(이 조작은 사회 전일주의적으로 주술화된 유럽인들에게는 20세기의 포스트계몽주의를 통해 비로소 **필연적으로 변화되어** 시야에 들어오게 됐다). 인도 문화가 극도로 완전주의적이고 이 의미에서 역사적인 문화임에도 불구하고 결코 집단의 완전을 진지한 선택지로 인정하는 생각은 하지 못했다. 진보적인 구제 정치의 이념들에 대한 인도의 무관심을 이 이념들의 서구 이데올로그들은 '비역사적'이라는 술어로 되갚았다.

이것을 배경으로 초기 베다의 인신들의 시대부터 인도의 영성을 장악하여 결국 붓다와 마하비라Mahavira[BC 599~BC 527. 인도 자이나교 창시자]의 세대에(최근의 연대 결정에 따르면 기원전 4세기에) 다방면에서 성찰적으로 세계를 부정하고 삶을 부정하는 완성된 체계들로 여물었던 증폭되는 부정주의가 파악될 수 있다. 이 위대한 교사들의 시대에 고행적 분리에 대한 충동이 오랫동안 나머지 카스트들에게까지도 퍼져서 그들을 근본적인 부정의 정신으로 자극했다. 이것은 확실히 늘 인도인들이 오랫동안 일반적으로 행동의 결과와 접촉을 정화하는 것에 가졌던 근심을 배경으로 한다. 물론 그런 평가들의 바탕이 되는 것은 또한 항상 본래적인 실존적 기분의 관여다. 청년 싯다르타가 아버지의 궁전에서 처음 나와 병자, 노인과 망자의 형상으로 세계의 악을 처음으로 자신의 두 눈으로 봤을 때 그가 느끼던 동요를 부정하지 말아야 한다. 그가 북문을 통해 궁전을 떠났을 때 그가 마지막으로 마주쳤다고 하는 고행자에게 열광하고, 그리고 그의 모습 때문에 그가 구원의 오솔길로 갔다는 것도 마찬가지다. 다른 한편으로 그가 처음으로 고행자를 보고 이 사람의 외관으로 인해 병, 노화, 죽음에서 해방되어야 하는 필연성에 대한 어떤 단서를 얻었다고 추측하는 게 허용되어야 한다. 이 전설 바깥의 어떤 왕자도 가난하거나 병든 사람들의 모습을 자기 자신에게 관련시키려는 생각을 하지 못할 것이다. 그와 같은 일은 이미 고행에 대한 관심이 일어서 그것에 유리한 경험적 논거들을 찾고 있는 자만이 행할 뿐이다. 어떤 왕의 아들은 현존의 악에 대한 백신 성분을 질문하는 것보다 어떤 투쟁에 관심이 있다. 이 투쟁에서 이기는 것이 그에게는 왕의 유산보다 더 고귀하게 보인다. 비관주의의 거대 체계들에서도 문제는 이 주인공들의 실존적 기분에 상응하는 특이한 경향들이라기보다는 제2차 윤리적 분리 내지 비-브라만의 위치에서 세속의 삶과 단절하는 법칙성이다. 이 제스처를 택했던 고행자들에게는 실존을 부정하는 길이 유일하게 여전히 열려 있었다.

이 상황들은 베다 이후 시대의 인도의 완전함을 위한 기획들이 전체적으로 형성되면서 구체화된다. 궁극의 목적지—실제로 최후의 자기 혹은 비-자기로 포착됐든(유기체적 전체와 관련하여systemisch 낯설게 표현하면 존재 혹은 무 안에서의 총체적 면역성에 대한 추구다) 절대적인 실재성과 합일하는 것이다—는 **선험적으로** 정해져 있으며, 이에 상응하여 인간에게는 그 목적지에 다다르려는 어떤 노력도 매우 대단할 수 없다는 틀에 박힌 주장이 등장한다. 그러므로 '동양의 목적론'에 관해 말하는 것이 충분히 타당하다. 그와 같은 고도의 목적의식과 절대적인 열광이 어떤 수행 문화의 근본 특징에 속하는 곳에서는 목적지에 대한 표상들이 분화되는 일은 일어나기 마련이다.

느린 길들과 빠른 길들

마이소르 히리야나Mysore Hiriyanna[1871~1950. 인도철학 저술가]는 최종 목적지의 구상과 관련하여 인도 사상의 기초적 분열을 매우 단순하게 개념화했다. "삶의 목적지의 본질을 건드린다는 점에서 인도의 체계들을 두 계급으로 세분할 수 있다. 그 본질에서 비참으로부터의 절대적인 자유만을 보는 이들과 그 안에서 지복 역시 인식하길 원하는 이들로 나눌 수 있다."*(저자는 대승불교의 이타주의 전회를 알아차리지 못하는데, 이것은 그가 동정이 최고 등급의 삶의 목적으로 승격되는 것에서 인도의 기초적 경향에 이질적인 요소를 지각하기 때문으로 보인다.) 보통 어떤 수행체계에서 세계를 부정하고 현존의 속박에서 구원된다는 모티프가 강하게 형성돼 있을수록 이 체계는 첫 번째 선택지(유형학적으로 스토아주의의 **아파테이아**, 즉 평정과 일치한다)를 더욱더 결정적으로 표방하는 반면, 세계를 긍정하고 삶을 긍정하는 경향은 당연히 신적이면서도 초-신적인 황홀 속 고행의 절정에 더 가까운 특징을 띤다고 말할 수 있다. 이와 같이 부정적인 구원의 체계들이 여전히 이번 생에서 도달할 수 있는 신속한 해결에 친연하다는 것은 최종 지복론이 윤회의 걸상들 위를 느리게 나아가는 영혼들과 조화로운 것과 마찬가지로 납득할 만하다.

수행하는 삶의 시간적인 윤곽과 관련하여 어떤 체계도 불교처럼 그렇게 극단적인 변이들을 보여주지 않는다. 티베트에서처럼 불교가 고대 샤먼의 마술 전승과 뒤섞이는 곳에서 전 세계적으로 타의 추종을 불허하는 고행적 부정성의 과잉에 다다른다. 그러면서 초기 불교의 구원을 위한 인내가 실천적으로 모든 영향을 상실하는데도 환생의 숙명론은 삶을 집어삼키는 희생 신조의 매우 음울한 특징들과 섞여서 의기양양하게 복귀한다. 더욱이 가장 극단적인 관조자들(이 가

---

* Mysore Hiriyanna, *Vom Wesen der indischen Philosophie*(초판, London, 1949), Diederichs, 1990, p.145[《인도철학의 본질에 관하여》].

운데에는 산 채로 벽 속에 감금된 자들과 자기를 말살하는 다른 경기자들이 있다)이 돌아오는 수많은 사람들을 바라보며 있는 것이 여기서 보인다. 가장 혹독한 금욕 속에서도 조금씩만 전진할 뿐이다. 이 스펙트럼의 다른 극에서는 깨달음이 문득 곧장 들어서는지 혹은 점점 늦게 들어서는지 이 문제에 대한 선불교에 특징적인 숙고들이 발견된다. 이것에 대해 중국의 선사 혜능Hui-Neng[636~713]의 《육조단경Podium-Sutra》에는 다음처럼 이른다.

> 친애하는 제자들이여, 본래 불법에는 돈점頓漸의 구분이 없지만, 사람의 자질에는 명민함과 우둔한 차이가 있기 때문에, 돈과 점의 두 방법으로 분별된 것이다.*

이 숙고는 벗어남이 수분 내에 혹은 수십 년 내에 일어나는지에 대한 질문을 유일하게 열어둔다. 그럼에도 어떤 선불교의 학파가 돈오頓悟의 노선을 선호하든 점오漸悟의 노선을 선호하든 상관없이 이 사조 전체가 그 치료적이고 비이론적인 근본 태도 때문에, 이번 생을 마지막으로만 알고 있는 서구인들의 영적 영감의 이목을 끌기에는 충분히 조급한 것으로 밝혀진다.

지금 맥락에서는 인도의 자기테크놀로지의 절차상의 세부 사항들에 관여하는 것이 아무런 의미가 없을 것이다. 우선은 이 주제와 관련해 엄청난 양의 분화들이 등장하여, 그것을 탐구하려면 흥미를 가진 유한자에게 제공되는 것보다 더 많은 시간과 정력이 요구되기 때문이고, 다른 하나는 이 장의 거의 모든 **전문용어**에 서구 관찰자들에게는 거의 극복될 수 없는 의미론적 문제들이 결합되어 있기 때문이다. 그럼에도 인도의 수행론에서 친밀한 느낌을 불러일으키는 것

---

* Hui-Neng, *Das Sutra des Sechsten Patriarchen, Das Leben und die Zen-Lehre des chinesischen Meisters Hui-neng*, Barth, 1989, p.67《육조단경: 중국 선사 혜능의 생애와 선의 가르침》][혜능, 《혜능 육조단경》, 김진무 옮김, 일빛, 2010, 325쪽].

은 이 역시 서구의 짝패처럼 곳곳에 실천적으로 단계 시스템이 정리되어 있다는 사실이다. 이 체계들 중에서 하나의 예시만 언급하자면, 파탄잘리의 《요가-수트라Yoga-Sutra》에 나오는 여덟 **앙가스angas**(행법) 혹은 '마디Glieder'가 특히 이름나 있다. 1. 억제(**야마yama**), 2. 규율(**니야마niyama**), 3. 자세(**아사나asana**), 4. 호흡 통제(**프라나야마pranayama**), 5. 대상에 대한 감각의 철회(**프라트야하라pratyahara**), 6. 집중(**다라나dharana**), 7. 명상(**댜나dhyana**), 8. 관조적 무아지경(**사마디samadhi**).* 순차적인 습관화의 모든 체계들에서처럼 여기서도 초기 단계들에서 획득된 기질들—특히 어떤 도덕 예비교육과 다름없는 처음 두 기질들과 초등학교처럼 신체적인 자기통제에 무엇인가를 제공하는 세 번째와 네 번째 기질—이 더 높은 단계의 수행들에 동반되며 이 수행들에 **실제로** 주제를 가지지 않을 수 있고 그래야만 하는 이 수행들의 주춧돌을 제공한다.

유사한 등정이 《포타바루정Potthapada-Sutta》에 밝혀지는 대로 붓다의 자기테크놀로지로 잘 알려져 있다.** 이 아홉 단계의 니르바나를 향한 여행은 네 개의 기초적인 **자나jhana**, 즉 명상들(정화[초연함], 집중, 비움[무심], 순수)을 비롯하여 절대적으로 텅 빈 관조를 하는 부동으로 기술되는 마지막 상태에 이를 때까지 네 개의 더 높은 **사마팟티 samapatti** 혹은 '도달들'을 거친다.*** 물론 항상 과장할 준비가 된 인도의 단계 체계들에서는 단계적 확대의 법칙이 인지될 수 있다. 이 법칙에 따르면 누군가가 확실히 검토될 수는 없지만 전달될 수는 있는 규준들에 따라 그 밖에 고안된 높은 등급들에 여전히 어떤 추가적인

---

* 현대의 구체적인 해설로는 B. K. S. Iyengar, *Lumière sur les Yoga Sutra de Patanjali*, Buchet-Chastel, 2003[《파탄잘리의 요가 수트라에 대한 설명》]을 보라.

** "Neunte Rede", *Digha Nikaya Sutra, Die längeren Reden Buddhas*[〈제9경〉, 《디가 니까야 수트라, 불설장아함경》][〈불설장아함경 제17권, 9. 포타바루경〉, 《장아함경 2》, 261~280쪽; 〈4. 뽓타빠다경〉, 《정선 디가 니까야》, 이중표 역해, 불광출판사, 2019, 155~192쪽]을 보라.

*** Eliade, *Yoga*, pp.176~182[《요가》, 233~237쪽]를 보라.

내용이 편입될 수 있는지 진술할 수는 없더라도, 그렇게 빨리 끌어올려진 어떤 최종 단계에 대한 정식화들 전부 추가적인 시련들, 반복들과 추상화의 증축들을 통해 계속 증대될 수 있다. 몽골의 라마교에서는 **사마디**조차(여기서는 물론 전설에 나타나는 인도의 몰입 수행의 최종 상태를 명목상 상기시킨다) 116단계로 따로따로 떼어져 있다고 하는데, 이것은 꽉 찬 수많은 윤회들에 전념하기 위한 프로그램과 같다.* 대부분의 완전한 자들에게 완전함에 다다른 뒤 두 손을 품에 둘 정도로 완전함이 매우 지루해졌다는 의심이 든다. 서구 세계가 실업(사회학적 명칭으로는 불황)의 충격에 친숙한 것처럼, 동양 세계는 수행이 없는 상태의 공포에 친숙하다. 그때 이 변용을 증축하는 것 말고 무엇이 더 자연스러운 일이겠는가? 니르바나(열반) 뒤에 한 개반의 니르바나에 '다다르는' 것보다 더 단순한 일은 없어 보인다. 완전의 상태가 팽창하는 또 다른 원인은 의심의 여지없이 최종 상태의 심리동학적인 불안정성에서 볼 수 있다. 이에 관해 서구의 수도사 문학 역시 '유혹', '시험', '퇴락'의 표어로 어느 정도는 말했다.

인도의 수행 용어들의 의미론적 측면과 관련하여 그 복잡함은 지각과 의사소통 사이의 잘 알려진 간극을 뛰어넘어 멀리까지 미친다. 명상 테크닉에 의해 야기된 상태의 세계는 어떤 광폭한 땅이거나 혹은 더 적절하게 표현하자면 확정되지 않은 길들과 미결정된 경계들로 이뤄진 은하계와 같다. 이곳을 여행하는 사람은 다른 여행자들이 똑같은 은하에서 똑같은 별을 보았거나 걸었는지 결코 확신할 수 없다. 말하자면 이 대가들은 그들이 명상 공간의 폭에 대한 신뢰할 만한 지도를 소유하고 있으리라 확언하지만, 이 지도를 읽는 그들의 기술에 대해서는 모순적인 것만이 알려져 있을 뿐이다. 완성을 위한 시간표가 마침내 모두를 동일한 목적지로 인도했다는 것을 가정하고

---

* A. M. Podznejev, *Dhyana und Samadhi im mongolischen Lamaismus*, H. Lafaire, 1927[《몽골의 라마교에서의 댜나와 사마디》].

자 한다면, 그것은 어떤 신비화에 굴복하는 것을 의미할 것이다. 실제로 꿈에 견줄 만한 명상은 관찰될 수 없는 관찰들의 영역을 개방하는데, 그 결과 꿈과 그 해석에서처럼 여기서도 부차적인 진술들과 편파적인 후속 작업들에 맡겨져 있다. 게다가 신비적인 상태는 그 보유자들이 침묵을 진술의 형식으로 특권화한다는 것이 특징적이다. 누군가가 침묵한다고 해서 그가 깨달았다고 추측하는 것은 확실히 오류일 것이다. 전달할 수 없음**과 관련하여** 느끼는 모든 답답함은 세 번째 천국에 멀어져가는 것*에 미친다.

어쩌면 인도의 영성의 불행은 그것이 내면 상태의 문화를 너무 일찍 그리고 너무 투쟁 없이 표현 영역에서 분리시켰다는 것이었다. 이것은 면역 명령을 통해, **일반적으로**vulgo 지금까지 보았다시피 최종적인 보장에 대한 관심이 정서적이고도 심미적으로 끝에서 두 번째에 있는 것들을 차지하려는 것을 방해하는 곳곳에서 마주치는 '종교'를 통해 영성이 압도됨을 증명한다. 이것에 대한 대안이 어떤 모습일 수 있었을지는 인도의 고전 음악을 들으면 가장 먼저 예감될 수 있다. 이 음악이 기분, 팽창, 폭포와 진정의 동학에서 전적으로 발전한다는 점에서 깨달음의 반음계법Chromatik**에 대한 매우 암시적인 유비가 발견될 수 있다. 인위적으로 만들어진 고행자들의 내면 상태를 쉽게 다룰 수 있는 표시법이 없음에도 불구하고, 그 안에 우리가 이방

---

* 〈고린도후서〉 12장 2절에 등장하는 표현으로 이 셋째 하늘은 아담이 죽어 묻혀 있는 천국과 같은 곳으로 동일시된다. 특히 이 맥락에서는 4절에 나오는 구절 "낙원으로 붙들려 올라가서 사람의 말로는 표현할 수 없는 이상한 말을 들었"다는 대목을 강조하는 것으로 보인다. "내가 잘 아는 그리스도 교인 하나가 십사 년 전에 셋째 하늘까지 붙들려 올라간 일이 있었습니다. 몸째 올라갔는지 몸을 떠나서 올라갔는지 나는 모릅니다. 그러나 하느님께서는 알고 계십니다. 나는 이 사람을 잘 압니다. 몸째 올라갔는지 몸을 떠나서 올라갔는지 나는 알지 못하지만 하느님께서는 아십니다. 그는 낙원으로 붙들려 올라가서 사람의 말로는 표현할 수 없는 이상한 말을 들었습니다."(〈고린도후서〉 12장 2~4절)-옮긴이
** 반음 진행을 쓰고 조성을 모호하게 만들어서 장음계, 단음계와 같은 온음계를 약화시키는 기법.-옮긴이

인의 꿈과 같이 접근할 수 없는 수많은 내적 영역들이 숨겨져 있다는 것은 자명하다. 우리 스스로가 정신적 삶의 조성들 사이에서 꿈꾸고 그 사이를 미끄러질 수 없다면, 우리는 이 영역들에 관해 순전히 아무것도 알지 못할 것이다.

13.
장인의 게임들
: 과장술(도를 넘기의 기술)의 보증인들로서
트레이너들에 관하여

쿠라와 쿨투라

'문화Kultur'라는 개념은 거의 혼동될 수 없는 정의에 따르면 지역적으로 살아가는 데 중요한 인지적이고 도덕적인 실질을 다음 세대에 전달하기 위한 단련-체계들을 나타낸다. 이 전달은 어디서든 매우 진지한 지적 작업의 원천을 이루기 때문에, 실제로 성공하고 충분한 재생산 능력이 있는 모든 문화들은 본질적인 것과 우연적인 것에 대한 철학의 구분 너머 6000피트 높이에서 '사물들Dinge'이 살아가기에 중요한지 혹은 중요하지 않은지에 대한 판단이 내려지는 일종의 존재론적 중심 기관을 발전시킨다. 그래서 '사물들'은 이미 항상 생존 지능의 공개 토론에서 협의되는 사안들이다. 이와 유사한 의미에서 브뤼노 라투르Bruno Latour[1947~ . 프랑스의 철학자 겸 인류학자로 행위자 네트워크론ANT을 창안했다]는 '사물' 개념을 복수 의회 세계의 의제로 미래 지향적으로 재정식화했다.* 이 기관은 더 오래전에는 전부 장로주의적으로presbyterokratisch, 말하자면 장로회의에서, 더 최근에는 추세를 따라 민주주의적으로, 말하자면 제도 지성, 전문가 의견과 다수 의견의 혼합으로 관리되는데, 여기에는 현실의 장들이 윤리적인 것, 정치적인 것, 미적/감성적인 것으로 따로따로 떨어지기 이미 오래전부터

---

* Bruno Latour and Peter Weibel eds., *Making Things Public. Atmospheres of Democracy*, The MIT Press, 2005[《사물을 공공화하기: 민주주의의 대기》]. 특히 4장 "From Objects to Things", pp.250~295[〈대상에서 사물로〉]를 보라.

자신의 책무들에 전념한 세분화되지 않은 '전형성능적인totipotent, 全形成
能'* 판단력이 상주해 있다. 이 판단력은 현실을 측정하려는 생각에서
가장 중요한 실천이성의 두 범주인 비상시 판단과 우선시 판단을 가
지고 있다. 말하자면 그것은 예외상태들을 인식하고 가장 중요한 일
들이 처리될 수 있는 순서를 결정한다. 오류성이 이 판단력의 작업
조건에 속한다고 해도, 이 판단력 활동은 어떤 식으로도 무가치해지
지 않는다.

쿨투라cultura의 '양육Pflege'의 차원은 여기서 후세에 유사한 것이 영원
회귀를 하도록 돌보는 것과 관련된다. **쿠라**cura와 **쿨투라**, 즉 돌봄과
양육이 등장하는 곳에서 그것들은 처음에는 유사성을 위해 헌신한
다. 이 유사성은 어떤 인구의 구성원들에게 그들이 항상 집단 행동
들의 총체로부터 충분히 유사한 2세들이 생길 수 있도록 행동하라고
요구한다. 이때 돌보지 않거나 혹은 비-양육적으로 행동하는 사람은
독특하기보다는 더 자주 타락한 것으로 보일 수밖에 없는 무절제한
성장을 승인하고 만다. 이 연관에서 더 오래된 문화들의 네오포비아
적인 근본정취를 다시 떠올릴 수 있다.** 나중에 피어난 자유주의 문
명들의 기적은 이 배경에서 한 번 더 명확하게 표현될 수 있다. 그것
은 어떤 주어진 인구가 예로부터 내려온 달갑지 않은 변종의 억압을
포기하는 대신 폭넓은 변종에 대한 새롭고도 모험적인 관용의 하비
투스를 기꺼이 지지할 정도로 충분하게 그들의 재생산 능력, 교수법
테크닉과 그들이 살아가는 양태의 매력을 확신했던 가능성을 의미한
다. 여기서 오늘날까지 날마다 우리의 마음을 빼앗는 전형적인 후기
문화의 문제들이 발생한다. 이 문제들은 문명적으로 비동시적인 국

---

*   '전체'를 뜻하는 라틴어 'totus'와 '능력'이나 '힘'을 뜻하는 'potentia'가 결합된
     말로 '분화전능'이라고도 하며 식물 세포들이 완전하고 독립적인 식물체를 형
     성할 수 있는 능력이 있는 상태를 가리킨다.-옮긴이
**   이 책의 199~201쪽을 보라.

민 내부에 있는 변종에 적대적인 집단과 변종에 친화적인 집단의 화합할 수 없는 공존에서 자라난다.

안정화된 확률 없음: 본보기들의 설립

이와 같은 배경에서 초기 고등문화들의 등장은 더욱더 놀라워 보인다. 나는 이 문화들을 정의하면서 분리주의적으로 고립된 집단들에서 일어나는 고도의 수직적 긴장들의 안정화에 대해 앞에서 상술한 내용으로 소급하겠다. 여기에 따르면 고등문화는 바로 엘리트 전용의 후퇴 공간들에서 과장(도를 넘기)이나 혹은 곡예의 기능들을 재생산하기 위한 체계를 의미하며, 이 기능들의 일반적 형태는 안정화된 확률 없음의 윤리학에서 나타난다. 그러므로 문자 그대로의 의미와 번역된 의미에서 곡예사는 오랫동안 있던 불가능에 가까운 일의 담지자로서 주목의 대상이 되며, 관습적으로 귀족층과 엘리트를 동일시하는 비용을 치르기도 한다. 현실의 귀족층은 "그의 책무의 터무니없는 불가능성"*이 영적 지도자가 그렇듯 어떤 세련된 자세로 번역된다는 점에서 분명히 드러난다는 것을 최초로 알아차렸던 이는 니체였다.

우리는 최고도의 확률 없음에 대한 안정화가 보통 본보기들의 설립을 경유해야만 일어날 수 있다는 것을 당연히 알고 있다. 이 본보기들은 물론 가족 내에서 전달될 수 있을 뿐 아니라, 집단의 상상을 경유하여, 말하자면 어떤 문화의 심성의 수행체계와 등급체계를 통해 전해질 수 있어야 한다(다만 가족과 고등문화가 서로 뒤섞이는 브라만, 랍비, 프로테스탄트 목사관과 같은 환경에 유일하게 지름길이 있다). 본보기가 화제에 오를 때 무엇보다 모범적으로 구현된 영웅적이며 신성하고 스포츠적인 경기 유형들을 생각해야 한다. 전장

---

*   Friedrich Nietzsche, "Erstes Buch", 60, *Morgenröte. Gedanken über moralische Vorurteile*[《아침놀: 도덕적 선입견에 대한 생각》][프리드리히 니체, 《아침놀》, 박찬국 옮김, 책세상, 2004, 71쪽].

의 영웅들, 숲속 신인神人들, 들길의 붉은 먼지를 뒤집어쓴 신인神人들, 사막과 수도원의 성인들, 체육장과 경기장과 투기장의 운동선수들 말이다. 그들 모두 고대의 불가사의한 사람들, 마법사들 그리고 힘들 및 다이몬들과 교섭하던 마력이 있는 외교관들과 같은 선행자들의 아우라의 일부를 여전히 자기 주변에 가지고 있으며, 최초로 현실이라는 바윗덩어리에 맞서는 반란자들이 되어 그들의 주변 세계를 사로잡았다. 아주 나중에야 이 목록에 예술가들이 더해질 것이다. 각자 자신의 고유한 장르에서 기적 같은 일을 행하는 자이거니와 불가능이라는 원칙에 반하는 신성모독자 말이다.

이 형상들로 고등문화식으로 안정화된 확률 없음의 역할들과 공간들이 충분히 명료하게 개괄됐다. 그것들이 처음 확정되기만 하면 각 개별 영역에서 확률 없는 것과 반복할 수 없는 것이 확률 있는 것과 반복할 수 있는 것으로 번역되는 일—최초의 학교 영역의 설립과 함께—이 일어날 수 있는 양태들이 설명될 수밖에 없다. 여기서 맨 먼저 한 가지만은 확실하다. 후일 학교로 지칭되는 것은 처음에는 교육 현상이라기보다 마술 현상에 더 가깝다. 처음에는 기적이 있고 다음에 교육이 있다. 그래서 윤리와 기예Artistik가 긴밀하게 결합된다. 플라톤과 아리스토텔레스가 철학의 시초에는 놀라움(**타우마제인** thaumazein)이 존재한다고 확언할 때, 그들은 더 높은 성취들을 전부 믿을 수 없음의 척도로 측정하던 어떤 질서의 마지막 끝을 간신히 붙들고 있는 것과 같다. 아주 나중에야 가격이 절반으로 깎인 평범화와 모방이 의제를 부과할 수 있었다. 확률 없는 것의 입문은 처음에는 어느 경우든 아이를 지도하는 것과는 아무런 관련이 없었으며, 인생길의 중간에서 범속한 인간 존재로는 더 이상 충분하지 않다는 것을 파악한 성인들에게 호소한다. 처음에는 교육이 아니라 놀라운 것을 통한 유혹이 있었다. 인간을 분리하도록 움직이게 하는 작용은 기적의 학교에서 유일하게 비롯된다.

역설들과 열정들: 만성적 과잉긴장을 통한 내면세계의 발생

그래서 고등문화는 오스발트 슈펭글러가 강의한 대로 단지 어떤 풍경과 어떤 집단 영혼이 마주쳐서 나온 결과이거나 혹은 어떤 기후와 어떤 트라우마의 혼합물이 결코 아니다. 그렇다고 에곤 프리델Egon Friedell[1878~1938. 오스트리아의 문화철학자 겸 카바레 배우로 국내에 5권짜리 《근대문화사》*가 소개되어 있다]이 문화를 교양의 의미에서 총명하게 정의 내린 바대로, 문화가 단순히 "문제들의 풍요"도 아니다. 오히려 모든 고등문화는 전승할 수 있도록 만들어진 역설의 강건한 소유에 뿌리박고 있다. 이 문화는 기저의 역설을 그 초기 단계들에서 체현하게 만든 무자비한 소박함에서 발원한다. 초기 고등문화들의 소박함은 그것이 그 추종자들을 향해 불가능한 것을 가능하게 만들라는 요구를 관철시키는 그만큼 무자비하다. 그런 혹독한 출발의 역설들이 문제들로 완화되고 나서야 이 역설들은 재산처럼 향유되고 교육 대상처럼 수집될 수 있었다. 초기 상태의 역설들은 보물로 체험되지 않았고 열정처럼 견뎌냈다.

모든 고등문화의 기초 역설들이 어디에 존재하는지 말해보자. 고등문화는 모방과 표준화에 적합하다는 가정에서 항상 눈여겨보는 과장적이거나 혹은 곡예적인 과잉들을 지향하면서 비롯된다. 고등문화들은 이 이례적인 성취들을 관습들로 승격시켜서 어떤 병인성 긴장을, 일종의 만성적인 고산병을 만들어낸다. 충분히 지적인 역설 게임의 참여자들은 어떤 '영혼', 바ba, 프쉬케psyché, 아트만atman, 일반적으로 말하자면 지속적인 성찰로 인해 당혹감을 느낀 내면세계와 함께 어떤 내부의 대피 공간과 위장 공간을 형성해야만 이 긴장과 병에 반응할 수 있다.

영혼은 불가능한 것이 부단히 고려될 수 있는 어떤 가능성처럼 눈

---

* 변상출 옮김, 한국문화사, 2015.-옮긴이

앞에 나타날 수밖에 없도록 만드는 심급으로 출현한다. 존재자 전체를 이중화하는 내면세계의 기관 혹은 미시 우주의 기관이라는 의미에서 '영혼'은 결코 모든 시대와 민중에 속한 사람들의 자신에-대한-존재[자신 안에 간직한 대상적 존재]가 나타났을 초시간의 심급이 아니다. 그것은 어떤 회피할 수 없는 역설을 통한, 곧 충족시킬 수도 무시될 수도 없는 어떤 요구를 통한 과잉자극의 증상으로 처음 발생한다. 그때 '인간의 내면'은 아마 호메로스의 **티모스**에 대한 통찰에서 더욱 분명하게 인식되는 대로 '끓어오르는aufwallend' 정서들의 경유 공간으로만 존재하기를 중단하며* 더 이상 다이몬들, 꿈들과 '이념들'이 방문하는 접수 창구에 불과하지도 않다. 오히려 개개인들의 욕망이 모방될 수 없는 모범들 위에 세워져야 한다는 요구를 통해 유발된 자기지각의 지속적인 점화를 닮아 있다. 역설적인 점화와 안정화된 자신을 대함[자신을 대상화함]은 동년배의 형상이다. 역으로 고등문화의 윤리는 최고로 열광하여 자신에 대해 육체적으로나 도덕적으로 기적적인 것을 얻으려고 애쓰는 법을 배워야만 매력 있게 된다. 기적적인 것은 불가능한 것의 미소다.

믿을 수 없는 것이 모범적인 것으로 바뀌어야만 고등문화의 작업 기후가 안정화될 수 있다. 이 문화가 자기 자신에게 말을 걸 때, 모방될 수 없는 것을 성취하여 곧바로 모방의 대상으로 권할 수 있게 된 완성된 자들을 언급하는 것을 항상 잊는다. **아크로 바이네인**, 곧 심연 위에 걸린 밧줄 위를 시선을 사로잡으면서 이동하던 것이 육체의 장에서 도덕의 장으로 옮겨가자마자 역설이 작동한다. 모방될 수 없는 것을 모범적인 것의 등급으로 승격시켜서 매우 과장된 종류의

---

* Bruno Snell, "Die Auffassung des Menschen bei Homer", in *Die Entdeckung des Geistes. Studien zur Entstehung des europäischen Denkens bei den Griechen*, Claassen & Goverts, 1946, pp.15~37[〈호메로스의 인간이해〉, 《정신의 발견: 그리스인들에게서 유럽 사유의 발생에 대한 연구》][브루노 스넬, 《정신의 발견: 희랍에서 서구 사유의 탄생》, 김재홍 외 옮김, 그린비, 2020, 21~59쪽]을 보라.

수직적 긴장들이 발생한다는 역설 말이다.

트레이너의 여명

이 배경에서 트레이너 형상은 확률 없음으로 이끄는 지도자로 설명될 수 있다. 체계 전체의 관점에서 그에게는, 다름 아닌 모방할 수 없는 것이 매우 집중적인 모방을 위한 박차로 삽입된다는 고등문화의 역설을 보이지 않도록 만드는 책무가 떨어진다. 이때 최고의 은닉은 가장 눈에 보이는 표면에 있다는 에드거 앨런 포Edgar Allan Poe의 〈잃어버린 편지The Purloined Letter〉에서 표명된 전략의 유효함이 입증된다. 영웅-성인-운동선수의 복합체는 불가능한 것에 대한 유혹을 믿을 수 없을 만큼 정교한 소음 밑에 은닉하는 특징이 있다. 첫 번째 심급에서 이 복합체는 침착하게 주시하면서 금방 알아챌 수 있는 그의 메시지의 모순성을 과다 노출과 과대 강조를 통해 보이지 않고 들리지 않게 만드는 것 말고는 다른 책무가 없다. 두 번째 순서에서는 자신의 현존재에 완전히 결핍되어 있을 타인들의 장점들이 칭찬받는 것을 견디지 못하는 모방의 본능들을 활성화해야 한다. 덕론의 선전은 "나조차 가질 수 없을 어떤 것이 타인에게 있겠는가?"라는 질문과 "곧 알게 될 것이다"라는 답을 일으킬 때 그 의도를 다한다. 경탄은 질투를 나르는 대형 교통수단이다. 경탄은 어떤 절대적인 편애를 견디지 못하며, 그 본질에 극도로 거슬리는 어떤 것이 있다면 그것은 이른바 모방할 수 없는 타인에게 축적된 불가능에 대한 승리의 사적 소유권이다. 그래서 초기에 확률 없음의 고도층들을 향해 돌진했던 것이 심리동학적으로는 결코 무력하지 않다. 모든 명시적 고등문화들은 불을 지피기 위해 다름 아닌 모범을 몰수하려는 의도가 있는 어떤 모방의 활성화를 시작한다. 여기서도 침묵이 첫 번째 운영 조건이다. 방해받지 않은 '문화의 운영'에서 기저의 역설을 공표하는 것이 결코 고려되지 않는 것처럼 본받으려고 노력하도록 영향을 끼치는 원동력들 역시 고백될 수 없는 것으로 남아 있다.

　　　　　　　　　　　　　　3부. 과장(도를 넘기)의 절차들

이 전제들에서만 최초의 트레이너들의 등장을 무대 배경 도법에 상응하게 주목하여 파악할 수 있다. 그런 역할에는 맨 먼저 스스로를 기적 같은 것으로 만들고 실존하는 괴물로 변신하는 것에 성공한 예외적 인간들만이 그 자체로 고려된다. 이들에게서 최고위 교도직들을 에워싸고 있는 신비로운 아우라가 나온다. 이 단계에서 기적 같은 타자성을 구현하고 있는 교사는 가르침 자체이기 때문에 그는 어떤 새로운 종류의 권위를 드러낸다. 그것은 더 이상 최연장자들의 중력이 아니라, 보이고 느껴지자마자 즉각 유혹하는 순수한 예외의 조도다. 이것은 교육학에 새롭게 고양된 고상한 어조를 낳는다. "나는 길이요 진리요 생명이다",* "아버지와 나는 하나다",** "나는 나지만, 타인이기도 하다. …… 명예와 불명예 그리고 지위에서 나는 자유롭다. 나는 시바다. 통일성과 이원성 그리고 대립에서 나는 자유롭다. 나는 그다",*** 이 전례 없는 것이 처음 태어난 주변에 이 예외에서 직접 방사하는 특권을 체현하길 원하는 제자들로 이뤄진 어떤 코로나Corona****가 곧장 모여든다.

이 전달 실험의 제1라운드에서 모든 학교 교육의 유사 비극의 그림자처럼 이 교육을 인도하는 현상, 곧 부적합한 것에서 적합한 것을 분리해내는 현상이 등장한다. 유능한 영성 트레이너는 불치의 상황에서는 손을 떼는 고대 의사의 영리함을 발전시킬 뿐 아니라, 순전한 관심이 있는 자들 사이에서 가르침의 정신에 자연스러운 유사성을 보유한 자들을 감지해내는 사람을 낚는 어부의 특유한 직감을 형성하기도 한다. 그들을 스콜라주의 시대에는 재능이 있는 자로, 부르

---

* 〈요한복음〉 14장 6절.

** 〈요한복음〉 10장 30절.

*** *Maitreya Upanishad*, 120, 125[《마이트리 우파니샤드》][국내에 나온 《우파니샤드》가운데 〈마이트리 우파니샤드〉가 실린 유일한 번역본(김세현 옮김, 동서문화사, 2016)에는 해당 인용 구절이 없다].

**** 그리스어와 라틴어로 '왕관'을 뜻하며 고온의 이온가스로 구성된 태양 대기의 가장 바깥 영역을 가리킨다.-옮긴이

주아 시대에는 천재die Begabten라고 불렀으며 이해할 수 있는 이유들로 추상적 보편주의의 르상티망이 어느 날 '천부의 재능Begabung'이라는 개념 일체에 강력히 항의할 것이다.* 옛 만토Manto**만 불가능한 것을 갈망하는 자를 좋아하는 게 아니라,*** 고등문화의 비약을 체현한 자 모두 이렇게 한다. 그럼에도 황당무계하게 갈망하는 자를 좋아하는 것보다 더 중요한 일은 무수한 이들 사이에서 그를 찾아내는 것이다. 무수한 그들 안에서 불가능한 것의 에로스를 양성하길 원한다는 것은 헛수고일 것이다. 지하 세계의 사공 샤론Charon이 헬레나Helena에게 열렬한 파우스트를 건너편 강가로 건너게 해주는 것처럼 각각의 위대한 트레이너는 자신의 갈망을 버리지 못한 제자들을 '저쪽으로' 인도한다.

열 가지 유형의 교사들

이어서 나는 다섯 가지 유형의 영적 트레이너 존재의 초상화를 간추려서 그리겠다. 이들 각자는 나름의 방식으로 **첫눈에**prima vista 처리할 수 없으며 초실재적인 것을 목표로 한 과장들을 실현할 수 있음과 처리할 수 있음의 외관으로 덮어주는 책무를 지각한다. 나는 맨먼저 브라만교-힌두교 전통의 구루를 호명하고, 그다음에 불교 해방론의 스승을, 그 뒤에는 **그리스도를 본받는** 자로서 사도 내지 수도원장을, 끝으로 진리 탐색의 증인으로서 철학자를, 마지막으로 **삶의 기예**ars vivendi의 기능인으로서 소피스테스를 호명하겠다. 이 각각의 유

---

*   마르크스주의 교육이론가 겸 심리학자 루시앙 세브Lucien Sève의 "Les 'dons' n'existent pas", *L'École et la Nation*, Oktober, 1964[〈'천부적 재능'은 존재하지 않는다〉, 《학교와 국민》]라는 에세이가 이것의 전형이다.

**   《파우스트》에 등장하는 올림푸스산의 사원에 사는 치료사이자 무녀로, 트로이의 헬레나로 인격화된 이상적인 아름다움에 대한 파우스트의 갈망을 인정하고 하데스에 있는 헬레나를 구하러 파우스트를 데려다주기로 한다.-옮긴이

*** Goethe, *Faust II*, Vers 7488[요한 볼프강 폰 괴테, 《파우스트》, 이인웅 옮김, 문학동네, 2009, 184쪽].

형들이 어찌하여 우리의 인간학 기능 학교의 열광주의 학부에서 지도 자격의 특징을 체현하는지 설명하는 것은 거의 불필요할 것이다. 더욱더 빠르게 지나가면서 나는 이 형상들 곁에 이들에 유비적으로 실용주의 내지 기예의 트레이너들인 운동선수 트레이너, 수공업장인 혹은 비르투오소적으로 기예를 수행하는 장인, 대학교수, 세속의 교사와 계몽주의 저술가로 이뤄진 5열을 세우고 싶다. 지도 자격을 갖춘 이 집단에서 어찌해서 처음부터 더 평평하고 더 익명적인 수직적 긴장의 특징이 기대될 수 있는지는 자명하다. 이들 전부는 기적 같은 효과들의 대중화와 표준화와 관계가 있으며 이러저러한 방식으로 이미 근대가—일반적으로 글을 읽고 쓸 줄 알게 되는 것이 처음 대대적인 승리를 거둔 뒤—일반(보편)교양이라는 개념으로 실현하려고 노력하는 것에 향하는 도중에 있다. 그럼에도 이 가르치는 자들은 최고 성취들에 대한 표상을 실천하고 있다. 설령 여기에도 점점 더 정당화가 필요하더라도 말이다. 그들이 **암암리에** 설교하는 것처럼 민주주의는 그 자체로 모든 종류의 수직적 긴장들이 무효화될 수밖에 없었는지를 나타내는 어떤 유효한 근거가 아니다. 이 긴장들은 비록 변화된 양태이기는 하지만 유효하게 남아 있으며, 오로지 엄격하게 평등주의적으로 기초된 세계에서마저 모두가 모든 것을 할 수 없을 것이고 하물며 모든 게 똑같이 우수할 수는 없을 것이라는 힘의 생태론적 사실 때문에 그러하다.

구루

이 열거에서 인도의 **구루** 형상은 1등으로 들어야 한다. 이 명칭은 동시대 서구의 맥락에서는 빈정거림 없이는 거의 한 번도 사용된 적이 없는데, 마치 이 명칭으로 자신의 신봉자들이 자신에 대한 과대평가에 헌신하기 전에는 정말 그들에게 스스로를 과대평가하는 그런 기회를 주지 않는 어떤 사람을 나타내길 원하는 것 같다. 물론 이 습관적인 빈정거림은 인도의 사정에 대해서는 전혀 말하지 않으면서도 일반적으로 서양인들의 반권위적인 심성 변화와 특수하게는 그들의 교사라는 직업에 대한 존경의 몰락에 대해 매우 많은 것을 말한다. 그것은 어떤 유한자가 세계와 삶의 근본 관계들에 대한 통찰에서는 어떤 타인보다 조금은 앞설 수 있으리라는 생각과 관련하여 상당히 긴 시간 동안 구세계에 유행병처럼 퍼진 회의를 드러낸다. 그것도 더 오랜 경험으로 인해 우연히 지식이 많다는 의미에서만이 아니라, 은폐된 실존의 구조들에 더 깊숙이 침투함으로써도 말이다. 음악계의 **마에스트로**matestro를 유일하게 제외하면, 마이스터라는 개념이 유럽에서 파괴된 것처럼 실존의 문제들에서 더 높은 지도 자격이라는 관념 역시 실천적으로 모든 신뢰를 상실했다. 마르틴 하이데거가 마이스터 에크하르트Meister Eckhart[1260~1328. 중세 후기의 독일 신비주의 신학자 겸 철학자]에 대해 말하면서 때때로 여전히 진지한 표정으로 '읽기의 마이스트와 삶의 마이스터'라는 표현을 사용할 때, 이미 그의 시대에 그 고풍스런 어조는 흘려들을 수 있는 것이 아니었다. 이렇게 해서 그는 어떤 상황에서도 삶이라는 분과의 마이스터는 될 수 없다는 최근의 **합의**consensus를 몹시 눈에 띄게 위반했다.

구루라는 직무의 외설은 간단하게 이해될 수 있다. 그것은 입문하여 신성한 지식 혹은 비-공개 지식의 영역으로 옮겨가는 것에 근거하는 교학敎學의 양태를 암시한다. 정확히 이 특징으로 인해 구루를 중심으로 한 고대 인도의 학습 모델은 서양의 근대 학습 문화에서는 수용될 수 없는 것이 된다. 우리는 이러저러한 지식 영역에 대한 입문을 제공해야 하면서도, 어떤 입문식도 허용하지 않는다(우리의 범위에서 깨달음이 학습의 종결로 예정되어 있지 않다는 점은 완전히 논외로 하더라도 그렇다). 또한 우리는 학생들에게 입학과 등록을 거쳐 [졸업]시험에 이르기까지 인격의 연속성을 유지시키는 반면, 어느 구루 밑에서 배운다는 것은 두 개의 비연속적인 순간들에 친숙하다. 하나는 일종의 상징적인 죽음을 암시하는 입문을 할 때 제자의 **존재양태**modus essendi의 순간이고, 다른 하나는 인도의 관습에 따라 심신적-

상태적으로 이뤄진 개별 영혼과 모든 영혼의 동일성에 대한 통찰로 묘사되는 최고 목적지에 결국 다다르는 순간이다. 이 순간에서 입문의 배움이 어떻게 단계별 삶의 이력에 대한 이야기 형식을 통해 도야되는 것을 넘어서 그 드라마투르기의 형식에 의하여 어떤 환생의 도식에 매여 있는지 나타난다. 그 때문에 그의 목적지는 어떤 자격 부여보다는 어떤 변태變態에서 찾을 수 있는 것으로 남아 있다.

서구인들이 느끼기에는 인도의 스승-제자 관계에 딸려 나오는 입문의 동맹보다 이 관계의 친목적이거나 혹은 사실상 난잡한 체제가 훨씬 더 외설적이다. 한 스승을 따르기로 고백한다는 것은 붙박이 브라만의 상황이 문제가 되는 경우에는 보통 스승의 가정에 합류한다는 것을 함축했으며, 보통 그 기간은 12년 이하일 수 없었다. 대부분 베다 저서들을 암기하는 데 정말 그렇게 오래 걸렸다. 어떤 실천적인 수행(아스나스asnas)으로 정신육체적인 변태 작업에 접근하든 상관없이 추종자들은 이 저서들과 일체가 되리라는 기대를 받았다. 스승-제자 관계에서 이 가정이라는 요소는 대놓고 정신봉건적인 의존관계를 함축했다. 이 관계에서 제자는 스승에 대해 그를 맞아들이는 역할뿐 아니라 섬기는 역할을 맡았다. 그래서 제자의 산스크리트어 명칭은 **안테바신**antevasin, "구루를 따르고 그를 시중드는 사람들"이다. 더 빈번하게 제자를 **쉬시아**shisia 혹은 **켈라**chela라고 하는데, 의미상 "스승의 발밑에 앉아 있는 자"를 나타낸다. 이 말은 걸상이라는 명칭의 근대 인간공학의 보편장치가 발명되기 전 몰락했던 한 세계를 환기시킨다. 게다가 에티켓의 역사라는 관점에서 근대는 의자 혹은 다른 좌식 가구에 대한 의존과 같은 의미이며 **마땅히** 자신의 몸을 짐처럼 느끼지 않고 바닥에 앉는 재주의 사멸과 같은 의미다.

구루를 중심으로 한 학습 모델의 진정한 의미는 물론 저 멀리 유럽의 중세 수공업자 가계의 삶의 형식들을 상기시키는 집의 아늑한 순간들에 있지 않다. 그래서 스승의 배우자와 어떤 관계를 시작하는 것에 대한 해결책을 찾아야 하는 제자들을 끔찍한 결말들이 위협하기도 하는 것이다. 여기에 고귀한 귀부인과 미천한 지망생이 매우 비좁은 공간에서 엄격한 금기로 인해 서로 떨어져서 서로 주목하는 비공식적인 중세 기사식 사랑의 상황이 존재한다는 것을 고려하면, 완전히 그렇게 먼 이야기처럼 보이지는 않는다. 이 의미는 스승-제자 관계의 심리동학의 측면을 고려하면 비로소 드러난다. 여기서는 정말 어떤 과장된 거래를 조정하기 위한 계약이 바로 문제다. 구루가 한 **안테바신**이나 혹은 **켈라**를 그의 수행원으로 받아들이자마자 그와 함께 **암암리에** 일종의 완전화를 위한 계약을 맺은 셈이다. 이 계약은 적어도 실존하는 불가능을 향한 길을 몇 걸음 나아간다는 목표에 대한 형이상학적인 동시에 실용주의적인 동맹을 의미한다. 이 목표가 사는 동안 신이 되며 **지바묵티**jivanmukti, 즉 지금 여기에서 구원된 자로 변신하는 것을 실현하는 것과 같은 그런 **거대한 역사**役事, **magnum opus**는 결코 아니더라도 말이다. 이와 같이 구루와 그의 제자는 삶과 죽음은 아니더라도 그렇게 삶과 삶의 초월Hyperleben의 동맹에 함께 관여한다.

최근 서구의 심리학 지식에 비춰보면 이 독특한 관계는 어떤 자기磁氣요법 내지 정신분석의 **관계**rapport를 다룬다. 말하자면 제자 쪽에서는 스승이 매우 집중적인 이상화가 투영되는 표면으로 배정되는 영혼의 장의 안정화된 예외상태를 다룬다. 그렇지만 멀쩡한 정신의 통상적인 기준들에 따라 이상화의 전이를 해체하는 장기 작업을 벌이는 자기 내지 정신분석의 상황과 달리, 구루-제자 관계는 지양이 아니라 이 이상화를 정화하며 고조시키는 것을 목적으로 한다. 동시에 정통적이고 객관적으로 올바르게 실행하면서 초이미지적이며 전대상적이고 전인격적인 사용역에까지 촉진될 수 있는 동일시의 격화를 목적으로 한다. 구루가 볼 때 제자의 이상화의 선취는 그것이 너무 높게 시작한다는 점에서 실패하는 게 아니라, 도리어 제자가 예상될 수 있는 그의 꿈만 같은 선취보다 실제 목적지가 얼마만큼 더 높

3부. 과장(도를 넘기)의 절차들

이 있는지 아직은 알 수 없으므로 오직 이 경우에만 일종의 필수 불가결한 오류를 선고받는다. 그럼에도 동일시는 변태 작업을 운용할 때 필요한 매우 중요한 감정적인 자원이다. 그래서 초심자의 환영의 불을 필요한 만큼 오랫동안 타도록 유지하는 것이 구루 교육학의 수공업에 속한다. 불가능한 것에 대한 어떤 제도화된 기예가 서구의 통속적 존재론과 이것에 대응하는 심리학적인 정상성의 구성물들을 척도로 해서는 측정될 수 없다는 것은 좌우간 납득할 만하다.

스승과 제자가 맺은 변신의 계약에 과장의 차원이 있다고 언급한다고 해서 구루가 중심이 된 학습 형식에 대한 회의가 당연히 무력화될 수는 없다. 그래서 서구에서 출판되는데도 그 수가 많아지고 있는 현지인의 문헌 대부분이—당황한 정신과 의사들, 참여적인 사회 심리학자들과 신경질적인 종파의 대리인들의 펜에서 드물지 않게 나온다*—잘못된 스승과 의존하는 자의 심리적 오용의 문제에 할애하는 것은 전혀 우연이 아니다. 이 문헌의 작성자들은 종교 시장에 나온 상품들의 품질 통제를 강화할 것을 철두철미하게 요구한다. 그들의 눈에는 마치 세계화가 진행되면서 영적 세계 시장 역시 격변에 빠진 것처럼 상황이 그렇게 나타나곤 한다. 오늘날 위험 병원체가 대부분 세계 교통의 여행 편익에서 이익을 얻는 것과 똑같이 '신에 대한 망상Gotteswahn'이라는 밈 역시 더 쉽게 그 발원지의 경계를 넘어 확장될 수 있다. 정신증이 활발해졌으니 질병의 한 종류에서 오해된 형태의 건강Fitness으로 이름을 바꾸도록 만들려는 요구가 우리를 훨씬 더 불안하게 한다. 힌두교식 스승의 전도가 성공함으로써 지극히 입회할 준비가 되어 있는 서구의 반구에 확장되기 시작한 신비주의적 비도덕주의의 유행병이 물론 가장 도발적이다. 그 뒤로 적절한 처치를 받은 환자들 속에 눌러앉은 바이러스가 비양심의 상태와 깨달음이

---

*   조소하는 저널리스트들도 없지 않다. Gita Mehta, *Karma Cola: Marketing the Mystic East*, Penguin, 1994[《카르마 콜라: 신비적 동양의 마케팅》]를 보라.

어떤 특정한 관점에서는 동일하다는 위험한 통찰에 계속 존재한다.

　진실은 다음과 같다. 깨달음의 게임 세계 역시 미디어화에 붙들리게 됐으며, 충분히 완화된 불가능의 교사들 사이에서 퍼포먼스의 재능들이 등장하는 일은 오래전부터 결코 일어날 수 없는 게 아니었다. 이 급변은 지난 수십 년간 나온 어떤 구루 일대기에서도 인도의 깨달음의 설교자이자 종파의 설립자인 오쇼Osho라는 별칭의 브하그완 쉬리 라즈니쉬Bhagwan Shree Rajneesch(1931~1990)의 것보다 더 명료하게 관찰될 수 없다. 그는 라마나 마하르쉬Ramana Maharshi[1879~1950. 인도의 힌두교 구루로 20세기 아드바이타 베단타(일원체계)의 대변자], 지두 크리슈나무르티Jiddu Krishnamurti, 스리 아우로빈도 고쉬Sri Aurobindo Gosh와 더불어 이론이 분분하지만 전 세계적인 영향을 끼친 20세기 인도 영성의 네 번째 형상을 구현한다. 그의 예외적 위치는 무엇보다 경건한 숙련에 몰두하고 말았을 영적 가르침의 형식들 곳곳에 서구의 퍼포먼스 테크닉을 인수한 것에서 드러난다. 영성 영역의 뒤샹Marcel Duchamp[1887~1968. 큐비즘, 개념예술, 다다 등에 연관된 작품을 남긴 프랑스 예술가]처럼 그는 영성에 관련되는 전통들을 전부 종교 테크닉의 장난감이자 신비스러운 기성품으로 바꿨다. 그가 성공의 정점에서 자기 자신을 어떤 기성품으로 변형시키고 시대정신의 급변을 명료하게 육감하며 그의 힌두교화의 과거에서 멀어졌다는 사실이 무엇보다 그의 명석함을 입증한다. 이 과거는 그가 아주 제때 알아차렸던 것처럼 유럽과 미국의 68 이후 낭만주의 심성의 물결에 너무나도 결속되어 있었다. 1989년 그가 일본식 이름인 오쇼를 받아들임으로써―"**농담은 끝났다**the joke is over"―그는 침착하게 더 새로운 신자유주의 불교를 애호하는 서구의 정취를 포착했으며 자신에 대해 더 장래성이 있는 상표를 발명했다. 이 제스처로 그는 이제부터 구루를 중심으로 한 인간공학의 영역에도 재브랜드화의 시대가 시작됐다는 이정표를 세웠다.

불교의 스승

불교의 스승상의 특징들과 관련하여 말하자면, 이것들은 가르침의 의미를 심오하게 변형시킨 두 차례의 진화론적인 급변과 함께한다. 고대에 이미 히나야나Hinayana(소승)의 엘리트적인 자기구원술에서 마하야나Mahayana(대승)의 자비로운 서민주의Populismus로 강조점이 교체됐으며, 더 최근에는 시대의 심경이 급진적인 세계 부정과 생의 부정의 근본 태도에서 원칙적인 세계 긍정과 생의 긍정의 근본 태도로 바뀌었다. 새로운 가르침의 오솔길에 있는 최초 스승의 윤곽에 대한 가장 중요한 정보는 한 스리랑카의 편저에서 이야기되는 대로 진정 깨달음의 전설 자체에서 유래한다. 이것에 따르면 각성한 자는 7일 동안 침묵하면서 보리나무 밑에서 어떤 것과도 접촉하지 않으면서 견뎌내고, "각성의 복된 감정을 느끼고" 그다음에 일어나서 다른 나무 밑에서 계속 7일 동안 자신의 벗어남에 몰두하고 이와 같은 일을 한 번 더 세 번째 나무 밑에서 행했다고 한다. 이 이야기의 메시지가 오해될 리 없다. 여기서 일어난 것은 모든 가르칠 수 있음의 너머에 있다는 메시지 말이다. 그와 같은 목적지에는 어떤 표지판을 세울 수 있는 길도 통하지 않으며, 사건은 사건을 낳으려는 시도를 앞질렀다. 진리와 방법 사이의 끈이 끊어진 것이다.

그럼에도 불구하고 이 일화와 스승으로서 영향을 미치겠다고 붓다가 나중에 내린 결단에는 매우 가지가 많은 문명사의 스콜라주의 현상이 연결된다. 말해진 말들이 결코 순전히 그 명제적 가치로 받아들여져서는 안 되며 주로 치료를 위한 지시로 간주되어야만 한다는 사실을 완전히 의식하면서 어떤 침묵을 깨뜨리는 역설적인 행위에서 가르침이 자라난다. 정신적 스승이 말하는 문장들은 교의보다는 오히려 위생학의 경향이 있는 '간접 진술들'이다. 그와 같은 두께 Mächtigkeit를 지닌 출발의 역설을 장착한 채 불교는 전달할 수 없는 것의 씨앗들을 뿌리면서 영적 세계 문화들 가운데 담화에 가장 친화적인 사조들의 하나로 전개됐다.

첫 500년간 불교는 그 초기 조건들에 일치하는 한에서만 존재할 수 있는 것으로 남았다. 인도와 인도차이나의 여건에서는 다수로 존재할 수밖에 없었음에도 불구하고 소수였던 이들의 문제로 말이다. 불교의 트레이너들, 수도원장들, 도움을 구하는 이들의 상담자들을 멀리서 보면 미미하게 다른 수단을 가지고 구루 존재의 연속을 체현하는 것에 지나지 않는 것 같더라도, 더 가까이 눈여겨보면 수많은 지점들에서 그 반대를 구현한다는 점이 나타난다. 그들은 어떤 치료사들의 운동이 된 정신사의 무대를 밟는데, 이들은 그 치료의 사명에 따라 어떤 종교적 교의나 비의적인 세계관 혹은 신비스러운 비전술을 전달하는 일과는 그렇게 관련되지 않는다. 그들이 마음먹은 것은 다만 고통의 조건을 폐기하는 것이다. 결정적으로 고통을 낳는 마음의 진행에 스스로 연루되면서 시작한다. 그들은 기원전 500년부터 북인도 전체를 지배하던 구원의 모티프를 극단에 이르게 하여 완전히 그들의 입장에서 시대정신을 느끼면서 브라만교와 그 형이상학적인 '상부구조'의 카스트에 합당한 토대를 전복시켰다. 순차적인 희생제물의 내면화와 세련화를 추구하는 문명의 중심 경향과 관련해서만 불교 또한 후기 브라만교의 잠재력의 진화론적 전개로 파악될 수 있다. 더 예전 시대에는 항상 인간과 희생제물의 일치가 문제였다면,* 지금은 희생제물이 완전히 내면으로 옮겨지게 된다. 마치 결코 아무것도 희생되어 바쳐지지 않은 것처럼 결국 상황이 그렇게 나타난다. 인간이 자신의 애착을 포기하면 원래 한순간도 그의 실제 소유가 아니었던 어떤 것에서 스스로를 분리하기 때문이다. 여기서 전통적인 고행의 나체주의가 내면화되어 있음을 볼 수 있을 것이다. 이때 육체가 **디감바라**digambara(공의파)가 실천하는 것처럼 공의空衣를 입고 배회하는 게 아니라, 영혼이 발가벗고 걸으면서 역설적으로 그 비-존재를

* 이에 대해서는 Axel Michael, "Das Heil der Identifikation", in *Der Hinduismus. Geschichte und Gegenwart*, C. H. Beck, 1998, pp.357~377[〈동일시의 구제〉, 《힌두교: 역사와 현재》]을 보라.

드러낸다.

물론 붓다의 제자들 가운데 이미 적지 않은 이들이 그가 죽은 지 몇 세대 지나지 않아 승려의 규칙에 대한 해석과 관련하여 매우 견고한 물신주의에 굴복했다. 잘 알려진 것처럼 첫 유파의 더 거대한 분열은 다른 것보다 승려가 물소뿔에 소금을 보관해도 되는지(이것은 양식의 보관 규칙을 위반하는 것과 다름없었다) 혹은 승려의 수면 명석에 술 장식을 달아도 되는지(긍정의 답이 나오는 경우 명석의 크기에 관련된 규칙이 훼손됐을 것이다)와 같은 질문에 대해 절의 주지승들이 벌인 격분된 논쟁에 즈음해 이뤄졌다.* 철학적 종류의 논쟁적 질문 역시 유파가 분열되는 동기를 부여했고 그 결과 붓다가 죽은 지 몇 백 년도 되지 않아 이미 잘 알려진 열여덟 개의 '고전적 유파들'이 형성됐다. 그것들 각각은 수많은 하위 집단과 종파적인 변방으로 세분됐으며 보편적인 나르시시즘의 법칙에 따라 서로 매우 사소한 차이를 내려고 애를 썼다.

나는 여기서 다만 불교의 스승과 제자가 불가능한 것에 대한 그들의 계약들을 어떻게 다뤘는지 그 방식에 대한 질문에만 제한을 두겠다. 근본적으로 여기에는 우리가 구루와 그의 제자의 관계를 통해 익히 알고 있는 모든 모티프가 회귀한다. 브라만교의 가르침에 대해 불교의 가르침을 뛰어나게 하는 부정성이 늘어나 복잡해진 채로 말이다. 구루가 저 먼 거리까지 그의 제자가 자신에게 보내는 투영에 대한 공모자 역할을 맡는다면, 반면에 불교의 스승은 이 투영을 그의 인격에서 다른 쪽으로 향하게 해서 비-자기론에 일치하도록 다르마(불법)와 구제론으로 우회시키는 책무에 전념한다. 여기서 불가능성의 계약에 대한 완수는 한 차원 더 심원해지는데, 이 유파의 과업이 그 추종자들에게 민중 존재론적인 직관들과 더욱더 철저하게 단절하

---

* Michael von Brück, *Einführung in den Buddhismus*, Verlag der Weltreligionen im Insel Verlag, 2007, pp.188~189[《불교 입문》]를 보라.

라고 요구하기 때문이다.

　도식적으로 이야기하자면 구루는 세계의 거대한 자기가 나의 작은 자기와 동일하다는 단순히 반직관적인 진리에 제자들을 입문시킨다고 말할 수 있다. 이는 보나마나 배우는 자 쪽에서 집중적인 변화를 전제하는 인식이다. 반대로 불교의 스승은 제자에게 세계의 비자기와 사적인 비자기의 동일성이라는 이중적으로 반직관적인 진리를 납득시켜야 하는 난관 앞에 서 있다. 이 동일시를 실행한다는 것이 **불교 방식의**more buddhistico 깨달음과 같은 의미다. 이 깨달음은 본질적으로 일종의 수업을 요구하는데, 여기서 제자들은 끊임없이 그들의 탐색의 자기관련적인 구조에 되던져지게 된다. 그들은 해방의 무를 자기 자신 안에서 발견한 뒤 세계 역시 하나의 무로 바라보고 마침내 두 개의 무를 동일한 것으로 인식하는 법을 배워야 한다. 모든 마주침이 그들에게는 어떤 결별의 사안이어야 한다. 타인들이 정착하고 모이는 곳에서 그들은 넘겨주고 앞으로 나아가는 것을 배워야 한다. 그래서 수많은 불교의 가르침에서 관찰되는 역설들이 풍부하게 사용되는 것이다. 정통 종교들이 **직무상**ex officio 교의를 탈역설화하고 합리화하는 것에 관심이 있다고 나타난다면—가장 최근 사례는 많은 주목을 받은 베네딕트 14세Benedikt XVI의 〈레겐스부르크 연설〉이다*—, 불교의 가르침은—그것이 종교적으로 타락해 있지 않는 한—자주 자기를 부인하는 한계에 이를 때까지, 드물지 않게는 다르마(불법)가 순전한 신기루로 나타나는 지점까지 그 역설적 특징을 과시하는 노력에서 인식된다.** 말로 된 역설들은 모두 자기수련의 기초 역설들

---

*　2006년 9월 12일 레겐스부르크대학에서 했던 신앙과 이성의 올바른 관계를 다룬 연설로, 이것을 계기로 이슬람 세계를 대표하는 38명의 신학자들이 교황에게 서신을 보내는 등 이슬람교와 바티칸 사이의 활발한 종교적 대화가 시작됐다.-옮긴이

**　더 최근의 가장 탁월한 선사 가운데 한 명인 사와키 고도Kodo Sawaki(1880~1965)의 다음 제목으로 된 잠언 모음집 *Zen ist die größte Lüge aller Zeiten*, Angkor, 2005[《선禪은 시대를 통틀어 가장 위대한 거짓말이다》]를 보라.

이 투영된 것으로, 이를 수단으로 그 추종자에게 결코 "다다를 것이 없다"는 메시지를 전하는데, 이를 파악하기 위해서 그는 맨 먼저 세 번씩 10년 동안 가급적 매일 14시간을 명상하며 앉아 있어야 한다.

역설과 더불어 동어반복은 더 최근 불교의 가장 탁월한 양식적인 수단이며, 특히 동시대의 서구 개인주의를 폭넓게 받아들인 일본적인 특징들에서 그렇다. 단, 우리가 우리의 긍정주의의 동어반복들을 비-자기론에 있는 부정주의의 동어반복들과 혼동하는 경향이 있기 때문에 그런 것으로 추측된다. '한 송이 장미는 한 송이 장미다', 이것은 서양의 맥락에서는 단일 가치성을 실행하기에 그것은 지성이 쉬고 있는 존재의 백치라고 이야기될 수도 있을 것이다. 이와 달리 이 벚꽃이 그때의 이 벚꽃이라는 것은 허약한 무의 형상인 장밋빛 무상함이 이 순간 또 다른 허약한 무의 형상인 무상한 눈에 가볍게 닿았기에 이 둘은 강력한 무를 배경으로 규정된다는 것을 의미한다.

간주곡: 깨달음 비판

깨달음이라는 개념이 왜 유럽의 근현대Modern 철학자들에게 그 의미를 상실했는지 삽입구로 덧붙이는 것이 좋겠다. 유형학의 관점에서 지금까지 철학적으로 주목할 만한 깨달음의 두 유형만이 잘 알려져 있다. 한편에는 힌두교 체계를 비롯해 플라톤주의와 플라톤주의에서 이끌어낸 그리스도교의 파생물에 놓인 것과 같은 '실체'존재론 내지 정신존재론 유형의 깨달음이 있다. 여기서는 모든 영혼과 개별 영혼 사이 내지 무한한 지성과 유한한 지성 사이의 동일시가 어느 정도 근본적으로 이뤄진다. 다른 편에는 불교 전통에서 알고 있는 것과 같은 열반주의 유형의 깨달음과 마주친다. 이 안에서 세계의 자기 없음과 어떤 실체가 되는 영혼의 부재 사이의 본질적 동일성이 개인 안에서 '실현'된다.

이 두 표준에 최근의 분석은 이제 어떤 결정적인 것을 제공할 수 있다. 첫 번째 변주에서는 그것이 세계에 귀속되는 것보다 더 많은 지성과 영혼을 세계에 놓아둔다고 이의를 제기할 수 있다. 비유기적 영역과 관련해서는 이 영역이 심리 능력과 정신 능력에 대해 관여한다는 것을 매우 소극적으로 판단할 것이다. 그러나 유기적 세계 역시 우리가 볼 수 있는 이 세계에 대한 모든 것에 의하면 이성적으로 생기가 부여된 전체라기보다는 오히려 혼란스럽게 분할된 삶의 의지 지점들의 전장이다. 이 세계에 어떤 포괄적인 생기부여Beseelung와 같은 것을 귀속시킬 수 있었다면 그것은 꿰뚫어 볼 수 있는 투영에 의해 그럴 수 있을 뿐이다. 이것은 인간과 동물에 있는 동물-노에시스 영역들의 자명한 생기부여 상태Beseeltheit에서 대출을 받아 상상 속에서 '무한하게' 그 가치를 배로 늘려서 세계 전체에 빌려줌으로써 일어난다. 이 관점에서 고대 인도와 구유럽은 서로 맹목적으로 이해하는 동맹 상대다. 양쪽 모두 예로부터 영혼에 **관해** 너무 많은 것을 원했으며, 총체성과 모든 생기부여 상태를 즐겁게 혼동하면서 이것을 삶에서 유지하려고 미친 듯한 지출 안으로 추락했다. 다른 쪽에서는 불교가 조립과 해체 게임을 냉정하게 바라본 덕분에 확실한 사실로 간주되고, 부분적으로는 그럴듯한 세계 기계의 자기 없음과 영혼 없음에서 출발하여 어떻게 인간 내면의 자기 없음과 영혼 없음을 가정했는지 볼 수 있다. 이것은 어떤 잘못된 상호 보완의 결론처럼 보인다. 처음 경우에 충분한 담보 없이 영혼을 '우주'에 빌려주기 위해 인간의 자기체험에서 영혼을 빌렸던 것처럼, 두 번째 경우에 비자기성을 인간의 자기관계로 옮기기 위해 '외부'세계에서 이 비자기성을 빌려온다. 이 자기관계의 매우 귀중한 특색인 유한한 생기부여 상태를 소홀히 하고 사변으로 유혹하여 잃고 말 수 있는 위험을 무릅쓰고서 말이다. 조금 높은 윤리적 감수성과 같은 다른 곳에서 낸 이익이 손해를 상쇄하지 않는다면 그렇게 된다. 나는 다음 진술로 이 지엽적 논의를 끝마치겠다. 동시대의 철학적 심리학(영혼론)에는 다만 중도의 길이, 힌두교와 플라톤주의의 과잉 생기부여를 비롯해 불교의 과잉-비생기부여에서 똑같이 멀리 떨어진 채 여전히 열려 있는 것 같다. 그래서

3부. 과장(도를 넘기)의 절차들

이 심리학은 존재를 향한 도약뿐 아니라 무를 향한 도약을 하지 못하게 말린다. 이쪽저쪽을 따르는 자기희생을 권하는 대신에 노력과 자기경험의 결합을 옹호하며, 이 동맹에서 현대인들이 그들의 최적화를 찾는 향상과 변화의 길들이 발생한다.

사도

그런 배경에서 새로운 추종자들의 세대에 불가능한 것을 그리스도교식으로 전도할 책임이 있는 영적 트레이너 존재의 세 번째 형상은 더 큰 힘을 들이지 않고 이해될 수 있다. 그 근본 형태는 그 안에 '신앙'으로 코드화된 불멸술이 전해지는 사도식 계승의 형태다. 위의 바울의 사례에서 예시된 것처럼 여기에는 어떤 깨달음도 전제되지 않으며, 감동과 참여에서 귀결되는 것들로 충분하다. **그리스도의 본받음**의 두 최고 형식은 한편에서는 목격자들에 의해 신의 왕국에 직접 옮겨가는 것으로 이해됐던 순교이고(그래서 개별 저자들에 따르면 모든 종류의 순교자들은 내세에서 만일 계속 이어질 정화에서는 배제된다고 한다), 다른 편에서는 말씀Logos과 [신의] 사랑Caritas이 인간의 인격을 전부 사로잡는 지점에 이를 때까지 그리스도 형상으로 인간이 변신하는 것이다. 고도 중세의 가장 위대한 퍼포먼스-예술가 아시시의 프란체스코를 두드러지게 했던 것은 이 **본받음**의 양극단을 그의 인격 안에서 통일하겠다는 결단이었다. 이것은 완전한 가난 속의 삶을 순교자-경기와 동일시해야만 달성될 수 있었다.*

그리스도교의 **본받음**-계약의 일반 형태는 항상 일종의 주체의 교체에 세워진 것과 같은 사도의 실존을 선택하는 것에서 보일 수 있다. 바울은 이 도식을 〈갈라디아서〉 2장 20절의 금언 "이제는 내가 사는 것이 아니라 그리스도가 내 안에서 사시는 것입니다"에서 제출했다. 그럼으로써 **본받음은 주체의 본받음**imitatio subiectiva과 **객체의 본**

---

* 이 책의 490~492쪽을 보라.

받음imitatio obiectiva이 구분되는 양면 관계로 밝혀진다. 주체의 본받음으로 본받는 자는 그리스도 자체 내지 1차로 그리스도를 본받는 자, 가령 어떤 순교자 혹은 기적을 만드는 힘이 있는 성인과 관계한다. 그리스도교의 열광자가 본받을 수 없는 자들을 본받음으로써 그 자신이 제3자를 통한 본받음의 대상이 될 수 있다. 본받을 만한 본받는 자의 위치에서 그는 모범성에 대한 호소를 따르며 자신의 실존을 본보기가 되는 삶의 형식적 법칙 밑에 둔다. 이 의미에서 에우기피우스 Eugippius[460~535. 초기 그리스도교 성인이자 교회 저술가]는 5세기 도나우강 크렘스의 마우턴의 성인《성 세베리누스의 생애Vita Sancti Severini》의 서문에서 베드로가 그의 부제副祭들에게 했던 말 "너희는 우민들의 모범이 되어야 한다"(forma estote gregi)를 비롯해 바울이 디모테오[티모테오Timotheus, 17~97. 50년 바울의 전도 여행을 도왔던 데살로니카서, 〈고린도후서〉, 〈필레몬서〉의 공동 집필자]에게 했던 말 "너는 신앙인들의 모범이 되어야 한다"(forma esto fidelibus)를 인용한다. 여기서 그리스어 원본에는 **포르마**forma의 자리에 **튀포스**typos라는 표현이 있다. 따라서 그리스도교의 교사는 자신이 그리스도를 본받는 자가 될 뿐 아니라, 본받을 만한 위치를 받아들이고 공동체에 '형성하는 자Formant', 주조하는 '유형Typus'으로 스스로를 제공하도록 정해져 있다. 그래서 그리스도는 타인을 그리스도로 만드는 사람이라는 격언이 있는 것이다. 이 상투어에 대한 세속적 사본은 타인을 교양으로 안내하는 자만이 교양이 있으며, 계몽을 확장하는 자만이 계몽되어 있다는 명제로 이어진다. 양면의 **본받음** 덕분에 사도식 계승은 어떤 피라미드 게임의 형태를 취한다. 이 게임에서 본받음의 대상이 될 수 없으면서 본받기만 하는 단순한 신앙인들을 기본적으로 제외하면 각 참여자는 본받는 주체인 동시에 본받는 객체다. 이 단순한 신앙인들의 특권은 숙달자들을 물질적인 온정으로 지원하는 것이며, 불가능한 것을 다루는 기예의 숙달자들이 북적거리는 피라미드의 정점에서 당연히 가장 멀리 떨어져 있다. 이 숙달자들 중에는 성인으로 칭해진 자와 기

3부. 과장(도를 넘기)의 절차들

적을 행하는 자와 더불어 수도원장 '유형'도 발견된다. 베네딕트 규칙서는 이 유형에 관해 다음처럼 이른다. 그는 인간의 지도(**영혼의 지도**animas regere)라는 책무를 맡아서 어느 날 공포와 전율 속에서 그의 피보호자들을 위해 해명해야 한다. 수도원 통솔자의 정치 수완은 적절한 때에 적절한 일을 하는 것에 있다. 말하자면 달콤한 말과 겁을 주는 것을, 주±의 가혹함과 아버지의 친절함을 결합하는 것에 있다.*

철학자

이제 철학자들을 통해 대표되는 우리 목록에 있는 네 번째 트레이너 형상에 시선을 던지면 곧장 이 형상은 성애 유형과 입상 유형과 그노시스 유형으로 산산조각 난 채 눈에 띈다.** 피에르 아도Pierre Hadot[1922~2010. 프랑스의 철학사가 겸 고대철학, 특히 신플라톤주의의 전문가로 《고대철학이란 무엇인가》*** 등이 번역되어 있다]가 매우 아름답게 보여주었다시피 소크라테스는 첫 번째 유형을, 마르쿠스 아우렐리우스는 두 번째 유형을 구현하며, 자연 세계의 논리적 등정의 대가 플로티누스Plotin[205~270. 신플라톤주의 창시자]가 아마도 세 번째 유형의 대표자로 이들 곁에 서게 될 것이다. 우리는 아도 덕분에 소크라테스의 방법을 이상에 복무하는 유혹으로 명료하게 재구성하기도 한다. 이 스승은 책임질 수 있는 아이러니로 마치 그가 제자를 사랑하는 것처럼 행동하여 제자에게서 보답의 사랑을 얻으며, 그런 뒤에 이 사

---

*   *Regula Benedicti* 2, 24. miscens temporibus tempora, terroribus blandimenta, dirum magistri, pium patris ostendat affectum["때에 따라 엄격하게도 하고 온순하게도 하여, 준엄한 스승과 어진 아버지의 정을 드러내라는 말이다."(《성 베네딕도 수도 규칙》, 63쪽/63쪽); "그가 당근과 채찍을 번갈아 사용하면서, 상황에 따라 다양한 방법으로 (가르쳐야) 함을 의미한다. 때로는 감독으로서 엄격해야 하며, 때로는 오직 아버지만이 할 수 있는 헌신적이며 부드러운 태도를 보여야 한다."(《베네딕트의 규칙서》, 26쪽)].
** 세 가지 철학자의 유형 가운데 마지막 그노시스의 유형에 대한 설명은 빠져 있다.-옮긴이
*** 이세진 옮김, 열린책들, 2017.-옮긴이

랑을 그의 인격으로부터 그와 같은 지혜를 향하도록 그 방향을 바꾼
다.* 그 자신은 예외적으로 '위를 향한' 사랑을 할 수 있고 이런 종류
의 사랑을 유일하게 진리에 적합한 것으로 가르치길 원한다. 제자들
이 이 스승과 훈련하는 동안 스승은 **아가톤**ágathon(좋음)**과 훈련한
다. 그는 무조건적인 것의 사랑에 대한 사랑을 전달함으로써 자신의
환자들을 세계 내에서 그들의 미친 사랑으로 해방시키고자 하는 저
멀리 아무개 정신분석가들과 닮게 된다. 그래서 "너의 증상을 네 자
신처럼 사랑하라"***고, 그리고 "결코 욕망을 양보하지 말라"(라캉)
고 말한다. 성애의 **철학자의 본받음**imitatio philosophi은 스승이 충분히 인
상적인 철학적인 삶의 **형상**typos을 구현하는 만큼만 고무될 수 있었
다. 이 의미에서 퍼포먼스의 정신에서 철학의 탄생에 관해 말할 수
있으며, 소크라테스의 죽음은 이 진단을 완전하게 확언한다.**** 그
런데 현대의 미학적 퍼포먼스는 보통 자기관련적일 뿐 아니라, 효과
를 내지 못하고 있으며 본받음을 거의 북돋지 않는 반면,***** 고전
적인 퍼포먼스는 전적으로 본보기성을 목표로 한다. 니체도 스승은
그의 제자들과 관련해서만 자기 자신을 진지하게 생각한다고 말할
수 있었다.

---

*   Pierre Hadot, "La figure de Socrate", in *Exercises Spirituels et philosophie antique*, deuxième édition revue et augmentée, Études Augustiniennes, 1987, pp.77~116[〈소크라테스의 형상〉,《영적 수련과 고대철학》].

**   플라톤의 《향연》에 등장하는 그리스 비극 시인의 이름이기도 하다. 그의 에로스 찬양 다음에 소크라테스의 연설이 이어진다.-옮긴이

***   Slavoj Zizek, *Liebe dein Symptom wie dich selbst!: Jacques Lacans Psychoanalyse und die Medien*, Merve, 1991[《너의 증상을 네 자신처럼 사랑하라!: 자크 라캉의 정신분석학과 미디어들》].

**** 이 책의 325~326쪽을 보라.

***** 동시대의 예외로 소크라테스식 퍼포먼스의 철학자 바촌 브로크Bazon Brock를 들 수 있을 것이다. Peter Sloterdijk, "Der Jahrhundertmensch", in Bazon Brock, *Lustmarsch durchs Theoriegelände. Musealisiert Euch!*, Dumont, 2008, pp.6~24[〈세기의 인간〉, 《신학의 땅을 즐겁게 행진하다: 너희들을 뮤즈화하라!》]를 보라.

철학적 미메시스의 윤곽은 입상의 철학자들에게 더욱더 분명하게 드러나는데, 이 철학자들은 대부분 스토아주의 노선에 분류된다. 세네카는 그들을 보통 단순하게 '우리'라고 부른다. 그들은 고대 스타일의 실천철학의 유형을 구현하며 이 유형은 독자에게 매우 깊은 인상을 남긴다. 세계의 신성의 존재론을 배경으로 살 수 있음(삶의 능력)과 죽을 수 있음(죽음 능력)을 동일시하는 작업을 하는 자기수련의 현자의 특징적 이미지 말이다. 결국 스토아주의는 자신에 대한 철학적 배려(돌봄)와 내면의 입상에 대한 조각 작업의 은유적인 동일시 덕분에 본격적인 훈련의식이 발생했던 곳이기도 했다.* 세네카는 그 자신의 인격을 위해 이 작업의 성공을 활용할 뿐 아니라, 동시에 절반은 유머로만 그의 제자의 정신적인 진전에 대한 저작권을 주장한다. 심지어 그는 제자 앞에서 말한다. **메눔 오푸스 에스**menum opus es, "너는 나의 작품이다".** 그 때문에 이 제자가 자기 자신을 스승에게 '거대한 선물'(**인겐스 무누스**ingens munus)***로 제공할 때 전혀 실수한 것이 아니며, 동시에 스승들은 제자에게 그들이 우리의 주인이 아니라 지도자다(**논 도미니 노스트리 세드 두케스**non domini nostri sed duces)****라는 원칙을 상기시킨다. 스토아주의의 강사들은 어떤 스승 곁에서 공부하는 필연성을 좀처럼 의심할 수 없었다. 설령 그들에게 스승의 원칙을 내면화하기 위한 단초들이—마르쿠스 아우렐리우스의 《**나 자신에게**An mich selbst》*****를 떠올릴 수 있다—명백하더라도 그렇다.****** 여기에 외부의 스승들을 순전히 일시적으로 내면을 보충하는 사람들로 설명하는 더 근대적인 학교들이 연결될 수 있을 것이다.

---

*   Pierre Hadot, *La citadelle intérieure. Introduction aux Pensées de Marc Aurèle*, Fayard, 1992[《내면의 성채: 마르쿠스 아우렐리우스의 사상 입문》].

**   Seneca, *Epistolae morales ad Lucilium*, 34.

*** Ibid., p.194.

**** Ibid., p.190.

***** 《명상록》의 원래 그리스어 제목(Ta eis heauton)이다-옮긴이.

******동일한 경향이 최근 불교의 종파 대부분에서 등장한다.

보편 능력자와 같은 소피스테스

불가능성의 도약의 장에 있는 트레이너 형상들에 대해 이렇게 요약하며 조망하는 마지막 자리에 소피스테스의 형상 역시 논의돼야 한다면 의아하게 보일지 모른다. 이 당혹은 소피스테스들의 성취와 그들의 자기이해에서 출발하여 그들이 플라톤의 대항 선전에 나타났던 것처럼 결코 지적으로 가벼운 자들에 불과하지 않았다는 것을 생생하게 그려내는 즉시 쉽게 제거될 수 있다. 이 희화화를 제쳐두면 소피스테스 철학이 그 본질에서는 지식의 기예이자 전능과 전지의 기예론이기까지 하다는 점이 나타난다. 이 기예론 없이는 고대인들이 느낀 철학적 삶의 형식의 매력이 간단히 설명될 수 없을 것이다. 무척 모순적으로 들릴지 모르지만, 소피스테스 철학은 나름의 방식으로 불가능한 것을 가르칠 수 있는 것으로 만들고자 함으로써—덕areté을 학교의 틀에서 포착한다는 소크라테스-플라톤의 약속 너머 멀리에서—서구의 전통과 관련하여 좁은 의미에서 최초의 포괄적인 훈련과학을 발생시켰다. 이 철학은 교육(**파이데이아**paideía)과 가르침(**디다스칼리아**didaskalía)의 절차적인 측면을 철두철미하게 훈련 형식(**아스케시스**áskesis와 **멜레테**meléte)에 관련시켜서 훈련과학을 발생시킨다. 이렇게 해서 어떤 진보의 원칙을, 곧 능력 향상의 점진성과 눈에 띄지 않지만 매우 효과적인, 더 있을 수 없는 습성Habitus을 향한 성장을 정력적으로 가리킨다. 소피스테스들에게 배움이란 적극적인 정신의 물질에 대한 파악이라기보다 교제와 반복 수행을 통한 주조됨을 의미하기 때문에, 어린 시절부터 확률 없는 것의 자연화를 확보하기 위해 매우 우선적으로 조기교육을 강조했다.

이렇게 해서 전능은 어떤 유능의 원환에 사로잡히게 된다. 할 수 있는 것만을 할 뿐이며 꾸준히 반복하는 것만을 할 수 있을 뿐이다. 이 순수한 '헥시스의' 분석에는, 말하자면 적극적인 습관형성에 맞춰 조정된 분석에는, 물론 최근 처음 발견된 신경수사학 규칙들의 네트워크인 반복 실행 속의 향상의 원동력이 감춰져 있으며, 그것이 **암암**

리에 사용될 뿐이다. 당분간 모든 교수법은 '수행하고, 수행하고, 수행하라!'는 재촉 속에 함유되어 있다. 이 표어는 레닌의 "배우고, 배우고 또 배우라" 안에서도 공명하며 이 표어 자체에 저 멀리 로댕의 숭고한 **'항상 노동하라'**가 답한다. 그러므로 소피스테스의 이론은 다만 그 나름의 사유와 표상의 수행 실천일 수 있다. 남김없이 끊임없는 수행 속에 입착되어 있는 어떤 능력의 범례를, 자명해 보이지만 실제로는 완전히 기적에 가까운 능력과 사용, 수행과 개선의 원환 속에 이미 항상 포함되어 있지 않다면 우리가 통달하지 못했던 모국어가 제공한다. 이 모국어가, 소피스테스 이론에서 교과로 정해질 계획이었던 기적을 설명할 수 있다. 그러니까 모두가 이미 항상 어떻게든 말을 하지만, 소피스테스만이 그 밖의 누구와도 다르게 그 기예의 정점에서 말을 한다. 모든 상황에서 항상 훌륭하고 대부분 압도적으로 승리를 거두며 모든 것에 대해 말하는 것이다. 그러므로 적격인 교사와 함께 끊임없이 수행하여 모국어의 한복판에서 모든-언어로 상승하는 것이 문제다.

소피스테스 학습 모델의 요점은 소피스테스가 언어 능력에서 전반적 삶의 능력으로, 또 응용된 전지로까지 도약하는 방식에서 나타난다. 소피스테스의 학생은 꾸준히 능력 일반의 기예가와 함께, 곧 모든 것에 대해 말한다는 점에서 모든 것을 아는 연설의 대가인 소피스테스와 더 높은 삶의 능력에 속하는 모든 것을 남김없이 할 수 있는 삶의 대가인 소피스테스와 함께 있으면서 모든 것에 대한 능력의 수행은 차츰 그 추종자가 또한 범기술적으로 완전히 형성된 전지자이자 전능자로 공적 생활에 등장할 수 있을 때까지 그에게 영향을 끼친다. 수행만으로는 선취될 수 없고 상황에 따라 저울질할 수 없는 일들을 진정한 능력자는 순간(**카이로스**kairós)의 정신에서 찾아내며, 유리한 순간의 정점에서 이 균형 유지 자체는 완전히 훈련될 수 있는 것이다.

이렇게 해서 소피스테스의 교육은 나름의 방식으로 자연Physis을 넘어선다. 소피스테스의 '형이상학Metaphysik'의 구상은 확실하게 기예론Artistik으로 파악될 수 있다. 소피스테스의 기예론은 무력함에 대한 실존적 반정립을 표현한다. 결코 무력하지 않은 자들을 양성하는 것이 그와 같은 표준을 따르는 모든 **교육(파이데이아)**의 목적지를 이룬다. 항상 훈련하고 모든 상황에서 자조自助할 줄 아는 사람에 대한 구상만큼 어떤 것도 폴리스-시민의 실천적 이상에, 더군다나 폴리스-정치인의 실천적 이상에 근접하지 못한다. 이 이유에서 우리가 본 게 맞다면 우리는 늘 서커스-기예가들을 즐겨 구경하게 된다. 그들은 무적의 육체의 운동성이라는 복음을 퍼뜨리며, 같은 이유에서 훌륭하게 조립해 매우 효과적으로 행한 연설이 항상 우리의 관심 대상이다. 이것은 우리에게 가장 가까이에 있는 인간의 가능함을 상기시킨다. 훈련받지 않은 사람이 맨손과 맨주먹으로 입을 다무는 곳에서 소피스테스 교사는 교육 대상자에게 그가 어떻게 말을 발견하여 이것을 가지고 모든 상황 속에서 **아메카니아**amechanía, 즉 적수공권과 속수무책에 대한 고통을 극복하는지 보여준다.*

아무리 이 교육이 모든 도전에 대해 기예에 따라 능가하도록 차츰 성장하는 것을 강조한다 하더라도 그것은 동시에 퍼포먼스적이고 연극적이기까지 한 주된 형상이다. 이것을 고르기아스에 대한 일화보다 더 분명하게 드러내는 곳은 없다. 어느 날 고르기아스Gorgias[BC 483~BC 375. 소피스테스 철학자로 피타고라스와 함께 1세대 소피스테스의 공동 설립자]가 아테네의 만석인 극장에 도착하여 임의의 연설을 즉석에서 행할 각오를 하고 청중에게 무모하게 큰 소리로 외쳐 말했다. "나에게 어떤 주제든 제시하라(**프로발레테**probállete)!"** 그때 고르기

---

* 보편적 재능을 양성하는 소피스테스의 **교육(파이데이아)** 복합체에 대해서는 Thomas Buchheim, *Die Sophistik als Avantgarde des normalen Lebens*, Meiner, 1986, pp.108~127[《평범한 삶의 아방가르드로서의 소피스테스 철학》]을 보고, 소피스테스가 순간(카이로스)을 다루는 방식에 대해서는 같은 책 pp.82~83을 보라.
** Ibid., p.114.

아스가 정말 극도로 자신감에 차 있었어도 결코 부적절하게 행동하지 않았다는 것을 깨달아야 이 등장이 의미한 바를 이해할 수 있다. 그는 실제로 모든 삶의 상황에서 그의 전지론과 범수사학의 능력을 시험해볼 준비가 되어 있었고 실제로 그럴 수 있었기 때문이다. 이와 유사한 제스처로 18세기 말까지 대부분의 피아니스트가 청중 앞에 등장하여 소피스테스들처럼 임의의 '테마들'에 대한 즉흥 논문을 피아노로 작성했다. 이 의미에서 청년 모차르트는 음악사의 위대한 소피스테스들 가운데 한 명이었다. 그가 가극 대본 작가들에게 맡기지 않고 주로 그의 테마들을 자신이 외쳐 알린 사람이었다고 해도 그렇다. 솔로 피아노 협주곡(1839)의 발명자 프란츠 리스트조차 대규모 청중 앞에서 즉흥적으로 포착한 테마들을 즉석에서 연주하려고 아직은 고집하지 않았다. 피아노-소피스테스들에게 배움이 남김없이 연습Üben의 실천 속에 입착되어 있을 수밖에 없다는 것은 그 일의 본질과 그 실행 방식에서 나온다.* 소피스테스들에 의해 양육된 전지론과 범테크닉의 습성의 마술과 관련하여 말하자면 이 마술은 소피스테스의 도전에 대한 플라톤의 방어전에 따라 생각하려는 경향이 있었을 때보다 훨씬 더 멀리 미쳤다. 다른 사람도 아닌 아리스토텔레스가 모든 것에 대해 무엇이든 말하라는 소피스테스들의 요구를 문자 그대로 진지하게 받아들이면서 이 요구에 경의를 표했다. 이 점에서 아리스토텔레스는 플라톤보다는 훨씬 더 고르기아스를 본받는 자였다. 그는 범수사학의 습성을 범인식론의 습성으로 대체함으로써 자신의 선생에게 그의 헌사를 바쳤다.

나는 이 관찰들을 전능함에 대한 소피스테스의 이념이 20세기에 예기치 않은 부활을 겪었으며, 그것도 자크 데리다Jacques

---

* 저녁 피아노 연주회의 역사와 이 연주회가 점점 더 불모가 된 것에 대해서는 Kenneth Hamilton, *After the Golden Age: Romantic Pianism and Modern Performance*, Oxford University Press, 2007[《황금시대 이후: 낭만주의의 피아노주의와 현대 연주회》]을 보라.

Derrida[1930~2004]에 의해 발전된 해체구성Dekonstruktion의 형태로 겪었다는 것을 언급하면서 끝마치겠다. 이 해체구성은 그 근본 절차에 따라 모든 해설 내지 내재적인 모든 반박의 형식으로 소피스테스의 전지를 복원하는 것과 다를 바 없는 것을 구현한다. 잘 알려진 것처럼 소피스테스의 전지술의 열쇠는 항상 다른 연설자들이 어떤 명제, 어떤 완성된 연설, 또 어떤 온전한 이론까지 가지고 먼저 수행하도록 하고 거기에 의거하여 반박(안티레게인antilégein)의 테크닉을 적용하는 재주(메카네mechané)에 있다. 이것은 플라톤이 보여주었다시피 소크라테스의 방법이기도 했다. 반박(안티레게인)은 본本을 통해 이미 보증됐지만 보통 이 본에서 빌려온 것에 불과한 똑같이 우수한 지식의 기초에서 출발하여 직접 더 우수한 지식의 지평으로 상승한다. 이것은 앞의 텍스트에 불가항력적으로 존재하는 약점의 자리에 대한 논거가 얼마나 단순하게 증명될 수 있는지를 고려한다면 항상 쉽게 획득되는 것이다. 모든 결정적인 명제가 세워져 있는 선별을 떠올린다면 그런 자리들을 대가의 담론들에서마저 거의 노력하지 않고 발견한다. 모든 것을 아는 자 고르기아스와 모든 것을 알지 못하는 자 소크라테스가 데리다의 인격 속에서 함께 재발견되어 신-곡예 형식의 소피스테스 지식술 내지 전진하며 수행될 수 있고 수행 속에서만 존재하는 철학적인 소피스테스 철학을 창설하는 것처럼 보인다. 이것에 대해 어떤 새로운 아카데미의 반응이 저항하리라는 것은 매우 확실하다.

세속의 트레이너: 내가 의지하기를 의지하는 사람

고귀한 소피스테스의 형상에서—앞서 제시된 이유들 때문에 내가 실용주의적 교사들보다는 영적-기예적 교사들에 더 가깝게 배치하려고 했다—두 번째 트레이너 집단으로 이어지는 길은 그렇게 멀리 떨어져 있지 않다. 여기에서는 간략하게 더 특수한 테크닉과 실천에 관련된 능력 복합체를 전해주는 일에 관계하고 있는 그런 교사들이 이야기될 것이다. 이때 운동선수의 트레이너로 이야기를 시작하는 것이 불가피하다. 이 트레이너가 기술적으로 매개될 수 있는 확률 없음의 장에서 가장 함축적인 형상을 구현하는 탓에서다. 모든 트레이너처럼 운동선수의 트레이너 역시 그의 피보호자에 대한 관계에서 '동기 부여를 교차하는 테크닉'이라고 가장 적절하게 기술할 수 있을 어떤 지지의 절차를 실행한다. 이미 모든 운동선수가 자진해서 충분한 몫의 성공 의지를 가지고 있더라도 이 의지 안에 두 번째 의지를, 곧 첫 번째 의지를 고조시키며 이 의지의 위기들을 넘어서 멀리 가는 그 자신의 의지를 이식하는 것이 트레이너의 책임이다. 이와 같이 의지된 의지가 의지하는 의지를 변화시켜서 운동선수는 이 양쪽 의지의 교차 없이는 다다를 수 없었을 성취의 정점까지 미칠 수 있다. 이렇게 해서 운동경기주의에, 구속된 자발성의 근원적인 수행의 장이 놓이게 된다. 이 장에서 나중에—유일신론의 전조를 띠고—자유의 의지나 혹은 비자유의 의지(데 리베로 벨 세르보 아르비트리오de libero vel servo arbitrio)에 대한 스콜라주의의 논의들과 같은 보기 드문 정화가 만발하게 될 것이다. 철학자들이 이 문제에 연루되기 오래전에 이는 경기장에서 해결됐다. 신학자들은 우리는 우리가 의지하도록 신이 의지하는 것을 자유롭게 의지해야 한다고 설교함으로써 인간의 자유와 신의 전능의 모순의 비밀을 뚫고 지나가길 원했다. 이런 식으로 그들이 신을 운동선수 트레이너를 뒤따르는 형상으로 만들었다는 것을 그들은 일반적으로는 더 이상 이해하지 못한다. 트레이너의 정의는 정확히 트레이너인 그가 운동선수를 위해 원하는 것을 운동선수가 원해야만 하도록 원한다는 것에 있다.* 운동선수가 정말 완전히 불가능하지는 않아도 확률이 거의 없는, 곧 결코 중단되지 않고 이어지는 승리와 같은 어떤 것을 원해야만 한다고 말할 필요는 없다.**

---

* 이 책의 98~99쪽을 보라.

** 가장 숱하게 승리한 고대의 운동선수 크로톤의 밀론Milon von Kroton(대략 BC 556~BC 510 무렵)은 60번째 올림피아기부터 67번째 올림피아기까지(BC 540~BC 512) 4반세기 이상 패배하지 않고 남는 데 성공했다.

마기스터magister(석사)와 **독토르**doctor(박사)라는 칭호가 로마인들에게서 최초로 군사훈련소에서 사용되었다가(예를 들어 펜싱 사범을 **캠피닥터**campidoctor라고 불렀다) 나중에는 검투사와 그 밖의 원형경기장 전사들의 트레이너들로 번역됐고, 바로 이 두 번째 번역 덕분에 학계로 옮겨갔던, 언어사에서 기억할 만한 일을 적어두자.

수공업장인과 예술작품의 제2의 본성

실용주의 영역의 두 번째 유형을 수공업자가 혹은 철학적으로 말하자면 직업적-일상적 **테크네**techné의 능력자가 구현한다. 이 유형의 재능들이 숙련되고 평범해지면(그리스어 기반에서는 더군다나 '속물화되면'), 더 이상 이 각각의 재능이 서투름에 대한 오랫동안 누적되는 반란에서, 곧 의지할 곳 없음, 적수공권, 무전략에 대한 어떤 조용한 저항에서 생겨났다고 생각할 수 없다. 그리스인들은 이 상태를 표현하려고 **메카네**의 부재, 재주와 **트루크**truc(책략)의 결핍, 지레와 보조 수단의 결핍을 뜻하는 심원한 말 아메카니아(무력함)를 주조했다. 그런 의미에서 각 수공업은 헤라클레스Herakles의 열두 가지 노동 가운데 하나에 대한 어떤 집단적이고 익명적인 대응물을 구현하며, 이 범기술의 영웅 행위들의 의미는 명백하게 해결될 수 없어 보이는 과제를 끝마치는 것이 인간의 본성에—이 경우에는 반신半神의 본성에—있음을 입증하는 것에 있었다. 그러므로 수공업자들에 관해 아무것도 알기를 원하지 않는 사람은 영웅들에 관해서도 침묵해야 한다. '무엇인가 할 수 있음'의 관점에서 영웅들, 수공업자들과 마지막으로 정치가들까지 이들은 보통 귀족정치에서 오해된 구유럽 유형의 행동론들이 인식할 수 있었던 것보다 훨씬 더 긴밀한 관계를 맺고 있다. 이 부분을 제외하면 모든 관점에서 경탄할 만한 한나 아렌트의 책 《인간의 조건The Human Condition》(1957/1958, 독일어판은 《활동하는 삶Vita activa》)마저 제작Machen[원본: 작업Herstellen]과 순전한 노동Arbeit까지 너무 심할 정도로 행위Handeln에 대해, 즉 인간의 정치적 등장에 대해 먼 간격을 두고 두 번째와 세 번째 순서로 이동시켜서 이 전승된 왜곡에 대단한 인정을 표했다.

이 배경에서 리처드 세넷Richard Sennett[1943~ . 미국의 사회학자로 현대 도시 생활의 결속 문제 등을 주로 연구했다]이 최근에 철학이론으로 수공업crafts을 그 경멸 상태에서 해방시키고 이 존중받지 못한 근본형상에 그것에 상응하는 **활동하는 삶**의 현상들의 위계를 되돌려주는 시도를 감행할 때 그것은 학문의 대업뿐 아니라 정신사의 대업으로 표현될 수 있다.* 수공업의 원리는 생산과 연습의 우연의 일치에 근거하고 있다. 이것을 마침내 다시 인식했다는 것이 세넷이 활동이론의 영역을 위반한 일을 중요하게 만든다. 수공업을 변호하는 자는 그것이 느리고 독창성에서 동떨어져 있다는 점과 더불어 반복을 통해 배운다는 점을 **마땅히** 옹호한다. 그런 제스처는 현대에 와서 비방의 대상이 된 반복에 새로운 존중의 증서를 발급하는 일을 전제한다. 이시도를 하는 사람은 반복적-기계적인 것과 사적-자발적인 것 사이의 일치를 입증해야 하는데, 이 기도는 개별적으로 구현된 기억에 대한 찬미를 낳게 되고, 그렇게 해서 니체와 함께 '일체화'나 혹은 라베송 Jean-Gaspard-Felix Lache Ravaisson[1813~1900. 프랑스 현대철학자로 앙리 베르그송의 스승]과 함께 획득된 능력 체계라고 부를 수 있는 것을 낳는다.

수공업장인들이 하늘에서 떨어지지 않았다는 것은 더 예전의 수공업 직업 교육 과정을 떠올리면 다들 알게 된다. 이 교육 과정에 따르면 도제는 맨 먼저 그가 기능공 시험에 작품을 제출하기 전까지 최소 7년간은 일의 요령을 접해야 한다. 그런 뒤 기능공 시험에 합격하면 5년에서 10년을 더 그의 기술을 완전하게 하고, 12년에서 18년간 지도 시간과 수련 시간이 지나야 비로소 그는 장인 시험 작품을 생산할 생각을 할 수 있다. 한 명의 재능 있는 수공업자나 혹은 유능한

*   Richard Sennett, *Handwerk*, Berlin Verlag Taschenbuch, 2008; *The Craftsman*, Allen Lane, 2008[리처드 세넷, 《장인: 현대문명이 잃어버린 생각하는 손》, 김홍식 옮김, 21세기북스, 2010].

음악가가 되려면 옛 요강에 따라 최소한 1만 시간 동안 연습하는 '실천'이 꼭 필요하며,* 더 높은 단계의 장인 능력을 고려한다면 서슴없이 그 수를 곱절하거나 3배로까지 해야 한다. 천재라고 불렸던 것은 얼마 전까지 평균 수련 시간을 화려하게 단축한 경우들을 가리키는 것과 다를 바 없었는데, 음악 신동들을 떠올려보자. 그들 없이는 지난 300년의 음악사가 거의 생각될 수 없다. 마침내 천재 미학의 흑사병이 결코 신동은 아니지만 완전히 수련을 생략할 때까지 이 시간 단축을 촉진하고자 하는 예술가 인구 전체에 들이닥쳤다.

수공업장인성이라는 현상에는 이 장인성으로 기예의 기적 같은 것이 일상화되기 시작하기 때문에 고대뿐 아니라 근대의 **활동하는 삶**을 이해할 때 범례가 되는 의미가 있다. 조선술—플라톤이 **테크네**의 본질에 대해 논의하면서 즐겨 삽입했던 분야다—이 문제든, 혹은 외과의술이나 도공이나 금세공술(세넷은 현대의 능력의 파편화와 순수한 직업 노동의 탈도덕화에 대한 비판자로서 금세공술을 정말 특별히 마음에 들어 한다)**이 문제든, 각 경우에서 이 논의와 관련된 수공업자들은 자연적 사물들의 영역을 어느 정도 보란듯 넘어가는 인공물의 생산자들이다. 이 '기술품들Kunststücke'은 유형화되고 규격이 통일되고 평범한 특징 때문에 대개 경탄의 대상이 되기를 중단했다. 그래서 그 생산은 충분한 정도의 수련과 경험과 세심함과 깨어 있음을 요구하기를 중단할 수 없는 것이다. 어떤 익명화되고 강등된 인공성의 장에서 이 활동은 정확히 제작과 명상의 경계에 고정되는 생산 유형의 발생에 대한 이상적인 전제 조건을 제공한다. 이 유형은 행위자가 대상의 생산이나 효과의 유발에 몰두하는 것과 똑같은 정도로 이와 같은 활동을 하는 자신의 능력을 재생산하고 확장하는 어떤 연습하는 일Arbeiten을 고무한다.***

*   Ibid., p.33[같은 책, 45쪽].

**   Ibid., pp.79~102[같은 책, 98~127쪽].

***   연습-생산자들에 역으로 영향을 미치는 이 '수공업'과 공장 노동자의 일을 이

이렇게 해서 성실하게 실행된 모든 수공업 노동에서 왜 영적 잉여가치가 발생할 수 있는지 파악된다. 유럽의 중세 후기 도시들에서 14세기의 **데보티오 모데르나**devotio moderna*와 16세기 초의 종교개혁에서 정점에 달하게 될 평신도 종교성의 거대한 운동이 발전했을 때, 이것은 막스 베버가 그의 유명한 연구에서 대단히 과장하여 말했던 자본주의와 프로테스탄티즘의 명목상의 유사성과는 거의 아무 관련이 없었고, 수도원의 수련들Exerzitien과 작업장에 정착된 수련들Übungen 사이의 설득력 있는 유비와 훨씬 더 관련이 있었다. 수공업의 연습하는 일에서—1268년 파리의 《직업 총람Livre des métiers》이 이미 조합에 가입된 100개의 장인의 '직업들'을 작성하고 열거했다**—잠재적으로 직업 성직자들과 영적으로 대등함을 의식했던 어떤 인격 유형이 발생될 수밖에 없었다. 오랫동안 대다수 수도승에게 **기도와 일**ora et labora 이 중요했던 것처럼 더 현대적인 **노동과 기도**labora et ora가 장인의 삶의 세속 형제들에게 절박하게 권고되었다. 개별 수공업자가 수도원 작업장에서 도시 작업장으로 직접 옮겨간 것 역시 거듭 증명되어, 그 결과 주의 깊게 규칙적으로 행하면서 행위자가 스스로를 형성하는 영적 습성이 수공업 환경 이곳저곳으로 이전됐다는 것이 더군다나 즉각 이해될 수 있다. 이 의미에서 작업장들은 순수한 '물건Zeug'이 태어나는 장소일 뿐 아니라, 생산과 명상 사이를 부유하는 주체성 형식의 재배지이자 자기확신을 가진 경건한 단수성들의 조폐국이다. 때

미 뤼시앙 세브가 그의 마르크스주의 인격이론에 대한 연구에서 파악했다. 비록 그가 치우친 생산주의의 용어로 실제로는 이 이론을 인지하기 어렵게 만들었음에도 말이다. Lucien Sève, *Marxisme et théorie de la personnalité*, Éditions sociales, 1969[《마르크스주의와 인격이론》]; 독일어 번역본: *Marxismus und Theorie der Persönlichkeit*, Verlag Marxistische Blätter, 1973.

* 토마스 아 캠피스의 《그리스도를 본받아》로 촉발되어 14세기부터 종교개혁 이전까지 이어진 신앙 운동으로 겸손, 복종과 삶의 단순성처럼 경건한 삶의 실천을 통한 사도들의 가르침의 갱신을 요구했다.—옮긴이

** Sennett, *Handwerk*, p.82[《장인》, 101쪽].

때로 이 불똥이 종교의 장으로 도로 튀는데, 이것은 믿음이 깊은 열광주의의 수공업을 그들 자신의 영혼에 적용했던 영국의 감리교인들에게 나타났던 바다.*

여기서 예술이 수공업에서 분리되는 지점까지는 그리 멀지 않다. 마르크스가 프롤레타리아의 조건에 대한 체계적인 정의를 모든 측면에서 마음대로 처분할 수 있는 "노동력 상품"을 가상의 구속을 받지 않고 스스로 판매하는 것으로 발견했던, 근대의 "노동 일반, **한 마디로**sans phrase 노동", 따라서 특성이 없는 저 노동의 결정화라는 훨씬 더 거대하고 유일한 드라마가 시작되기 이전의 저 활동이론과 관련이 있는 거대한 근대의 연극 말이다.** 모든 분리들이 그렇듯 이것 역시 주체화의 증대에 복무하며, 이 경우는 수공업자 능력이 예술가의 능력으로 증축되었다. 예술을 수공업과 구별하는 것은 그와 같은 예술 능력을 작품opus에 전시하는 그 결단성이다. 세넷은 이렇게 단순한 사용 대상에서 작품 나르시시즘의 차원으로 도약하는 것을 벤베누토 첼리니Benvenuto Cellini[1500~1571. 르네상스 시대 이탈리아의 조각가이자 화가]가 프랑수아 1세를 위해 3년 이상 작업해 만들었던 유명한 소금통(빈의 〈살리에라Saliera〉, 1540~1543)에 의거해 설명했다. 그런 대상들은 더 이상 일상에서 사용되는 것을 견디지 못하고 사용자들을 거기에 형성되어 있는 경탄에 대한 강요에 굴복시킨다.

이 두 예술작품의 본성인 완전한 수공업과 완전한 기적 같은 일

---

* Rober E. Cushman, *John Wesley's Experimental Divinity. Studies in Methodist Doctrinal Standards*, Abingdon Pr, 1989[《존 웨슬리의 실험적 신성: 감리교 교의의 표준 연구》]를 보라.

** Karl Marx, *Grundrisse der Kritik der politischen Ökonomie*(초판 1857/1858), Wien o. J., p.25[카를 마르크스, 《정치경제학 비판 요강 1》, 김호균 옮김, 그린비, 2007, 75~76쪽]. 이 연관에서 마르크스는 같은 곳에서 비문명화된 러시아의 노예가 자신들이 어디에나 사용되도록 허락하는지, "혹은 문명인들(예를 들어 미국인들-저자)이 자기 자신을 어느 곳에서나 사용하는지"는 "복잡다단한 차이"라고 강조한다. 이 차이를 밝히기 위해서는 마르크스에 따르면 자본 시스템에서 추상 노동의 발전 전체를 이해해야 한다.

이 합당한 명쾌함으로 확립될 때까지는 오랜 교의상의 논쟁이 필요했다. 한편으로 모든 작품은 철두철미하게 일Metier의 산물이고, 다른 한편으로는 작업장에 초수공업적인 것이 출현했음을 증언한다. 이 두 본성은 섞이지 않은 채 나란히 존속하고 다양한 수용 능력으로 인식된다. 이 이중의 규정에 르네상스 이래 예술과 예술가에 대한 담화에 활기를 불어넣었던 장인의 위상뿐 아니라 명작 개념에 대한 모든 평가가 결합되어 있다. 예술이 작업장에서 기적 같은 것das Wunderbare을 탈환하는 것을 의미하는 것처럼 예술가성은 작업장 내부에 창조적이며 신에 준하는 능력의 복원을 함축한다. 유럽인들이 거의 500년 동안 창조성의 신학자들과 그 비판적인 부제剛祭들을 통해 끊임없는 내면의 사명에 노출되는 부작용이 함께한다. 물론 조금 나중에 시작하여, 위대한 예술작품들조차 더 높은 생산물, 즉 더 높은 곳의 눈속임에 불과하며 위대한 예술가들 역시 인간에 불과하다고 주장하는 아리우스파* 혹은 휴머니즘-유물론의 반反사명에도 노출되기는 했다.

교수들, 교사들, 저술가들

나는 이 조망을 실용주의적인 지도 권한의 나머지 세 유형인 대학교수들, 근대 민족의 초등학교와 상급 학교의 교사들을 비롯하여 계몽주의 저술가들 내지 정치와 문화에 참여했던 저널리스트들을 요약적으로 언급하며 끝내겠다. 역사적 관점에서 이 지도와 의견의 권한이 있는 이들 대부분은 교육 특권의 순차적인 자기지양이나 혹은 엘리트들의 민주화라고 묘사할 수 있을 어떤 드라마에 연루되어 있다. 이 수백 년이 넘도록 뻗어 있는 과정에서 이들 중 다수는—반대 방향의 경향들이 이 발전의 진행을 복잡하게 만들고 굴곡지게 만들

---

* 알렉산드리아의 장로 아리우스Arius(약 260~336)의 교의는 325년 니케아 공회의에서 이단으로 배척됐다. 이 교의는 그리스도가 창조되었다는 것과 그의 아버지 하느님에게 종속되어 있음을 주장했다. 여기서 후계자들 대부분은 채색됐음에도 불구하고 순수하게 인간적인 그리스도의 본성에 대한 명제를 도출했다.

었을 경우들이 없지 않았다―훈련으로 트레이너를 불필요하게 만들려는 의도에 더욱더 명시적으로 헌신했다. 그들은 교사의 인격에서 학습의 장(학부, 학교, 언론)으로 강조점을 이동시키면서 단련하는 수행들의 탈인격화에 대한 경향을 강화하는데, 이것은 이 현상이 오늘날 가장 함축적으로 구현되는 인터넷-커뮤니티가 발생하고 난 뒤부터는 소급적으로 이미 구텐베르크 시대에, 게다가 필사의 시대에조차 잠재했던 가능성으로 더 잘 인식되는 경향이다.

구유럽의 교수 형상을 되돌아보면, 예로부터 교수가 얼마만큼 그의 전문 분야의 캐릭터 가면에 불과해야 했으며 그러길 원했는지, 그리고 처음부터 그가 그의 학문을 진척시키는 것에 독창적으로 기여하리라고 얼마나 거의 기대되지 않았었는지 금방 눈에 들어온다. 독창적인 교수란 얼마 전까지도 **형용모순**contradictio in adiecto이었으며, 참으로 오늘날까지도 그러한데, 오늘날은 이 모순들이 좀 더 나은 생활 조건들을 가지고 있을 뿐이다. 특히 가르치는 이들이 학자 티를 내며 말할 수 있을 뿐 아니라, 경계에서 공언하며 의미 있는 듯이 말할 수 있는 정신과학에서 그렇다. 이미 교수라는 명칭이 최첨단이 요구했던 것 각각을 재현하고 전해주는 것에 대한 소명을 지시하며, 만약 그런 칭호를 보유한 자가 국가의 봉급을 받는다면, 그것은 정력적인 비독창성의 가치를 인정하는 것이었고 그렇게 해서 그는 그의 전문분야 전체에 대해 강연할 줄 알았다. 교수들은 서품을 받은 세속 지식의 경제에 속하는데, 이 경제에서는 교수직이 교수직의 보유자보다 엄격하게 우위에 서는 게 타당하다. 마치 다음으로 더 높은 지평에서 학부가 교수직보다 우선시되는 게 결코 문제시되지 않는 것과 같다. 학부는 한 분과의 비인격의 자기이지만, 개별 교수들은 **사실상** 그리고 **권리상** 오랫동안 초인격적으로 제도화된 교수 과정과 학습 과정의 인격화로 직무를 수행한다. 만약 교수직 보유자들의 20년에서 30년에 달하는 자격 증명 과정들을 되돌아본다면, 그들은 그 분과의 평균을 이룬다. 전체적으로 그들은 근대가 개시할 때 그 별칭이 식자층 공화국이던 **레스 푸플리카 리테라리아**res publica litteraria라는 칭호가 까닭이 없지 않게 부과됐던 어떤 집합 주체를 형성한다.* 이 공화국의 책무가 어디에 있는지 설명해야 한다면 가장 먼저 아카데미의 삶이 종사하고 있던 인지자본의 확대 재생산을 참조할 수밖에 없을 것이다. 어쩌면 이 **공화국**res publica이 결국 어떤 숨겨진 플라톤주의의 정치체를 구현했다는 것에 대해 이야기하는 게 훨씬 더 중요할지 모른다. 단순한 피라미드 '철인왕'을 복잡한 다수 전문 분야의 '철학자 공화국'으로 대체했던 것에 대해 말이다. 철인왕이 어떤 정역학의 성질을 배경으로 어떤 완결된 원리들의 과학을 가지고 통치될 수 있을 어떤 도시를 이끌고자 했다면, 철학자의 공화국은 원리들뿐 아니라 성질과 관련하여 어떤 내다볼 수 없는 동역학Dynamisierung에 노출된 어떤 공통 존재의 자기관리를 다룬다.

학부, 대학, 식자층 공화국을 장인 기능의 집단화, 익명화와 완전화로 이해할 준비가 되어 있다면—말하자면 '계몽'에 대해 그것이 보통 자기 자신에 대해 판단하는 것보다 더 높게 판단하는 것—다음 두 단계의 실용주의적 트레이너 직무인 교사를 비롯한 저술가와 저널리스트에 대해 유사하게 진술할 수 있다. 그들은 식자들의 **공화국**이 기초하고 있는 단련 과정을 각각 더 폭넓은 분야로 계속해서 나르는데, 처음에는 미래의 읽고 쓸 줄 알며 판단 능력과 행동 능력이 있는 자들이 도래하게 될 교실로, 그다음은 현재의 식자들의 사회가 자신의 의사소통에 이용하는 대중매체로 나른다. 이렇게 보면 교사들은 마치 저널리스트들이 언론의 인격화인 것처럼 학교 체계의 캐릭터 가면이다. 그들 역시 만약 그들이 그렇게 이해되고자 한다면, 이를테면 '사회' 전체에 어떤 특징을 확장하려고 노력하는 어떤 긍정적인 집단화의 동학에 복무했다. 이 특징은 실제로 어떤 객관적인 책무의 성취

---

* *Res publica litteraria: Die Institutionen der Gelehrsamkeit der frühen Neuzeit*, ed. Sebastian Neumeister, 2 Bde., Harrassowitz, 1987[《레스 푸블리카 리테라리아: 근대 초기의 학식의 제도들》].

를 나타내든 혹은 삶을 영위하는 기예 일반을 나타내든 장인성의 특징처럼 오직 소수의 개별자들에게만 귀속될 수 있을 것이라고 우리가 오랫동안 믿고자 해온 것이다. 그럼에도 이 장인성의 집단화가, 철학적으로 말하자면 '사회'의 자기규정(마치 '사회'가 어떤 자기를 소유할 수 있기라도 한 것처럼)이 지체되는 경우라면 개개인들은 마치 그들이 이 목적지에 다다른 최초의 사람들인 것처럼 계속해서 그렇게 훌륭하게 수행한다.

트레이너 교체와 혁명
: 전향과 기회주의적 전회에 대하여

반전술

나는 기예의 측면에서 고조된 수행의 삶 속으로 정석으로 후퇴하는 구조에 대한 이 탐구를 마무리하기 위해 현상 하나를 잠시 들여다보고 싶다. 이 현상 없이는 여기 논의되는 자기수련의 근본주의들이 이해되지 못하고 말 것이다. 나는 실존의 농축, 집중 그리고 종교사의 관점에서 **회심**이라고 부르는 저 반전의 순간들을 염두에 둔다. 이와 관련하여 결코 '종교의' 현상들만을 다룰 수 없다는 점이 명확해져야 한다. 이 순간들은 오히려 물러남의 위치에서, 말하자면 절대명령에 응답하며 발전하는 자세에서 나온 자기수련적인 태도의 총체에 속한다. 수행 내지 급진적 윤리의 태도가 외적 혹은 내적으로 이뤄지든 상관없이 이를 희생의 언어게임과 연결시키면 '종교의' 외관을 불러일으킨다. 첫 번째 종류의[외적인] 희생제물은 예로부터 피와 불을 수단으로 조달됐으며, 두 번째 종류[내적인]의 희생제물은 의지를 포기하고 소망을 바꾸는 것으로 조달됐다.* 희생의 사유가 폭력적

---

* 첫 번째 희생제물들은 '신神우주의' 균형을 일으키고자 하는 더 오래된 균형 종교의 만유에 속하는데, 그 안에서 세계 전체는 동시에 최초의 면역체계다. 그래서 거의 억압될 수 없는 '속인적' 인간들이 '치유된 세계'에 대해 품는 관심이 비롯된다. 두 번째 희생제물들은 영혼의 구제를 위해 치유되지 않은 세계를 포기할 것을 호소하는 불균형 종교의 체계에 속하는데, 그 안에서 영혼의 도피가 신과 최고의 면역 동맹을 체결한다. 이 신중심주의자들과 그 후예들, 이 '비판적인 의식'의 대리인들을 특히 그들이 '치유된 세계'라는 순수 관념을 우스꽝스

인 교환 작용에 대한 상징 코드를 제공하는 것과 달리, 수행의 삶 자체는 모든 문명화에 대한, 특히 희생의 내면화된 형식들에 근거하고 있는 문명화에 대한 토대가 된다.

이어서 나는 내가 분리와 물러남, 공동 세계의 중단과 자신 안으로의 후퇴라는 개념들로 묘사했던 과정들을 두 번째로 들여다볼 것이다. 이 현상들을 더 가까이 다루면 이 표현들이 이 최초의 윤리 운동을 표시하기에 충분하지 않다는 게 실제로 드러난다. 거대한 자기수련적 중단을 말하는 자들은 그들의 태도를 다만 거리 두기로, 관찰의 강가로 물러서기(에포케)로 혹은 현실 앞에서의 회피로 이름 붙이는 것에 결코 만족하지 않았다. 그들이 자신에 대해 진술할 때 이 경향을 나타내는 표현들이 빠지지 않는데도 그랬다. 세계로부터의 도주(**푸가 문디**fuga mundi), 시대로부터의 도주(**푸가 사이쿨리**fuga saeculi), 평정(**아파테이아**apátheia), 초탈(**바이라갸**vairagya) 혹은 불법(다르마)의 오솔길로의 도피 같은 널리 퍼져 있는 거리 두기의 은유들을 떠올릴 수 있다. 이 유형의 마지막 주된 거리의 상징은 발터 벤야민Walter Benjamin이 해석한 〈역사의 천사〉다. 이 천사는 냉정을 잃고 세계 무대에 시선을 고정한 채 재난의 밀물 앞에서 한 걸음씩 물러난다. 가장 결정적인 분리주의자들은 더 이상 관여하도록 초대하지 않는 실재성에 매혹당하며 후퇴할 뿐 아니라, 완전한 반전을, 즉 피상적으로 주어진 것에서 회피하려고 마음먹는다. 이는 더 좋고, 더 참되고, 더 높은 단계의 실재적인 것으로 향하는 것과 같을 것이다.

내가 스케치하고 싶은 것은 바로 수행하는 삶에 대한 더 오래된 근본주의들과 분리될 수 없이 결합되어 있던 일반 반전술反轉術, Umwendungskunde에 대한 소규모의 예비 연구일 수 있다. 이 철학적이고

럽게 만들려고 무엇이든 다 한다는 것으로 우리는 그들이 누구인지 알아볼 수 있다.

자기수련적인 전향론이 분리와 물러남의 조작들에 비로소 대상과 방향을 제공하며, 내가 근대의 혁명론들 자체가 여전히 구원을 위한 전회Kehre와 구제를 위한 방향 변화에 대한 매우 오래된 진술들의 파생물들을 더 멀리까지 구현한 것이라고 덧붙일 때 그건 어떤 비밀을 누설하고 있는 게 아니다. 여기에 따르면 모든 운동들의 운동이라는 것이 있고, 이것 없이는 진리 개념을 이 사유 전통에 따라 적절하게 개념화할 수 없다.*

후퇴일 뿐 아니라 선회Drehung이기도 한 이 운동에 관해 고대 서구의 전통에서는 플라톤이 가장 먼저 진술했다. 그에게 이 중차대한 운동은 맨 먼저 타락한 감각세계에서 타락할 수 없는 정신세계로 이어지는 어떤 순수 인지 행위로 나타난다. 이 행위를 하려면 어두운 것에서 밝은 것으로 시각의 전환Wende이 꼭 필요한데, 이 전환은 "바로 동시에 몸 전체와 함께"(홀로 토 소마티hólo to sómati) 일어날 수 있다.** 이런 식으로 전체의 전환이라는 모티프가 처음으로 **명시적으로** 쓰여 있다. 유사한 식으로 "영혼 전체"(**홀레 토 프쉬케**hóle to psyché)를 가지고 항상 존재하는 것만을 주의하여, 이 존재자 사이에서 가장 빛나는 것(**파노타톤**phanótaton)인 좋음의 태양을 더 좋아하고 견디는 법을 배울 수 있을 때까지 생성하는 것을 바라보며 "이끌어져"(슐라이어마허의 표현)야 한다. 이 "방향을 바꾼" 영혼이 인간 전체를 그 미묘한 운동 속으로 함께 데려간다는 것까지 말할 필요는 없다. 그런데 이때 이 시선과 현존의 방향 재설정은 우연히 한 번 일어난 게 아니라, 어떤 정식의 "방향 전환Umlenkung의 기술"(**테크네 페리아고게스**techné

---

* Peter Sloterdijk, "Absturz und Kehre. Rede über Heideggers Denken in Bewegung", in *Nicht gerettet. Versuche nach Heidegger*, Suhrkamp, 2001, pp.12~81[〈추락과 전회: 운동하는 하이데거의 사유에 대한 견해〉,《구제되지 않다: 하이데거를 따르는 하이데거 이후의 시도》]을 보라.

** Platon, *Politeia*(슐라이어마허의 번역), 518b[《폴리테이아》][플라톤,《국가·정체政體》, 박종현 옮김, 456쪽].

periagogés)* 내지 어떤 실존 전체의 방향을 바꾸는 자기수련의 가르침으로 형성돼야 한다. 이는 방향을 바꿀 수 있는 자들이 지금껏 "똑바로 세워지지 않았고" 어떤 태고의 잘못된 자세로 인해 처음엔 보통 잘못된 방향을 보고 있기는 하지만 인식 장치를 이미 완비하고 있으리라는 가정에 근거하고 있다. 철학자는 동굴의 출구를 발견했기 때문에 자신의 경험으로 이러한 것을 분별한다. 그는 방향을 바꿔서 밖에 있는다는 것이 무엇을 뜻하는지 이해한다. 그 자신이 성공한 것은 그가 생각하는 것처럼 동료들에게 불가능해서는 안 된다. 최초의 정신 정형외과의인 그는 이 점에서 그가 자신의 상황을 미루어 남을 추측할 때 가장 관대하고 가장 세상과 동떨어져 있다.

모든 교육은 전향이다

이 해롭지 않아 보이는 숙고들에서 나오는 귀결들은 문자 그대로 엄청나다. 이 숙고들은 어떤 전복이론의 첫 초안 못지않은 것을 구현한다. 이것에 따르면 **플라톤 방식의**more platonico 교육학은 곧바로 통합적 혁명과학으로 정의될 수 있다. 이 장에서의 지도 권한은 가장 먼저 새롭게 보는 방식을 개별적으로 개척했던 자가 집단 동굴 밖으로 나가는 길을 닦고 그 뒤에―처음에는 불가피하게 마지못해 자기 자신을 극복하면서―그림자 영화관에 자리를 잘못 잡은 이들에게 다시 내려가 그들에게도 해방의 입구가 있다고 설명할 각오가 되어 있다고 표명해야 획득된다. 이 의미에서 플라톤의 교육학은 순수한 전향술이자, 혁명의 정형외과술이다. 철학자 자신이 이미 '전향자', 방향을 바꾼 자이며 그것도 그의 방식으로는 최초라는 이 이유에서만 그는 이 역전Umdrehung을 타인에게 넘겨주는 책무를 자기 것으로 만들 수 있다. 그가 자신의 이익을 위하는 깨달은 자로만 남아 있다면, 그는 개인의 행복 속에서 볕을 쬘 수 있을 것이다. 만약 그가 국가에 대

---

* Ibid., 518c[같은 곳].

한 염려에 사로잡히게 된다면, 개인주의에서 물러나 그의 깨달음을 다수와 나누려고 애쓸 수밖에 없다.

피에르 아도는 급진적 반전에서 흘러나오는 과잉을 침착하게 한 마디로 표현한다. "모든 교육은 전향이다."* 우리는 모든 전향이 전복이라고도 덧붙여야 한다. 이 운동으로 지도하는 것에는 적어도 이 운동이 개개인의 변환Umkehrung으로 만족하지 않는 한 소진되지 않는 '혁명의' 잠재력이 있다. 이 운동은 처음에는 정말—영혼과 도시국가의 엄격한 평행론으로 인해—항상 선회의 보편화를 의도하며 개혁이 가능한 공동체의 모든 구성원들을 잠재적으로 다른 종류의 삶을 영위하는 것에 편입시키길 원해야 했다. 나중에 등장한 철학 학파인 스토아주의자들, 에피쿠로스주의자들과 신플라톤주의자들이 비로소 개인 교습을 전면에 내세웠다. 그들에게는 개개인의 회심에 만족하고 개선이 불가능한 다수는 포기하는 게 지혜의 표지가 됐다. 그래서 그들에 의하면 포기 없이는 지혜도 없으며 '삶의 잔혹함'에 대한 모종의 묵허 없이는 포기도 없다. 그들은 영혼들과 국가를 동시에 개혁하려는 계획을 포기했다. 두 주된 형상들의 평행론을 그들이 더 이상 믿으려 하지 않았을 뿐 아니라, 국가 안에서 영혼의 유사물로 통용될 수 없다고 그들이 확신하는 냉혹한 괴물을 인식하기 시작했기 때문이다.

이 플라톤식 과잉에서, 곧 근대가 '유토피아적'이라는 술어를 부여해야 하는 이 회심 의지의 과다에서 개인주의의 성격을 띠고 퇴진한 그 사건에는 그 당시에 타당한 이유가 없지 않았다. 실제로 **페리아고게**, 영혼의 역전에 대한 가르침으로(나중에는 더 자주 **에피스트로페**epistorphé(회귀)라는 표현에 연결됐다) "너는 너의 삶을 바꿔야 한다!"라는 절대명령에 대해 최초로 명시적인 어법이 존재를 전부 정

---

*   Pierre Hadot, "Conversion", in *Philosophie antique et exercises spirituels*, p.176[〈전향〉, 《고대철학과 영적 수련》].

신의 측면을 향해 방향을 돌리라는 요구 속에 담겨 등장하게 됐다. 이 명령은 가장 먼저 수많은 중대한 오해를 초래했던 어떤 전일주의로holistisch 변주되어 작성됐다. 진리의 태양에 의거한 플라톤의 배움의 윤리는 그 심층 구조에서 여전히 어떤 신비화된 희생이론으로 남아 있었는데—이 점에서 당대 아시아의 고행체계들과 동류다—이는 영혼의 반전이 결국 일반적인 것을 위해 특수한 것을 단념하는 것으로만 규정됐기 때문이다.* 그런 이유에서 이 절대명령의 어법에 두 가지 심오한 모호함이 드러났다는 게 분명해진다. 첫 번째 모호함은 동사와 관련되는데, 여기서 '바꾸다'가 '일반적인 것에 자신을 희생하다'와 같은 것을 의미한다는 점에서 그렇다. 두 번째는 소유대명사와 관련되는데, 이 명령을 따르는 이로부터 '그의' 삶에 대한 소유를 비밀리에 박탈하여 지금도 산출이 가능한 참된 전체에 양도했다는 점에서 그렇다. 여기에 해당하는 훈계가 플라톤의 《법률Nomoi》에 "네가 전체를 위해 세계 속에 존재하는 것이지, 너를 위해 전체가 존재하는 게 아니다"라고 적혀 있다. "우리는 우리 자신에 속하지 않는다"라고 오늘날까지 이러한 유형의 전통에서는 이른다. 여기가 '너의 삶 dein Leben'을 말하는 곳에서 '삶 일반das Leben'을 읽음으로써 저 절대명령['너는 너의 삶을 바꿔야 한다']을 왜곡하는 인간공학의 경향들의 기원이 되는 곳이다. 물론 '삶 일반'이라는 표현은 여기 고대의 기반에서 생명과학의 의미보다는 훨씬 더 정치적인 의미를 가진다. 이와 비교하여 후기 고대의 비정치적인 영적 체계들이 개개인들을 개개인으로 진지하게 받아들이길 고집할 때 항상 옳았다. 오직 그 때문에 이 체계들에는 개개인들을 삶의 수공업, 자기 자신에 대한 배려(돌봄), **기예의 법칙lege artis** 안으로 불러들이는 일이 주어졌다. 그것들은 개인들이 아무리 현실의 수감자들이 되어 어느 정도 자유에 대한 권리

---

*   Sloterdijk, *Sphären III. Schäume. Plurale Sphärologie*, pp.261~263. "계약도 아니고 사육도 아니다. 유감스럽게도 사회들로 지칭된 공간의 다수성에 대한 접근이다." 정치적 전일주의 비판의 논의를 위해서는 특히 pp.277~278을 보라.

의 손실을 감내할 수밖에 없다 하더라도, 개개인이 전체에 빠지는 것을 지양하고—근대의 구속법의 제한(1679년 **인신보호율**Habeas Corpus Amendment Act)에 대한 고대의 선취에 견줄 수 있다—삶의 자주적인 영위에 대한 개인의 양도할 수 없는 요구를 확립한다.

그리스도교 신플라톤주의자이자, 그리스도교 이후의 신플라톤주의자인 헤겔과 그의 유물론 수행원의 전일주의적 반란으로 보편 전향이라는 관념이 다시 근대의 의제로 회귀하여 잘 알려진 결과들을 야기할 때까지 1500년이 걸릴 것이다. 그것은 주로 유혈의 결과들로, **요컨대** 그것들은 그리스-독일의 해방 철학과 프랑스혁명의 이념의 혼합으로 소급한다. 나는 16장에서 이 혼합물이 새로운 인간을, 이번에는 육체의 개조를 배제하지 않는 정치적 전향의 피조물로 만드는데 도움을 줬던 인간공학으로 어떻게 이어졌는지 보여주겠다. 심상치 않게 아직도 전체를 너무 높이는 것에서 부분을 희생하는 것까지 항상 몇 걸음이면 닿을 전일주의적 '사회' 구상의 노선에 있다.

다마스쿠스 앞의 재난

그 중간 시기에 변환의 모티프—처음에는 무엇보다 정치이론과 철학적 삶의 기예의 한 영역이었다—는 종교적 해석들을 통해 독점됐다. 그 범례를 무수히 주해된 다마스쿠스를 향하는 길에서 일어난 바울의 회심이 제공한다. 이 분기점에 대한 서사는 〈사도행전〉에서 두 번 전승됐는데, 한 번은 자서전의 형태로 예루살렘의 유대인들 앞에서 바울이 하는 변론의 요소로(〈사도행전〉 22장), 다른 한 번은 3인칭으로(〈사도행전〉 9장) 전승됐다. 이 양쪽 판본 모두 바울이 다마스쿠스를 향하던 도중에 일어난 사건을 통해 '방향을 돌리게' 됐으며 그리스도의 박해자에서 그리스도교의 포고자로 바뀌었다고 강조한다. 인칭형으로 표현된 판본에 이 이야기는 다음과 같이 적혀 있다.

〈사도행전〉 22장 6절: (새로운 가르침의 신봉자들을 체포하기 위하여) 길을 가다가 오정 때쯤에 다마스쿠스 가까이에 이르렀을 때에 갑자기 하늘에서 찬란한 빛이 나타나 내 주위에 두루 비쳤습니다. 7절: 내가 땅에 거꾸러지자 "사울아, 사울아, 네가 왜 나를 박해하느냐?" 하는 음성이 들려왔습니다. 8절: 나는 "주님, 누구십니까?" 하고 물었습니다. 그랬더니 "나는 네가 박해하는 나사렛 예수다" 하는 대답이 들려왔습니다. 9절: 그때 나와 함께 있던 사람들은 그 빛은 보았지만 나에게 말씀하신 분의 음성은 듣지 못하였습니다. 10절: "주님, 제가 어떻게 하면 좋겠습니까?" 내가 이렇게 물었더니 주께서는 "일어나서 다마스쿠스로 들어가거라. 거기에 가면 네가 해야 할 일을 모두 일러줄 사람이 있을 것이다" 하고 말씀하셨습니다.*

〈**사도행전**acta apostolorum〉의 서두에 발견되는 동일한 이야기의 3인칭 서사는 동행하던 사람들이 목소리는 들었지만 아무도 볼 수 없었기 때문에 말문이 막혀 그 옆에 서 있었음을 강조함으로써 어떤 중요한 이본異本을 품고 있다(〈사도행전〉 9장 7절).

이 서사를 보면 분명하다. 플라톤이 영혼이 방향을 바꿔 감각적 집단 가상의 동굴에서 빠져나오는 것을 섬세하게 헤아리던 곳에서 이곳은 이미 광년이나 떨어져 있다. 더 이상 그리스 합리주의가 염려하던 진리의 태양 쪽으로의 전환은 이야기되지 않는다. 다마스쿠스를 향하는 도중에 있는 열성자를 눈부시게 한 빛은 정오의 다이몬과 환각의 혼합이다. 이 이야기는 이미 완전히 어떤 마술의 세계상(슈펭글러는 이 세계상을 '아랍의 문화 영혼'의 정취 공간에까지 편입시켰다)의 기반을 배경으로 하며, 그 분위기는 묵시의 준비, 구원의 경악,

---

* *Neue Jerusalemer Bibel*, Herder, 1985, p.597[《신 예루살렘 성경》]에 따라 인용했다.

기적광적 초자연주의 해석학에 의해 주조되어 있다. 무엇보다 이 이야기 속에서 어느 방향으로 달아오르든 거의 마찬가지처럼 보이는, 사방으로 떠날 준비가 되어 있는 열성주의Eiferertum 정신이 드러난다. **콘베르시오**conversio(귀향歸向)나 **에피스트로페**(회귀)와 같은 철학 개념을 배경으로 할 때 바울의 체험은 그의 인격의 습성을 근본적으로 바뀌도록 만들었을 어떤 회심을 결코 다루고 있지 않다. 또한 한순간도 인식이 문제가 아니라, 현세에 출현하는 것에 대한 어떤 두려움도 알지 못하는 어떤 신의 음성과 마주치는 것이 문제다. 전체적으로 보면 바울이 당한 일은 바로 정확한 의미에서 어떤 열심당원Zelot의 '재프로그램화'를 뜻한다. 이 표현은 바울 인격의 '운영체제'가 급변을 체험한 뒤에도 어느 정도 바뀌지 않고 계속 사용될 수 있었다는 점에서 정당화된다. 그런데도 그때 범상치 않은 신학적인 창조성에는 개방되어 있다.

　말하자면 바울의 회심은 윤리-'혁명의' 특징이 아니라, 사도-열성주의의 특징을 내보이는 완전히 다른 '선회'의 범주에 속한다. 이에 대해 신학 전통은 **메타노이아**metánoia라는 용어를 제공하는데, 그 일반적인 경향에 따라 일찍이 '심경의 변화Gesinnungswandel'로, 그리스도교에 따라 첨예화됐을 때엔 '참회'로 번역해야 했을 것이다.* 심리 동학의 관점에서 이 표현은 예의나 삶을 이끄는 금언을 검토하도록 강요하는 어떤 사적이거나 혹은 정치적인 패배 이후든** 묵시의 그림

---

* 　에피스트로페와 메타노이아의 차이에 대해서는 Pierre Hadot, "Conversion"을 비롯해 Michel Foucault, *Hermeneutik des Subjekts. Vorlesungen am Collège de France 1981/82*, Suhrkamp, 2004[미셸 푸코, 《주체의 해석학: 1981-1982, 콜레주 드 프랑스에서의 강의》, 심세광 옮김, 동문선, 2007]를 보라.

** 　일반화된 예의 개념에 대해서는 Heiner Mühlmann, *Die Natur der Kulturen. Entwurf einer kulturgenetischen Theorie*, Springer, 1996[《문화들의 본성: 문화발생이론의 기획》]을 보라. 정치적 관점의 메타노이아에 대해서는 Peter Sloterdijk, *Theorie der Nachkriegszeit. Bemerkungen zu den deutsch-französischen Beziehungen nach 1945*, Suhrkamp, 2008[《전후 이론: 1945년 이후의 독일-프랑스 관계에 대한 소견》]을 보라.

자를 미리 던지는 임박한 사건의 선취에서든, 거대한 사건들이 일어나기 전이나 그 후 제자리에 나타나는 것과 같은 내면의 집중Sammlung력의 장에 속한다. 메타노이아는 무엇보다 그것이 위기 속에서 집중하는Sichzusammennehmen 제스처와 압박하는 종말 앞에서 진지하게 생각하는 제스처를 동반한다는 점에서 하나의 경악-현상이다. 진지하게 생각하려는 사람들로 가득했던 유럽의 종교개혁 시대조차 음울한 별의 영향에 대한 신앙과 종말에 대한 불안의 또 다른 적기였던 데엔 이유가 없지 않다. 그 **작동 방식**은 인격의 방향을 돌리는 게 아니라, 지금껏 강제의 동기가 부족하여 아직 완전히 철저하게 열중하길 원하지 않던, 오래전부터 알았던 것에 집중하고 이것을 마음에 새기는 것이다. 이것은 온전히 특별한 방식으로 바울에게도 해당한다. 그는 예수주의 종파에 합류했던 유대 반체제 인사들을 뒤쫓는 동안 그들이 근본적으로 이미 더 일관되게 전승에 대한 해석을 보유하고 있으며 유대교 교의의 메시아 요소에 가능한 모든 해석 가운데 가장 자극적인 해석을 부여했다는 것을 파악할 정도로 충분하게 기회를 가졌다.

그러니까 바울이 다마스쿠스로 향하는 도중에 체험한 것은 새로 만들어진 지고의 확신됨의 중추로부터 의식을 재조직하는 것으로 이어졌던 메타노이아의 일화였던 셈이다. 이것은 윌리엄 제임스William James가 1901년 그의 고전이 된 〈기포드 강연Gifford Lectures〉(《종교적 경험의 다양성》)의 '회심'에 할애하고 있는 두 장에서 시사적인 일반 도식을 제안하며 해석하려 했던 과정을 구현한다. 이 도식에 의하면 주체의 잠재의식에는 어느 적절한 순간에 자기의식이 작동하는 **활기 넘치는 곳hot spot**과 융합하고 그러면서 강렬한 변화의 경험을 야기하는 어떤 새로운 진원지 인격의 핵이 마련되어 있다.* 이 모델

---

* William James, "Vorlesungen IX und X", *Die Vielfalt religiöser Erfahrung*, Mit einem Vorwort von Peter Sloterdijk, Verlag der Weltreligionen, 1997, pp.209~272[〈아홉 번째 강연과 열 번째 강연〉, 《종교적 경험의 다양성》][윌리엄 제임스, 《종교적 경험의 다양성》, 김재영 옮김, 한길사, 2000, 261~335쪽].

을 바울의 경우에 적용하면 곧장 일치하는 상이 나온다. 수행이론의 관점에서 바울은 이미 오랫동안 "반대자와 훈련"했다. 그는 예수주의자들Jesuaner을 적대시하는 수행을 통해 적절한 순간에 지금껏 대립하던 자들의 위치로 옮겨갈 수 있을 만큼 충분히 도야됐다. 그는 이 대립자의 강점을 전의식의 지평에서 아직 달갑지는 않았지만 오래 전부터 분명히 파악했다. 이 맥락에서 그가 다마스쿠스를 향하는 도중에 있는 장면의 '자서전' 판본에서 그를 높은 곳에서 부르는 발화자를 이 발화자가 그가 박해했던 예수라고 정체를 밝히기 전에 이미 '주님'(키리에kýrie)이라는 호칭으로 말을 건다는 것이 중요해 보인다. 바울의 두 번째 인격이 이 감탄사를 기다려왔음을 모두 분명히 보여준다.

바울은 이 관점에서 전향자가 아니며, 최근 나온 바울 현상에 대한 신-자코뱅주의 해석에서 읽을 수 있는 것처럼 '혁명가'는 더더욱 아니다.* 그는 **자기도 모르게**malgré lui 오랫동안 처음엔 맞서 싸웠던 새로운 교의에 영적 기회가 많다는 것을 확신했던 한 명의 기회주의자—마키아벨리의 기회opportunità론의 의미에서—다. 그는 직관적으로 그리고 나중에는 **명시적으로** 실제 도래한 메시아만이 그가 살던 시대의 정치적으로 전망이 없고 영적으로는 정체된 유대교를 곤경에서 구해낼 수 있다는 것을 이해했다. 당연히 그는 결코 '보편주의' 혹은 보편주의의 주체적인 변종에 불과한 것을 세우거나 개시하기를 원하지 않았으며, 예외적으로 선택된 집단의 재편성Umformattierung을 적극적으로 지원했다(포함할 용의가 있는 보편주의자라기보다는 늘 엘리트 극단주의자에 더 가까웠던 레닌주의 타입의 직업 혁명가들이 하던 것과 정확히 똑같이, 그리고 현재까지도 더 이상 그리 많지 않은 프랑스의 로베스피에르의 후예들이 하는 것처럼 말이다). 이 유형의

---

*   Alain Badiou, *Paulus. Die Begründung des Universalismus*, Diaphanes, 2002[《바울: 보편주의의 정초》][알랭 바디우, 《사도 바울: '제국'에 맞서는 보편주의 윤리를 찾아서》, 현성환 옮김, 새물결, 2008]를 보라.

'회심들'이 띠는 특징은 완전히 새로운 교의를 떠맡는 양태보다는 오히려 이미 전의식에 있는 명백함에 양보하는 양태로 일어난다는 것이다. 실제로 제임스는 과음자들의 감정서들을 상세하게 인용한다. 이들은 일종의 종교적인 집중을 통해(대부분 특색 있는 전향의 정형들을 갖춘 프로테스탄티즘의 환경에서) 이미 있어왔지만 지금껏 무력했던 더 나은 그들의 앎에 스스로를 연결시켜서 그렇게 술에 대한 탐닉과 거리를 두는 데 성공한다.

전향은 없다: 아우구스티누스의 범례

이 맥락에서 우리는 오스발트 슈펭글러의 강력한 명제를 재평가하는 기회를 갖게 된다. 이 명제는 근본적으로 결코 전향 따위는 없으며, 어떤 문화의 견고하게 구조화된 선택지의 장에 있는 빈자리들을 바꿔 앉는 것만 있을 뿐이라고 주장한다.* 표면적으로 어떤 종파로 바꾸든 한 고등문화 복합체의 기저에 있는 영혼의 정취는 줄곧 변함없이 남아 있으며, 외부에서 보기에 180도 전환과 같다고 기술되는 것이 실제로는 그 윤곽이 확정된 가능성의 공간 내부에 있는 결국엔 임의적인(설령 때때로 당대와 후대에 미치는 효과가 클 수는 있지만) 변주에 불과할 수 있다는 것이다. 그러므로 영적 문제 역시 '**변화하면 할수록 더욱 동일한 것으로 남아 있다**plus ça change plus c'est la même chose'가 유효하다는 것이다.

이 명제가 시사하는 바는 무엇보다 그리스도교 전승에서 두 번째 회심의 영웅인 아우렐리우스 아우구스티누스에서 밝혀질 수 있다. 그가 자신의 《고백록Confessiones》에서 젊은 시절의 이야기 전체를 386년 '전향'을 앞두고 오랫동안 했던 머뭇거림으로 어떻게 양식화했는지 잘 알려져 있다. 바로 그를 보면 슈펭글러의 공준이 매우 그

---

* Oswald Spengler, *Der Untergang des Abendlandes*, pp.440~441[《서구의 몰락 2》, 80~81쪽].

　　　　　　　3부. 과장(도를 넘기)의 절차들

럴듯해 보인다. 아우구스티누스의 일대기에서─훗날 유사하게 종파를 바꾼 수많은 사람들과 이를 진지하게 생각한 수많은 사람들처럼─그의 인격의 심층 구조에서는 결코 미미하게라도 '전향'이 일어나지 않았음을 힘들이지 않고 보여줄 수 있다. 오히려 그는 예로부터 계속 천상계를 향해 방향을 조정해오던 것 내부에서만 여러 번 수신처 내지 대타자, 곧 초월적 트레이너를 교체했을 뿐이다. 마니교에서 플라톤주의로, 플라톤주의에서 철학적 그리스도교로, 철학적 그리스도교에서 차차 어두워진 신중심주의 복종의 예찬으로 말이다. 이 점에서 그는 결코 독특한 게 아니었다. 이미 2세기부터 로마 세상의Ökumene 교양인들 사이에서 철학을 향한 '회심들'이 등장했고 계속해서 유기적으로 그리스도교로 옮겨갔다. 예컨대 철학자들의 가톨릭 후원자인 순교자 유스티노Justin der Märtyrer[100~165. 그리스도교에 플라톤주의를 최초로 받아들인 철학자 겸 교부]의 경우처럼 말이다.

이렇게 그의 확신의 살림을 수차례 고쳐 지으면서 아우구스티누스는 한순간도 완전한 **에피스트로페**(회귀)를 이루지 못했으며 이미 마니교에 입문했을 때 미리 결정돼 있던 세속의 삶과의 단절을 차근차근 급진화하여, 마지막에 인격적으로 농축되고 남김없이 구현될 수 있는 자기수련 형식으로 '현세'를 거절하기에 이르렀다. 그 유명한 '책을 집어서 읽으라Nimm und lies' 역시 어떤 새로운 발견을 품고 있지 않으며, 내면의 권력을 넘겨받는 그의 '진원지 인격' 속에 붙들려 있던 예로부터 잘 알려진 모티프를 상기시킬 뿐이다. 이렇게 해서 그는 순수성이라는 이념형에 '병든 영혼' 내지 우울하게 '분열된 자기'의 특징들을 구현했다. 윌리엄 제임스는 이 자기가 어떻게 종교적인 전회 없이도 드물지 않게 자신의 힘을 모아서 점진적인 혹은 갑작스런 단일화에 도달하는지 보여주었다.* 전향자들이 은총의 결과라고

---

*   James, *Die Vielfalt religiöser Erfahrung*, pp.168~169[《종교적 경험의 다양성》, 245~246쪽].

즐겨 묘사했던 것은 심리적 관점에서는 무엇보다 증대된 통합으로 인한 인격 에너지의 획득으로 나타난다. 그런 통합은 심리 동력 장치 전체가 통일된 감각의 관점을 따르게 될 때 등장한다. 이 효과 덕분에 그때까지 잠재적이던 새로운 확신 중추의 지도를 받으며 모든 부분적 힘들이 이제부터는 상호작용을 한다. 이와 같이 '하나 된' 주체는 자신을 동시에 소명을 받고 움직이는 것으로 체험한다. 이 무비보효과*가 그에게 이중으로 강력하게 등장한다. 아우구스티누스의 경우 이 '하나 됨'은 그가 그리스도교-플라톤주의의 자기포기의 제스처로 모든 부분 에너지의 집중에 도달하는 그 순간 성취됐던 것처럼 보인다. 게다가 이 지원자의 오랜 머뭇거림은 역시 그의 시대에 그리스도교로 완전히 회심한다는 것은 자기수련에 대한 무서움으로 둘러싸인 훈련소(동로마의 **아스케테리아** 혹은 서구의 **모나스테리움**)에 들어가는 것으로 이뤄질 수밖에 없었음을 입증한다. 그래서 바울 이래 여러 번 서약된 '신앙'이 결코 유일한 문제였던 게 아니라, 오히려 치명적인 결과를 낳는 **본받음**의 혹독한 수행 법칙에 인격이 완전히 종속되거나 혹은 이 종속에 대한 수도사의 은유화가 더 문제였던 것이다. 그 때문에 초기 아우구스티누스의 저서들에서 나타난 철학과 종교 사이에 이뤄진 초기 오이토니Eutonie** 균형이 시간이 흐르면서 음울해진 후기 신학에 유리하게 해체됐다면 그것은 필연처럼 보일 뿐이다.

아우구스티누스의 '회심'의 독창성은 회심한 자가 그에게 일어난 변모를 본보기로 높일 줄 알았던 그 결단성에서 유일하게 보인다. 그의 《고백록》은 한 삶의 이력이 은총의 교훈극Lehrstück으로 바뀌는 그리스도교 **퍼포먼스**-문학의 첫 선례다. 무엇보다 아우구스티누스에게

---

*   이 책의 392쪽을 보라.

** 게르다 알렉산더Gerda Alexander(1908~1994)가 개발한 자기계발 기법으로 몸 안의 긴장의 균형을 유지하여 쉽게 움직이고 주변환경에 적절히 대응하기 위한 방법이다. - 옮긴이

3부. 과장(도를 넘기)의 절차들

는 본래 영혼이 잘못 배치된 것에 대한 플라톤의 교설을 그리스도교를 따라 급진화한 것이 이 퍼포먼스적인 전환을 달성하는 데 도움이 됐다. 플라톤에게는 다만 동굴 속에 묶인 자들이 동굴 벽의 그림자놀이에 사실상 고정된 상태였던 것이, 중립적으로 말하자면 속인들에게 나타나는 성찰의 인식보다는 경험을 지향하는 지각의 불가피한 우위가 아우구스티누스에게는 곧바로 원죄의 결과로 설명된다. 피조물이 그의 창조자를 등지고 자기 자신을 그의 근원으로 더 선호하게 만들었던 최초의 '타락Perversion'의 반복으로 설명되는 것이다. 그때부터 죄로 가득한 자아주의가 모든 걸음의 방향을 정한다. 타락 속의 삶이란 항상 써야 하는 것(감각적이고 세속적인 사물들)을 신격화하고, 숭배해야만 하는 것(영적이고 신적인 사물들)을 쓰는 것을 의미하기 때문이다.* 아우구스티누스에 따르면 이 타락한 피조물은 이 과정에서 발생한 형이상학적인 손실들을 복구할 수 있게 하기 위해 보완하며 방향을 되돌리는 일Rückwendung을 더 이상 자신의 힘으로는 실행할 수 없다. 신 자신이 피조물의 재-전향이 가능하도록 그에게 그리스도의 인격으로 다가오지 않는다면 그는 추락한 위치에, 곧 근원에서 벗어난 상태에 남아 구제될 수 없이 고정될 것이다.

오스발트 슈펭글러가 처음부터 어떤 주어진 문화 내부에서 전향의 가능성을 문제 삼을 때 그건 확실히 도가 지나쳤지만, 그가 그렇게 이의를 제기한 데엔 타당한 이유가 없지 않았다. 실제 체험된 회심들 대부분이 실제로는 회귀하여 완전히 변환하는 양태가 아니라, 어느 정도 가까이 있는 대안으로 옮겨가는 양태로 일어나기 때문이다. 현실의 급변은 결국 죽을 운명인 이들을 수직적 긴장의 상위 형식들에 맞춰 조정하는 그와 같은 고등문화의 오솔길에 들어갈 때에만 이뤄진다. 이 오솔길은 그들에게 불가능한 것을 요구하는 광기를

---

*   아우구스티누스의 **우티**uti(이용)와 **프루이**frui(향유)의 전도에 대해서는 *Augustinus-Lexikon*, ed. Cornelius Mayer, Vol. 3, Fasc. I/2, Schwabe, 2004, 70~75난[《아우구스티누스-사전》]을 보라.

접종한다.

이 전환의 개별 혁명적인 특징을 세네카가 나중에, 하지만 분명하게 개념화한다. 그가 데시나무스 쿼드 볼루니스무스 벨레Desinamus quod volunismus velle!, "우리가 지금껏 하고자 원했던 것을 중단하길 원하게 하라!"*라고 선언했을 때 말이다. 다르게 원함에 대한 의지는 새롭고도 익숙하지 않으며 있을 수 없는 자세에 대해 영구적으로 긴장하며 염려하도록 만든다. 유사한 내용이 나름의 방식으로 통속의 **생활 양식**과 단절하는 수행을 묘사했던 에피쿠로스Epikur의 가르침에 관해서도 이야기될 수 있다. 지혜는 튀케Tyche(우연) 혹은 포르투나Fortuna(행운)가 우세하다고 잘못 믿는 상태로부터의 해방을 암시하기 때문에, 습관적인 근심들을 급진적으로 종결하려는 목표가 있다. 신들에 대한 공포가 있었던 곳에 공포 없음이 있게 될 것이다. 이렇게 해서 이미 계몽주의가, 곧 종교적으로 위압당하지 않고서 자신의 삶을 사용하려는 정신의 회심이 선포된다. 이와 달리 종교적으로 코드화된 회심들은 대부분 강요를 재편성하고 어떤 대안의 숭배체계로 옮겨가는 특징만을 제시할 뿐이다. 이 과정을 보통 어떤 얄팍한 조작으로 생각할 수 있다. "네가 숭배했던 것을 불태우고, 네가 불태웠던 것을 숭배하라"**라는 유효한 도치의 형상 역시 결코 이 절차를 더 내면화하지 않으며, 지금껏 보탄 혹은 어떤 숲의 신, 바람의 신과 산의 신에게 표명했던 제의적인 주목을 앞으로는 그리스도에게 주라는 지시를 표현할 따름이다. 우리는 종교적으로 코드화된 수많은 다른 회심들에서 역시 무엇보다 앞서 강력하게 구조화된 영역 내부에서 메타노이아의 강조점이 이동되는 것을 목격할 수 있다. 게다가 20세기의 정신분석에서 여전히 고대의 **콘베르시오**(귀향)의 메아리를 들을 수 있다.

---

*   Seneca, *Epistolae morales ad Lucilium*, 61.

**   이 책의 13~14쪽을 보라.

프로이트의 금언 "이드Es가 있는 곳에 자아가 있게 될 것이다"는 이 것이 저 멀리 메타노이아의 실천들에 속해 있음을 알린다. 이 실천들에서 삶의 습관들의 변경은 어떤 주체의 교체를, 말하자면 주도적 형상이 대타자의 자리에 바꿔 앉는 것을 동반한다. 이때 유형론에 따라 이드는 다이몬식 들림의 음울한 색인에, 자아는 유일신론식 해명에 대응한다.

트레이너 교체로서의 회심: 프란체스코와 이냐시오

수행이론의 관점에서 메타노이아 유형의 회심들은 트레이너 교체와 다르지 않다. 회심한 자들이 보통 바뀐 도덕체제뿐 아니라—그리고 **자연히** 새로운 대타자를—또한 새로운 수행 계획을 따르기 때문이다. 그럼에도 회심한 자들의 인격 구조는 보통 이 전환을 뛰어넘어 동반된다. 그와 같이 '다마스쿠스 이후' 오랫동안 습성화된 바울의 열성주의는 바리새주의의 내용에서 예수주의의 내용으로 바뀌었다. 이 내용들을 장차 그 자신의 작업장에서 만든 그리스도론의 보충물로 완전하게 하기 위해서였다. 랍비 교사 가말리엘Gamaliel[대략 9~50. 바울의 선생으로 알려진 유대교 교부]과 훈련하는가 아니면 부활한 자 예수와 훈련하는가는 확실히 차이가 있다. 만약 우리가 바울에 의해 개시된 **오푸스 크리스티**opus Christi(그리스도의 역사役事)를 예외적으로 열심당원주의에 일치시키려 한다면, 이 민중의 사도를 오해하고 말 것이다. 바울은 사랑(**아가페**agapé 혹은 **카리타스**caritas)과 **관련한** 그리스도교의 가르침을 위해 양보하는 길에서 주목할 만한 인격의 확장을 체험했다. 그리스도교의 성공의 역사 역시 바울이 선택받음의 지평을 확장하는 일(앞서 말한 대로 보편주의와 혼동하지 말아야 한다)이 없었다면 전혀 생각될 수 없을 것이다.

그리스도교가 고대에서 중세로 넘어가는 공간에서 가장 중요한 수행 영역이자 습성의 발생기로 계속 발전하려면 메타노이아의 반전 형식들이 철두철미하게 가장 효력이 큰 것으로 밝혀져야 한다. 원래 입문용이던 성체성사, 세례는 찰나의 외재적인 문제로 이 형식들 곁에 남아 있다. 인간을 효과적으로 새롭게 만드는 일은 한 차례의 제스처에 달린 게 아니라, 지속해서 자기를 후견하는 노력의 결과로만 관철될 수 있다. 세례를 재탄생으로 해석함으로써 이 행위에 어떤 상징적인 깊이가 부여되는데, 일체화라는 측면에서 이 깊이에 적절하게 대응되는 것은 없다.

그리스도교의 메타노이아가 어느 정도로 수행체계와 트레이너 형상의 교체와 다름없는지는 특히 고도 중세와 근대 초기에 가장 유명했던 두 전향의 전설 아시시의 프란체스코와 로욜라의 이냐시오에게서 나타난다. 청년 프란체스코의 개심Umkehr을 더 가까이에서 보면 그것은 그리스도교의 캠프로 갑작스럽게 도약한 게 전혀 아니다. 이 청년은 유명했던 그의 아버지의 권위를 두고 벌어진 갈등이 급작스런 계기가 됐던 한참 뒤의 변화Wendung를 확실히 오래전부터 준비했다. 그전부터 그는 자신을 형성하던 시기에 기사계급의 이상주의와 프로방스 유형의 우아한 기사도 사랑의 수사학을 내면화했으며, 이 연관에서 대개 그의 어머니의 프랑스 혈통이 지적된다. 프란체스코가 아버지의 권위로부터 떠들썩하게 결별을 선언하면서 '그의 혈통에 반하는' 것처럼 보였을 때, 비로소 이 프랑스 혈통을 실현하기 시작했던 것이다. 상징의 공간에서 트루바두르Troubadour[1100~1350년까지의 중세 성기에 활동한 남프랑스의 오크어 음유시인들을 이르는 말] 서정시의 높으신 귀부인들로부터 그가 실제로 헌신을 바쳤던 '가난의 귀부인Dame Armut'까지 거리는 한 걸음에 지나지 않았으며, 궁정식 귀부인 숭배와 명예 숭배에 숨어 있던 더 높은 신분들을 위한 우아한 플라톤주의(그리고 이 플라톤주의는 명백하게 아시시의 시민계층에 퍼져 있었다)에서 후기 고대와 중세의 그리스도교가 민중에게 제공한 저 플라톤주의까지 이르는 길은 그리 멀지 않았다.

새로운 것은 거듭 예외적으로 결단에, 곧 '필요한' 그 지점으로 힘을 모으는sammeln 일 하나에 집중하는 것Sammlung에 있다. 청년 프란체스코는 아주 명백하게 초기 도시 시기의 그리스도교가 슈퍼스타를 찾고 있다는 그런 시대정신에 사로잡혔다. 그는 가난의 트루바두르의 역할로 **그리스도의 본받음**을 어느 기사도 사랑의 알레고리로 옮겨놓도록 허락하는 어떤 위치를 발견했다. 그는 쓴맛에서 달콤함을 얻는 법을 배워서 도래하는 세기의 장기 우울을, 점점 더 부에 몰두하는 시대에 증대하는 비자발적인 가난의 추문을 상쇄하기 위한 정신 에너지를 발산할 수 있는 여유를 얻었다. 가난이라는 여주인을 위한 체념을 수행함으로써 그는 가장 약한 자리에서 차고 넘치는 힘을 생산했다. 물론 동시대인들을 전율하게 만들었던 대가를 톡톡히 치렀다. 그는 승리를 구가하는 자기고행의 형태로 이 대가를 지불했는데, 성흔을 통해 십자가에서 죽은 자를 완전히 모방하고 본받는 것에 도달하기 전까지는 이 고행을 완화하길 원하지 않았다. 첼라노의 토마스는 이 중차대한 지점을 정확하게 파악했다. "그의 영혼은 처음부터 완전히 저 놀라운 십자가로 채워져 있었다."* 여기에서 **그리스도의 본받음**을 위해서는 절대적으로 저 본보기보다 더 오래 살아서는 안 된다는 필연성이 생긴다. 연령과 관련해서도 힘을 다해 그 주인을 따르라는 명령이 없다면 그가 고의로 스스로를 괴롭힌 일은 있을 수 없었을 것이다. 이때 그가 얼마만큼 자기수련의 경기와 그리스도교 운동경기주의의 전통 속에서 여전히 생각하고 있는지 그의 죽음의 무언극이 보여주었다.

> 그가 결국 오랜 질환을 다 종식시키는 저 중병으로 완전히 소진됐을 때 그는 벌거벗은 채 맨 바닥에서 잠들었으며, 이렇게 하여 그는 그의 마지막 순간을 벌거벗은 채 맨 바닥(**누두스 쿰 누도**nudus cum nudo)과 싸웠다. 마지막이지만 아직은 적을 도발할

---

*   Thomas von Celano, *Das Leben des heiligen Franziskus*, p.171[《성 프란체스코의 생애》].

수 있었기 때문이다. 그는 두려움 없이 승리를 기대했으며 주름진 두 손으로 의로움의 왕관을 움켜쥐었다.

본받음이라는 사유 형식은 그와 그의 추종자들에게 그렇게 깊은 곳까지 미쳐서 죽어가는 그를 둘러싼 작은 공동체에서 저 주인과의 작별의 만찬 역시 벌어졌다. 우상 파괴의 패러디에 위험할 정도로 근접한 채 말이다. 물론 이 표상의 장에서는 저 죽은 이가 변용된 모습을 하고서 몇몇 형제들 앞에 다시 나타나는 일은 일어날 수 없는 것이 아니었다. 그의 인격과 그리스도가 동일한 인격으로 병합되어 인식됐으며, 이것은 강렬한 초자연주의들이 네모꼴로 등장하여 공시적으로 수행된 감수성의 공간들에서 전개됨을 가리키는 징후다.

로욜라의 이냐시오의 경우 역시 메타노이아의 전조를 띤 고전적인 트레이너 교체를 증거하는 특징들을 전부 내보인다. 물론 이 특징들은 퍼포먼스 예술가 프란체스코의 신성한 표현주의에서는 이미 멀리 떨어져 있지만, 이냐시오에게도 전향의 메커니즘은 엄밀하게 유사한 형태로 나타난다. 이 청년 귀족의 인격 구조는 그의 시대의 사회도덕의 통념에 적합하게 완전히 형성되어 있었으며, 그의 야망의 지평은 항간에서 행해지는 기사도의 삶과 귀부인 숭배의 구상으로 채워져 있었다. 1521년 서른 살의 장교를 불구로 만들고 세속의 명예를 얻으려는 권세욕이 있는 자들의 위계들에서 배제시켰던 팜플로나 전투의 재난 이후 그를 역시 이번에는 전투주의의 형태를 띤 **그리스도의 본받음**을 시사하는 시대정신이 사로잡는다. 이냐시오는 기사 소설의 영웅이었던 아마디스 데 가울라Amadis de Gaula*에서 그리스도로 자리

---

* 유럽의 다른 지역에서 기사 소설이 쇠퇴하던 것과 달리 스페인의 르네상스기인 1504년(현존하는 가장 오래된 판본)에 출간되어 매우 대중적으로 읽힌 작품으로 이전까지의 모든 기사 소설의 종합판의 성격을 띠었다. 이 때늦은 호응으로 1580년대 중반까지 30번 넘게 재판되었다.-옮긴이

를 바꿈으로써 트레이너를 교체한다. 이 그리스도는 이제 지상의 엘리트 군대들만이 모방할 수 있는 어떤 신과 같은 장군의 특징을 띠고 등장한다.

이 이냐시오의 전환이 이어지는 가톨릭과 근대 전반의 주체화 형식의 역사에 예상할 수 없는 귀결들을 낳은 것에 대해서는 내가 다른 곳에서 더 상세하게 이야기했다.* 그것들은 수행하기의 근대화에서, 이 경우에는 군사훈련의 사상을 반종교개혁의 전장에서 형성됐던 새로운 종교 정치를 실행하는 역할로 옮기는 일에서 분리될 수 없다. 그 때문에 주체의 테크닉의 역사 속에 로욜라가 위치하는 자리는 그렇게 그 의미가 우뚝 솟아 있다. 예전의 자가조형의 수행하기의 모든 층들이 이 안에 완전히 투명하게 겹쳐서 침전했기 때문이다. 그리스와 로마 군인들의 훈련으로 시작하여 운동선수들 내지 검투사들에 의해 인수되고 난 뒤 그리스도교 은둔자들과 케노바이트들이 이 경기자들의 자기수련의 비밀들을 전유했는데, 이 모든 것이 1521년 이후 패전한 군인의 실존 속으로 귀환하여 더 새로운 정신 기술 수련에 대한 가장 강력한 추진력을 발생시켰다. 그렇지만 이번에는 신-수사학적으로 시작된 인문주의 환경에 부응하여 어떤 상상의 극장 형태로 귀환했으며, 이 극장에서 수행자는 엄격한 지도를 따르며 구원자에 직면하여 그 자신의 비열함과 그의 헤아릴 수 없는 죄를 확신한다. 이 예수회 수련, 극도로 집중하여 서른 번의 가혹한 낮과 밤 동안 이뤄진 이 자생적인 회개 훈련은 그 시대에 명백하게 구유럽의 수행 문화들의 단층 기록에서 가장 최근에 형성된 층이다. 이 문화들의 오래되고 또 가장 오래된 층들은 영웅주의와 운동경기주의가 개시된

---

* Peter Sloterdijk, "Kapitel 11: Die Erfindung der Subjektivität-Die primäre Enthemmung und ihre Ratgeber", in *Im Weltinnenraum des Kapitals. Für eine philosophische Theorie der Globalisierung*, Suhrkamp, 2006, pp.93~94[〈11장 주체성의 발명: 최초의 탈억제와 그 조언자들〉, 《자본의 세계내부공간: 지구화의 철학적 이론을 위하여》].

때까지 소급된다. 게다가 더 최근의 신경수사학 연구들은 수행에서 산출된 '인공' 정서들이 자연 정서들과 물리적으로는 구별될 수 없음을 보여준다.

명상 자체에서 훈련소를 하나 만들었던 믿음이 깊은 정신을 따르는 예수회 테크닉을 거의 도구적으로 포착하면 아주 명료하게 나중에 '근대Neuzeit'라고 부르게 되는 시대가 예고된다. 이 시대의 거주자들은 그들이 신에 대한 순전한 의존을 인간의 자기주장과 맞바꿀 때 그들이 자기규정의 비밀을 발견했을 것이라고 스스로를 믿게 하는 그만큼 '근대인들moderne Menschen'로 발전한다. 그것이 전혀 사실이 아니라는 것을 곧 보게 될 것이다.

근대의 수련들

진정 앞선 모든 세기들보다 더 위대한 것을 바랄 뿐 아니라
시도할 때가 되었기 때문이다.

―요한 아모스 코메니우스Johann Amos Comenius,
범지주의의 선구자, 1639년 런던

원근
: 후퇴한 주체의 재세속화

표어의 힘에 관하여

"더 위대한 것을 바랄 뿐 아니라 시도하다."* 근대 세계가 그 주인공들의 입을 통해 극단적인 출정의 참여자들이 서로를 알아보도록 표어를 공포하게 되었을 때 결코 당황하지 않았다는 것이 이 세계의 강점에 속한다. 플로렌스 지방의 금세공사 겸 인문주의자 로렌초 기베르티Lorenzo Ghiberti[1378~1455]가 15세기 초 만능universal 예술의 강가를 향해 아르고 선원들[아르고나우타이Argonauten, 고대 그리스 전설에서 이아손과 함께 카우카수스의 콜키스로 황금 양모를 찾아 떠난 이들이다]이 항해를 시작할 때 자신의 공모자들의 귀에 대고 말했던 "인간은 원하기만 하면 스스로 어떤 것이든 이룰 수 있다"**는 200년 뒤에도 음악과 기술의 비르투오소, 근대의 재능인들, 자신의 삶의 경영자들뿐 아니라 무리지어 타인들의 삶을 보육하는 사감Präfekt들에게 이미 거의 자명해

---

* 마이오라 에님 포스트 옴니아 안테악타 사이쿨라 에트 스페란디 에트 텐탄디 템푸스 에스트Maiora enim post omnia anteacta saecula et sperandi et tentandi tempus est. J. A. Comenius, *Vorspiele. Prodromus pansophiae. Vorläufer der Pansophie*, herausgegeben, übersetzt, erläutert und mit einem Nachwort versehen von Herbert Hornstein, Schwann, 1963, p.69[《서곡들: 범지주의의 선구자》].

** Jacob Burckhardt, *Die Kultur der Renaissance in Italien. Ein Versuch*(초판 1860), Kröner, 1988, p.106[야콥 부르크하르트, 《이탈리아 르네상스의 문화: 어떤 시도》, 이기숙 옮김, 한길사, 2014, 212쪽; 해당 인용문은 기베르티가 아니라 레온 바티스타 알베르티가 했던 말로 나와 있다]에서 재인용.

졌다. 시대별로 되돌아오는 역사적인 낙담과 자기축소에 대한 요청의 모든 국면에도 불구하고 근대의 의기양양한 좌우명은 결코 다시는 완전히 잊히지 않을 것이다. 1920년경 새로운 시대의 여명기에 소비에트의 교육학자들마저 혁명적-낙관주의 명제를 모든 음역에 걸쳐 소리 내어 반복했으며, 때에 따라서는 보충 내용을 더할 수 있었다. 행동에 대한 결정적인 의지 말고도 사회적인 전제 조건들이 주어져 있다는 가정을 말이다.

바로크 교육학의 교부이자 근대 학습 기계 제작 일반에 대한 이념의 제공자인 위대한 코메니우스(1592~1670)는 그와 같이 잃어버린 수많은 세기들 이후에 이보다 더 위대한 일을 꾀한다는 것이 무엇을 뜻하는지 알았다. 은총이 위대하기는 하지만, 인간에게 적용되는 기술Technik이 훨씬 더 위대하며, 신의 선택을 받음으로써 멀리 인도되기는 하지만, 새로운 교육술이 더 멀리 인도한다고 말이다. 예외가 있던 곳에 규칙이 있게 된다고 말이다. 지금 중요한 일은 서적 인쇄를 젊은 영혼들에게 적용하여 인쇄 오류를 내지 않는 인간 출판업자들에게서 특제본처럼 나오는 1년분의 학생들을 출판하는 것이다. 이 몽상적인 교육학자가 그의 학교 기획을 세계를 인간 인쇄의 걸작으로 가득 차게 만드는 **튀포그라파이움 비붐**typographaeum vivum, 즉 살아 있는 식자실로 이유 없이 말한 것은 아니었다. 그는 이렇게 해서 20세기 후반의 미디어 이론가들에 의해 새롭게 평가받을 수 있는 이념을 하나 내놓았다. 비록 이 이론가들이 출판에서 주체의 인쇄보다는 이 주체의 정신적인 판형Formattierung에 대해 말할 것인데도 그렇다. 레온 트로츠키Leo Trotzkij가 열광적인 하드웨어-이데올로그의 스타일로 연설했을 때 20세기 초의 염원이 밝혀진다.

인류가 그 자신의 사회의 무질서한 힘들에 대한 통제를(**원문그대로임**) 획득했다면, 그들은 화학자의 절구와 증류기 안에서 자기 자신을 처리할zugänglich 수 있을 것이다. 처음으로 인류 자체가 원재료나 혹은 기껏해야 육체적으로나 정신적으로 반쯤 완성된 생산물로 보이게 될 것이다.*

혁명주의 과학 숭배에 따라 최종 완성은 다른 곳도 아닌 소비에트 국가가 만들어내고자 했던 새로운 인간의 주조소들에서 이뤄질 수 있었다. 트로츠키 이후 시대는 이 인간에 대한 작업이 완전히 다른 처리Behandlung 센터에서 진행된다는 것을 보여줬다. 인간이라는 반가공품은 교양인으로든, 초인(위버멘쉬)으로든, 새로운 인간으로든 할 것 없이 계속되는 가공을 저지하려는 악의가 있다. 좌우간 제2차 세계대전이 끝난 뒤 소문이 온 도시에 돌고 있었다. "인간은 인류를 원재료로 다루게 되었다."**

새로운 시대정신: 인간실험

20세기가 시작되기 오래전부터 생산자를 생산하면서 그 정점에 이른 생산 시대의 길에 들어섰다. 이 길을 진척할 때마다 인간이 어떻게 자기 자신을 '처리할 수zugänglich' 있게 될지 동시대인들에게 야단스럽게 예고됐다. 효과적인 근대 활동의 중심은 인간의 자기 자신과 그와 다름없는 것을 처리하는Verfügung 반경이 어떤 식으로 증대되는지 계속해서 보고하는 일에 존재하는 것 같다. 그런 새로움이 예로부터—그 섬뜩함 때문에 전반적으로 이 새로움을 거부하는 지평 밑에—긍정하고 부정하는 열광들을 발생시켰으며, 이 전선에서 실제

---

* 1932년 11월 27일 덴마크의 어느 학생회 대표자들에게 레온 트로츠키가 했던 연설로, Torsten Rüting, *Pavlov und der Neue Mensch. Diskurse über Disziplinie rung in Sowjetrussland*, Oldenbourg, 2002, pp.179~180[《파블로프와 새로운 인간: 소비에트 러시아의 규율화에 대한 담론들》]에서 재인용.

** Lucien Gauthier, *Von Montaigne bis Valéry. Der geistige Weg Frankreichs. Eine Auswahl französischer Originaltexte mit deutscher Übertragung*, Reutlingen o. J. (1950년 경), p.XXVI[《몽테뉴에서 발레리까지: 프랑스의 정신적인 길. 프랑스어 원문과 독일어 번역문 선집》]에서 재인용.

로 새로운 것이 보고됐을 때 묵시록적인 어조를 띠었다. 가장 근래는 2000년경 인간 게놈의 해독이 임박해 있을 때였다. 코메니우스는 서기 1639년 벽에 이글거리는 문자들로 **"템푸스 에스트Tempus est"**라고 썼다. "때가 되었다"라는 이 도식에 맞춰 오늘날까지 현대화된 futurisiert 세계의 의제들이 준비된다. 이 의제들에서 날짜가 확정된 가장 시급한 일은 신인동형론Menschenförmigkeit의 가장 높은 기준들을 충족시키며 체계적으로 인간을 제작하는 것이다. 우리는 출발Aufbruch의 시대정신들이 함축적이던 유럽의 17세기에 관해 이야기하고 있다. 비록 '시대정신'이라는 말이 1800년경 비로소 근대의 어휘 목록에 닿기는 했지만 말이다. '신인동형론', 이것은 당시에는 아직 손상되지 않은 하느님의 형상Gottebenbildlichkeit을 의미했으며, 고무된 종교개혁 신학자들에게는 자연, 인간 영혼과 성서라는 세 권의 존재 등기부에 간직되어 있는 것과 같은 다방면의 박학을 포함한다.* 인류는 이제 이 대륙의—나중에는 행성의—각 지역에 인간 가능성의 정점에 있는 개인들을 정주시키기 위해 생산에 들어가야 한다. 인류의 불충분함을 발견하고 이에 대한 인내를 다 써버렸기에 인간은 도덕적 우연의 혹 Gewächs이 되기를 중단해야 한다. 조급해진 기술 세기들의 자기 형성자들이자 인간 형성자들인 우리는 종종 한 개개인이 그의 습관적인 실존과 단절하고 메타노이아, 자기수련과 공부를 통해 제2의 삶, 고조된 삶, 모범적인 삶을 창출하는 것에 적응할지 아닐지 오랫동안 기다

---

*   코메니우스의 이 3책론의 출처로 파라켈수스의 영감을 받은 17세기의 몇몇 저자들의 신원이 확인된다. 즉 장미십자단 선언의 저자들, 나아가 Johann Heinrich Alsted, *Theologica naturalis*(1615)[《자연신학》]을 비롯해 Benedictus Figulus, *Pandora magnalium naturalium*(Straßburg, 1608)[《자연의 위업의 판도라》]이 있다. Johann Amos Comenius, *Der Weg ins Licht, Via Lucis, eingeleitet, übersetzt und mit Anmerkungen versehen von Uwe Voigt*, Hamburg, 1997, p.208[요한 아모스 코메니우스, 《빛의 길》, 이숙종 옮김, 여수론, 1999, 195쪽]을 보라. 계몽주의를 준비하는 무대에 선 코메니우스의 교육학적 형이상학에 대해서는 또한 이 책의 563~564쪽을 보라.

려서도, 그러길 원해서도 안 된다. 앞으로 바로크 국가의 인간 정원에서 젊은 피조물들이 높이 달린 격자 받침대에서 인류의 만족스런 모범으로 반드시 양육돼야 한다.*

새로운 교육학자들은 장차 개개인이 그가 지금껏 살아온 삶에서 우연히 느끼던 넌더리를 어떻게 점검하는지 안다고 생각한다. 인간 형성의 체계 전체가 근본에서부터 메타노이아에 따라 세워지며, '교육학 주써'의 근본 질서 자체가 만인의 조기교육으로 개개인들의 뒤늦은 참회를 예방하는 추진력의 증거가 된다. 이 '인간지도론 Anthropogogik'은 어떤 소박한 완전주의를 드러내는데, 그 기세Elan를 또 그 뒤의 계몽주의가 먹고산다. 이 지도론에는 완성을 추구하는 규율, 자발적인 승복에 대한 의무, 내면의 과잉에 대한 공부가 압운되어 있으며, 뒷줄에서 비로소 감시와 처벌을 수단으로 인간의 제멋대로의 성장Wildwuchs에도 대처하는 필요성에 대해 숙고되어야 한다.

지금이 푸코에 의해 함께 야기된 오해를 수정할 가장 좋은 때다. 감옥과 억압적 감시의 장소에서가 아니라, 보통 엄격한 근대 학교와 대학과 그 곁의 수공업자의** 작업장과 예술가의 작업실에서 근대의 본질적인 인문-정형외과가, 즉 그리스도교-인문주의 규율의 척도에 따른 청년의 형성이 실천되었다. 예술 시대와 기술 시대로 출발하는 본래 목적은 항상 새로운 비르투오소 세대를 양성하는 것에 있다. 확실히 '불명예 인간'*** 무리들이(절대주의 인구 정치의 시대에는 불

---

* 코메니우스의 조급은 끝나가는 종교개혁 시대의 종말에 대한 기다림으로 설명된다. 후대인들의 조급은 이미 묵시默示를 역사철학으로 바꾸는 것을 전제하며, 그렇게 해서 묵시주의를 시민화하는 동시에 이를 서서히 발전적으로 완화시킨 반면, 혁명의 이데올로그들은 신-묵시주의의 첨예화를 설교한다.
** 수공업 수행과 도구 수행이 낳는 형성 효과들에 대해서는 이 책의 464~469쪽을 보라.
*** 푸코가 기획했지만 실현되지 못한 연구 프로젝트에 대한 소개글로 쓴 텍스트, "La vie des hommes infâmes"(〈불명예 인간의 삶〉)의 제목의 일부다. 프랑스어 본은 *Les Cahiers du chemin*, n° 29, 15 janvier 1977, pp.12-29; *Dits et Ecrits Vol III 1976-1979*, Gallimard, 1994, pp.237-252에 실려 있고, 영어본은 Paul Foss

가피하게 거대 집단을 이룬다) 거주하는 '헤테로토피아의' 배경에서 규율에 따른 명령은 제2의 얼굴을 드러내는데, 이는 불필요한 자들을 감독하는 의무의 정신에서 '감옥의 탄생'을 재구성하길 원한다면 반드시 언급해야 하는 내용이다. 그렇다고 해도 규율화 개념 일반을 푸코가 그의 중기 저서들에서 특정한 목적을 위해 과장하며 강조했던 고해 신부와 억압과 감시 국가의 의미들에 고정시키는 것은 불합리할 것이다.*

새로운 인간 제작의 전 단계를 알고 싶다면 어쨌든 기상 관측 기구들을 17세기까지, 더 나아가 종교개혁의 소용돌이 기류에까지 보내고 계속해서 중세 후기의 신비주의 안에 있는 종교개혁의 서곡들에까지 보내야 한다. 게다가 청년 고리키Maxim Gorkij[1868~1936. 러시아 작가로 사회주의 리얼리즘 문학론의 창시자]처럼 뚜렷하게 니체의 영향을 받고 "인간을 대문자로" 쓰기를 원했던 사람은 거의 알지 못하면서 그리스도교 초심자들이 있는 이집트 사막 수도원뿐 아니라 그리스와 소아시아의 바울 공동체에서 그 시초가 나타나는 전통에 끼게 되었다. 이 프네우마의pneumatisch(영의) 집합체들에서 성령은 육체를 십자가에 못 박는 수행의 도움을 받아 "새로운 창조"**를 성취해야

    and Meaghan Morris (eds.), *Power, Truth, Strategy*, Feral, 1979, pp.76-91에 실려 있다.-옮긴이

*　　이에 대해서는 이 책의 245~246쪽을 보라. 그 밖에도 규율 개념을 전제주의와 연결시키는 경향은 1945년 이후 혹은 1968년 이후 시대정신의 고유한 특징이 아니다. 이 경향은 이미 칸트의 쾨니히스베르크 교수직을 계승한 요한 프리드리히 헤르바르트Johann Friedrich Herbart[1776~1841]에게서 발견되는데, 그는 칸트가 부주의하게 사용한 규율 개념을 비난하고 이것을 더욱더 문제가 되는 '통치 Regierung' 같은 대체물로 교체했다. 이 제안은 푸코의 자기통치 관념을 상기시킨다. Christopher Korn, *Bildung und Disziplin. Problemgeschichtlich-systematische Untersuchung zum Begriff der Disziplin in Erziehung und Unterricht*, Peter Lang, 2003, pp.105~106[《교양과 규율: 교육과 수업에서 규율 개념에 대한 문제사에 따른 체계적인 탐구》]을 보라.

**　　〈갈라디아서〉 6장 15절["할례를 받고 안 받는 것이 문제가 아니라 새로운 사람이 되는 것이 중요합니다"]과 5장 24절["그리스도 예수에게 속한 사람들은 육체를 그 정욕

했다.

이미 초기 그리스도교인들이 그들의 삶 전체를 신인과 같아지기 위한 실험으로 완전히 바꾸기 시작했다. 아우구스티누스는 《고백록》에서 오로지 신만이 늘 자기 자신에 대해 한결같이 있으며, 우리는 시도를 거듭하며 구른다(노스 아우템 인 엑스페리멘티스 볼비무르nos autem in experimentis volvimur)고 적는다.* 근대인들은 고대의 자기수련의 실험주의에 기술적이고 기예적이고 마지막으로 정치적인 실험주의를 더했다. 그들은 진심을 다해 **인간의 조건의 텍스트를 일부는 현실화된 그리스도교-인문주의의 절차들로, 일부는 그리스도교 이후와 인문주의 이후의 실존을 기획투사하는 방침에 따라 다시 쓰기로 마음먹었다. 에세이Essay(시도)와 실험은 문학적이고 과학적인 조치일 뿐 아니라 근대인의 현존 양식을 완전히 주조하며, 1789년 이후에는 거대 정치와 국민경제와 글로벌 경제의 현존 양식까지도 주조한다. 실험자는 어떤 결과를 무릅쓰고서도 그가 옳듯 새로운 것이 항상 옳다고 확신한다. 미국 대통령 시오도어 루스벨트Theodore Roosevelt[1858~1919]가 1899년 **인류 향상이라는 위대한 사역**the great works of uplifting mankind을 맹세했을 때 그리스도교의 세계 전도를 문명적 메시아주의와 교환하며 이와 같은 전통에 자신을 세웠던 일을 강조할 필요는 없다.**

근대의 동요

더 위대한 것을 향한 전환의 시작은 이미 수세기가 지난 일이었다. 코메니우스가 종말론적으로 해석된 30년전쟁의 혼란에 직면해

과 욕망과 함께 십자가에 못 박은 사람들입니다"].

*   Augustinus, *Confessiones*, 4 book, cap. 5[아우구스티누스, 《고백록》, 성염 옮김, 경세원, 2016, 141쪽; "저희는 이러저러한 시험 속에서 나뒹구는 것입니까?"].

**   Theodore Roosevelt, "Hamilton Club Speech", Chicago, 10. April 1899[〈해밀턴 클럽 연설〉].

만인의 교육(팜파이데이아Pampaedeia)의 출정을 발표했을 때 시작됐던 것이다. 근대 초기의 인간농장에서 1348년 대규모의 페스트 때문에 결코 다시는 진정될 수 없었던 동요가 터져 나왔다. 이 새로운 시대정신과 세계정신의 근원들을 알아맞히려는 노력이 여러 번 있었다. 북서부 유럽 도시들의 신비주의나 혹은 초기 자본주의 경제 방식에 이 근원들을 배치하려고 했으며, 톱니바퀴 시계의 등장과 확장과 마찬가지로 프란체스코 수도회 신부 루카 파치올리Luca Pacioli[1447~1517. 레오나르도 다 빈치의 동료였던 이탈리아 수학자]가 1494년 유럽 전역에서 읽힌 산술에 대한 책에서 널리 알렸던 베네치아인들의 이중 부기에 연결시키기도 했다. 이 근대의 안절부절못함에 어떤 형이상학의 원천을 전가시키기 위해 파우스트의 영혼에 애원했으며, 역으로 전능자이자 자기향락을 증대하는 데 자신의 영혼을 저당 잡힌 "멀리까지 간 흑마술사" 파우스트 박사를 신용이 인격화된 것으로, 즉 성실한 채무자들을 땅과 바다 너머 끊임없이 확장된 길로 내몰 만큼 그들이 뼈저리게 느낀 저 다섯 번째 본질이 인격화됐다고 설명했다. 또 근대의 동요를 대서양의 항해와 신세계의 발견에서 비롯된 공간 확장의 충격과 연관시켰는데, 이는 마치 대양 위를 떠다니는 자본들의 전 지구적 기동성이 가장 버림받은 대륙 도시들에서 느끼는 희로애락 안으로까지 이식되는 것처럼 보였다. "근대의 중추가 되는 사실은 지구가 태양 주변을 도는 게 아니라 화폐가 지구 주변을 돈다는 것이다."*

이어서 나는 인간 형성의 장에서 나타나는 근대의 특유한 동요가(가장 최근의 지류들에서는 여전하면서도 예전보다 더 일어나고 우리가 느끼는 동요다) 무엇보다 내인성內因性의 원천들, 이 논의에서 말하자면 수행의 역사 내지 자기수련론에 연관된 원천들에서 기인한다는 것을 보여줄 수 있다. 전근대 세계의 수행하는 삶의 프로그램

* Sloterdijk, *Im Weltinnenraum des Kapitals*, p.79.

들과 작업장들을 되돌아보면 이해된다. "인간이 인간을 생산한다"는 청년헤겔파와 마르크스의 통찰은 근대 노동 세계와 산업 절차들에서 한쪽만 차용된 '생산하다erzeugen'라는 말 뒤에 있는 의식적일 뿐 아니라 무의식적으로 체력을 유지하기Sich-in-Form-Halten 위한 수행 태도, 훈련과 단련의 만유를 함께 지각하는 즉시, 이 통찰이 어떤 결론으로 이어지든 비로소 공감될 수 있다. 여기에는 아이러니하게도 훈련을 잘못하고 수행을 게을리해서 체력이 망가지는 것Sich-Außer-Form-Bringen 역시 속할 수밖에 없다. 농부, 공장 노동자, 막노동꾼보다는 매우 더 쉽게 운동선수와 수도사에게 이와 같은 것이 해당한다고 인정할 것이다. 그렇지만 거친 활동의 노동 유형에서도 여전히 수행하는 삶의 수많은 가면들 가운데 하나를 알아볼 수 있으며, 이 가면을 들춰낸다면 생산주의 시대의 신비화를 들여다보고 노동 현상의 한복판에 수행의 계기Moment가 편재하고 있음을 확신하게 된다. 그런 뒤 활동하는 이들이 규칙적으로 반복된 활동들을 통해 어떻게 자신을 조형하는지 세세하게 입증될 수 있을 것이다. 이제 인간이 어찌해서 그리고 자신의 현존에 대한 어떤 반작용의 결과로 인해 인간의 생산자로 유효하게 간주될 수 있는지 파악하는 것이 중요하다.

자가조형 행위*: 선순환

인간을 통한 인간의 생산에 대한 기초 자료들의 명시화는 **활동하는 삶**의 단계를 거쳐 진행된다. 이것을 19세기의 실용주의자들이 파악했다. 이들은 활동하는 삶을 연구하여 인간공학의 근본 법칙이 되는, 모든 행동과 운동이 행위자에게 미치는 자가조형의 반작용 법칙을 발견했다. 노동함은 세계 속에 노동하는 자를 세우고 수행하는 자기형성의 지름길을 가는 그에게 그 자신의 행동의 도장을 새긴다.

---

* 프로이트의 정신분석에서는 주체와 환경과의 관계에서 주체가 자신을 변형시켜 환경에 순응하는 행동을 가리켜 '자가변형 행동'이라고도 한다.

어떤 활동도 반작용으로 작용인을 주조하는 원리에서 벗어나지 못하며, 반작용을 하는 것은 또한 앞서 작용한다. 활동은 활동하는 자를, 성찰은 성찰된 자를, 감정은 느끼는 자를, 양심의 시험은 양심 자체를 생산하며, 습관은 덕과 악덕을, 습관의 복합체는 '문화들'을 형성하는 것이다. 세계를 떠도는 유럽의 항해사들은 매우 멀리 떨어진 섬들에서 완고하고 부분적으로는 기이한 생활 방식으로 살아가는 종족들을 아직도 발견하며, 승선한 인류학자들은 현지 풍습에서 수행체계들의 힘을 인식하고 이렇게 스스로 조형하는 인간 형성의 규칙들을 유럽의 해당 현상들에 유비적으로, 하지만 더 나은 표현이 없어서 '종교' 제의라고 기술한다.

그렇다고 해서 수행하는 삶이 행동을 통한 행동하는 자들의 단순 재생산으로 소진되지는 않는다. 능력 범위를 확장하고 기예를 마지막 정점까지 향상시키는 것은 전부 수행을 통한 자기형성을 기초로 해서 이뤄진다.

모종의 조건들이 갖춰지면 성취가 성장으로 기우는 이유에 대한 수수께끼는 오늘날까지도 남김없이 밝혀지지 않았지만, 몇몇 위를 향하는 나선 형태는 더 정확하게 묘사될 수 있다. 예를 들어 체력 향상의 영역에서 현대 스포츠 생리학이 초과 회복Hyperkompensation 메커니즘에 대해 명시적으로 기술함으로써 결정적으로 이해 범위를 넓히려고 애썼다. 더 최근의 훈련과학들은 근육 장치가 강한 하중을 받은 뒤 필요로 하는 회복 시간이 허락된다는 전제에서 어떻게 그 힘의 비축을 앞선 체력 수준Fitness-Status을 넘는 정도까지 재충전하는지 상세하게 보여줄 수 있다. 재생 리듬에는 성취도를 높이는 결과로 이어지는 소모의 비밀이 숨겨져 있다. 예로부터 이 현상은 직관적으로 파악되어 밝혀졌으며 고대에 이미 집중 훈련을 위해 이용됐다. 다른 한편으로 이미 고대인들은 과훈련 현상이 재생 리듬을 경시한 결과 어떻게 등장하는지 알고 있었다.* 지능과 미세 운동의 능률이 향상될 때 초과 회복은 일종의 초과 적응으로 채워진다. 이것은 신경 시스템과 운동 시스템이 선제적으로 실행할 준비 상태와 비슷한 것을 통해 유리한 조건에서 모종의 규칙적인 자극들을 받아들이도록 만든다. 그래서 피아노의 프레스티시모(매우 빠르게) 진행이나 혹은 마술사들의 속임수들(프랑스어로는 **프레스티디지타퇴르**prestidigitateurs인데 말 그대로 빠른 손가락들을 뜻한다)처럼 지극히 확률이 없는 운동조차 육체의 기억 속에 새겨지고 비르투오소의 습성으로 안정화될 수 있다. 그러면서 특히 선취적인 지성이 자극을 받는다. 학습이론, 신경운동학, 신경수사학과 신경미학 분야의 최신 연구들은 그 시초가 초기 자기수련들과 기예들에서 파생하는 교수법 관련 직관들을 단단하게 만들고 분화한다. 모든 고등한 문화들에서는 활동하는 각자가 자신에게 '제2의 천성'이라는 기적이 일어날 때까지 자기 활동의 여과액에 물들여진다고, 즉 자신에게 거의 불가능한 일을 흡사 힘들이지 않고 수행한다는 관찰이 활용된다.**

명시적 훈련이론들의 최고의 명제는 다음과 같다. "지속적인 강화의 긴장 속에 있는 할 수 있음은 증대된 할 수 있음을 마치 '저절로 aus sich selbst' 생산한다." **선순환**circulous virtuosus에 대한 정확한 서술 덕분에 성취가 어떻게 더 높은 성취에 이르고, 성공이 더 확장된 성공에 이르는지 설명된다. 예수주의 명제 "누구든지 있는 사람은 더 받을 것이다"***는 갈릴리의 초기 자본주의에 대한 증거가 아니라, 행운의 순환에 대한 가장 오래된 정식화들 가운데 하나이며 사회학에서는

---

*   19세기에 여전히 대중적인 위생 시스템과 체육 시스템의 대변자들이 과도한 훈련들로 인한 피로(**파티게**fatigue)와 과잉 혹사(**쉬르머나쥐**surmenage)에 대한 공포를 부채질했던 것은 정말 균형 관념에 대해 가졌던 그들의 편견 때문만 아니라, 그들이 초과 회복 원리를 아직은 이해하지 못했기 때문이기도 했다. Philipp Sarasin, *Reizbare Maschinen. Eine Geschichte des Körpers 1765~1914*, Suhrkamp, 2001, pp.317~318[《민감한 기계: 어떤 육체의 역사(1765~1914)》]를 보라.

**   Sloterdijk, "Dyed-in-the-Wool Citizens. Atmospheric Politics", in eds. Bruno Latour and Peter Weibel, *Making Things Public*, pp.944~951[〈철두철미한 시민: 대기의 정치〉].

*** 〈마태복음〉 25장 29절.

'마태 효과Matthäus Effekt'라는 명칭으로도 잘 알려져 있다. 할 수 있는 자에게는 더 할 수 있음이 날아와 머문다. 다양한 분야에서 성공한 사람들이 그들이 멀리서도 서로에게 배울 것이 있으리라는 생각에 이유 없이 기우는 것은 아니다. 그들은 매우 다양한 분야의 비르투오소들이 비교가 가능한 향상의 순환에서 발생한다고 느낀다. 그들은 긍정적인 피드백들이 통과해야 하는 교차로에 사람들이 서 있는 것을 본다. 이렇게 해서 그들은 서로서로 할 수 있음의 덕의 담지자가 되는 것이며, 이 덕에서 선사함의 덕을 향한 길은 보통 멀리 있지 않다. 이 관찰로 중세의 **덕의 연결**connexio virtutum론을 근대의 토대에서 확언하는 가능성이 만들어진다.* 이미 나날의 직관들이 나태하지 않음이 덕의 시작임을 말하고 있다. 반대로 그리스도교 수도사들은 관성에서 절망이라는 어머니를 알아봤는데, 이 어머니의 매력적이지 않은 나머지 딸들인 탈선, 수다, 목적 없는 호기심, 분방함과 변덕이 그와 동행하고 있었다.** 매일 쓰는 (문장의) 행들이 예술가를 형성하고, 매일 하는 체념이 금욕주의자를 형성하고, 매일 하는 타인들의 권력욕과의 교섭이 외교관들을 형성하고, 매일 아이들이 자극받을 준비가 된 상태에서 느끼는 기쁨이 교사들을 형성한다.

　의례와 규칙성에 자신을 내맡기는 사람은 **좋든 싫든** 이것들의 중개자로 발전한다. 반복의 수호자가 아니라면 문화 담지자란 무엇이겠는가? 수행이 대가를 만드는 것과 같이 훈련이 주체를 만든다. 우리가 표현, 성찰성과 혁신에 대한 활동의 진원지Regungsherd와 같은 통상적인 주체성에 대한 해석들이 상대적으로 타당하다는 것을 부정하지 않으면서 주체성을 일반 수행이론에 비춰 활동 연속의 담지자이자, 훈련이 가능한 모듈의 실행자이자, 습관에 따른 취득의 소유자

---

* 　Peter Nickl, *Ordnung der Gefühle. Studien zum Begriff des habitus*, Meiner, 2005, pp.48~49[《감정의 질서: 하비투스 개념 연구》]를 보라.

** 　Josef Pieper, *Über Verzweiflung, in Werke. Band 4*, Meiner, 1996, pp.274~283[《절망에 대하여》]을 보라.

로 이해한다고 전제할 때 그렇다. 두 번 실행된 모든 제스처가 어떻게 그 행위자를 형성하고 계속 규정하는지 파악했다면 왜 의미 없는 운동이란 있을 수 없는지도 알 수 있다.

반복은 인간학적 계몽주의에서 그 순진무구함Unschuld을 잃어버렸다. **명시적으로** 파악하는 대로 반복에 세계의 존립이 근거하고 있으며, 그렇다고 '사건'이라는 금송아지 주변에서 춤을 출 때 악용하는 경우를 제하고는 일회적인 것을 나쁘게 말하지도 않는다. 확증된 것에는 반복의 체계들이 있다는 게 자연들의 본질이며, 이것은 문화들에 거의 같은 정도로 해당한다. 신 자신은 대부분의 것을 자연의 지루한 되풀이를 통해 일어나게 해야 하고 때에 따라서만 그의 존재론의 비밀 무기인 기적을 사용할 수 있다. 키르케고르가 이미 현대인들의 성찰에 따른 지식의 관점에서 말했다. "하느님께서 친히 반복을 원하지 않으셨다면, 세계는 결코 생겨나지 않았을 것이다. …… 그렇기 때문에 세계는 존립하고 있는 것이고, 세계가 하나의 반복이라고 하는 사실을 통해 존립하고 있다. 반복, 그것은 현실성이고 현존의 엄숙성이다"*라고 확언할 때 그랬다. 여기에 니체가 오랜 자기시도를 거듭한 끝에 듣고 알게 된 것을 덧붙인다. 스타일이 반복의 문화형상의 하나를 나타냄을 분명히 안다고 전제한다면 스타일은 실제로 인간 자체다. 스타일이 있는 사람은 행운 속에서도 행복한 존재의 좋은 습관을 본다.** 천재조차 충돌하면서 불꽃을 튀기는 좋은 습관들이 어우러진 한 무리에 지나지 않는다.

구유럽과 신유럽의 인간을 형성하는 테크닉들의 모체를 발견하고 싶다면, 맨 먼저 전 대륙에 흩뿌려져 있는 훈련 센터들을 고찰

---

*   Sören Kierkegaard, *Die Wiederholung. Ein Versuch in der experimentellen Psychologie von Constantin Constantius, in Die Wiederholung/ Die Krise und eine Krise im Leben einer Schauspielerin*, Syndikat, 1984, p.8[《반복/현대의 비판》, 13쪽].

**   여기에 사르트르는 "습관은 순전히 관성 **그 자체**로 존재하기 때문에 좋은 습관은 없다"고 주장하는 명제로 반박한다.

해야 한다. 이곳에서 그리스도와 함께 수행하는 자들은 그들의 수도원장들, 그들의 사제들, 그들의 성인들과 그들의 박학다식한 스승들을 통해 컨디션을 조정하면서 최고의 경기들을 준비했다. 16세기 때부터 '교수들'로 부르는 사람 역시 처음에는 순전히 [그리스도의] 변용變容 학교들의 트레이너였으며, 나중에 그에 따라 이름이 붙여진 학생들은 가장 먼저 그들 안에서 불가능한 것의 에로스가 **학술적인 방식으로**more academico 작동하고 있던 탐색하는 자들이었다. 그들은 본받을 수 없는 것이 본받을 수 있고 비길 데 없는 것이 반복될 수 있다는 모든 고등문화에 필수 불가결한 미혹에 기꺼이 굴복했다. 그들 내면에 극도의 야심이 뿌리를 내리자마자 그들은 역설의 마력 속으로 떨어졌다. 이 역설을 끊임없이 재-연출하지 않으면 어느 문화든 고도의 극점에 고정될 수 없다. 너는 너의 삶을 바꿔야 한다! 그 때문에 이것은 그들에게는 가능한 것과 불가능한 것 사이의 경계들이 희미해지도록 영향을 미치는 신적이거나 혹은 신인적인 모범들을 따르라는 요구와 다름없는 것을 의미했다.* 근대가 시작되면서 이 절대명령은 그 타격 방향을 바꾼다. 장차 그것은 다음을 뜻한다. 너는 매 순간 너의 인격 안에서 더 나쁜 세계에서 더 좋은 세계를 선취하도록 처신해야 한다. 이 문장의 의미가 '외부 적용'에 대한 지도로 완전히 변하는 그날이 더 이상 멀지 않다. 너는 세계를 변화시켜야 하고, 이렇게 해서 너는 올바른 의미로 변형된 세계에 바른 양심으로 적응할 수 있다. 근대는 변화에 대한 호소를 들은 사람들이 어디에서 시작해야 하는지, 세계와 함께 아니면 자기 자신과 함께, 이도저도 아니면 둘 다와 동시에 시작해야 하는지 더 이상 알지 못하는 시대다.**

---

* 이에 대해서는 이 책의 434~435쪽을 보라.

** 이 실상은 지난 수십 년 동안 가장 영향을 많이 끼친 도덕철학 저작들 가운데 하나인 Alasdair MacIntyre, *Verlust der Tugend*, Suhrkamp, 1995(영어판: *After Virtue*, University of Notre Dame Press, 1981)[알래스데어 매킨타이어, 《덕의 상실》, 이진우 옮김, 문예출판사, 1997]에서 가장 명쾌하게 읽어낼 수 있다. 이 저자가 신-

인간 안의 세계의 발견

14세기부터 출현한 동요들은 무엇보다 '현세'로부터 후퇴가 이어지는 천년왕국에서 **철학의 방식**more philosophico과 **그리스도교의 방식으로**more christiano 야기됐던 것과 같은 주체적인 활력의 과잉에서 도출될 수 있다. 여기에 곧바로 집중, 강도, 행동 대기로 이뤄진, 언젠가 적합한 투자 형태를 찾는 게 틀림없던 자본의 본원적 축적에 관해 이야기할 수 있을 것이다. 실제로 유럽의 흑사병 이후의 세기들은 전례 없는 새로운 종류의 경제에 속하며, 이 경제에서 새로운 수행 수단—기계들, 도구들, 매체들과 화폐들—이 새로운 수행 관계들을 불러일으켰다. 이 첫 번째 자리에 학교들과 다시 한 번 학교들이 위치하고, 뒤이어 예술가의 작업실(아틀리에), 극장, 콘서트홀, 병영들, 공장들, 병원들, 감옥들, 연설 강단들, 시장들, 집회지들, 경기장과 스포츠 연습실들이 위치한다. 근대와 더불어 시작된 것은 새로운 종류의 대규모 인간공학 체제, 즉 그 근본에서부터 변화된 규율들의 전투 배열들과 다를 바 없다. 푸코가 근대의 규율화 조치의 역사에 대해 유례없

아리스토텔레스주의의 덕의 윤리학을 유익하게 교정해 이 윤리학으로 회귀했으며, 이는 근대인들의 도덕적 혼란과 관련해 환영할 만한 가치가 있다고 보통 긍정적으로 받아들여진다. 그렇지만 성 베네딕트와 트로츠키를 하나의 인격에 통일시켜서 어떤 새로운 방침을 얻는 것이 중요했던 매킨타이어의 마지막 변론을 고찰해보면, 혼란의 어떤 극복도 전혀 이야기되지 않는다는 게 명백해진다. 베네딕트도 트로츠키도 덕으로 회귀하는 일을 아주 적게라도 할 수 없다. 베네딕트는 신성함의 양태로, 트로츠키는 선에 복무하는 정치적 범죄의 양태로, 둘 다 불가능한 것의 에로스에 굴복해 있다. 사람들은 신-아리스토텔레스주의의 정의-환경-담론 뒤에 여전히 초기 가톨릭의 성스러운 과잉의 윤리학이 작용하고 있음을 매킨타이어가 밝힌 것에 대해 감사를 느낀다. 어떤 인물도 근대의 망설임을 이보다 더 명료하게 드러낼 수 없을 것이다. 베네딕트-트로츠키의 자웅동체는 차라리 수도원에서 자기 자신을 개선하려 애써야 하는지, 아니면 테러리스트의 실천을 수단으로 세계를 개선하려 애써야 하는지 결코 결정할 수 없을 것이다. 따라서 매킨타이어의 성찰들에서 비롯되는 구성의 자극은 어떤 복원의 덕의 윤리학을 통해서는 담아낼 수 없다. 의제로 제출된 것은 우리 시대의 숭고한 메타노이아의 명령에 응답하는 어떤 훈련 윤리학이다. 이 책의 696~700쪽을 보라.

는 연구들로 전에는 거의 눈에 띄지 않던 이 장에 대해 우리가 예리한 시선을 갖게 했다고 반복하는 게 정말 필요할까?

결정적인 변화들은 무엇보다 이어져 내려온 수행하는 삶의 세계의 근본 분할에 관련되며, 나는 이것을 '존재론적 지방정부의 재구성'이라고 불렀다. 이것이 진행되면서 고대의 수행자들, 철학적 **生活樣式**의 대가들, 나중에는 수도사들, 참회의 투사들과 그리스도의 경기자들은 세속의 문제들에서 후퇴하여 각자가 '자신의 것das Seine'이라고 봤던 일에만 헌신했다. 그들의 현존 전체는 재난을 함축한 세기의 한복판에서 그 자신의 온전할-수-있음과 완전할-수-있음에 대한 염려에 관련된다. 그들에게 문제는 항상 맞게 될 손상과 항상 존재하는 산만에 직면하여 자신의 삶을 마지막까지 면역화하는 일과 다를 바 없었다. 세계에서 후퇴하는 가운데 자기를 발견하는 시대의 구제의 도식은 **"돌보는 만큼 자기의 것이다**suum tantum curare"와 같으며 이는 철학적이고 종교적인 삶의 기획들에 퍼졌다.

근대가 종교적으로나 철학적으로 코드화된, 세계를 기피하며 급진적으로 메타노이아를 따르는 **쿠라 수이**(자기돌봄)의 형식을 하룻밤 사이에 무효화했다고는 결코 주장할 수 없다. 근대 초기에 어제의 세계로부터의 도주자들이 갑자기 그들의 음울한 부재를 후회하던 새로운 속인들이 됐다고 생각하는 것보다 가상적인 일은 없을 것이다. 급격히 재발견된 '근대 개인주의'의 세계 긍정과 생의 긍정에 대한 전설은 신뢰될 수 없다. 지적인 근대인들 가운데 적지 않은 이들이 그들의 삶을 예정대로 세계에서 멀리 떨어진 행성인 토성의 상징 밑에 배치했다. 비르투오소의 시대가 시작된 14세기부터 무대에 등장한 **새로운 인간들**homines novi은 마치 그들이 1000년 동안 [세계로부터] 물러나 있던 일을 유감스러운 한편의 일화처럼 잊히도록 만들기를 원하기라도 하는 것처럼 느닷없이 외향적으로 된 삶의 환희로 향해 달아난 수도사들이 결코 아니다. 그들은 대개 그들의 존재론적인 유배를

4부. 근대의 수련들

완고하게 붙들고 놓지 않았으며, 예전보다 더욱더 나쁜 습관성에 대해서는 어떤 고귀한 치외법권마저 주장했다. 근대인들 가운데 최초로 새로운 유형의 귀족을 나타내는 문장紋章인 시인의 화환을 지녔던 페트라르카Francesco Petrarca[1304~1374. 이탈리아 르네상스의 대표적인 초기 인문주의자]와 같은 모범적인 새로운 인간조차 자신이 왜 보클뤼즈*에 있는 그의 피난처에서 **고독한 삶**vita solitaria**이라는 비-수도사의 유형을 뒤따르면서 그렇게 여러 해를 보냈는지 매우 잘 알고 있었다. 통속적인 걱정들에서 멀리 있는 그의 독서 암자가 아니라면, 그 밖의 어디에서 그가 자신의 고귀한 병을, 흑담즙으로 이뤄진 남자의 세계 증오를, 수도원장들이 이집트 사막에서 **아케디아**akédia[심신의 무기력]라는 이름으로 발견하고 투쟁하던 이 악을 숨길 수 있었겠는가?

초기 근대인들에게 정신의 영역들에 대한 헌신은 여전히 세속의 운영에 참여하기를 거부할 것을 전제하고 있지만, 비르투오소들의 원형인 그들은 더 오래된 수도사들의 암자들과 더 새로운 인문주의자들의 작업실 사이를 오가며*** 어떤 고조된 배움의 동학에 빠진다. 그들은 전래의 수도원주의의 탈자기화의 단련과 어떤 모순되는 통일성을 이루기만 하는 자기강화 속의 어떤 흐름에 사로잡힌다. 이 강화에서 영적인 이들이 새로운 조건에서 세계에 관여하는 경향들이 생긴다. 신-현상학자 헤르만 슈미츠의 한 표현을 변형시켜 사용해 이렇게 방향을 되돌리는 것을 나는 떼어내진 주체의 '재입착Wiedereinbettung'****이라고 표현한다. 처음 입착 덕분에 개인들은 직접

---

* Vaucluse. 프랑스 남동부에 위치한 주.-옮긴이
** 페트라르카의 책 제목이기도 하다.-옮긴이
*** 15세기와 16세기에 수도원주의 영역에서 인문주의 영역으로 옮겨가는 과도기에 대해서는 Harald Müller, *Habit und Habitus. Mönche und Humanisten im Dialog*, Mohr Siebeck, 2006[《습관과 습성: 수도사들과 인문주의자들의 대화》]를 보라.
**** 이 표현은 영어권 사회학에도 존재하는데, 이곳에서는 개개인들이 전통적 삶의 형식들과 맺는 관계에서 입착embedding, 탈착disembedding과 재입착reembedding을

그들이 처한 상황에 참여하며, 재입착를 통해서는 소외 단계를 지나 이 상황들로 되돌아온다. 이 상황 속의 등장을 긍정하는 사람은 괴테가 자신을 가리키면서 때때로 '그 중간에 있는 속인das Weltkind in der Mitten'*이라고 불렀던 사람이 되는 도중에 있다.

그럼에도 불구하고 수행자들은 윤리적 구분이 효력을 펼치기 시작했던 고대 때처럼 근대 초기에도 그렇게 결정적으로 유배를 택할 것이다. 근대 초기에 이 세기에서 후퇴하는 환희를 수많은 변주 작품에서 변화시킨 히에로니무스Sophronius Eusebius Hieronymus[347~420. 후기 고대의 대교부들 중 하나인 학자 겸 신학자]의 이콘화의 대중성을 달리 어떻게 설명할 것인가? 여전히 이 학자는 발밑에 사자를 데리고서 명랑하게 바뀌고 시민화되기까지 한 어느 사막의 가장자리에서 관조하는 삶의 매력을 증언하고 있다. 예상되는 대로 이 삶은 사막과 피난처를 제외하고는 무엇이든 다 알았던 격동기 속에 있다. 그렇지만 이 근대인들의 세계로부터의 도주에도 가장 일찍이 있었던 세속의 관계들에 대한 역겨움의 나날들과 똑같이 시급한 동기가 부여되어 있음을 유념해야 한다. 여전히 이들의 도주는 세속적으로 희망이 없는 이들에게 희망을 주며, 여전히 사회적으로 전망이 없는 이들에게 어떤 대안의 실존에 대한 전망을 허락한다. 그럼에도 불구하고 이 근대의 후퇴들은 고유한 가치와 범위가 있는 세속적인 의미들로 더 자주 충전된다. 물러남으로 떼어내진 주체성이 자기배려(돌봄)의 고립영토에서 고유한 권리가 있는 어떤 세속의 형상으로 등장하는 지점에 다다를 때까지는 그렇다. 방법적으로 추구된 세계의 이질성에서 비르투

이야기한다. 무엇보다 Anthony Giddens, *Konsequenzen der Moderne*, Suhrkamp, 1990[《현대의 귀결들》]을 보라.

* Johann Wolfgang Goethe, "Diné zu Coblenz im Sommer 1774", in *Sämtliche Gedichte*, Insel, 2007, p.326[요한 볼프강 폰 괴테, 《괴테 시선 1》, 임우영 옮김, 지만지, 2015. 318쪽. 한국어판에서는 〈라바터와 바제도 사이에〉("Zwischen Lavater und Basedow")라는 (1815년 괴테 전집에 수정되어 실리기 전의) 제목으로 옮겨져 있다].

오소-산업이 만발한다. 이 산업의 장인들은 자기 자신을 삶의 기예의 미완성 제작품으로 파악해 스스로를 인간 귀중품으로 만들려고 한다. 니체가 "나는 나 자신을 손에 쥔다"라고 《이 사람을 보라》에서 했던 고백은 어떤 만성질환을 앓는 자의 자기치료를 위한 자극과 더불어 초기 근대인들이 그들 자신을 살아 있는 인공물로 변화시키려고 정신을 기울였던 것을 상기시키는 배음overtone을 울리게 한다. 수도복이 수도사를 만들지 않을 수는 있어도, 연구는 학자의 컨디션을 유지하고, 글쓰기 훈련은 인문주의자들을 그의 분야의 능력자로 만들며, **비르투**(훌륭함)는 비르투오소들을 빛나게 한다. 자기 자신을 향해 후진해 떼어내진 주체성의 한가운데에서 수행자들은 멀리 있는 내면의 해안 한 곳을, 미지의 세계에 대한 약속을 하나 발견한다. 실제 대륙보다 100년 넘게 앞서서 어떤 상징적인 아메리카가 지평선에 떠오른다. 그 해안에서 근대의 수행자들이 그들 자신이라는 이 작은 세계에 발을 내딛는다.

예컨대 야콥 부르크하르트가 미슐레Jules Michelet[1798~1874. 르네상스라는 말을 처음 정의하고 사용한 프랑스 역사가]가 남긴 발자국을 따라 르네상스-도식이라고 내놓았던 '세계와 인간의 발견'은—역설적으로 보이지만—처음에는 내면의 세계 사건이었다. 이는 인간 안의 세계의 발견으로, 혹은 더 적절하게 표현하자면 어떤 세계 모델이자 만유의 소우주식 단축으로 인간을 발견하는 것으로 이어진다. 또 프리드리히 헤벨Christian Friedrich Hebbel[1813~1863. 독일 시인이자 극작가]이 그의 일기에 "위대한 인간들은 인류의 목차다"라고 적었을 때 이 표현법과 관련해 생각을 가지고 있었다. 인간의 완전할-수-있음의 비밀은 더 이상 성서에서 확인된 신과 동일한 이미지를 통해서만 정당화되지는 않으며, 마찬가지로 세계와 동일한 이미지를 지시한다. 이 이미지를 근거로 괴로워하고 활동하며 사려 깊은 인간은 자기 자신을 만물의 거울이자 우주의 신탁으로 파악할 수 있게 된다. 여기서 바로크 시대에 신과 자연이 동일시될 때 처음으로 다시 정지한 대열Zug이 [신과 자연의] 계사*이자, 살아 있는 [신과 자연의] 동일성의 표지인 인간과 함께 움직이기 시작한다. 이는 근대의 주체에게 스스로를 실재성을 갈망하는 잠재력으로 파악해야 한다는 것을 의미한다. 인간 존재라고 하는 것은 이때부터 자신을 자기실현의 작업장으로 운영한다는 것이다.

호모 미라빌레Homo mirabile(기적 같은 인간)

인간의 총체적 잠재력을 새롭게 해석함으로써 세계로부터의 도주는 우리 문화권의 개인들이 그때까지 알고 있었던 세계를 가장 많이 함유하는welthaltigst 존재 방식으로 변형된다. 외형적으로 된 현존재에 충만과 다양에서는 결코 뒤지지 않는 어떤 삶의 형식으로의 후퇴를 풍부하게 만듦으로써 근대 인간학의 강령어인 '인격'으로 진술되는 한없이 계발이 가능한 자기구조가 발생한다. 근대의 인격들, 그것들은 유서 깊은 물러남의 자기형성의 위치에서 생겨난 소우주의 삶의 예술작품들이지만, 이제는 더 이상 수도원의 **겸허**humilitas와 신비주의의 죽음술의 정신에서가 아니라, 종결될 수 없는 비르투오소다움과 잠재성에 접어드는 백과사전식 기예의 동학에 의해 유발되며, 내면을 향한 어떤 외향성에서 비롯된 놀라움을 자극하는 결과들이다. "너는 너의 삶을 바꿔야 한다!"는 명령은 이제 자기 자신을 손에 쥐고 자신의 현존재에서 어떤 경탄의 대상을 만드는 것을 암시한다.

인간 자신이 기적 같은 것, 주변 세계가 경탄할 가치가 있는(그리고 이것은 존중, 사랑 혹은 공감의 훨씬 그 이상이다) 살아 있는 인공물이 되어야 하는 곳에서 그는 그의 세계로부터의 도주의 밀실 안에 오래도록 머무를 수는 없다. 그는 언젠가 무대 위로 가서 내면의 퍼포먼스에서 외면의 퍼포먼스를 만들어내야 한다. 페트라르카는 로

---

*   언어학에서 계사Kopula란 '있다', '남아 있다', '되다'와 같은 동사를 가리키며 문장의 주어와 술어를 연결하는 기능을 한다.-옮긴이

마의 캄피돌리오 언덕Kapitol에서 시인의 관을 쓰게 됐을 때 자신의 피난처를 떠나지 않을 수 없었다. '근대 명예'의 역사에서 결정적인 날짜인 1341년 4월 6일에 일어났던 일이다. 새로운 경탄의 광장들에서 지적인 사람을 아웃팅하는 것에 전래의 르네상스 연구가 '근대적 개인'이라는 표제어로 제출했던 대부분의 내용이 걸려 있다. 이미 부르크하르트가 명예와 개인성 문화의 연결을 이 시대의 특징으로 이유 없이 강조한 것은 아니었다. 새롭게 '아카이브'라고 부르는 것은 맨 먼저 문화적 기억 속에 있는 명예와 유명인들의 집결지에 불과했으며, 이 기능은 훨씬 더 명백한 근거들에서 근대 국가의 직영으로, 더 정확하게 말하자면 의미의 살림 내지 '문화가치들'의 관리가 의무인 국가 의미론 은행들, 박물관들과 대도서관들의 관리 속으로 옮겨갈 수밖에 없었다.* 매년 열리는 무가치한 것들의 시장Jahrmarkt처럼 나타나는 것이 실제로는 명성과 탁월함의 국고이자, 문화 가치의 창조라는 새로운 경제의 생식세포다. 이 세속의 집대성이 교회의 구원재와 우열을 다툰다는 것은 이 새로운 가치체계의 매력을 분명히 한다.

우리는 수도원 인간공학의 영역에서 수도사들이 수도사의 입상으로 변신하려고 애썼음을 기억한다. 이 입상은 섬기는 순종에 대한 모범이 되는 조각이자(이 조각의 성담聖譚은 **인쿠르바투스 에트 후밀리아투스 숨**incurvatus et humiliatus sum, 즉 '나는 몸을 굽히고 낮춰져 있습니다'**라고 한다) 성령이 인간이라는 제작 원료에 효력을 미친다는 것

---

* 비-금전적인 은행 현상들의 논증을 위해서는 Sloterdijk, *Zorn und Zeit*, pp.208~209[《분노는 세상을 어떻게 지배했는가》, 252~253쪽]를 보고, 세계박물관 이념의 철학적인 연역에 대해서는 Beat Wyss, *Trauer der Vollendung. Von der Ästhetik des Deutschen Idealismus zur Kulturkritik an der Moderne*, Matthes & Seitz, 1985, 신판 DuMont Reise Verlag, 1997[《완성의 애도: 독일 이상주의의 미학에서 현대에 대한 문화비평까지》]을 보라. 아카이브 형이상학에 대해서는 Boris Groys and Thomas Knoefel, *Politik der Unsterblichkeit*, Hanser, 2002[《불멸의 정치》]를 보고, 불멸이 어떤 실천 이념으로 변형되는 것에 대해서는 이 책의 559~560쪽과 623~625쪽에서 니콜라이 표도로프에 대한 언급들을 보라.

** *Regula Benedicti*, 7, 66~70[《베네딕도-수도 규칙》, 97쪽/97쪽; 《베네딕트의 규칙서》, 47쪽].

에 대한 증거물이었다. 신의 관찰(천사들은 위쪽으로 전부 가리지 않고 보고한다)과 수도원의 통제(수도원장은 그의 집단의 미동을 속속들이 알고 있다)를 받으며 성직 수행자들은 그들의 **생활 양식**의 원형상인 괴로워하는 신인에 통합되길 원했다. 성인으로 완전히 변신한다는 것은 물론 천상계의 개입을 전제하고 있기에, 여기서 지상의 규칙성을 부수는 기적에만 경탄할 가치가 있을 수 있다. 유일하게 내세가 변용된 인간에게 위로부터의 자격 증명을 제공할 수 있는 것이다.

궁정, 인문주의와 기예의 인간공학 영역의 경기 규칙들은 완전히 다르게 들린다. 대중매체, 신운동경기주의, 생명공학 시대의 경기 규칙은 말할 것도 없다. 이 규칙들은 더 이상 신앙에 호소하지 않으며 오히려 도야된 예술 취향에 호소하는 인공의gemacht 기적 같은 것(**미라빌레**mirabile)의 특징을 띠고, 마음대로 다루게 된 믿을 수 없는 것들에 관한 전문지식으로 스스로를 피력하는 제2의 신실함에 호소한다.

기적의 의미가 기적 같은 것의 의미에 자리를 비켜줄 때 근대 '문화'가 발생한다. 쉽게 이해되듯 이는 더 높은 것을 천상계가 보내는 신호들로 해석하는 성인과 고요한 자들의 문제가 더 이상 될 수 없다. 기적 같은 것으로 전환할 때 기 드보르Guy Louis Debord가 부당하게 20세기까지 소급했던 스펙타클 사회가 첫 무대에 선다. 이 사회는 비르투오소들이 성인의 그림자 밖으로 나오기 시작했던 중세 후기에까지 소급된다. 예술적 경탄의 황금기는 예술을 완성하는 인간들에게 똑같은 정도로 예술작품들에 놀랄 각오가 관련되어 있는 동안 바로 그렇게 오랫동안 지속될 수 있었다. 오늘날 이 숭고한 혼동이 살아남아 있는 마지막 예술 형식은 오페라인 것 같은데, 축제가 열리는 여름마다 노래하는 여신들을 신봉하고 테너들이 내는 **고음**acuti을 잘 울려 퍼지는 신의 증거처럼 듣는 구성이 지속된다는 게 입증된다. 근대 유형의 비르투오소의 재능Virtuosentum은 인간이 만든 기적 같은 것과 마주치도록 초대받는 것에서 생성됐으며, 그것은 환영할 만하게도 예술과 삶의 혼동에 호소하는 것이었고 마찬가지로 환영할 만하게도 영웅, 성인, 기예가들의 혼합에 호소하는 것이었다.

인간의 앎은 이제 전략적으로 펼쳐지고 기예적으로 고조된 삶의 복합성에 대한 통찰로서만 가능할 뿐이다. 인간이 '구조적으로' 자기 자신을 능가한다는 것, 그가 자신을 형성하고 자신이 형성되는 어떤 격차를 자신 안에 지닌다는 것, 근대의 세기들이 흐르면서 다져진 이 통찰들은 인간 안의 탈중심적인 잠재력을 공표한다. 이 잠재력은 더 이상 조야한 소재로 이뤄진, 정치적인 '인간에 대한 인간의 지배'—다 써서 낡아버린 생시몽주의자들의 도식을 떠올려보자—의 데이터 들에 소급될 수 없다. 인간학이 해명해나가는Aufklärung 과정에서 각 개 개인이 수직적 긴장과 비-정치적 유형의 위계-효과들에 얼마만큼 휘말려 있는지가 분명해진다. 만약 현존이 할 수 있음의 가망을 사적으로 현실화하는 것을 의미한다면 각자 이미 항상 이상 혹은 이하의 어떤 사다리 위를 움직이고 있는 셈이다. 그 위에서 그는 그의 앞에 있는 자들을 억압자로 떨쳐버릴 필요 없이 그가 노력한 결과들 자체로 자리를 차지한다. 이제 개인은 오히려 자신의 재능을 선발하는 일을 담당하고 자신의 습관들의 선수단을 독려하는 트레이너와 같은 것으로 나타난다. 이것을 '미시 정치'로 부르든 혹은 '삶의 기예'나 '자기 설계' 혹은 '역량 강화'로 부르든 순전히 취향의 문제다.

호모 안트로포로기쿠스Homo anthropologicus(인간학적 인간)

쉴 새 없이 인간의 앎을 배가해 기예가 이론을 만드는 것에서 18 세기부터 근대의 철학 행위의 뚜렷한 허리를 이루는 인간학 쪽으로의 이동이 파악될 수 있다. 인간학이라는 현상은 기술적으로 명시화하면 인간이 인간에게 근본에서부터 새롭게 설명될 수밖에 없는 상황들이 시작됐음을 보여주고 말한다. 인간이라는 것이 바로 자연의 손에서 나온 것과 같다고 상상하는 것으로는 더 이상 충분하지 않다. 단순히 유래로 자기를 정당화한다는 꿈은 꿈꿀 만큼 꾸었다. 인간성의 첫 책무는 민족학의 관심으로만 여전히 남아 있을 뿐이며, 루소의 자연으로의 여행은 여기에서 아무것도 바꿀 수 없다. 고대부터 잘 알려진 습관, 정념, 마음의 관성의 지배를 받는 우리 안의 옛 아담에 대한 자기수련의 반란의 조치들과* 종교 훈련, 철학 훈련, 경기 훈련들을 통한 인간 존재의 증축 역시 오랫동안 충분하지 않게 되었다는 것이 더욱더 중요한 문제다. 우리 시대에 영적인 관심이 있는 사람들은 노자에서 붓다까지, 플라톤에서 예수까지(그리고 왜 모하메드는 또 아닌가) 인류의 위대한 교사들이 엄격한 의미에서 더 이상 우리와 동시대인이 아님을 알아야 한다.**

　인간을 인간학에 따라 명시화하면 자기 자신에 대해 도덕적이고도 인식론적으로 탈자적인—플레스너에 따르면 '탈중심적인'—위치에 그는 빠진다. 이 위치에 대한 정확한 표현은 존재론적인 자웅동체의 이미지에서 생긴다. 이 이미지는 예로부터 수행하는 자기관련으로 그 운명이 정해진 어떤 연출자를 보여주는데, 그에게는 자신의 실존의 대본을 무대 위로 옮기고 그러면서 타인들이 그를 어떻게 관찰하는지 관찰하는 책무가 주어져 있다. 이때 **곡예적 인간**homo artista 안에서 행위자와 관찰자가 정력적으로 대결하기 위해 결합되어 있다고 **명시적으로** 말할 수 있다. 이미 초기의 자기수련인들은 이 관계들을 완전히 조명했으며, 근대인들은 여기에 대응하는 통찰들을 담론의 양식으로 기술 부속품과 결합시키길 원했다. 아무도 동시에 인간학자, 더 나아가 인간공학자가 되지 않고서는 여전히 인간으로 존재할 수 없을 것이다. 이 호칭에는 누가 인간의 형태와 외형에 책임을

---

* 　습관, 정념, 마음의 관성('생각Meinungen'으로도 잘 알려진)의 3인조와 첫 번째 윤리적 구분을 통한 그 극복에 대해서는 이 책의 313쪽을 보라.
** 　나는 아래에서(664~670쪽) 이 고대의 가르침이 왜 완전히 헤시오도스의 의미에서 철의 시대의 상황들에 관련되는 반면에 근대 문명은 제2의 은의 시대로 파악될 수밖에 없는지 해석할 것이다. 이 은의 시대는 다른 질문들을 제기하고 다른 답들을 찾는다.

지는지가 포함되어 있다. 인간이 그저 사는 게 아니라 그의 삶을 '이 끌어야 한다'고 주장하는, 기억해야 할 인간학의 문장이 20세기가 끝 날 무렵 각종 미디어에서 울려대며 다음의 요구로 번역된다. 고유한 나에게서 어떤 프로젝트를 만들고 이 프로젝트에서 자기파산 관리를 비롯해 어떤 사업을 벌여라.*

주체가 무장하는 대주기의 첫 정점에서 발타자르 그라시안Baltasar Gracián[1601~1658]은 그가 1647년 익명으로 나온 자신의 《신탁 소책자 Oráculo manual》(이 책은 유럽을 기반으로 해 작성됐던 세속인들을 위한 매우 기민한 훈련 지도서였다)를 끝맺는 문장에 여전히 포괄적인 삶 의 금언들을 배치할 수 있었다.

> **한마디로 한 명의 성인이 되기**, 그리고 이것으로 한꺼번에 다
> 이야기된다. 덕은 모든 완전함의 공통된 끈이자 모든 지복의
> 중심이다. 덕은 한 사람을 이성적이고 사려 깊고 영리하고 슬
> 기롭고 현명하고 용감하고 신중하고 정직하고 행복하고 호의
> 적이고 참되고 모든 점에서 한 명의 영웅으로 만든다.**

근대 문헌에서 "한 명의 성인이 되기"라는 표현이 이곳처럼 매 우 정교하게 오해를 사며 사용되는 곳을 헛되이 찾을지 모른다. 여기 서 성인이라고 하는 것은 스토아주의에 기원을 둔, 다시 돌아온 현자 의 가면으로, 이 현자는 그 나름대로 여전히 이해되고 있지 못한 근 대인들, 즉 비르투오소, 성공한 예술가, 사업가, 원대한 뜻과 복잡한 속마음을 품고 있는 남자―그리고 여자―일반에 대한 어떤 표지 이

---

* Ulrich Bröckling, *Das unternehmerische Selbst. Soziologie einer Subjektivierungsform*, Suhrkamp, 2007[《기업가적 자기: 어떤 주체화 형식의 사회학》]을 보라.
** Baltasar Gracián, *Hand-Orakel und Kunst der Weltklugheit*, übertragen von Arthur Schopenhauer, Insel, 1986, p.130[《신탁 소책자와 처세술의 기예》].

미지를 구현하고 있다. 나-주식회사의 시대에서 오늘날 피트니스로 불리는 것이 근대 초기에는 신성함이라는 명칭으로 권고될 수 있었음을 떠올리는 일에 흥미를 느낄 수도 있다. 새로운 인격 문화의 참된 특질에 관해 《신탁 소책자》의 첫 문장은 마지막 문장보다 더 명료한 이해를 제시한다.

오늘날 모든 것이 정점에 다다랐지만, 두각을 나타내는 기예가 가장 높은 정점에 다다랐다. 지금은 고대의 칠현인보다는 한 명의 현자에게 더 많이 속하며, 예전에 민중 전체를 다루던 것보다 이 시대에 어느 유일한 사람을 다루기 위해 더 많은 게 요구됐다.*

* Ibid., p.11.

인간을 다루는 기예
: 인간공학의 병기창에서

열정의 놀이들

앞서 말한 내용에 따르면 근대가 도덕사적으로 두드러지는 지점
은 간명해진다. 이 세계시대Weltalter는 개별 메타노이아를 '그 뿌리에
서부터' **인간의 조건**에 대한 대대적인 개조로 바꾸는 일을 실행한다.
늘 급진적이기만 할 수 있던 근대성은 예로부터 내려온 자기수련을
그 영적 맥락에서 끄집어내어 근대의 훈련 사회, 양성 사회, 노동 사
회의 유동체 속에 녹여냄으로써 수행하는 삶을 세속화하고 집단화한
다. 이렇게 해서 유서 깊은 **관조적 삶**이 그 기반을 빼앗기게 된다고
말할 필요는 없다. 근대의 활동주의는 수도원의 삶의 방식을 주변으
로 떠밀었으며, 종교개혁은 그리스도교에서 동방을 몰아냈다. 남은
관조는 신앙이 놀람으로, 기도가 감탄으로 바뀌는 예술체계에 살아
남는다. 이곳에서 개개인은 위대한 대가들의 작품들을 통해 자극받
음을 대체로 경외하는 마음으로 예술감상으로서 체험하는 법을 배운
다. 15세기에 **데보티오 모데르나**(새신심운동)는 대중적 신비주의가
되어 수도원에서 나와 도시로 옮겨갔다. 이 신비주의는 앞으로는 시
민들 또한 주님 곁의 십자가 위에서 죽을 수 있는 권리를 가져야 한
다는 생각을 표현했으며, **비아 크루키스**via crucis(십자가의 길) 위의 신
인을 본받는 것은 고통의 할 수 있음의 형식이 되어 평신도들을 끌어
당기는 어떤 숭고한 인력체를 세웠다. 예술의 시대가 시작될 무렵 수
난Passion에 대한 의지는 캠프를 교체했다. 이 의지는 이제 예인Artist들

에 대한 경탄으로 표현되며 그들의 상연 속에서 고통과 할 수 있음이 뒤섞인다. 예술이 할 수 있음의 고통의 형식이기도 한 고통의 할 수 있음의 형식이 아니라면 무엇이겠는가? 비르투오소와 함께 괴로워하고Mitleiden 함께할 수 있음Mitkönnen이 근대 박수갈채의 토대가 될 것이다. 예술가들로 가득한 세계에서 구양식의 십자가 죽음은 오히려 주의를 끌지 못한다.

그 때문에 중세 이후의 세계는 그 유래를 거론하지 않거나 혹은 더 이상 알지 못하는 열정들로 채워져 있다. 이 상황은 근대의 자기수련의 실천들이 왜 3중의 익명―예술의 익명, 교양의 익명, 마지막으로 노동의 익명―밑에 숨겨진 채 스포츠에서 비로소 다시 고유한 명칭으로 거의 노골적으로―훈련으로 근대화되어―나타나는지 이해되게 만들지 모른다. 이 가면들을 쓴 채 근대의 규율 명령은 인간의 자기강화의 모든 전선들에서 관철됐다. 예술가들, 교양인들, 노동자들을 형성했던 수행들은 니체가 자기수련의 재-자연화에 대한 혁명적으로 상상된 전망을 눈앞에서 파악할 때 표현했던 조건을 이미 충족했다.* 실스 마리아의 방랑자가 그리스도교식 고행 수행과 탈자기회 수행에 대한 단념을 요구했고―여기서 우리는 그가 그리스도교 자기수련주의의 본질을 제대로 파악했는지에 대한 질문을 열어둔다―그리고 그 자리에 향상의 자기수련, 자기장악의 수행, 계발 훈련을 세우길 원했을 때, 그는 산에서 앞장서서 외치는 자로도 가장자리의 기묘한 예언자로도 말하지 않았고, 오히려 유럽의 15세기에 비르투오소의 시대가 시작한 뒤부터 형성됐던 대세의 한복판에서 말했다. 니체라는 사건은 이 저자가 인간의 조건에 대해 완전히 새로운 것을 말했으리라는 바로 그 이유 때문에 획기적으로 남아 있는 것이 아니다. 결국 인간을 매우 드높이라는 요구는 그것이 개별적이든 집단적이든

---

* 이 책의 204~205쪽을 보라.

고대 때부터 임박해 있었으며, 처음 1500년 동안 그리스도교라는 유동체를 형성했고,* 세상 되어가는 형편에 대해 나누는 모든 계몽된 의사소통에 최초의 당연한 진실을 계속해서 제공했다. 설령 '인간은 항상 똑같다'라는 비관주의를 원칙으로 삼은 보수주의가 프랑스혁명 이후 만성적으로 이 요구와 모순됐더라도 그렇다. 니체의 개입은 그 것이 인간공학에 따른 명시화 과정에서 그 표현 수위를 높이도록 만들었기 때문에 생각할 가치가 있으며, 그리고 내가 반복하듯 이 명시화는 우리에게 기술적이고 인식론적인 운명 형식이다. 인간은 이제 **기술적 동물**animal technologicum로 이해되기 때문에 인간 자체에 적용하려고 계속되는 기술의 돌진에는 다 불가피하게 인간을 구속하는 **우리를 위한 것이** 있다.

섬뜩한 것의 접종: 면역학자로서 니체

이 니체에게, 거의 이해되지 못한 19세기와 20세기 논리의 중심 사건이, 형이상학이 일반 면역학으로 변형됐던 사건이 연결된다. 신학과 전통 사회학과 마찬가지로 근대철학은 이 사건을 그대로 이해하는 데 현재까지도 실패했다.** 면역을 체계[면역체]이자 원리[면역성]로 밝힘으로써 인간은 자기 자신을 새롭게 표명할 것이다. 인간은 스스로를 섬뜩한 것/친숙하지 않은 것 안에서—하이데거의 말로는 세계-내-에서—괴물적인 동맹의 대가를 치르고서라도 안전해야 하는 어떤 존재로 명시화한다. 이 유형의 해명들은 (법제도와 더불어) 가장 포괄적인 상징적 유형의 면역 실천과 같은 '종교'의 위상에 직

---

* **수페르호모**superhomo라는 말이(그리스어 **휘페르안트로포스**hyperanthropos를 따라) 처음 생겨난 것은 13세기 후반 어느 교황문서에서, 1297년 루트비히 9세 Ludwig IX를 위해 교황 보니파시오 8세Bonifaz VIII가 펴낸 성인선포교서에서 발견된다.

** 루만의 체계이론만이 그 메타생물학적인 접근 때문에 면역학의 명령을 그 토대 안에 통합시켰다. Luhmann, *Soziale Systeme*, pp.504~505[《사회적 체계들》, 701~703쪽].

접 영향을 끼칠 수밖에 없었을 것이다. 그렇지만 최신 형태의 문화이론과 신학이 이 새로운 성찰의 잠재력을 사용하기까지는 꼬박 100년이 걸렸다.

그때 이미 독일 낭만주의에 그 전철기가 마련되어 있었다. 만약 종교가 슐라이어마허의 반‡근대적인 정의에 따라 '무한한 것에 대한 기호와 취향'으로 파악될 수 있다면, 이것은 면역학적 전회를 배경으로 하면 최고 형태의 상징적 면역성에 대한 선택지와 다름없는 것을 의미한다. 말하자면 최대로 가능하게 안정화되는 최종 보험의 판본이다. 따라서 그것은 손상이 일어나는 범위만큼 성장할 수밖에 없다. 슐라이어마허는 종교 행위들을 새롭게 조작해야만, 말하자면 무한한 것을 접종해야만 이 결과에 다다를 수 있음을 이해할 만큼 충분히 논리적 현대에 가까웠다. 정확히 이곳에 낭만주의에 대한 의식 기술상의 발견이 존립해 있었다. 노발리스Novalis[1772~1801. 독일 초기 낭만주의 시인, 철학자]의 진술에 따르면 낭만화Romantisieren란 유한한 것에 무한한 의미를 부여하는 기예와 같으므로, 종교는 이제 낭만주의 조치가 보편적으로 적용된 것으로 간주된다. 노발리스와 동료들에게 예술에서 종교로, 종교에서 예술로 서로 옮겨간다는 것은 시종일관 확실한 사태였다. 이제 무엇이 가장 일찍이 '종교' 행동을 하던 인간을 움직였는지도 소급해 해석될 수 있다. 이 행동들은 첫째로 해가 되는 힘들에 맞서 연합을 맺기 위한 외교 절차들을 실행하며, 불행을 가져오는 힘들과 인간 현존재가 행복하기 위한 조건들을 교섭한다. 그 때문에 반드시 항상 재앙보다 더 많은 에너지가 구제에 흘러들어가게 했다. 신이 더 위대한 것이다. 특히 예로부터 수긍할 수 있는 한 가장 거대한 삶의 위해에, 곧 무조건 확실하며 다분히 난폭한 죽음에 파괴될 수 없는 삶에 대한 재보험의 가능성을 대립시켰다. 그와 같은 것을 약속할 수 있기 위해서는 죽음을 극복하는 원리와 연합하는 것이 명백한 일이었다. 이 연합의 실천은 수많은 편차를 내며 거의 모든 문화들에 등장했다. 초기 그리스도교 신학자들에 의해 로마식 표기

렐리기오religio로 코드화되어 죽음을 부정했던 신과 인간의 연합이 결정적인 형태로 주조됐다. '참된 종교'가 되라는 그리스도교의 요구는 여기에서 유래한다. 그런 종교는 최고의 보험 성과를 제공하는 연합이다.

이 현상들을 명시화하는 자리에서 한 걸음 더 나아갔던 니체에게 무한화의 절차란 광기의 접종을 뜻한다.* 물론 이 접종의 의미는 그에게 삶의 리스크에 대한 안전 조치에 있었을 뿐 아니라, 그것을 넘어서 판돈을 높이려는 목적이 있었다. 인간에게 광기를 접종한다는 것은 개개인을 자신의 **현상태**에 불만족하게 만들어서 그 내면에 평범한 현존재에 평범하지 않은 의미를 부여하려는 의지의 반동을 불러일으킨다는 것이다. 니체 이후 '종교' 현상에 대한 기능적인 설명들이 왜 불완전하게 남아 있는지를 알 수 있다. 예술이라는 수행체계처럼 '종교'라는 수행체계가 결핍에만 반응하는 것은 아니며 문제를 해결하지 않고 어떤 현실의 책무에서도 소진되지 않는 과잉을 표명하기도 한다. 경건한 이들은 이 점에 대해 "쓸모만 있는 게 아니라 축복도 있다"**라고 말한다. 그렇게 경건하지 않은 이들은 다음처럼 번역한다. 결핍만 있는 게 아니라 과다도 있다.

슐라이어마허가 관습적으로 '신앙'이라고 부른 **순전한** 종교 행위는 시종일관—광기의 의무를 지고—경험적 지식의 중단을 동반한다. 외관의 권위에 어긋나는, 이 경우는 유한성의 가상에 어긋나는, 피히테에게는 객체적인 것의 우위의 가상에까지 어긋나는 결정을 할 수 있는 자만이 믿을 수 있다. 모종의 경계에서 미칠 수 없는 자를 신앙인들 사이에서는 찾을 수 없다. '미쳤다' 대신에 '천진난만하다'라고도 말할 수 있을 것이다. 왜 그러한지는 상징적 면역체계들의 기능

---

* Nietzsche, "Zarathustras Vorrede" 3[《차라투스트라는 이렇게 말했다》, 20쪽].

** Heinz-Theo Homann, *Das funktionale Argument: Konzepte und Kritik funktionslogischer Religionsbegründung*, Schöningh, 1997[《기능 논쟁: 기능 논리에 따른 종교 정립의 구상과 비판》]을 보라.

15. 인간을 다루는 기예

을 통찰하면 분명해진다. 이 체계들은 개개인을 무미건조한 데이터의 연속체에서 분리시키며, 그 기본 조작은 가장 확률 없는 것을 가장 확실한 것으로 익히는 것을 목적으로 한다. 한 번 더 테르툴리아누스의 말, **불가능하기 때문에 확실하다**certum est quia impossibile*를 인용한다. 현실 원칙에서 분리되지 않고선 반동에 대한 어떤 면역도 없으며, 신앙의 의지 없이는 오늘 여기 있는 산들이 내일 이미 다른 곳에 등장할 수 있을 거라는 어떤 확신도 없다.**

유럽의 훈련소

내가 이제 기술적이고 상징적으로 내용을 보완하여 인간 실존의 명시화라는 드라마를 몇몇 본질적인 측면들에서 그 윤곽을 그린다면, 그것은 더 최신의 인간공학들의 역사 전체를 이야기하려는 의도에서 그런 것은 아니다. 그것은 어떤 연구자 집단에 의해서도 수십년이 지나도 거의 완수될 수 없는 프로젝트일 것이다. 나는 이번 장에서 다뤘던 문제들을 이해하기 위한 최소한의 논리적이고 객관적인 몇몇 선결 조건들을 언급하는 시도만을 당장 약속할 수 있을 뿐이다.

내가 진술하고 싶은 현상 복합체는 처음 보면 이미 낙담시킬 만큼 그 복잡함을 보여주고, 두 번 보면 섬뜩함 역시 보여준다. 그것은 학교제도와 군대제도를 다루든, 작업장의 세계나 혹은 더 최근의 의학이나 예술들과 학문들의 완고한 만유들을 다루든 할 것 없이 유럽이 수많은 전선들에 위치한 인간 향상 훈련소로 변화하는 것과 다름없는 것을 포괄한다. 19세기 중반부터 스포츠가 위생주의와 수많은

---

* 그리스도교식 초현실주의에 대해서는 이 책의 333~336쪽을 보라.
** 트로츠키는 사회주의 기술의 타격 방향을 논하려고 이 모티프를 받아들였다. "신앙이 오직 산을 옮기는 것만을 약속했다면, '신실과 믿음에' 아무것도 승복하지 않는 기술은 실제로 산들을 부수고 옮길 수 있다. …… 일반 생산계획과 인공계획Kunstplane의 고려에 맞춰서." B. Groys and M. Hagemeister eds., *Die Neue Menschheit*. pp.417~418에서 재인용.

체육 시스템들을 동반하며 이 계열에 더해졌을 때, 그것은 잘 알려진 실천 영역들에 바로 특유한 무대화로 근대의 향상 태도를 순수하게 구현하는 일을 내포했던 어떤 고유한 가치가 있는 분야를 채워넣었다. 스포츠로 현존재의 경쟁적 강화의 정신은 거의 보편적으로 이해됐으며, 그래서 전 세계적으로 모방된 표현 형식을 발견했다. 이 정신은 '고대의 재탄생'을 종결시켰을 뿐 아니라, 현대의 퍼포먼스 정신이 자기수련의 탈영성화 없이는 생각될 수 없다는 점에서 이 정신을 아주 구체적으로 예증했다. 탈영성화된 자기수련이란 트레이닝 Training*이고 개개인에게 피트니스 일반을, **한마디로 피트니스****를 요구하는 어떤 실재성의 형식과 부합한다.

훈련은 종교와 관련이 없는 감리교Methodismus다. 그 때문에 19세기와 20세기 그리고 21세기 초반 세계사회의 진화에서 서구의 우세는 타당하게 여러 번 비난받은 '제국주의'에서 기인했을 뿐 아니라, 그들의 수행 우위로 인해 지구 위의 나머지 모든 문명들에게 그들이 도입한 훈련 주기에 참여하도록 강요했던 이 세계의 지역민들이었다는 사실에 더 심층의 근거가 있다. 이에 대한 증거는 이렇다. 뒤처진 국민들 가운데 시대에 적합한 학교제도를 수단으로 충분하게 교수법의 압박을 이식하는 법을 이해하고 있었던 국민들만이 앞을 향해 도약했다는 것이다. 이는 일본과 중국처럼 치밀한 봉건식 단련체계가 근대식 규율들로 옮겨가는 것을 용이하게 했던 곳에서 가장 성공적이었다. 그러는 사이에 아시아의 네 마리 수행의 용들이 서구를 따

---

*   1820년대부터 명백해진 이 말은 19세기 중반의 문제들과 함께 선풍을 일으켰다 (프랑스어로는 **앙트렌망**entraînement, 독일어로는 때때로 '트레이니룽Trainirung' 으로 표현됐다).

** 추상노동과 추상적 피트니스 사이의 유사성에 대해서는 이 책의 13장 468쪽 두 번째 각주에 인용된 마르크스의 노예제도와 임시노동Jobberei의 차이에 대한 명제를 보라. 저자는 이 차이 안에서 생산관계 비판의 장치 전체가 있어야 해석할 수 있는 어떤 역사적 운동을 인식한다. 추상적 피트니스의 출현을 파악하려면 포괄적인 수행 관계들의 재구성에 못지않은 것이 요구된다.

라잡았으며, 서구의 근대주의가 모방과 미메시스를 교만하게 얕보고 무시한 반면에, 전 세계의 새로운 경쟁자들은 이 가장 오래된 배움의 원리를 그들의 성공 토대로 삼았다. 중국과 같은 오랜 수행 강대국이 이 원리에 무엇을 힘입고 있는지 서양인들은 이 새로운 강대국의 공자-협회가 지구의 마지막 구석에까지 박진해 있을 때에 비로소 파악하게 된다.*

막 호명된 규율 집단들은 체계적 강화의 일반 역사의 틀에서만 파악될 수 있는 어떤 성좌를 이루고 있다. 앞서 말한 대로 이는 푸코의 사물 체계와 규율 체계의 역사에 대한 연구들과 맞닿아 있으면서도, 이 연구들을 더 먼 지평에 통합한다. 지금껏 결코 적절하게 기술되지 못한 정신적, 도덕적, 기술적 전환에 근대를 관련시킬 때에만 이 시대 전체를 정당하게 다룰 수 있다. 근대인들의 현존은 전 지구적인 피트니스 수행 같은 특질들을 갖고 있는데, 이 수행에서 위에서 거론한 '윤리적 구분', 즉 삶의 고양에 대한 강렬한 호소는—전근대에는 아주 소수만이 들었다—보편적으로 수신되고 다양하게 응답된 메타노이아의 명령으로 변화된다. 이 명령의 전달자들은 우선적으로 근대 국가와 이에 적합한 학교이고,** 처음에는 정력적으로 종파를 막론하고 성직자의 지지를 받았다. 그 곁에 역시 다른 행위자들, 특히 계몽주의 저술가들이 이 명령의 파편들을 제 것으로 만들어 삶의 변화를 호소했다. "문화는 하나의 수도회 규칙이다", 이것은 근대인들에게 다음을 의미한다. 그들이 부단히 그들에게 규칙을 새기는 어떤 성과의 수도회에 적응해야 하는 책무 앞에 서게 된다는 것이다. 그들이 자발적으로 이 수도회에 가입하는 게 아니라, 그 안에서 태어나게 될 것이라는 미묘한 차이와 함께 말이다. 그들이 원하든 원하지

---

*   Manfred Osten, "Konfuzius oder Chinas neue Kulturrevolution", in *China. Insel-Almanach auf das Jahr 2009*, eds. Christian Lux and Hans-Joachim Simm, Insel, 2009, pp.266~297[〈공자 혹은 중국의 새로운 문화혁명〉,《중국: 2009년 섬-연감》].

**   상호 대립적인 국가/학교의 연합에 대해서는 이 책의 551~553쪽을 보라.

않든 그들의 실존은 처음부터 편재하는 규율의 환경 안에 입착되어 있으며, 이에 반하는 탈퇴 운동, 게으름의 낭만주의, 대규모 거부가 일어나지 않는다. 시민'사회'의 외양 뒤에 숨어 있는 성과수도회 역시 그 성과의 명령을 진지하게 대한다는 것을 입증하기라도 하는 것처럼 청년들의 비약에 대한 견진성사*와 같은 무언가, 즉 증명서, 시험, 박사학위 수여, 포상금에 정통해 있다.

절대명령이 널리 영향을 끼치자마자 프로파간다의 세계시대가 나타났다. 이 명령은 보편적인 확장과 침투를 추구하는 그리스도교의 신앙일 뿐 아니라(1622년 반종교개혁 성향의 교황 그레고리오 15세Gregor XV.가 계획했던 악명 높은 **인류 복음 화성**Congregatio de propaganda fide**이 이것을 사명으로 삼았던 것처럼), 유럽의 주민들을 교회와 세속의 멘토들의 지도를 받으며 훈련하도록 압박하는 인간의 기량-도달에 대한 명령 일반이다. 종파 갈등에서도 처음에는 신앙의 긴장을 높이라는 강요가 작용하고 있었다. 한 신앙 캠프에 속한다는 것은 게다가 투쟁의 시기에는 격상된 기준으로 종교 논쟁과 관련해 좋은 컨디션 유지In-Form-Sein에 대한 강요를 암시했다. 이냐시오식 수련들 역시 근대 초기의 피트니스 명령의 숱한 특색들 가운데 하나를 종교 영역에 구현한 것에 불과했다. 엄격함뿐 아니라 가르침의 성공으로 유명했던 널리 확장된 예수회 학교들은 교육학 전선에서 이에 맞는 돌격에 대한 가장 구체적인 증거를 이루었다.

더 대규모의 인구를 도덕적으로나 기예적으로 요구하는 바가 많은 수직적 긴장들을 통해 구속하는 것Erfassung이 문화의 의제가 되자마자 자기수련을 대중화하기 위한 익숙하지 않은 길이 닦일 수밖에 없다. 그러면서 자기수련주의의 엘리트적 발단은 포기된다. 그래서 근

---

* 주교 또는 사제가 그리스도인에게 기름으로 안수기도를 해 성령이 임하게 하는 의식으로 이를 통해 일곱 가지 은총을 얻는다고 한다.-옮긴이

** 가톨릭교회의 전도 활동을 조정하는 바티칸의 중심 기관으로 '프로파간다 Propaganda'라는 용어가 여기에서 유래했다.-옮긴이

대인들의 수련들은 수도원, 주교좌 성당 학교, 중세의 무기실을 폭파하고 새로운 수행의 중심지를 만든다. 시간이 흐르면서 개량된 훈련 통일체들은 이 '사회' 전체를 향상의 압박에 구속된 수행 단체로 변화시킨다. 예전에는 무엇보다 세계로부터의 도주자들이 운영했던 것이 체제의 한가운데로 이동한다. 은거지는 이제 매혹적인 후퇴의 장소들이나 혹은 차가운 강물이 흐르는 강가의 쓸쓸한 궁전들을 나타내면서도, 그렇게 더 고상한 이완의 놀이 형태를 즐길 수 있는 신사 숙녀들 역시 피트니스의 압박에서는 벗어나지 못한다. 17세기 교육학의 유토피아를 향한 위대한 출발은 새로운 성과 보편주의의 '말안장 시대Sattelzeit'*[가 시작됐음]를 알릴 수 있었으며, 게다가 '평생 학습'이라는 표어를 발행한 현행 '정보사회'의 격려자들Einflüsterer조차 이 바로크식 동원을 무의식적으로 계속하고 있다. 근대가 왜 기술의 시대인 동시에 인간학적인 자기해명의 시대로 판명되는지 이해하고 싶다면, 이 시대의 사회사 혹은 더 적절하게 표현해 이 시대의 라이프 스타일사의 중심 사건이 부분체계들의 독립분화Ausdifferenzierung에 간섭하면서 '사회들'이 수행 단체들로, 압박으로 조종되는 동원 집단이자 통합 훈련소로 변형했던 것에 존재한다는 사실에 유의해야 한다. 그러면서 부단히 갱신된 테크놀로지는 끊임없이 자기 자신에 대한 생각을 바꿔야 하는 인간에게 맞춰 설정된다. 이 수행 단체들은 '상호 규율적'으로 기초 지어져 있는데, 다양한 수행체계들이 긴밀하면서도 느슨한 연결을 수단으로 서로 교차되어 있기 때문이다. 이는 어느 군부대의 병과들이나 혹은 어느 선수단 내부의 전략적 포지션들Rolle

---

* 역사학자 라인하르트 코젤렉Reinhart Koselleck(1923~2006)이 '산의 안부 Bergsattel'(산마루가 말안장처럼 움푹 들어간 지형)에 빗대어 만든 개념으로 근대 초기에서 근대로 넘어가는 이행기 혹은 시대의 문턱을 가리킨다. 정치사회 격변이 일어나 정치적 사유를 나타내는 개념들(국가, 시민, 가족 등)이 극심한 의미 변화를 겪고 신조어들(제국주의, 공산주의, 계급 등)이 쏟아졌던 후기 계몽주의 시기부터 프랑스혁명 전후까지(약 1750~1850/1870)를 이른다.-옮긴이

과 같다. 분업'사회'라고 지칭되는 것은 **사실상** '역사'라는 압박의 장에 입장한 어느 근대 성과 집합체에서 수행이 분할된 능력의 장이며, 역사 기술이란 공통의 압박을 받으며 경쟁하는 운명공동체들에 관한 보고가 될 것이다. 하지만 이 경우에 신-유럽의 성과 문화의 국민적인 구성 방식들이 처음에는 아직 자명했던 예술, 문학, 학문, 군사훈련 절차의 국제주의와 더 최근에는 또한 스포츠 경기주의에 의해서 얼마나 지극히 저지됐는지 결코 간과해서는 안 된다.

그러므로 근대에 관해 이야기한다는 것은 모든 것에 침투하는 성과 향상과 능력 계발의 변화무쌍한 기후의 문화적 산출을 표현한다는 것이다. 이 기후는 사회다윈주의가 경쟁을 이른바 자연사의 법칙으로 선포하기 오래전에 절대주의 국가들에서 실현됐다. 이 기후는 수행 목표를 끊임없이 외재화하고 집중을 피트니스로 전환시켜 만들어졌다.

외부 적용의 노선에 있는 이 외재화된 향상을 가리키는 최신 핵심 개념은 **인헨스먼트**enhancement(향상)라고 하는데, 이 말은 무엇보다 예전의 수행하는-자기수련의 자기강화에서(그리고 그 시민계급에 따른 번역 '도야Bildung'에서) 화학적, 생명공학적, 외과적으로 개별 성과 프로필Leistungsprofile을 쌓는 것으로 강조점이 교체된 것을 표현한다. 당대의 **인헨스먼트**(향상) 열기는 예전에 인간의 자기관계의 내면 지대였던 것 앞에서도 주저하지 않는 어떤 근대화의 꿈이나 혹은 환상을 표현한다. 아르놀트 겔렌이 이 트렌드를 본다면 부담 면제의 원리가 윤리적 태도의 핵심 지대 안으로까지 밀고 들어와 있다는 진단을 내릴지도 모른다. 나의 부담에서 면제됨으로써 개개인에게는 마지못해 자신의 현존재 자체를 수행하는 것으로 조형하지 않고서도 그 자신의 삶을 마치 외부 데이터처럼 움켜쥐는 것이 가능하고도 바랄 만하다는 제안이 지지를 받게 된다. 가장 최근 세계 전반에 작용하는 **인헨스먼트**(향상) 산업의 효과들—성형외과, 피트니스-관리, 웰니스-서비스와 체계적인 도핑 같은 이 산업 부문들과 더불어—을 보면 근대인들의 수행이 필시 예로부터 비밀리에 '자기배려(돌봄)'의 완전한 외재화와, 피트니스-상태를 규정할 때 주체를 우회하는 것과 다르지 않은 것을 목적으로 삼았으리라는 예상을 소급적으로 일어나게 한다. **인헨스먼트**(향상) 사고가 지배하는 곳에서 성과 수준을 높이는 일은 마치 서비스처럼 요청되며, 이 서비스에서 개개인의 고유한 노력은 가장 최신의 절차를 추가 구매하는 것으로 제한된다. 오랜 자기수련으로 우주 법칙에 통합되기를 원하거나 혹은 그의 내면에서 탈자기화를 통해 신의 자리를 마련했던(푸코가 재발견하기를 원했던 것처럼 이 '실존미학'은 물론 고대에는 결코 있지도 않았으며, 중세는 그와 같은 것을 발명하는 것이 불가능했다) 고전적인 수행 주체의 자리에 실존의 주권을 구현할 목적으로 유통되는 속성들을 포기하려 하지 않는 라이프 스타일의 주체가 들어선다.*

제2의 예술사: 비르투오소로서 사형집행인

이어서 나는 응용예술에 관해 이야기하는 제2의 예술사Kunstgeschichte의 요소들을 제시하고 싶다. 이 예술사는 인간 자체를 재료로 삼는 기예Kunst를 다루는데, 트로츠키의 말대로 인간을 '육체적으로나 정신적으로 반쯤 완성된 생산물'로 파악한다는 점에서 그렇다. 나는 가장 명백한 '인간을 다루는 기예' 현상들, 특히 예로부터 잘 알려진 문신법과 다양한 형태의 바디페인팅, 화장과 꾸밈을 통한 변모는 제쳐두겠다. 왕관, 모자, 투구처럼 신분을 입증하는 머리쓰개들이 인간에게 '씌워진' 기예에 대한 관찰에는 비옥할지라도 이것들의 환상적인 세계 역시 여기서는 더 긴밀하게 관여하지 않겠다. 의상, 보석류와 액세서리라는 장치Fundus와 관련해서는 해당하는 문헌을 언급하는

---

*　　**인헨스먼트**(향상) 논쟁의 최근 상황에 대해서는 Bernward Gesang, *Perfektionierung des Menschen*, De Gruyter, 2007[《인간의 완전화》]의 실용주의 관점이 정보를 제공한다.

것으로 만족할 것이다.* **지나친 김에** 말하자면 이 문헌에서는 의복의 근대화가 인간과 옷장들의 공통된 역사로서만 이야기될 수 있다고 나타난다.

대신에 나는 인간에게 사용된 공예의 음산한 극단인 사형집행인이라는 직업에서 시작할 것이다. 미셸 푸코가 그렇게 유명할 뿐 아니라 문제적인 구시대와 새 시대의 생명정치의 정의—이것에 따르면 고전 시대의 생명권력은 "죽게 만들고 살게 내버려둔다"로 표현됐다면, 근대의 생명권력은 이른바 "살게 만들고 죽게 내버려둔다"—를 작성했을 때 그가 근대 초기의 잔혹한 처벌의식들을 염두에 두었는지는 의문의 여지가 없다. 《감시와 처벌: 감옥의 탄생》(프랑스판 출간 1975년)의 저자가 18세기 공중에게 제공됐던 매우 화려한 처형이라는 예술작품—1757년 파리 그레브광장Pariser Place de Grève에 가신이 참석한 가운데 열린 왕의 암살자 로베르 프랑수아 다미앵Robert François Damien의 고문, 사지 분할과 화형—을 매혹당하는 동시에 매혹시키며 서술하면서 규율의 역사 탐구를 이유 없이 연 것은 아니었다. 이 푸코의 기술은 **구체제**Ancien régime와 함께 몰락한 **처벌 스펙타클**châtiment spectacle 시대를 떠올리게 한다. 이 시대에 처벌은 범행에 대한 법의 승리이자 인류공동체에서 범죄자를 배제하는 것으로 연출됐다. '스펙타클 사회'를 이미 고대 국가주의의 시대까지는 아니더라도 고전 시대, 더 나아가 중세 시대까지 소급시킬 수 있는 이유는 이것 말고도 더 있다.**

푸코에 의해 재발견된 **처벌술**art de punir에 실제로 본질적인 예술의 특징이 있다는 것을 왕정복고의 저자들 가운데 그 누구도 조제프

---

* Barbara Vinken, *Mode nach der Mode. Kleid und Geist am Ende des 20. Jahrhunderts*, Fischer, 1994[《패션 이후의 패션: 20세기 말의 의복과 정신》]를 보라.
** '사회'의 상징적 질서와 법의 무대화 사이의 연관에 대해서는 Pierre Legendre, *Die Fabrikation des abendländischen Menschen. Zwei Essays*, Turia + Kant, 2000[《서구인의 제작: 두 개의 에세이》]을 보라.

드 메스트르Joseph de Maistre[1753~1821]보다 더 정확하게 지각하지 못했다. 그는 이 사회질서의 배척된 버팀목인 사형집행인에게 할애되어 있는《상트페테르부르크의 저녁들Soirées de St. Petersburg》(1821)의 악명 높은 페이지들을 작성했다. 거기에는—부르주아 시대의 정신에 반하는 왕에게 충성하는 가톨릭의 반항심을 노리고—혁명 이전 시대의 잊히고 금지된 처벌술이 상기된다.

어떤 파멸로 가득한 신호가 주어진다. 어느 사악한 사법부의 공복이 그(사형집행인)의 문을 두드리고 그에게 그가 필요하다고 전한다. 그는 길을 떠나 흥분한 군중이 쇄도하고 있는 공개 광장으로 간다. 사람들이 그에게 독살자, 부친 살해자, 신전 모독자를 내던진다. 그를 때려 눕혀서 수평으로 놓인 십자가에 단단히 묶는다. 그가 팔을 들자 공포스런 침묵이 들어선다. 철봉 밑에서 파열되는 뼈들이 뚝 부러지는 소리와 희생자의 울부짖음이 들릴 뿐이다. 그를 풀어서 바퀴 위로 옮긴다. 분쇄된 사지들이 바퀴살들에 교차되고 머리는 대롱거리고 있으며 머리카락은 곤두세워지고, 굴뚝처럼 열린 입은 죽음을 간청하는 핏방울이 뚝뚝 떨어지는 몇 마디 말을 아주 간헐적으로만 보낸다. 사형집행인은 그의 작품을 끝마쳤고, 그의 심장이 고동치지만 이는 기뻐서 그런 것이다. 그는 갈채에 경의를 표하고 속으로 말한다. '그 누구도 나보다 더 잘 마차 바퀴로 죽이는 법을 이해하지 못한다'(**누구도 나보다 더 차형**車刑**을 잘하지 못한다**Nul ne roue mieux que moi).*

---

* Joseph de Maistre, *Die Abende von St. Petersburg oder Gespräch über das zeitliche Walten der Vorsehung*, Karolinger, 2008, p.78[《상트페테르부르크의 저녁들 혹은 섭리의 무상한 지배에 대한 대화》]. 나는 1824년 모리츠 리버Moritz Lieber의 난해한 번역을 로타르 베르텔즈만Lothar Bertelsmann의 더 최근 번역으로 바꿨다.

드 메스트르의 사형집행인은 낭만주의 예술가를 선취한 그의 전문 분야의 능력자로 나타난다. 이 예술가처럼 그는 자신의 기예가 그를 인간관계들에서 소외시키므로 나날의 교제 없이 지낼 수밖에 없으며, 이 예술가처럼 그는 자신의 일을 객관적으로 실행하는 능력을 주는 어떤 특유한 냉정(플로베르Gustave Flaubert[1821~1880]의 앵파시빌리테l'impassibilité)[삶을 있는 그대로 그려야 한다는 사실주의 문학의 태도]을 발전시키고, 이 예술가가 그렇듯 그가 어떤 성공한 작품을 자신의 **능력**savoir faire 탓으로 돌린다는 전제에서 자기갈채가 다수의 판단을 앞지른다. 그의 고독은 예술가의 것보다 더 깊숙한 곳까지 미친다. 동료들과 대화를 나누기 위해 그 고독이 한 번도 중단되지 않기 때문이다. 그는 자신의 수공예의 완전화를 위해 충고해줄 어떤 방문자들도 맞아들이지 않는다. 그에게는 [그보다] 더 많이 알고 있고 "떨리는 손으로 우리에게 새로운 솜씨를 보여주는" "진지한 방랑객"*이 등장하는 일이 일어날 수 없다. 사형집행인은 인간에게 사용된 예술의 비르투오소이며, 고통으로 휘감긴 어떤 육체의 전시가 그 초점을 이룬다. 범죄자가 예술적인 조작의 원자재로, 즉 몇 시간도 안 되어 치명적인 최종 생산물로 변화되는 어떤 반가공품으로 나타나는 동안 인간공학이 작동한다.

생명정치의 시작: 이미 고전 국가가 살게 만들다

첫눈에 근대 초기의 처벌의식에서 연출된 '공포극'**보다 푸코의 첫 생명권력 도식의 판본 "죽게 만들고 살게 내버려둔다"를 더 신

---

*   Rainer Maria Rilke, *Das Stundenbuch/Das Buch vom mönchischen Leben*[라이너 마리아 릴케, 〈기도시집 1부: 수도사 생활의 서〉, 《기도 시집들: 릴케 전집 1》, 책세상, 2000, 335쪽]을 보라.

**   Richard van Dülmen, *Theater des Schreckens. Gerichtspraxis und Strafrituale in der frühen Neuzeit*, C. H. Beck, 1995[《공포극: 근대 초기의 재판 실행과 처벌의식》]를 보라.

뢰할 만하게 확증하는 것은 생각할 수 없어 보인다. 사실 근대 초기 국가는 바로 자신의 피지배자들을 '살게 내버려둔다'에 만족하지 **않았다**. 반대로 16세기와 17세기의 인구정책 계획들을 흘깃 보기만 해도 이 국가가 절대주의 시작 단계에서 자신의 피지배자들을 매우 똑같이 '살게 만들기'로 각오하고 있었음이 분명해지며, 어느 정도까지는 소위 "살게 만들고 죽게 내버려두는" 이른바 19세기와 20세기의 생명정치가 어떤 무력한 후주곡처럼 보인다. 특히 20세기 유럽의 인구학의 중심 추세인 재생산 수의 갑작스런 후퇴에 직면해 무력해 보인다. 이 후퇴는 새롭게 견고해진 사적인 생식에 대한 셈법과 상호작용하며 피임 기술이 회귀했다는 사실을 통해서 설명될 수 있다.

실제로 고전기 이전 시대뿐 아니라 고전 시대의 국가, 그것은 무엇보다도 살게 만드는 국가인데, 그것도 중상 국가이자 세금 국가이며 사회 설비 국가이자 현역 군대 국가로서 이미 인구학의 대량 법칙의 발견을 전제하고 있는 어떤 주권 형태를 추구한다는 매우 단순하고도 치명적인 이유에서 그러하다. 이 법칙에 따르면 권력은 더 최근 변화된 형태에서 무엇보다도 될 수 있는 한 많은 수의 피지배자들에 대한 지배를 의미하며, 이때 피지배자는 확장적인 소유 경제의 틀에서 정말 완전하게 비-노예의 노동력이고 가치를 창조하는 활동의 중심지이자 과세가 가능한 사익의 본사로 고안된다. 근대 국가는 이 본사와 어떤 운명적인 동맹을 맺고 있음을 안다. 거시 이기주의는 미시 이기주의가 만개하지 못하면 번영하지 못하는 법이다. 근대적인 권력 행사란 그런 가정하에서는 국가가—그 섭리의 공모자이자 가족 도덕의 수호자와 같은 교회의 지지를 받으면서—대량인구Bevölkerungsreichtum의 원천을 통제하는 방식으로 일어난다. 국가는 피지배자들의 생식 태도에 영향력을 행사해 적합한 조치들을 수단으로, 특별히 피임 지식의 보유자들인 산파들에 대한 공포정치Terror를 통해 될 수 있는 한 많은 재생산 능력이 있는 사람들이 될 수 있는 한 많은 자녀를 반드시 낳도록 한다.

이 장에서 모든 조치들 중의 조치는 국가나 교회가 명령 내린 '인간 생산'의 최대화에 존재한다. 애덤 스미스Adam Smith[1723~1790]조차 1776년 그의 주저에서 평온한 어조로 '인간에 대한 수요'로 조정되는 **인간 생산**production of men에 관해 이야기한다.* 이것은 현저한 가부장제와 잠재한 가모장제 사이의 비공식적인 균형을 체계적으로 파괴하고 이로써 유럽의 후기 고대부터 교회의 생명 보호 윤리라는 핑계로 순조롭게 기능하다가 후기 중세까지 유효하게 남아 있던 각 성별 당사자가 맺은 역사적인 화해를 파기함으로써 시작된다. 그래서 여성들을 재생산 명령에 복종시키려는 전례 없는 공세와, 역사서에 '마녀박해Hexenverfolgerungen'라는 그릇된 표제로 들어가 있던 체계적으로 운영된 피임 지식의 파괴가 있었던 것이다. 군나르 하인존Gunnar Heinsohn이 오토 슈타이거Otto Steiger와 롤프 크니페르Rolf Knieper와 협력해 이미 수십 년 앞서 보여줬다시피** 유럽의 16세기와 17세기에 수많은 여성들을 산 채로 태운 것과 더불어 나타난 여성 혐오의 과잉은 근대 초기 '사회'가 '중세의 야만'으로 퇴행한 것이라고 이해될 수 없으며, 정신분석의 논평들이 흔히 주장하는 것처럼 유행성 성적 신경증으로도 이해될 수 없다. 이 과잉은 근대 초기의 인식표 자체다. 이 시대가 그 핵심 동인에 따라 피지배자라는 재료를 무한히 공급하라는 새로운 인

---

* 첫 저서인 *The Wealth of Nation*[애덤 스미스, 《국부론》, 김수행 옮김, 비봉출판사, 2003, 95쪽, "…… 인간에 대한 수요는 기타 상품에 대한 수요와 마찬가지로 필연적으로 인간의 생산을 조절하는데……"]의 8장에서 다음처럼 이른다. "…… 인간에 대한 수요는 그 밖의 다른 상품에 대한 수요와 마찬가지로 반드시 인간 생산을 규제한다." 스미스는 실제로는 인구정책의 결과에 해당하는 것을 어떤 시장의 효과로 여긴다.

** Gunnar Heinsohn, Rolf Knieper and Otto Steiger, *Menschenproduktion. Allgemeine Bevölkerungslehre der Neuzeit*, Suhrkamp, 1979[《인간 생산: 근대의 일반인구론》]. 저자들의 이 명제는 특히 마녀재판의 기록들이 국가의 중개자들과 심문관들보다는 오히려 이웃과 마을의 동료들을 통해 마녀가 밀고됐음을 입증하는 주장 때문에 모순을 빚는다. 그렇다고 마녀사냥의 기후 생산이 교권주의에 의거해 지지된 정치적 조치들로 소급된다는 확언이 타당하다는 점에서 달라지는 건 없다.

구학적 명령에 응한다는 점에서 그렇다.

산파-마녀에 대한 공포정치로 초기 국민국가는 근대화 과정에 있는 '사회'에 자신의 명함을 내민다. 저 시대의 '지혜로운 여자들'이 실제로 피임 문제에서 '높은 수준의 전문가들'이라고 주장할 수 있느냐는 문제는 미결정 상태로 있지만, 어쨌든 이 여자들에 대한 억압이 시작되기 전부터 원하지 않은 자녀의 탄생을 막는 100가지 이상의 방법들이 잘 알려져 있었다고 한다. 이 방법들의 효력에 대해 개별적으로 의혹을 제기하는 것은 가능할 것이다. 이 점을 제쳐두더라도 곧장 '마녀 억압'의 귀결들은 명백했으며, 그리고 통계적으로 기술될 수 있다. 오랫동안 엄격한 인구정책이 펼쳐지면서 근대 국가는 그리스도교 성직자와 연합해 '인간의 원천'에 대한 아내들의 전래의 통제 기능을 존중하는 일은 말할 것도 없고 아주 조금이라도 허용하기를 거절한다. 근대 초기의 주된 감수성이 유아 살해를 인류에 어긋나는 전형적인 범죄이자 국가 이성에 대한 직접적인 공격이라고 단언하는데, 여기서 가족 도덕과 국가 도덕의 총체적인 경쟁이라는 희귀한 경우를 발견할 수 있다.

그래서 마키아벨리 이후 가장 위대한 근대의 국가 사상가이자 카르멜 교단Karmeliter의 전직 수도사였던 법학자 장 보댕Jean Bodin[1530~1596]이 역사상 가장 맹위를 떨친 마녀 사냥꾼들 가운데 한 명으로 두각을 나타낸 것은 결코 우연이 아니다. 획기적인 《국가에 관한 6권의 책Six livres de la république》(1576)*의 저자는 동시에 1580년 파리에서 《마녀들의 빙의망상에 관하여De la démonomanie des sorciers》**라

---

*   나정원 옮김, 아카넷, 2013.-옮긴이
** 이미 1591년 *Vom ausgelassenen wütigen Teufelsheer*(재판 Akademische Druck und Vergangenheit, 1973)[《방종하여 미친 듯이 날뛰는 악마 무리에 관하여》]라는 제목으로 요하네스 피샤르트Johannes Fischart에 의하여 번역됐다. Gunnar Heinsohn and Otto Steiger, "Inflation and Witchcraft or The Birth of Political Economy: The Case of Jean Bodin Reconsidered"(Universität Bremen: Institut für Konjunktur und Strukturforschung, 1997)[〈인플레이션과 마법 혹은 정치경제학

는 제목으로 출간된 역사상 가장 잔혹한 마녀 박해서의 저자로도 서명했다. 그가 근대 주권론의 창시자이자 아이를 낳을 수 있으면서 자아가 강한 여자들에 대한 심문의 대사상가라는 이중 역할로 야기하려고 했던 것이 무엇인지 명료하게 인식될 수 있다. 이미 100년 전에 《마녀의 망치Der Hexenhammer》라 불리는 《말레우스 말레피카룸Malleus Maleficarum》의 저자들이 이 문제의 핵심을 밝혔다. "그 누구도 산파들보다 가톨릭 신앙에 더 해가 되지 않는다."* 그때부터 가톨릭 신앙은 부부들이 무조건적으로 부부간 성교의 결과들에 복속된다는 것을 함축하게 된다. 그들이 자신의 아이들에게 충분한 유산과 이로 인한 만족스러운 미래를 약속할 수 있는지는 고려하지 않으며, 심지어 재산이 없는 노동자들에게 대체 자녀라는 게 기대될 수 있는 것인지에 대한 염려를 인정조차 하지 않는다. 이렇게 '인구 증가를 통해 부를 획득하는' 정책은 이런 종류의 의혹을 '여유만만하게souverän' 무시한다. 실제로 근대의 인구 폭발은 바로 무산 노동자계급이, 이후 여러 번 고려됐지만 규칙적으로 그릇되게 표명된 '프롤레타리아트'가 후기 귀족-부르주아 '사회'의 가족 실천과 생식 실천에 광범위하게 편입됨으로써 함께 일어났다.

생식에 **관해서는** 종교개혁의 신학자들이 대개 교황에 비해 훨씬 더 가톨릭에 따라 행동했다. 카타리나 폰 보라Katharina von Bora [1499~1522. 독일 종교개혁의 중요한 인물로 후일 '여자 루터die Lutherin'로 불렸다]와 여러 명의 아이들을 낳았던 마르틴 루터는 자신의 신앙의 도약에 도취되어 만약 신이 경건한 이들에게 자손을 준다면 그들이 필요한 근면함을 보여주는 동안은 자손 양육의 수단 역시 그들에게 숨기지 않으리라 확신하는 것이 그리스도인에게는 당연한 일이라고 설

　　의 탄생: 장 보댕의 경우 재고〉를 보라.

*　　Johann Sprenger/Heinrich Institoris, *Malleus Maleficarum*(초판 1487)[《말레우스 말레피카룸》]; *Der Hexenhammer*, trans. J. W. R. Schmidt, H. Barsdorf, 1906, p.159[《마녀의 망치》].

파했다. 하인존과 그의 동료들은 그와 같은 생각의 금언들을 결정적으로 "개별 무책임성을 신 앞에서의 책임이라는 형태로 일반화하는 것"*으로 개념화했다. 이에 대해 의심할 수 있을지 모른다. 책임 개념은 신학에서도 고전기 도덕철학에서도 아무런 역할을 하지 않았으며, 이 개념은 20세기가 흐르면서 의도하지 않은 행동의 결과라는 폭발적으로 성장한 문제가 도덕적 이목의 대부분을 끌었을 때 비로소 윤리적 성찰의 한가운데로 이동한다. 그렇긴 해도 그리스도교의 성애 윤리에, 즉 그 공식적인 가톨릭의 특징 속에 오늘날까지 신에 대한 신뢰와 혼동될지 모르는 결과의 맹목성에 대한 의지가 감춰져 있다는 것에는 이론의 여지가 없다. **사실상** 종파를 막론하고 근대 교회들은 태어난 생명을 비롯해 태어나지 않은 생명의 보호에 대한 그 자체로는 매우 존중할 만한 무조건적인 옹호를 근거로 역사상 가장 냉소적인 생명정치 조작을 실행하는 조수 역할을 맡았다.

인간의 잉여생산과 프롤레타리아화

피지배자들에게 한없이 요구하는 새로운 리바이어던은 이슬람 지역들과 과거 제3세계라고 지칭된 몇몇 지역들에서 20세기 내내 있었던 인구 폭발을 제외하고 인간 재생산의 역사 속에서 일찍이 목격될 수 있었던 것 가운데 가장 강력한 탈규제를 명령한다. 몇 세대 지나지 않아 유럽의 주요 민족들에서(이들은 게다가 14세기의 인구 감소 재난을 여전히 불안 가득하게 되돌아보며 시대별로 되돌아오는 전염병들을 두려워했다) 위아래로 수미일관된 '마녀 정책' 덕분에 처음에는 지속적으로 상승하다가 나중에는 폭발하는 출생률이 기록될 수 있었다. 250여 년 동안 절대주의 생명정치의 결과들은(비록 30년 전쟁의 결과로 인해 잠시 완화됐음에도 불구하고) 인간 쓰나미로 불어나 그 물마루가 19세기를 뒤덮는다. 이는 절망으로 그 운명이 정해

---

*   Heinsohn et. al., *Menschenproduktion*. p.78.

진 '프롤레타리아트', 즉 가족경제 바깥의 시장들에서 고용될 수밖에 없는 무산 노동자계급의 발생뿐 아니라, 마르크스주의자들에 의해 '제국주의'로 오해됐던, 남아메리카, 북아메리카, 호주 세 대륙에 새로 정주시킬 목적에서만 아니라 그 밖의 대륙들을 유럽인들로 부분 점령시킬 목적에서 사람을 공급하는 과도한 인간 수출에 대한 공동 조건들 가운데 하나다.*

이와 같은 인구 해일이 유럽 '사회들'을 해군이나 해외 목적지들은 말할 것도 없이 노동시장들을 통해서도 군대들을 통해서도 흡수될 수 없는 셀 수 없이 많은 쓸모없고 무질서하며 불행한 자들로 침수시킨다. 이들은 17세기부터 최초의 사회국가(복지국가(섭리국가) Etat providence)의 예비 형태들을 돌출시키고 그 개입을 유발했다. 푸코는 근대 규율체계의 역사를 연구하면서 그들의 운명들과 조우하는데, 만약 그의 연구들의 설명력이 이 연구 대상의 인구학 차원을 충분히 고려하지 못했기에 감소된다고 확언한다면 그를 모욕한 게 아니다. 이는 오늘날의 평판이 거의 예외적으로 이른바 생명권력 메커니즘을 발견했다는 점에 근거하고 있는 어떤 학자에게서 나타나는 의아한 판정이다. 인구정책이 생명정치의 위급 상황이 아니라면 무엇일까? 지금은 푸코가 무엇보다 그의 규율론 탐구의 초기에 보통 절대주의 행정부의 문서들에 있는 어떤 메모로만 그 현존이 증언되는** 돌이킬 수 없이 불필요한 인간들에 대한 국가적인 구속Erfassung을 원칙적으로 억압 국가 기반의 규율권력의 작용에 환원하고자 함으로써 어떤 거대한 광학적인 착각에 굴복했음을 차분히 확인할 시간처럼 보인다. 사실 빈곤정치의armutspolitisch 전선에서 근대 초기 국가가 내린 조

---

*   16세기와 19세기 사이 유럽의 인구학적인 변칙에 대한 거시사 기술을 위해서는 Gunnar Heinsohn, *Söhne und Weltmacht. Terror im Aufstieg und Fall der Nationen*, Piper, 2008[《아들들과 세계권력: 테러의 증가와 민족들의 몰락》]을 보라.

** Michel Foucault, *Das Leben der infamen Menschen*, ed., trans. and afterword by Walter Seitter, Merve, 2001[《불명예 인간의 삶》].

치들은 인간 생산 영역에서 이룬 그 자신의 거대한 성공에 대한 어느 정도 무의식적인mechanisch 방어로만 이해될 수 있다. 감옥의 계보학이라는 관점에서 '규율권력'의 본질적인 발현처럼 나타나는 것은 국가 기능의 관점에서는 19세기가 자본주의에 특유한 '사회적 질문'을 던지기 한참 전에 이미 근대 사회국가를 구성하는 사회복지권력의 형태로 파악될 수 있는 것이다.* 실제로 고전 시대의 빈민들의 규율화의 조치들에는 이미 양식糧食이 인간을 만드는 게 아니라 상징적 질서 안으로의 편입이, 20세기의 전문용어로는 '사회화'가 인간을 만든다고 주장하는 인간학적 계몽주의의 토대에 대한 인정이 담겨 있다. 사회화가 노동과 지배의 마법이 걸린 시대 속에 수행하는 삶이 숨어서 쓰고 있는 가면들의 하나가 아니라면 무엇일까?

16세기와 19세기 사이 유럽의 탈규제화된 인간 생산에서 귀결된 문화 병리는 그 파급 효과를 예상할 수 없는데, 특정 목적을 띤 고대의 야수화 훈련마저도 능가하는 잔혹함의 근대화에 달한다. 그럼에도 불구하고 여기서도 의도와 부작용을 서로 혼동해선 안 된다. 군나르 하인존과 그의 동료들은 근대 초기의 인구정책에 그것을 조만간 잘못된 조정의 희생자로 만들 수밖에 없었던 그 "정밀 조정의 무능력"**을 증명했다.*** 인구정책을 근대 인간공학의 함축적 형태라고 확실히 표현해도 되는지에 대해서는 무릇 의혹을 품을 수 있다. 이 정책에는 기술적인 것의 특질이, 신중하고 명시적이면서도 통제

---

*   James L. Nolan, *The Therapeutic State. Justifying Government at Century's End*, New York University Press, 1998[《치유 국가: 세기말의 통치의 정당화》]을 보라.

**   Heinsohn et. al., *Menschenproduktion*. pp.70~77.

***   이 연관 속에서 그들은 푸코가 '권력의 미시 물리학'을 분석하면서 그에게 날짜 오류가 일어났고 담론분석의 방법적인 제한으로 비좁아진 곳의 승차 수단으로는 그가 더 이상 그것을 수정할 수 없었다고 언급한다. 푸코는 이미 16세기가 답했던 문제들을 18세기에 제기한 셈이었다. 그 때문에 푸코의 근대 생명권력에 대한 거의 모든 진술들이 결정적인 자리에서는 시대착오와 설명의 빈틈으로 짓눌려져 있다.

된 걸음으로 원했던 결과를 낳는 절차에 대한 장악이 완전히 명백하게는 있지 않기 때문이다. 이 정책이 인간을 정치적이고 그 밖의 계속되는 가공을 위한 원재료로 삼는다는 것에는 의심의 여지가 없으며, 마찬가지로 높은 도박의 요소Va-banque-Faktor* 없이 새로운 문명 모델의 역동주의와 미래주의는 생각될 수 없다고 이미 니체가 진단 내린 근대 '거대 정치'의 실험 양식에 의무를 다하고 있다는 것도 자명하다. 이 측면에서 주시하면 절대주의 양식의 인구정책이란 대규모 프로젝트 주모자의 한 형태로 그 시대의 전형이었던, 기술과 요행 사이에서 어느 쪽에도 속해 있지 않는 중간물Mittelding이다.**

인간 과잉의 곤경에서 탄생한 사회정책

우리 논의와 관련해서 유일한 문제는 근대 초기 국가의 인구주의 정책이 간접적인 방식으로 풍부하고도 구체적인 인간공학의 격심한 발전을 일으켰다는 사실이다. 이 인간공학이 교육정책과 교육학의 전선에서든, 군대와 '내치의policeylich(경찰의)' 전선이나 복지국가의 전선에서 나타났든 상관없이 말이다. 무조건적인 성장을 지향했던 인구정책은 근대의 전형이던 악순환으로 이어졌는데, 이 안에서 금방 숙명처럼 여겨지는 끊임없는 인간의 잉여생산이 가족 안에 교육적 잠재력을 어마어마하게 지나칠 정도로 요구했으며 그 결과 유행성 아동 방임이라는 리스크가 증대됐다. 사람들은 이 폐해에 맞서 수긍될 만한 이유들에서 맨 먼저 대부분 근대 학교제도에 촉구했다. 이 제도가 근대 공동체에 필요한 수의 능력보유자Leistungsträger들을 제공할

---

* 18세기와 19세기에 유행하던 카드 도박 게임의 용어로 프랑스어로 직역하면 '은행에banque 가다va'로 은행에 있는 돈을 전부 판돈으로 건다는 의미로 요행을 바라며 모든 것을 걸거나 모험을 하는 경우를 가리킬 때 쓰인다(Va-banque-spiel). - 옮긴이

** Markus Karjewski ed., *Projektmacher. Zur Produktion von Wissen in der Vorform des Scheiterns*, Kadmos, 2004[《프로젝트 주모자: 실패의 예비형식에서 지식을 생산하기 위하여》]를 보라.

뿐 아니라, 수많은 가망이 없는 자들과 불필요한 자들을 쓸모가 있으며 적어도 해가 되지는 않는 사회구성원과 같은 어떤 것으로 여전히 만들어내도록 말이다. 이는 근대 초기 국가의 교육자들이 실패할 수밖에 없었던 책무다.* 학교의 단련 규율들과 직업 생활의 통합 효과들이 실패하는 곳에서 불필요한 인간을 '구속하기erfassen' 위한 두 번째 수용체계Auffangsystem가 요구되며, 이 행정부의 냉혹 체제에서 고전기 국가주의의 감금 규율, 진정 규율, 견책 규율 같은 푸코식 현상들이 펼쳐진다.

오늘날의 용어로 사회정책이라고 부르는 것은 맨 먼저 근대 국가가 스스로 창출한 **악순환**circulus vitiousus에서 순환하는 것과 다르지 않다. 18세기 후반 산업혁명 이후 비로소 '자본주의'는 노동 요소의 비용을 낮추기 위한 끊임없는 십자군전쟁을 시작함으로써 이 순환에 기여한다. 너무나 압도적으로 승리를 거둔 이 전쟁은 지금도 근대 이후의 치유 국가와 재분배 국가에 만성적인 걱정을 일으키는데, 당혹스럽게도 더 높은 실업률과 더 낮은 출생률이 동시에 나타나는 것을 어떻게 이해해야 하는지 알지 못하기 때문이다. **사실상** 그것은 노동 비용을 낮추기 위한 길을 찾는 도중에 이룬 경제 시스템의 과도한 성공을 가리키며, 이 성공은 불가피하게 막대한 노동력의 해고를 가져오면서도 사회 시스템이 부담을 져야만 달성될 수 있다. 그런데도 국가—내지 가족, 학교, 공장—가 인간다울 수 있는 자격을 부여하고 경제적인 소득 기회를 마련해줄 수 있는 것에 비해 성적인 기본 조건들을 통제해 현저하게 더 많은 인간을 생산함으로써 이미 처음부터

---

* 이 실패에 관해 또 헤르바르트가 증언한다. 그가 *Pädagogische Briefe oder Briefe über die Anwendung der Psychologie auf die Pädagogik*(1832)[《교육학 서간 혹은 심리학의 교육학 적용에 대한 서간》]에서 다음처럼 쓸 때 말이다. "국가는 쓸모가 덜한 이들을 역시 그다지 좋지 않게 (돌본다) …… 학교들은 국가에 국가가 필요한 주체들을 제공한다. 국가는 가장 필요한 자만을 선별하며, 나머지는 스스로 돌보게 될 것이다."(세 번째 편지)

대단히 '살게 만들었던' 절대주의 국가는 비참한 이들과 불필요한 이들을 토대로 삼아 더욱더 높게 솟아오르는 공업 비르투오소성의 피라미드들을 세우도록 그 운명이 정해졌다. 이 비참하고 불필요한 이들에게 강제 규율화란 아무리 불쌍하더라도 그들의 처리Abwicklung를 위한 유일한 길을 가리킨다. 그러나 이 현상만을 바라보면 근대 전체의 규율론의 모험에 관하여 기예와 수공업의 차원에서도, 학술, 인식론과 엔지니어 기술의 차원에서도 아무것도 파악하지 못한다. 19세기 후반뿐 아니라 20세기 전체의 신-운동경기적이고 인간공학적인 출발에 대해서는 아직 이야기도 꺼내지 않았다.

절대명령하의 교육정책

근대 교육학은 이 새로운 수주受注의 상황Auftragslage에 나름의 방식으로 대응하는데, 스스로를 근대 공동체에 수백 년간 없어서는 안 되는 것으로 만듦으로써 국가의 만성적인 곤란에서 이익을 얻는다. 이 교육학은 차근차근 분야들 중의 분야로 도약하며, 근대 국가에 필요한 인간을 제공하라는 거친 교육정책의 명령을 완고하게 시류에 적합한 뉘앙스를 풍기는 절대명령에 연결시킨다. "네가 너의 삶을 나중에라도 바꾸지 않으려면 처음부터 우리를 통해 자신을 변화시켜야 한다." 교육자들은 그들의 공세가 시작할 때 거의 예외 없이 이 명령에 대해 의무를 지는데, 그들 거의 모두가 교회의 전통에서, 오늘날의 번역으로 표현하자면 제도화된 윤리적 차이의 수행 형식들에서 태어났기 때문이다. 그들은 유서 깊은 원천들과 싱싱한 자기성찰들로 인간이 결을 거슬러 솔질돼야 하는 존재라는 것을 알고 있다. 루소와 반권위주의자들이 민중 사이에 그들의 혼동을 가져오는 시대가 아직은 시작되지 않았으며, 그 누구도 자유로운 시민들이 싹트는 것을 보려면 아이들이 그들의 성향을 전부 따르도록 내버려둬야 한다는 생각에 아직은 이르지 못했다. 최악의 **아이들을 매질하는 사람** fouetteur d'enfants — 라블레François Rabelais[1494~1553. 프랑스 르네상스 작가이자 인문주의자]가 파리 몽테귀 칼리지Pariser Collège Montaigu(이곳에서 로욜라의 이냐시오가 수학했다)의 교장으로 몽둥이 장인으로 전설이 됐던 피에르 탕페트Pierre Tempête를 가리켜 주조한 말을 인용하자면—역시 그가 그리스도교인이자 교육자로서 조그만 맹수를 뚜렷한 특색이 있는 성인으로 만들기 위해 필요한 일을 할 뿐임을 흔들리지 않고 확신한다. 저 시대의 경건한 교육자들은 모든 악덕은 나태에서 나온다는 확실성에서 악마에게 한 학생의 머리가 비어 있음을 발견하는 어떤 기회도 용납하지 않으려고 무엇이든 한다.

세계개선

그렇게 아주 예상할 수 없는 일만 일어날 수 있었는지 모르겠다. 근대 국가가 인간 생산을 위해 출발하던 것에 교육자들이 개입함으로써 지난 반세기의 가장 영향력 있는 이념이 등장한 것이다. 바로크 시대의 학교들이 근대 초기 국가가 고삐 풀린 인간 생산 정책을 통해 일으켰던 인간 재난을 물리치는 수주를 받았을 때 세계개선Emendatio mundi이라는 표상이 등장한 것이다. 이 상황에서 세계개선은 **대량의**en **masse** 인간개선을 의미한다. 이 인간개선은 더 이상 자기수련하는 소수의 자기개선으로는 실행될 수 없으므로 교육제도를 통한 다수의 개선을 필요로 한다. 그 때문에 근대 초기 교육자들은 메타노이아의 명령을 처음에는 직접 아이들에게 적용한다. 그때 비로소 모든 교육이 전향이라는* 명제가 무슨 의미인지 명백해지게 된다. 훗날 전체주의 체제들은 이 침습성invasive 학교를 물려받아 청년에 대한 총체적 구속의 특권이 자신에게 있다고 주장할 것이다.

강력하고(인구학적으로는 능력이 있기 때문에) 무력한(교육학적으로는 무능력하기 때문에) 인간 생산 국가의 지원을 받으면서 계몽주의의 전야에 교육자들에게는 그들이 학생 안에서 인간 전체를 붙

---

* 이 책의 476~479쪽을 보라.

잡아야 한다는 조건에서만 성공적으로 자신들의 직무를 실행할 수 있다는 통찰이 생긴다. 아이 안에서 이미 시민을 꾀하는 것이다. 따라서 그들은 인생의 서두에 그 변화를 내려놓아야 인생길의 반고비에서* 메타노이아라는 윤리혁명이 선수를 친다고 결의한다. 이러한 배치 덕분에 근대 초기 학교는 변화될 수 있는 세계에 대한 야심의 방으로, 나중의 온갖 '혁명들'의 인큐베이터로까지 발전한다. 학교는 나쁜 세계 속에서 더 좋은 세계를 준비하려 할 뿐 아니라 세계 전체를 더 좋은 쪽으로 끌어오길 원한다. 그것도 있는 그대로의 세계에 매우 훌륭한 졸업자들을 산출함으로써 말이다. 학교는 인간이 나쁜 현실성에 적응하는 일이 저지되는 곳이 돼야 한다. 두 번째 잉여생산이 첫 번째 잉여생산의 훼손을 복구해야 하는 것이다.

인생의 서두에 그 변화를 이식한다는 것, 그것은 맨 먼저 수도원의 규율을 학교에 옮기는 일에 못지않은 것을 요구하며, 이보다 더 적은 대가를 치르고서는 근대의 프로젝트는 세워질 수 없다. 처음부터 이 기획에서 문제는 오류로 가득한 세계라는 텍스트의 교정, 즉 **에멘다티오 문드**emendatio mundi(세계개선)와 다르지 않았다. 이 개선은 현재 못 쓰게 된 본문을 신학자들, 철학자들과 이제는 또한 교육자들에 의해서만 다시 읽을 수 있게 만들어진 어느 소실된 초고로 교체하는 일에 있다. 얼마 안 있어 계몽주의자라고 불린, 식자공들과 인쇄공들, 구텐베르크 시대의 교정자들과 출판업자들 그리고 그들의 공모자들인 교사들과 성인 교육자들에게만 떠오를 수 있었던 이 생각은 서적 인쇄 시대의 초반에는 아이들의 영혼 말고는 어떤 대상에도 그렇게 타당하게 적용될 수 없었다. 이미 일찍부터 학교는 근대'사회'의 도덕 증류기로 밝혀졌는데, 학교가 세계에서 후퇴하라는 메타

---

* 유럽 중세의 가장 위대한 메타노이아 이야기 *Divina Commedia*[《신곡》]가 시인이 그의 인생길의 반고비에서('**우리네 인생길 반고비에서**nel mezzo del cammin di nostra vita') 속에서 길을 잃으면서 피안의 것들에 입문하기 시작했다고 언급한 것은 우연이 아니다.

노이아의 호소를 세속의 제도를 통해 떠맡고 이 호소가 범속한 목적들을 향해야 하는 장소를 이루기 때문이다. 그때 국가의 수주를 받고 종속되어 있다고 치장하는 것이 늘 중요했다. 에라스무스Desiderius Erasmus[1466~1536. 네덜란드 르네상스 인문주의자]와 하르트무트 폰 헨티히Hartmut von Hentig[1925~ . 1960년대부터 대표적인 서독의 개혁 교육자] 사이의 시대에 어떤 공공 학교도 자신들이 사회적으로 쓸 수 없는 인물들의 산출이나 혹은 근대 은둔주의자들의 산출까지도 목적으로 삼는다고 바깥에 공개적으로 언명한 적이 없다. 그럼에도 불구하고 중요한 교육자들이 전부 그들의 직업의 참된 목적들과 관련해 간단히 국가주의의 기대와 일치되지 않는 온전히 고유한 생각들을 가지고 있었다고 가정할 수는 있다.

그러니까 이것은 그리스도교 인문주의와 그 학교식 투영의 시대에 인간을 다루는 최고의 기예로, 인간 생성이라는 고등 명령을 교육 안에 설치하고 이 이상의 투명 마크를 가장 젊은 사람들의 영혼 속에 지울 수 없도록 새겨넣는 방법들에 대한 재량으로 밝혀진다. 이 전환의 전제들은 국가와 학교가 맺은 불협화음의 동맹에 있다. 근대 초기의 중상주의 국가는 여전히 거대한 수도원식 세계 도주의 흐름을 달갑지 않은 추세라고, 바로 잠재 노동력이 확장 중인 보편 공리의 엄명을 전복시키며 기피하는 행위라고까지 확인한다. 이 국가는 교육자들에게 청년들을 일찍 장악하도록 전권을 부여해 그들이 처음 발을 내딛을 때부터 다방면에서 융통할 수 있는 어떤 교육 과정에 묶어두면 잘 이해된 이해관계 속에서 행동할 수 있을 거라고 여긴다. 국가가 착각했다는 것이 수세기가 지나면서 나타나게 된다. 시민을 얻으려고 교육학자에게 의존할 때엔 예상치 못한 부작용들을 각오해야 한다.

4부. 근대의 수련들

학교 이성 대 국가 이성

교육학적 이성의 책략은 근대 학교가 자신의 학생들을 말하자면 명목상 국가와 '사회'를 목표로 해서 교육하지만 늘 그렇듯 비밀리에, 때로는 드러내놓기까지 하면서 국가와 '사회' 곁을 지나친다는 점에서 나타난다. 공명이 풍부한 독일어 '빌둥Bildung'*에 이 과오가 결정화되어 있다. 근대의 실재성의 구성에서 '문화Kultur'가 차지하는 특수한 위상은 교육이 그 외부 목표에서 조직적으로 이탈하지 않는다면 이해될 수 없다. 원한다면 이 안에서 이미 '부분체계들의 독립 분화'가 시작되는 그 흔적을 지각할 수 있으며, 이 독립분화에 대한 담화가 갖는 경시된 의미는 물론 다른 곳보다 여기서 더 많이 눈에 들어올 것이다. 근대 인구정책이 그 인구학 기구들의 정밀 조정에 실패하는 것처럼 국가 기반의 교육학은 그 교육 조치들의 정밀 조정에 실패한다. 학교의 고유한 논리 때문에 근대 문화는 연결 능력이 없는 이상주의들의 거대한 과잉으로 차고 넘치게 되는데, 인격주의, 인문주의, 유토피아주의, 도덕주의가** 그 공식적인 변종이다. 이 과다는 도피주의와 내면의 후퇴에서 낭만주의, 반란주의와 비도덕주의에 이르기까지 일련의 문화 병리 반응의 조건들을 유발한다. 냉소주의자의 캐릭터 가면이 18세기부터 후기 귀족과 부르주아의 무대를 점령했다. 확실히 모차르트와 다 폰테Lorenzo Da Ponte[1749~1838. 이탈리아의

---

*　[영어판 옮긴이 주] '형성하다'나 '교육하다'를 뜻하는 동사 bilden에서 파생한 명사형 빌둥은 보통 제도권 교육의 측면을 가리키고, 반대로 '교육'을 뜻하는 또 다른 명사 Erziehung은 양육이나 길들이기의 의미를 전달한다. 그럼에도 이 단어의 어원은 '교양소설Bildungsroman'에서 나타나는 것처럼 성격의 형성에 더 가깝다.

**　아르놀트 겔렌은 공동체에 대한 막대한 도덕화의 불충실함이 동반되는 지식인의 초과 도덕이 발생하는 경향을 거친 어조로 자주 언급했다. 니클라스 루만은 이 유형의 현상에 관해 명석하게 말한다. Niklas Luhmann, "Die Moral des Risikos und das Risiko der Moral", in *Niklas Luhmann. Die Moral der Gesellschaft*, ed. Detlef Horster, Suhrkamp, 2008, pp.362~374[〈리스크의 도덕과 도덕의 리스크〉, 《니클라스 루만, 사회의 도덕》]를 보라.

극작가로 모차르트의 〈돈 조반니〉, 〈피가로의 결혼〉 등을 썼다]의 오페라들
은 악취가 나는 당나귀 가죽을 뒤집어쓴 채* 사람들 사이에서 늘 최
악의 것을 예상하는 뻔뻔한 철학자의 형상 없이는 더 이상 잘될 수
없다. 동시에 근대소설은 실망으로 인해 사악하게 된 사적 이성의 참
된 현상학을 전개한다. 헤겔 철학은 그 교수법의 핵에서 좌절한 이상
주의를 가공하기 위한 어떤 기계와 다르지 않은데, 그가 교양이라고
하는 것은 본질적으로 실망의 경영이기 때문이다. 교양은 오늘날 '문
화'와 여가풍조Freizeitlaune의 동일시를 함축하는, 시민의 호기심이 이리
저리 분산되어 배회하는 것을 뜻하지 않는다. '교양'은 발효하는 이
상주의의 주체를 계속 엄격하게 교육시키길 요구하며, 이 주체는 세
계가 자신 덕분에 그의 도덕적으로 엉뚱한 기대에 동화된다는 망상
을 포기해야 한다. 이성적인 프로테스탄트 헤겔이 근대 저항 문화
와 벌이는 투쟁에서 완전히 굴복했다는 것을 강조할 필요는 없을 것
이다.

근대 교육학의 상세한 역사를 이야기하고자 한다면 근대의 의미
론 내부의 가장 심오한 체계적 파괴, 즉 학교 이성과 국가 이성의 분
리에 착안할 수밖에 없을 것이다. 국가와 학교의 유사 공생에는 가장
많은 수수께끼로 가득한 근대 문화의 기능 장애들 가운데 몇 가지가
숨겨져 있으며, 근대 문화는 불화를 낳고 이 불화의 불협화음의 잠
재력은 국가와 교회의 옛 공생의 이원론 너머까지 미친다. 이 위험한
국가와 학교의 결합에 대해 들은 이야기를 재현해보자면, 수많은 근
대 학교의 졸업자들이 어떻게 오늘날까지도 체계적으로 '노동 세계'
의 관계들을 스쳐 지나는 꿈을 꾸는지vorbeiträumen 틀림없이 보여줄 뿐
아니라, '교육학 주'의 고집을 실용적이고 공리적인 이유들에서 꺾으
려는 국가의 만성적인 시도들에 관해서도 이야기할 것이다. 이와 같

* 모차르트와 다 폰테의 *Le nozze di Figaro*[〈피가로의 결혼〉]의 3막의 당나귀 가죽
  의 아리아를 보라.

4부. 근대의 수련들

은 시도들은 지침을 제공하는데, 이것을 따르며 학교의 역사는 끊임없이 이상의 학교에서 실제의 학교로 진행되는 학교 개혁의 역사로 파악되어 이야기될 수 있을 것이다. 여러 번 인용된 20세기 독일의 대학 개혁들마저(가장 많은 징후를 드러냈던 단면들만 언급하자면 1933년이나 혹은 나중에 1960년대부터 일어난 것이든) 이 안에서 노동 세계와 권력 정치에 복무하는 인지적인 인간 생산의 명령의 고지를 탈환하려는 숨겨지지 않은 국가의 의지를 지각한다면 수미일관된 이미지로 연결된다. 이미 빌헬름 2세Wilhelm II[1859~1941. 독일제국의 마지막 황제]가 독일 김나지움 교사들 앞에서 우리 학교에는 새로운 그리스인들이 아니라 독일 청년들이 필요하다고 주장하지 않았던가? '교육계획자들Bildungsplaner'은 만약 전공 분야들을 재조직하여 이것들이 적응하는 데 필요한 것을 자발적으로 개시하지 못하는 경우, 아직도 충분히 도를 넘는 학부들의 인문주의를, 특히 정신과학의 인문주의를 제거하기에 적합한 조치들을 움켜쥐어야만 자연스럽게 그들의 신-현실주의 계획을 성공시킬 수 있었다. 미리 서둘렀던 망연자실이 수십 년 전부터 시대정신 자체였던 것이다.*

세계 전체가 하나의 학교다

수업을 하고자 하는 사람은 근대 세계의 가장 강력한 조직의 구성원인 한계 없는 교사가 될 것이다. 만약 미래에 세계의 시간과 학교의 시간이 수렴한다면 이는 그들의 행위들 덕택이다. 생애와 교과과정이 서로 응답한다. 새로운 교육학이 얼마나 멀리 밀고 나가는지 교사-시대의 초기에는 어떤 저자도 요한 아모스 코메니우스보다 더 감격에 겨워 더 포괄적이며 더 급진적으로 정식화하지 못했다. 그의 저작은 마치 그가 "세계 전체가 하나의 무대이며 / 모든 남자와 여자

---

* Konrad Paul Liessmann, *Theorie der Unbildung: Die Irrtümer der Wissensgesellschaft*, Piper, 2008[콘라트 파울 리스만, 《몰교양 이론: 지식사회의 오류들》, 라영균 외 옮김, 한울, 2018]. 근대 이후의 학교의 침식에 대해서는 아래 676~682쪽을 보라.

가 순전한 배우들이다"*라는 셰익스피어의 말을 대립 명제인 "세계 전체가 하나의 학교이며 모든 사람은 순전한 학생들이다"로 바꿈으로써 바로잡길 원하는 것처럼 읽힐 수 있다. 우리는 모든 것이 가르침에 놓여 있는 어떤 삼라만상의 거주자들인 것이다.

> **2. 세계를 올바로 하나의 학교로 지칭한다는 것을 맨 먼저 사태 자체가 보여준다. …… 그렇다면 학교란 무엇인가? 그것은 일반적으로 쓸모 있는 것을 가르치고 배우는 사람들의 모임**** 으로 정의될 것이다. 그것이 옳다면 세계에서는 학교가 문제다. 세계가 전체적으로 보면 가르치는 이들, 배우는 이들과 규율들의 접합으로 이뤄지기 때문이다.
> 3. 세계 안에 있는 것 모두 가르치거나 배우거나 혹은 둘 모두를 번갈아가며 하기 때문이다.
> 5. 그런 까닭에서 모든 것이 **규율들**로 채워져 있다. 말하자면 경고, 조언, 독려를 위한 다양한 도구로 채워져 있는 것이다. 그래서 세계는 틀리지 않게 **규율의 집**으로 표현될 수 있다.***

이 창조된 세계는 인간에게 '영원의 서곡'을 의미한다. 그것은 우리가 천상의 학원에 대한 입학 허가를 얻기 전에 우리가 방문해야 하는 어떤 예비 학교를 제공한다.**** 인간이 그가 규율의 집에 머무르는 동안 숙달해야 하는 실체에 대해서 코메니우스는 결코 의심하지 않는다. 그것은 세계의 학생들이 철저하게 연구해야 하는 세 권의 기초서로, 거기서 충만한 지식을 획득할 수 있다.

---

*   Shakespeare, *As You Like It*, II. act, 7. scene[《좋을 대로 하시든지》].
**   **도켄티움 에트 디스켄티움 우틸라 코에투스**Docentium et discentium utilia coetus.
***   Comenius, *Weg des Lichts*, Via lucis, pp.21~22[《빛의 길》, 59~60쪽].
****   Ibid., p.23[같은 책, 62쪽].

최초의 가장 위대한 신의 책은 가시의 세계이며 거기 사는 피
조물들에게서 볼 수 있는 것처럼 매우 많은 글자들로 쓰여 있
다. 두 번째 책은 신과 동일한 형상에 따라 창조된 인간 자신
이다. …… 그런데도 신은 세 번째 책까지 그의 손에 쥐어준다.
…… 성서다.*

망가진 인간의 본성에 대한 책임을 따져보면 죽을 운명인 자들
이 지금껏 그들에게 넉넉했던 보조 수단들을 대부분 결코 잘 사용하
지 않았다는 것이 놀랍지 않다. 그들은 신적인 교육 수단에 대한 자
유 덕분에 제공됐던 보편의 책들을 업신여겼으며 고집스럽게 상상된
특수 지식에 뻣뻣하게 굳어졌고 어둠과 영원한 논쟁 속으로 가라앉
았다. 그 결과 세계는 구제할 길이 없는 처지가 됐으며, 그 안을 천학
을 아는 자들과 무지한 자들 사이의 내전이 지배하고 있다. 이 진술
들을 써내려간 시점에 코메니우스는 그가 살아 있는 동안 온전히 실
제로 겪었던 30년전쟁을 되돌아볼 뿐 아니라, 근대의 국제법 전문가
들이 베스트팔렌조약에서 확정되고 **유럽공법**Ius publicum europaeum에 의
해 합리화된 '유럽의 국가 시스템'이라고 미화해 쓴, 영속하는 냉전
의 시작을 이미 목도하고 있었다.

계몽주의 이전: 빛의 길

뵈메Jacob Böhme[1575~1624. 독일 신비주의 철학자이자 루터주의 신학
자]식 형제 합일에 대한 열광주의적 선구자 코메니우스에게 세계 질
병을 치료하는 길은 권력자들의 평화회의에서는 찾을 수 없다. 이 길
은 다만 영속적인 철학과 계시의 신호에 미리 확정되어 있다. 붕괴한
세계를 구제하는 길은 **빛의 길**Weg des Lichts이 될 수 있을 뿐이며, 이는
그 가장 중요한 대목들이 20년도 전에 런던에서 싹텄던 코메니우스

---

* Ibid.[같은 책, 63~64쪽].

의 1668년 천년왕국주의 선언의 제목이다. 이 획기적인 논문에서 상투적인 신플라톤주의 사상의 형상들(예컨대 내적 정지In-sich-Ruhen를 비롯해 창조를 통한 유출과 회복을 위한 원천으로의 회귀에 밝은, 원형이 되는 빛의 흐름의 3중 행위론)이 어떤 교육학적 묵시주의의 정신으로 예리해진다. 여기서 후기 계몽주의의 핵심 모티프를—그것이 거의 감춰지지 않은 학교의 총체주의에 근거한다는 점에서—그리스도교-천년왕국주의의 원형태로 쉽게 파악할 수 있다.

우리의 논의 맥락에서는 학교의 길이 책의 완성을 지시할 때 이 위대한 교사에게 빛의 길이 어떻게 학교의 길의 전조가 되는지에 대한 관찰이 중요하다. 그렇게 그는 "할 수 있는 한 가장 큰 세계에 대한 지성의 빛이 어떻게 타오르기 시작할 수 있는가?"*라는 물음에 대해 여기서는 빛의 세 원천들, 즉 자기 자신을 알리는 자연, 타고난 인간 영혼의 개념과 성서가 아주 밝은 유일한 불꽃 속에서 하나가 되는 것이 중요함을 알리는 것으로 답한다. 이 보편의 정신의 빛은 반사된 광선을 통해 천천히 모든 민족들에게 전달될 수 있다. 이 빛이 이미 새로운 책들 속에서 빛나고 장차 더욱더 밝게 발산할 것이기 때문에 교정된 책들이 나오게 되자마자 "무조건 필수적인 책들은 통용되는 언어들로 옮겨질"** 수 있다. 서적 인쇄와 대양 항해의 발명에 제때 성공한 덕분에 가장 강력하고 가장 빛나며 어두움의 모든 저항들을 극복하는 빛을 확장하는 일은 실제로 '시간문제'에 지나지 않게 됐다. 현재의 수평선에서 미래의 범凡조화의 전조들이 빛났던 것이다. 이 전조들에 널리 퍼뜨려진 인간의 더 좋은 세계에 대한 열망을 포함시킬 수 있다. 코메니우스가 이 열망에서 그 충족 가능성을 미뤄 짐작하지 않는다면 그는 고전적 전통의 형이상학자가 아닐 것이며, 신이 좋음의 도달 가능성을 배려하지 않았더라면 좋음에 대

---

* Ibid., p.93[같은 책, 149쪽].
** Ibid., p.95[같은 책, 151쪽].

한 요구를 우리 안에 이식하지도 않았을 것이다. 유사한 방식으로 단순 소박하며 위대한 마지막 세계개선의 사상가 에른스트 블로흐Ernst Bloch[1885~1977. 헤겔, 마르크스 말고도 야코프 뵈메 등 묵시 사상가의 영향을 받은 독일 철학자로 대표작으로《희망의 원리》등이 있다]에게는 여전히 희망된 것을 실현하기 위한 원동력으로 희망 자체가 유효했다.

인간을 다루는 근대 기예의 최상 형태는 각 학생을 범지주의의 제자로 육성하는 열광적인 프로젝트에서 나타난다. 16세기부터 백과전서파 학자들 사이에서 잘 알려진 범지주의라는 이 표현을 참으로 가장 적절하게 '전지술全知術, Allwissenheitskunst'이라고 옮긴다. 현세기에, 짐작컨대 디드로와 그의 동료들이 살던 때부터 이미 근대의 세계 지식은 그 재생산의 순환을 전지라는 표어로 시작했다는 사실을 잊고 말았으며, 이 전지의 몰락의 역사에서 자주 인용되는 '열어 밝힘(계몽)을 끊어 밝히는 것Abklärung der Aufklärung'*을 읽어낼 수 있다. 전지의 학생의 교과 과정(그리고 다른 학생들은 이 순간 언급할 가치가 없다)은 이른바 배우고자 한다면 코메니우스의 원천론대로 창조자가 인간의 손에 쥐어줬던 세 개의 총체성의 열쇠나 혹은 '서적들'에 따라 전체를 배워야 한다는 가정에서 나온다. 그러므로 각 개별 학생은 새로운 범-규율의 인쇄술 작업장에서 인쇄된 어떤 전지의 예술작품으로 변신해야 한다. 아타나시우스 키르허Athanasius Kircher[1602~1680. 17세기 독일의 예수회 수도사이자 르네상스인으로 로마대학에서 강의했다]와 범지주의의 대가 가운데 한 명인 라이프니츠Gottfried Wilhelm Leibniz[1646~1716. 독일 철학자 겸 수학자]와 더불어 코메니우스는 이 모체가 되는 분야에 꾸준히 새로운 분야와 변종을 지치지 않고 고안해낼 것이다. **팜파이데이아**Pampaedeia(보편교육)를 비롯해 **파누르기아**Panurgia(보편기술), **판글로티아**Panglottia(보편언어론), **판오르토시아**Panorthosia(보편개혁론), **판누테시아**Pannuthesia(보편경고), **판에라게시아**Paneragesia(보편호소), **판**

---

*   이 책의 60쪽 첫 번째 각주를 보라.-옮긴이

아우기아Panaugia(보편조명). 그 때문에 코메니우스의 《세계 도해Orbis sensualium pictus》(《가시 세계Die sichtbare Welt》, 1658년 뉘른베르크에서 출간된 근대 최초의 교과서)에서 학교를 "젊은 사람들을 덕에 따라 만들어내는 작업장"*으로 정의 내린 것은 불완전하다. 이런 종류의 공공시설에서는 결코 더 이상 삶에 성실하게 된 학생의 **비루투스**(덕)가 순전히 문제되지 않으며, 그 목적은 학생들의 영혼을 말하는 총체성의 거울로 변화시키는 것이다. 세계 지식과 신적인 사물들에 관한 공동지식Mitwissen의 총체예술작품Gesamtkunstwerk이 된 사람이 졸업장을 취득한다.

이와 같은 기념비적인 계획을 마주하고 그 작성자조차 이것의 실현 가능성을 틀림없이 매우 의심했으리라는 추측이 들지 모른다. 그렇지만 이 총체성의 교육자는 용기를 잃지 않고 있는 수단을 다 동원해 지금이 실제로 '더 위대한' 것을 희망하고 시도하는 때임을 입증해야 한다고 고집했다. 따라서 저자가 《빛의 길》의 13장에서 요약하는 인류의 배움의 6단계—아담과 이브에서 구텐베르크Johannes Gutenberg[대략 1400~1468. 최초로 인쇄술을 유럽에 소개한 독일 인쇄업자 겸 출판업자]와 마젤란Ferdinand Magellan[1480~1521. 처음 대서양, 태평양을 횡단한 포르투갈 탐험가]까지 인류의 단계 이론에 대한 가장 초기의 밑그림들 가운데 하나—에 전 지구적인 빛의 사회 단계인 제7단계를 더할 수밖에 없었다. 이 미래상에서 탈주술화된 '지식사회'의 낙관적인 원형 상태를 어렵지 않게 인식할 수 있다. 코메니우스에게는 이 마지막 운항경로Manöver에 지금 시간의 사명과 모험이 담겨 있다. 이를 완수하는 사람은 지금 하고 있는 작업에 빛이 작용하도록 돕게 되며, 짐짓 꾸며 겸손해하지 않으면서 **모두에게 모든 것을 보편적으로**allen alles auf

---

* 스콜라 에스트 오피키나, 인 쿠아 노벨리 아니미 아드 비르투템 포르만투르 **Schola est officina, in qua novelli animi ad virtutem formantur.** Comenius, *Weg des Lichts, Via lucis*, p.206에서 재인용[해당 대목은 독일어판 편집자 주에 나오는 내용으로 영어판을 옮긴 한국어판에는 없다].

allseitige Weise 전달한다고 약속하는 총체적인 교수법을 돌파하도록 촉진한다. 이때 우리는 교육학적 군사주의의 함성을 듣게 된다. **옴네스 옴니아 옴니노**omnes omnia omnino(모두에게 모든 것을 보편적으로)! 이 함성이 코메니우스의 저작을 관통하며, 40년 동안 열광주의와 방법 사이의 균형이 동요하지 않고 유지된다.

보편교육에 대한 호소는 이 '세계의 황혼녘'이 처리해야 할 의제에 대한 묵시록적인 요구를 분명하게 말한다. 시간이 얼마 남지 않았기 때문에 지금이 흩뿌려진 것을 모으고 모든 통합들을 통합들의 통합들 안에 묶을 가장 좋은 때인 것이다.* 이 시대의 의제는 책들의 새로운 책을, 구텐베르크 시대의 요구들을 만족시키는 초성경Hyperbibel을 요구한다. 이러한 종류의 책은 말하자면 성서에서도 셋까지 셀 수 있는 우리의 능력을 입증했던[구약과 신약 말고도 다른 성서가 있을 수 있다는 의미에서] 더 새로운 신약으로 마지막 책은 아니더라도 본질적으로 결정적인 책일 수밖에 없을 것이다. 사려 깊은 사람이 긴급히 알아야 하는 천상의 것과 지상의 것, 자연적인 것과 인공적인 것을 전부 담고 있어야만 할 것이며** 이 책에서 세속 지식의 복음서적 잠재력이 탄생해야 할 것이다.

이때 보폭이 넓은 세계 지식과 본질적인 일자에 국한될 것을 요구하는 구제 지식이 어떻게 단번에 모순이 없어 보이는 것처럼 조화로워지는지 기이하다. 실제로 17세기의 이 지적인 기적을 그것이 백과전서주의와 묵시주의를 같은 품에서 공존하게 하는 방식

---

*   Ibid., p.124[같은 책, 188쪽].

**   이 표어에 대해 코메니우스는 베이컨과 유사한 주장을 제공한다. "그러나 인공적인 것 역시 간과되어선 안 된다. 인공은 자연을 표현하거나 혹은 자연을 압박하고 감금해 우리에게 차츰 자신의 비밀들을 고백하도록 강제하기 때문이다. 이렇게 해서 이 자연의 비밀들은 더욱더 잘 알려지게 될 것이며, 거기에다 인공은 삶의 쾌적함을 증가시키는 것에 기여한다(그리고 계몽된 시대에는 쾌적함의 결핍보다 오히려 쾌적함의 과잉이 있을 수밖에 없을 것이다)". Ibid., pp.110~111[같은 책, 170쪽].

에서 볼 수 있다. 여기에 비교될 만한 것을 러시아혁명을 앞둔 영적 번개에서, 즉 생명우주론의 이념 창시자 니콜라이 표도로프Nikolaj Fedorov(1829~1903)에게서 다시 목도할 것이다. 그는 인류에게 일체를 망라하는 세계박물관과 모든 망자들의 보편적 공동묘지를 요청했을 뿐 아니라, 역대 죽은 자들의 부활을 위해 특히 활약할 수 있는 생명과학들의 도움을 받아 그들을 부활시키겠다고 약속했다. 그에게 참된 보편주의란 비동시성, 유한성, 비유대의 최종 원인을 이루는 죽음을 거절하는 것에 있었다.*

저 멀리 비교될 만한 것이 바로크의 묵시주의 사유에도 해당하는데, 그것은 그리스도교인들이 영혼의 신형태론과 인간 전체의 우주형태론Kosmomorphismus 사이에 근본적인 모순이 더 이상 존재하지 않게 된 뒤부터 백과전서주의자가 될 수 있고 그래야 한다는 사유다. **하나의 우주, 한 권의 책, 하나의 영혼**이 있으며, 세계가 책의 형상을 띠면서 읽고 쓸 줄 아는 영혼이 온전히 세계의 형상을 띠기 시작하도록 허락된다. 이는 근대의 위대한 수행자들이 더 이상 왜 사막으로 후퇴하지 않는지에 대한 궁극적인 이유다. 앞으로 그들에게는 '**눌라 디에스 시네 파기나**nulla dies sine pagina'(이 페이지가 없다면 한 걸음도 옮길 수 없다)의 규칙에 따라 사는 것으로 충분하다. 수많은 페이지들이 책의 장을 낳으며 수많은 장에서 세계가 발생한다. 학자들이 총체의 책 속으로 심화함으로써 후퇴와 탈주가 그 안에서 일치하는 더 가치 있는 운동이 산출되며, 이 근대의 세계-내의-존재는 세계 안으로의 도주와 세계 밖으로의 도주 중간에 있는 것을 현실화한다.

항상 앞과 위를 가리키는 이 운동에 세계개선의 근원적인 제스처가 자리를 잡을 수 있다.** 세계를 개선한다는 것은 훼손된 텍스트

---

*   Nikolaj Fedorov, "Das Museum, sein Sinn und seine Bestimmung", in *Die Neue Menschheit, eds. Groys and Hagemeister*, pp.127~232[〈박물관, 그 의미와 사명〉]를 보라.

**   한나 아렌트는 다음 내용만 제외하면 경탄할 만한 책 *Vita activa*[《활동하는 삶》]

를 흠잡을 데 없는 텍스트와 비교해 원본에 따라 교정한다는 것이다. 눈앞에 원본의 세계 텍스트가 없다면 이 세계의 개선자들은 나쁜 것의 부정이 올바른 것 **자체를** 낳을 것이라고 변증법에 따라 가정해야 한다. 이 배경에서 선배 프랑크푸르트학파의 비판이론이, 특히 어떤 부정변증법으로 축소된 이후의 비판이론이 여전히 혁명의 전망은 없는 위장된 마르크스주의였을 뿐 아니라, 동시에 바로크적 세계개선의 관념론이 나중에 분열되면서 나온 부산물을 이뤘다는 것(더 정확히 말하자면 어떤 '슬픈 학문'으로 퇴화됐던 것)이 이해된다. 이 바로크 관념론이 가장 호시절에 종교개혁을 신앙 문제에서 지식 문제로 옮기는 일을 이뤄냈음을 여전히 말할 필요가 있을까? 이 관념론에 따르면 우리는 신앙을 통해서만 아니라 지식을 통해서도 구제될 것이다. 계몽주의는 교육학적 영지주의Gnosis가 되어 시작된다.

세계개선의 사명은 17세기의 인간을 다루는 기예가들에게 계속 풍부한 결과들을 내라고 강요한다. 가장 시급히 마련돼야 하는 것은 보편의 책들(그런데 여기서 이 복수형은 **형식상**으로만 사용된다), 보편학교들, 보편교수진과 보편언어다. "그리 되면 지상의 어떤 구석도 어떤 종족Völkerschaft도 어떤 언어도 어떤 상태도 간과되지 않을 것이다."* 만유의 모든 귀퉁이와 말단에 빛의 책들, 빛의 학교들, 빛의 교수진, 빛의 언어들이 긴급히 필요해질 것이며, 자명한 이치Evidenz의 강제되지 않는 강제가 코메니우스의 모토, **모든 것이 자신에게서 흘러나오고 강제는 사물들에게서 멀리 있다**Omnia sponte fluant, absit violentia rebus**를 따라 곳곳에서 관철될 것이다. 원형의 빛과 기술의 빛이 그

(The Human Condition, 1958)[《인간의 조건》]에서 세계 밖으로의 도주와 세계 안으로의 도주 사이에 있으면서 근대를 구성하는 관계를 오인하고 미래적인 세속성의 새로운 양태를 오독해 근대인은 '세계 없음Weltlosigkeit'으로 전례 없는 규모의 고통을 당하고 있다고 완전히 엉뚱한 결론을 도출했다.

*   Comenius, *Weg des Lichts*, p.125[《빛의 길》, 188쪽].

**   이 안에는 모든 배움의 기초는 강제될 수는 없는 의지에 세워진다는 퀸틸리아누스식[마르쿠스 파비우스 퀸틸리아누스Marcus Fabius Quintilianus(약 35~100경). 로마제국

와 같은 활동에 참여한다. 책들은 세계 해명의 램프들이며 학교들은 램프의 지지대이고 학자들은 램프용 성냥이며 언어들은 보편적인 조명의 불꽃에 사용되는 연료다.*

여전히 말과 사물이 매우 긴밀하게 함께 있기에 한쪽에서 다른 쪽으로 힘들이지 않고 도달한다. 세계는 잘 정렬된 실체들의 그림이고 그 자체로 온전히 조망될 수 있기 때문에, 근대 초기의 백과전서들은 존재의 대륙과 땅을 전부 일목요연한 지도에서 '국부적으로topisch' 재현하는 일종의 지도책을 구현한다. 신과 인간이 동일한 '세계상Weltbild'을 가지고 있는 것이다. 반대로 18세기 후반의 사전들은 형이상학적인 조망의 생각을 단념하고 전체가 서로 연관될 수 없'거나 혹은 미약하게나마 연결된 표제어들로 분해된 상태를 반영한다.** 그래서 체들러Johann Heinrich Zedler[1706~1751. 독일 서적상 겸 출판업자]의 보편 사전과 프랑스의 **백과전서**Encyclopédie 이래 더 최신의 '백과사전들'은 항목들을 알파벳순으로 정리하는 것으로 만족했다. 18세기의 알파벳순으로 '배열된' 사전들이 만들어낸 효과를 낮게 평가할 수는 없다. 이 사전들은 후대인들에게 비정합주의Inkohärentismus***의 수행 매체로 기능한다. 그것의 다 드러낸 구조는 세계가 고립된 개별들로 이뤄진 하나의 집합체라는 근대인들의 암시적인 확신을 강화하

의 수사학자] 통찰이 작용하고 있다.

*   Comenius, *Weg des Lichts*, p.126[《빛의 길》, 189쪽].

**   Wilhelm Schmidt-Biggemann, "Enzyklopädie und Philosophia perennis", in *Enzyklopädien der Frühen Neuzeit. Beiträge zu ihrer Erforschung*, eds. Franz M. Eyble et. al., De Gruyter, 1995, pp.15~16을 보라.

***   철학 인식론에서 지식을 정당화하는 두 사조 중 하나인 정합주의에서는 전일주의적인 접근을 취해 어떤 믿음이 정합적인지의 여부가 일관된 믿음 집합belief set에 이 믿음이 더해질 때 더 정합적이고 일관되는가에 따라 정해진다. 이는 직접적 경험에 의존하는 토대가 되는 믿음에서 더 상위의 믿음으로 한 방향으로만 정당화해가는 토대주의와는 다르다. 이 배경에서 '비정합주의'(와 뒤에 이어지는 '전일주의')는 고립된 개별 항목의 집합체와 같은 근대 사전의 형태가 정합주의나 전일주의에 들어맞지 않는다는 의미로 이해할 수 있다. -옮긴이

며, 오늘날까지 철학적인 전일주의Holismus뿐 아니라 생태학적인 전일주의도 이 형상화Aufprägung에 반해 일어나지 않는다.

코메니우스의 교육학적 인터내셔널 선언은 세계개선의 행동에 대한 본질적인 전제를 발견한다. 빛의 길에 들어서는 자에게는 서두름과 마찬가지로 모든 방면의 인식을 전달할 수 있다는 확신이 요구된다. 100년이 지나 **백과전서**의 편집자들 가운데 한 명이 코메니우스가 던진 공을 받는다. 그렇기 때문에 디드로가 감격하며 **"철학을 대중화하기 위하여 우리 서두릅시다**Hâtons-nous de rendre la philsophie populaire**"**라고 한 말을 마찬가지로 다음처럼 적절하게 뒤집을 수 있다. 철학을 대중화해 영향력 있게 만들기 위해서는 가속이 요구된다고 말이다. 그 서두름에 근거해서만 진보가 시민의 외투를 걸친 묵시주의임을 파악할 수 있다. 철학적 묵시주의자에게 빛을 향한 길은 빛의 길 자체이며, 이 길은 역사 속에 있는 절대적인 것이다. 창조가 시작했을 때부터 그것은 세계를 관통하는 작업에 관여해왔으며, 오늘날 이 과업은 마지막 단계에 들어서고 있다. '근대 프로젝트'의 원문이 있었던 적이 있다면 그것은 코메니우스에게서 얻을 수 있다.

전지에 대한 요청Postulat은 우리에게 오랫동안 이질적이고 의아하게 돼버린 시대를 상기시키는데, 그때는 지식이 여전히 거의 예외적으로 질적이며 사태의 본질에 세워져 있는 것으로 이해됐다. 이 지식은 그 자체가 본질의 인식이라고 해석됐으며 완성된 본체적 우주의 구조를 관통하는 통찰을 제공할 것을 표방했다. 설사 현상적으로는 무질서 속으로 빠져서 복원이 필요하긴 해도, 불완전한 것처럼 보인다는 점에서 또한 복원이 가능한 어떤 완성된 세계에 관련되었다. 이 시대의 세계의 개선자는 세계에 그 본래의 완전함을 되돌려주기를 원하는 사람이다. 이와 달리 오늘날은 모든 복원이 새로운 불균형과 새로운 불완전함을 가져온다는 인식에서 출발할 수밖에 없다. 전지에 대한 요청Forderung은 16세기와 17세기의 범지주의자들에게 어떤 오만을 포함하지 않았으며, 완전하고 조망할 수 있는 세계의 존재론에 기초해 있던 고전적 형이상학의 근본 가정들에서 불가피한 귀결을 도출했다. 여기에 아마도 인간을 전체적으로 낮게 하는 어떤 치료 요법을 덧붙일 수 있을 것이다.

이 가정들은 새로운 학교는 모든 통합들의 통합에 세워져서 미래의 수업은 한 권의 보편서All-Buch에 입각해야 한다는 코메니우스 교육학의 경고에서 되울린다. 전지 역시 아이에게 적합하게 준비될 수 있다. 명명백백하게 범-교육학의 계획은 모든 것을 다 알기Allwissen 위한 고대의 수행과는 다른 가정들에 기초하고 있다. 이것이 소피스테스들에게서는 꿰뚫고 지나간 지식 범위에 대한 전체적인 통찰에서 기인하지 않고, 기예가가 영구 수사학 훈련소에서 어떤 임의적인 주제에 대해서 자발적으로 의기양양하게 연설할 수 있어야 한다는 요구에서 나온다.*

탈중심적 위치성: 인간학을 도발하는 인간자동장치

코메니우스의 학교 프로젝트의 근대성은 오늘날에는 결정적으로 낡았다는 느낌을 자아내는 그 한없는 낙관주의로는 매우 충분하게 밝혀지지 않으며, 학교를 급진적으로 어떤 통합적 학습 기계로 기술적으로 정의 내릴 때 나타난다. 코메니우스가 이 인류의 작업장(오피키나officina)이라는 개혁된 학교가 어떤 **자동장치**automaton처럼 기능해야 한다고 강조한 것에는 이유가 없지 않았다. 이 표현을 이해하려면 17세기가 신 자체를 최초의 자동장치 건조자로 숭배하기 시작했음을 고려해야 한다. 훗날 자동장치와 영혼 없음의 동일시―보나마나 1750년 이후 반근대적 의미론의 대성공이다―가 아직은 저 시대의 기술자들의 관심 밖의 일이다. 코메니우스 스스로 **영구 기관**perpetum mobile의 구축에 전념했다. 그의 메모가 보여주는 것처럼 만약 이 생산

---

* 전지술의 수사학 판본으로서 소피스테스 철학에 대해서는 이 책의(458~462쪽)을 보라.

에 성공한다면 그와 같은 객체를 기술에서 가져온 신의 존재에 대한 새로운 증거로 공개하기로 결심했다. 그런 까닭에 그는 무엇보다 자신의 이해관계에서 완전한 기계의 완성을 허락하게 해달라고 하늘에 기도했다.* 이때 인지적 근대화의 모험은 자연을 신이 건조한 자동장치들의 총괄과 같다고 확인하는 것에 달려 있다. 이 동일시에 기초해 코메니우스에 따르면 **신의 협력자**co-operator Dei 인간이 즉시 자연 기계의 증축과 모조Nachbau를 진지하게 생각할 수 있으리라고 예측된다.

100년도 채 안 되어 인간의 형상을 한 자동장치들이 [볼프강] 폰 켐펠렌 남작Barons/Wolfgang von Kempelen[1734~1804. 헝가리제국의 발명가](그는 1769년부터 그의 이른바 체스인형(투르크인) 기계를 가지고 등장한다), 피에르 자케-드로Pierre Jaquet-Droz[1721~1790. 스위스 태생의 시계 제작자](그는 1774년 **필경사, 도안가, 오르간 연주자** 같은 불멸의 인조인간들을 소개했다), 그리고 프리드리히 카우프만Johann Friedrich Kaufmann[1785~1866. 독일의 시계 제작자 겸 악기 제조자](그는 대중에게 그의 자동 트럼펫 연주자를 발표했다)의 작업장들에서 만들어져 인구에 회자됐다. 오페라를 포함해 낭만주의 문학은 그때부터 입상과 인간, 인형과 인간, 기계와 인간의 혼동 가능성에 대해 횡설수설하는데, 이 모티프가 기술 문명에서 언젠가 다시 포기될 수 있을 거라고 믿을 만한 이유는 없다.**

이로써 인간공학은 인공인간 형성의 자극을 인조인간 기계에 투영함으로써 이미 17세기에, 늦어도 18세기에 제2전선을 열어젖힌다. 이

---

* Klaus Schaller, *Die Maschine als Demonstration des lebendigen Gottes: Johann Amos Comenius im Umgang mit der Technik*, Schneider Hohengehre, 1997[《살아 있는 신을 입증하는 기계: 기술과 교섭하는 요한 아모스 코메니우스》]을 보라.

** Klaus Völker, *Künstliche Menschen. Dichtungen und Dokumente über Golems, Homunculi, Androiden und Liebende Statue*, Hanser, 1972[《인공인간: 골름, 난쟁이, 인조인간과 연인의 입상에 대한 문학과 자료》]를 보라.

미 코메니우스가 학교가 하나의 기계가 돼야 한다는 것에 어떤 의심도 일으키지 않았다. 학교의 책무는 인간의 완성된 복제물을 세상에 내보내는 것이다. 참되고 형통하는 인간으로 말이다. 교육학이 감히 한 번이라도 꿈꿨던 것이 무엇인지 알고자 한다면 여기서 거기에 필요한 해명들을 마련할 수 있다. 게다가 이미 스토아주의 교사들에게 이미 친숙했던 구상Disposition 하나가 이렇게 해서 다시 작동된다. 그들이 철학의 길에 들어선 학생들에게 '내면의 입상'을 작업하는 과제를 주었다면, 이것에는 경험적 인간이 이상적 형상에 유리하도록 옆으로 비켜나야 한다는 암시가 담겨 있다.

18세기 이후 인간학의 호경기는 무엇보다도 인간을 인조인간들과 이들을 관찰하는 사람들로 이중화하여 일어났다. 이 점을 염두에 두면 올바로 이해된 플레스너의 '탈중심적 위치성'이 왜 진부하게 타인의 입장과 관점에 서보는 것이나 혹은 전부터 알려진, 인간이 거울 앞에서 자신 밖으로 나오는 것만을 의미하지 않는지 그대로 이해할 수 있다. 이 위치성은 역할게임술Kunst des Rollenspiels에 대한 다수 상황 속 '사회들'의 요구가 증가했음을 반영할 뿐 아니라, 블루멘베르크가 규명한 보일 수 있음의 단점으로도 환원될 수 없다. 가시성의 단점에서 어떤 장점을 만들려는 시도는 말할 것도 없다. 아무리 이 관찰이 문화들의 본질적인 연극성에 대해 연극은 가시성 안으로 도주하면서 가시성 밖으로 도주하는 것이라는 그럴듯한 설명을 제공한다 하더라도 말이다.*

근대의 편심의식은 맨 먼저 인간자동장치를 생산할 수 있는 능력에서 연유하는 충격을 합리화하며, 동시에 기술적 분신들과 벌이는 유희에서 이끌어낼 수 있는 오락을 반영한다. 입상이 살아 있다는 것, 입상이 경우에 따라 종잡을 수 없는 의도들로 채워져 있다는

* Hans Blumenberg, "Zweiter Teil, Kontingenz und Sichtbarkeit", *Beschreibung des Menschen*, from posthumous work ed. and afterword by Manfred Sommer, Suhrkamp, 2006, pp.473~895를 보라.

것, 입상이 인간을 목표로 한다는 것, 이런 암시들이 없다면 최신 인간이론은 생각될 수 없다. 만약 근대인들이 여전히 입상들을 짓는다면 도덕적이고 문화적인 모범들을 세우기 위해서만 그런 것은 더 이상 아니며, 입상의 내부에 관해 새로운 것을 알기를 원하기 때문에도 그렇게 한다. 이미 베살리우스Andreas Vesalius[1514~1564. 벨기에/플랑드르의 외과의사 겸 해부학자]의 해부도들은 실제로 '인간 육체라는 공장'의 내부가 어떻게 보이는지를 분명하게 제시했던 죽은 사람처럼 보이는 입상들이지 않았는가? 설령 베살리우스의 해부도들을 봤던 사람들은 틀림없이 어떤 작업장보다는 가능한 다 절개되고 투상[대상의 형태를 평면상에 그리는 것]된 혈관남자들, 신경남자들, 기관남자들에 의해 상연되는 근대화된 망자들의 춤 공연이 벌어졌던 어느 무도회 홀을 생각했을지라도 말이다. 귀족계급의 자연과학 수집물에서, 나중에는 다시 시민 학교들에서 실험 대상물로 등장했던 인간의 뼈들은 무엇보다도 인조인간의 근본 골격을 제시함으로써 어떤 인간학의 메시지를 담고 있지 않는가? 그리고 보이스Joseph Beuys[1921~1986. 독일의 행위예술가로 사회와 정치의 창조적 조형을 지향한 '종합예술로서 사회적 조형예술' 개념을 주창했다]의 모방자로 1996년부터 《육체의 세계 Körperwelten》라는 제목으로 전 세계적인 이목을 끌고 있는 군터 폰 하겐스Gunther von Hagens[1945~ . 독일 의사 겸 해부학자]의 플라스티네이션들[일명 '현대판 미라'로 국내에는 〈인체의 신비전〉으로 알려졌다]은 사실 근대 입상의 관념을, 말하자면 인조인간의 내부를 노출시킨다는 입상의 관념을 명료화하지 않았던가?

18세기 이후 인간학적 성찰 양태의 개연성은 이제 모든 동시대인이 자기 자신을 인조인간과 진짜 인간으로 이뤄진 복합체로 이해시키는 자극과 대면하고 있다는 사정에 근거한다.* 이렇게 해서

---

* 장 파울Jean Paul[1763~1825. 독일 낭만주의 소설가]은 1798년 그의 풍자적인 청년기 저서—"Einfältige aber gutgemeinte Biographie einer angenehmen Frau von bloßem Holz, die ich längst erfunden und geheirathet"[〈내가 오래전에 발명해 결혼

유서 깊은 육체-영혼의 구분은 어떤 새로운 응집상태Aggregatszustand
로 제시된다. 200년 전부터 유럽의 육체 담론의 호경기는 현재까지
도 이 상태Konstellation를 명료화한다. 1748년 라 메트리Julien Offray de La
Mettries[1709~1751. 프랑스의 의사이자 철학자로 계몽주의 시대에 처음으로
유물론적 인간상을 제시함]의 《기계인간L'Homme machine》이 출간된 뒤 생
리학적 계몽주의의 수용자들은 자동장치들이 말하는 것을 배우고 기
계들이 신경이 과민해질 때 그것이 어떻게 일어날지 납득한다. 몽유
병이―생매장에 대한 공포와 더불어*―19세기의 주된 정신병리 증
상인 데엔 이유가 없지 않다. 몽유병 환자가 나-의식이 물러난 뒤 독
립적으로 행동하는 내면의 인조인간을 내보인다면, 생매장은 육체가
입관된 뒤 스스로 나타나는 것과 같은 순수한 나라는 보충 현상을 유
발한다. 게다가 20세기 초의 정신분석은(애도 자체가 하나의 작업 형
태로 기술되는 어떤 세계의 한가운데에서 시대에 적합한, 수행하는
삶의 가면이다) 두 심급의 교통을 이드와 자아 사이의 내적 관계에서
묘사하려고 시도한다.**

인조인간의 이드와 인간 자아의 양극 사이를 꾸준히 오가면서
근대 중기[1650~1789 베스트팔렌조약 이후부터 프랑스혁명 이전까지]의
영혼의 드라마(동시에 기술적인 드라마다)가 생긴다. 그 주제는 한편
에서는 인조인간이 생기를 부여받으려고 다가가고 다른 편에서는 실
제 인간 현존재의 더욱더 커다란 부분들이 더 상위의 기계학으로 신

했던 나무로만 이뤄진 어떤 호감 가는 여자에 대한 단순하지만 호의적인 연대기)]―에
서 합법적인 이중 결혼의 가능성을 도출했다. "…… 모든 남자는 한 번에 두 명
의 여자와 결혼할 수 있다. 만약 그 가운데 한 명이 나무로만 만들어져 있다면
말이다." Völker, *Künstliche Menschen*. p.140에서 재인용.

*   Henry F. Ellenberger, *Die Entdeckung des Unbewußten, Band I*, Hans Huber,
   1973, [《무의식의 발견》].

**   이는 정신분석이 일본, 중국 혹은 아프리카에서는, 말하자면 언급할 만한 이드-
   자아의 양극화가 없고 더 고등한 기계 건조의 고유한 전통이 없는 곳에서는 실
   제적으로 수용될 수 없었음에도 역사적으로 성장한 기술의식이 있는 서구 문화
   에서만 왜 그럴듯하게 나타날 수 있는지에 대한 근거들 가운데 하나다.

화에서 벗어나게 된다는 어떤 수렴이론을 수단으로 가장 적절하게 기술될 수 있다. 섬뜩한 것(프로이트가 조금 이해했던 것)과 미몽에서 깨어나게 하는 것das Enttäuschenede(프로이트가 침묵하기를 더 원했던 것)이 서로에게 향하고 있는 것이다. 기계의 생기부여는 인간의 생기박탈Entseelung에 엄격히 비례해 대응한다. 지금껏 최초이자 유일한, 철학적으로 형성된 고트하르트 귄터의 기술이론이 밝힌 대로 초월적으로 오해된 주체성이 외부세계로 흘러가버림으로써 근대의 형이상학적 중심 사건이 구성된다.* 이렇게 해서 두 전선에 있는 인간이 어떻게 압박에 빠지는지는 가장 일상적인 관찰들이 보여준다. 인간은 이미 오래전부터 이미지에 대해 사라지는 소수를 구현할 뿐 아니라—수많은 시각 더미와 복사판이 20세기의 서구인에게 달려든다—인간을 모방하고 인지를 모방하는 기계 컴퓨터에 대해서도 소수가 되고 있다.

상호 규율의 대륙

근대가 '스콜라주의'라는 표현을 중세의 상급 학제와 그 철학적-신학적 논문들을 가리키려고 남겨놓았다는 것은 이 시대의 개념사적인 불운에 속한다. 앞서 말한 내용에 따르면 근대 자체가 교수법적-규율적인 자극들에 의해 규정된 스콜라주의적인 세계 형식을 어떤 규모로 발생시켰는지는 명명백백하다. 이는 그 당시 **사실상** 주변적인 형상에 지나지 않았던 중세의 학교 문화가 도달할 수 있었던 것을 훨씬 넘어선다. 근대성은 초스콜라주의Hyperscholastik다. 이 스콜라주의

---

* Gotthard Günther, *Das Bewußtsein der Maschinen. Eine Metaphysik der Kybernetik*(초판 1957), AGIS, 2002[《기계의식: 사이버네틱스의 형이상학》]를 보라. 귄터에게는 제2의 기계로 성찰성이 유출되는 것을 순전한 내면세계의 비움으로 혹은 꾸준히 성장하는 복잡성을 갖춘 정신을 모방하는 기계들에 주체성이 반영되는 덕분에 일어나는 주체성의 심화로 해석될 수 있는지 아직 결론이 나 있지 않다. G. G., *Die amerikanische Apokalypse*도 보라.

는 학교의 보편적인 침습성뿐 아니라 '사회'의 부분체계들 사이의 상호 간 규율 이동에 근거하고 있다. 수도원 규율을 학교생활로 옮기는 것에 대해서는 이미 넌지시 이야기했다. 이는 20세기의 학교 혐오 운동을 포함해 시대의 제약을 받는 모든 교육학 개혁들을 통해 줄곧 인간의 학생화를 초래했다.

충분히 복잡한 근대의 문명사는 더 나아가 사회적 행동체계 전체가 어떻게 영구적인 규율 이동* 게임에서 서로 맞물리는지 제시해야 한다. 이와 같이 수도원의 **생활 양식**이 학교 규율로 옮겨질/번역될 뿐 아니라, 군사규율이 종교규율에 역으로 영향을 끼친다. 가장 잘 알려진 예는 **예수회**Societas Jesu 중대의 수도회 훈육과 승화된 전투 훈련의 혼합이다. 수도원, 학교, 아울러 군대라는 세 곳의 규율 영역 모두 '내치Policey'(경찰)의 조직 기획과 전문적인 공무원 육성에 필요한 주형의 직무를 수행할 뿐 아니라,** 수공업자의 작업실, 수공업 공장(매뉴팩처), 공장과 무역 회사의 영역들에도 방사선처럼 퍼져간다. 이 분야들에서 규율과 강제의 강력한 동맹을 경험했던 사람은 예술들에서는 규율과 자유의 행복한 결연을 체험할 수 있었다. 이 의미에서 15세기와 16세기에 비르투오소성이 **도약**take-off했을 때부터 유럽은 상호 규율의 대륙이고 현재까지 그렇게 남아 있다. 그 자체로 유럽은 총체적인 학교 교육의 네트워크를 이룬다. 경쟁을 통해 능력자들이 받는 영구 자극은 이 네트워크의 밀도가 증대된 결과에 속한다. 가장 중요한 교사는 라이벌임을 교육자들 사이에서는 간과되곤 한다.

구텐베르크 시대의 새로운 매체들은 수행 영역들의 확장에 나름대로 기여한다. 읽고 쓸 줄 앎(문해력)이 진전된 덕분에 모든 국민 국가들에서는 끈질긴 매체적합훈련에 노출된 독서족이 발생하며, 그

---

* 이것의 한 측면을 부르디외가 그의 하비투스 이동에 대한 관찰에서 표현했다.

** Foucault, *Überwachen und Strafen: Die Geburt des Gefängnisses*, Suhrkamp, 1993[미셸 푸코, 《감시와 처벌: 감옥의 탄생》, 오생근 옮김, 번역 개정 2판, 나남, 2020]; François Ewald, *Vorsorgestaat*, Suhrkamp, 1993[《복지국가》]을 보라.

들 안에는 인간과 독서인의 동일시가 구현되어 있다. 이들에게 20세기에는 전화족과 라디오족이 더해지고, 마지막에는 인터넷 세상족Weltvolk으로 지양된다. 매체 적합은 근대 주민들이 그들의 전 지구적일 뿐 아니라 특유한 적합성Fitness을 다듬는 곳이 되는 본령이다. 그런데도 수동적인 매체 소비가 왜 거의 불가피하게 부적합Unfitness으로 흘러드는지는(기술적으로 말하자면 코메니우스가 확립한 **아우토프시아**autopsia(자기주시)와 **아우토프라그마시아**autopragmasia(자기활동)의 자극 연관이 어떻게 파괴되는지) 부정적 훈련에 대한 분석을 통해 설명될 수 있을 것이다.

자기수련의 역사로서 예술사

곳곳에 있는 근대의 규율 향상 효과의 유동체가 없었다면 르네상스와 이어지는 세기의 예술 운영은 그 기능이 불가능했을 것이다. 지금이 자주 이야기됐던 근대 조형예술과 음악의 역사를 기예적인 자기수련의 역사로 기술할 시점일지 모른다. 이를 통해 예술 현상이 변화된 빛을 받고 나타날 뿐 아니라, 새로운 스포트라이트가 최근 현대 예술에도 떨어질 것이다(이 예술은 본질적인 측면에서 갈수록 더 기예적이고 수공업적인 규율들을 중단시켜 나온 산물로 파악될 수 있다). 여기서 이름하여 '제2의 예술사'가 인간을 다루는 기예를, 특히 더 높은 성과를 계속 가져오는 기예를 다룬다면, 이 예술사의 가장 중요한 장 가운데 하나는 근대 초기 '규율의 집'에서 이뤄진 예술가들의 산출을 다룰 만하다. 다시 한 번 리처드 세넷의 수공업 에토스에 대한 상술을, 즉 르네상스 금세공인에 대한 그의 보론을 상기하는 것으로 충분할지 모른다.*

성악과 기악 분야에만 중단 없이 자명한 수행의식의 전통이 존재하는데, 이 전통은 르네상스에서 포스트모던에 이르기까지 양식,

---

* 이 책의 464~469쪽을 보라.

취향, 작곡법, 공연 전통의 변화를 모두 견뎌왔다. 아이러니하게도 위대한 연주가들은 청중 앞에서 '단정한 철면피'를 쓰는 훈련을 받고 거의 매일 무대 제일 앞쪽에 서서 박수갈채로 목욕을 하면서 우리가 억압적인 규율화에 대해 이야기할 때 가장 먼저 떠올리고 싶어 하는 높은 예술가의 자유라는 반길 만한 환영을 그렇게 가슴에 품고 있다. 그들을 압박하는 연습Übung 일과 때문에 이 비르투오소들은 다른 규율화 집단과 거의 같지 않게 푸코식 유비들에 열려 있는 것처럼 보인다. 그들의 연습 공간과 감방을 비교하고 그들이 곡을 연습하는 고통을 악기 안에 독방으로 감금되는 것과 비교할 때 그들 대다수는 그것을 이해한다.* 그렇지만 그들에게서 규율로 인한 고통의 상대적인 자발성이 부정될 수는 없다.

첫눈에도 최근 기악 음악의 역사를 '규율권력'의 고전적인 사례로 기술하는 것이 그럴듯해 보일지 모른다. 실제로 이 역사는 열정들Passionen의 변신 안에 한 장을 이루고 있다. 〈능숙의 학교Schule der Geläufigkeit〉(op. 299), 〈매일 40개의 습작Vierzig tägliche Studien〉(op. 337) 혹은 〈새로운 파르나소스에의 계제Nouveau Gradus ad Parnassum〉(op. 822)와 같은 체르니Carl Czerny[1791~1857. 오스트리아 피아니스트]의 악명 높은 피아노 교수법의 작품들에서 토마스 아 켐피스의 《그리스도를 본받아Imitatio Christi》(초판은 익명으로 1418년 출간)나 혹은 로욜라의 이냐시오의 《영성수련Exercitationes spirituales》(스페인어본 1533년, 라틴어본 1541년 출간) 같은 15세기와 16세기의 헌신 교수법 저서들을 되돌아보면, 거의 4세기가 흐르는 동안 근대인의 수난Passion을 받아들이려는 각오를 뒤덮었던 변화의 파급 범위가 어떠했는지 구체화된다. 그 범위는, 신비주의 가르침을 따르며 심적으로 함께 십자가에 매달린 자들, 함께 죽

---

*   Grete Wehmeyer, *Czerny und die Einzelhaft am Klavier oder Die Kunst der Fingerfertigkeit und die industrielle Arbeitsideologie*, Bärenreiter, 1983, 특히 pp.151~180[《체르니와 피아노 안의 독방 감금 혹은 손가락 숙련의 예술과 산업 노동 이데올로기》]을 보라.

은 자들, 함께 부활한 자들의 악기가 없는 수난부터 기예가적 숙련과 악기의 요구 앞에서 이뤄지는 탈자기화 사이의 낭만적인 화해가 구현되어 있는 19세기 초반 악기 비르투오소의 재능까지 미친다(예술작품들에 대한 해석적인 요구들은 거론하지 않고 말한다). 이 노정을 조망한 사람에게는 근대의 예술사가 왜 작품의 역사로만 이해될 수는 없는지 즉각 명백해질 것이다. 그것은 항상 수난Passion수행과 이것을 예술에 대한 열정Passionen으로 변화시키는 역사 역시 기술한다.

따라서 내가 제2의 예술사로 지칭하는 것은 맨 먼저 예술가들을 자기 분야에서 교육시키는 절차들에 속하며, 이렇게 해서 이 예술사는 최근의 예술사에서 나타나는 탈규율화 과정 역시 그 대상으로 삼는다. 이렇게 이중으로 초점을 두면 예술 산출자의 산출을 다른 경우라면 통상적인 전기주의Biographismus의 반대를 의미했을 예술사의 고유한 차원으로 정의함으로써 예술작품에서 예술가들로 착안점이 이동한다. 이렇게 해서 강조점이 바뀐 예술사는 일반 수행사와 훈련사의 한 지류가 될 것이다. 이 역사는 고등예술의 발생에 대한 질문이 수행 형태들의 분석을 통해 해명될 수 있는 경우라면 한편으로는 이에 기술적으로 정확하게 답할 수 있고, 다른 한편으로는 대중문화의 역설들에 대한 새로운 해석을 제공할 수 있다. 가령 대중음악 신의 세계적인 스타 대부분이 수십 년만 지나면 무대 위에서 더 이상 노래할 수 없는 현상에 대해 말이다. 스타들이 헬스장에서 3시간 미만 **운동**work out을 하면 무대공연을 하기에 충분하지 않다고 당장 가정하는 것과 달리 연습 일과에서 고작 한 토막을 노래에 투자한다는 것을 안다면, 이는 상대적으로 덜 놀라운 일에 불과하다.

　　예술의 역사를 자기수련의 역사라는 틀 속으로 옮기면, 무엇보다 한스 벨팅Hans Belting[1935~ . 독일 예술사가로 중세 및 르네상스 예술과 이미지 이론의 이론가]이 《이미지와 숭배Bild und Kult》라는 자신의 연구에서 "예술 시대 이전의 이미지의 역사"*라고 제시했던 현상의 복합체에 대한 새로운 관점을 얻게 된다. 후기 고대에서 르네상스에 이르는 성화작품에 대한 이 해박한 해제에서 주제는 실제로 '예술 이전의' 어떤 지대로 나아가는 것, 말하자면 세속의 예술가를 정당한 지위에서 물러나게 하고 그보다는 사제-화가를 우위에 놓는 것이 아니었다. 벨팅은 오히려 그의 성화에 대한 책에서 예술사를 예술을 떠받치는 자기수련 역사의 매개물로 새롭게 생각하는 가능성을 발견했다. 물론 저자는 도중에 망설였고 예술사를 **마지못해**à contre cœur 일반 '이미지의 역사'로 지양했다. 오늘날 단호한 소수의 예술본질주의자 중 한 명인 그에게 이것은 분명 잠정적인 해결책에 불과했고, 여기에는 예술의 다양한 특질들에 대한 의미가 아직은 고려되지 않는다.

사실 어떤 일반 이미지의 역사를 위해 예술사를 청산하는 것이 시대의 풍조는 아니다. 그렇지 않으면 만물과 만인에 대한 대량 사진술이 이미지 산출 역사의 정점이 될 것이다. 명시적으로 밝혀야 할 것은 지금껏 항상 간접적으로만 언급됐던 예술과 자기수련의 역사적 동맹이다. 이 제시된 주제를 받아들인다면 성화작품은 시대를 가로질러 이미지를 생산하는 정력의 행렬에 대한 어떤 거대 서사의 가장 그럴듯한 출발점을 제공할 수 있다. 그렇지만 그것은 성화가 기교가 없는 이미지성의 한 형태로 밝혀질 수 있기 때문이 아니라, 이 그림이 자기수련의 본보기가 되는 작품을 구현하고 있기 때문이다. 이때 예술은 응용된 자기수련이며, 상위의 자기수련은 때때로 상위의 예술이다. 신성한 이미지 앞에서 사심 없이 기도하고 명상할 뿐 아니라, 이 이미지를 생성하는 회화 행위가 그 나름으로 가장 집중된 기도, 명상과 탈자기화 형태들의 하나다. 성화 작가 세대들이 평생 동일한 모티프를 구체화한다면, 그것은 그들이 동방-헬레니즘의 그리스도교 정신에서 늘 새롭게 그들을 통해 물질화돼야 하는 어떤 초월 이미지에 지속적으로 예속된다는 이유 때문에서다. 단일주제주의

---

*   Hans Belting, *Bild und Kult*, C. H. Beck, 1990[《이미지와 숭배》].

란 이미지가 구원에 복무할 때에만 허락됨을 나타낸다. 그 때문에 모티프를 선택할 수 있는 자유에 대해서는 언급되지 않는다. 적은 수의 원형Archetypus에 한정함으로써 영성회화는 세계로부터의 도주 내지 윤리적 분리를 촉진할 수 있다. 성화 작가들은 한순간도 완전한 이미지가 완성됐다는 믿음에 탐닉할 수 없었다. 내세의 원형 이미지가 성화 작가들을 통해 현세에 나타나기 위해 그들을 선택했다고 믿었던 이들은 어떤 사탄의 유혹에 굴복했다고 한다. 세계의 내부에 대한 투영이 아니라 세계를 뛰어넘는 원형에만 완전함의 충만이 따라온다. 더구나 종속된 성화 생산자와 같은 화가에게는, 아무리 그가 그 자신의 나를 껐더라도[탈자기화] 완전함의 충만이 따라오지 않는다.

이렇게 해서 성화작품은 그 자기수련에서는 최대 한도로, 세계에 대한 애정에서는 최소 한도로 예술을 구현한다. 이 점을 확정했다면 성화 시대 이후 유럽의 예술사를 예술을 가능하게 하는 자기수련의 이동, 확장, 이완, 해체의 단계별 절차로 제시할 수 있다. 르네상스의 조형예술은 종교 주제들의 독점을 지양하면서 문자 그대로 창문을 밀어젖힌다. 다彩주제주의를 방출하는 것이 '원근법 예술'의 참된 사명이다. 원근법적으로 본다는 것은 세계에 3차원인 심도를 허용하고, 이 심도로 관조할 수 있음에 위엄이 허용되는 것을 의미한다. 이제 성화는 곳곳에 존재하며, 모든 이미지는 신성한 것이 될 수 있고, 모든 창문은 참된 현상을 향해 열려 있다. 구원은 더 이상 세계의 유혹에서 자유로움을 의미하지 않으며, 오히려 지상의 기적 같은 일의 충만 쪽으로 해방되는 것을 의미한다. 세계는 보여줄 가치가 있는 모든 것이 된다.

가장 정교해진 규율이 가장 포괄적인 세계에 대한 애정과 조우했던 곳에 예술 성공의 극단의 최정점에 이를 수 있는 전제 조건들이 마련돼 있었다. 그런 정상의 가능성은 당연히 고전 시대들에 국한되지 않고 원칙상 모든 이후 시대에도—현재는 왜 또 불가능하겠는가—가능하다. 하지만 잘 알려진 것처럼 이 새로운 정점 산출의 가능성은 힘겨운 주변환경을 제공한다. 모든 것에 침투하는 대중문화가 단순화Simplifikation, 무례함Respektlosigkeit, 편협함Unduldsamkeit을 의기양양하게 섞어 정상에 대한 규범적인 표상을 전부 달갑지 않게 여기기 때문이다. 대중문화가 기준점으로 삼아야 했던 정상에 대해서는 더더욱 그렇다.

20세기의 조형예술이—무엇보다 또한 고등문화의 날개에서—이 '기준들'을 해체할 때 어떤 문제적인 역할을 맡았는지 있는 그대로 그릴 필요는 없다. 이렇게 해체하는 정열들 중 하나는 규율과 관련한 명제가 없는 어떤 예술 선전을 지향했다. '뒤샹과 그 결과들'이라는 주제는 미래 예술비평의 마음을 오랫동안 빼앗을 것이다. 하지만 이렇게 검토한다고 예술 이후의 예술 교부가 지닌 명성이 손상 없이 나타나는지는 확실하지 않다.*

군사훈련Drill에 관해

오늘날 공중이 아직은 매우 적은 관심과 이보다 더 적은 공감을 가지고 대할 뿐인, 인간을 다루는 최신 기예의 중요한 옆가지는 근대 초기 군대제도에서 나타난다. 잘 알려진 것처럼 군사훈련Üben은 메소포타미아와 지중해의 국가 형성 초기 시대로까지 거슬러 올라가는데, 가장 유명한 그리스의 밀접방진[군인들을 매우 가깝게 사각형으로 배치하는 것]과 로마 군단은 이미 그 당시 사람들에게 싸움에 대비해 훈련Dressur하고 심리적인 개연성(즉 바로 눈앞에서 삶의 위험에 직면할 때 도망치려는 인간의 경향)을 극복하는 놀라운 업적Wunderwerk으로 여겨졌다. 또 키케로가 군대를 가리키는 로마어 **엑세르키투스**exercitus를 군대의 핵심 기능인 매일 하는 무기훈련Übung인 **엑세르키타티오**

---

* 20세기 조형예술에 있는 모방의식의 몰락에 대해서는 이 책의 682~686쪽을 보라.

exercitatio에 소급했던 것이 유럽에서 결코 완전히 잊히지 않았다. 게다가 고대의 전승은 효과적인 배치와 통일된 집단이동에서 입증되는 집단체력Gruppenfitness이 각개전투에서는 개별체력Einzelfitness을 훨씬 능가한다는 견문을 담고 있다. 설사 중세의 군대제도가 이런 언급들을 무시할 수 없었다 하더라도 기사계급은 완전히 다른 성격의 전투와 승리에 대한 표상을 주장했으며, 근대가 시작하면서 비로소 다시 결정적인 대형훈련exerzieren을 기초로 한 실전 유형의 전쟁 수행을 끄집어냈다. 이런 대형훈련 없이는 17세기와 나폴레옹식 기동전의 혁신 사이에 전장뿐 아니라 연병장에서 일어난 군대의 지배적인 '진화들'은 이해될 수 없다.

근대 초기의 건축, 조형예술, 문학의 장에서 그리스와 로마의 문화적 표준에 다시 연결되는 경우들을 통상 서술할 때 거의 동시에―몇 세대 지나지 못하고―군사상 '고대의 회귀' 역시 일어났음을 우리는 자주 간과해왔다. 이 회귀는 무엇보다 당대 군사 지식에 대한 자극과 더불어 무엇보다 고대 군사 저술가들에 대한 관심의 부활에 그 근거를 두고 있는, 군사령관 오라녜 공작 마우리츠Moritz von Oranien[1567~1625]의 저작(과 오라녜 공작 빌럼 1세Wilhelm von Nassau[1533~1584]와 나사우-딜렌부르크의 백작 요한 6세Johann von Nassau[1536~1606]의 기고문)에 연계되어 있다. 마우리츠는 그의 견고한 고대어 지식을 기반 삼아 크세노폰Xenophon[약 BC 430경~BC 354. 소크라테스의 제자였던 그리스 철학자], 폴리비오스Polybios[약 BC 200~BC 120경. 헤로도토스, 투키디데스와 더불어 대표적인 헬레니즘 시대 그리스 역사학자], 오나산드로스Onasandros[약 1세기경. 고대 그리스의 대표적인 병서《전술Strategikos》의 저자]를 비롯해 시저, 리비우스Titus Livius[BC 59~AD 17. 아우구스티누스 시대 로마의 역사가]와 수에토니우스Gaius Suetonius Tranquillus[약 69~122경. 카이사르부터 시작되는 로마제국 초기 황제들을 다룬《황제 열전 8권De vita Caesarum libri VIII》의 저자] 같은 저자들, 특히 그 위에 또 아엘리아누스Claudius Aelianus[175~235. 고대의 관습과 기이한 사건들을 다룬

《잡다한 역사Varia Historia》의 저자]와 비잔틴제국의 레오 6세Leo VI[866~912. 현제, 철인 황제로 불리는 비잔틴제국 번성기의 황제]의 전술들을 원전으로 연구할 수 있었다. 이 저서들에서 그는 시대에 적합한 훈련 규정을 갖추기 위한 정확한 입문서들을 만들었다. 특히 그는 1589년부터 반스페인 자유전쟁에 참전하고 있는 네덜란드군의 군대를 개혁하고자 대열과 일원에 따른 군단 배열에 대해서 그리스인들이 검증했던 규정들을 이어받았는데, 이 배치가 끼친 영향은 여전히 20세기와 21세기의 병영 공터에서 목격될 수 있다. 그리스를 비롯한 로마의 군대는 비자발적 플라톤주의의 방식으로 '국가'는 어떤 거인(**마크란트로포스**makránthropos)과 다름없다는 《국가·정체Politeia》의 근본 사상을 이어받았으며, 이 경우 '국가'(**폴리스**polis)는 숨김없이 어떤 기강이 선 군대와 동일시됐다. 그런 생각들은 르네상스 전략가들의 직관에 부응했는데, 그것들이 더 대규모의 '정치생명체' 집단에 기하학 형상들과 단일 운동들(진화들)을 투영하도록 허용했기 때문이었다.

논리정연하게 마우리츠는 고대의 전술 교본들에서 군대의 '기초동작들'에 대해 부분적으로 지극히 정확한 묘사들을 끌어냈다. 여기에는 뒤돌기, 선회, 후퇴 등등의 형상들이 속해 있었다. 이때 군인은 별것 아닌 세상사로 좌우를 혼동해선 안 되는 좌우뇌가 비대칭적인 인간으로 주조되며, 그 밖에도 이미 고대인들은 부대에 오해 없이 명령들을 전달할 수 있도록 하는 단순하고 효과적인 명령어의 의미를 발견했다. 여기에 자극받아 싹트는 유럽 국민국가의 군대들은 전부 오라녜인들의 모범에 따라 병영 공터에서 훈련하는 군인들의 몸에 배어 결국 전쟁에서 지켜지도록 하는 간결한 명령어들로 이뤄져 있는 그 나라에 고유한 군대식 코드를 발전시켰다. 무기 사용, 무엇보다 당시 여전히 매우 무거운 화기들의 사용에 할애된 새로운 규정의 절에서는—오라녜의 개혁 선구자들은 이 주제에 대해 고대인들에게서 거의 배울 게 없었다—이미 복잡한 동작 순서들을 최초로 순서대로 배열하기까지 한다. 이 인체공학적 정밀에 비로소 19세기 초기 실증주의 스포츠과학의 탐구들과 테일러주의 시대 컨베이어벨트 노동자들에게 주어진 지침들이 다시 연계된다.* 이 연구들은 20세기 후반이 되기 전까지는 계속 선두에 설 것이다. 정량화된 스포츠생리학과 트레이닝과학에서 이미지로 제시된 절차들, 고능률을 내는 운동선수의 신진대사를 파악하기 위한 다이어그램, 모든 종류와 모든 수준의 스포츠 규율을 위한 개별화된 훈련 지침들을 갖춘 동작 연구가 예정되기 전까지는 말이다.

인간설비자 일반

우리는 절대명령을 전달하는 특권이 어떻게 근대가 시작할 무렵 종교 연설직 소지자들에게게서 벗어나 몇몇 세속의 행위자들에게 옮겨갔는지 납득했다. 그들 중 두각을 나타내는 이들은 인간 생산의 후원자였던 근대 초기의 군주, 범지주의 인간 형성의 전문가였던 바로크의 교육학자, 고대를 익혀 진형전에서 대규모 인간 배열의 비르투오소가 됐던 르네상스의 최고 지휘관이다. 시간이 흐르면서 이들 곁에 상담자와 격려자 무리가 등장한다. 그들은 더 이상 메타노이아 명령의 전달자로서 그들의 동료들에게 호소하는 게 아니라, 도덕적인 개선보다는 오히려 기술적인 장점들을 내용으로 하는 실질적인 갱신의 중개자가 되어 호소한다. 나는 이들을 근대의 인간설비자들 Menschenausstatter이라고 부른다. 그들에게 당대의 '인적 재료'를 형성한다는 대단한 의미가 따라온다. 왜냐하면 그들은 철학자들에게 유혹적인 이데올로기였던 맨손과 맨주먹에 무-제약적인 인간에게 결코 관

---

* 그런 식으로 예컨대 연속되는 43가지 동작은 장총 훈련에 대응하는 명령과 함께 17세기 초반으로 거슬러 올라간다. Wenrer Hahlweg, *Die Heeresreform der Oranier und die Antike. Studien zur Geschichte des Kriegswesens der Niederlande, Deutschlands, Frankreichs, Englands, Italiens, Spaniens und der Studien von Jahre 1589 bis zum Dreißigjährigen Kriege*(초판 1941), Biblio, 1987, pp.34~35[《오라녜인들의 군대개혁과 고대: 1589년부터 30년전쟁까지 네덜란드, 독일, 프랑스, 영국, 이탈리아, 스페인의 군사 역사에 대한 연구》]에 인용됨.

여하지 않기 때문이다.* 이 새로운 설비자들은 인간에 대한 실용주의
적 접근을 택한다. 그들은 인간 안에서 맨 먼저 고객들을, 말하자면
조달이 가능한 사물들에 에워싸여서 이 사물들의 자극을 받고 이 사
물들을 가지고 재화 세계와 사물 세계에 관여하는 수행자를 본다. 그
들이 유용한 혁신들을 장려할 수 있다는 점에서 그들은 결코 긴급히
할not tun 한 가지만** 말하지 않는다. 그들은 당대인들에게 현실의 인
공물에 참여함으로써 그들의 삶을 변화시키고 새로운 정보 수단, 새
로운 편익 수단, 새로운 차별화 수단을 통해 그들의 실존적 긴장을,
무엇보다 경쟁 능력을 높이라고 충고한다. 이 새로운 시장은 윤리적
차이가 있는 고대의 양자 선택***을 분해한다. 이제 근본주의자들은
고객으로 변신할 수 있으며, 신앙인들은 독자가 될 수 있고, 세계로
부터의 도주자들은 현저한 미디어 사용자가 될 수 있다. 자신의 삶을
바꾸려고 하는 자는 자신이 삶을 보충하고 향상시키는 수단의 꾸준
히 증대하는 지평선으로 옮겨져 있음을 발견하는데, 이 수단들은 상
품들이 현대적으로 범람하는 상황에서 가장 강력한 인력체들을 이룬
다. 이것들이 부당하게 소비의 측면에서만 기술되곤 하지만. 이것의
획득과 촉진된 피트니스의 기회들과 확장된 만족감에 대한 몫은 연
결되어 있다. 이는 인문주의 저자들의 최초의 간행물들에서 네트워
크 세계의 정액제 인터넷 엑세스까지, 말루크 제도산 향신료들에서
메독 지역의 그랑 크뤼 Grand Crus du Médoc(포도주)까지, 괴츠 폰 베를리

---

* 반대 주장의 논의를 위해서는 Friedrich W. Heubach, *Das bedingte Leben.
  Theorie der psycho-logischen Gegenständlichkeit der Dinge. Ein Beitrag zur
  Psychologie des Alltags*, Fink, 1987[《제약받는 삶: 사물의 심리-학적 대상성 이론,
  일상심리학에 대한 기여》]을 비롯해 Bruno Latour, *Wir sind nie modern gewesen.
  Versuch einer symmetrischen Anthropologie*, Suhrkamp, 2008[《우리는 결코 근대인
  이었던 적이 없다: 대칭적 인간학에 대한 시도》][브뤼노 라투르, 《우리는 결코 근대인이
  었던 적이 없다》, 홍철기 옮김, 갈무리, 2009]을 보라.
** 쇠렌 키르케고르의 에세이 제목이기도 하다.-옮긴이
*** '이것이냐, 저것이냐'로도 번역이 가능하며, 이것 역시 키르케고르의 책 제목이
   다.-옮긴이

힝엔Götz von Berlichingen[1480~1562. 프랑크왕국의 기사로 슈바벤 지방 농민전쟁 등에서 활약했으며 의수를 끼고 있어 '강철손mit der eisernen Hand'이라는 별명으로 불렸다] 시대의 조야한 의수에서 오늘날의 하이테크 이식물까지, 막시밀리안 황제Kaiser Maximilian[1459~1519. 인문주의를 신봉한 신성로마제국 황제] 시대의 마차에서 마지막 벤진 시대의 유동 엘리트용 호화 지프에까지 미친다.

이 인간설비자들은 순전히 시대에 적합한 방식으로 사는 데 필요한 액세서리 판매자나 호객 상인이 아니다. 우리가 근대인들의 실존에 맞는 사물 설비에 대해 이들이 가지는 의미를 고려해 그들의 기능이 얼마나 무조건 필요한지 매우 진지하게 생각한다면, 그들이 공급하는 사물들이 보통 불연속적인diskret 양으로 이뤄지는 세계개선에 못지않음을 깨닫는다. 우리는 중세 후기에 있었던 안경의 발명을 생각할 수 있는데, 이것 없이는 구텐베르크 시대의 독서와 삶을 상상할 수조차 없을 것이다.* 이미 페트라르카가 쓴 메모에서 그가 예순 살 때부터 그와 같은 안경을 사용했다고 전해진다. 근대의 종이 역시 매뉴팩처에서 만들어진 세계개선의 범주에 속하며, 종이에서 인쇄업자, 출판업자, 신문업자, 지도제작자, 저술가, 학자와 저널리스트들을 통해 근대 공중에게 전달됐던 상품의 복마전이 생겨난다. 종이 관련 직업에 종사하는 이들은 이때 근대인을 대상으로 사려 깊은diskret 수련 장인의 임무를 맡는데, 그들은 각 개개인의 삶을 그 현존재 전체를 쥐지 않고서도 변화시킨다.

이런 서비스와 생산물의 인간공학적 영향—능률을 올리는 동학과 작동 지평의 확장—은 대체로 시작할 때에만 제약 없이 환영받을 뿐이다. 한 혁신의 초기에는 무엇보다 사용자들과 비-사용자들 사이의 차이가 눈에 띄는데, 시장의 포화 단계에서는 오히려 엔트로피[정

---

* Chiara Frugoni, *Das Mittelalter auf der Nase: Brillen, Bücher, Bankgeschäfte und andere Erfindungen des Mittelalters*, C. H. Beck, 2003[키아라 프루고니, 《코 앞에서 본 중세: 책, 안경, 단추 그 밖의 중세 발명품들》, 곽차섭 옮김, 길, 2005]을 보라.

보의 불확실성을 일으키는 무작위성]와 오용의 효과들이 주목을 끈다. 그 때문에 코메니우스[혁신의 초기]와 카를 크라우스[시장의 포화 단계]는 흑마술의 혜택들에 대해서는 의견이 일치할 수 없었다. 오직 소수만이 읽고 쓸 수 있는 경우에는 모두 읽고 쓸 줄 안다는 것이 어떤 메시아의 기획처럼 나타나지만, 모두 다 읽고 쓰는 게 가능해지면 거의 아무도 올바르게 읽고 쓸 수 없는 재난이 일어난다는 것을 깨닫는다.

이 배경에서 오늘날의 포화 단계에 징후적인 하나의 사실이 파악된다. 바로 셀 수 없는 사람들이 곳곳에 있는 광고를 멀리하고 싶어 한다는 것이다. 마치 어떤 흑사병처럼 피하려고 한다. 이 경우에도 역시 이전과 이후의 구분이 유용한데, 싹트는 근대 재화 세계의 관점에서는 새로운 삶을 향상하는 수단의 실존에 관한 소식들을 퍼뜨리는 일이 꼭 필요하다고 광고를 정당화할 수 있었다. 그렇지 않으면 무역국가들과 산업국가들의 주민들은 여기저기 흩어진diskret 세계 개선에 대한 본질적인 지식을 빼앗기고 말기 때문이다. 새로운 장점을 초래하는 것들의 메신저로서 초기 광고는 문화보수의 환경에서 경솔하게 '소비사회들'이라고 비난당한, 현재 성과 집합체의 일반적인 훈련 매체다. 그렇지만 현재의 포화된 정보 영역들을 관통하는 광고에 대한 혐오는 광고가 그것이 나타나는 형태 대부분에서 오랫동안 하향 훈련에 속해 있다는 올바른 직관에서 출발한다. 광고는 인간이 유익한 혁신에 다다르기 위해 무엇을 알아야 하는지 더 이상 말하지 않으며, **사실상** 대개 쇠약을 초래하는 구매 가능한 자기 승격의 환영을 낳는다.

마지막으로 근대 은행가들에 관해 이야기할 수 있을 것이다. 그들은 자신들의 상황을 개선하길 원하고 경제 행위자로서 자주 실제로 개선하는 사람들에 대한 채권자로 활동한다는 점을 근거 삼아 격화되는 변화에 가장 효과적으로 동기를 부여하는 자들로 밝혀진다. 그들의 실천에서 현대인의 삶을 좌우하는 향상하라는 명령 대부분이 어떻게 근대 소유경제의 **거대 비밀**arcanum magnum에서 발원하는지 읽어낼 수 있다. 우리가 이것을 명시적으로 다듬으면, 채무원리금상환 Schuldenbedienung의 정언명법과 마주친다. 스스로가 자금의 효과적인 투입으로 항상 대출금을 기한 내에 되갚을 수 있는 확실성을 누릴 수 있도록 살림을 꾸려라. 성장하는 채무자 인구를 컨디션을 유지하도록 강제하는 대출금 압박은 아직 어떤 창조적인 이론도 올바르게 인식하지 못한 혁신의 각오에 대한 원천의 하나다. 근대의 규율화라는 기초 위에서는 '주인과 노예'의 관계도 '자본과 노동'의 대립도 발견될 수 없으며, 오히려 채권자와 채무자의 공생의 적대주의가 발견될 수 있음을 이해하자마자 화폐로 움직이는 '사회들'의 역사 전체가 근본에서부터 새롭게 쓰일 수밖에 없다.

자가-수술을 위해 구부러진 공간에서
: 마취와 생명정치 사이의 새로운 인간

수평적인 것에 대한 찬사

메타노이아의 명령은 근대에 갈수록 더 '외부 적용'을 위한 규정으로 바뀌었다. 이 명령의 전파는 철학과 수도원의 영역에서 후기 귀족과 부르주아층으로, 나중에는 또 프롤레타리아와 소부르주아계층으로 진행됐는데, 이로 인해 이 변화하라는 명령의 탈영성화와 실용주의화와 그리고 마지막으로 정치화의 경향이 강화됐다. 그렇게 수많은 개인들은 근대화가 일어났던 수세기 동안 당대의 전형적인 산물들에 문호를 개방함으로써 그들의 삶을 변형시키라는 호출에 응했다. 구텐베르크 시대의 마술적인 종이 상품들, 성서들과 비-성서들은 수년, 수십 년, 수백 년이 흐르면서 확실히 모든 가정家庭은 아니지만 수많은 가정에 도달했다. 이것들과 교제하는 사람은 **마땅히** 더 나은 길 위에 있는 것처럼 보였다. 이 인쇄본들은 그 사용자들을 그들 스스로는 아직 완전히 이해할 수 없었던 당대의 동학에 적응시켰다. 새로운 매체들은 상황이 바뀌어 새로운 내용을 전달할 때까지는 낡은 내용을 전파하며, 더 새로운 매체들이 등장하여 낡은 내용과 새로운 내용과 함께 낡은 매체들을 재활용할 때까지는 낡아져가는 매체들에 의해 그 유통이 계속 유지된다는 동학에 말이다.

이어지는 내용에서 결정적인 것은 자기변화와 개심에 대한 요구가 더 이상 오직 위에서 비롯되어 변화될 준비가 된 의식에 명중한 게 아니라는 관찰이다. 그것이 항상 다마스쿠스를 앞에 두고 열심당원을 넘어뜨린 수직적인 것들에서 나오는 빛일 수는 없다. 우리가 평지에서 맞이하는 수평선의 눈부신 줄무늬에 이제 새로운 영적이고 도덕적인 가치가 담겨 있는 것이다. 동방이 붉다면* 그곳을 향해 나아가는 게 잘못된 것일 수 없다. 종교개혁은 수도회 생활의 영적 특권들을 폐기했는데, 세상 속의 각 지점이 은총에서 똑같이 멀리 떨어져 있기 때문이다. 이로써 세상과 급진적으로 단절하기 위한 전제 조건들이 가장 민감한 지점에서 바뀌어 나타난다. 엄격한 수도회의 자기수련인들이 공직과 작업장에 있는 평신도들보다 빛에 더 가까이 있지 않다면, 이 평신도들에게도 세속의 길에서 영적으로geistlich 향상할 수 있는 기회들이 생겨나리라 기대할 수 있다. 여기에 계몽주의가 직접 연계될 수 있었다. 더군다나 **계몽주의**lumières를 낳았던 빛의 정치가 시작됐을 때부터 만물을 해명하기 위한 길을 적당한 경사가 있는 어떤 길Route로 생각할 수 있었다. 어느 정도 선한 의지를 가지고 있으면서 시대의 조짐을 이해했던 사람이 이 길에서 앞으로 나아갔다. 그때 내면의 분명치 않은 압박은 올바른 길을 찾는 데 충분했다고 한다. 압박이 있는 그곳에 앞을 향한 길이 또 있는 것이다. 적당히 경사진 길을 꾸준히 성큼성큼 걷는 것이 18세기부터 진정한 진보의 양태로 합리화된다. **'문화는 비약하지 않는다**Cultura non facit saltus'[자연은 비약하지 않고natura non facit saltus, 점진적으로 변화한다는 라이프니츠의 자연철학의 원칙에서 파생했다].** 세계개선은 시간이 필요한 좋음이다.

윤리적 요구들을 조절하는Moderierung 전환의 결과들을 높게 평가해도 결코 충분하지 않다. 이 절제를 통해 현실적인 것에 대한 도덕

---

* 〈동방홍東方紅〉은 1960년대 중국 문화혁명 시절 비공식 국가國歌로 마오쩌둥과 공산당을 태양에 비유하며 인민의 구원자로 그리고 있는데, 저자는 이 혁명을 바로 앞 문장에 언급된 바울의 전향처럼 수직에서 떨어진 빛과는 다른 수평적 차원의 (정치적) 전향으로 보고 있는 것 같다.-옮긴이

** Dieter Claessens, *Das Konkrete und das Abstrakte. Soziologische Skizzen zur Anthropologie*, Suhrkamp, 1994[《구체적인 것과 추상적인 것: 인간학에 대한 사회학적 밑그림》].

적인 반음계법의 의미가 회귀한다. 윤리적 구분은 미묘한 차이 속을 거닌다. 우유부단한 그리스도교인들에게 깨끗한 양심을 되돌려줄 뿐 아니라, 속인들에게는 그들이 선한 삶을 찾을 때 우선권마저 부여한 다. 실제로 수천 년간 영적 차별을 하고 난 뒤, 세속의 삶이 위를 향하 는 모종의 경향을 내보인다는 전제 위에서 이 삶을 수평적인 것에서 이뤄지는 좋은 운동으로 회복할 수 있도록 만든다. 이것을 부정하거 나 공허하다고 단언하는 사람이 바로 반동주의자이며, 이것에 충족 되지 못한 사람은 조만간 수평적이고 연속적이고 예측할 수 있는 것 으로 나타나는 모든 것에서 수직적으로 하차하는 꿈을 꾼다. 혁명을 꾸는 것이다.

반값의 메타노이아로서 진보

그렇게 근대의 진보 사상과 발전 사상은 구양식의 급진적 메타 노이아의 최악의 적으로 밝혀진다. 이 사상은 가파른 구-자기수련의 수직에서 그 개연성을 빼앗고 '광신주의'의 구석으로 배제한다. 이 것이 근대를 세속화의 시대로 수천 번 되풀이하여 오해하던 것 뒤에 감춰져 있는 변모다. 확실히, 그리스도교는 18세기부터 유럽에서 그 우세를 상실했지만, 오직 계몽주의의 소수 열성당원들에게만 내세 를 향한 모든 문들을 탕 하고 닫고 순전히 모든 것을 내재성에 옮겨 놓고자 했던 일종의 인간 단독의 운동이 관철됐을 뿐이다. 일반 대중 은 세속주의로 분류된 수세기가 지나는 동안에도 항상 모호한 초월 의식을 유지했다. 윌리엄 제임스는 더 높은 실재성에 대한 신앙과 비 신앙에 따른 기대의 대중적인 경향에 대해 **단편적 초자연주의**piecemeal supranaturalism라는 표현을 만들어 자신이 직접 사용했다. 이 기질은 두 드러지게 근대의 실용주의적 내재주의를 비롯해 학계의 논리적인 태 도와 교양 있는 공중과 융화했으며, 전부터 잘 알려진 이 태도는 오 늘날 '포스트세속사회'가 등장했다는 풍문이 퍼지면서 다시 한 번 주 목받고 있다.

그 때문에 이 시대에 일어난 도덕사의 중심 사건을 세속화가 아니라 윤리적 구분의 탈급진화라고 하는 것이다. 혹은 원한다면 실존의 비수직화라고 할 수 있다. 정확히 이것이 일찍이 위대한 말이었던 진보가 나타내는 바다. 근대의 조심스러운diskret 영적 감각Sensation은 이제 구제로 이어진다고 하는 중도가 존재한다는 것에 있다. 옛 아담과 그의 타락한 환경과 근본적으로 단절하라는 요구가 경감되자 세속성에 어떤 새로운 존엄이 주어졌으며, 근본적인 네오필리아를 위한 문화기후의 변화를 도입하는 데 나름의 기여를 했다. 새로운 것을 환영하는 이 경향이 근대에 미래를 향한 방향 설정을 어떻게 부여했는지 여기서 입증할 필요는 없다. 근대가 호기심의 회복에 무엇을 힘입고 있는지는 한스 블루멘베르크의 주저가 나온 뒤로 잘 알려지게 되었다.*

이 더 새로운 시대는 더 평온했던 시기들, 특히 1648년부터 1789년까지, 1815년부터 1914년까지, 그리고 다시 1945년부터 오늘날까지의 시기에서 간추려서 보면 반값의 메타노이아의 세계시대였다. 이 시기에는 **대체적으로**grosso modo 앞으로 나아갔고 옛 아담을 시민의 외양을 띠고 살게 하는 '발전'과 함께 침착하게 갈 수 있었다. 시대와 보조를 맞추며 진보를 향하고 우리가 의로운 자들과 선한 자들에 속한다고 믿을 수 있는 것으로 충분했다. 어떤 분기점을 지나자 인간은 **그저** 그의 타고난 선을 다시 상기함으로써 의식의 변환이 더더욱 거저 이뤄져야 했다. 루소가 옛 아담을 참된 인간으로 호명해 그를 기르고 개선시켜서 위쪽으로 조정하는 문명의 시도 전체를 과실로 일축하는 데까지 일을 진척시켰던 것이다. 오늘날까지도 지난 수백 년 동안 더 극심한 문화 파괴를 야기했던 게 무엇인지 알지 못한다. 참

*   Hans Blumenberg, *Die Legitimität der Neuzeit*. Suhrkamp, 1988(증보판)[《근대의 정당성》].

된 자연/본성은 거저 얻을 수 있다고 가르쳤던 루소주의인지, 아니면 세계와 인간을 변화시키기 위해 치러야 하는 비용을 빈번히 다시 올렸던 레닌주의인지 알지 못한다. 레닌주의는 선을 위해서는 대규모로 죽일 수 있다는 것에 자부심을 느꼈던 활동가들을 산출했고, 루소주의는 19세기와 20세기의 수많은 교양인들을 유혹해 문화적 길들이기와 기예적인 상부구조들을 생략해야 인간에게 그 내면의 진리를 되돌려줄 수 있으리라고 생각하게 만들었다.*

바로크 시대부터 진보적인 준세속'사회'의 도덕적인 **작동 양태**를 규정해온 반값의 메타노이아는 자기개선과 세계개선 사이의 역사적인 화해를 가능하게 한다. 자기개선이 여전히 전적으로 변화를 의지하는 개개인의 책임인 반면, 세계개선은 사회의 장을 그들이 활동한 결과물(한편에는 교육의 결과물, 다른 한편에는 기술과 경제의 결과물)로 붐비게 하는 교사, 발명가, 경영인의 성과들에 달려 있다. 이때 방법의 전환이라는 측면에서 두드러져 보이는 것은 개개인의 수행이 자기 자신에게 미치는 영향에서 차츰 외부에서 오는 것처럼 보이는 교사와 발명가가 다수에게 미치는 영향으로 어떻게 중점이 이동하는지다. 세네카가 그의 유일한 제자에게 **너는 나의 작품이다**meum opus es**라고 썼을 때, 이는 박차를 가하는 표현인 데다가 교육적 에로스의 매력적인 진술과 거의 다르지 않았다. 세네카 자신이 스승과 제자의 매우 까다로운 관계에서조차 결국 모든 것은 제자의 자기형성 의지에 달려 있음을 가장 잘 알고 있었던 것이다.

근대 학교와 인간설비자의 길드가 그들의 일을 시작했을 때에는 상황이 달라진다. 그들에게 삶을 바꾸려는 의도가 있다는 것에는 의

---

*   Bernard Yack, *The Longing for Total Revolution: Philosophic Sources of Social Discontent from Rousseau to Marx and Nietzsche*, University of California Press, 1986[《총체 혁명에 대한 갈망: 루소부터 마르크스와 니체까지 사회 불만족의 철학적 원천들》]을 보라.

**   Seneca, "34. Letter", *Epistolae morales ad Lucilium*.

문의 여지가 없지만, 그들의 공격각Angriffswinkel*은 외부에서 미치는 영향의 우위가 결코 의심될 수 없도록 그렇게 선택된다. 초기 학교 훈련은 예로부터 학생들의 고유한 능률Eigenleistung보다 앞서 있다. 또 교과 과정은 학생들이 자발적으로 이러저러한 주제에 흥미를 가지려는 생각을 하기 전에 학업을 확정하며, 능력을 확대하는 장치들의 수요자들에게는 처음부터 공급하는 측의 능률에 비교해 그들이 할 수 있는 고유한 기여가 거의 중요하지 않다. 항상 외부의 최적화가 우위를 차지한다. 비록 수업의 내적 퇴적물과 삶을 향상시키는 수단—예술작품, 보철물, 차량, 의사소통 매체, 사치품 등—을 사용하는 습관이 학생들과 사용자들에게 제2의 본성이 된다 하더라도 말이다.

자기개선으로서 세계개선

이 관찰들을 어떤 차별화Unterscheidung로 번역할 수 있다. 영성-자기수련, 비르투오소 혹은 운동선수 유형의 수행하는 삶에서 행위자는 매일의 훈련이라는 지름길에서 자신을 개선하며 스스로에게 영향을 미치는 반면, 세계개선의 길에서 그는 미미하지는 않지만 항상 간접적으로만 그의 윤리적인 위상을 변모시키는 객관적인 최적화 수단의 사용자로 바뀐다. 이 차별화는 곧장 삶의 변화에 대한 요구가 개개인의 실존을 변모시키는 그 방식에 관련된다. 판매원의 표현법에 머무르자면, 메타노이아의 명령이 액면가로 받아들여지는 곳에서는 이미 봤다시피 현존재가 어떤 가파른 수직적 긴장 아래로 빠져들며, 이 긴장은 개개인에 의해 선택된 영역의 수난/열정 형식을 삶에 새긴다. 이것이 '종교', 기예, 정치, 때때로 스포츠 분야든 상관없다. 반대로 이 명령을 계몽주의, 진보 사상과 선한 인간성이라는 더 평평한 형태들에서처럼 반값으로 가져가게 되면, 삶의 완화, 수직적 긴장의 해체, 수난/열정의 회피를 지향하는 어떤 현존 양태가 관철된다.

*　물체의 중심 선과 운동 방향이 이루는 각도.—옮긴이

이 완화된 추세가 막 현실적인 것이 되려던 참이어서 보편타당성을 요구하는 이성적인 것으로 표명하는 데 성공하는 경우, 기술 Technik의 진보를 어느 정도는 마음 편하게 도덕적이고 사회적인 진보와 병렬시킬 수 있으며, 어쩌면 양쪽을 동일시하는 것마저 가능할 수 있다. 앞과 위를 향한 운동은 통상적인 진보주의자가 볼 때 네 활개를 뻗어 자신의 힘을 다할 필요가 없는 어떤 이동이며, 그것은 올라타도 되는 어떤 흐름과 다르지 않다. 이 흐름은 멀리 있는 원천에서 발원해 세계시대 전체를 뒤덮었으며, 우리의 진보의 배가 오랫동안 이 조류를 만나 떠다니지 않았다면 분명 그렇게 멀리까지 가지 못했을 것이다. 그렇지만 요즘은 비로소 의식적으로 키를 조종해 항구 쪽으로 항해한다. 산 위를 흐르는 조류를 상상하는 데 어려움을 겪는 사람은 부끄러운 줄 알아야 한다. 오늘날 우리는 제한적으로만 움직이는 복잡한 덩어리들을 '진화하는 체계들'이라고 부르면서 '앞으로'가 동시에 '위로'를 의미해야 한다는 요구 속에 감춰져 있는 역설을 중립화한다.* 포스트모더니스트들은 기가 꺾인 채 진보의 창백한 잔여를 '복잡성 증대'라는 표제어에 기입한다. 그렇지만 아이러니하게도 어깨 너머로 '실정종교들'을 봤던 초기 계몽주의 자체가 어떤 종교처럼 기능하는 동안엔—집단에게는 환영의 훈련 단체로, 개개인에게는 초현실주의 가정들을 내면화하기 위한 수행체계로—산 위를 흐르는 조류들이 있다는 확신을 대변하는 것이 모든 멀쩡한 사람의 의무다.

수술-받게-함: 자가-수술을 위한 만곡 속 주체

원칙적으로 잘 알려지고 해명된 이 관찰들을 고수하는 것이 필요하다. 우리가 이어서 관여하게 되는 착종이 이 관찰들을 배경으

---

* 진화론이 사건들의 '흐름'에 대한 반직관적인 가정을 타당하게 만드는 일반 형식과 같다는 점에 대해서는 위에서 니체가 기예론을 자연이론과 결합시켰던 구절(201~204쪽)을 보라.

로 해야만 파악되기 때문이다. 한편으로는 근대에 메타노이아 명령의 강한 형태와 약한 형태 사이에서 빈번히 일어나는 불화에 관련되고, 다른 한편으로는 나 자신이 나에게 일으키는 최적화들과 내가 발전된 발명과 서비스의 동시대인으로서 타인 측에 요구하는 삶의 개선들 사이의 관계에 관련된다. 첫 번째 양태에서 생기는 영향에 나는 자기-수술Sich-Operieren이라는 표현을 사용할 것이며, 따라서 두 번째 양태에서 발원하는 영향에는 수술-받게-함Sich-Operieren-Lassen이라는 표현이 수긍할 만하다. 양쪽 다 서로 경쟁하는 인간공학 태도의 양태들을 표현한다. 첫 번째 양태에서 나는 직접적인 자기변모의 대상으로서 나 자신의 조치들을 통하여 형성되며, 두 번째 양태에서 나는 타인들의 수술 능력을 통한 영향에 노출돼 있고 그들에 의하여 나를 형성되게 한다. 자기-수술과 수술-받게-함이 협력하여 주체의 자기 자신에 대한 배려(돌봄) 전체가 이뤄진다.*

근대의 상황은, 자기 자신에 대해 능력 있는 개개인이 점점 더 자기 자신에게 영향을 미치고자 타인들의 수술 능력을 이용한다는 점에서 두드러진다. 수술-받게-함이 자기-수술에 도로 관련되는 것

---

* 나에게 이 차이는 푸코가 내놓은 지배-됨에서 자기-지배로 주권자를 형성하는 뒤집기에 대한 권력 비판의 숙고들을 대신하는 데 적합하게 보인다. 나는 이 번역으로 저자 자신이 그의 개념성의 틀에서 성공할 수 있었던 것보다 더 가깝게 그의 의도에 다가갈 수 있다고 확신한다. 전체적으로 수행과 성찰 실행의 장은 '생명정치'를 이야기하는 통용되는 형태들의 바탕을 이루는 단순한 과잉 정치화들에 의해 밀려날 수 있다. 동시에 그와 같이 푸코의 후기 작업들에 대한 페미니스트 관점에서 나온 비판이 저지될 수 있다. 이 관점은 푸코의 오해된 개념 선택과 관련되며, 그의 작업에 있는 양성 해방에 대한 전망을 유의하지 않는다. 그 예로, Lin Foxhall, "Pandora Unbound: A Feminist Critique of Foucault's History of Sexuality"[〈열린 판도라: 푸코의 성의 역사에 대한 페미니스트적 비판〉], Amy Richlin, "Foucault's History of Sexuality: A Useful Theory for Women?"[〈푸코의 성의 역사: 여성을 위한 유용한 이론?〉]이 있는데, 두 논문 모두 David Larmour, Paul Allen Miller and Charles Platter eds., *Rethinking sexuality: Foucault and classical antiquity*, Princeton University Press, 1998[《섹슈얼리티 재고: 푸코와 고전 고대》]에 실려 있다.

을 나는 근대 주체의 자가-수술을 위한 만곡曲으로 부른다. 그것은 타인들에게 직접 자신에게 무엇인가를 하도록 허락하는 사람은 간접적으로는 자신을 위해 무엇인가를 하는 셈이라는 어떤 강력한 자명함을 근거로 삼고 있다. 이는 고통을 행동에 편입시키는 어떤 변화된 양태로 이어진다. 능력 있는 주체란 그 자신의 행동 반경을 확장하는 것에 유의해야 할 뿐 아니라, 동시에 타인들을 통한 '처치Behandlungen'에 대해 자신의 권한을 증축해야 한다.

왜 근대화된 세계에서 이와 달리 될 수 없는지는 완전히 납득할 만하다. 개개인은 세계 변화의 작업 전체를 떠맡을 수 없을 뿐 아니라, 결코 자신의 개인적인 최적화를 위해 필요한 모든 것을 독자적으로 발생시킬 수도 없다. 개개인은 타인들의 행동 능력의 효과들에 노출됨으로써 우회 내지 유예의 방식으로 자신의 활동을 함축하는 어떤 수동성 형태를 전유한다. 근대인들의 확대된 수동성 능력은 자신에게 유리하도록 수술-받게-함에 대한 의향으로 표명된다.

처치받은 자기

이 환영받는 수동성이 수많은 변종으로 주조된다. 정보를 제공받게 함, 접대받게 함, 서비스 받게 함, 지급받게 함, 자극받게 함, 치유받게 함, 감동받게 함, 보장받게 함, 이송받게 함, 대리받게 함, 충고받게 함, 교정받게 함이 있다. 환영받지 못하는 수동성 형태들이 이 계열에 덧붙여질 텐데, 나는 첫 번째 자리에 협박받게 함을 언급할 것이다. 예컨대 마르크스가 눈에 띄게 강조했던 불리한 노동계약의 차원을 통한 협박받게 함이다. 이 노동계약에서 저 잉여가치의 이론가는 '착취'의 정황을 읽어내고자 했으며, 게다가 착취는 그것이 만성적으로 되자마자 수동적인 쪽의 모종의 동의Bereitschaft 없이는 성립될 수 없다는 점이 나타난다. 마지막으로 기만당하게 함을 들 수 있는데, 주체가 그의 자기기만Selbsttäuschung에 대한 수요를 자신의 수단으로 충족시키지 못하면서 자신의 욕망을 포기하지 않으려고 필요한 것을 공급해주는 어떤 증명된 환상의 제공자에게 호소하는 상황에서 현실화된다.

　주체가 타인들이 자신에게 무엇이든 하게 한다 하더라도 주체는 사후적으로 이 '처치'를 전유할 뿐 아니라, 자발적으로 처치를 구하고 주체에게 행해진 것을 주체 스스로 자신에게 행한 것에 통합한다. 우리 자신에게 행해졌던 것에서 무엇인가를 만들어내는 것이 문제라는 사르트르의 진부해진 표현은 이 관점에서 수동과 능동의 교차에 대한 편협한 어법으로 간파될 수 있다. 잘 알려진 것처럼 사르트르는 항상 타인에 의해 정해진 것에 대해 지금껏 해온 동의를 종식시키는 자기전유 행위를 강조했다. 이 행위로 주체는 타인들에 대한 객체-존재를 뿌리치고 나와 그렇게 그의 자유를 현실화하며, 동시에 무력한 어떤 존재처럼 시늉했던 자신의 자기기만(불성실)을 지양한다. 스스로를 사물들 가운데 있는 사물이라고 주장하는 사람은 근원적으로 자기 자신을 기만했다는 것이다. 여기서 레지스탕스Résistance의 모델이 어떻게 철학적 실존 분석으로 번역되는지 어렵지 않게 알 수 있으며, 이 투영을 배경 삼아 프랑스혁명의 극적인 그림자들까지도 두드러진다. 게다가 프랑스혁명의 양가적인 결과가 근대적 형태의 급진주의를 창건했기 때문에 이 혁명은 변화의 명령을 외재화하기 위한 전환을 가속화했다. 즉 혁명의 결과에 대한 불만족이 혁명의 반복에 대한 구체적인 요구를 낳았고, 반복에 대한 불만족이 반복의 영속성에 대한 추상적인 요구를 낳았던 것이다. 사르트르는 만성적인 불만족을 외부 전선에서 내면의 전선으로 도로 옮길 만큼 충분히 명쾌했다. 그 결과들이 어땠는지는 더 이상 말할 필요가 없다. 만약 자기실현이 끊임없이 새롭게 실행될 수 있는 수동성의 단절로 생각된다면, 영구혁명의 도깨비불은 개개인의 자기관계에 번진다. 실제로 사르트르는 트로츠키를 참조해 참된 윤리성Sittlichkeit을 **영구 전향**conversion permanente*

---

*　Jean-Paul Sartre, *Entwürfe für eine Moralphilosophie*, Rowohlt, 2005, p.28[《도덕

이라고 말했다. 이 접근은 정치와 도덕의 동시 파괴라는 결과를 야기
할 수 있을 뿐이었다.

사실 문제는 근대적 실존의 자가-수술의 구성에 대응하도록 개
개인의 자기관련에 있는 수동적인 순간들을 자유롭게 계발하는 것
Kultivierung이다. 그 위에다 나는 고통을 당하는 위치를 도착적으로 이용
하며 성적 관계가 어떤 예속의 게임에 배태되는 마조히즘을 택하여
덧붙일 필요는 결코 없다. 사르트르는 이 수술-받게-함의 양태를 그
의 초기 주저의 가장 인상적인 몇몇 페이지에서 타인을 위한 약삭빠
르고도 자발적인 객체화의 범례로 강조했는데,* 이는 문학적으로는
화려하지만 실제로는 오해의 소지가 있다. 능숙한 수동성에 대해 개
인적인 관심을 표하는 이 장은 고통을 구하는 자가 그가 임명한 학대
자와 맺는 도착적인 계약이 표현하는 것보다 훨씬 더 확장돼 있으며,
권력 비판과 지배 비판의 시각에서 파악할 수 있는 것보다도 훨씬 더
폭넓기도 하다. 만약 내가 나를 A에서 B로 데려가 달라고 어떤 교통
회사와 약정할 때, 나는 나에게 제공된 교통 서비스를 괜찮은 고통으
로 여기고 견디며, 다만 언젠가 렌트한 차로 이동해야 그것은 실제로
마조히즘의 시험이 될 것이다. 나의 의사를 방문할 때 나는 보통 달
갑지 않은 검사라도 의사가 그의 객관적인 능력에 따라 나에게 하는
것이라면 반기며, 나를 침입하는 치료라도 마치 내가 결국 스스로 그
것을 나에게 가하는 것처럼 받는다. 내가 선호하는 방송 채널로 돌릴
때, 나는 **부득이하게** 방영 중인 프로그램 속에 잠기고 마는 상태를
받아들인다. **메시지**message는 **마사지**massage와 같다는 맥루언Herbert Marshall
McLuhan[1911~1980. 캐나다의 미디어 이론가로 광고와 텔레비전 산업 연구
에 기여]의 단어 유희는 그 안에서 미디어 시대의 '주체 문제'에 대한
어떤 전문가의 입장을 깨닫는 즉시 철학적 의미를 낳는다. 마사지-받

철학의 구상〉]을 보라.
*   Sartre, *Das Sein und das Nichts*, pp.660~661[《존재와 무》, 626~627쪽].

게-함은 타인이 자신에게 영향을 미치도록 허락함으로써 자신에게 영향을 미치는 모든 이들의 상황을 상징화한다.

자발적으로 구한 수동성의 경우 전반에서 수동적인 순간들이 독립적 행위에 다시 연결되는 것을 입증하기란 어렵지 않다. 여기에는 독립적 행위가 다시 시작하리라는 전망은 포기하지 않은 채 타인의 영향이 지속되도록 이 행위가 중단되는 것이 속한다. 이로써 내가 이 장에서 강력한 분업의 활동 공간, 더 적절한 표현으로는 능력 분할과 수행 분할의 활동 공간에서 이뤄지는 자가-수술을 위한 행동의 만곡이라고 지칭하는 현상이 등장한다. 주체의 관점에서 보면 이 만곡에 접합된다는 것은 고통을 받을 수 있음/고통의 능력을 통한 주체의 행동을 표시한다. 이는 지배를 받는 굽힘이 아니라, 타인의 능력에 대한 관여를 의미한다. 이렇게 견뎌낸 수술이 원했던 결과로 이어진다면, 이 고통당하는 주체는 자신이 행동의 법칙을 수술자에게 넘겨줌으로써 자기 자신을 돌봤다/배려했다는 것에 동의한다. "나는 나 자신을 손에 쥔다"는 문장이 있던 자리에 더 복잡한 표현이 들어선다. "나는 치료가 성공한 뒤에 다시 자신을 손에 쥘 수 있기 위해 나를 손에서 놓는다."

독립적 행위로 지탱되는 이 수동성의 형상은 근대를 구성하는 '내맡김Gelassenheit'이라는 형태로 표현될 수 있을지 모른다. 이 표현의 경건주의적인 내포를 제외하는 게 성공한다는 조건에서 말이다. 내맡김은 수동성의 능력을 의미하며, 더 커다란 열정들을 나르는 능력의 작은 주화다. 그것은 주체가 효과적인operant 상대의 **전문지식savoir faire**에서 이익을 얻고자 어떤 고객의 위치를 받아들일 준비가 돼 있고 그럴 생각이 있는 상황들에서 활기를 찾는다. 그래서 하이데거가 이 표현* 속에서 보고자 했던 지혜에 대한 근대의 대체물이라기보다는 영리함

---

* 한국어판에서는 주로 '초연한 내맡김'으로 옮겨진다.–옮긴이

Klugheit의 양태에 더 가깝다. 우리는 이 철학자가 자신의 고유한 행동 능력 탓에 정신이 몽롱해진 근대인이 새롭게 존재를 통한 처치에 스스로 노출되도록 '(초연한) 내맡김'을 권고했음을 기억한다. 사실 수동성의 능력을 갖춘 태도는 발전된 인터넷 세계 속 인간의 유희 지능에 속하는데, 우리는 이 안에서 동시에 타인들이 우리 자신과 유희하게 하지 않는다면 결코 스스로는 움직일 수 없다. 이 의미의 내맡김은 노련한 행위자의 자기이해와 분리될 수 없는데, 이 행위자에 대해 자신의 행동 범위 한가운데에 있는 주체가 가지고 있던 철학적 환상은 퇴색해 있다. 더 적절하게 말하자면 자기기술에 복무하는 이 환상의 사용가치를 상실했다. 그 자리 곳곳에 작용을 받고 작용하는 행위자들, '프로슈머'(생산자+소비자)와 기술적 인터페이스의 유저(사용자)에 대한 구상들이 들어선다.* 바촌 브로크Bazon Brock[1936~ . 독일의 예술이론가로 플럭서스 운동의 대표자]는 그가 1968년부터 그 유명한 '방문자 학교들Besucherschule'을 카셀 **도쿠멘타**documenta에 설치했을 때 수십 년 앞서 이미 예술감상Kunstbetrachtung 분야에서 '수동성의 능력'이라는 형상을 선취했으며, 그 사이에 이 학교를 공인소비자Diplomkonsument, 공인환자Diplompatient, 공인유권자Diplomwähler, 공인수용자Diplomrezipient라는 4중 개념으로 더 발전시켰다.

수술의 원圓에서: 의학적인 내맡김

주체가 그를 '치료하는' 의사를 찾을 때 내맡김의 가장 중요한 변경 가운데 하나가 개입한다. 설령 '타인이 자신에게 무엇을 하게 함'이라는 더 새로운 문화—내가 여기서 일반적인 수술-받게-함으로

---

* 브뤼노 라투르는 여기에서 주체들의 연합으로 이해된 '사회'라는 고전사회학의 대상에 작별을 고하고 행위자-네트워크로 교체하는 결과를 도출했다. B. L., *Eine neue Soziologie für eine neue Gesellschaft. Einführung in die Akteur-Netzwerk-Theorie*, Suhrkamp, 2008[《새로운 사회를 위한 새로운 사회학: 행위자-네트워크 이론 입문》]을 보라.

표현하는 것―가 고객의 형상을 일반화했다고 하더라도, 의학의 장에서는 전통적으로 '환자'라는 표현이 간직돼 있는 더 오래된 수동성 형태가 등장한다. 21세기가 흐르면서 이 표현이 의학 시스템의 어휘 목록에서 사라져서 병을 기회로 느끼고 사고를 자기체험의 매개물로 느끼는 보수적인 하위문화들에서만 여전히 살아남아 있다면, 그것은 놀라움으로 다가오지 않을 것이다. **사실상** 이 분야에서도 고객화가 오랫동안 진행 중이며, 의사-환자 관계의 법률화는 여기에 적지 않은 기여를 하고 있다. 그렇지만 의사와 그 상대 사이의 관계를 어떤 관계로 파악하든, 만약 이 상대가 외과수술을 계기로 의사에게 자신을 내맡긴다면 이 관계에 위급 상황이 닥치게 된다. 그때 관습적인 의미에서 수술-받게-함에 관하여 말할 수 있고 이는 환자가 어떤 심각한 진단을 받고 침입성 치료에 노출될 준비가 돼 있을 수밖에 없음을 의미한다. 의사 쪽에서 '**우리가 상처를 입혀서 낫게 한다**vulnerando sanamus'라는 옛 원칙이 표현하는 바가 환자 쪽에서는 '나는 나를 능숙하게 상처 입게 함으로써 내가 낫게 되는 데 이바지한다'라고 번역된다. 이때 환자의 역할과 수술자의 역할 사이의 간극이 극심하게 두드러진다 하더라도 환자가 간접적인 방식으로 함께 행동하여 이 행동의 구성 요건을 자가-수술을 위해 구부러진 공간에서 충족한다는 점은 의심할 수 없다.

수술자가 피수술자가 될 때 이 만곡은 완전한 원으로 만들어진다. 드문 예외이긴 해도 의학사에서 여러 차례 입증됐던 것이다. 빼어난 사례를 1961년 남극의 러시아 연구관측소 노블라차레브스카야Nowalazarewskaya에 체재하는 동안 무리하게 자가 맹장수술을 했던 의사 레오니드 로고초프Leonid Rogozov[1934~2000]가 제공한다. 잘 알려진 사진 한 장이 그가 외과의사의 습관대로 산소호흡기를 쓰고 테이블 위에 누워서 우측 하단의 자신의 복벽을 어떻게 개복했는지 보여준다. 스펙터클한 자가절단을 실행했던 미국 등산가 애런 랠스턴Aron Ralston[1975~]의 경우 더욱더 세상의 이목을 끌었다. 2003년 4월 유타주의 산을 이동하던 중 일어난 사고로 그의 오른팔이 떨어진 바위에 끼었는데, 그는 닷새가 지나서 전박골을 부러뜨리고 무딘 주머니칼로 살을 떼어내는 가공할 만한 구출 시도를 하기로 결심했다. 나중에 그는 강연자가 되어 전 세계를 여행하며 꽉 찬 강연장 앞에서 자신을 돌보는(배려하는) 비범한 행위에 관해 이야기했다. 2000년에도 당시 스물아홉 살의 영국 퍼포먼스 예술가 헤더 페리Heather Perry가 미디어의 주목을 받았는데, 그는 만성적인 피로와 싸워서 더 높은 차원의 의식에 다다르려고 국부마취제와 특수드릴을 사용해 자신의 두개골을 여는 수술을 하기로 결심했다. 그 밖에도 인도의 현자 라마나 마하르쉬 Ramana Maharshi(1873~1950)의 생애사를 통해 그가 팔의 암궤양 때문에 죽음에 가까워질 무렵 매번 마취를 거부하고 그 대신 일종의 요가를 통한 고통 상쇄를 활용하면서 여러 차례 외과수술을 받았다는 일화가 잘 알려져 있다. 구파舊派의 깨달은 자에게 부단한 각성이라는 영적 공리를 위반하는 서구식 방법에 따른 치료를 받아들인다는 것은 명백히 기대할 수 없는 일이었다.

보통 자가-수술에 의해 자기 자신에게 다시 연결된다는 것(그 덕분에 주체는 그의 육체의 기술적인 변형을 견딘다)은 어떤 더 평평한 만곡을 가리킨다. 그것은 대략 18세기부터 계몽된 유럽인들의 광범위한 자극제 사용에서 표현되며, 그 사용은 20세기부터 가능한 모든 분야에서 어마어마한 도핑 수단을 투입하는 데까지 늘어난다. 볼테르Voltaire[1694~1778. 본명 프랑수아 마리 아루에François Marie Arouet]와 발자크 [1799~1850] 같은 작가들이 어느 정도로 카페인에 의존했었는지는 잘 알려져 있으며, 지그문트 프로이트가 얼마만큼 그의 니코틴 중독의 덕을 입었는지도 마찬가지로 잘 알려져 있다. 사르트르가 알코올중독과 암페타민[각성제의 일종]중독 사이를 얼마나 극단적으로 오갔는지 그의 후기 이력을 아는 사람들에게는 마찬가지로 비밀이 아니다. 이 경우들에서 명백히 항상 문제였던 것은 자극제들이 자극받은 이들에게서 만들어냈던 것에서 자극받은 이들이 무엇을 만들어내느냐다. 사르트르의 암페타민 중독에는 아이러니한 구석이 없지 않은데, 이 중독은 그에게 완전한 자립의 느낌을 주어야 하는 어떤 수단에 그가 의존하도록 만들었기 때문이다.

10월 혁명: 에테르 마취

19세기 중반부터 외과수술에 마취가 더해지는데, 오늘날 이 마취 없이 협의의 수술-받게-함은 더 이상 생각될 수 없다. 의료 선택지라는 무대에 마취가 등장한 것에 근대인의 자기관계에 일어난 가장 극심한 변형이 연결된다. 일찍이 '혁명'이라는 말이 어떤 기술혁신과 관련해 정당하게 사용됐다면, 그것은 전신마취의 재도입을 가리켰다. 이 마취는 1846년 10월 16일 처음으로 매사추세츠 일반 병동의 어느 실연실에서 환자 길버트 애벗Edward Gilbert Abbott[1822~1855]의 목에 있는 종양을 제거할 때 성공적으로 실행됐다. 그때 이 행사를 위해 특별히 제작된 구형의 에테르 흡입기가 삽입되었다. 이 수술은 같은 자리와 같은 청중 앞에서 1년 전 아산화질소로 했던 비슷한 시도가 실패한 뒤에 매우 회의적이었던 청중인 보스턴의 의료 명사들이 참석한 가운데 이뤄졌다. 에테르공 설계자 윌리엄 모턴William Thomas Green Morton[1819~1868. 미국 치과의사로 에테르 마취의 첫 공식 사용자]이 환자가 몇 번 심호흡을 하도록 만들자, 외과의사 워런 박사John Collins Warren[1778~1856]가 3분 남짓 동안(외과의사들이 전신마취로 되돌아오기 전까지는 속도가 외과의 본령이었다) 완전한 무통 상태에서 환자를 수술했다. 워런은 이 실연을 마치고 난 뒤 참석자들에게 **"여러분, 이것은 결코 사기가 아닙니다Gentlemen, this is no humbug"**라는 말로 호소했다. 의학사에서 가장 절제된 표현으로 가장 강력한 신-복음서적 메시지가 전달됐던 것이다.*

---

*   *Illustrierte Geschichte Anästhesie*, eds. Ludiwig Brandt and many collaborators, Wissenschaftliche Verlagsgesellschaft, 1997, p.63[《삽화를 곁들인 마취의 역사》].

에테르의 날ether day이라는 명칭으로 의학 연보에 등록된 이 외과 의 7월 14일*은 지금까지의 각각의 모든 정치적 사건이나 혹은 그 밖에 있었던 모든 기술적 혁신보다(러시아혁명기 생명정치의 실험들과 지금까지 있었던 유전학적이고 유전공학적인 조작 시도를 통틀어) 더 급진적으로 근대의 인간공학의 상황을 바꿔놓았다. 바스티유가 이른바 '전제정치의 상징'으로 즉각 철거됐다면(이 요새가 점령된 뒤 곧장 철거 작업을 밀어붙였던 기민한 건축업자 '애국자' 팔루아Palloy Patriote[1755~1835. 본명 피에르-프랑수아 팔루아Pierre-François Palloy]는 이미 7 월 16일 이 건물의 철거에 대한 공식적인 위탁을 받았다고 한다), 미 국 의사들은 고통의 폭정에 맞서는 저항 극장을 경건하게 지켰다. 지 금도 매사추세츠 일반 병동의 에테르 돔을 원래 상태로 구경할 수 있 다. 1882년 로버트 힝클리Robert Cutler Hinckley[1853~1941. 미국의 초상화가] 가 그렸던 그림 한 점이 이 장면을 포착하고 있다. 이 미국 소식은 20 종에 달하는 서로 독립된 소식으로 해상우편을 통해 며칠이 안 되어 구세계에 도달했으며, 유럽의 의사들은 이 소식을 모조리 수령해 마 치 어떤 세속의 복음이라도 되는 것처럼 반기기까지 했고 매우 순조 롭게 모방했다. 고통을 인간의 조건의 일부로 변호했던 회의주의자 들과 고통을 애호하는 전통주의자 집단만이 처음에 고통을 절연하는 이 새로운 방법을 고려하기를 거절했다. 대다수에게는 모방의 물결 이 퍼졌는데, 이는 모방적인 경쟁에 기초해서가 아니라 오랫동안 어 떤 시대의 악에서 구원되는 게 필요하다고 느껴왔기 때문이었다.

1846년 10월 16일은 수술을 받을 수 있는 인간의 역사에서 결정 적인 날짜다. 외과의사를 통한 수술-받게-함의 반경이 마취-받게-함 이 재발견되는 가능성들로 인해 그때부터 엄청난 확장을 겪었다. 에 비판(1932)이나 프로포폴(1977)을 비롯해 효과가 뛰어난 아편 유도 물 같은 새로운 마취 수단의 개발로 인하여 깨어나는 시간을 상당히

---

* 프랑스혁명 기념일을 빗대어 외과 혁명 기념일을 나타내는 표현이다.-옮긴이

줄였던 효과적인 단기 마취제 역시 오랜 기간 전문화돼온 마취법에 제공된다. 마취 상태의 심도는 집중적인 연구 덕분에 늘 거의 완전하게 통제됐으며, 꾸준히 장치상의 지원이 개선되면서 그 밖에도 마취가 최적화되는 데 기여했다.

이 가능성들은 다시 발견된 것임을 말해야 한다. 1490년과 1846년 사이 유럽 의학은 고대와 중세의 마취 기술들, 특히 수면양귀비, 사리풀, 만드라고라, 독당근에서 나온 효과가 뛰어난 식물 추출물을 기반으로 한, 예전에는 매우 잘 알려졌고 자주 사용됐던 '수면 균류'를 그렇게 남김없이 잊고 말았기 때문이다. 지금도 거의 납득되지 않고 있는 이 망각은 19세기 중반까지 계속된 근대 내내 그 완고한 현실성의 기후에 영향을 미쳤다. 이 시대에 외과수술은 거의 항상 고문이었으며 환자들에게는 단말마와 같은 의미였다.

무의식에 대한 인권에 관하여

철학적 관점에서 전신마취가 다시 도입된 것은 근대인의 자기관계에 분기점을 표시한다. 이는 당대의 주체가 자신의 통증에 대한 느낌을 절연하는 것에 동의할 수 있다는 새로운 가능성을 고려하지 않는다면 자신의 육체와 이 육체의 수술 가능성에 대해 이 주체가 맺는 관계가 더 이상 파악될 수 없기 때문에 중요한 것만은 아니다. 동시에 마취로 인해 자기의식 또한 없어지곤 하므로 주체는 자신을 대하는 존재Für-sich-Sein에서 일시적으로 물러나 의식이 없는 그 자체An-Sich의 위치로 완전히 가는 극적인 선택에 개방되는 것이다. 그는 자신의 이익을 위해 이 손상에 동의할 뿐 아니라—협의의 수술-받게-함 각각의 전제 조건이다—추가로 자신의 이점을 위해 인공의 무의식Ohnmacht을 긍정한다. 이 사태로 인해 그때까지 생각할 수 없던, '인간에게는 더 이상 모든 상황에서 깨어 있는 세계-내-의-존재가 기대될 수 없다'는 명제가 명시적으로 확립되기 때문에 숙고할 가치가 있는 것이다. 이 맥락에서 19세기 초반 '마취'라는 표현이 관철되기 전에 때때로 **중단된 생기**suspended animation라는 도식이 사용됐다는 정보를 언급할 필요가 있는 것 같다. 이 도식은 전신마취에 대한 근본 사상을 '생기 있는' 열정에 대한 의무에서 환자가 해방되는 것으로 더 적절하게 표현한다.

확실히 1846년 10월부터 무의식에 대한 인권이 있어왔다. 자신의 심신상의 실존이 일종의 극단적 상황에 처할 때 거기-있을-필요-없음에 대한 권리 말이다. 이 권리에 대한 요구는 18세기 후반과 19세기 초반에 지나친 자극을 받아서 기절하는, 유행이 된 유명한 몸짓을 통해 예비됐다. 이는 특히 예민한 사람들, 말하자면 여성들에게 세련된 쇠약의 표지로 인정됐으며 19세기 후반 히스테리 증상에 대한 이미지로 번성하는 여파Nachleben를 누렸다. 더구나 1785년 이후 유럽 전역에서 수용된 동물성 자기요법과 인위적인 몽유병 실행은 1840년부터 이른바 최면Hypnose의 두 예비 형태로 근대 주체가 '중단된 생기'의 이점들을 신뢰하게 만드는 데 필요한 일을 했다. 18세기 후반부터 최면술Mesmerismus이라는 명칭으로 통용되던 이 테크닉들은 —그 밖에도 사회 오락과 바리에테 오락의 틀에서도—1800년 이후 때때로 의사들에게 화학적 마취의 전신의 역할을 다했다. 낭만주의자들과 이상주의자들(관념론자들)에 의해 최면술은 강도 높게 수용됐는데, 이 기술이 일상의 의식을 넘어가는 왕도로, 말하자면 일종의 실험 신학으로 해석될 수 있었기 때문이었다.*

인위적 무의식과 벌이는 유희는 1830년대 아산화질소가 영국의 상류층에서 파티용 마약이 됐을 때 그 정점에 달했다. 같은 시기에 우아한 아편쟁이들과 교양 있는 마약 중독자들은 그들의 참회록이 모든 종류의 마취에 관심을 보이는 공론장에서 주의 깊게 읽힐 것

---

* 이에 대해서는 Peter Sloterdijk, "Kapitel 3: Menschen im Zauberkreis. Zur Ideengeschichte der Nähe-Fazsination", *Sphären I, Blasen. Mikrosphärologie*, Suhrkamp, 1998, pp.202~268[〈3장 마술계의 인간: 근접-매혹의 이념사를 위하여〉, 《구체 1: 기포, 미시구체론》]을 보라.

이라고 확신할 수 있었다. 두 세대가 지나도 1875년 설립된 신지학회의 선전자들인 헬레나 블라바츠키Helena Blavatsky[1833~1891], 애니 베산트Annie Besant[1847~1933], 찰스 리드비터Charles Leadbeater[1854~1934](이들은 영적 시장의 사정에 대한 정확한 육감으로 유럽 신비주의들과 인도의 정신 테크닉들을 혼합했다)는 자기에게 헌신하면서도 자기를 포기하는 기예에 대한 가르침을 전보다 더욱더 요구했던 대중을 만났다.

이렇게 조건이 붙은 자기포기의 모든 형태들에서 전형적으로 근대의 테크닉들은 수동성의 능력을 확장하는 데 익숙해졌는데, 확실히 나를 강화하는 관점에서 늘 그런 것은 아니었다. 의학적으로 표현된 전신마취에서 자가-수술을 위한 만곡의 요소가 가장 명쾌하게 나타나는데, 이 마취에는 일시적인 비-자기존재라는 한계 상황이 자기존재에 대한 헌신에 존재하기 때문이다. 이 전신마취는 통제를 받고 깨어나 삶으로 복귀하리라는 것에 대한 전망이 유지된다는 전제에서 인위적인 코마를 통해 더욱더 멀리 자기에게 떨어져 있는 영역들로 옮겨갈 수 있는 어떤 한계 지대를 표현한다. 이 유형의 '중단된 생기'에 대한 동의는 최종 가능 단계의 내맡김을 의미한다.*

혁명적 비내맡김

근대는 내맡김Gelassenheit 문화 내지 조건적 수동성 체계의 틀에서 기술적이고 사회적인 진보를 주체적으로 전유하는 일과 더불어 오랜 진보의 결과들을 고대하는 것에 대한 공공연한 불만에 기초한 비내맡김Un-gelassenheit의 문화를 산출한다. 이 문화는 자신에게-무엇인가-일어나게-함의 대부분 형태들에 대해 깊은 불신을 포함한다. 여기에는 권력과 권력 오용이 동의어라고 주장하는 지배 비판의 모티프가 늘

---

* SF 문학의 틀에서만 이 내맡김을 역시 넘어설 수 있을 텐데, 예컨대 인간 행위자들이 물질에서 에너지로 변화하여 빔Beaming(광선) 덕분에 우주의 다른 곳으로 방사될 때 그렇다.

16. 자가-수술을 위해 구부러진 공간에서　　　　　　　　603

개입한다. 비내맡김과 전반적인 수동성 거부에는 19세기부터 서유럽과 러시아에서 만연하다가 20세기 '혁명들' 속으로 흘러들었던 극단주의자들이 뿌리박고 있다.

이와 달리 의학의 진보는 시민적 계몽주의의 점증 모델에 편입됐다. 이 계몽주의는 그 추종자들에게 개선에 다다르면 이 각각을 이어지는 최적화의 출발 단계로 여기라고 가르쳤는데, 이는 특히 마취에 기대고 있던 외과에 유효했다. 이 외과는 19세기 중반 앞을 향해 엄청나게 도약했음에도 불구하고 대체로 진보적인 절제의 노선에 걸쳐서 점증적으로 능력을 키우는 문제로 남아 있었다.

진보의 표준 구상에서 낙관주의와 현실주의가 동시에 존재한다는 것에 매우 까다로운 시대 감정의 계발 같은 게 결합되어 있었다. 매 순간 다다른 것에 대한 만족은 아직 완성될 수 없는 것에 직면한 조급과 균형을 이뤄야 하며, 이미-가능한 것은 모두 아직-실현할 수 없는-것에 대한 전망으로 상대화되어야 한다. 꾸준한 인내 훈련과 조급 훈련 없이는, '인류 향상이라는 위대한 사역'에 대한 참여는 획득할 수 없었다. 두 태도 모두 이어지는 문명화의 길은 문명화된 여행 자체라는 암묵적인 전제 조건에 기초하고 있었다.

이 전제 조건이 부정될 때 무엇이 일어날 수 있는지 입증할 책임은 근대의 내맡기지 않은 자들에게 있다. 극단주의 입장의 신봉자들은 인내와 조급 사이의 균형-수행을 거부했으며 급진적인 가속에 표를 던졌다. 그들의 말대로라면 진리는 불균형에 있으며, 그들에게 선이란 편파적이고 당파적이다. 결코 조급을 그만두지 말라고 급진성에 몰두하는 욕망의 공리가 말한다. 사회문제를 그 뿌리에서부터 해결하는 유일하게 존중할 만한 진보는 극단의 대변자들에 따르면 점증적으로 오는 게 아니며, 그것은 사태의 익숙한 진행에 대한 갑작스럽고도 화해할 수 없는 단절을 구현해야 한다. 미리 주어진 길에서 또다시 내딛는 걸음이 결코 아니며, 오히려 길이 나지 않은 땅을 거칠게 이동하는 것이다. 혁명은 자신에 의해 확정된 방향으로 나아갈

길 자체를 닦는다. 과거에서 온 어떤 연결 도로도 혁명이 어디로 가야 하는지 제시할 수 없다. 확률 없는 것을 정복하는 그 곁에 길의 계획자로서 어제의 현실주의자를 위한 자리는 없다.

이와 같은 표상들의 신봉자들은 진보의 필연적인 점증성이라는 가상을 결코 믿어서는 안 된다고 하는 항변을 지지한다. 그 가상 뒤에는 최후심판의 날까지 인민을 기다리게 두기로 비밀리에 확고하게 결정을 내린 방해자 지배계급을 통한 비난받을 만한 발전의 지체가 은폐돼 있기 때문이다. 그들은 진보를 말하면서 **현상태**의 영구화를 의도한다. 이 명제를 마르크스주의의 판본에서 가장 잘 알 수 있는데, 여기에 따르면 대개 부주의하게 '인민'과 동일시되는 노동자들을 위한 '생산력들'의 보편적인 해방을 불가능하게 만드는 유일한 것은 자본 소유자의 '이윤욕'이다. 아나키즘의 표어 역시 널리 공감을 얻었다. '이 방해자들은 맨 먼저 국가의 대표자들과 잘 알려진 국가의 협력자인 교회의 대표자들 사이에서 찾을 수 있으며, 그런 까닭에 양쪽에 맞선 직접 폭력만이 이 상황의 필연적인 해체를 야기할 수 있을 것이다.' 오로지 죽은 영혼들만이 점증적인 진보의 원칙에 응할 뿐이다. 아직 도덕적으로 살아 있는 자는 지금 여기 상황의 참을 수 없음을 증언하는 목소리들을 듣는다. 봉기하는 자는 이 목소리들로부터 당장의 전복을 위한 전권을 얻는다. 늘 기억될 정도로 청년 마르크스는 혁명의 정언명법을 정식화했다. "인간이 천대받고, 억압받고, 버림받고, 경멸받는 존재로 있는 모든 상황을 전복하는 것"*이 활동가의 절대 의무다.

전복의 의지로서 급진적 메타노이아

실제로 19세기와 20세기의 자유주의자들을 비롯하여 사회민주

*   Karl Marx, *Zur Kritik der Hegelschen Rechtsphilosophie*, MEW Band I, Dietz, 1973, p.385[카를 마르크스, 《헤겔 법철학 비판》, 강유원 옮김, 이론과실천, 2011, 20쪽].

주의와 기독교 민주주의가 추종한 표준 계몽주의의 점증 모델에 대한 거부는 결코 사회적 긴급 상태의 압박으로만 설명될 수는 없었다. 이 거부는 고유한 논리에 의해 현존하는Gegeben 것과 단절하라고 요구하는 어떤 도덕적인 선택으로 인해 일어났다. 이 선택은 자기수련의 분리가 시작된 뒤부터 이뤄진 자신의 것과 비-자신의 것에 대한 근원적이고 윤리적인 구분을 정치적으로 이어나가도록 만든다. 이때 중심이 되는 미묘한 차이는 비-자신의 것으로 파악되는 것이 모두 이제 과거에 귀속되는 반면, 자신의 것은 예외적으로 미래에· 놓인다는 점에서 나타난다. 이 윤리적 구분은 시간화되어 세계를 배척된 과거의 것과 반길 만한 미래의 것으로 쪼갠다. 오늘날의 것과 연속되는 것에는 희망이 없으며, 이는 고대의 세계 도주를 비롯하여 근대의 모든 구체제에 대한 평가절하에도 적용된다. 그러나 완전한 존재자의 존재론이 포기되고 어느 '다른 세계'의 생성이 점차 개연성 있고, 불가피하다고까지 밝혀진 뒤부터 미래는 새롭게 위대한 윤리적 구분을 하는 이들의 고향처럼 느껴진다.

이 때문에 시민의 세계개선이라는 완만한 비탈길에서 만족스러운 상황들을 성사하는 데 이르길 원한다면 이는 물리쳐야 할 일이 된다. 이 길을 택하는 자는 아무리 그렇게 많은 개선들이 세세하게 이 상황들을 긍정할 수 있는 경우가 점점 더 늘어나고 있는 것 같은 인상을 준다고 하더라도 이미 모든 것을 예전 그대로 내버려두기로 근본적으로 결단했던 셈이다. 실제로 수직적인 것과 수평적인 것의 관계에서 수평적인 것이 지배하는 경우 과거의 우위가 효력을 발휘한다. 세계에 부족한 것은 이 지평에서 함께 진보할 준비가 되어 있는 사람들이 아니며, 세계가 필요로 하는 것은 수직의 의미에 새롭게 눈을 뜨는 사람들이다. 초기 소비에트연합의 생명정치 유토피아주의의 가장 유수한 저자들 가운데 한 명인 시인 알렉산드르 스뱌토고르 Alexandr Svyatogor[1889~1937 무렵]는 10월혁명이 일어나기 몇 년 앞서 죽음의 폐기, 과학적으로 추진된 망자들의 부활과 우주에 대한 기술 지배를 강령으로 삼았던 어떤 집단을 설립했는데, 이 집단은 '수직주의자들'이라는 이름을 내걸었다.

세계개선이라는 이념을 전적으로 진지하게 받아들이는 사람만이 세계개선으로는 충분하지 않다는 견해에 이르게 된다. 외부를 향한 메타노이아 원칙과 동일시하게 되면 존립하는 세계, 즉 주어진 '사회'질서는 그 기저의 구조 오류인 계급 지배와 (비)물질적인 부의 불평등한 분배가 제거되지 않는다면, 개선될 수 없이 남게 될 것이라는 통찰이 튀어나온다. 그 때문에 '존립하는 것'의 세계는 순차적으로 개선되는 게 아니라 혁명적으로 제거될 수밖에 없다. 옛 구조의 요소들을 재활용하는 도움을 받아야 거대한 붕괴가 일어난 뒤 이미 도달했거나 여전히 도달할 수 있는 '업적들' 앞에서의 평등이라는 정신에서 새로운 건축이 시작될 수 있다. 통상적인 진보주의가 거부되어야, 이로써 이 진보주의의 토대가 되는 선한 의도들이 영향을 미치게 된다. 딱 진보주의자들의 순진함이 간파된 것 같다. 그들이 아주 조심스럽게 작은 보폭으로 걸어가기로 의결할 때 그들은 **선의에서** 자유의 문제에 봉사하기로 마음먹지만, 사실 그들은 나쁜 것의 핵심인 세계개선 수단들의 사적 소유에 기초하고 있는 상황들과 단결하고 있다.

소유가 모든 수단에 대한 수단을 구현한다는 생각은 새로운 급진주의자들 사이에서는 배제돼 있다. 사적 소유와 사적인 것 전부에 대해 품는 깊숙이 뿌리박혀 있는 르상티망은 부를 산출하고 자유를 장려하는 메커니즘에 대해 편견 없는 탐구를 할 때마다 떠안겨지는 결론을 차단한다. 효과적인 세계개선이 할 수 있는 한 일반적인 사유화를 요구한다는 결론 말이다. 그 대신 정치적 메타노이아주의자들 Metanoetiker은 전반적인 몰수에 열광하는데, 이 점에서 이들은 무엇이든 공동으로 소유하고 아무것도 자신을 위해 소유하길 원하지 않는 그리스도교 수도회의 설립자들에 가깝다. 이들에게는 소유를 담보로 잡힌 채 창출된 화폐가 보편적인 세계개선 수단이라는 경제적인 근대화의 동학에 대한 가장 중요한 통찰이 가까이 하기 어려운 것으로 있었다. 더구나 그들에게는 당분간 근대의 세금 국가만이, 이 익명의 초-억만장자만이 그 전통적인 교육권력Schulmacht에 근거해서만 아니라 무엇보다 20세기가 흐르면서 믿을 수 없을 정도로 성장한 재분배 권력 덕분에도 확실히 국부적인 사회개량론자들과 연합해 보편적인 세계개선자라는 임무를 다할 수 있다는 점이 이해되지 않을 것이다. 현행 세금국가는 하나의 소유경제를 지지하는 동안 나름대로 존립할 뿐이다. 이 경제의 행위자들은 국고라는 잘 보이는 손을 통해 매년 공동체의 과제를 해결하기 위하여 총생산의 절반이 자신들에게서 떼어내지더라도 이를 저항 없이 받아들인다. 내맡기지 않는 자들이 가장 이해하지 못하는 것은 국내총생산GDP의 약 절반을 국가가 지출할 때 현실 재정-자유주의적 준사회주의의 구성 요건이 충족된다는 단순한 사실이다. 이 상황이 어떤 상표를 달고 판매되든, **뉴딜**New Deal이나 '사회주의 시장경제' 혹은 '신자유주의'라고 불리든 상관없다.* 이 시스템을 완성하는 데 없는 것은 전 세계적으로 단일화된 세금 지구의 설치와 오랫동안 연착한 가난한 세계의 사유화다.

위에서 대강 서술된 윤리적 차이의 역사의 발단을 배경으로 공산주의와 아나키즘의 급진성을 공세적으로 표현함으로써 이 안에서 어떻게 새로운 장이 열리게 됐는지 곧장 깨닫게 된다. 메타노이아의 명령이 정치의 차원 안으로 돌파했던 것에 관련되는데, 이 명령의 매우 가파른 형태가 외부 적용에 대한 매우 강력한 경향과 결합하고 있다. 그 때문에 20세기는 외부의 극단적인 수단들로 세계를 변화시킬 수 있다고 믿은 '인민위원들'의 시대였다. 나는 아서 쾨슬러Arthur

---

* 이에 따라 *Der Weg in die Knechtschaft*(초판 영어본 1944)[《노예의 길》, 김이석 옮김, 나남출판, 2015]에서 프리드리히 아우구스트 폰 하이에크Friedrich August von Hayek가 논한 반사회주의 주장을 건설적으로 수용하여 그것을 근대의 사회국가와 치유국가에 대한 긍정적인 구조 진단의 하나로 변호할 수 있다.

Koestler[1905~1983. 헝가리 출신의 영국 작가로 《한낮의 어둠Darkness at Noon》*이 대표작이다]의 글 〈요가행자와 인민위원Der Yogi und der Kommissar〉을 떠올린다. 이 에세이는 1942년 유럽의 암흑의 핵심에서 출간되어 1945년 당대의 도덕적 상황에 대한 글들과 함께 엮은 전 세계적으로 주목받은 책의 제목이 됐다.**

정치적 수직주의: 새로운 인간

말하자면 '수직주의'가 러시아혁명 전야에 다시 등장하면서 이것을 예외적으로 개개인의 문제로 취급했던 그 본래 형태를 더 이상 띨 수 없게 되었다. 이 윤리적 분리가 시작했을 때부터 불가능한 것을 강행하고 지칠 줄 모르는 자기수련을 통해 현자, 신인, 새로운 인간으로 개조되는 것은 개개인의 문제에 지나지 않았으며, 기껏해야 똑같은 결단을 내린 이들과 함께하는 공동의 문제였다. 서방의 안토니누스 피우스Antoninus Pius[86~161. 로마제국의 15대 황제로 5현제 중 한 명]와 마르쿠스 아우렐리우스, 동방의 밀린다Milinda[메난드로스 1세 Menandros I.라고도 부르며 인도 그리스 왕국의 국왕으로 승려 나가세나와 문답한 내용이 《밀란다왕문경》에 전해짐]와 아소카Ashoka[BC 304~BC 232. 인도 마우리아제국의 왕으로 불교전파에 기여] 같은 왕위에 있는 현자들조차 그들의 개별적인 철학적 메타노이아가 국가의 메타노이아로, 만인의 개심으로 확장되리라는 생각에 한순간도 빠지지 못했다. 죽음의 세계의 종말에 관한 메시지를 만인에게 전하는 것처럼 보였던 바울조차 실제로는 자신들의 구제를 돌봤기에 임박한 종말 앞에서 구제된 자들의 안식처로 옮겨갈 수 있을 소수에게만 말했다.

내재성의 시대를 통과하면서 이 절대명령["너는 너의 삶을 바꿔야 한다"]은 "너는 세계를 변화시켜야 하고, 그것도 만인을 포괄해 세계

---

*   문광훈 옮김, 후마니타스, 2010.-옮긴이
** Arthur Koestler, *Der Yogi und der Kommissar. Auseinandersetzungen*, Suhrkamp, 1974, pp.11~22[《요가행자와 인민위원: 논쟁들》].

구조의 최후 요소들 안까지 변화시켜야 한다"는 명령이 됐다. 이 명령을 순전히 부단한 전진으로—학교, 시장과 기술의 협력을 통해—실현시키길 원하는 사람은 시작부터 모든 유혹들 가운데 가장 위험한 것에 굴복해 있을 것이며, 끊임없는 개선의 외양을 띠고 옛 기본 설정들을 놓지 않는 순응의 길을 택하라는 부르주아지라는 사이렌이 부르는 노래에 넘어가고 말았을 것이다. 그렇지만 혁명가는 오뒷세우스Odysseus처럼 돛대에 [선원들로 하여금] 자신을 고정시키게 한다. 그는 현혹되지 않고 자유주의와 사민주의의 음색이 유혹하는 양면 가치의 지대를 이동해간다. 그가 무엇을 포기하는지 더 잘 알수록 그의 사명에 더욱더 냉정하게 헌신한다.

그러니까 위대한 전환이란 구세계의 형성 원리에 정언적인 결별 선언을 해야만 이뤄질 수 있다. 인류가 특권이 있는 자들과 특권이 없는 자들, 가진 자들과 가지지 못한 자들, 아는 자들과 알지 못하는 자들, 지배하는 자들과 지배받는 자들로 분열된 상태를 결정적으로 단념해야 하는 것이다. 이 메타노이아 명령의 개정판은 곧장 이 명령을 따르는 행위자에게 역으로 영향을 미친다. 바로 옛 삶에서 떨어져 나와 혁명가로 변신하는 것을 그에게 요구하는 것이다. 큰 소리로 직업 혁명가의 표어를 공포하는 어떤 파벌을 택하는 것에 만족하는 사람은 이 요구를 수행할 수 없으며, 더구나 부르주아 매체들이 '혁명적 폭력'의 유혈 행위에 관해 보고할 때 매우 은밀한 기쁨을 느끼는 것으로 충분하다고 여기는 자도 이 요구를 수행할 수 없다. 혁명은 흡수력이라는 측면에서는 고대와 중세의 위대한 자기수련에 전혀 뒤지지 않는 어떤 종합적인 규율을 요구한다.

무엇보다 혁명가-되기는 결코 순수한 결단의 문제가 아니며, 하루아침에 미래의 인간으로 변형될 수 없다. 새로운 인간은 가장 열성적인 선취들이 그를 끌어당긴다 하더라도 자기 자신에 대해서는 거대한 아직-아님Noch-Nicht*이다. 그 때문에 혁명적 절차에 입회한다는 것은 맨 먼저 지리멸렬한 자기단념의 시작에 불과하다. 혁명을 새로운 소속의 형태로 선택했던 사람은 그 자신이 지금도 속속들이 낡은 인간이라는 점에 우선 동의해야 한다. 인류 역사 전체로부터 상속받은 부정의로 젖어 있고, 계급사회의 내적 퇴적물로 가득 차 있고, 과거의 온갖 종류의 잘못된 단련들로 망가져 있고, 그의 섹슈얼리티·취향·일상적인 소통 형태들의 가장 내밀한 미동 안까지 왜곡돼 있고 일그러진 인간으로 말이다. 그가 당분간은 동포애에 무능력하다는 점에서 역시 낡은 인간으로 남아 있는데, 무엇보다 그가 여전히 일그러진 생명 본능의 희생자로 존재하거나, 혹은 트로츠키가 썼다시피 "경직되고 병들고 히스테릭한 죽음에 대한 불안"**이라는, 죽을 운명인 자들 사이에 있는 비연대의 가장 심원한 원천의 희생자로 존재하기 때문이다. 혁명가와 낡은 인간의 유일한 차이는 혁명가가 자신과 타인들이 어떤 상태에 있는지 파악했던 반면, 나머지는 말없이 고통을 당하거나 혹은 역사상 인류가 그들의 상황과 타협하려고 발전시켰던 수많은 자기기만들 가운데 하나에 자신을 내맡긴다는 점에 있다.

혁명 속의 어떤 실존을 택한다는 것은 타협뿐 아니라 침묵도 배제하며, 더 힘든 길을 선호하기 때문에 한 제자가 불법(다르마)의 좁은 길로 도피하거나 혹은 한 예비신부가 그리스도교 수도회에 입회하는 것에 견줄 만하다. 레닌주의 직업 혁명가 엘리트는 이 유비를 적어도 이념형의 관점에서 정당화했을 수 있다. 그렇지만 그 차이가 대단히 중요한데, 총체적인 자기도구화의 추상적 명령을 제쳐둔다면 이 활동가들에게는 한순간도 구속력 있는 수도회 규칙이 없었으며, 더욱더 중요한 점은 세속적이든 초세속적이든 혁명의 진행을 보편타당한 관점들로 판단할 수 있는 모든 윤리적 심급들이 그들의 세력 범위에서는 무효화됐다는 것이다. 현실에서 일어나는 혁명은 자신에

---

*   에른스트 블로흐의 희망의 주된 원리 중 하나.─옮긴이
**   Leo Trotzkij, *Literatur und Revolution*(초판 1924), Gerhardt, 1968, p.214[《문학과 혁명》].

대한 윤리적 주권을 요구했으며 이를 통해 모든 외부 판단에 대해 자신을 면역화했다. 정당이 항상 옳았다면 그것은 혁명이 항상 옳기 때문이며, 따라서 혁명을 현실에서 실행하는 이들이 옳았다는 것이다. 그 때문에 혁명의 타락마저 예외적으로 혁명의 자기해석 밑에 둬야 한다. 스스로 혁명의 정점에 서 있지 않는 그 누구도 혁명에 의해 선택되어야 하는 수단을 판단하도록 허락받지 못했다. 혁명만이 그 성공에 필요한 살상 비용이 얼마나 많이 들 수밖에 없는지 알 수 있었으며, 혁명 자체만이 얼마나 많은 테러가 그 원칙들의 승리를 보장하는지 확정했다. 백군 테러리스트와 적군 테러리스트 간 전쟁의 한복판에서 혁명의 대들보들이 자유롭게 수단을 선택하는 행위에 '제2의 윤리'라는 칭호를 만들었던 게 죄르지 루카치György Lukács[1885~1971. '서구 마르크스주의'의 대표적인 사상가]였다.

이는 현행 지도자들만이 일어나고 있는 혁명을 여전히 이해했던 그런 상황을 초래했다. 사건의 **활기 넘치는 곳**에 살았던 레닌과 스탈린에게만 "혁명은 나다"라는 문장이 이론적으로나 실천적으로도 진실에 부합했다. 반면 그 밖의 사람들 모두는 혁명을 이해한다고 결코 확신할 수 없었다. 아무리 그들 역시 진정한 투사였다고 하더라도 말이다. 그들 모두는 매일매일 반혁명가로 폭로되는 위험과 더불어 살았다. 혁명의 원칙들과 관련해 독실한 것으로는 더 이상 충분하지 않았으며, 그때 요구됐던 것은 지도자들이 매일 내보이는 책략들에서 이해할 수 없는 것에 대한 독실함이었다. 혁명은 그것이 충실한 사람들 중에서도 가장 충실한 사람들을 가두고 고문하고 총살할 때에도 그 자체로 옳고자 했다. 그와 같은 일이 자신에게 일어나도록 해야 했던 혁명에 신실한 자들은 어느 모스크바의 순교록에 수록되어 기념되는 증인들이 결코 아니었으며, 그들은 매우 까다로운 영적 수행에, 곧 **지옥을 향한 체념**resignatio ad infernum에 스스로를 내맡겼던 신비주의자들을 닮아 있었다. 신이나 스탈린이 아무리 나의 단죄를 원한다 하더라도, 그들이 원하는 바로 그것을 하고자 하는 시도에 혁명에 신

4부. 근대의 수련들

실한 자들과 신비주의자들이 내맡겨져 있었던 것이다.*

공산주의의 인간 생산

이 논의의 맥락에서 러시아혁명의 '종교적' 차원 혹은 종교를 패러디하는 차원들에 더 긴밀하게 관여할 필요는 없다.** 이 혁명적 사건의 복합체가 어떻게 계몽주의 시기부터 감염성이 있어왔던 인간생산의 모티프를 포착해 잠시 마지막 첨예화에 이를 때까지 그것을 고조시켰는지 대강 서술해 보여주는 것으로 충분하다. 이 공산주의 실험의 유별난 점은 그것이 처음부터 영성-자기수련의 구성 요소를 생명 기술의 구성 요소와 될 수 있는 한 직접 결합시키고자 이 인간공학의 양쪽 전선에서 동시에 시작했다는 것이었다. 자주 불러내는 새로운 인간의 도식을 인용할 때면 이 이중 전략을 늘 함께 고려해야 한다.

이 새로운 인간의 생산은 한편으로는 혁명 도덕의 훈련 중심지이던 '정당'의 엘리트 수뇌부에서 이뤄진다. 이곳에는 급진적 메타노이아를 개시하고 난 뒤 자기 자신 안에서 낡은 인간을 지양하는 작업

---

* 1938년 스탈린의 고문노예수장 야고다Genrikh Jagoda/Yagoda[1891~1938]의 본보기가 되는 종말에 대해서는 Bazon Brock, *Lustmarsch durchs Theoriegelände*, pp.141~143을 보라.

** 몇몇 두드러지는 해석자들인 아서 쾨슬러, 알베르 카뮈, 알렉산더 솔제니친, 알렉산더 바트Alexander Vat, 안드레이 시냐프스키Andrej/Andrei Donatowitsch Sinjawskij[1925~1997. 소비에트 시절 정치 수용범이었던 작가 겸 문학사가], 보리스 그로이스가 이 주제에 대해 여러 페이지에 걸쳐 다뤘고, 최근에는 미하일 리클린 Michail Kusmitsch Ryklin[1948~ . 러시아 철학자로 국내에 서구 철학자들과 나눈 대담집 《해체와 파괴》(최진석 옮김, 그린비, 2009)가 소개되어 있다]이 다시 다뤘다. 나는 이 관련 문헌에 나의 에세이 *Gottes Eifer. Vom Kampf der drei Monotheismen*, Insel, 2007[《신의 질투: 세 일신교의 투쟁에 관하여》][페터 슬로터다이크, 《신의 반지: 세 일신교의 평화로운 공존을 위한 제안》, 두행숙 옮김, 2009]에서 공산주의를 네 번째 유일신론으로, 더 정확히는 루소의 '인간의 종교Religion des Menschen'['시민의 종교'와 달리 기독교처럼 신의 숭배와 천국의 문제에만 관심을 갖는다]가 실천적으로 실현된 것으로 해석함으로써 각주를 덧붙였다.

을 하는 개인들이 모여 있다. 여기서 어떻게 지금도 활약하는 정통적 영성의 기질들이 1000년 동안 이어진 탈자기문화와 함께 작용하는지 개별적으로 추적하는 일은 불필요할 것이다. 1917년 이후에 새로운 인간을 요청했던 사람은 이 요청의 도덕적 증거의 아주 일부만을 체르니셰프스키Nikolay Gavrilovich Chernyshevsky[1828~1889. 1860년대 러시아의 혁명 민주주의 운동의 주도자로 레닌에게 지대한 영향을 끼침]의 획기적인 사소설《무엇을 할 것인가?》*가 출판됐던 1863년부터 러시아에 확산됐던 근대적 주장과 논쟁할 필요가 있었다. 이 이야기의 주인공들 가운데 한 명인 라흐메토프Rahmetov는 못이 박힌 널빤지에서 자면서 근육 조직을 단련하고 식이요법을 엄격하게 점검했던 근대적 자기수련인이었다. 얼마나 많은 라흐메토프의 복제인간들이 레닌과 스탈린의 러시아에서 일하고 있었는지는 결코 명쾌하게 대답될 수 없는 문제다. 다만 하나는 확실하다. 혁명적 변혁에 직면하여 자기 자신에 대해 극도의 것을 요구했던 사람은 그리스도의 본받음에 대한 지체된 러시아의 대응물 **필로칼리아**Philokalie(명상적인 삶의 실천)를 거쳐 사막의 교부들과 아토스산의 수도자들까지 거슬러 올라갔고 여전히 감염성이 있는 메타노이아의 절차를 비축해놓고 있던 전통에 서 있었다.

다른 한편으로 새로운 인간에 대한 요구는 사회 기술과 생명 기술의 언어로 표현된다. 마르크스주의가 불러내는 생산력은 그 도덕적인 잠재력에 따르면 세계를 개선하는 힘이기 때문에 혁명 이후에는 인간 재료에 적용될 수 있고 또 그래야 한다. 사회주의를 계획적으로 생산하고자 한다면, 사회주의의 건축자들이 그 나름대로 계획적으로 생산될 수 있어야 한다. 혁명의 본래 과제는 "인간 정신 자체의 개조"**에 있다는 부하린Nikolai Ivanovich Bucharin/Bukharin[1888~1938. 러시

---

* 　서정록 옮김, 열린책들, 2009.-옮긴이
** 　Andrej Sinjawskij, *Der Traum vom neuen Menschen oder Die Sowjetzivilisation*, S. Fischer, 1989, p.164[《새로운 인간에 대한 꿈 혹은 소비에트 문명》]를 보라.

아혁명을 이끈 혁명가이자 혁명이론가]의 잘 알려진 1922년 테제는 생산자를 생산하는 것으로 생산 집합체가 재귀성Rückbezüglichkeit의 단계에 다다른다는 혁명적 인간공학에 있는 차원의 도약을 명료화한다. 예전에는 초월적인 도덕이었던 것이 제어 시스템의 일부가 된다. 항상 똑같은 자기수련의 자리에 사이버네틱스의 최적화 시스템이 등장하는 것이다.*

트로츠키를 포함해 수많은 저자들은 정신의 개조 요구에 만족하지 않았으며, 인간의 유전학적 신축을 약속했으며, 더 나아가 인간의 우주적인 개혁까지도 요청했다. 병들고 열등한 변종의 근절을 통한 인간의 육체상의 최적화가 혁명적인 요구들 가운데 가장 위에 있었으며, 이는 동시대의 사회민주주의와 시민과 민족의 프로그램들과 거의 다르지 않았다. 여기에 정신적인 특질들의 개량이 뒤따랐다. 여기서 독일 국가사회주의의 독재 시기에 나타난 '과학적 인종주의'라는 사육 관련 사변에 대한 유비가 눈에 띈다.** 그렇지만 이 대개혁의 최종 완성으로 좌우파 출신의 어떤 순수한 '우생학자'도 감히 꿈꾸지 못했던, 시공간과 중력과 육체의 무상과 종래의 생식에서 인간을 해방시킨다는 이념이 제출됐다. 그러니까 이 최종심급에서 혁명은 열역학의 제2법칙***을 무력화하는 것을 의미한다.

---

* 새로운 단계의 인간공학의 반향은 사이버네틱스와 모든 영역에서의 그 계속된 발전에 대한 동독의 권력자들의 선호에서도 여전히 나타난다.

** Peter Weingart, *Jürgen Kroll and Kurt Bayertz, Rasse, Blut und Gene. Geschichte der Eugenik und Rassenhygiene in Deutschland*, Suhrkamp, 1988[《인종, 피와 유전자: 독일 우생학과 인종위생의 역사》]을 보라.

*** 열역학 제1법칙이 에너지를 만들어지지도 파괴되지도 않고 보존된다고 우주의 안정을 주장한다면, 이 법칙은 방 안의 커피가 식는 것처럼 닫힌계 안의 자연현상은 확률이 낮은 상태(엔트로피가 낮은 상태)에서 확률이 높은 상태(엔트로피가 높은 상태)의 방향으로 일어나고 이것을 거스르는 것에는 다른 에너지가 필요하다며 우주의 퇴보를 이야기한다. 더 나아가 앞 문단에 잠깐 언급된 사이버네틱스는 이 퇴보와 소멸의 엔트로피 대신에 시스템의 복잡성 증대를 향해 가는 엔트로피 개념을 재정립했다는 평가를 받는다. -옮긴이

유토피아의 구상들 자체에서 자가-수술을 위해 구부려진 공간 속의 행동이라는 형상이 어떻게 거대 정치의 지평에 퍼져 혁명적 능동문화 곁에 혁명적 수동성을 낳는지 어렵지 않게 인식할 수 있다. 계획이 많으면 많은 것을 감수할 수밖에 없는 것이다. 실제로 1917년 이후의 일상은 이미 일반 대중에게 혁명 국가의 일원들을 통한 수술-받게-함을 기꺼이 각오하도록 강요했다. 새로운 인간은 현재의 인간이 절개수술을 받을 준비가 돼 있을 때에만 강행될 수 있을 뿐이었다. 혁명 지도자들의 언어에서 외과적 은유들의 역할은 별도로 조사할 가치가 있었는데, 이 은유들은 정치적 전일주의가 저마다 어떤 대가를 요구하는지 분명히 한다. '사회'를 유기체로 생각하는 사람은 조만간 절단수술용 도구를 어느 자리에 갖다 대야 하느냐는 질문 앞에 선다.

이 맥락에서만 러시아혁명에서 미적 아방가르드의 역할이 평가될 수 있다. 이 아방가르드는 비참한 상태에 처해 있는 대중의 수동성 능력을 수년 내에 역사적으로 필요한 수준에까지 끌어올리는 거대한 책무에 헌신했다. 혁명예술의 선동적인 특색은 인류의 역사에서 최초로 만인을 위한 수난을 선포하는 도취적인 프로젝트에서 생겨났다. 이것이 혁명적인 참여예술의 잡다한 형태들에서 표명됐던 교수법적인 전환이 갖는 의미다. 그때 최고 형태의 고통이 미적인 '인민위원들'에 의해 지금껏 통속적인 고통만을 알고 있던 다수에게 제공됐던 것이다. 비록 매장과 부활의 기술적 문제들이 아직은 구체적으로 조정되지 않았음에도 불구하고 그 누구에게도 십자가 위의 죽음에 대한 권리가 거부될 수는 없다. 적절하게 널리 이 제안을 전달하고자 개별 국민이 각각 혁명과 어떤 처치 계약을 맺었다는 허구에 의지하는데, 이 대전환의 행위자들이 개별 국민을 위한다며 가했던 모든 것을 인내하고 긍정할 준비가 되어 있으며 원한다는 내용이다. 이 가설에 비춰서만 겨울궁전에 부는 전설적인 폭풍우와 스탈린의 죽음 사이에서 수많은 당대인들이 '이행기'의 고통을 견뎌내도록 만든 불가해한 수동성이 이해될 수 있다. 혁명가들의 가장 중요한 '공동 사역'은 의심의 여지없이 혁명을 견뎌내고 이로 인해 겪는 고통의 양태로 혁명을 촉진하는 것에 있다. 러시아인들과 이들과 연합한 민족들이 이 장에서 위대한 것을 성취했다는 데에 아무도 이의를 제기하지 않는다.

관련 문헌에서 혁명 이데올로기의 '종교적' 본성에 관한 명제가 싫증 날 때까지 반복됐다 하더라도, 러시아혁명은 그 설계에 따르면 어떤 정치적 사건이 아니라, 오히려 절대명령의 총체적 외재화 위에 세워지고 사회정치의 외양을 띠었던 인간공학 운동이었다는 점을 강조할 가치는 있다. 이 혁명이 '종교'의 본성을 명시화하는 데 기여했다는 것도 중요하게 남아 있는데, 이렇게 해서 내가 첫머리에서 **사이언톨로지교**를 예로 들어 보여줬다시피 자기최면을 통해 폐쇄적인 대항 세계를 만들어내며 나아가는 근대의 저 종합적인 가상 수행 집단에 이 혁명은 속하게 된다. 사이언톨로지교처럼 러시아혁명에서도 개별적으로 작용하는 정신 기법의 순간은 지도자 숭배와 집단 나르시시즘의 절차들에 기초하고 있는 대중심리 효과들과 교차했다. 이 공산주의 실험은 인간을 인간의 산물이 되게 하는 조건들을 권력을 가지고 장악하려는 대규모 시도를 꾀함으로써 활동가들이 무엇을 믿어야 하며, 더군다나 낡은 인간이 새로운 인간으로 개조될 때까지 그들 자신에게 무엇을 하게 해야 하는지 입증했다.

사실상 공산주의 변혁은 근대의 광범위한 생명정치의 제2차 비상상황을 불러일으켰다. 제1차에 관해서는 위에서 근대 초기 국가의 인구정책을 상기하며 이야기했는데, 이 인구정책은 그 조치들을 정밀 조정하는 데 현저하게 실패했고 여기서는 더 이상 이야기될 필요 없는 어두운 결과들을 낳았다. 러시아혁명의 생명정치 역시 그 결과들을 확신할 수 없었지만, 그건 완전히 다른 이유에서였다. 근대 초기 국가가 최대치의 피지배자들을 산출하길 원하면서 쓸모없는 이들의 거대한 과잉을 감수했다면, 혁명 국가는 어떤 유기적인 확신의 집단을 추구했으며 확신하지 못하는 이들의 상실을 무릅썼다. 제1차 생명정치는 문제의 해결책을 인간의 대량 수출과 광범위한 구금에서 찾았고, 제2차 생명정치는 해결책을 대량 구금과 이보다 더한 인간의 대량 말살에서 발견했다.[*]

기적의 생명정치와 가능한 것의 기예

이렇게 해서 1917년 혁명의 인간공학적 비밀이 전부 말해졌으며, 수많은 작가들은 이것을 다양한 어법으로 공표했다. 정치혁명이라는 서구 이념은 러시아의 인텔리겐치아를 통해 전유되면서 어떤 변태를 겪었으며, 이로 인해 이 이념은 탈정치화되는 경향을 띠었고 어떤 급진-메타노이아의 실험으로 개조됐다. 직설적으로 이것을 동양화를 통한 정치의 전복이라고 틀림없이 말할 테지만, 그렇다고 이것이 소비에트의 국가권력을 '동방의 전제정치'로 표현하고자 그런 것만은 아니다. 이때 '동방'은 영적 인자들이 주도권을 잡는 경향을 의미한다. 러시아를 기반으로 한 혁명은 어떤 전향의 유사물에 이르지 않고서는 정말 일어날 수 없었다. 그때 생긴 것은 외부로부터의 전향의 거대한 연극이었다.

전향은 자신의 삶을 영적으로 영도에 세운다는 것을 의미한다.

[*] 제3차 생명정치의 비상상황은 국가사회주의에 있으며 이것은 근대식 인구주의와 소비에트의 현행 선례를 따르는 실험주의를 어떤 전략상의 복합체로 접합했다. 이것은 인구주의에서는 빈약한 결과들을 낳았고 실험주의에서는 끔찍한 결과들을 낳았다. 그 곁에 이미 스탈린 시대에(식민주의 시대의 서곡들 이후) 실행됐던 인간과 유인원을 교차시키려는 '건설적인' 시도가 순전히 일화로만 남아 있다. 이는 나치스 친위대(SS)의 어느 수정 시설에서 생물학적으로 결함이 없는 후세를 산출하려는 시도와 거의 다르지 않다. 역사상의 판정은 소비에트연합뿐 아니라 나치 국가에서도 매우 거대한 형태로 제거의 정치, '불필요한 요소들'의 근절, '살 가치가 없는 생명'의 말살이 있었지만, 정확한 의미에서 우생학은 거의 없었다는 결론을 시사한다. 이 객관적으로 거의 정당화될 수 없는 우생학과 제거정치의 동일시(독일에서는 '인종위생'이라는 중간 단계를 거쳐서 전달됐다)는 오늘날까지도 '자유주의 우생학'이라는 비난을 받는 현재의 인본주의적인 유전자 치료 연구에 대한 논쟁적인 방어들을 규정하고 있다.

혁명은 세계를 영도에서 새롭게 기획하는 제스처를 암시한다. 역사 속에서 흘러간 현실을 특성이 없는 하나의 덩어리로 변화시키고, 재건 단계에서 이 덩어리를 가지고 문자 그대로 모든 것을 만들어낼 수 있다. 혁명의 증류기 안에서 특정 성질을 띠며 굳어졌던 물질은 새로운 엔지니어들에 의해 자유로운 기획에 사용될 전형성능全形成能의 잠재력으로 변형된다. 세계개선의 우위가 통용되는 곳에서 새로운 인간은 어떤 새로운 사회의 역할로 생각될 수 있다. 새로운 세계는 혁명과 기술에서 나온 산물로 생긴다. 기술을 가지고 기적을 반복하라는 요구는 거대한 출발의 가장 내밀한 원동력이다. 이 규모의 시도를 하는 데 기적에 대한 믿음을 기적과 같은 것에 대한 믿음으로 치환하는 것만으로는 충분치 않다. 그리스도교와 요가의 전통들이 성인과 생불에 대한 숭배로 불가능한 것을 소수에게 간직했다면, 이 영적으로 전복된 혁명은 불가능한 것을 만인에게 요구한다.

가능한 것의 기예라는 정치의 정의는—그것이 나의 전제인데—그 역사적인 검증 시험을 **대체로** 통과했다. 우리가 이 도식의 원작자로 인정할 수 있는 독일제국의 재상 오토 폰 비스마르크Otto von Bismarck[1815~1898. 독일제국의 건립을 추진했던 정치가]는 짐작컨대 그를 잠시나마 정치이론의 대가들과 한 지평에 세우는 어떤 표현을 주조했다는 것을 의식하지 못했다. 그러나 그가 말한 바는 정확히 알고 있었다. 불가능한 것을 정치화하고 백일몽을 정당 프로그램으로 개조하는 것과 같은 반대 입장을 좌에서 우까지 모든 명암에 걸쳐 베를린의 독일제국의회뿐 아니라 당대 독일과 유럽의 저널리즘에서 매일 목격했기 때문이다. 19세기 후반부터 이 '시대정신'이 자신의 표어를 퍼뜨리고자 선호했던 방식들은 바람직한 것이 실현될 수 있는 것과 동일시되면서 만들어졌다. 같은 시기 대중 언론은 가상들을 최종 수요자들에게 운송하는 일에서 가장 중요한 책무를 깨달았는데, 실제로 대량 부수의 시대에 미디어들은 학습하는 대중을 계몽하는 기관이라기보다는 대규모의 기만당하게 함이라는 자가-수술을 위한 구부러진 공간의 서비스 제공자에 더 가까웠다.

독일의 마지막 '현실정치인'의 간결한 명제와 대조시킬 때에만 러시아의 10월혁명의 결과로 무엇이 일어났는지 이해될 수 있다. 이 혁명은 불가능한 것의 기예라는 정치를 위한 무대 하나를 창출했다. 이 혁명이 '혁명의 현실정치'라는 피로 범벅된 외양을 걸쳤을 때도, 그것은 위험을 다 알면서 노골적인 초현실주의의 실천을 위해 합리적 현실주의의 표준 모델은 포기했다. 아무리 이 혁명이 초반 승리를 확언하기 위해 잔혹하고 현실주의적으로 등장했다 하더라도 온전히 위에서 빛 하나가 혁명에 떨어질 때에만 존립할 수 있음을 알았다. 혁명의 정당화는 매우 가파른 수직에서만 획득될 수 있었다. '수직주의자들'은 더 이상 1914년에 이미 그의 《수직적인 것에 대한 시 Verse über die Vertikale》를 출간했던 스뱌토고르[1889~1937. 알렉산드르 페도로비치 아기엔코Alexandr Fedorovich Agienko, 스뱌토고르Svjatogor/Svyatogor로 알려짐. 러시아의 미래주의 시인이자 생명우주론자] 주변의 유토피아 시인들만은 아니었으며, 혁명 엘리트 전체가 수직주의자의 참여들에서 영감을 받았다.

철폐의 시대

낡은 '사회'의 찌꺼기에 맞선 내전에서 승리한 뒤 진정 혁명은 승천하기 시작할 수 있었다. 혁명은 하나의 철폐에서 다른 철폐로, 하나의 확실한 조치에서 다음 조치로 서둘러 갔다. 이 철폐의 시대는 불가피하게 모든 종류의 조치를 하는 데에도 절호의 시기임을 의미했다. 이 철폐와 관련해 지식인들이 보였던 기세는 당연하게도 새로운 크렘린궁의 주인들의 것보다 더 멀리 미쳤다. 설령 이 새로운 주인들 역시 철폐주의자로서 성과를 올리고자 필요한 일을 했더라도 그랬다. 그들은 권력을 장악한 뒤 곧장 사적 소유 철폐를 선포했는데, 그들의 공산주의 이해를 따르는 이 법/권리 질서의 변화는 계속되는 모든 결정의 초석을 놓았다. 부르주아의 자유의 철폐가 이어졌고, 부르주아들의 철폐가 이음매 없이 연결됐다. 혁명의 일원들은 왜 국가 전복은 어떤 문화혁명을 수단으로만, 말하자면 부르주아 개인 과 그 교육 내용의 청산을 수단으로만 안정화될 수 있었는지 이해했 다. 그들에게 부르주아는 세계개선 수단을 독점하고 **권리상** 공동의 것을 **사실상** 사적인 것으로 위조했던 계급의 적일 뿐 아니라, 점증적 인 인간의 화신으로 전통적인 현실주의의 오류들 전체와 '나'와 관련 된 합리주의의 악습을 전부 자신 안에 합쳐놓고 있었다.

정치혁명 속에서 형성되어 이른바 낡은 인간 본연의 자아중심주 의를 내다버렸던 비-부르주아가 새로운 인간을 향한 첫 예비 단계를 구현했다. 이 예비 단계와 함께 미래 인간의 '예비적 형성물Rohling'은 인간 희생의 금지 주변에서, 더 일반적으로 말하자면 무고한 생명의 살해 금지 주변에서 조직됐던 역사 속 고등문화의 윤리를 동시에 벗 어던졌다. 살해와 관련해 양심의 제지를 철폐함으로써 부르주아 이 후의 인격을 산출하는 길에 결정적인 단계가 만들어졌다. 이 단계에 서 생겨났던 것은 양심이 없는 성인의 형상과 다름없었다. 이것은 볼 셰비키혁명이 도덕의 보편 역사에 했던 가장 독창적인 기여였다.

존재와 시간, 소비에트식

안드레이 시냐브스키는 그의 **소비에트 문명**에 대한 책에서 새 로운 인간의 원형을 악명 높은 초기 소비에트 비밀경찰 체카Tscheka 의 의장 펠릭스 에드문도비치 제르진스키Felix Edmundowitsch Dserschinskij (1877~1926)의 인격 속에서 그렸다. 시냐브스키는 무엇이든 하겠 다고 결단 내린 이들의 훈련장들과 같은 유형지와 차르의 감옥에서 1897년부터 1917년까지 11년을 통째로 보냈던 두려움의 대상이던 이 모델 당원을 "수정처럼 순결한 영혼을 가지고 있는" 강철같이 단 단한 사람으로 묘사한다. 소비에트연합의 최고 사형집행인이라는 역 할이 그에게 주어졌던 것은, 그의 잔혹한 경향 때문이 아니라 그가 그 자신의 생명뿐 아니라 자신의 양심도 혁명의 제단에 바칠 준비가 돼 있었기 때문이었다. 그는 완성된 레닌주의자로서 혁명가는 의식적으로 자신의 손을 더럽힌다고 하는 그의 스승의 교의를 내면화했다. 자신을 도덕적으로 더럽히는 것만이 저 위대한 일에 대한 그의 충실성을 표현할 수 있을 뿐이었다.* 역사적으로 자극을 받은 수많은 1920년대의 동시대인들과 또한 비-볼셰비키 '혁명들'의 캠프 출신 사람들처럼 제르진스키는 존재를 시간으로 해석하는 것을 배웠다. 따라서 그는 시간이 그를 통해 하고자 하는 것만을 하고자 했다. '내맡긴' 자로 속박되어 그는 당시 암호화되지 않은 것처럼 받아들일 수 있었던 시간의 신호를 경청했다. "만약 그 신호가 '거짓말하라!'라고 말한다면, 너는 거짓말을 해야 한다 / 그리고 만약 '죽여라!'고 말한다면, 너는 죽여야 한다."**

이와 관련하여 수십만 명의 살해에 책임이 있었던 이 남자가 청년 시절에는 수도사나 사제가 되려고 했다는 전기상의 단서는 확실히 거의 어떤 전설의 패턴을 따르는 것처럼 보인다. 비밀스런 가톨릭 신자였던 그가 잔혹하게 심문하는 중간이나 처형이 많았던 날이 끝난 뒤 남몰래 성모 마리아에게 기도를 했다는 것은 목적이 있는 날조일지 모른다. 그의 아내가 건네는 진술은 납득할 만한데, 하루 종일 일하고 사무실에 있는 좁은 철제 침대에서 잠을 자고 마흔여덟 살에 과로로 죽은 사심이 없는 활동가였던 그가 교육인민위원이 되어 도래할 '사회'를 위해 아이들과 청년들의 교육에 헌신하고자 언젠가 혁명의 최고 사형집행인을 사임할 거라고 말했다고 한다. 시냐프스키는 이렇게 사형집행인이 교육학자가 되고, 집단학살자가 인간의 교

---

*   Sinjawskij, *Der Traum vom neuen Menschen*, pp.180~181.

** 제르진스키를 기념하기 위하여 소비에트 시인 에두아르드 바그리츠키Eduard Bagritzkij[1895~1934]가 1929년에 바친 시 "Tbc"[〈결핵〉]의 두 행이다. Sinjawskij, *Der Traum vom neuen Menschen*, p.187을 보라. 20세기에 살인하지 말라는 계명의 명시적인 폐기에 대한 증거를 찾는 사람은 가장 먼저 러시아혁명의 지적인 해석자들에게서 그 증거들을 발견할 것이다.

육자가 되려는 것을 '환상적인 전망'이라고 불렀다.* 그렇지만 불필요하고 확신 없는 사람을 제거하는 일에서 필요하고 확신 있는 사람을 양성하는 일로 옮겨가는 것은 이러저러한 직무의 토대가 됐던 어떤 영도의 행동의 논리를 고려하는 즉시 훨씬 덜 부조리하게 보인다. 이 소비에트 사형집행인을 드 메스트르의 사형집행인과 분리하는 것은 곧 제르진스키가 "아무도 나보다 더 잘 죽일 수는 없다"**라고 남몰래 혼잣말하는 것을 상상할 수 없다는 것이다.

불멸론: 유한성의 청산

혁명적 인텔리겐치아의 대변자들 가운데 철학적으로 급진적인 이들이 보기에 위에서 서술된 것과 같은 현상들은 근본적인 전환의 시대에 **좋든 싫든** 감내될 수밖에 없는 표면 효과로 축소됐다. 이 존재론적 유토피아주의자 그룹에는 이미 거론한 알렉산드르 스뱌토고르(1899~1937경)와 더불어 이름이 콘스탄틴 치올코프스키Konstantin Ciolkovskij(1857~1935)였던 러시아 우주 비행의 아버지라는 명성을 얻었던 비의주의자 겸 로켓 기술자와 '우주 최대주의'의 대변자 알렉산드르 야로슬랍스키Alexandr Jaroslavskij(1891경~1930), 시간의 극복과 부활의 테크놀로지(아나스타시스학)를 주장했던 발레리안 무라비예프Valerian Murawjev(1885~1931)를 비롯해 '생리학적 집합주의'의 주창자이자 '생명력 투쟁' 운동의 설립자 알렉산드르 보그다노프Alexandr Bogdanov(1873~1928)가 포함됐다.*** 이 형이상학적 혁명가들은 실제

---

*   Ibid., p.183.
**   이 책의 536쪽을 보라.
***   이 저자들의 저서들을 선별하는 일이 독일문화재단의 지원을 받아 보리스 그로이스가 주도하고 페터 바이벨이 후원하는 프로젝트 '포스트-공산주의 조건The Post-Communist Condition'의 틀에서 칼스루어 예술미디어기술센터ZKM에서 작업됐으며 Die Neue Menschheit. *Biopolitische Utopien in Russland zu Beginn des 20. Jahrhunderts*[《새로운 인류: 20세기 초반 러시아의 생명정치적 유토피아들》]라는 제목으로 대부분 독일어로 최초로 번역됐고 일부는 새로운 번역으로 소개됐다.

로 예외 없이 자신의《공동 사역의 철학Philosophie des gemeinsamen Werks》으로 불멸의 정치에 대한 토대를 놓았던 니콜라이 표도로프(1829~1903)를 참조했으며(비록 스뱌토고르 같은 몇몇은 그의 영향을 부정했음에도), 그런 이들에게 볼셰비키의 문화혁명의 시작은 실제 '세계혁명'에 대한 어느 정도까지는 필요할지 몰라도 거친 서곡과 다르지 않은 것을 의미했고, 그들은 이 세계혁명의 가정, 전망, 방법을 1920년대 그들의 저서들에서 탐구했다.

이 혁명이 전통적인 폐해들을 철폐하는 사다리 위를 오를 수 있도록 만들었을 때, '생산수단의 사적 소유'와 부르주아적 인격의 철폐는 거대한 변혁의 소용돌이에 사로잡힌 당대인들 중 그 누구도 얼마나 높은지 상상할 수 없었던 어떤 상승 프로그램의 열등한 단계들까지라고는 말할 수 없고 잠정적이기는 해도 의미는 있었다. 이 변혁의 행위자들을 비롯해 그 희생자들에게 두 조작이 아무리 결정적으로 보였다 하더라도 그것들은 1789년 부르주아 혁명의 계승과 다르지 않은 것을 구현했다. 이 혁명은 귀족 특권 철폐, 부르주아적 야망의 해방, 분열된 인권의 수사학까지만 겨우 달성했다. 러시아의 관점에서 보면 1861년 차르의 개혁들이 이 혁명을 계승했고, 형이상학적 혁명가들이 보기에 이 업적들은 기껏해야 완전히 다른 파급 범위가 있는 반란에 대한 예비 성격의 일화들을 의미했다.

예비 시도의 시대 이후가 더 거대한 범위의 **인간 사역**opus homnis을 할 때였다. 인간에 대한 인간의 지배는 음란해졌으며 이것은 훨씬 더 오래되고 더 포괄적인 노예 상태의 부수 현상만을 이룰 뿐이었다. 필멸의 인간이 태곳적부터 내외적인 자연의 전제정치 밑에서 살지 않았는가? 자연 자체가 한편으로는 자발적으로 살게 만들고 다른 한편으로는 적지 않게 자발적으로 죽게 두는 생명권력이지 않았는가? 이 권력의 보편적 지배가 모든 부차적인 지배들의 모체를 제공하지 않

이는 거의 한 세기 뒤에 벌어진 일post eventum이다.

4부. 근대의 수련들

았는가? 그 때문에 죽음의 철폐는 어떤 형이상학적 혁명의 의제로 세워져야만 하고 이는 동시에 탄생의 숙명론의 폐기일 수밖에 없지 않았는가? 계속해서 자연의 왕권신수설에 충성을 맹세했다면 절대주의 국가를 없애는 것이 무슨 도움이 되는가? 모든 시대에 앞서 죽음을 유한성의 주인으로 오르게 한 즉위를 계속 승인한다면 차르와 그 가족을 무엇 때문에 죽이는가?

죽음과 사소한 일Bagatelle*의 시대를 끝내다

러시아혁명의 사변적인 아방가르드는 만일 우리가 결정적인 차이를 표시하고 싶다면 곧장 철폐 사다리의 맨 위 디딤판에서 시작해야 한다는 점을 이해했다고 생각했다. 그렇지 않으면 인간 사이의 폐해와 불평등의 제거와 국가와 모든 억압 구조들의 철폐마저도 일시적이고 헛된 것으로 남게 되며, 육체적인 불완전함의 형태 전체를 포함해 죽음의 철폐에 성공하지 못한다면 평등'사회'에 엄습한 부조리의식을 오히려 강화하고 만다. 인간의 실존에서 해로운 사적 영역의 최종 토대를 저지하고자 하는 사람은 각 개개인이 자신의 생애의 단편에 유폐되는 것을 폐기해야 하며, 쇄신된 '공동 사역'이 이 자리에서 시작돼야 한다. 불멸자들만이 참된 코뮌을 지을 수 있는 것과 달리, 필멸자들 사이에서는 늘 자기보존의 공포가 지배한다. 인간의 죽음 앞에서의 평등은 부자들과 권력자들 역시 '금수처럼' 죽음을 향해 가고 있는 것을 즐겨 보는 저 반동적인 평등주의자들의 인터내셔널만을 만족시킬 뿐이었다. 예로부터 이런 종류의 사람들은 1920년부터 잘츠부르크에서 상연된 연극 〈만인: 부자의 죽음에 관한 유희 Jedermann. Das Spiel vom Sterben des reichen Mannes〉에서 시대에 걸맞은 저속한 외관을 하고 무대에 오르게 된 것처럼 평등주의자Leveller라는 역할 속의 죽음에 공감한다. 이 만인의 공평한 종말의 동맹자들이 인정하려 하지

---

* 후고 발의 시 제목이기도 하다.-옮긴이

않는 것은 죽음이 반동적인 원칙을 순전히 구현하고 있다는 단순한 사실이다. 모든 죽음의 경고Memento는 인간을 더욱 극심하게 자연의 노예 상태에 굴복시킬 뿐이다. 죽음의 이데올로그들은 지치지 않고 근대사회에 "죽음은 불가피하다"는 도식을 접종시켜서 근대'사회'를 끊임없이 부패시킨다. 그들은 탐욕이 실존적 시간의 좁은 창문에서 체험들과 존재의 이점을 극대화하려는 추구로 정의되는 한 탐욕으로 박차를 가하는 개인주의라는 연료를 전달한다.

하이데거의 1927년 주저에서 실존의 구조적 특징으로 강조된 적 있는 '죽음을 향한 존재'가 화제에만 오를 수 있을 뿐이었다. 가장 먼 곳을 목적지로 삼았던 현재의 혁명 자체에 '죽음의 고통에 빠진 부르주아계급'에 대한 가장 급진적인 사상가들이 함께하지 않았기 때문이었다. 1921년 알렉산드르 스뱌토고르는 다음 확언에서 비롯되는 새로운 의제를 상정했다.

사적인 불멸을 실현하는 문제가 지금은 충분히 의제에 속한다는 것. 지금이 자연적인 죽음의 …… 불가피함을 제거할 때다.*

여기서 우리는 새롭게 **때가 되었다**tempus est를 듣는다. 이렇게 해서 그리스도교 묵시주의는 역사라는 프로젝트로 옮겨간다. 시간 자체가 역사의 최종 과업의 표어 '시간을 폐기하라!'를 발급하는 지점에까지 다다른 것이다. 이 시대정신을 이해했다면 반드시 그 뒤에는 유한성이 더 이상 화제에 오르지 않도록 해야 한다. "죽음과 사소한 일의 시대"가 끝나가고 시작되는 것은 "불멸성과 무한성의 시대"다.** "생명우주론만이 사회 전체를 정의하고 규제할 수 있다."*** 1

---

*   Sinjawskij, *Der Traum vom neuen Menschen*, p.393.

**   Ibid., p.395.

***   Ibid., p.403.

년 뒤 알렉산드르 야로슬랍스키가 불멸론, 사이행성론과 시간의 중단을 포함하는 **우주 최대주의**Kosmischer Maximalismus를 선언했다면, 알렉산드르 보그다노프는 **노년에 맞선 투쟁의 조직 구조론**Tektologie des Kampfes gegen das Alter에 대한 그의 생각들을 동시 출간했다. 그는 인구 전체를 대규모의 상호 수혈을 통해 인공의 친족회와 면역 동맹으로 개조하는 즉시 사회주의를 육체적으로 이룰 수 있다는 생각에 열광했다. 동포애를 육체적인 것으로 만들자 다른 경우라면 오히려 우파의 소유지였을 '피'가 현실 공산주의 순환의 매체로 나타난다.*

'인간공학'

내가 옳게 봤다면, 1920년대의 형이상학 혁명의 저자들 가운데 발레리안 무라비예프가 새로운 인간 생산에 대한 문제의 기술적 측면들을 가장 폭넓은 관점에서 끝까지 사유함으로써 이 문제를 가장 포괄적으로 논했던 사람이었다. 물론 당시 유행하던 '생산자의 생산'이라는 사유 형식은 소비에트 전역에서 오랫동안 편재하는 고정관념이었으며, 특히 강제적 근대화의 명령이 가장 날것으로 나타났던 노동 세계에서 그랬다. 이 명령은 사회주의 프롤레타리아의 대량 생산을 가장 긴급한 계획 과제로 규정했다. 이른바 혁명의 대들보를 정말 하다못해 사후적으로라도 생산할 수밖에 없었던 것이다. 마찬가지로 소비에트 교육학에 인간 생산의 언어게임은 굳건하게 고정되어 있

---

* 보그다노프의 피의 정치에 대해서는 Margarete Vöhringer, *Avantgarde und Psychotechnik. Wissenschaft, Kunst und Technik der Wahrnehmungsexperimente in der frühen Sowjetunion*, Wallstein, 2007, pp.173~229[《아방가르드와 심리공학: 초기 소비에트연합의 학문, 예술 그리고 지각실험공학》]를 보라. 그리고 Margarete Vöhringer, "Im Proletformat-Medien für Transformationen und Transfusionen im Russland der 20er Jahre", in *Transfusionen. Blutbilder und Biopolitik in der Neuzeit*, ed. Anja Lauper, Diaphanes, 2005, pp.199~210[〈프롤레타리아 판형: 1920년대 러시아의 변형과 수혈의 매체들〉, 《수혈 그리고 근대의 조혈자와 생명정치》]도 보라.

었다. 하지만 잘 알려져 있다시피 무라비예프의 1920년대 초기 저서들에서 처음으로 '인간공학'이라는 용어가 등장하며, 이 용어는 오히려 더 고등한 유형의 인간 산출을 언급하던 '인간조작기술Anthropourgie'이라는 동시에 만들어진 표현과 거의 동의어에 가까웠다.* 동양과 서양의 영적 전통들에 몰두함으로써 무라비예프는 자연에 맞선 자기수련과 기술의 반란 사이의 연관을 생명우주론과 불멸론 경향의 나머지 저자들보다 더 분명하게 파악했다. 그가 이해한 바에 따르면 관습적인 형태의 "자기수련과 요가 운동"이 이룬 업적들은 불가항력적으로 어떤 한계에 부딪히는데, 그것들이 "육체적인 순간의 무시"라는 태고의 관념론적인 물질 경시에 근거해 규정되어 있기 때문이다. 그런데 "인간 개조"는 "오직 정신적이고 도덕적으로만 생각될 수는 없다".** 이 개조는 오늘날 포괄적으로 새로운 토대에, 말하자면 기술적, 계열적, 집단적으로 조종된 방식들에 세워져 있다는 것이다. 무라비예프는 이 방식들 가운데 우생학이 그 경직성으로 인해 어떤 하위기능만을 주장할 수 있다고 생각한다. 그러니까 현재의 우생학적 방식은 저자가 말하는 대로 송아지의 위나 호박에 호문쿨루스(인조인간)를 배양하고자 파라켈수스Paracelsus[1493~1541. 스위스 물리학자, 연금

---

* 이미 1926년 《소비에트 대백과사전》 3권에서 '인간공학'이라는 표현을 채택한다. 사전은 이 표현을 "인간의 육체와 정신의 특징들을 새로운 가축 품종의 개선과 사육을 위해 축산학에서 사용하는 그와 같은 방법들로 개선하는 일과 씨름하는 생물학의 응용 분야"(Die Neue Menschheit. p.54에서 재인용)로 정의한다. 이미 1922년에 전직 신플라톤주의자 파웰 블론스키Pawel Blonski가 그의 널리 전파된 저서 《교육학》에서 말했다. "교육학은 동물공학Zootechnik과 식물공학Phytotechnik(식물 재배)과 일렬로 자리해야 한다……"(Alexander Etkind, Eros des Unmöglichen. Die Geschichte der Psychoanalyse in Russland, Kiepenheuer, 1996, p.330[《불가능한 것의 에로스: 러시아 정신분석의 역사》]에서 재인용).

** Die Neue Menschheit. p.466. 무라비예프는 이 주장에서 그가 인도 수행체계의 육체의 차원에 대해 알고 있는 것을 자가-수술과 수술-받게-함의 차이를 무시하고 예외적으로 외부 치료에 의존하는 우세한 기술주의의 영향 속에서 명백히 점점 희미하게 만든다. 이 선택의 편협성은 동시에 '인간을 신축'할 때 '정신육체의' 방법들을 동시에 주장함으로써 부정된다.

술사, 천문학자로 특히 독일 르네상스 '의료혁명'의 개척자였다]가 했던 시도의 소박함을 훨씬 능가하면서도, 다른 한편 "대단히 복잡해지고 고통스럽고 불완전한 과정"*이 보일 수밖에 없는 양성생식의 난점과 자연분만의 흉측한 과잉에는 얽매여 있다. 식물과 동물에서는 좋은 결과들로 이어지는 배양 우생학이 인간에게는 제한적으로만 사용될 수 있는 것이다.

따라서 인류를 남자와 여자로 나누는 게 의미 없게 되는 새로운 절차들에 대해 숙고해야 한다. 출산의 철폐와 실험실 출산은 자기수련-교수법 조치, 치료-의료 조치, 우생학-배양 조치에 이어 "인간을 변형하는Umgestaltung 네 번째 조치"로 이어질 수밖에 없다. 이때 순간적으로 훗날 유전자복제법('발아')이라고 지칭되는 것에 대한 생각이 떠오르는데, 무라비예프는 이것이 결코 더 하위의 생명 형태의 영역으로만 간주될 수 없다고 말한다. 그와 같은 것이 더 고등한 생명체에도, 마침내 **호모 사피엔스**에도 투입된다면 인간은 더 이상 어느 정도 제한이 있는 두 개체들의 성관계의 결과가 아니라, 오히려 최고의 목적에 의무화된 어느 연구공동체의 작품이 될 것이다. 이 연구공동체가 인간 생산에 헌신한다면, 그것은 옛 자연의 외부에서 자유롭게 합성하면서 어떤 기술적인 성체성사를 거행하는 셈이다.

새로운 인간과 함께 새로운 육체가 등장하는데, 이 육체는 빛을 먹고살 수 있으며 더 이상 중력 밑에 있지 않을 것이다. 동시에 새로운 인간 창조 공학을 통해 전례 없는 개별화의 높이에 도달하게 될 것이다. 오늘날의 천편일률적인 인간은 시간이 흐르면서 사라질 것이며, 사회적이고 미적일 뿐 아니라 생물학적으로도 통속성이 그 토대들을 빼앗기고 말 것이다. 그런 뒤 셰익스피어와 괴테급 예술가들이 더 이상 어떤 희곡도 창조하지 않고 오히려 인간과 인간 집단을, 인류의 특이점과 사회적 조형물을 창조하는데, 이것들 곁에 더 오래

---

*   Ibid., p.468.

된 예술사의 작품들은 생명이 없는 예행연습처럼 보일 것이다.*

리시아의 생명정치 유토피아주의의 근본 조작은 단순하게 표현될 수 있다. 지금껏 예외적으로 상상 속에서만 가능해 보였던 것이 이제는 기술적 방식의 지평에서 실현될 수 있다고 말이다. 인공작품 Kunstwerk이 있었던 곳에 인공생명이 있게 될 것이다. 근대의 기술은 존재와 환상의 경계를 허물며 불가능한 일들을 실제로 가능함의 도식으로 바꿔놓는다. 현실에 존재하는 존재자를 통해 공집합을 채우는 일이 이제 시작되는 것이다. 이전의 문화시대의 '업적들'에 대한 마르크스주의 논평을 마치 하나의 지침처럼 꿰고 있는 '선취'라는 개념이 앞으로 계획에 따른 환영들을 표현한다. 게다가 이와 같이 한계를 뛰어넘는 일은 동시에 만개한 미국 대중문화의 토대가 되는데, 이 문화는 특히 유럽 이민자들이 할리우드의 '꿈의 공장'을 인수한 뒤부터 **꿈은 실현된다**dreams come true는 모티프에 대한 유일하게 연쇄적인 변주를 제공한다.** 1920년대 자신의 《아동학Pädologie》에서 프로이트와 파블로프Ivan Pavlov[1849~1936. 조건반사 연구로 유명한 러시아의 생리학자]의 접근들을 종합하려고 시도했던(당시 자주 사용된 '조건반사' 이론이 교육의 장에 적용될 것을 요구하고 문화이론을 더 상위의 반사론의 적용 분야로 병합하고자) 소비에트 심리학자 아론 잘킨드Aron Borissowitsch Zalkind(1889~1936)는 이것을 "학문적으로 토대가 마련된 공

---

*   니체의 영감을 받은 이와 유사한 레온 트로츠키의 명제가 유명하다. 공산주의의 "정신육체상의 자기교육"을 통해 "미래의 평균인의 유형은 아리스토텔레스, 괴테와 마르크스의 수준까지 뛰어오르게" 된다. "그리고 이 산맥 위로 새로운 봉우리가 우뚝 솟는다." "경직된 호모 사피엔스라는 인류는 다시 한 번 어떤 급진적인 변경을 겪고—손수—선별과 정신육체 훈련의 가장 복잡한 방법들의 대상이 될 것이다." Ibid., p.421, 419에서 재인용.

** 미국 환상 산업의 재구축에서 유럽 이민자들이 했던 역할에 대해서는 Neil Gabler, *Ein eigenes Reich. Wie jüdische Emigranten Hollywood erfanden*, Berlin Verlag, 2004[《어느 고유한 왕국: 유대 이민자들은 어떻게 할리우드를 발명했는가》]를 보라.

상하기"라고 불렀다.* 이 공상하기에 사회주의 예측학의 기예가 의거한다.** 이 기예는 미래의 서사 가능성을 '문화들'의 경과 법칙을 통찰함으로써 학문의 토대에 세우려는 오스발트 슈펭글러의 적지 않은 호언장담의 시도에 대한 현실-유토피아적인 대응물을 이룬다. 사회주의 인간의 심리사회적 미래에 대해 감정하면서 잘킨드는 이 인간이 혁명적 처치를 통해 더욱더 안정적이고 더욱더 능력이 있으며 더욱더 삶의 기쁨으로 약동하고 근본적으로 사회를 애호하는 존재로 바뀔 것이라고 예측했다. 그는 자기보존이 공동체 보존의 한 기능이 되는 일종의 전일주의적인 면역체계를 발전시킬 것이며, 이는 개인주의적 해체가 끊임없이 앞장서고 있는 서구 사회와 다르다. 잘킨드의 기회주의-낙관론의 주장의 특징은 교수법, 요법, 정치의 경계가 희미해진다는 점이다. 이 주장은 공산주의 인간을 한없이 유연한 변화의 환자로 구상하는데, 이 환자는 그가 한없이 수술을 받을 수 있을 때에만 늘 좋아질 수 있다. 잘킨드가 침묵하는 것은 공산주의적 마취 방법들이다. 레닌은 알고 있었다. 국가의 테러가 거대 집합체를 다루는 힘든 수술에서는 전신마취에 대한 기능상의 등가물을 이룬다는 것 말이다.

---

* Aron Zalkind, "Die Psychologie des Menschen der Zukunft"(초판 1928), in *Die Neue Menschheit*. p.612[〈미래의 인간 심리학〉].

** 잘킨드는 위에서 언급한 저서에서 이 기예의 양가적인 표본들을 전했다. 한편으로 그는 "이동 수단과 의사소통 기술의 엄청난 진보와 삶의 이례적인 역동화"를 예견했다(Ibid., p.645). 다른 한편으로 그는 사회주의적 인간에게는 너무나 많은 삶의 기쁨이 관통해 흐르고 있어서 내세에 관련된 마지막 '신비주의'의 충동이 마치 인간의 선조인 원숭이의 꼬리가 상실된 것처럼 서서히 사멸하리라고 감히 예측한다(Ibid., p.647). 인류 발전의 상승 경향은 더 이상 인간 사이의 경쟁을 통해 산출되지 않으며, 한편으로는 삼라만상이 새로운 '잔혹한 계급의 적'으로 공언됨으로써, 다른 한편으로는 사회주의적 교육 덕분에 뒤따르는 모든 인간 세대가 앞 세대의 복지 수준에 대해 반드시 불만족을 느끼도록 체계적으로 고무시킴으로써 발생한다. 역사의 원동력은 계속 높은 도정을 이동하지만, 자아주의의 자리에는 사회 애호의 동력이 들어선다(Ibid., pp.650~651).

포스트공산주의 후주곡: 점증적인 것의 복수

나는 여기서 러시아혁명의 초기 단계에서 불멸론과 생명우주론의 동력이 갖는 경험상의 운명을 해설하는 일은 포기했다. 그런 프로젝트에서 프로그램상과 실제상의 낙차가 극적으로 떨어진다면 그 누구에게도 놀라운 일일 수 없다. 만일 이카루스 현상들의 어떤 만신전이 있다면, 러시아의 생명-유토피아주의자들은 그 안에 자신들의 예배당을 요구할 것이다. 최고 철폐의 주역들은 거의 예외 없이 그들이 그렇게 격렬하게 긍정하던 혁명의 소용돌이 속에서 몰락했다. "인민의 천재적인 아들로" 소비에트 공직자들에 의해 독차지되고 존경받다가 1935년 연로해 사망한 콘스탄틴 치올코프스키를 제외하고 생명정치 반란의 행위자들 나머지 모두 그 시대에 전형적인 최후를 맞이했다. 스뱌토고르는 1937년 48세에 "강제노동교화수용소"에서 실종됐으며, 무라비예프의 자취는 1930년경 그가 대략 45세였을 때 한 수용소에서, 아마도 백해白海의 가장 악명이 높았던 솔로브키섬의 수용소에서 사라졌다. 야로슬랍스키는 한 35세쯤에 이 수용소에서 탈출하려는 시도가 실패한 뒤 1930년 12월 총살됐으며, 보그다노프는 1928년 55세에 자신에게 수혈하는 실험을 하다가 죽었다. 잘킨드는 1936년 48세에 공산당 중앙위원회가 그의 《아동학》을 '반마르크스주의 유사 학문'이라고 판결하고 금지했다는 소식을 들었을 때 심근경색으로 죽었다.

왜 제2차 세계대전이 끝난 뒤―그리고 1990년경 소비에트연합과 동구권이 내파된 뒤에는 더더욱―실제로 동양과 서양에서 그 누구도 더 이상 **인간의 조건**, 곧 옛 아담과 무의식, 유한성의 나머지 신드롬 전체에 맞선 반란에 관하여 하찮은 내용도 들으려 하지 않았는가를 구체적으로 정당화하는 것은 마찬가지로 불필요한 일 같다. 반란이 저마다 자신의 큐레이터를 발견하는, 한계를 없앤 현대 박물관의 시뮬레이션 공간들의 경우를 제외하고 말이다. 그렇다고 20세기의 제3차 청년 운동인 국제 학생 반란을 통해 겨우 늦춰졌던 1945

년 이후의 전 지구적인 반-유토피아주의에서 현대'사회들'의 체계는 '앞을 향한' 그 지향을 상실했고 꾸준히 성장하는 비르투오소들 내지 '자격이 있는 자들'과 '능력자들'을 길러내는 보편적인 양성소라는 그 특질을 포기했다는 결론을 이끌고자 한다면 이는 중대한 궤변일 것이다.

실제로 1945년 이후 전 지구적 체계는 다만 예정된 진로를 수정했을 뿐이다. 운용 가능한 선택지의 목록에서 혁명이라는 방법을 탈락시키고 그 대신 진화라는 방법을 택한 것이다. 1968년경 신-혁명 담론의 등장은 레닌, 스탈린, 마오Mao Zeodong[1893~1976], 브레히트Bertolt Brecht[1898~1956. 독일 극작가, 가극작가, 시인]와 빌헬름 라이히Wilhelm Reich[1897~1957. 오스트리아 출신의 미국 성性 연구자 겸 정신분석가] 같은 역사적 인물들을 기성품으로 전유했던 확장된 낭만주의에 지나지 않았다. 그 시대의 주류에는 점증성의 정당이 다시 권력을 차지했으며, 결연한 직업-진화론자 엘리트가 이 정당을 이끌었다. 담론의 지평에서 반전체주의 내지 반파시즘으로 표현됐던 반혁명의 지배적 분위기 뒤에는 상대적으로 항구화되고 합리적으로 감독된 인간의 선택 범위에 대한 확장을 실제적인 중핵으로 가지고 있는 바로크와 계몽주의의 진보적 전통으로의 복귀가 숨어 있었다. 이 최적화 운동에 참여하기 위해 진보라는 말을 대문자로 쓸 필요도, 역사라는 여신을 믿는 척할 필요도 없었다.

1945년 이후 서구 문명복합체의 발전은 온건한 이들을 거의 무제한으로 옳다고 인정하는 것 같다. 이 발전은 대다수가 쉽게 이용할 수 있는 세계개선 수단을 가지고 주변 세계를 포화 상태에 이르게 했다. 일부는 자유시장을 통해, 일부는 재분배 국가와 지나친 보험제도의 지원을 통해 이 수단을 유포할 수 있었는데, 이렇게 국가와 보험제도 양쪽에서 연대 이념을 비정치적으로 운용함으로써 어떤 정치이데올로기가 일찍이 할 수 있었을 것보다 더 많은 좌파적 동기를 실무에 이식하도록 만들었다.

그렇지만 가장 중요한 정신사의 방향재설정Reorientierung은 메타노 이아기 새롭게 방향을 바꿨나는 섬에 있었다. 피비린내 나는 어구와 해로운 추상화의 시대가 지난 뒤 일상적인 것이 마치 새롭게 '숙고 할' 수 있었던 어떤 것으로 나타났다. 수많은 이들이 '지금, 여기'가 그들이 아직 한 번도 발을 내딛지 못했던 멀리 있는 섬이었음을 파악했다. 이렇게 해서 원래 형태의 윤리적 차이를 재발견하기 위한 전제 조건이 주어졌다. 자기배려(돌봄)와 나머지 모든 일에 대한 전념 사이를 구분하는 것으로 말이다. 이 구분을 다시 현실화하는 것 말고 는 그 무엇도 탈주술화된 혁명가에게 도움이 되지 않았다. 장-뤽 고 다르Jean-Luc Godard[1930~ . 프랑스 영화 운동 누벨바그를 이끈 감독 중 하나] 의 1982년 영화 〈열정Passion〉에서 한 등장인물이 이 시대의 열쇠가 되 는 문장을 말한다. "세계를 구해서는 자신은 구하지 못한다." 투사적 인 청년 운동들이 일어난 지 반세기 뒤 오랫동안 들어본 적 없던 존 재마저 다시 등장했다. 어른. 이 존재가 다시 출현해 '민주주의', '시 민사회', '인권' 같은 공허한 개념 껍데기들을 내용물로 채웠던 공세 적인 실용주의들을 소생시켰다. 그리하여 무엇을 달성했는지 의식하 면서 순차적인 실천의 수많은 공략지점들Angriffspunkte*에서 다음 최적 화는 어떻게 밟아 나갈지에 대한 폭넓은 의제가 발생했다. 이는 오늘 날, 세계를 개선하려는 기백의 전통에서 수만 가지 프로젝트로 표현 되는 탈중심화된 인터내셔널의 실제 작업 형태를 이루며, 어떤 중앙 위원회가 활동가들에게 그들의 다음 조작이 어디에서 지속해야 하는

---

* 카를 슈미트가 막스 베버에게서 가져온 개념으로 어떤 것에 대해 가치 평가를 내릴 때 사용하는 '관점Standpunkte', '입장Stellungnahmen' 등이 '중립성'이나 '한없 는 상대주의', '관계주의', '관점주의'를 표현한다면 이것은 그와 같은 '중립성에 대한 환상'을 무너뜨리는 기능을 한다. 즉 "가치들의 위계가 문제가 될 때, 가치 중에는 가치를 부정하는 가치, 비가치의 문제가 필연적으로 출현하고, 이때 이 러한 비가치를 파괴하고 부정하는 것을 통해서 가치를 현실화할 수 있다는 가 치의 역설의 문제가 등장하기 때문이다."(김건우, 〈잉여가치의 사회학〉, 《문학 과 사회》, 120호, 2017년 겨울, 문학과지성사, 452쪽) - 옮긴이

지 말할 필요도 혹은 말할 수도 없다.*

그 때문에 모든 것에 스며드는 전후 실용주의는 영원한 자코뱅주의자들이 원하는 것처럼 구체제의 부활로 처리될 수는 없다. 게다가 현 상황에 대한 만족Bescheidenheit으로의 복귀를 표현하지도 않는다. 사실 서구 '사회들'의 복합체는 미국의 주도 아래 1960년대부터 경제와 기술 발전의 경사각을 꾸준히 높였으며, 그 주민들이 급행의 경제체계와 미디어체계와 동반할 수 있는지가 문제시되던 지점에까지 이르렀다. 이는 무엇보다 1945년부터 1970년대 후반 대처주의-레이건주의의 분기점까지 서구를 지배해왔던 '혼합경제'의 준-사회주의에 반대하며 신자유주의 반란이 시작된 뒤부터 뚜렷해졌다.** 이 기후가 강화되면서 전 지구적 자본주의는 공산주의 계획경제의 이데올로그들이 헛되이 요구했던 '영구혁명'의 대행자로 밝혀진다. 사회국가에 의해 길들여진 자본주의가 공공연한 사회주의가 약속했던 것

---

* 장 지글러Jean Zigler의 논문 "Gier gegen Vernunft", in *Tugenden und Laster. Gradmesser der Menschlichkeit*, ed. ZDF-Nachtstudio, Suhrkamp, 2004, pp.252~253[〈이성에 반하는 탐욕〉, 《덕과 병폐: 인간성의 각도기》]을 보라. "희망은 어디에 있는가? 완전히 새로운 사회 운동들이, 어떤 강력한 문명사회가 …… 발생한다. 저항의 전선들이 지구 곳곳에 열린다. 그들의 투쟁 방법들은 곳곳에 다 다르지만, 동기부여는 곳곳에 똑같은 도덕적 명령이다. …… 다섯 대륙에서 온 10만 명 넘는 사람들이—8000개 이상의 농업조합들, 산업노동조합들, 그리고 여성운동들, 인권, 환경을 위해 투쟁하고 고문과 기아에 맞서 투쟁하는 비-정부기구들을 대변하며—작년에(2004) 봄베이에서 세계사회포럼을 열고자 모였다. 위계도 없고, 중앙위원회도 없고, 어떤 정교한 필수 식순도 없다. 밤의 조합으로, 연대의 살아 있는 형상으로 있다. 우리는 우리가 무엇을 원하지 않는지 정확히 알고 있다."

** 뉴딜 시기에서 대처 시대가 시작될 때까지 '혼합경제체계'의 현존은 이데올로기적으로 일그러진 '자본주의' 비판에 의해 습관처럼 간과됐다. 본질적으로 스탈린주의를 마오주의 내지 대안 좌파주의 입장으로 전환시켰던 68운동은 아이러니하게도 라인강 지역의 현실 준-사회주의의 전성기에 일어났다. Daniel Yergin and Joseph Stanislaw, *Staat oder Markt. Die Schlüsselfrage unseres Jahrhunderts*, Campus, 1999, pp.22~87[《국가 혹은 시장: 우리 세기의 핵심 문제》]을 보라.

을 상당히 잘 지키는 권력으로 나타날 수 있었다는 점에서 혼합경제
는 대중적이었다. 그사이에 20년 전부터 '전 지구화'라고 불리는 가
속화된 영구혁명에서 수많은 사람들은 새롭게 그들의 수동성 능력을
확장시키는 작업을 하라고 강요받는다. 유럽의 '영구혁명'의 마지막
숭배자들의 마음에는 무척 들지 않았던 일이었다. 그들은 굽히지 않
고 라인강 자본주의의 잃어버린 안락을 꿈꿨다.* 확장된 세계시장의
가혹함에 노출된 채 그들은 다시 한 번 수술을 받아야 한다는 압력을
느꼈는데, 이번에는 계산할 수 없게 돼버린 세계시장들에서 그들의
경쟁 체질Fitness을 개선하기 위해서였다. 그러다가 2008년 재정위기
때 수술을 받을 필연성이 수술자들까지 따라잡는다.

실존을 탈수직화하는 근대의 초시대적epochenübergreifend 추세는 현재의
조건들에서도 진행됐다. 동시에 상징적 면역체계들은 극도로 조잡한
세속주의의 자동장치들 대부분을 꿰뚫는 정밀 조정을 요구했다. 여
기서 '종교적'이고 영적인 전승들에 대한 관심이 새롭게 널리 퍼져
일고 수직적 명령의 의미가 신중하게 다시 눈을 뜨기 시작한다. 실제
로 1945년 이후 지배적인 시대정신의 변종들에는 어떤 결정적인 반
수직주의가 관철됐다. 유한성을 숭배하는 실존주의, 소모를 숭배하
는 생기론, 신진대사를 숭배하는 소비주의, 장소 교체를 숭배하는 투
어리즘에 말이다. 이 넋을 잃은 시대에 정상에 있는 스포츠 선수들에
게 과장의 신성한 불을 수호하는 역할이 떨어졌다. 그들은 현대 세계
의 위버멘쉬이자 옛 인간이 뒤따라가지 못하고 그들 내에서조차 뒤
따라가지 못하는 정상을 추구하는 목이 잘린 위버멘쉬다. 그들은 이

---

* 2007년 4월 프랑스 대통령 선거에서 다 합쳐서 220만 표를 획득했던 세 명의
트로츠키주의 후보들 올리비에 브장스노Olivier Besancenot[1974~], 아를레트 아르
귀에Arlette Arguiller[1940~]와 제라르 쉬바르디Gérard Schivardi[1950~]의 정당 강령
에 대한 연구에서는 어떤 역설적인 실상이 밝혀진다. 그들은 예외 없이 자본의
영구혁명의 중단과 사회적 안전시대로의 복귀를 지지한다.

4부. 근대의 수련들

제 항상 계속해서 자신을 뛰어넘는 내면의 인조인간들이다. 운동선수들 자신 안에 있는 옛 인간은 그들이 구현하고 있는 초인조인간이 하는 퍼포먼스Darbietung에 대해 답답한 논평만을 할 뿐이다.

17.
수행들과 잘못된 수행들
: 반복 비판을 위하여

반드시 반복들을 구분해야만 하다

윤리적 구분은 반복이 순진무구함을 잃어버렸던 순간부터 작용하게 됐다. 고등문화들의 여명에 자기수련인과 자기수련이 등장하면서 더 이른 문명 단계들에서는 명시적으로 전개될 수 없었던 차이가 표명됐다. 초기의 수행하는 윤리적인 사람들이 후퇴를 택함으로써 삶의 범속한 형식들 및 태도들과 단절했던 것이다. 그들은 몸에 밴 반복의 연쇄를 해제하고 다른 연쇄와 다른 태도를 그 자리에 놓았는데, 이는 임의적으로 다른 게 아니라, 오히려 구제를 배태한 다른 것이었다. 높고도 치유력이 있는 삶의 형식들을 구제할 길 없는 범속한 삶의 형식들과 근본적으로 구분하는 그 분기점이 세워질 때 이는 옛 장치 전체를 자기 자신에게 등지게 하는 신경-윤리 프로그래밍의 양태로 이뤄진다. 이때 처음에는 어떤 중간 형식도 없다. 신체와 영혼은 공히 다른 강가를 얻거나 혹은 둘 다 그러지 못한다. **전인은 동시에 움직여야 한다**The whole man must move at once.

자기수련인들, 성인들, 현자들, 수행하는 철학자들과 나중에는 예술가들과 비르투오소들이 평균적으로, 대충, 부적격하게 계속 행동하는 이들의 현존 양태에서 근본적으로 벗어나면서 최초의 인간학적 발견이 증명된다. 인간은 반드시 반복들을 구분해야만 하는 생명체라는 발견 말이다. 후대의 철학들이 자유라고 지칭하는 것은 처음에는 반대자들이 내외적인 역학의 지배에 반항하는 행위에서 나타난

4부. 근대의 수련들

다. 그들은 굳어진 정념들, 획득한 습관들, 넘겨받고 퇴적된 생각들의 영역을 전부 멀리함으로써 포괄적인 변화의 여지를 창출한다. 이 사람에게는 어떤 것도 예전 그대로 남아 있을 수 없다. 감정은 일신되고, 습성은 고쳐 다시 만들어지고, 생각의 세계는 근본적으로 재구성되고, 말해진 말은 점검된다. 삶 전체가 좋은 반복을 토대로 지어진 새로운 집처럼 일어선다.

영적 교사들이 인간은 다이몬들에 사로잡히기보다 오히려 자동 장치들의 지배를 받고 있음을 보여줌으로써 최초의 계몽이 일어났다. 악령이 인간에게 달라붙은 게 아니라, 타성과 관성이 그를 바닥까지 짓눌러 손상시킨다. 그의 이성을 흐리게 하는 것은 우발적으로 저지른 오류들과 우연한 지각의 실수들이 아니라, 참된 생각과 자유로운 지각을 불가능하게 하는 판에 박힌 말Klischee의 영겁회귀다. 플라톤은 고타마 붓다와 함께 첫 정신의 전염병 학자였다. 그는 일상의 의견인 **독사**doxa에서 흑사병을 인식했는데, 물론 이 병으로 죽지는 않지만 시간이 흐를수록 공동체를 완전히 중독시킨다. 육체 안으로 가라앉아 있는 관용구들이 '성격'을 생산한다. 그것들이 인간을 살아 있는 평균성의 캐리커처로 만들고, 이것을 가지고 육신화된 상투어를 만든다. 윤리적 구분을 하는 현존은 이 관용구들을 제거하며 시작되기 때문에, 불가피하게 성격을 폐기하는 데로 흘러든다. 자유로운 인간들의 매력에는 그들이 될 수 있었을 캐리커처를 들여다보이게 한다는 점이 속한다. 이 캐리커처마저 근절하길 원하는 사람은 특성 없는 인간일 것이다. 판단 불가, 무성격, 무취향으로 해방된 인간이다. 그런 인간은 '테스트 씨'*처럼 **"우둔함은 나의 장점이 아니다** La bêtise n'est pas mon fort"라고 확언할 수 있다. 그는 자신 안의 꼭두각시를 죽인 인간일 것이다. 이 변화는 정신의 탈자동화와 마음의 탈오염을 통해 일어난다. 그 때문에 수많은 영성 학파들은 침묵을 투입하여 관

---

* 폴 발레리의 연작 소설 제목이다.-옮긴이

용구의 보관소를 비워냈다. 이 절차는 보통 주요 정신분석보다 더 오래 걸린다. 피타고라스Pythagoras[약 BC 570~BC 495경. 이오니아의 그리스 철학자로 피타고라스학파의 창설자]는 그의 제자들에게 수업 기간의 초기에 5년간 침묵할 것을 요구했다고 한다. 니체도 이 전통 속에서 실천한다. "모든 비정신성과 모든 비천함은 어떤 자극에 저항할 수 없는 무능에 근거하고 있다―반응**해야 하고**, 자극마다 따르는 것에 말이다."* 그런 당위를 무력화하는 수행이 영적인 것이다.

이 탈자동화, 곧 맹목적으로 재생산되는 검토되지 않은 것의 감염에서 해방되는 일은 어떤 새로운 영적 구조를 체계적으로methodisch 구축함으로써 수반될 수밖에 없다. 윤리적 구분의 개척자들에게 근대의 자발주의보다 더 이질적인 것은 있을 수 없다. 이 자발주의는 충격, 당황, 익숙한 것의 중단 **자체를** 미적 가치로 계발하면서 이 중단된 것의 자리에 무엇이 등장해야 하는지 묻지 않는다. 본디 윤리적인 삶은 개혁적이다. 끊임없이 나쁜 반복을 좋은 반복과 교환하고자 하며, 타락한 삶의 형식들을 흠잡을 데 없는 삶의 형식들로 교체하고자 하고, 불순한 것을 피하고 순수한 것 속으로 가라앉기를 추구한다. 이 이원적인 대립들에 비싼 대가를 치러야 하는 단순화가 필연적으로 따른다는 점이 여기서 당장은 중요하지 않다. 중요한 것은 다만, 이 틀에서 개별화된 자유가 그 가장 오래되고 가장 격렬한 형태를 띠고 출현한다는 점이다. 이 자유는 인간의 태도에 대한 모든 전조를 바꿔놓는 선택이 있음을 당황스럽게 발견함으로써 생긴다. 최초의 윤리적인 사람들은 비자발적으로 획득한 대개 눈에 띄지 않는 습관들의 쇠로 된 사슬에 묶인 삶과 자유롭게 받아들인 규율의 휘발성ätherisch 사슬에 묶인 현존재 사이의 구분 앞에 서게 된다. 이 언급들에서 공식적인 수행의식의 등장이 능동적인 사람들에게만 관련된다

---

*   Friedrich Nietzsche, "Was den Deutschen abgeht 6", *Götzen-Dämmerung*[프리드리히 니체, 《우상의 황혼》, 백승영 옮김, 책세상, 2002, 138쪽].

고 가정하는 것보다 더 잘못된 결론을 이끌어낼 수는 없을 것이다. 힌두교의 은둔성자(사드후)가 숲의 고독 속에서 더 복잡해진 호흡수행으로 씨름했을지 모르거나, 기둥성자들이 그 부조리한 기둥 위에서 천상에 더 가깝다고 느꼈다고 하거나, 철학자들이 두 번째 외투를 팔아서 바닥에서 잤을지 모른다 하더라도, 보통의 유한자들은 범속한 것을 극단적으로 낯설게 하는 일이 그들에게 의미 없으며, 이 일은 파악할 수 없는 신과 그의 기예적인 수행원들이 만나는 어떤 신성하면서도 도착적인 소규모 특강이라는 의견을 고수한다. 여기에 참여할 수 없는 사람은 옛 습성을 계속 유지할 수 있다. 이 습성은 완전하지는 못해도 나날의 삶에는 매우 충분해 보인다.

수행하지 않을 수 없는 생명체

실제로 수행자들이 옛 습성으로부터 분리됨으로써 인간 태도의 생태계 전체가 변화된 토대 위에 세워지게 된다. 모든 명시화가 그렇듯이 초기 수행체계들의 등장 또한 각 영역에, 말하자면 심신적으로 조건화된 행동의 장 전체에 근본적인 변형을 일으킨다. 인도 요가행자의 **아사나스**asanas든, 비-자기의 것을 잘라내는 스토아주의의 실험들이든, 혹은 천상의 사다리 위의 그리스도교 등정자의 **영성수련** exercitationes spirituales이든, 이 명시적 수행들은 암시적인 측면에서 자신들의 반대편에 있는 모든 것에 그림자를 드리우는데, 이는 옛 아담의 세계, 조명되지 않은 통례성의 거대한 우주에 못지않다. 이 그림자 지대는 비-언명된 수행을 특징으로 하는 반복들을 통해 통제되는 영역을 포괄한다. 프로이트가 자아는 자기 집의 주인이 아니라며 이른바 달갑지 않는 발견을 함으로써 발생했던, 그가 주장한 인간에 대한 정신분석적 모욕이 일찍이 실제로 있었느냐는 질문에는 답하지 않고 둬야 한다. 확실히 인간에 대한 행동주의적 모욕은 있는데, 이는 마찬가지로 자기수련적 모욕이라고 할 수 있다. 이 모욕은 우리의 현존재가 99.9퍼센트까지 대부분 엄격한 역학적인 본성을 띤 반복들로 구성된다는 확언에서 도출된다. 이 모욕은 인간 자신이 그럼에도 불구하고 다른 내부분의 것보다는 더 독창적이라는 상상을 통해서만 극복될 수 있다. 우리가 만일 더 까다로운 자기관찰에 노출되면, 자기실존의 정신신체적인 기계 공간에 닿고 마는데, 거기서는 통례적인 자발성의 감언을 결코 얻을 수 없고, 자유의 이론가들 역시 차라리 더 위에 머무르려 한다.

이 탐구를 하면서 우리는 비-정신분석의 무의식 속을 헤치고 나아간다. 이 무의식은 집단적인 표준에 소급되든, 혹은 특이한 세분화에 소급되든 할 것 없이 보통 비주제적인 리듬들, 규칙들, 제의들에 속하는 것을 전부 포괄한다. 이 영역에는 더 고등한 역학, 비-역학과 조건화되지 않은 자신에-대한-존재에 대한 내밀한 상상이 전부 포함되어 있다. 이 역학들의 총합이 인격이라는 놀람의 공간을 산출하지만, 이곳에서는 아주 드물게만 놀라운 일이 일어날 뿐이다. 인간은 영토에 거주하는 게 아니라 습관에 거주한다. 급진적인 이주란 가장 먼저 **습관들**habits에 뿌리내리는 것을 공격하고 나서 이 습관들이 세워진 장소들을 공격한다.

소수가 명시적으로 수행한 뒤부터 모두 암묵적으로 수행한다는 것이, 더군다나 인간은 수행하지 않을 수 없는 생명체라는 것이 자명해진다. 수행한다는 것이 어떤 행동의 표준을 반복하여 그 실행이 다음 반복을 위한 기질을 개선하는 것이라고 할 때 그렇다. K씨가 항상 그의 다음 오류를 준비하듯 인간 전체는 항상 조금 전까지 있던 그대로 남아 있기 위해 필요한 대비를 한다. 충분히 자주 반복되지 않는 것은 위축된다. 예를 들어 멈춰 있는 손발의 근육조직이 며칠도 안되어 마치 그것이 일시적으로 사용되지 않아서 불필요하다고 판단하는 것처럼 이미 저하되는 경우를 일상적으로 관찰하면 알 수 있다. 사실 기관들, 프로그램들, 재능들을 사용하지 않는 것 역시도 내림차순의 수행들로 간주해야 한다. 암묵적인 피트니스 프로그램들이 있듯 암묵적인 비-피트니스 프로그램들도 있다. 그 때문에 세네카는 그의 제자에게 경고한다. "단 한 번의 겨울 숙영이 한니발을 늘어지게 한다."* 다른 약화 상태는 때때로 다년간의 방임 작업을 전제한다.**

여기서 도출된다. 확실히 단순 육체상의, 더 적절하게 말하자면 신경-육체상의 컨디션Form을 유지한다는 것은 비-언명된 훈련의 효과로만 파악될 수 있다는 것이다. 여기서 눈에 띄지 않는 절차로 이뤄지는 어떤 기관 복합체의 표준 운동을 충분히 자주 소환해 이 복합체를 그 실제 최적의 컨디션Fitness 상태에 안정화시키는 루틴이 이해될 수 있다. 늘 새롭게 계속될 수 있는 비언명된 수행 프로그램을 진행하고 있는 기관들의 자기활성화는 어떤 무언의 자기생산Autopoiese으로 불어난다. 생명체에게 자기 자신에 대한 단순한 동일성처럼 나타나는 것은 **사실상** 보이지 않는 훈련 프로그램을 해치운 덕분에 가능한 어떤 영구적인 자기재생산의 결과물인 것이다. 아마 그 일부를 꿈처럼 체험하는 야간의 뇌의 활동이 본질적으로는 최종 단계의 깨어남을 앞둔 뇌 상태의 자기 프로그램을 가동하기 위한 예비-과정일지 모른다. 이 자기는 두개골이라는 지붕 밑에서 반복의 연쇄로 이뤄진 뇌우다.

그러므로 개인의 동일성은 어떤 정신의 본질이나 관성의 형식을 지시하지 않고, 오히려 붕괴의 확률Zerfallswahrscheinlichkeit을 부지런히 극복하고 있음을 보여준다. 자기 자신과 동일하게 남아 있는 사람은 이렇게 해서 계속 자기를 다시 회복하는 일에 전문화돼 있는 기능을 발휘하는 전문 시스템으로 밝혀진다. **호모 사피엔스** 유형의 놀람에 개방된 생명체에게 진부함Trivialität은 결코 소용없지 않다. 이 진부함은 동일성을 꾸준히 장려함으로써만 도달할 수 있으며, 이때 가장

---

*   Seneca, "51 Letter", *Epistolae morales ad Lucilium*.

**   에밀 치트야Emil Szittya[1886~1964]는 1910년경 아스코나의 어느 보기 드문 성인에 관해 보고하는데, 그는 눈에 띌 정도로 순조롭게 인간은 살아 있는 자신의 신체를 썩게 하는 작업을 해야 한다는 견해를 신봉했다. Emil Szittya, *Das Kuriositäten-Kabinett*, Verlag, 1923, p.99《기묘한 일들의 방》를 보라.

중요한 보조 수단이 안팎을 향한 자기-재진부화에서 발견된다. 재진부화란 학습 능력이 있는 유기체들이 마치 새로운 것을 결코 대하지 않고 있는 것처럼 다룰 수 있게 만드는 조작을 의미하는데, 그 방식이 새로운 것을 친숙한 것과 역학적으로 동일시해서든, 새로운 것의 교훈 가치를 대놓고 부정해서든 마찬가지다. 그렇게 새로운 것이 친숙한 것이나 혹은 의미가 없는 것으로 편입되기 때문에 처음에 이것은 주로 작동 중인 몸짓과 사고 장치에 통합될 수 있는 기회를 갖지 못한다.*

반대로 새로운 것을 숭배하는 근대 문화가 새로운 것 **자체에** 의미를 부여할 때 이는 전 지구적 학습 기후를 밝히게 된다. 이를 위해 치르는 대가는 새로운 것의 환영을 무한히 신용하는 역사적으로 전무후무한 현혹에 대한 의향이다. 게다가 현저한 몽매 자체를 더 이상 단순 사실로 간주할 수는 없는데, 몽매는 학습을 회피하는 조작들을 오랫동안 훈련하여 획득되기 때문이다. 지성이 연속해서 스스로 나가떨어지는 것(녹아웃)이 완고하게 이어진 뒤에만 확실한 어리석음의 습성이 안정화될 수 있으며, 이 습성마저 언제나 비-몽매로 복귀함으로써 취소될 수 있다. 역으로 모든 학습 이론의 낭만주의는 그것이 고전의 고유명을 달고 등장한다 하더라도 의혹을 가지고 대해야 한다. 아리스토텔레스가 《형이상학Metaphysik》의 첫 문장에서 "모든 인간은 본성상 앎을 추구한다"라고 확언했을 때 그는 낭만주의자처럼 말했다. 실제로 모든 앎의 추구는—아리스토텔레스가 무엇보다 최초의 눈의 쾌감이라고 파악했다—보고 싶지 않은 새로운 것이 등장

---

* 따라서 알래스데어 매킨타이어가 개인적 동일성의 가능성의 기초를 세운다고 제안했던 "자기의 서사적 개념"(*Der Verlust der Tugend*, pp.290~291[《덕의 상실》, 320쪽, 번역 수정])은 그가 약속한 것을 해낼 수 없다. 이 가능성의 일부분은 의식적이고 서사화가 가능한 변화들에 근거하고 있지만, 반대로 대부분은 자동적이고 서사화가 불가능한 변화에 대한 거부를 비롯해 무의식적이고 모방적인 순응에 근거하고 있기 때문이다.

4부. 근대의 수련들

하자마자 그 한계에 부딪힌다. 새로운 것은 보통 동일성을 유지하라는 명령과 원만하지 않은 모습을 보인다. 그렇다면 격찬된 인간의 앎의 충동은 순식간에 아무것도 듣지도 보지도 못했다는 기예로 변화된다.

윤리적 구분을 통해 범속한 삶의 은폐된 수행의 특징이 드러날 뿐 아니라, 익숙한 것에 있는 지금까지의 현존과 새롭게 선택해야 하는 메타노이아적의 삶의 형식들 사이의 격차가 분명히 제시된다. 이 구분은 자기 자신과 타인에 대한 잔혹함을 요구하고, 가장 날것 상태의 무리한 요구를 산출한다. 그 원형이 되는 음성을 예수가 다음처럼 말할 때 들을 수 있다. "아버지나 어머니를 나보다 더 사랑하는 사람은 내 사람이 될 자격이 없다."* "너희 가운데 누구든지 나의 제자가 되려면 자기가 가지고 있는 것을 모두 버려야 한다."** "내가 세상에 평화를 주러 온 줄로 생각하지 마라. 평화가 아니라 칼을 주러 왔다."*** 이 구분의 검은 지금 일어나거나 혹은 결코 일어나지 않는 묵시다.

모든 수행들의 재수행

어느 지인의 예상치 못한 자살이 그의 주변 세계 전체에 의문을 제기하는 것처럼, 어느 개인이 철학으로 전향하거나 혹은 어느 윤리 집단으로 입회한다면, 그는 그때까지 한 지붕 밑에서 함께 살면서 같은 풍습Sitte을 의무화하고, 같은 습관을 잉태하고, 같은 이야기 속에 연루된 모든 이들의 **생활 양식**을 문제시한다. 모든 전향은 "이렇게 해서 나는 공동의 실재성 밖으로 나왔다"라는 언어 행위를 함축하거나, 혹은 적어도 "나는 그릇되고 나쁜 것의 연속체를 떠나려 한다"라는 의도를 표명한다. 이를 위해 전향의 추종자는 그를 유토피아라는

---

* 〈마태복음〉 10장 37절.
** 〈누가복음〉 14장 33절.
*** 〈마태복음〉 10장 34절.

섬으로 데려다줄지 모를 배에 승선할 필요는 없다. 목적지는 보통 희망이 없는 시골에서 불과 몇 킬로미터 떨어져 있거나 혹은 동요하는 도시에서 하루 이동할 거리만큼 떨어져 있다. 이 헤테로토피아를 찾는 사람은 그곳에 도착하면 외부의 길보다는 훨씬 멀리 내면의 길을 가야함을 알게 된다.

한 지원자가 어느 수행공동체에 받아들여진다면, 그의 이후 삶은 체계적으로 가치들의 재평가를 추진하며 지속된다. 이 절차를 퀴니코스파는 '주화를 개주하다'(**파라카라테인 토 노미스마**paracharáttein to nómisma)라고 하는데, '풍습을 바꾸다'라는 뜻도 있다. 이 화폐 변조의 은유는 더 고등한 도덕의 역사에 대한 열쇳말을 제공한다. 윤리의 조폐국들은 에토스를 변형하기 위한 훈련장들이다. 기원전 4세기 퀴니코스파에게 이는 다음을 함축했다. 자의적인 인간 규약에 근거하고 있는 행동 방식을 전부 거부하고 앞으로는 오직 **퓌시스**physis(자연/본성)에 복종하기. 이 거리낌 없는 반체제자들은 이와 같은 것을 빈통이 있다고 전제된다면 도시 한복판에서 할 수 있다고 생각했던 유일한 현자들이었는지 모른다. 나머지 윤리적 차이의 신봉자들은 익숙한 체류지에 등을 돌리는 게 더 낫다는 것을 알고 있었다. 에토스와 토포스는 함께 속하므로 다른 에토스는 다른 잠자리를 요구한다. 새로운 곳에서 다른 습성에 매우 깊숙하게 닻을 내려 옛 장소와 습성으로 결코 복귀하려 하지 않는 사람만이 근원으로 되돌아갈 수 있는 것이다. 그때까지는 어떤 보호 공간에 거주하는 것이 좋다. **다수가 옳다고 여기는 것**ton pollon doxa(**톤 폴론 독사**)*이 소수의 더 나은 지식에 맞아 튕겨 나가는 곳에 말이다. 초기 그리스의 그리스도교인들은 멀리 떨어진 훈련센터를 그곳에서 행해지는 일에 따라 솔직하게 **아스케테리아**라고 불렀고, 때때로 **헤시카스테리아**hesychasteria(침묵 수련장)라고 불렀다. 인도어 **아슈람**은 오늘날까지 활발하게 사용되며 '분투

---

* Julian Apostata, *Oratio*, 7, 225 D~226 A[《연설》]를 보라.

4부. 근대의 수련들

소'를 표현한다. 이와 달리 체념한 자들의 인도어 명칭 **산냐신**sannyasin
은 문자 그대로 세속의 숙소에 매인 것을 포함해 만사를 포기한 사람
을 의미한다. 라마크리슈나Sri Ramakrishna[1836~1886. 19세기 인도 신비주
의자이자 요가행자]의 스승이자 '벌거벗은 자'(**낭카**nangka)라는 별명이
있는 인도 현자 토타 푸리Tota Puri(약 1815~약 1875경)는 평생 옷도 입
지 않고 집에서 자지 않으며 한 곳에 3일 넘게 머무르지 않았다고 전
해진다. 이 회피의 인도인보다 한 세대 더 나중의 니체에게 그 다른
곳은 실스 마리아라고 했다. 실바플라나해의 극도의 매끈매끈함에
비치고 있는 "인간과 시대 너머 6000피트에 있는" 산기슭 말이다.

윤리적 구분은 습관들에 파국을 일으키고, 인간을 오직 모든 것에 익
숙해지는 존재로만 세운다. '덕'은 무엇보다도 익숙할 수 있는 가능
성이다. 그러나 마찬가지로 인간은 가장 나쁜 것을 이것이 불가침의
자명함으로 나타날 때까지 제 것으로 만들 수 있다. 오늘날 좀 더 자
유로운 나라의 거주자로서 현저한 독재 상황을 바라보는 사람은 이
상황이 매일 뉴스에서 나오는지 아니면 기록 보관실에서 나오는지에
대한 풍부한 증거들을 갖게 된다. 가장 역겨운 것에 대한 애착이 어
디까지 미칠 수 있는지를 파악하려면 뉘른베르크 제국정당대회나 5
월 1일 모스크바 퍼레이드 혹은 평양 매스게임 퍼포먼스를 봐야 한
다. 하지만 그리스의 **아스케테리아**, 인도의 **아슈람**, 상이집트의 은둔
자 방에서 보면 인간의 경험 세계 전체가 이미 일찍부터 밤낮으로 포
괄적인 잘못된 수행들이 벌어지는 어떤 타락한 훈련소와 다르지 않
았다. 신들의 서열을 차지한 절반쯤 명석한 왕들, 천학의 원로들, 그
리고 관습적인 규칙들과 공전하는 제의들을 넘겨주는 것만 터득한
음침하고도 엄한 사제들이 이곳을 주도하고 있었다. 그들은 외적 필
연성을 신성한 풍습으로 번역하고 이 풍습을 신성한 필연성처럼 옹
호했다. 그 잔여가 '문화'다. 이 말로, 한 세대의 통용되는 표준을 다
음 세대와 다다음 세대에 전달함으로써 관습복합체(요즘은 밈복합

체)의 자기보존을 우리에게 보장하는 복사기를 표현할 수 있는 경우에 그러하다.

그 때문에 습관들의 구분에 근거하지 않는 모든 도덕철학은 피상적이다. 어떤 **실천이성비판**Kritik der praktischen Vernunft도 인간 존재가 도대체 굳건한 나쁜 습관들에서 벗어날 수 있는지, 그리고 어떤 조건들에서 좋은 습관들에 새롭게 닻을 내리는 데 성공하는지에 대한 가장 중요한 인간학적 가정들이 해명되지 않는 경우에는 뒷받침되지 않은 전제 조건들로 연명해간다. "악한들의 민족ein Volk von Teufeln"조차 그것이 다만 이해력을 갖고 있다면 시민의 헌법과 혼동될 만큼 유사해 보이는 어떤 법질서를 스스로에게 부과해 괜찮은 **생활 양식**을 발견해야 한다는 칸트의 잘 알려진 평화서의 주장은 반도덕적인 중력에 대한 오해로 곤란을 겪는다. "악한임Teufel sein"은—그것이 가난한지 혹은 사악한지 분명치 않지만—어떤 행위자가 무분별한 습성에 집착하는 것에 대한 은유에 불과할 뿐이고, 칸트는 그의 변론에서 바로 이것을 너무 쉽게 지양한다.* 칸트의 악한들은 그들이 어디까지 매우 멀리 갈 수 있는지를 알고 있는 상인들이며, 그들의 '합리적 선택 세미나'를 드나들던 점잖은 이기주의자들이다. 실제로 악한 민족은 탈규율화가 가장 근본적인 수준에까지 다다른 숙명론자들로 구성된 어떤 집합체다. 그들은 상트페테르부르크의 지하실들**에 거주할 뿐 아

---

* 적어도 언급된 책에서는 그렇다. 그의 교육학에 대한 초기 강연들에서 칸트는 이성을 회복할 수 있음의 전논리적인 전제 조건들을 항목별로 관여해 더 심층적으로 바라본다. [편집자] 링크의 발문에서 항목 7은 다음처럼 쓰여 있다. "수양되지 않은 자는 거칠고, 규율을 지키지 않은 자는 미개하다. 규율을 게을리하는 것은 수양을 게을리하는 것보다 더 커다란 해악이다. 수양은 아직은 계속 만회될 수 있지만, 미개는 없어질 수 없으며, 규율을 갖추는 일은 결코 대체될 수 없기 때문이다." Immanuel Kant, *Werke Band XII*, p.700[이마누엘 칸트, 《칸트의 교육학 강의: 교사와 부모를 위한 칸트의 교육론, 증보판》, 조관성 옮김, 철학과현실사, 2007, 49쪽; 《교육학: 한국어 칸트전집 19》, 백종현 옮김, 아카넷, 2018, 94쪽](Christopher Korn, *Bildung und Disziplin*, Peter Lang, 2003, pp.100~101에서 재인용).

** 도스토옙스키의 《지하로부터의 수기》의 주요 배경이다.—옮긴이

니라, 희망 없는 방리유(변두리) 곳곳에 있고, 만성적인 분쟁 지역 곳곳에 정착하고 있다. 그런 상황에서 개개인은 기억하기로 줄곧 서로에게 주었던 이 지옥보다 더 정상적인 곳은 없다고 확신한다. 원환이 없는 악은 없으며, 순환하는 원환이 없는 지옥은 없다. 지옥에 익숙해진 자는 자신의 삶을 바꾸라는 요청에 대해 면역이 있다. 비록 그것이 자신을 위하는 일인데도 그렇다. 자신을 위한다고 하는 것이 이미 좋지 않은 순환 속에 사로잡혀 있다. 그런 조건에서는 언제나 자신의 **악순환**circuli vitiosi에 있는 수감자들을 정신 차리도록 만들기 위해 어떤 지침을 택하든 거의 매한가지다. 어느 쪽도 실패인 건 확실하다. 칸트 역시 세상물정에 밝아서 미루고 있는 내면의 "인간의 도덕적 개선"에서도, 칸트가 이기적인 성향들이 서로 상쇄되면 적어도 강제된 평화의 가망이 있다고 말한, 외부의 "이기적인 성향들로 이뤄지는 자연의 메커니즘"*에서도 아무것도 희망할 수 없다. 지옥을 순환하는 거주자들 사이의 평화는 "이기적인 성향들"을 서로 조절해서 나오는 게 아니라, 구체적인handfest 비대칭에서 나온다는 것을 경험은 보여준다. 이 비대칭은 한쪽이 소진되거나 혹은 한편이 대승을 거둘 때 나온다. 그 때문에 체계이론가들이 악의 부품에 승리할 수 없는 무능력이 속한다고 말하는 것이다.

나쁜 습관들은 어디에서 오는가: 철의 시대의 형이상학을 위하여

인간이 나쁜 습관들을 뿌리 뽑을 수 있는지, 그리고 만약 그렇다면 그 방식은 어떠한지에 대한 문제를 해결하기 전에, 인간이 예전에 습관들에 어떻게 터를 잡게 될 수 있었는지 개괄해야 한다. '악은 어디에서 오는가unde malum?' 대신 우리는 지금 '**나쁜 습관들은 어디에서**

---

*   Immanuel Kant, "Zum Ewigen Frieden", in *Schriften zur Anthropologie, Gesch ichtsphilosophie und Pädagogik, Erster Teil*, Wissenschaftliche Buchges, 1968, pp.224~225[이마누엘 칸트, 《영구평화론: 하나의 철학적 기획》, 이한구 옮김, 서광사, 2008, 54쪽].

오는가unde mala habitudo?'를 묻고 있다. 고전적인 도덕신학의 대답은 악덕의 목록이라는 형태를 띠는데, 그 목록들 중에서 6세기 후반 교황 그레고리오 1세Gregor der Große[504~640. 후기 고대의 위대한 라틴교부에 속한다]의 일곱 부분으로 된 목록이 가장 성공적이었다.*

이 도덕신학의 답에서 악한 습성은 무위에서 발생해 교만으로 촉진되는 어떤 악한 결심의 결과임이 확인된다. 대개의 신화적인 대답은 개인을 넘어 내다보고 역겨운 습관을 어떤 볼품없는 세계에 거주하라는 강요에 결부시키기 때문에 더 심층에까지 닿는다. 이것이 문화사의 탐구라면, 여기서 결핍의 자연사와 결핍을 인간계로 번역하는 일을 거치는 발걸음이 뒤따라야만 할 것이다. 이 논의의 맥락에서는 인간으로 존재한다는 곤경에 대한 가장 이른 표현들이 메소포타미아와 지중해 제국 시대까지 거슬러 올라갈 수 있음을 언급하는 것으로 충분하다. 저곳의 익명의 저자들이 최초로 문화 속의 모든 불만**을 뛰어넘는 세계 속의 불만에 관해 말한다.

구서구의 문명복합체의 시초를 표시하는 **인간의 조건**에 대한 위대한 두 신화가 이 부정적인 습성화의 발생에 대해 시사하는 바가 많은 진술들을 우리에게 제공한다. 유대교와 그리스도교 쪽에는 최초의 인간 커플이 천국에서 쫓겨난 일에 대한 성경의 서사가 있고, 그리스 로마 쪽에는 어두운 악화의 인과율로 인해 청동의 시대와 은의 시대라는 중간 단계를 거쳐 오늘날 철의 시대에 접어든 황금시대론이 있다. 두 서사에는 나쁜 것의 평범함을 밝히려는 의도가 공통되며, 이 서사들을 서로 첨예하게 대립시키는 것은 이 목적을 추구할 때 사용하는 수단들이다. 첫 번째 서사는 천국 이후의 인류가 만성적

---

* 이 목록은 다섯 개의 영적 악덕 **자만심**superbia, **게으름**acedia이나 **우울**tirisitia, **인색**avaritia, **질투**invidia, **분노**ira를 비롯하여 두 육신의 악덕들 **육욕**luxura과 **폭식이나 무절제**gula를 아우른다.

** [영어판 옮긴이 주] 프로이트의 책 *Das Unbehagen in der Kultur*[《문명 속의 불만》, 김석희 옮김, 열린책들, 2004]를 가리킨다.

으로 불만족스러운 현실에 머무르는 것을 이른바 인류의 타락Sündenfall 이라는 도덕적 파국 모델로 설명하고, 두 번째 서사는 현재가 섭리에 따른 악화 과정의 세 번째 타락 단계로 나타난다고 하는 어떤 운명의 법칙에서 인류의 곤경을 도출한다. 도덕론 모델에서는 사악한 **현상 태**가 유일하게 있는 문턱을 넘어간 결과로 설명된다면, 인간시대의 신화Weltaltermythos는 인간이 철의 시대라는 부조화에 사로잡혀 있는 상 태를 해석하고자 하강의 3단계를 이용한다.

나는 여기서 숙명론의 해석이 관조적인 넓이와 역사철학적인 내용에 서 도덕론의 해석을 월등하게 능가하면서도 도덕론의 해석이 침습 성의 경향 때문에 그 수신인들을 더 깊게 감동시킨다는 판정에서 머 뭇거리고 싶지는 않다. 체계 전체로 보면 성경의 서사에는 적지 않은 도덕적 정신장애moral insanity의 요소가 담겨 있는데, 만성적으로 괴롭힘 을 당하는 사람들의 살 속으로 더 깊숙하게 가시를 눌러 넣어서 그들 의 상황을 상속받은 부담Erblast이자 매우 당연한 처벌로 해석하게 만 들기 때문이다. 동시에 이 과실책임주의의 합의에는 모종의 영혼 지 도의 책략이 결여돼 있지 않은데, 경험에 따른 실상이 보여주다시피 인간은 명료한 목적이 눈앞에 있거나, 혹은 목적이 결핍돼 있다면 적 어도 이유와 출처가 눈앞에 있으면 고통에 대한 내구력을 분명 더 많 이 갖게 되기 때문이다. 천국의 추방이라는 서사를 그리스도교가 수 용하면서 그 구성원들이 자신들의 병폐가 자업자득이었을 거라는 생 각 없이는 곤경에 빠질 수 없는 어떤 문명이 발생한다. 이렇게 자신 의 고통에 대해 자책할 준비가 되어 있음은 우리가 보통 어떤 의미론 의 의료보험에 지불하는 회비와 같으며, 그리스도 '종교'에 대한 신 앙고백이라고 지칭돼왔던 것은 보통 우리가 이 채무체계에 기부하는 책임 기여금과 다르지 않았다.

　　하지만 현재 논의와 관련해 유대적인 서사를 비롯해 그리스로 마적인 서사의 공통적인 개입에서 문제가 되는 것은 세계 속의 인간의 상황을 해로운 환경에 지속적으로 체재하는 것으로 해석한다는 점이다. 양쪽 서사 모두 인간의 현존재가 지금 현상하는 형식이 근본적으로 곤경에 대한 익숙함의 필연성을 포함하는 곤경-속-의-존재라는 명백함에서 출발하며, 두 서사 공히 현재 상황이 본래 완전히 다른 상태에서 이반된 상황으로만 파악될 수 있다고 보충하는 명백함을 견지한다. 만성적인 비참은 점점 되풀이되든 아니면 단 한 번의 파국이든 시대에 따른 악화로 인해 처음 등장한다. 습성화된 비참은 여기저기서 다르게 체험된다. 현실 속에서는 오늘도 대부분의 사람들보다 처지가 더 나은 행복한 개개인들의 **생활 양식**과 대조되고, 상상 속에서는 모두 더 행복했던 시대의 표상들과 대조된다. 이 차이는 다른 상태에 대한 탐색의 모체를 제공한다. "삶 자체가 금단요법인 곳에서 중독의 기반이 증식한다……"* 중독Sucht과 탐색Suche이 어떻게 어우러지는지 어원학자들과 심리학자들이 설명한다.

현실주의, 궁핍, 소외

가장 오래된 행동이론이 제출한 감정서에 따르면 만성적으로 부적절한 환경에 순응할 경우 인간 안에 비철학적인 의미로 현실주의라고 표현할 수 있는 어떤 습성이 만들어진다. 이 습성은 그나마 제일 만성적인 압박을 받아서 단단해진 견딤으로 특징화할 수 있다. 성경의 서사에서는 경작에 속박된—"너의 얼굴에 난 땀으로"—굴종의 견딤이 강조되고, 지중해 시대의 서사에서는 오히려 적대적이고 타락한 이웃들과 지속적으로 갈등하는 어떤 현존재에 대한 새로운 종류의 강요가 강조된다. 가장 중요한 추방의 결과는 모세 1경(〈창세기〉)에 따르면 노동의 저주와 힘든 출생의 결과이고, 헤시오도스 Hesiod[BC 8세기경. 농부로 살며 가축을 길렀던 호메로스와 함께 고대 그리스

---

* Peter Weibel and Loys Egg, *Lebenssehnsucht und Sucht*, Merve, 2002, p.32[《삶의 열망과 중독》].

를 대표하는 시인, 국내에는《신들의 계보》*가 소개되어 있다]에 따르면 사회적 관계들의 만성적인 불신과 이웃 윤리 규범들의 곡해다.**

두 모델에는 흔적만 남은 사회철학과 근대 소외론에 연결될 수 있는 곤경에 대한 기초 해석학들이 담겨 있다. 첫 번째 모델에 따르면 천국이라는 비-노동 세계에서 노동을 강요하는 영역으로 추락한 것은 궁핍이 외상처럼 출현해 야기됐다고 한다. 이 궁핍한 환경에서 살아야 하는 의무는 인간의 원죄에서 생겨나는데, 죄를 범한 자는 더 이상 충분히 얻지 못한다는 것이다. 용서받을 수 없는 어떤 과오 때문에 이 견딤이라는 원-습성은 충분히 갖지 못하는 영속 상태에 직면하여 이른바 '결핍존재'***인 인간의 세계 이해에 깊게 박히고 만다. 이 습성이 어떤 근본기분의 지위에 있는 최초의 규율화를 형성하며, 이 규율화에서 내면의 냉혹한 조정자와 같은 현실주의로 이어지는 원-체념과 상상적인 풍요-보호구역의 설치를 요청하는 원-도피주의가 뒤를 잇는다.

이렇게 해서 이방인은 궁핍을 극화하는 역할에 등용된다. 이방인이 나의 생존과 내가 속한 집단의 자기권리 주장을 좌우하는 것을 소모하겠다고 위협함으로써 말이다. 첫 번째 이방인은 내가 의존해 있었던, 그러니까 나의 목숨을 지탱하지만 나에게서 내가 가지고 있

---

* 천병희 옮김, 숲, 2009.-옮긴이

** "누가 진실되게 맹세하는지 쉽게 보이지 않고, 옳은 것이나
쓸모 있는 것이 아니라, 재난의 창설자와 무법자를
그들은 더 존경한다; 손은 신성한 사육에 대해서 더 이상 아무것도 알지 못한다,
어떤 것도 옳지 않다; 극악무도한 사람이 더 고상한 사람을 다치게 한다,
음험한 말로 그를 끌어들이고, 그리고 여전히
거짓 맹세를 한다"
Hesiod, *Werke und Tage*, V. 190~194[《일과 날》][헤시오도스, 《신들의 계보》, 천병희 옮김, 도서출판 숲, 2009, 110~111쪽].

*** 결핍존재의 이데올로기에 대한 반박으로는 Peter Sloterdijk, "Auftrieb und Verwöhnung. Zur Kritik der reinen Laune", *Sphäre III, Schäume*, Suhrkamp, 2004, pp.671~859[〈3장: 격려와 망가짐: 순수 기분 비판을 위하여〉]를 보라.

17. 수행들과 잘못된 수행들

을 수 있다면 나를 더 낮게 부양할 모든 잉여를 떼어가는 주인이다. 그는 나의 착취자이자 나의 구제자의 통일체다. 두 번째 이방인은 더 이상 아무것도 남지 않을 때까지 앗아가는 적이다. 그래서 한 명의 주인과 한 명의 적이 있는 사람은—심리정치의 표준 상황에서처럼 위급한 경우 주인과 함께 적에 맞서 싸우든 혹은 적과 함께 주인에 맞서 싸우든 마찬가지다—궁중 반란, 봉기, 혁명 전쟁에서 충성심이 해체될 때 목격되는 것처럼 소외돼 있다.

사르트르가 "궁핍 속에 사는 인간l'homme de la rareté"의 소외된 "실천"에 대한 탐구에서 말했던 것은* 근본적으로 헤겔의 개념 격자를 대고 읽어낸, 성서의 추방 신화에 대한 해석에 불과하다. 궁핍은 집합체에 공존의 불가능성을 선고한다. 사르트르는 이 지옥 같은 실존을 착취라는 마르크스주의 구상과 일치시킬 수 있도록 한 차원 더 깊숙한 곳에 세운다. 또 그는 악독한 '응시'에 의한 경쟁과 상호 물화를 어떤 화해나 친교도 궁핍 영역의 안에서도 밖에서도 궁핍을 늘 극복할 수 없을 그런 심연으로 옮겨놓는다. 그리하여 그는 경쟁의 생산성이 가능함을 제대로 보지 못한다. 이뿐만 아니라 근대 소유경제로 인해 사실상 결핍 세계에서 탈퇴가 이뤄진 점 역시 그의 눈에 결코 들어오지 않는다. 마르크스주의를 실존주의의 모티프로 농축시켜 구제하려던 기획은 처음부터 실패할 운명이었던 것이다. 그렇다고 사르트르의 가장 심오한 실패의 원천이 안에서부터 파손된 정치경제학 비판에 그가 영합했다는 점에 있지는 않다. 실패의 원인은 그가 인간과 무의 진원지를 철학적으로 동일시했다는 점에 있다. 가장 결정적으로 형이상학의 은어를 사용하는 곳에서 그는 인간에 관한 지식의 첨단에서 가장 멀리 떨어진다. 인간은 부정성이 아니라 오히려 반복들 사이의 차이 지점이다.

---

* Jean-Paul Sartre, *Kritik der dialektischen Vernunft*, Rowohlt, 1986[장-폴 사르트르, 《변증법적 이성 비판》, 박정자 외 옮김, 나남출판, 2009].

헤시오도스는 철의 시대에 대한 자신의 진술들에서 사회적 결속이 파괴됐음을 강조한다. 지금 살고 있는 종족 안에서, 심지어 친척과 친구로 보이는 이들 사이에서마저 불신의 습성이 지배한다는 것이 몹시 그의 눈을 사로잡는다. 선과 악, 명예와 불명예 등등의 '본연의' 기호들이 철의 시대에는 어디에서나 뒤집힌 것처럼 보인다. 이것은 문화사의 관점에서 어떤 실제적인 광역 기상 상황을 밝히는데, 이는 시골풍의 주민들이 익숙하지 않은 도시의 전략적인 삶의 형식들을 익히라는 강요 밑에 놓여 있는 상황이다. 이 변화 속에서 개개인은 성공에 대한 신조를 바꾸는 법을 배워야 하며, 친척과 이웃을 통한 인정을 시장이라는 공론장과 권력 패거리를 통한 인정과 맞바꾸는 일이 필요함을 알게 되고, 정당과 부당에 대한 그들의 토착적인 직관들에서 분리되어 제도화된 심판 절차들의 우위에 익숙해져야 한다. 이 치환들은 공히 시인-농부였던 헤시오도스 같은 더 오래된 가치들의 신봉자들에게는 어떤 전도된 세계 속에서 하는 익힘에 지나지 않는다고 지각될 수 있는 어떤 습성의 교체다. **말이 나온 김에** 다음 언급을 더해본다. 코란은 비록 1200년 뒤에 등장했지만 그 도덕적인 단초에 따르면 수많은 지점에서 《일과 날》의 헤시오도스의 세계관과 격이 같다. 코란에는 이해되지 않는 새로운 전도된 세계에 대한 농부들의 불신이 옛 이해력으로는 헤아리기 어려운 대도시들에 대한 사막 거주자들의 묵시주의적인 증오로 고조돼왔다. 예언주의라고 지칭하는 것은 여기서 복잡성의 증대를 격렬하게 반대하는 형식이다.

소외의 자기수련적 중단: 5대 전선

이 배경에서 윤리적 구분이 무엇을 일으키는지 더 정확히 규정될 수 있다. 그것은 주체가 철의 시대의 현실 효과에 익숙해진 습관을 체계적으로 버리는 것을 목표로 하며, 처음 겉보기와 달리 천국 이후의 상태가 최종적이라는 사실을 의문에 붙인다. 자기수련의 반란은 수행하는 개개인들을 지배적인 현실 블록에서 분리시키고자 철두철미하게 반대자의 가장 강력한 지점에서 시작된다. 이 습관을 버리는 대치료는 자기수련의 역사가 보여주는 것처럼 곤경의 5대 전선을 겨냥한다. 물질적 궁핍, 현존의 부하의 특징, 성적 충동, 소외, 죽음의 비자발성이라는 전선 말이다. 이 전장들에서 초기의 명시적으로 수행하는 삶은 가장 멀리까지 퍼진 실존의 기형들조차 벌충하는 것이 가능함을 입증한다. 하지만 이때 치르는 대가는 대부분의 사람들을 차라리 이 폐해들을 받아들이도록 움직이게 한다. 햄릿이 말한 것처럼 **그렇게 재앙을 장수하게 만드는 것**that makes calamity of so long life — 슐레겔August Wilhelm Schlegel[1767~1845. 독일 시인, 번역가, 비평가로 셰익스피어 작품 번역으로 유명하다]은 "비참을 오래 살게 만드는 것"이라고 번역한다—은 '죽음 이후의 무엇인가에 대한 공포'일 뿐 아니라, 한층 더 체득하여 받아들인 비참에서 탈출하기에 앞서 하는 망설임이다. 현실을 통해 획득된 기형Deformation과 **기예의 규칙에 따라**lege artis 촉진된 자기수련을 통한 두려운 변형Deformation 사이의 선택에서 다수는 늘 기형을 결정했다. 차라리 어떤 편안한 혁명을 기다리길 원하면서 이 혁명이 '사건'처럼 오리라 주장했던 것이다. 스스로 일으키지 않는 일은 결코 일어나지 않는다는 불편한 통찰을 항상 피한다.

굶주림에 맞서

역사적 증거는 가장 오래된 자기수련들이 가난의 전선에서 발전했음을 분명히 한다. 고대 인도의 수행 대가들은 주체를 확실히 고통의 이면에 다다르게 만드는 자발적인 금단의 원칙을 실로 처음으로 발견했다. 이미 가장 초기의 브라만들에게서 신진대사는 감각적인 베일의 여신 마야Maya가 인간을 미혹시키는 환상들의 하나에 불과하다는 가공할 만한 확신으로 촉진되는 절제의 극단주의가 발생한다. 이들은 음식의 포기를 어떤 신체-영성의 기술로 증축하여 굶주림을 어떤 자발적인 단식 행위로 변형시켰다. 어떤 굴종의 수동성에서 자기수련의 행동을 만들어냈던 것이다. 굶주림의 무력화는 곧장 노동의 구속에서 해방되게 한다. 절제를 택하는 자는 생산하는 삶과 단절하고 다만 수련만 알게 된다. 아시아와 유럽의 초기 탁발승 문화는 최소화된 신체에 대한 정신의 우위라는 연극이 이웃들에게는 봉납의 가치가 있었음을 입증한다. 적선이 영적 승리의 극장에 입장하는 대가였던 것이다. 수도사들에 대한 기부를 사제들의 기만에 빠진 것이라고 할 수 있겠지만, 정신적인 실재는 다른 말을 한다. 옛 탁발경제는 가장 가난한 이들에게도 있는 주권을 찾는 왕국에 속하는데, 스스로는 거의 아무것도 없으면서 가까스로 가장 볼품없는 식사라도 함께하는 자는 궁핍의 법칙에 대한 자기수련인의 승리에 참여하고 있는 것이다. 아시시의 프란체스코에게는 굶주림에 대한 승리가 가난이라는 귀부인에 대한 기사도적 사랑 관계로 표현돼 나타난다. 도덕적으로는 가장 둔감하지 않을지 모르는 대부분의 유럽인들은 오늘날까지 어떤 비참의 요소가 이렇게 매혹적인 알레고리로 변화하는 것에 감명받는다. 게다가 유럽의 옛 노동자운동이 곤경의 독재에 맞선 이 최초의 반란에서 무언가를 터득했음을 기억하자. 굶주릴 때만 아니라 먹을 때에도 연대가 있다고……

과부하에 맞서

주권 지대의 제2차 확대는 초기 운동선수들과 전사-귀족의 환경에 있던 선구자들 덕택이다. 그들은 계급사회의 대다수 인간이 그 밑에서 굴복하고 있는 영구적인 과부하의 법칙을 무력화하는 길을 발견한다. 만성적인 부하에 대한 보통의 반응이 조만간 소모로 끝나는 경화와 짧은 회피의 혼합에 있다면, 반면에 투사들과 운동선수들은 대립되는 반응을 발전시키는데, 그들은 시종일관 고된 것을 더 고된 것으로 넘어서서 실존의 부하의 특징에 대해 자유의 등급을 획득한다. 그들은 지독한 혹사 상태가 한층 전력을 다하지 않는 것에 대한 충분한 이유가 될 수 없음을 보여준다. 갈림길에 선 헤라클레스의 이미지는 유럽의 윤리적 원장면을 구현하는데, 이 무엇인가-할-수 있음의 영웅은 무릇 우리가 고된 길을 택해야 인간이 된다는 명제를 체현하고 있다. 이를 위해서는 달콤한 악보다 혹독한 덕을 더 좋아하는게 중요하다.

운동선수의 아이러니는 부하 용량의 한계를 믿을 수 없을 만큼 밀어낸다. 아무도-그것을-할 수 없음이 있던 곳에 나는-할 수 있다가 존재하는 것이다. 이 할 수 있음의 지평을 확장하는 일마저 곧장 보편적인 것으로 흘러든다. 스포츠와 원형경기장의 여흥에서 관중이 느끼는 통속적인 호기심에는 여전히 인간학적으로 광범위한 함축을 지닌 이 행위자들과의 연대가 숨겨져 있다. 운동선수들은 단식술사들처럼 영혼이psychologisch 가장 가난한 이들과 활력이vital 가장 허약한 이들에게 소진에서 나오는 가장 좋은 출구는 작업 부하를 곱절하는 것에 있다는 메시지를 전한다. 이 메시지에 관여하는 게 가난한 이들과 허약한 이들에게는 중요하다. 이 금언을 글자 그대로 따르는 것을 생각조차 할 수 없는 사람도 이 금언에 자신이 자극을 받게 해야 한다. 항상 위를 향한 여지가 있다는 것이 만인에게 관련되는 명제다.

연장선상에서 근대 스포츠의 미래가 예측될 수 있다. 그것은 어떤 갈림길에 있는 헤라클레스의 집합체처럼 서 있다. 스포츠 선수들은 계속해서 불가능한 것의 경계에서 앞으로 걸음을 내딛는 인간의 능력에 대한 증인이라는 역할을 수행하거나(저 아름다운 연극에 관여하는 모든 이에게 예상할 수 없는 전달의 영향을 끼치면서),* 저능한 팬들이 함께-저능한 스타들에게(저 팬들은 취해 있고 저 스타들은 도핑 상태다) 완전히 아래에서 오는 인정을 끼얹는 확실히 지금 미리 확정된 자기파괴의 길을 계속 간다. 이와 관련하여 이미 에우리피

---

* 이에 관하여 독보적인 것은 Hans Ulrich Gumbrecht, *Lob des Sports*, Suhrkamp, 2007[《스포츠 찬미》][한스 U. 굼브레히트, 《매혹과 열망: 어느 인문학자의 스포츠 예찬》, 한창호 옮김, 돌베개, 2008]이다. 초기 자전거 경기의 잃어버린 시학은 다음 책에서 생생하게 그리고 있다. Philippe Bordas, *Forcenés*, Fayard, 2007[《열광적인 사람들》].

4부. 근대의 수련들

데스Euripides[약 BC 480~BC 406경. 고대 그리스의 3대 비극 시인 가운데 한 명]가 기원전 4세기에 스포츠 선수들의 제각기 퇴폐적으로 독립된 무대를 골칫거리로 여겼다는 것을 상기할 수 있다. "헬라에는 과연 수많은 해악이 있지만, 운동선수 족속(**아트레톤 게누스**athleton génous)보다 더 나쁜 것은 없다."*

성적 곤경에 맞서

제3전선에서 활동가들은 성적 충동의 긴장에 관심을 기울인다. 리비도는 더 오래된 여러 문화에서, 특히 엄격하게 부계적인 혼인 규칙과 친족 규칙이 있는 문화들에서 대부분 장기 유예될 운명이었으므로—성적 성숙의 발생과 합법적으로 가능한 성적 실천 사이에는 보통 수십 년이 지나야만 했다—수많은 이들의 에로스는 도저히 말이 안 되는 딜레마로 체험됐다. 신들 사이에서 가장 사랑스러운 신이 수많은 이들에게는 가장 나쁜 것으로 밝혀졌던 것이다. 이 충동에 굴복하면 쉽게 무질서 곁으로 빠지고, 이것에 저항하면 내면의 영구적인 학대를 받았다. 그렇게 섹슈얼리티에 대한 절망은 문명 속 불만의 상수가 됐다. 매춘, 내연관계, 노예를 수단으로 한 해제반응Abreaktion,** 자위, 젊은이들을 위한 각종 허가 등등처럼 널리 퍼진 배출구 제도들이 이 당혹을 완화했지만 없애지는 못했다. 충동이 내민 도전에 대한 자기수련의 응수는 특정한 추진력이 있는 영구적인 과다를 더 높은 목적들을 추구하기 위한 불특정한 기세로 변화시키는 데 있다. 이에 대한 절차를 최신 언어 규정에 따르면 승화라고 한다. 플라톤은 감각적인 욕망이 정신적인 충동Movens으로, 어떤 아름다운 육체에서 다

---

* Stefan Müller, *Das Volk der Athleten. Untersuchungen zur Ideologie und Kritik des Sports in der griechisch-römischen Antike*, WVT, 1995. p.5[《운동선수 족속: 그리스 로마 고대의 스포츠 이데올로기와 스포츠 비판을 위한 연구들》].

** 심리 장애나 심리적 긴장을 의식적인 추체험을 통해서 풀거나 해소시키는 것.-옮긴이

른 아름다운 육체로, 다수의 아름다운 육체에서 단수의 아름다움으로 상승하는 단계를 기술함으로써 이 도식을 분명히 제시했다. 이것은 마침내 감각성 안에서 빛나는 좋음 자체의 측면으로 밝혀진다.* 말하자면 통상적인 형태의 섹슈얼리티에 대한 철학적 비판은 섹슈얼리티가 성장을 방해한다고만 비난한다. 그것이 충족되지 않고서 좌절된 판타지에 대한 고착을 낳아서든, 충족되어 정신의 활력을 유출시키고 긴장과 완화의 짧은 순환에 휘말려서든 마찬가지다. 섹슈얼리티에 대한 수도원식 비판은 육체적 욕망을 곧바로 악마화해 처음부터 훨씬 더 노골적으로 이뤄진다. 하지만 그것은 무한한 욕망을 낳고 그것을 필수 온도로 유지한다는 동일한 목적하에서다. 이 무한화된 욕망―이것은 **데지르**désir(욕망)라는 표제어로 20세기의 난처해진 형이상학 안을 계속 돌아다녔다―이 틀림없이 가장 두렵게 만들었던 것은 유한성으로 복귀하여 미지근한 산문을 되돌아오게 하는 것이었다. 이 유한성에는 진부한 영혼 상태, 우울, 무감격이 지배하며, 목적을 달성하고 도약하는 프로그램에 대한 어떤 연계도 찾지 못하는 시시한 원동력의 과잉도 지배하고 있다. 이 맥빠진 정신은 자신이 어떤 절대적인 것으로 감싸져 있다고 느낄 수 없으며, 여기서 초기 수도원장들이 **아케디아**akédia라는 명칭을 부여했던 의기소침, 즉 수도사의 영혼을 신과 그 밖의 나머지에 대한 무관심으로 마비시키는 한낮의 다이몬이 생겨난다. **아케디아**는 칠죄종 목록에서 '관성'이나 '태만'의 역할을 맡고 그것을 아는 이들에게는 악덕의 여왕인 **수페르비아**superbia(교만)보다 거의 훨씬 더 두려운 것이 된다.** 현대에 이르러 무한한 욕망은 인간에게서 분리되어 그 고유한 안절부절못함을 산출

---

* 플라톤의 에로스론은 그의 대화편 《심포시온》 또는 《향연》의 디오티마의 연설에 잘 나타나 있다. 다음 책을 참고하라. 플라톤, 《플라톤의 향연/파이드로스/리시스》, 박종현 옮김, 서광사, 2016, 15~199쪽; 《향연》, 강철웅 옮김, 아카넷, 2020.-옮긴이

** Josef Pieper, *Über Verzweiflung*, pp.274~275를 보라.

하는 경제체계로 이주해갔다. 반면에 개개인은 갈수록 더 그들이 더욱더 많이 욕망하고 즐기라는 도착적인 명령을 더 이상 따를 수 없음을 확인한다.

지배와 적대에 맞서

제4전선에서 자기수련의 반란은 소외를 지양하는데, 이는 인간이 결코 어떤 주인과 어떤 적을 갖도록 강제되고 있지 않음을 입증해서다. 이때도 해방의 방식은 자발적으로 악을 과장하는 것에 있다. 자기수련인은 자기 자신을 매우 근본적으로 노예로 만들어 어떤 경험적인 노예화도 그에게 더 이상 타격을 줄 수 없게 한다. 그는 모든 제2등급의 주인들에게서 해방되고자 최정상에 있는 그의 주인을 택한다. 그렇게 아브라함은 그의 보이지 않는 신을 고백하여 보이는 신들에게서 빠져나오며, 퀴니코스주의(견유주의)-스토아주의의 현자는 그를 자의적인 인간의 규약들에서 해방시키는 우주의 법칙에 복종하고, 카이사르의 것은 카이사르에게 주라고 아이러니한 그리스도는 충고한다. 신앙인들의 충성심은 신의 것이기 때문이고, 그래서 카이사르에 대한 관계는 피상적인 것에 지나지 않는다. 그렇게 바울은 로마인들에게 그들이 예전에는 죄의 노예였지만, 지금은 의로움의 노예로서 자유인임을 명확히 한다.* 바울 자신은 디도서의 연설에서 자신을 신이 선택한 노예로, 그리고 마찬가지로 이를 통해서 자유인이 됐다고 소개한다. **법률 규칙**rule of law에 대한 근대의 담화에 여전히 자유는 법칙 아래에서만 존재한다고 주장하는 가장 오래된 절대주의Suprematismus의 언어가 울려댄다. 최상의 것을 통해 강제되면 다른 모든 강제들이 제2등급 인자들로 격하된다. 보편적인 것의 지배는 구체적인 것의 지배에 맞선 자기수련의 매개체다. 따라서 진지하게 받아들

---

*   〈로마서〉 6장 17~18절["여러분이 전에는 죄의 종이었지만 이제는 진실한 가르침을 전해받고 그것에 성심껏 복종하게 되었으니 하느님께 감사할 일입니다. 그리고 여러분은 죄의 권세를 벗어나서 이제는 정의의 종이 되었습니다"].

여질 수 있는 모든 보편주의는 자기수련으로 규범 영역에 접근할 수 있음을 전제한다. 마치 보편주의가 평등의 합승 자동차(옴니버스)인 것처럼 체념의 작업을 하지 않고 보편주의를 가지려는 자는 더 높은 보편화의 비용에 대해 아무것도 파악하지 못했던 셈이다.

동시에 자기수련인은 적을 가지라는 압박에서 해방된다. 그는 자신의 내면에서 어떤 보편적인 적을 택하며, 외부세계에 등장할 수 있는 적은 이 적의 차등 투영에 불과하다. 자신 안에 있는 악을 안다면 어떤 외부의 악한 상대자가 더 이상 필요하지 않다. 그 때문에 역시 다른 쪽 뺨을 내밀라는 충고가 있는 것이다. 그 때문에 고문을 받은 자는 그의 고문자에 대한 동정을 잃어서는 안 된다고 붓다가 경고하는 것이다. 도덕적 자기수련은 적에게서 우리를 물리치는 데 필요한 권력을 빼앗는다. 적대에 대한 반응의 지평을 넘어선 자는 폭력과 반폭력의 악순환을 해체하는데, 보통 고통을 겪는 자로 남는 대가를 치르는 건 당연하다.

이런 종류의 도덕적 과장들이 현대에 여전히 소규모의 청중만을 발견하는 동안, 다수는 다시 [적의] 격퇴에 대한 허가를 요구한다. 이에 대한 원인은 무엇보다 근본기분의 변화에서 찾을 수 있는데, 거의 2000년간 자부심과 자기긍정의 모든 자극들을 상대로 내면의 심문을 하라고 경고하던 그리스도교의 반-티모스의 심리정치가 현대 '성과사회'에서는 어떤 발판도 더 이상 발견하지 못하기 때문이다.* 이때 더 높이 발전된 법제도는 모두 직접적 반응의 자기수련의 금욕에 대한 축소된 재현을 함축한다는 언급을 잊어서는 안 될 것이다. 법제도는 부당하게 고통을 겪는 이들에게 소송에 배치된 제3자의 판결을 우회해 바로잡도록 한다는 기대를 부과하기 때문이다.

---

*   Sloterdijk, *Zorn und Zeit*[《분노는 세상을 어떻게 지배했는가》].

죽음의 필연에 맞서

제5전선에서 윤리적 구분의 영웅들은 죽음을 추상적이고 숙명적인 필연의 영역에서 개인적인 능력의 영역으로 옮겨 공격한다. 그들은 죽을 운명인 이들이 태곳적부터 종속돼 있던 자연의 테러리즘을 폐기한다. 이것은 바울과 그다음 다시 러시아의 생명우주론자들과* 현재는 그 야심이 신학을 물리학에 융합시키는 것을 겨냥하고 있는 미국의 기술영지주의자들에게서 발견되는 것처럼 불멸 사상을 물리화하는 것에까지 이를 필요는 없다.** 필연을 능력으로 바꾸는 데에는 삶-죽음의 경계를 뒤덮는 어떤 강력한 연속의 사상이 전제돼 있는데, 이는 구유럽의 두 위대한 죽음술의 장면인 소크라테스의 죽음과 예수의 죽음에서 읽어낼 수 있다.*** 태연한 죽음을 입증함으로써 삶의 끝은 마치 '저편으로 가는 것Hinübergehen'[죽는 것]이 물질의 상태를 바꾸는 것과 다르지 않은 것처럼 연속됨을 뚜렷하게 감각하며 어떤 상징적 질서 안으로 모범적으로 옮겨간다.

이렇게 키워온 능력의 죽음은 욥Hiob이 그럼에도 불구하고 인간의 운명이라고 말했던, 짐승처럼 저승으로 가는 것에 대한 직접적인 반란이다. 이 죽음은 마찬가지로 호메로스의 세계를 채우고 있는 순전히 맞아 죽는 것에 대해서도 반대한다. 호메로스의 세계는 바로 이름도 없이 누워 있는 채로 개와 독수리의 먹이가 되고 마는 2등급의 망자들로 터질 듯한 데 반해, 비길 데 없는 살해자 아킬레우스는 그리스의 기억 속에서 자리를 발견한다. 그리스도교에서 상징적으로 키워온 죽음은 신적인 회상에서 망각되지 않으며 그런 점에서 불멸인 구제된 이들에게까지 이 기억의 작용을 확장한다. 삶과 죽음의 연

---

*   이 책의 623~625쪽을 보라.
**   Frank J. Tipler, *Die Physik der Unsterblichkeit. Moderne Kosmologie, Gott und die Auferstehung der Toten*(초판 1994), Piper, 2007[《불멸의 물리학: 현대 우주론, 신과 망자의 부활》]을 보라.
***   이 책의 325~328쪽을 보라.

속에 대한 자기수련인들의 작업을 문명의 힘의 근원적인 축적으로 기술할 수 있을 텐데, 이 축적으로 인해 가장 극도의 외부적인 강요 자체를 상징적 질서의 내부에 입착할 수 있게 된다. 이 문명화의 현대적 자취는 서구인들의 자살 움직임이 증가하는 현상에서 나타난다. 이 움직임은 자기수련의 죽음술의 형이상학적인 과잉을 실용적으로 해체했지만, 이것이 시작된 곳은 자신의 끝을 문화적으로 공들여 기른 형태로 체험하는 일이 항상 인간의 권한이라는, 그동안 계속 확실해졌던 증거였다. 오늘날 존엄한 죽음을 위한 움직임들이 내거는 적절한 주장들은 공히 더 상위 형태의 죽음을 허락하는 것에 지나지 않는 반동적인 종교와 진보적인 장치의학의 결속을 해체시키려는 목적을 갖는다. 그 대신 자기수련 문화의 업적인, 죽음을 분할된 능력 속에 입착하는 것이 비-자기수련인들에게도 개방돼야 한다는 것이다.

형이상학적 반란의 포스트형이상학적 상속

철의 시대의 현실 원칙에 대한 자기수련의 반란들을 되돌아보면 내가 자기수련의 탈영성화라고 지칭한 것을 더 분명하게 규정할 수 있다. 이 탈영성화는 현대로 가는 길의 대부분을 형성하는데, 이 시대가 형이상학적 비약들을 실용적으로 평평하게 하는 것으로 특징화돼 있다는 점에서 그렇다. 이 과정은 기예들 안으로 과잉을 밀어 넣고 더 나아가 고트하르트 귄터가 "사유의 진리에서 행동의 실용주의로"* 이행하는 것이라고 표현한 치환을 이뤄낸다. 이런 의미에서 현대는 윤리적 분리를 대체하는 강력한 프로그램을 구현한다. 그 전제 조건으로 옛 곤경의 5대 전선에서 구시대의 수행 영웅들이 전투에 가지고 갔던 것과 다른 수단을 가지고 승리할 수 있음을 실연해야 한다. 르네상스의 범지주의자들과 근대 초기 연구 사상의 개척자들

---

*   Gotthard Günther, *Die amerikanische Apokalypse*, pp.277~278.

이 정확히 이 표어를 발급했다. "인간은 원하기만 하면 스스로 어떤 것이든 이룰 수 있다." 그들은 포스트비관론의 시대를 향한 문을 밀어젖히며, 이 시대는 내면세계가 실존적인 강요와 마주치며 응답한다는 바로 그와 같은 이유에서 포스트형이상학의 시대다. 포스트형이상학적으로 사유하고 행동한다는 것은 기술의 도움을 받아 극단적인 자기수련의 프로그램 없이도 옛 **인간의 조건**의 하중을 넘어선다는 것이다. 우리가 그들의 승리가 진짜이길 바라 마지않는 현대의 유일한 자기수련인들은 운동선수들이다. 이와 달리 옛 **인간의 조건**에 대한 영적인 승리자들은 의심 문화로 인해 그 권위를 빼앗긴 상태다. 오늘날 사막에서 40일이 지난 뒤 불타는 시골의 수풀이 말하는 것을 듣는 사람은 어떤 환각 상태에서 생긴 일화의 희생자로 분류될 것이다. 섹슈얼리티에 정통하지 못하면서 그것을 초월하는 체하는 사람은 신경증자라는 진단을 받게 될 것이 확실하다. 그리고 100일 밤 수면을 금한 뒤 일본의 승려들에게 현현하는 부처 아미타불을 현대 종교의 관찰자들은 도리어 어떤 국부적인 심리 의미론의 효과로 간주한다.

현대는 그 평등한 설계 때문에 지금껏 소수만이 접근했던 모든 진리들을 다수를 위한 진리들로 변형시키며, 번역될 수 없는 나머지 진리는 무시하는 게 필요하다고 느낀다. 이렇게 해서 실천된 적 있던 자기수련의 극단주의는 그 기반을 잃게 되지만, 그 경향은 통틀어서 옳다고 인정된다. 실제로 문제는 농경-제국 시대의 현실이 비참하다는 규정에 강력한 반대 명제를 대립시키는 것인데, 만약 이 명제가 지금 비-형이상학적이고 비-영웅적인 수단들로도 표현될 수 있다면 더더욱 좋다. 이 번역들은 예외 없이 현대의 기술적 변화 지점 이후에 이뤄진다. 그 성공 원리는 지난 300년이 흐르면서 철의 시대의 현존의 법칙들을 근본적으로 변화시키고 변화시키기를 중단하지 않았던 전례 없는 문명적인 학습의 순환이 시작됐다는 것에서 나타난다. 때때로 황금시대로 되돌아가는 꿈에 혹은 천국의 복원에 대한 꿈에 정치권력을 마련해주기도 했으며, 설령 이 꿈의 실현이 결코 화제에 오르지 않았다 하더라도 이미 이 꿈의 경향이 더 새로운 시대의 근본기분을 그렇게 열어 보였다. 이 근본기분은 현실이라는 원칙이 가소성의formbar 원형질이 돼 있다고 하는 직관에 근거를 두었다. 완전히 거대한 원상회복과 다르지 않은 것으로 간주되길 원했던 공산주의의 최대주의는 그 심리적인 개연성을 상실했으며, 간접적으로만 계속 전직-급진주의자들과 3세대, 4세대의 모방자들이 완화된 정세에 대해 보이는 공전하는 혐오로 연명한다. 그럼에도 차선으로 되돌아간다는 생각은 지금도 높은 실천상의 매력이 있다.

헤시오도스의 개념으로 말하자면 실제로 20세기 후반의 유럽인들과 미국인들은 쇄신된 은의 시대 안으로 투석기를 봤다. 그들은— '수정궁' 내부에—겨우 몇 세기 뒤처져 있는 모든 것과 점차적으로가 아니라 시대상으로 혹은 더 적절하게 말하자면 영겁(아이온)으로 구분되는 대부분의 사람들을 위한 생활 환경을 창출했다. 한 번 더 나는 고통의 역사에서 분수령이 되는 날이었던 1846년의 10월 혁명을 떠올린다.* 마찬가지로 경제생활의 탈농경화가 부각될 수 있고 이렇게 해서 "우매한 농촌생활"**과 작별했다. 거의 모든 수정궁의 거주자들이 적어도 물질과 사회 설비의 관점에서는 그들의 생활 조건이 전례 없이 개선되어 이익을 얻는다는 사실에 역사가는 의심을 품지 않았다.*** 이 사실은 마찬가지로 전례 없는 추가 청구 문화가 번창함으로써 보충되고 증명된다. 철의 시대의 체념의 나선이 뒤집혀져 욕망의 나선 안으로 허물어진다. 이 상황에서 철학은 그것이 2000년간 윤리적 구분의 이론적인 날개가 되어 관리했던 전권을, 정지 상

---

* 이 책의 599~600쪽을 보라.

** Karl Marx, Friedrich Engels, "1. Teil", *Das Kommunistische Manifest*[카를 마르크스/프리드리히 엥겔스, 《공산주의 선언》, 김태호 옮김, 박종철출판사, 2016, 14쪽; 《공산당 선언》, 심철민 옮김, 도서출판 b, 2018, 20쪽].

*** Sloterdijk, *Im Weltinnenraum des Kapitals*. pp.265~266.

태의 곤경의 세계를 넘어 위를 향해 가는 전권을 상실하고, 더 이상 철의 시대에 살지 않는 것의 이점을 논하는 상담자로 바뀐다. 영웅의 지식을 시민의 지식으로 변형시키는 번역 사무소가 되는 것이다. 철학은 그 고유한 자산을 가지고 비의적인 나머지 존재에 대해 보증을 선다.

제2의 은의 시대의 변호

지난 수십 년 동안 이 번역 작업을 가장 수미일관되고 가장 공감되게 선전해왔던 이가 리처드 로티Richard Rorty[1931~2007. 미국 신실용주의 철학자]였다. 공감됐던 것은 무엇보다 그가 존 듀이John Dewey[1859~1952. 미국 실용주의 철학의 설립자이자 기능심리학의 아버지이고 특히 교육개혁에 영향을 끼친 교육개혁가]에게 영감을 받아 철학에 대한 민주주의의 우위를 지지했는데도 불구하고 영웅적인 사유—그는 이 사유를 낭만주의 사유 혹은 영감주의 사유라고 부른다—의 과장에 대해 그가 이해하는 바를 숨기지 않았기 때문이었다. 미국인 로티가 유럽의 바로크 철학과 영국-프랑스-독일 계몽주의의 더 훌륭한 전통에 자리할 수 있는 것은 그가 세계개선 사상에 대해 혼란케 할 만큼beirrbar 충실한 탓이다. 이 충실은 미국의 개선에 대한 그의 책에서 가장 고풍스럽고도 가장 도발적으로 나타난다.* 로티는 한스 요나스Hans Jonas[1903~1993. 독일 출신 미국 철학자로 영지주의 연구와 독일의 환경운동 및 미국의 생명윤리 발전에 영향을 끼쳤다]와 더불어 시대와 어깨를 나란히 하는 한 철학자가 왜 단순함에 대한 용기를 가져야만 하는지 배울 수 있었던 지난 반세기의 유일한 사상가였다. 다만 은어가 없는 언어로 현대 문명의 구성원인 우리가 왜 스스로를 황금시대에는 이르지 못했지만 더 이상 철의 시대의 시민들로 이해해선 안 되는지에

---

*   Richard Rorty, *Stolz auf unser Land. Die amerikanische Linke und der Patriotismus*, Suhrkamp, 1999[《우리나라에 대한 자부심: 미국 좌파와 애국주의》][리처드 로티, 《미국 만들기: 20세기 미국에서의 좌파 사상》, 임옥희 옮김, 동문선, 2003].

대해 당대인들과 함께 이야기를 나눌 수 있음을 배울 수 있었던 것이다. 이 주제에 대헤 대화를 나누면서 철학과 비-철학은 하나가 되고 역사철학의 명제와 일상의 직관이 서로 뒤섞인다. 마치 아무 일도 일어나지 않는 것처럼 철의 시대의 어법을 계속 장려하는 과장된 보수주의자들에게 중도의 언어로 이의를 제기할 수 있는 것이다.* 이와 동일한 어조로, 차질이 생긴 황금시대의 복귀에 실망하여 은의 시대를 소극으로 비방하기 위해 무엇이든 하는 국부적으로 여전한 전염성을 보이는 좌파급진주의 이데올로그들에게 맞설 수 있다. 그런 대화에서만 소비에트연합이 붕괴된 뒤 조금 과장되어 진술되고 더욱더 과장되어 제지받는 '역사의 종언'에 대한 담화들의 합리적인 내용이 반복될 수 있다.** 역사의 종언은 철의 시대를 지배하는 현실 원칙이 다섯 가지 곤경에 대한 비-영웅의 조치들을 취한 결과 그 효력을 잃고 만 상태에 대한 은유다. 이 조치들은 산업 정치가 궁핍을 과잉공급으로 전환시키고, 경제와 스포츠에서 최고 성과를 낸 이들과 불충분한 노력을 했던 이들 사이의 분업이 이뤄지고, 전반적인 섹슈얼리티의 규제가 철폐되고, 주인 없는 대중문화와 적 없는 협치로 이행하고, 포스트영웅의 죽음학이 시도된 것을 포함한다.

이 조치들 중 어느 것도 결함이 없지 않은데, 그것들 중 어느 하나도 더 사소한 악의 지평을 완전히 극복할 수 없으며, 대개의 측면

---

* 이것은 20세기의 다양한 보수혁명의 저자들 모두에게 해당한다. 이 경향에 대한 더 최근의 사례로는 미국 신보수주의자들의 전쟁 지향적인 논문인 Robert D. Kaplan, *Warrior Politics, Why Leadership Demands a Pagan Ethos*, Random House, 2002[《전사 정치: 리더십은 왜 이교도 에토스를 요구하는가》]를 보라.

** 로티는 이 언어로 휘트먼과 듀이 이후의 미국 시민종교를 원천으로 삼아 세계개선 사상의 르네상스에 대한 매우 강렬한 20세기 말의 선언을 정식화했다. Richard Rorty, *Stolz auf unser Land*, pp.73~103[〈문화적인 좌파〉,《미국 만들기: 20세기 미국에서의 좌파 사상》, 91~128쪽]을 보라. 이 기록은 2001년 9월 11일 미국과 나머지 세계의 담론장에 혼란이 일어난 뒤에는 더 이상 어떤 영향을 미칠 기회를 갖지 못했다. 지금은 가라앉은 시대에서 온 자유주의 유토피아처럼 읽히는데, 이것이 오바마의 시대에 새로운 기회를 얻을지 기다리게 된다.

들에서 새로운 유형의 더 커다란 악으로까지 지각된다. 그렇기 때문에 그 자체가 이해되지 않는 제2의 은의 시대의 수많은 거주자들은 이 새로운 상태에 대해 역겨운 비방을 하는 경향이 있다. 포스트모던으로 불리는 것은 대부분 호화비관론Luxuspessimismus을 수반하는 위험을 전부 무릅쓰고 이 차선에 대한 불만을 미디어로 착취하는 것과 다르지 않다. 결정적인 문제는 잠깐 등장한 은의 시대의 표준들을 안정화하는 일이 성공하느냐, 혹은 옛 현실주의자들과 새로운 현실주의자들이 무엇보다 인류의 3분의 2 이상이 철의 시대를 떠나지 못했다는 사실을 가리키면서 현재진행형이라고 확신하고 있는 어떤 철의 시대로 물러나는 일이 임박한 것이냐다. 그런 후퇴는 운명이 아니라, 차선 시대를 사는 현존재의 역설들에 고의로 반발한 결과다.

이 사태가 계속 어떻게 진행될지 결정하는 일은 현대의 학습 연관이 기술, 정치, 경제, 문화, 인식론, 보건의 위기 전체를 통해 끝까지 충분히 안정된 개선의 지식과 최적화 능력의 연속체로 증축될 수 있느냐에 달려 있다. 이 연속체가 얼마나 자명하지 않은지는 19세기와 20세기의 이념사가 끝없이 이어지는 문명 적대와 반기술의 르상티망의 봉기를 일으켰다는 사실에서 읽어낼 수 있다. 신앙, 영혼, 삶, 예술, 민족성, 문화적 정체성 혹은 종적 다양성의 이름으로 이뤄지든 상관없이 말이다. 이 균열은 현대성Modernität의 체질을 심각하게 훼손시켰던 훈련 중단을 구현했으며, 적갈흑녹[좌파, 극우주의, 아나키즘, 녹색당]의 근본주의자들의 편재가 증명하는 것처럼 새로운 중단의 위험을 쫓아내지 못하고 있다. 철학적이지만은 않은 '현대성의 담론 Diskurs der Moderne'*은 의제를 꾸준히 해명하고 잘못된 교과 과정을 저지할 것을 요구한다. 각 세대는 도피주의와 전통에 적합한 형식들 사이에서 택해야 한다. 어떤 효과적인 학습 연속의 가능성만을 보장하기

---

* 위르겐 하버마스의 책 《현대성의 철학적 담론》(이진우 옮김, 문예출판사, 1994)을 가리킨다.─옮긴이

위해서라도 당대의 이념 생산을 강도 높게 여과하는 일이 꼭 필요하다. 전에는 이 책무를 그 뒤로 완전히 알맹이가 빠져버린 '비판'에 맡기려고 했다. 이 비판의 자리에 일반 면역학을 지지하는 어떤 긍정의 문명이론이 들어서고 있다.*

현대의 정전-작업

현대는 앞선 그 어떤 문명 형태보다 더 넘겨줄 가치가 있는 것을 분류하고 부적응의 발전을 줄이는 일에 더 의존한다. 그 표정이 풍부한 잘못된 발전에 도취된 현세대의 행위자들에게 필요한 경고 신호들이 억압적인 간섭으로 받아들여진다 할지라도 그렇다. 게다가 단명하는 부적응에 도취될 수 있다는 것이 현대적 삶의 형식들의 자극 대부분을 구성하며, 자유와 결과의 결핍Folgenlosigkeit이라는 그 향기를 규정하고, 모범을 창출해야 하는 부담에서 현재를 해방시킨다. 현대가 청년운동의 엘도라도인 데에는 이유가 없지 않다. 현대의 가장 커다란 유혹은 [자신이] 미래가 된다는 것을 구실로 미래를 철폐한다는 데 있다. '단일 연령의' 삶의 방식에 제약돼 있으면 다수 연령의 진행들로 모범을 전달하는 일에 대해 아무런 생각을 할 필요가 없다.** 자유주의의 조건에서는 명백한 부적응의 형식들 역시 재생산되는 경향이 있고 다음 세대에서 떠나지 않고 나타나므로 그런 변종들을 가능한 빨리 박물관화하는 문명화 과정이 의미가 있다. 늦어도 이 주인공들이 퇴장하고 한 세대 뒤에는 이뤄져야 한다.***

---

*   이 책의 706쪽을 보라.

**   단일 연령성Einaltrigkeit/다수 연령성Mehraltrigkeit의 대립은 오이겐 로젠스토크-휘시Eugen Rosenstock-Huessy[1888~1973. 독일 사회학자이자 사회철학자로 '대화주의' 등을 연구]의 사회학적이고 언어철학적인 연구들의 토대가 된다.

*** 연장선상에서 페터 바이벨Peter Weibel[1944~ . 우크라이나 출신의 예술가 겸 큐레이터]이 그의 저서들에서 1960년대와 1970년대 빈의 활동주의와 마약 문화에 대해 실행했던 비판적인 거리 두기가 원칙적으로 의미가 있다. 이 거리 두기로 이 기적 예술의 공리주의가 폐기된다. 예술사의 대변자들 사이에서는 부적응 예술

실제로 현대 문화 아카이브의 가장 중요한 기능들 가운데 하나는 역효과를 낳게 된 금서와 금지된 예술작품의 색인을 불필요하게 만드는 것에서 발견된다. 아카이브는 모든 중요하고 흥미로운 오류들, 내일이 없는 모든 프로젝트와 반복될 수 없는 모든 균열을 늘 독실하게 보존한다.* 그 수집물은 실제 세대 진행Generationenprozeß이 계속 작업하고 있는 정전의 외부에서 엄격하게 모집되는데, 그렇지 않으면 박물관의 보존은 후대에 대한 모범성과 혼동될 위험에 빠지고 만다. 게다가 동시대 예술가들이 즐겨 저지르는 오류가 있는데, 그들은 박물관을 분해하는 움직임들이 잠잠해진 뒤 공공 박물관을 평범한 작품들을 수집해놓은 곳으로 보고 특이성들의 종착지, 말하자면 연계 능력이 없고 반복될 수 없는 생산물들을 맡겨두는 곳이라는 그 새로운 기능을 보지 못한다. 마찬가지로 그들은 개인 소장품의 기능이 결국 유사 초월적인 작품들의 유통을 중단시키는 데 있을 뿐이라고 오해한다. 게다가 오늘날 이른바 정신과학에 깔려 있는 정체 상태는 그 행위자들이 대부분 자유롭게 부유하는 아카이브 안의 관찰자들로 조직되어—로티는 이 관찰자들을 경멸하며 손쉽게 **사심 없는 세계시민주의 구경꾼들**detached cosmopolitan spectators이라고 부른다—미래에 적합한 문명 코드를 만드는 계획적인 작업을 우연과 광신주의에 넘겨준 것의 결과로 파악할 수 있다.

의 개선 행렬에 대해 압도적으로 은어로 꽉 찬 속수무책이 지금까지 지배하고 있다. 동시에 바촌 브로크의 엄청난 저작은 그것이 피어나기를 기다리고 있는데, 그는 예술의 재문명화의 필요성을 예술 내적으로 개념화했던 동시대의 유일한 예술가이자 예술이론가처럼 보인다.

* Ilya Kabakov and Emilia Kabakov, *Katalog zur Ausstellung der Großinstallation 'Palast der Projekte' in der Kokerei Zollverein Essen*, 2001[《에센의 촐버라인 탄광 산업단지의 대설치작 '기획들의 궁전' 전시 카탈로그》]를 보라. 이 안에는 세 표제어('자기 자신을 어떻게 개선할 수 있는가?', '세계를 어떻게 더 좋게 만드는가?', '프로젝트의 발생을 어떻게 고무하는가?')로 된 유토피아적 현대의 익살스러운 총체가 65개의 개별 프로젝트로 제시되어 있다.

해로운 반복들 1: 수용소 문화

이 관찰들과 연계해 나는 20세기의 문명 과정을 주조했던 몇몇 부적응 현상들을 언급하고 싶다. 이것들은 오늘날 보면 더 최근의 전승 계열에서 해로운 반복의 승리에 대한 증상으로 읽을 수 있고, 이 때문에 '문화'학이 개입해야 하는 위급 상황을 구현한다. 나는 맨 먼저—앞선 절의 숙고들과 연계해—20세기 유사-메타노이아 정치에서 정치적 살해의 문화에 관해, 그다음은 동시대 교육에서 일어난 모방 인자의 약화에 관해, 그리고 마지막으로는 현대 미학에서 일어나는 모방의 가상적인 배척에 관해 이야기하겠다.

20세기의 혁명정치에서 메타노이아의 외재화와 관련해 내가 볼셰비즘의 생명정치에 대해 많은 설명을 덧붙일 필요는 없다. 일찍이 개개인들이 극도의 동기를 부여받아 하던 자기수련의 극단적 수행 자체를 통해서도 거의 도달할 수 없었던 것을 거대 집합체에 대한 정치-기술 조치들을 통해 강행하려는 시도는 불가피하게 절대 수단의 정치로 이어졌다. 이 야심찬 단계를 계획할 때부터 태만한 동료를 근절하는 일이 모든 수단 중의 수단을 시사했기 때문에, 20세기 초반 역사적으로 가장 전례 없는 형태의 부적응 문화인 수용소 문화가 발생했다.* 이 문화는 교화를 핑계로 억압하고, 노동을 핑계로 제거하고, 마침내 핑계 없이 말살하는 데 이바지했다. 처음에는 '문화' 개념을 그런 현상들에 사용하기를 망설일 것이다. 하지만 수용소 세계의 범위, 이데올로기적 명제들, 병참 비용, 인적 전제 조건들, 도덕적 함의들, 수용소 운영자들에게서 나타나는 습성 형성의 효과들과 정신적인 부작용들을 생생하게 그려낸다면,** 흡사 직업처럼 학습할 수

---

*   Giorgio Agamben, *Homo sacer. Die souveräne Macht und das nackte Leben*, Suhrkamp, 2007[조르조 아감벤, 《호모 사케르: 주권권력과 벌거벗은 생명》, 박진우 옮김, 새물결, 2008]을 보라.

**   하리 그라프 케슬러Harry Graf Kessler는 그의 *Tagebücher 1918-1937*(ed. Wolfgang Pfeiffer-Belli, Insel, 1982, p.689)[《일기 1918~1937》]에서 1931년 12월 코리에레

있고 판에 박힌 일상에 닻을 내린 이 괴물성에 대해서도 '문화'라는 표현을 피할 수 없게 된다. 즉 처음에는 수용소 규범이 중장기적으로 전파되는 게 잘 되지 않을 수 있다는 예상으로 기울지만, 20세기의 대부분 동안 감금, 분리, 제거의 사업 문화가 있었다는 실상은 이론의 여지가 없으며, 이 문화는 우리가 도덕적이고 문화이론적인 가정 속에서 언젠가 가능하다고 생각할지 모르는 것보다 더 오래 존립했다. 이 혁명정당 국가에 의해 조직된 범죄는 소비에트연합과 중국에서 베버주의 단계에 다다랐는데, 이 말로 예외상태가 관료화로 옮겨가는 단계를 표현할 때 그렇다. 그렇게 장기간 영향을 미치는 부적응적 변환은 어쩌면 17, 18세기 파리의 쿠르 데 미라클Cour des miracles*의 삶의 형식들에서 만날 수 있을지 모른다. 이 도둑들, 거지들, 떠돌이들의 반세계는 19세기 소설들에서—무엇보다 빅토르 위고의 《노틀담의 꼽추》에서—영구화됐다. 이곳에서도 안정되고 전도된 반문화와 같은 어떤 것이 지나칠 정도로 전파될 기회들과 함께 발생해, 곤경에서 태어난 대도시 빈민의 평행 문화를 이루었다. 이와 달리 중장기적으로 활약한 20세기의 수용소 문화는 예외적으로 프랑스혁명을 참조했고 자코뱅식으로 테러를 신성화하는 일을 떠맡았던 유사-메타노이아 국가들의 작품이다.

사업 형태이자 제도로서 현대 극단주의가 탄생한 날짜는 정확히 지정될 수 있다. 1918년 9월 5일 적군 테러에 대한 레닌의 훈령이 있었다. 거기에는 **명시적으로** 소비에트 체제의 적들을 정치범 수용소에 가둬 단계적으로 제거해야 한다고 쓰여 있었다. 이 행동 방침은 초기에는 임시적인 것으로 의도됐다가 1950년대에 이르면 견고한 형

델라 세라Corriere della Sera의 특파원인 카피Caffi의 관찰들을 적는다. "2년 넘게 결코 볼셰비즘의 사형집행인 그 누구도 그것을 감당하지 못했다. …… 그들은 곳곳의 정신병원에 있었을지 모르며, 크림만에 위치한 요양소들은 미쳐버린 사형집행인들로 가득했다고 한다."
* '기적의 안뜰'이라는 뜻으로 혁명기 가장 위험한 빈민가였다.—옮긴이

태가 됐으며, 1980년대에 이르면 완화된 모델로 끝까지 버티다가 마지막에는 현실 사회주의의 삶의 형식들에 대한 불만족에서 심각한 정신병의 증상이 인식될 수 있다는 공리에 근거했던 소비에트 정신의학의 협조를 받았다.

도표 자료는 국가사회주의 수용소 세계는 거의 12년간, 소비에트연합 수용소는 거의 70년간, 마오주의 수용소는 최소 40년간 존립했음(현재 중국의 권위적 자본주의의 감옥제도에서 이에 대한 여파가 진저리나게 이어지고 있다)을 분명하게 보여준다. 이런 의미다. 소비에트 극단주의는 그 복제물을 3세대까지, 마오주의 극단주의는 2세대까지 확장할 수 있었고, 그 그림자가 오늘날까지 계속 영향을 미친다는 것이다. **라오가이**laogai-시스템은 문자 그대로 노동을 통한 교화를 뜻하는데, 5000만 명이 넘는 사람들을 붙잡아 그 가운데 3분의 1 이상을 죽였다. 국가사회주의NS 국가의 과잉-부적응의 괴물성, 즉 난폭과 판에 박힌 일상의 이 독일적 종합인 홀로코스트를 탄핵했던 불굴은 색색의 반파시즘 덕분이다. '[과거] 청산Aufarbeitung'의 비대칭에 주목할 가치가 있다. 소비에트와 마오주의 노선의 '반파시스트들'은 그들을 자신의 수용소에 있었던 양적으로 훨씬 더 거대한 학살Exzesse을 더욱더 신중하게 논하도록 만든 게 무엇인지에 대한 질문은 늘 피했다. 솔제니친Alexander Issajewitsch Solschenizyn[1918~2008. 러시아 작가로 《수용소군도》로 서구에 스탈린체제의 범죄를 공론화했다], 정창Jung Chang[1952~ . 중국 태생의 영국 작가로 중국에서 금서가 된 그의 가족 자서전 《야생 백조들Wild Swans》로 유명하다], 《공산주의 흑서Schwarzbuch des Kommunismus》에도 불구하고, 오늘날까지 이 학살의 규모에 대한 이해는 거의 퍼지지 않고 있다. 국가사회주의 범죄의 부정이 몇몇 나라에서는 타당하게도 처벌받을 수 있는 구성 요건으로 다뤄지는 반면, 마르크스주의 군도들이 저지른 범행들은 대부분의 사회에서는 지금도 역사의 경미한 위법 행위로 여겨진다.

이로부터 거짓말이 항상 곧 드러난다는 게 참이 아님을 배우게 된다. 이 규모의 부적응 형식들이 2세대와 3세대를 형성할 수 있었다면, 보통의 거짓말보다 이 거짓말은 더 늦게 드러난다. 이 거짓말들이 왜 그렇게 늦게 드러날 수 있었는지 별도로 숙고할 가치가 있다. 이 숙고는 비정상Abnormität에 격리되기 십상인 독재국가 형성의 고유한 법칙성뿐 아니라, 더 예전의 문화 단계들에서부터 잘 알려진 탈도덕적 성공과 정당한 모범 사이의 소외가 지금까지 알려지지 않았던 첨예함으로 터져 나오게 되는 모더니즘의 토대를 건드린다. 사르트르급 Statur의 어떤 사상가가 소비에트의 수용소 세계의 유래, 범위, 귀결을 알면서도 이 상황을 1950년대까지 침묵하기로 결심했을 때, 더 나아가 그가 이 수용소에 대한 서구 비판자들을—그 가운데에는 알베르 카뮈Albert Camus[1913~1960]가 있었다—부르주아지의 가짜 추종자들로 비난하는 극단까지 갔을 때, 인류의 정치사에서 거대한 부적응의 변칙Anomalie이 어떻게 걸출한 지식인들의 판단력에 그늘을 드리웠는지 나타난다. 문화이론상 중요 정보는 연수에 존재한다. 사르트르가 침묵하기로 결정하면서 소비에트 수용소 문화의 3세대가 덩달아 등장했던 것이다. 그는 하나의 '조치'가 하나의 제도로 도착적으로 이행하는 것을 지지했다. 자신이 공산주의에 '우호Weggefährtenschaft'적이라고 사르트르가 했던 말에 담긴 반박할 수 없는 의미나 부수적 의미를 알아차린다면, 그의 세대의 도덕적인 신탁을 구현하고 있는 것처럼 보였던 그의 인격 안에 그릇된 교사의 원형이 무대에 등장했음을 부정할 수는 없다. 설령 비판적인 회상의 후견인들 사이에서는 이 원형을 하이데거의 인격과 관련해 즐겨 논하더라도 말이다. 실제로 하이데거는 여러 가지 점에서 현대성에 반하는 그릇된 교사였는지도 모른다. 그렇다면 후기 사르트르는 철두철미하게 현대성을 긍정하는 그릇된 교사였다.* 엄격한 박물관화의 틀이 있어야만 이 등급의 저자들

* 뤽 반 미데라르Luuk van Middelaar의 연구, *Politicide. De moord op de politiek in de*

이 위인인지 모범적인지 구별이 이뤄질 수 있다.

해로운 반복들 2: 학교의 침식

20세기 후반의 교육에서 수행 문화와 규율 의식의 붕괴와 관련해 말하자면 이는 근대 국가와 근대 학교 사이의 적대적 협력의 오랜 역사 속에서 가장 최신의 장을 이룬다. 나는 적어도 유럽에서 17세기부터 국가 의미론과 학교 의미론 사이의 결합과 모순이 어떻게 불가피하게 독립분화하는 '부분체계들' 사이의 만성적인 긴장들을 불러 일으켰는지 보여줬다. 쓸모 있는 시민들을 공급하라는 학교에 대한 국가의 고전적인 무리한 요구가 학교에 의해 자율적인 인격들을 양성하라는 주문으로 번역된다면, 영구적인 불화가 한쪽[학교]에서는 창조적인 기능 장애로, 다른 쪽[국가]에서는 만성적인 실망의 원천으로 사전에 프로그램화되어 있었던 셈이다. 시민의 고등문화는 국가적 교육 수주에 대한 학교 인문주의의 과잉에서 생겼다고 간추려서 확인될 수 있을 것이다.* 곧바로 더 오래된 시민 교육제도Bildungswesen의 **행복한 죄**felix culpa**에 관해 말할 수 있다. 이 제도는 더 재능이 있는 학생들에게 그들이 시민의 직무 수행에 필요해질 수 있는 것보다 훨씬 더 많은 문화적 동기를 한없이 제공했다. 연장선상에서 더 최근의 정신사에서 일어난 위대한 영적 과잉 현상들에 속하는 소외이론의 새로운 고안자 요한 고트리프 피히테와 그리스도교의 위버멘쉬 사상을 현대화한 프리드리히 니체가 동창생이라는 단서가 의미 있을지 모른다. 피히테가 1774년부터 1780년까지,*** 니체가 1858년부터

Franse filosofie, Van Gennep, 1999[《폴리티사이드: 프랑스 철학의 정치의 살인에 관하여》]를 보라. 이 책에서 사르트르와 다수의 프랑스 철학자는 정치적 이성의 파괴를 후원했다고 비난받는다.

*   이 책의 551~553쪽을 보라.

**   행복한 결과로 이어지는 불행한 사건의 연속이나 구원으로 이어지는 아담과 이브의 원죄를 가리킨다. ─옮긴이

*** Stefano Bacin, *Fichte in Schulpforta: Kontext und Dokument. Mit einer*

1864년까지 다녔던 나움부르크의 튀링겐 포르타는 당시 독일에서 가장 엄격한 김나지움 가운데 하나로 통했다. 튀빙겐 신학교가 자신의 학교에 다니고 있는 횔덜린Friedrich Hölderlin[1770~1843], 헤겔, 셸링Friedrich Wilhelm Joseph Schelling[1775~1854]을 통해 양성의 주문을 어떻게 넘치도록 충족했는지 논할 필요는 없다. 1835년 졸업한 학생 카를 마르크스가 예수회 삼위일체 신학교가 전신인 트리어의 김나지움에서 그의 형성기를 보내며 어떤 덕을 입었는가라는 질문에 대해 혁명사 서술은 오히려 소극적인 정보들로 답했다.*

학교 역사의 가장 최근 단계에서 고전적 학교의 창조적인 부적응은 수많은 곳에서 어떤 해로운 부적응으로 전도됐는데, 시대의 전형인 모범 기능의 중단과 이에 결부된 수행의식의 붕괴에서 야기된다는 점에서 이것을 현대적modern이라고 부를 수 있다. 그 결과 학교는 이중으로 내파되어 시민도 인격자도 낳지 못하는 지점에까지 가까워진다. 학교는 순응과 과잉 산출 너머의 상태로 치닫는데, 이 상태는 직접적인 쓸모와 간접적인 결과 창출의 모든 측면들을 지나간다. 해마다 학교는 더욱더 방향을 잃은 학생 코호트를 졸업시키는데, 부적응으로 인해 방향타가 말을 듣지 않는 학교체계에 그들이 적응한 것임을 훨씬 더 명료하게 알아볼 수 있다. 개별 교사와 개별 학생은 이에 대해 어떤 미미한 책임도 지지 않으면서 말이다. 양쪽 모두 어떤 방향 상실의 세상Ökumene에 있다. 5세기 로마 학교제도의 붕괴에서 8세기 알쿠인-카롤링거 왕조의 개혁의 결과로 일어난 그리스도교-인문주의 학교 문화의 재생까지 기나긴 교육의 밤을 가리키는 것 말고

Übersetzung von Fichtes Vlaediktionsrede, Stuttgart, 2007[《포르타학교의 피히테: 맥락과 문서, 피히테의 고별연설 번역문 첨부》]을 보라.

* 19세기 독일 대학제도의 사회이상주의적 과잉에 대해서는 Matthias Steinbach, *Ökonomisten, Philanthropen, Humanitäre: Professorensozialismus in der akademischen Provinz*, Metropol, 2008[《경제학자들, 박애주의자들, 인문주의자들: 학술국의 교수사회주의》]을 보라.

는 이에 대한 역사적인 대응물을 거의 발견할 수 없다.

이 병폐를 진단하려면 실제 학교가 니클라스 루만이 부분체계들의 독립분화라고 부른 과정에 어떻게 참여하는지 **구체적으로** 보여줘야 할 것이다. 독립분화는 어떤 부분체계 내지 어떤 '실천의 장' 내부에 엄격히 자기지시적으로selbtreferentiell 조직된 구조들을 세우는 것을 의미한다. 진화이론에 따라 표현하자면 이기심의 제도화라고 할 수 있다. 루만의 독창적인 자극은 정치, 경제, 법, 학문, 예술, 교회, 스포츠, 교육 혹은 의료 체계든 할 것 없이 현대'사회'의 부분체계들이 완전하게 자기지시적인 폐쇄 상태에 정착할 때까지 그 성능을 성장시킬 때 어떻게 자기관련성의 꾸준한 증가에 의존하는지 보여준 데 있었다. 도덕이론의 관점에서 이것은 부분체계들의 지평에 있는 이기심을 어떤 국지적인 덕으로 변형시키는 것을 암시한다. 이것이 '사회' 비판에 대해 가지는 귀결은 다음과 같다. 권력의 냉소주의에 대한 무력한 저항의 자리에 체계전체적인systemisch 계몽이, 즉 계몽을 끊어 밝히는 것이* 등장한다.

체계 전체적으로 조건화된 가치들의 재평가는 17세기와 19세기 사이 유럽 도덕주의자들의 저서들에서 관찰되는 것과 같은 자기 우선에 대한 탈악마화를 전제한다.** 그래서 각 부분체계의 중심에서 어떤 중립화된 도착에 부딪히는 것은 놀라운 일이 아니다. '무법자'가 도덕규범에서 공격적으로 벗어나는 것이 도착으로 통할 뿐 아니라, 하위체계는 더 커다란 체계의 틀에서 가능한 전권이 아니라 근본적으로 오직 자기 자신에 달려 있을 뿐이라고 인정하는 솔직함도 도착적으로 나타난다.*** 그 때문에 냉소주의와 도착 사이에 긴밀한 연

---

*　　이 책의 60쪽 첫 번째 각주 참조.-옮긴이

**　　Niklas Luhmann, "Am Anfang war.kein Unrecht", in *Gesellschaftsstruktur und Semantik, Band 3*, Suhrkamp, 1993[〈태초에는 부당이 없었다〉, 《사회구조와 의미론》].

***　　신학의 도착이론, 정신분석의 도착이론, 체계 전체의 도착이론 사이의 관계는

관이 존재한다. 냉소주의는 항상 계몽된 허위의식으로 그것이 부도덕에 뻔뻔함을 마련해준다는 점에서 허위적인 것에 대한 진실을 말한다. 가장 일찍이 정치 영역에서 마키아벨리가 정치적 행동의 고유한 법칙성을 분명하게 제시하고 보편 도덕에서 해방될 것—오랫동안 터무니없다고 느껴졌다—을 권고했을 때 뻔뻔함으로의 돌파—이 체계들의 **알레테이아**alétheia(탈은폐)—가 일어났다. 이것의 후발 주자는 18세기 후반 기계를 수단으로 한 생산이 발생한 이후에 나온 경제이론이었다. 맨더빌Bernard Mandeville[1670~1733. 네덜란드 태생의 영국 철학자 겸 정치경제학자로 국내에는 《꿀벌의 우화》*가 소개돼 있다]과 애덤 스미스 같은 최초의 자유주의자들은 상황이 먼저 오고 그다음에 도덕이 온다는 것을 이미 이해했다. 산업체계는 운영자들이 신용을 얻고 새로운 투자들을 실행하고 임금 비용을 감당할 수 있도록 그들에게 이윤을 초래하는 것이 그 직무임을 남김없이 인식했다. 요약하자면 '사회적인 것'은 부작용에 대한 계산을 체계 내적으로 경유해서만 고려될 수 있다. 경제가 그것이 가장 잘할 수 있는 일을, 즉 이윤을 산출하는 일에 집중한다면, 그것이 공동 세계에 가장 많이 이롭다는 주장은 전적으로 옳다. 그렇다고 불투명한 개연성을 넘어서지는 못하는데, 한쪽이 명백히 성공하면 경제체계의 이기심이 너무나도 많은 다른 이해관계들을 무시한다는 반대 증거가 발생하기 때문이다. 여타 이해관계들을 실제로 전체의 이기심으로 기술하길 원하든 원하지 않든 상관없이 그렇다.

　　나머지 부분체계들은 당연히 자신들의 이기심을 주술화하고 모호한 전일주의적 수사들의 도움을 받아 정당화할 것을 훨씬 더 강력

분명하지 않다. 이 대상에 대한 정신분석의 기여가 보통 그리스도교의 자아주의 비판을 다른 용어로 번역한 것에 지나지 않음을 Jannie Chasseguet-Smirgel, *Anatomie der menschlichen Perversion*(DVA, 1989)[《인간 도착의 해부》] 같은 작업들에서 읽어낼 수 있다.

* 　최윤재 옮김, 문예출판사, 2010.-옮긴이

하게 강요받는다.* 사실상 **이기적 체계들**selfish systems로 형성되는 것에 이것이 바꿔놓는 건 없다. 이 체계들은 서마다 사태가 왜 인식되는 그대로 진행될 수밖에 없는지를 공동 세계에 설명하는 이른바 전문가들을 산출한다. 이들은 회의적인 대중에게 지극히 가시적인 부분체계의 이기가 왜 전체 이익에 의해 눌러버리게 되는지 설명해야 한다. 여하튼, 아직은 우선적으로 자기재생산에 복무하고 있음을 대놓고 말하는 어떤 의료체계를 생각할 수 없다. 교회 쪽에서도 지금껏 그 유일한 목적이 교회들의 보존임을 들어볼 수 없었다. 설령 교인들 사이에서는 이 솔직한 말이 덕으로 통하더라도 말이다. 언젠가 그 유일한 책무는 자신의 수혜자들, 즉 교사들과 행정 직원들이 안전한 자리와 견고한 특권을 누리도록 만드는 일을 어떻게든 스스로 추진하는 데에 있다고 고백할 정도로 충분히 도착적이 될 학교체계는 더더욱 생각할 수 없다.

고백이 기대될 수 없는 곳에서는 진단이 계속 유익할 수밖에 없다. 진단은 도착을 구조적 문제로 바꿔놓는다. 오늘날 학교제도의 문제는 명백하게 시민들을 길러내라는 국가의 수주를 더 이상 수행할 수 없다는 데 있을 뿐 아니라(이는 현행 직업 세계의 요구 사항들에 직면하여 목적의 규정이 매우 불명확하게 되어버린 탓이다) 인문주의와 예술과 관련된 과잉을 희생해 의사과학적으로 세워진 교수법의 정례를 어느 정도 넋을 잃고 운영하는 데에 헌신하는 것에서 더 명료하게 표현된다. 학교는 더 이상 지난 수십 년 동안 17세기부터 집요하게 증명된 기능 장애에 대한 용기를 내지 못하면서 오로지 자기운영의 규범들을 지향하는 공허한 **이기적 체계**로 바뀌었다. 교사들을 연상시킬 뿐인 교사들을 생산하고, 학과들을 연상시킬 뿐인 학과들을 생산하며, 학생들을 연상시킬 뿐인 학생들을 생산한다. 그렇게 학

---

* 이 부문들은 결국 '입착된' 전문가들만을 이용할 수 있기 때문에 어떤 진정한 학문들을 낳지 못하고 비-자급식 이론 형성의 수준으로 이행하기 어렵게 한다.

교는 형식적인 권위는 행사하기를 중단하지 않으면서 열등한 방식으로 '반권위적'으로 된다. 모방을 통한 학습의 법칙은 효력을 잃지 않았으므로 학교는 위험을 무릅쓰고 마음 내키지 않음을 드러내며 모범성을 구현하고 다음 세대에 되풀이될 모범을 만든다. 이는 2세대, 3세대에 이르면 거의 오로지 수업의 자기관련성만을 순전히 찬양하는 교사들이 등장하는 결과로 이어진다. 수업을 하게 하는 것이 이 체계의 본질이기 때문에 열리는 수업은 자기관련적이다. 학교체계가 독립분화되자 학교가 '학교'라고 하는 유일한 본과를 아는 상태가 등장해 있다. 여기에는 수업의 유일한 외적 목적인 학교 졸업이 대응한다. 그런 학교를 끝마치는 사람은 13년에 달할 때까지 남녀 교사들을 모범으로 받아들이지 않는 법을 배웠다. 이 체계에 적응함으로써 자료의 내면화를 포기한 학습을 배웠으며, 거의 돌이킬 수 없이 체득을 위한 연습 없이 소재 다루는 법을 익혔다. 마치-그런 것처럼-배우는 습성을 획득했던 것이다. 이 습성은 주어진 수업 형태에 대한 적응 능력이 당분간은 모든 교육학의 목적이라고 체계 내적으로 올바르게 확신하며 임의적인 대상들을 방어적으로 체득한다.

이 현상들에 직면하여 급진적인 학교 사상가들은 이 체계 전체의 해체를 요구했다. 이반 일리치Ivan Illich[1926~2002. 오스트리아의 철학자이자 로마가톨릭 신부]처럼 '사회의 탈학교화'라는 요청으로든, 현행 개혁교육학자들처럼 뿌리깊은 전공체계 전체를 폐기하여 형성기의 학교를 청소년의 다양한 지능을 기르기 위한 공개적인 훈련소로 변형시키는 제안으로든 말이다. 그런 요구들은 지난 20년 동안 이뤄진 책의 문화에서 인터넷 문화Netzkultur로 나아간 거대 변혁에 부합한다. 그것은 실천적으로는 통제된 정글 교육학으로 기술할 수 있을 일종의 지능의 재야생화Auswilderung로 이어진다. 이 맥락에서 컴퓨터게임과 허섭스레기-커뮤니케이션으로 많은 시간을 보내는 청소년들에게서 지능적으로 데이터 쓰레기를 다룰 때 높은 훈련 효과가 관찰될 수 있다는 소견은 주목할 만하다. 스티븐 벌린 존슨Steven Berlin Johnson[1968~

. 미국 대중 과학 작가 겸 미디어 이론가]은 이 발달을 부모들과 체계이론 가들을 경청하게 만드는《나쁜 것이 다 당신에게 좋다Everything bad is good for you》라는 제목으로 개괄했다.* 이 제목에서 다음 명제를 읽어낼 수 있다. 거의 모든 형태의 강력한 문화 적응은 예전의 교육에 대한 패러디만을 실현할 뿐인 부적응의 **이기적 체계**와 함께하는 것보다 더 낫다. 내가 철학적 맥락에서 사르트르에게서 논한 적 있는 그릇된 교사의 문제가 이 체계 전체의 지평에서는 그릇된 학교의 문제로 회귀한다.

해로운 반복들 3: 현대의 자기관련적 예술체계

이 유형과 이 경향의 관찰들은 현대의 예술체계를 향하자마자 더 첨예화된다. 1910년부터 현재까지 예술사를 관찰해본 사람에게는 이 기간에 과정이론의 의미뿐 아니라 일상어의 의미에서 조형예술의 파국이 일어났음이 명백하다. 새로운 방식들로 현기증을 일으킬 정도로 돌진하면서 조형예술의 장에서 표준적인 예술가 3세대, 1910년 ~1945년 세대, 1945년~1980년 세대, 1980년~2015년 세대가 그들 직업의 장을 확장시켰다. 그러면서 그들은 동시에 앞 세대의 아주 높은 예술적 수준에 각각 연계하는 능력은 잊고 말았다. 그들 대부분은 현대적으로 한계가 없어진 예술 실험의 지평에서 주제적, 기술적, 형식적 모방들의 금줄을 계속 이어가기를 포기했다.

예술의 파국은 모방 태도의 파국이자, 여기에 결부된 훈련의식 (이 의식은 앞선 3000년의 '예술사'를 아무리 파편화되었다고는 해도 장인성과 직업 비밀들을 확산하는 것으로 뒤덮고 있었다)의 파국임이 밝혀졌다. 근대 이전의 예술에서 80세대에서 100세대까지 **모방**

---

* Steven Johnson, *Neue Intelligenz. Warum wir durch Computerspiele und TV klüger werden*, KiWi Taschenbuch, 2006[《새로운 지능: 우리는 왜 컴퓨터 게임을 통해 더 영리해지는가》][스티븐 존슨, 《바보상자의 역습》, 윤명지 외 옮김, 비즈앤비즈, 2006].

에 기초한 모사 과정들이 연속되고 난 뒤 고작 두 세대가 교체되는 동안 내용적이고 기술적인 모방은 거의 완전히 표준적인 모사자라는 그 기능을 박탈당하고 말았다. 하지만 모방은 암시적일 뿐 아니라 수상쩍은 창조성의 이데올로기를 위해 모방을 부정하는 문화 속에서도 전통을 형성하는 데 결정적인 메커니즘을 구현하므로, 현대인의 모방은 이제 모방자들이 그들이 모방하는 경향을 특별히 인지하거나 충분히 계발하지 않고서도 모방에 적합한 예술의 유일한 측면과 관련된다. 이 측면은 예술작품들이 생산될hergestellt 뿐 아니라, 전시되기도ausgestellt 한다는 사실에 존재한다. 생산 권력으로서의 예술(그 원로들의 '밸러스트'*와 더불어)에서 전시 권력으로서의 예술(그 효과의 자유와 더불어)로 이동하면서 작업장이 등을 돌린 어떤 모방 형식이 우세해지고 제시의 장소가 사건의 중심으로 세워진다. 이런 식으로 통제될 수 없이 과도한 이기심의 요소가 예술 운영 말고도 예술작품들 자체 안에 스며든다. 매 10년마다 예술작품들이 생산성에는 훨씬 관심이 덜하고 전시성에는 훨씬 관심이 많음을 더 분명히 보게 된다.

하이너 뮐만Heiner Mühlmann[1938~ . 독일 철학자]은 그의 에세이 《카운트다운: 예술 3세대Countdown. 3 Kunstgenerationen》**에서 예술체계의 엄격한 자기관련성의 상태로의 자유낙하를 진화이론의 주장들을 가지고 재구성했다. 1910년부터 현재까지 이 미적 진화의 뢴트겐 사진에서 모방과 훈련 요소의 체계적인 왜곡이 어떻게 역설적인 모방과 도착적인 훈련으로 이어지는지 식별할 수 있다. 모방이 역설적이고 훈련이 도착적이다. 이것들 안에서 해로운 특징들이—다른 시대에는 '악덕'이라는 표제어로 논했을 것이다—최고의 재생산 능력을 달성한다. 현대 조형예술의 모방을 보지 못하는 하위문화에서 세대 간 문턱들에 각각 다음으로 너 높은 징도의 자기관련성은 목격될 수 있는 자

---

* 배의 평형을 유지하기 위해 아래쪽에 싣는 무거운 물건.-옮긴이

** Wien, 2008.

품들과 예술가들이 확고한 지위를 차지했다. 비록 이들에게서 동시대 관찰자들이 자기관련적인 작품은 동시에 자기 자신을 취소하는 작품이라는 결론을 이끌어낼 수 없을지는 몰라도 말이다. 현대 예술 운영의 완성된 이 해로움은 오히려 바로 가장 날카로운 자기지시적인 냉소주의가 지금도 예술의 초월성에 대한 증거로 파악될 수 있다는 점에서 나타난다.

그러는 사이 예술체계는 논쟁의 여지가 없이 이기심의 태양에 가장 좋은 자리를 얻었다. 그러니까 마르틴 하이데거가 1930년대에 예술작품은 하나의 세계를 세운다고 말하던 바로 그때, 예술이 순수한 자기지시성Selbstreferentialität 안으로 추락하기 시작했던 것이다. 사실 포스트모던화된 예술의 **이기적 체계** 속 예술작품은 어떤 세계를 세울 생각이 없다. 오히려 어떤 세계도 지시하지 않는 어떤 것, 즉 그 자신의 전시됨을 앞에 세우는 표지로 나타난다. 맹목적인 이기심을 모방하는 3세대의 예술작품은 명시적으로 세계와 아무런 관련이 없다. 그것이 세우는 것은 그 자신의 영역 바깥에 있는 것과 전부 현저하게 절단돼 있는 상태다. 그것이 세계에 관해 유일하게 아는 것이라곤 그곳에는 의의의 체험과 초월성의 체험에 대한 열망으로 가득한 사람들이 있다는 점이다. 그들 다수가 자기지시적인 작품들의 공허한 헤르메스학Hermetik,* 자기지시적인 전시들의 동어반복, 자기지시적인 박물관 건축물들의 승리주의에서 자신들의 열망을 충족시킬 준비가 되어 있다고 가정한다. 모든 유사 종교처럼 그 일상적인 관심들 역시 한순간도 눈에서 놓치지 않고서 초월성 또한 사색한다.

그러는 사이 예술체계는 외적 관계들에 대한 그 무관심을 전시하는 것과 관련해 경제체계마저 능가한다. 경제체계가 우선은 꿈꾸

---

* 헤르메스주의라고도 하며 헤르메스 트리스메기스투스Hermes Trismegistus(그리스의 신 헤르메스와 이집트의 신 토르의 혼합된 존재)에 속하는 저작들에 기초하고 있는 종교적, 철학적, 비의적 전통으로 신이 인간에게 제공한 유일하고 참된 신학이 모든 종교에 있다고 주장한다.-옮긴이

기만 했던 것을 이미 성공시킨 것이다. 자신의 이기심을 신성화해 자신의 선택받음의 특징인 것처럼 자신 앞으로 가져온다. 그래서 예술체계에서 경제체계를 비롯한 자기관련적인 행동의 나머지 모든 영역들에 퍼져 나가는 저항하기 어려운 유혹이 존재한다. 자기관련적인 전시들을 조직하는 큐레이터들과 자기큐레이터 겸 자기수집가로 행동하는 예술가들은* 투기경제의 행위자들이 여전히 무엇인가를 배울 수 있는 유일한 자들이다. 그들의 교훈은 이것이다. 대중이 마치 초월성의 현상처럼 예술에 반응할 준비가 되어 있는 경우라면 이기심에 **관하여** 결코 충분히 멀리까지 갈 수 없다는 것이다. 그렇다면 각각의 임의적인 의미의 초과가 종교적 경험으로 포장되는 시대에는 어떻게 다르게 반응해야 할까?

이와 같은 대중은 극단의 부에도 초월성처럼 반응하리라고 다 시사한다. 그 때문에 예술체계의 미래는 쉽게 예측될 수 있다. 이 체계는 거대 자산체계와 융합해 존재한다. 이 자산체계에 빛나는 전시주의의 미래를, 자기 자신에게는 화려함의 차원을 약속한다. 르네상스기에 예술가들을 풍경, 초상화, 묵시록의 장인으로 극구 칭찬하던 기예적인 생산 권력이 출현한 뒤, 공중화장실의 전시로 시작해 마지막에는 자기 자신을 전시하는 박물관으로 흘러들어간 현대 초기의 전시권력이 출현한 뒤, 우리는 지금 모든 권력을 수집가들의 손에 쥐어준 예술시장 권력의 출현을 겪고 있다. 예술의 길은 모방이 가장 빈번하게 부정되는 바로 그곳에서 모방의 권력을 증명하는 양도Veräußerung의 법칙을 따른다. 이 길은 예술가들을 모방하는 예술가들에게서 전람회 주최자들을 모방하는 전람회 주최자들을 거쳐 판매자들을 모방하는 판매자들로 이어진다. 우리가 보는 앞에서 **예술을 위한 예술**

---

*   Boris Groys, *Logik der Sammlung. Am Ende des musealen Zeitalters*, Hanser, 1997[《수집의 논리: 박물관 시대의 종언에서》].

17. 수행들과 잘못된 수행들

l'art pour l'art이라는 표어가 **예술체계를 위한 예술체계**the art system for the art system라는 구상이 됐다. 이 입장에서 예술체계는 모든 성공적인 부적응들의 범례로, 모든 종류의 해로운 모사 과정들의 원천으로까지 발전한다. 그릇된 학교의 문제가 예술체계가 유사 문화*의 선례들에 수여하는 포상들을 통한 유혹의 문제로 귀환한다. 이것의 결론은 자명하다. 장차 현행 예술체계에서 선례를 가져오지 않는 부조리는 거의 더 이상 존재하지 않을 것이다. 이 파생물 거래는 금융 세계마저 파생상품 거래에 올라타기 이미 오래전부터 예술체계에 세워져 있었다. 도핑으로 부패된 스포츠체계처럼 예술체계 또한 어떤 갈림길에 서 있다. 전시 영역과 수집 영역에서 예술 외적인 효과를 모방해 타락의 길을 끝까지 가서 예술을 결정적으로 최후의 인간의 놀이터라고 웃음거리로 만들거나, 창조적인 모방을 작업장들에서 도로 찾아 그곳에서 반복할 가치가 있는 것이 어떻게 반복할 가치가 없는 것과 구별될 수 있는지에 대한 질문을 새롭게 받아들이는 필연성을 택하는 길이 있다.

---

*   이 표현의 정의를 위해서는 Heiner Mühlmann, *Die Natur der Kulturen*, Springer-Verlag, 1996[《문화들의 본질》]을 보라.

회고
: 주체의 재입착에서 총체적 염려로의 복귀로

이 현행적인, 너무나도 현행적인 지각들에서 눈을 돌려 주체를 형성하는 수행의 근대Neuzeit 형식들이 도시 신비주의, 기예가와 수공업자의 작업장, 초기 르네상스의 학자 집무실과 사무실에서 시작해 현재의 교육시설, 예술 갤러리, 피트니스센터와 유전공학 실험실까지 달려 지나왔던 기나긴 길을 되돌아보면, 어떤 문제적인 전체 실상이―간추리는 게 불가능할 정도로 다양하고 풍부한 발전 경로 너머에―생겨난다. 확실히 근대는 자신이 했던 약속들 가운데 하나는 지켰다. 이 시대를 통해 헤라클레이토스와 블레즈 파스칼Blaise Pascal[1623~1662] 사이, 고타마 붓다와 토타 푸리 사이 수천 년 동안 가득 차 있던 윤리적인 세계로부터의 도주인들에게 새로운 속인성의 가능성이 열렸던 것이다. 근대는 이 약속을 지킴으로써 동시에 그때까지 대다수가 인간이 해낸 최선이라고 여겼던, 세계와 급진적으로 달리할 수 있는 가능성을 인간에게서 빼앗아갔다.

근대성Moderne이 분리주의자들의 고립영토와* 외부적인 것들의 황폐한 땅 사이에 있는 소외를 지양했고 인간과 존재 사이의 오해를 일부

---

* 분리 현상에 대해서는 7장 〈문화는 하나의 수도회 규칙이다〉(228~263쪽)와 11장 〈최초의 편심: 수행자들의 분리와 그들의 자기대화에 관하여〉(347~387쪽)를 보라.

는 병리학적이고, 일부는 정치적이고, 일부는 미적인 표현들로 새롭게 기술했다는 점이 부정될 수는 없다. 첫 번째 자취에서는 요법을, 두 번째 자취에서는 개혁을, 세 번째 자취에서는 창조성으로 떠나는 출발을 제공했다. 이 세계개선과 자기개선의 주류로 동시에 우리가 '종교'라는 개념 속에 집적된 대부분의 오해를 제거하도록 도왔던 양태들이 표현되어 있다고 말할 필요가 지금도 있을까? 만일 인간과 세계 사이의 불균형을 교정하는 게 문제라면 의학, 예술, 민주주의 (더 적절하게 표현하자면 우정의 정치)가 가장 높은 성취를 보여주는 조정자들이다. 그리고 만일 세계로부터의 도주의 힘들을 좋은 내재성으로 우회시키는 것이 문제라면 충족의 현세가 내세의 특수효과들을 무색하게 하는 데 충분한 빛을 준다.

하지만 인간을 관계들의 요구 사항들에 적응시키려고 시도했든 혹은 관계들을 인간의 요구들에 적응시키려고 시도했든 상관없이 근대성은 분리 속에서 자발적으로 세계의 이방인이 돼버린 인간을 '그 자신의 시골집'에서 '실재성'으로 데려오기를 늘 노렸다. 그에게 모든 것을 주고받는 세계-내의-존재라는 유일한 국적을 새기는 일이 근대성의 포부였다. 이 국적으로 우리는 어떤 이주도 더 이상 알지 못하는 공동체에 결속된다. 그곳에 살아온 뒤부터 우리 모두 범속의 연합국이 발급한 동일한 여권을 보유하고 있다. 현實사실성에서 출국하는 권리를 제외하고 인권 전체를 보장받고 있다. 그래서 명상을 위한 고립영토들은 시간이 흐르면서 보이지 않게 되고, 세계로부터 동떨어진 주거공동체는 해체되고 있다. 구제의 사막들은 황폐해지고, 수도원들은 텅텅 비고, 수도사들의 자리에는 관광객이 들어서며, 휴가가 세계로부터의 도주를 대체한다. 긴장을 풀어주는 화류계가 천상을 비롯한 니르바나(열반)에 경험적으로 의미를 부여한다.

자기수련으로 후퇴한(그리고 어떤 실체로 잘못 너무 높여진) 주체

4부. 근대의 수련들

의 재세속화는 의심의 여지없이 철학적으로 가장 주목받는 근대성의 경향에 속한다. 정말, 근대성이 공감하며 따를 수 있는 어떤 변화를 도입한다. 이 변화가 근본적인 소외의 시대 이후 인간과 세계의 화합에 못지않은 것을 약속했던 탓이다. 이 '균형의 시대'는 가장 오래된 대립들의 지양을 의제로 세웠다. 정신과 삶이 다시 서로 가까워지려 했고 윤리와 일상성이 새롭게 결속되려 했다. 수천 년이 흐르는 동안 분리를 결단한 개개인들은 세계 전체를 내면과 외부, 자신의 것과 비-자신의 것으로 쪼갰다. 이제 그들은 다차원으로 이뤄진 전체의 환경 안에 다시 입착돼야 하고, 괴테의 명랑한 자기진술을 한 번 더 요청하자면 그 자리에서 각자는 스스로를 "그 중간에 있는 속인"으로 이해해야 한다. 계몽주의가 형이상학의 탈주술화를 촉진할 때, 이것은 무엇보다 내세 관념을 주입받은 인간을 그 세계 없는 허구들 속의 극단 상태에서 해방시키려는 의도에서 일어났다. 종교적 가상의 비판자들을 그렇게 확신하도록 만들었던 것은 소외된 인류가 상상된 행복을 포기하면 실제 행복으로 해방될 수 있다는 확신이었다.

이 분투들이 전체적으로 내가 이 책에서 그 윤곽을 〈근대의 수련들〉이라는 제목으로 표현했던 수행하는 삶의 형식들의 복합체를 이룬다. 그 결정적 형상들은 스스로를 광대한 수행의 순환들 속에서 세계 속의 세계들로, 미시 우주들로, '인격자들'로 산출할 줄 알았던 기술의 비르투오소, 음악의 비르투오소, 담화diskurieren의 비르투오소였다. 정교해지고, 스타일을 갖추고, 분명히 표현된 개인들은 자신의 마음에서 이 위대한 세계를 체험하는 확실성을 누렸다. 그들 모두 세속성으로 방향을 바꾸는 일이 그들에게 아껴서 늘어난 '나'의 계좌에 들어온 이익으로 나타나게 하는 어떤 형이상학의 재보험에서 이득을 얻기까지 했다. 그들에게 경험은 발전과 동의어였다. 여전히 그들은 빛나는 고립을 누릴 수 있었고, 이 고립으로 분리된 주체에게 상실할 수 없어 보이는 영혼성과 정신성의 거주권을 보장받았다. 그곳에서부터 그들은 열린 터, 콩퀴스타도르Konquistador들,* 아름다운 영혼들 속으로 떠나는 여행을 한데 조직했다. 괴테의 선언은 이 여행의 주소지에 쓰여진 것이었다. "어떤 시간과 어떤 권력도 잘게 나눌 수 없으므로 / 주조된 형식은 살아가며 발전한다."**

더 자세한 것은 이야기될 수 없는 것이기 때문에 빠르게 이야기돼 있다. 20세기의 가장 급진화된 계몽주의는 내세에 의해서나 형태를 띠고 면역화된 '인격자들'의 보호구역들을 부쉈다. 자신을 위해 세워둔 영혼과 함께 영혼의 다이몬인 섬뜩한 동행자들을 동시에 추방했다. 괴테는 이 동행자에 관해 확신한 적 있다. 각 개별 삶은 "네가 발을 내딛게 만드는 법칙"***에 따라 그 내면의 원형식을 따른다고 말이다. 이 몰아냄마저 맨 먼저 가상의 여러 희생을 요구할 수 있었던 내면세계의 행복을 위해 일어났다. 게다가 육체라는 감옥에 빠져 있었던 영혼의 우위가 사라져야 했다.****

지나간 세기의 탈선이 우리에게 이 시대적인 조작의 참된 가치에 대해 가르쳐준다. 이 시대를 어떤 시나리오로 압축해본다면, '내면세계의 세속화'나 혹은 '자신들이 세계에 닿지 않은 채 살아갈 수 있을 것이라 믿고자 했던 자들에 대한 세계의 복수'라는 제목이 틀림없이 붙을 것이다. 인간을 세계개선 경기의 순수 인자로 파악하자마자 그가

---

*   16, 17세기 아메리카 발견자와 정복자를 총칭하는 말.- 옮긴이

**   Johann Wolfgang Goethe, "Daimon", Urworte orphisch[〈다이몬〉, 《오르페우스식 원형어들》]; Hermann Schmitz, *Goethes Altersdenken im problemgeschichtlichen Zusammenhang*(초판 1959), Bouvier, 2008, pp.217~218과 pp.264~265[《문제사적인 연관에서 본 괴테의 말년 사상》]를 보라.

*** Goethe, "Daimon".

**** Alfred Schäfer, "Die Seele: Gefängnis des Körpers", in Ludwig Pongratz et. al., *Nach Foucault. Diskurs- und machtanalytische Perspektiven der Pädagogik*, VS Verlag für Sozialwissenschaften, 2004, pp.97~113[〈영혼: 육체의 감옥〉, 《푸코 이후: 교육학의 담론분석적, 권력 분석적 관점들》]을 보라.

어떻게 대량 소모품으로 규정되는지 분명하게 보여줬다. 이 개선 행동의 중심에는 서로 대칭적으로 관련된 19세기와 20세기의 으뜸 이데올로기들이 서 있었다. 이 이데올로기들, 곧 자연주의와 사회주의는 인간을 세계로부터의 도주성에서 세계를 향한 귀속성으로 재번역하는 일을 추진했다. 그 친밀한 친연성 때문에 사회자연주의와 자연사회주의라고도 말할 수 있을 것이다. 양쪽 체계는 인간에게 그 육체적 토대와 더불어 '사회적 관계들의 총체'를 온전히 요구하고 인간이 상상의 내면세계들과 반세계들—더 이상 종교적인 배후 세계를 거론하지 않자면—안으로 도피하는 것을 저지하는 노력에서 일치했다. 양쪽 단초에서 어떤 기초적인 실용주의는 분리 불가능하다. 이 실용주의는 사회 행동과 기술 방식에서 다룰 수 있는 것만을 실재한다고 간주할 수 있다고 말한다. 이것은 가차없는 도덕주의를 통해, 곧 도덕 다이몬의 과잉의 경향을 통해 보충된다. 인간이 세계의 상황과 정신적으로 거리를 두는 데 더 이상 반드시 성공하지 못한다고 해도 수많은 이들이 그들에게 필요해 보이는 것은 무엇이든 하고, 이렇게 해서 그들은 주어진 상황 안에서 선한 일을, 도덕적으로 뛰어난 일을 고려할 수 있다.

그렇지만 세계로부터 도주할 수 있는 실존의 순수 가능성에 대한 결정적인 조치는 실용주의의 측면이 아니라, 청년 하이데거의 등장과 결부돼 있는 20세기 초반의 쇄신된 '사유방식Denkungsart의 혁명'으로 이뤄졌다. 하이데거가 초기 주저 《존재와 시간》(1927)에서 철학적 사유를 현존재의 세계-내의-존재라는 상황에서 다시 시작되게 하기로 결정했을 때, 그는 철학적 성찰의 시계를 2500년 이상 되돌렸다. 이렇게 해서 그는 거리를 두는 이론으로 내딛는 걸음과 이와 함께 먼 관찰의 위치에 자기를 확보하는 것을 중단시켰다. 나는 이와 같은 걸음을—헤라클레이토스의 이미지를 다시 사용해—사유하는 자기가 삶의 강물 바깥으로 빠져나와 강가를 차지하는 것으로 기술했다.* 우리는 강가에 관찰자가 출현해 그의 시선 밑에서 세계가 연극으로 변화되는 것을 봐왔다. 윤리적으로 움직여진 지성은 이 무가치한 연극을 당연히도 외면한다.

세계-내의-존재라고 하는 이 포괄적인 상황 한가운데에서 새로운 도움닫기를 함으로써 내면세계라는 가상의 온실은 파괴됐고, 순수한 관찰의 격실들은 밀물 속에 가라앉았다. 분리된 주체는 자신이 현존재로 복귀해 있고 그의 이론적인 특권—그가 구경꾼 신들과 유사했던 것—이 박탈돼 있는 것을 본다. 새롭게 이 주체는 우리가 머물렀던 전체를 전-논리적으로 조율하고 열어 밝히는 기분들의 바다 속으로 가라앉았다. 그때 인간이 실존의 '기관'으로 얼마만큼 자신-바깥의-존재를 겨누고 있는지 다시 밝혀졌다. 처음부터 그의 존재 방식은 자기를 상실한 상태다. 이미 항상 사물-곁에-있음이자 타인들과 함께-있음(공동존재)으로 이뤄지는 탓이다. 그 자연발생의 특징에 따르면 인간은 집합체의 꼭두각시이자 상황들의 포로다. '제2차 독회'에 비로소 사후적으로나 예외적으로 현존재가 자신과 그의 가능한 자기존재의 전권으로 되돌아오며, 이 사후적으로 발견된 것을 어떤 제1실체이자 어떤 원형식이자 나를 통해 두드러지는 세계의 축으로 끌어올리려는 시도는 전부 미세한 현혹의 흔적들을 누설한다. 프루동Pierre-Joseph Proudhon[1809~1865. 프랑스 정치가이자 '상호주의' 창시자로 아나키스트를 최초로 선언한 인물]이 "신을 말하는 자는 기만하려 한다"라고 말하는 것처럼, 하이데거로부터는 "나를 말하는 자는 자기 자신을 현혹하려 한다"가 추론될 수 있다. 이렇게 자기를 너무 높이는 것은 증상처럼 너무 서두름으로써 돌진하는 시간의 흐름에서 구제되는 데 있는 관심을 배반한다. 구제에 대한 요구가 그 **자체**로 역시 구제의 가능성을 입증하지는 않는다고 강조해야 할까?

---

*   그리고 이 걸음은 후설의 **에포케론** 내지 실존적 판단의 '괄호치기'론에서는 '한 걸음 뒤로'로 학술화됐다. '등장', '강가', '강가-주체성'과 '순수한 관찰'에 대해서는 이 책의 363~364쪽을 보라.

이 전환이 어떻게 귀결될지는 도래하는 시대의 상황들처럼 매우 예측하기 어렵다. 도래하는 시대란 달리 어찌 될 수 있다 하더라도 오직 '그 뒤' 시대로만 표현될 수 있다. 어찌 됐든 관찰 하나가 떠오른다. 후퇴한 주체가 다시 세속화됐다고 해서 상상된 행복을 포기하면 육체적이거나 객관적인 행복에 직접 도움이 되리라는 기대가 충족되지는 못했다는 관찰 말이다. 이에 대한 근거는 세속적인 상황에 도로 입착된 현존재에 대한 하이데거의 서술에서 읽어낼 수 있다. 세계-내의-존재의 위치에서 사유하는 방향 설정을 새롭게 시작하기 위해 치러야 하는 대가는 불가피하게 거리의 상실이라고 한다. 그 주된 증상은 인간을 염려로 인도하고 경험해본gelebt 상황 속에 몰입하는 것이다. '주체'에서 다시 '현존재'를 만드는 자는 후퇴한 것을 포함된 것으로, 모인 것을 흩어진 것으로, 영원화된 것을 탈영원화된 것으로,* 구원된 것을 비-구제된 것으로 교체한다. 하이데거가 염려라고 부르는 것은 인간이 세계에 대고 그가 세계의 침윤에 맞서 자신을 밀폐할 수 없음을 시인하는 일이다. 관찰자가 기반을 잡은 강가는 결코 실제로 구제하는 강가가 아니라는 것이다. 현現사실적으로 실존함이란 "언제나 이미 염려된 세계 속에 몰입해 있다".** 이 실존함이 아무리 스스로를 보호하고 분리하려 시도했다고 해도—아트만으로서, 노에시스(사고)의 정신으로서, **호모 인테리오르**homo interior(내적 인간)로서, 내면의 보루의 거주자로서, 영혼의 불꽃으로서, 토대가 되는 주체로서, 눈앞에 있는 나로서, 인격자로서, 원형들의 교차점으로서, 아이러니의 부유 지점으로서, 현혹 연관의 비판자로서, 관찰자들의 관찰자로서—그것은 실제로는 그 구성적인 자신-

---

* Eugen Rosenstock-Huessy, *Die Sprache des Menschengeschlechts. Eine leibhaftige Grammatik in vier Teilen, Zweiter Band*, Schneider, 1964, pp.15~197[《인류의 언어: 사분할의 살아 있는 문법》]을 보라.

** Martin Heidegger, *Sein und Zeit*, p.192[마르틴 하이데거, 《존재와 시간》, 이기상 옮김, 까치, 1998, 262쪽].

바깥의-존재로 인해 이미 항상 염려에 퇴락해 있다. 신들만이 그리고 이들과 더불어 바보들이 염려 없이 그 자체로 존재한다. 시작부터 현존재는 세속성을 통해 식민지화되어 있다. 현존재는 이미 항상 염려 속에 몰입해 있기 때문에 우선순위의 목록을 만들어서 이것을 그의 가장 내면에 있는 염원처럼 완수해야 한다. 거리 두기의 시도들은 바로 모든 것에 앞서 있는 자기인도의 이차적인 변형들을 구현할 수 있다. 마르쿠스 아우렐리우스가 우리의 문 앞에서 낯설게 서 있다고 주장한 적 있는 외부적인 것들, 그것들이 실제로는 집을 차지했던 것이다. 이른바 집주인이 손님들에게 사로잡혀 있고, 만일 그들이 그에게 후퇴할 구석진 곳을 허락한다면 그는 운이 좋았다고 할 수 있다.

그와 같이 인간의 현존재는 3000년 동안 영적으로 회피한 뒤 분리들이 시작했던 지점으로 복귀했으며, 결국 전보다 덜 영리해졌을 뿐이고, 적어도 더 당혹해한다고 다 시사한다. 이 인상은 옳은 동시에 그르다. 내세광인 초현실적 상승들의 과잉 도약이 시간과 분석의 시험들을 견디지 못했다는 점에서 옳고, 더 최근에 방문이 뜸해졌을 지는 몰라도 수행 지식의 보물창고가 차고 넘치게 채워져 있기 때문에 그르다.

이제 수행하는 삶의 모든 형식들을 새롭게 생생히 그려낼 때다. 이 형식들은 중단하지 않고 건강을 발생시키는 활력을 방출한다. 비록 이 활력을 처음부터 묶어놓고 있던 형이상학 혁명으로 너무 높이려던 것이 붕괴되어 있다 하더라도 말이다. 옛 형식들을 새로운 형식들을 발명하는 데 다시 사용할 수 있는지 시험해야 한다. 인간을 새롭게 데리고 나오기 위해, 분리들의 또 다른 순환이 시작될지 모른다. 세계로부터는 아니더라도, 둔감과 낙담과 완고함과 무엇보다 이사크 바벨Issac Babel[1894~1940. 유대인 출신의 러시아 단편 작가로 스탈린 시대에 숙청당했다. 국내에《기병대》*가 소개되어 있다]이 반혁명이라고 했던 천박함에서 데리고 나오려고 말이다.

* 김홍중 옮김, 지만지, 2008.-옮긴이

전망
: 절대적 명령

> 보십시오. 내가 직접 여러분에게 이렇게 큰 글자로 써 보냅니다.
> ─바울, 〈갈라디아서〉 6장 11절

누가 그것을 말할 수 있는가?

"너는 너의 삶을 바꿔야 한다!" 릴케가 루브르에서 자신에게 말하는 것을 들었던 이 음성은 그 뒤로 그 근원에서 분리되었다. 100년도 안 되어 이 음성은 보편적인 시대정신 안으로 유입됐다. 정말로 지구 둘레에서 윙윙거리는 모든 의사소통의 최종 내용이 된 것이었다. 지금은 그 심층 구조에 의해 이 절대적 명령과 관련되지 않을 어떤 정보도 세계의 천공에는 없다. 이 명령은 결코 어떤 순수한 사실의 확언으로 중성화될 수 없는 외침이며, 모든 직설법의 구석구석을 뚫고 지나가는 명령법을 이루고, 수없는 혼돈 상태의 정보 입자들을 어떤 간결한 도덕적인 형체에 배열하는 모토를 나타낸다. 이 명령은 전체에 대한 염려를 드러낸다. 지금의 세계에서 보편적으로 윤리적인 의미가 있는 유일한 사실은, 그런 식으로 계속될 수 없다는 곳곳에 분산되어 자라나고 있는 통찰이라는 점은 부정될 수 없다.

한 번 더 니체를 상기할 이유가 있다. 그는 최초로 윤리적 명령이 어떤 양태로 근대의 시간에서도 전달될 수 있는지를 파악했다. 그것이 우리에게 무조건적인 무리한 요구를 세우는 명령의 형태로 말을 건다고 말이다. 이렇게 해서 그것은 사람들이 **현상태**에서 수행할 능력이 있는 것만을 그들에게 요구할 수 있다는 실용주의적 합의에 대립했다. 니체는 이 합의를 거슬러 수행하는 삶의 근원적인 공리를, 윤리적 차이가 관습적인 삶의 형식들 안에 난입한 뒤부터 확고해진 그대로 규정했다. 인간은 불가능한 것을 지향할 때에만 나아갈 뿐이라고 말이다. 온건한 명령들, 이성적인 규정들, 일상적으로 산출될 수 있는 요구들, 이 모든 것들이 실현되는 데에는 어떤 충족될 수 없고 불가피한 요구에서 발원하는 과장된 긴장이 이미 전제되어 있다. 지나친 요구를 받는 동물이 아니라면 무엇이 인간인가? 첫 번째 계명을 세운 사람에게만 십계명이 그 뒤를 따를 수 있다. 첫 번째 계명에서 불가능한 것 자체가 나에게 말을 건다. 너는 나를 제외하고 어떤 다른 척도도 가져서는 안 된다고 말이다. 아주 거대한 것에 붙잡히지 않은 사람은 **호모 사피엔스** 종에 속하지 않는다. 이 종에 이미 사바나 최초의 사냥꾼이 속한다. 그는 머리를 들어 수평선은 어떤 보호의 경계가 아니라, 오히려 신들과 위험들이 들어오는 문이라는 것을 이해했다.

지금의 무리한 요구를 세계 상황에 맞도록 표현하고자 니체는 위험을 무릅쓰고 세상 사람들에게 "모두를 위하지만 아무도 위하지 않은 한권의 책"을 건넸다. 이 예언자적인 분출은 인간과 시대의 6000피트 너머에서 이뤄졌고, 전체 청자들의 이해력을 고려하지 않고 그것을 떠나 말했으며, 동시에 아직-아님을 내밀하게 구상하는 각 개개인의 지식에 침입의 방식으로 결합돼 있다. 위버멘쉬 프로그램이 수직적 긴장 전반을 보증한다는 점을 안다면 이 프로그램을 그냥 내버려둘 수 있다. 끌어올리고 있는 긴장을 초월의 극에 정박시키도록 보장하는 데 신이라는 가설을 더 이상 충분히 확신하지 못하게 됐을 때 이 프로그램을 선포할 필요가 생겼다. 그러나 신과 위버멘쉬가 없더라도, 각 개개인이, 가장 성공적이고, 가장 창조적이고, 가장 대범한 개인마저도 만일 그가 진지하게 음미한다면 자신의 존재 능력에 의해 될 수 있었을 존재에 미치지 못하는 존재가 됐음을 인정할 수밖에 없다는 지적으로 충분하다. 그가 선한 동물이 될 의무에 복종해왔다고 말할 수 있었던 희소한 순간들을 제외하고 말이다. 평균의 과잉 동물로서, 야심의 자극을 받으며, 과도한 상징들에 사로잡힌 채,

인간은 자신에게 요구되는 것에 미치지 못한다. 몸소 승자의 트리코를 입고, 몸소 추기경의 가운을 걸칠 때조차 말이다.

"너는 너의 삶을 바꿔야 한다!"는 문장은 모두를 부르면서도 아무도 부르지 않는 외침의 근본 형식을 제공한다. 즉 이 문장은 자명하게 어떤 특정한 수신자를 향하지만, 그와 더불어 다른 모든 사람들에게 말을 건다. 이 문장을 거부하지 않고 듣는 사람은 이를 통해 사적으로 말을 건네는 어떤 형태로 숭고와 마주치는 일을 체험한다. 압도적인 것을 눈앞에 보이듯 나타내어 관찰자에게 이 아주 거대한 것에서 그의 몰락의 가능성을 제시하는 것이 숭고하다. 이 몰락의 실행이 당분간 연기되더라도 말이다. 숭고의 절정이 나를 가리키고 있으며, 숭고는 죽음처럼 사적이고 세계처럼 붙잡을 수 없다. 릴케에게 이것은, 절단된 아폴로-입상이 그에게 말을 걸어 무한히 뛰어난 무언가와 마주친다는 느낌을 그에게 불어넣었던 예술의 디오니소스적인 차원이었다. 이와 달리 오늘날은 예술작품 속에서 권위적인 음성을 좀처럼 들을 수 없다. 명령을 내리는 권위는 더 이상 그 가치가 떨어진 '종교들'과 교회 장로들에게 따라오지 않는다. 현자(이 표현을 아이러니 없이 사용할 수 있다면)의 조언들은 말할 것도 없다.

　오늘날 "너는 너의 삶을 바꿔야 한다!"라고 말할 수 있는 유일한 권위는 전 지구적 위기다. 얼마 전부터 이 위기가 그 사도들을 파견하기 시작했음을 다들 지각하고 있다. 이것은 표상될 수 없는 무언가에 호소하고 있기 때문에 권위를 갖고 있으며, 이 표상될 수 없는 것이 나타난 게 이 위기, 곧 전 지구적 재난이다. 이 거대 재난이 왜 지금 세기의 여신들이 될 수밖에 없었는지를 파악하려고 종교적으로 음악적이 될 필요는 없다. 이 재난은 섬뜩한 것의 아우라를 가지고 있으므로 거기에는 지금껏 초월적인 힘들에 귀속되던 주요 특질들이 따라온다. 덮여 있지만 이미 조짐에서 드러나고, 진행 중이지만 이미 그 전조에 진짜로 거기 있고, 개별 지성에 눈부신 광경으로 출현하는 동시에 인간의 이해력을 넘어서고, 개개인을 복무하도록 소환하여 예언자들로 만들고, 이 재난의 이름으로 파견자들이 공동 세계로 향하지만, 괴롭히는 자와 같다며 대부분의 사람들에게 거부당한다. 전체적으로 보면 이 재난은 3000여 년 전 무대에 등장했던 유일신론의 신과 거의 다르지 않게 진행된다. 분명 그 메시지가 세계에 너무도 거대했기에, 소수만이 그에 따라 다른 삶을 시작할 준비가 되어 있었다. 그러나 그때처럼 지금도 다수의 거부가 인간 집합체 위에 깔려 있는 긴장을 강화한다. 전 지구적 재난이 일부 모습을 드러내기 시작한 뒤부터 절대적 명령의 새로운 형상이 세계에 있어왔다. 이것은 예리한 경고의 형태로 모두에게 호소하고 아무에게도 호소하지 않는다. 너의 삶을 바꿔라! 그렇지 않으면 조만간 너희들이 전조의 시대에 무엇을 소홀히 해왔는지 완전히 폭로되어 너희에게 실연될 것이다!

이런 배경에서 오늘날 윤리 논쟁의 불만이 어디에서 유래하는지 설명될 수 있다. 이 불만이 논쟁의 학술적 성격이나 저널리즘적 성격에 관련되든 아니든 상관없이 말이다. 이는 1945년 이후 냉전 시기부터 눈앞에 닥쳐왔던 괴물성과 통용되는 담론들 전체의 활력을 잃은 무해함 사이에서 빚어진 불화에서 뒤따른 결과다. 이 담론들이 신념 윤리나 책임 윤리 혹은 담론 윤리나 상황 윤리를 주장하든 상관없이 말이다(가치론과 덕론의 무력한 소생은 거론하지 않겠다). 자주 인용된 '종교'의 귀환 역시 명료하게 표현되어 해소되기를 기다리고 있는 불만의 증상과 다르지 않다. 사실 윤리는 숭고의 경험에만 기초될 수 있다. 최초의 윤리적 분리들로 이어졌던 발전들이 시작한 이후처럼 오늘날도 그렇다. 숭고의 호소를 받아 두 속도의 인류가 시대를 지나며 선전을 시작했다. 숭고만이 인간이 불가능한 것을 향하도록 하는 무리한 요구를 세울 수 있다. '종교'라고 지칭되던 것은 늘 장소와 시간에 따라 그 의미가 다양하게 편집되는 절대적 명령의 매체에 지나지 않았다. 나머지는 비트겐슈타인이 종식시켜야 한다고 옳은 소리를 했던 헛소리다.

신학적으로 관심이 있는 사람들에게는 여기서 다음 결론이 이어진다. 신이라는 일자와 재난은 지금껏 알고 있는 것보다 서로 더 많은 공통점이 있다고 말이다. 무엇보다 도저히 신이나 재난을 믿을 수 없는 사람들에 대한 분노가 그렇다. 콜리지가 이름 붙인, 미적인 태도를 가능하게 하는 허구에 대한 '불신의 적극적인 중단'이 있을 뿐 아니라, 주어진 상황을 실천적으로 조정하는 일을 성사시키는 실재에 대한 믿음의 적극적인 중단이 더욱더 활약하고 있다. 개개인은 탈실재화Entwirklichung를 섞어 넣지 않으면 늘 좀처럼 실재성을 잘 다루지 못한다. 이 불신의 탈실재화는 과거와 미래 사이도 좀처럼 구분하지 못한다. 재난이 지나간 것이기에 거기서 무언가를 배워야 하는지, 아니면 도래하는 것이기에 적합한 조치들로 막을 수 있어야 하는지 말이다. 항상 믿지-않기를-원함은 바라던 만큼의 탈실재화에 다다르도록 사태를 그렇게 정리할 줄 안다.

누가 그것을 들을 수 있는가?

인재人災와 관련해 20세기는 세계사에서 가장 계발적인 시기였다. 이 시기에서 읽어낼 수 있는 것은 거대한 재해복합체들이 역사의 진행을 유일한 행동 중추의 통제를 받게 해야 하는 프로젝트의 형식을 띠고 발생했다는 점이다. 이 프로젝트들은 아리스토텔레스와 마르크스를 따르는 철학자들이 실천이라고 불렀던 것의 매우 도전적인 표명들이었다. 당대의 성명에서는 이 거대 프로젝트들을 지상의 지배권을 얻기 위한 최종 투쟁의 형상들로 기술했다. 실천-시대의 인간들에게는 그들 자신이나 그 동료들이 일으키는 일을 제하면 결코 아무 일도 닥치지 않았다. 그래서 이전에 계획에 없던 그 어떤 것도 지옥 속에 있지 않다고 말할 수 있을 것이다. 지구를 형성하는 마법사

4부. 근대의 수련들

의 제자들*은 계산 불가능한 것이 전략적인 계산들보다 완전한 한 차원 더 앞서 있음을 알게 될 수밖에 없었다. 따라서 좋은 의도들이 나쁜 결과들 속에서 다시 인식될 수 없다면 전혀 놀랄 일이 아니다. 그 이외의 것은 심리적인 개연성의 노선에 있다. 투사적인 세계의 개선자들이 스스로 일으킨 와해에서 철수해 그들이 실패한 원인이 불운에 있다고 간주하는 것이다. 이 태도의 표준에 대한 가장 설득력 있는 해석은 어느 회의적인 철학자의 펜대에서 유래한다. 숙명적인 감행에 실패한 행위자들은 그 뒤에 "이 감행을 없었던 것으로 만드는 기예"를 실행한다고 말이다.

이와 유사한 표준이 선포된 재난의 전방에서도 작동한다. 정치적 무대 위 행위자들이 숙명적인 전개 앞에서 시대의 조짐을 이해하지 못함의 기예를 연습하는 것이다. 서구인들은 오랫동안 깊숙하게 고정된 문화적 책략을 통해 이 태도를—어떤 보편적인 유예라고 부를 수 있을 것이다—체득한 상태다. 계몽주의가 신을 어떤 도덕적인 우주배경복사CMB: cosmic microwave background로 강등시키거나 혹은 신을 곧바로 허구로 언명한 뒤부터 근대인들은 숭고의 경험을 윤리학에서 미학으로 이동시켜왔던 것이다. 19세기 초에 시작된 대중문화의 게임 규칙을 따라 근대인들은 순전히 표상된 충격에 완벽하게 손상을 입지 않고 생존하리라는 확신을 자기 것으로 만들었다. 그들의 눈에는 모든 난파가 구경꾼들에게만 일어날 뿐이고 모든 재난은 빠져나왔다는 안도감을 위해서만 일어날 뿐이었다. 그들은 여기에서 추론한다. 위협은 항상 오락의 일부에 불과하고 경고는 쇼의 요소라고 말이다.

숭고가 농담의 대상이 될 수 없는 어떤 윤리적 명령법의 형태로 복귀하는 것을 서구 세계는—여기서는 이 세계에 관해서만 이야기하

---

*   "Der Zauberlehrling"(《마법사의 제자》)은 괴테가 1797년 쓴 시의 제목이기도 하다.-옮긴이

자면―준비도 없이 만난다. 서구 시민들은 리얼리티의 어조를 띠고 말해진 임박한 재난에 대한 모든 단서들을 호러 장르의 다큐멘터리로 수용하는 것에 익숙해졌으며, 서구 지식인들은 매우 심각한 경고들을 담론 장르로 해체하고 그 저자들을 잘난 체하는 사람의 범주에 배열함으로써 **사심 없는 세계시민주의 구경꾼들**이 되어 재난의 외침에 대처한다. 그러나 이것이 어떤 미적 장르가 아닐지라도 여유를 갖고 진지하게 대할 수 있다는 확신에 실제로 머무른다. 게다가 시야에 들어온 이 조짐들을 개인적으로 받아들이길 원하는 사람이 있는데, 그는 곧장 자신의 염려 밑에서 좌절할 수밖에 없지 않을까?

그럼에도 불구하고 동시대인들은 조만간 무리하지 않은 요구에 대한 인권은 없음을 확신하게 될 것이다. 자신들이 가지고 있는 수단으로 해결을 볼 수 있는 그런 문제들만을 마주할 권리가 없는 것과 같다. 현 입법부의 임기 동안 극복되리라고 전망될 수 있는 것만을 문제적인 것으로 인정한다면 우리는 그 본질을 오해하고 있는 것이다. 만일 **도전**challenge과 **응전**response 사이의 대칭에서 출발한다면 인간 실존에 있는 수직적 긴장의 본질은 더더욱 놓치고 만다. 인간의 상황에 대해 질문하는 자는 한편에서는 무리한 요구를, 다른 편에서는 과잉을 발견하며, 양쪽이 문제와 해결처럼 서로 조화롭다는 보장은 결코 없다.

누가 그것을 할 것인가?

이 인지된 위험들과 대면하고자 앞으로 무엇을 꾀한다 하더라도 그것은 증대되는 확률 없음의 법칙 밑에 있으며, 이 법칙이 열렬히 이뤄지는 진전을 지배한다. 이 확언에서 로마, 워싱턴과 풀다Fulda* 사

---

* 독일 헤센주에 위치한 도시로 744년 베네딕트 수도원이 세워지고 수도원장이 이 일대를 통치했으며 1829년 가톨릭 교구가 재설정됐고 제2차 세계대전 뒤에는 동독과 소비에트 블록에서 서독의 금융 도시 프랑크푸르트를 잇는 전략적 요충지였다. 전후부터 현재까지 이 도시의 시장은 전부 독일의 대표적인 보수

이를 순환하는 가치보수적인 선전이 왜 지금의 세계 위기에 대해서는 어떤 적합한 답도 주지 못하는지 이끌어낼 수 있다. 이 선전이 더 소규모의 권역들에 미치는 가능한 구성적인 영향들은 제쳐두고 말이다. 그렇다면 이미 비교적 더 사소한 문제들에 직면해 무력하고 불충분하다고 밝혀졌던 시대를 뛰어넘는 '가치들'이 어떻게 해서 더 중대한 문제들에 직면해 더 나은 상태로 전환하도록 만드는 힘을 단번에 얻을 수 있을까?

지금의 도전들에 대한 답을 정말로 고전적인 덕에서 발견해야 한다면, 괴테가 그의 서동시 〈고대 페르시아 신앙의 유언Vermächtnis altpersischen Glaubens〉에서 정식화했던 금언을 따르면 충분할 것이다. "엄숙한 직무를 날마다 보전하는 것 / 이것 말고는 어떤 계시도 필요치 않다."* 이것이—동방의 가면 아래에 숨겨져서—그 역사적인 실패를 앞둔 유럽 시민계급의 위대한 말이라는 점에 동의할 준비가 되어 있는 사람마저도 우리에게는 보전의 규칙만으로는 소용없다는 것을 그 즉시 이해한다. 이렇게 보전된 것을 가지고 가려고 포기하지 않고 염려하는 일 곁에 무엇보다도 대담한 답을 요구하는 상황들의 새로움이 우리에게 감탄을 자아낸다. 오늘날은 바이마르의 프라우엔플란Frauenplan**에서조차 오히려 '날마다 발명하는 엄숙한 직무'에 관해 말할 것이고, 잠깐 곰곰이 생각하고 나서 '엄숙한'이라는 수식어를 지울 것이다. 이 수식어가 한편으로는 시대적 감각에 어긋나기 때문이고, 다른 한편으로는 날마다 발명된 것은 엄숙한 직무관에 적합하지 않기 때문이다. 한 번 더 곰곰이 생각하고 나서 앞에 놓인 소유격[앞

정당인 '독일기독교민주연합CDU' 출신이었다.-옮긴이

* 괴테의 원문에 따르면 '엄숙한streng'이 아니라 '힘든schwer'이 맞다. 이에 따라 옮기면 다음과 같다. "힘든 봉사의 나날의 보존 / 그 밖의 다른 계시는 필요 없다."(괴테, 《서동시집》, 전영애 옮김, 서울대학교출판문화원, 2015, 171쪽, 번역 일부 수정)-옮긴이

** 괴테가 바이마르 시절 살던 집이 있는 거리.-옮긴이

에서 지운 '엄숙한'의 자리]을 단념하고, 또한 직무보다는 차라리 과제라고 말할 것이다['날마다 발명하는 과제']. 마지막으로 조화로운 사회의 고결한 사람들은 옛것과 새로운 것을 비옥하게 결합시키는 데 성공할지 모른다는 헤아리기 어려운 추천장과 함께 어떤 성명서를 발표할 것이다. 로마에서 온 지시들을 연구하면 그것들이 마찬가지 불가해한chinesisch 도식들로 이뤄져 있음을 알아차릴 것이다.

증대하는 확률 없음의 법칙은 두 가지 무리한 요구에 대한 전망을 한 가지 형태로 공개한다. 지금 지구에서 일어나는 일은 한편으로는 실제로 진전되고 있는 통합의 재난인데, 이는 1492년 콜럼버스의 항해로 개시됐고, 1521년 아스텍 문명이 스페인에 종속되어 진행됐으며, 17세기와 19세기 사이 세계무역을 통해 가속화되다가 20세기의 속성 미디어들 덕분에 세계에서 일어나는 일을 효과적으로 동기화하게 될 때까지 촉진된 세계화다. 이를 통해 지금껏 흩어져 살고 있는 인류의 파편들, 이른바 문화들이 높은 거래 수준과 충돌 수준에 있는 불안정하고 불평등으로 갈기갈기 찢긴 어떤 집합체가 된다. 다른 한편으로 진전되는 탈통합의 재난은 시간상으로는 확정될 수 없더라도 무한한 유예가 불가능한 충돌 지점 위를 이동하며 이뤄진다. 양쪽 가운데 두 번째의 괴물성이 진행 중인 과정들의 노선에 위치하기 때문에 월등히 더 개연성 있다. 무엇보다 지구의 복지 지역과 발전 지대에서 생산관계와 소비관계가 유한한 자원들에 대한 맹목적 과잉 착취에 기초한다는 점에서 이 괴물성을 추진한다. 민족들의 이성은 지금도 **타이타닉호**에서 일자리를 얻으려고 노력하며 소진되고 있다. 충돌이라는 해결책은 그것이 높은 심리경제학적 비용에서 이점을 가져오기 때문에 역시 개연성 있다. 이 해결책은 전 지구적 발전 때문에 우리에게 영향을 미치는 만성적인 긴장들을 해소시킬 것이다. **확률 없는 산**을 전략상 통합된 세계 '사회'의 정상에까지 쌓아 올리는 일은 순전히 행복한 사람들에 의해서 그들이 활력을 받아 참여하게 되는 어떤 프로젝트로 경험된다. 이들만이 현재에 현존하는 것을 어떤 자극을 주는 특권으로 경험하고 다른 어떤 시대에 살았으면 하고 바라지 않는다. 덜 행복한 사람들은 세계-내의-존재가 아직은 자신들을 결코 그렇게 지치게 만든 적이 없다는 인상을 받는다. 오락을 우선시하는 데다가 이렇게 해서 일어날 일은 일어난다고 어림잡는 대중문화의 도식보다 무엇이 거기에 더 가까이 있을까?

우리는 철학자 한스 요나스 덕분에 미네르바의 부엉이가 늘 황혼에 날갯짓을 시작하지는 않는다는 것에 대한 증거를 가지고 있다. 그는 정언명령을 어떤 생태계의 명령으로 변형시켜 우리 시대에 예견하는 철학함의 가능성을 입증했다. "너의 행동의 결과가 지상 위의 참된 인간의 삶의 영속과 원만하도록 행동하라." 이 말로 정언명령을 절대명령으로 상승시키는 현재를 위한 메타노이아 명령은 충분히 예리한 윤곽을 취한다. 이 명령은 우리에게 구체적인 것이 되고 만 보편적인 것의 괴물성에 관여하라는 가혹한 요구를 세우며, 우리에게 거대한 확률 없음이라는 무리한 요구의 장에 지속적으로 머무르라고 요구한다. 모두에게 개인적으로 말을 걸기 때문에, 나는 마치 내가 그것의 유일한 수신자인 것처럼 그 호소를 나에게 관련시킬 수밖에 없다. 마치 내가 나를 네트워크들의 네트워크에 있는 행위자로 파악하는 그 즉시 내가 무엇을 실행해야 하는지 그 자리에서 알 수 있는 것처럼 처신하라고 나에게 요구한다. 나는 매 순간 나의 행동이 세계사회의 생태계에 미칠 영향들을 예측해야 한다. 나에게는 내가 속한 국민이 벌써 너무 많은데도, 내가 나를 어떤 70억 주민의 구성원으로 이해함으로써 나를 우스꽝스럽게 만들어야 하는 것처럼 보이기까지 한다. 설사 내가 나의 이웃들을 거의 알지 못하고 나의 친구들을 소홀히 한다 하더라도 나는 세계시민이라는 본분을 다해야 한다. '인류'는 어떤 유효한 주소도, 마주칠 수 있는 존재자도 구현하지 않기에, 대부분의 새로운 국민들이 나에게는 역시 다다를 수 없는 것으로 남아 있을지 몰라도, 나에게는 나 자신이 활동할 때마다 그들의 실제 있음을 함께 고려해야 하는 사명이 있다. 나는 만물과 만인과 공존하는 수도자Fakir로 나를 계발하고 주변 세계에 내는 나의 발자국을 어떤 깃털의 흔적으로 축소시켜야 한다.

이 전권으로 인해 무리한 요구의 구성 요건은 구유럽의 **그리스도의 본받음**이나 인도의 **해탈**(모크샤)-이상을 통한 것과 마찬가지로 충족돼 있다. 무감각으로 회피하는 것이 아니면 이 요구 앞에서는 빠져나오지 못하므로 숭고한 명령과 실제 수행 사이의 간극을 메울 수 있을 어떤 이성적인 모티프가 구현될 수 있는지에 대한 문제가 제기된다. 그러한 모티프는—추상적 보편주의의 환영들을 제쳐둔다면—일반 면역학에 대해 궁리해야만 얻어질 수 있다. 면역체계들은 체현 내지 제도화된 훼손과 손상에 대한 예상들로, 자신의 것과 이질적인 것 사이의 구분에 기초해 있다. 생물학적 면역성이 개별 유기체의 지평에 관련되는 반면, 양대 사회적 면역체계는 인간 실존의 초유기체적 차원, 즉 협력, 거래, 우호의 차원들에 관련된다. 연대체계는 법적 확실성(안정성), 공공서비스, 각각의 고유한 가족들 너머의 동류 감정을 보장하고, 상징체계는 세계 상像의 확실성(안정성), 죽음의 확실성에 대한 상쇄, 세대를 포괄하는 규범들의 불변을 유지한다. 이 차원에서도 '삶/생명'은 어떤 면역체계의 성공 단계라는 정의가 유효하다. 생물학적 면역체계들처럼 연대와 상징의 단계들 역시 허약한 것, 정말 실패에 가까운 것조차 통과할 수 있다. 그런 것들은 인간의 자기경험과 세계경험에서 가치의식의 불안정성과 우리의 연대의 감당 능력과 관련한 불확실함으로 나타난다. 그것들의 와해란 집합체의 죽음과 같은 의미다.

이 유형의 체계들이 갖는 극명한 특질은 그것들이 자신의 것을 유기체 이기주의의 지평에서 정의하지 않고 인종적이거나 다인종적이고,

제도적으로 세대 간 확장된 자기를 구상하는 데 헌신한다는 점에 있다. 그리하여 종들의 자연적인 번식과 포육의 준비 상태에서 나타나는 동물의 이타주의에 대한 진화적 단초들이 왜 인간의 단계에서는 문화이타주의로 더 발전되는지 이해된다. 이 발전의 이치는 자신의 것을 더 커다랗게 구성하는 그 방식에 있다. 개개인의 관점에서 이타적으로 보이는 것이 더 커다란 통일성의 지평에서는 이기주의인 것이다. 개인들이 그들의 지역문화의 행위자로 행동하는 법을 배운 만큼 그들은 더 좁게 파악된 자신의 것에 대한 희생을 감수해 더 확장된 자신의 것에 헌신한다. 이 암시적인 면역학적 계산이 희생제물과 세금, 예의와 봉사, 자기수련과 비르투오소성의 토대가 된다. 모든 본질적인 문화 현상들은 초생물학적인 면역적 통일체들의 경쟁 Gewinnspiel들에 속한다.

이 숙고는 면역 개념의 확장을 요구한다. **정치적 동물**zoon politikon인 인간이 참여하는 삶의 형식들에 관여하는 그 즉시 초개별적인 면역 동맹들의 우위가 고려될 수밖에 없는 것이다. 그런 상황에서는 개별 면역을 공-면역Ko-Immunität으로만 가져야 한다. 원형 씨족에서 세계 제국에 이르는 역사상의 사회 결합체 전체는 체계 전체의 관점에서 공-면역구조로 설명될 수 있다. 물론 예로부터 계층화된 거대 '사회들'에서 구체적인 면역 이점들의 분배가 강력한 불평등을 인식하게 한다는 점이 확인될 수 있다. 면역 기회들에 대한 접근의 불평등은 이미 일찍이 '부정의'의 가장 심오한 발현으로 느껴졌다. 그것은 미심쩍은 운명으로 외면화되거나 모호한 죄의 결과로 내면화된다. 그와 같은 느낌은 지난 수십 년 동안 초윤리적인 마음의 수행체계들을 통해서만, **보통**vulgo 고등'종교들'을 통해서만 상쇄될 수 있었다. 이 종교들은 숭고한 명령들과 구제의 확약에 대한 추상적인 보편화를 수단으로 똑같은 상징적 면역 기회에 대한 접근을 만인에게 개방했다.

현 세계 상황은 그것이 '세계 사회'의 구성원들에 대해 어떤 유효한 공-면역구조를 가지고 있지 않다는 점을 통해 두드러진다. 최고

위층에서 연대란 여전히 공허한 말이다. 이 계층에게는 어떤 논쟁적인 국법학자의 명언이 지금도 들어맞는다. "인류를 말하는 자는 기만하려 한다."* 이에 대한 근거는 자명하다. 효과적인 공-면역 연대의 통일체들은 예나 지금이나, 요즈음 지역별 전략 동맹에서조차 가족적, 부족적, 국민적, 제국적으로 구성되어 있고—만약 이 통일체들이 기능한다면—자신의 것과 이질적인 것의 차이의 각각의 판형에 따라 기능하기 때문이다. 그러므로 성공적인 생존 동맹은 당분간 특수하다. '세계종교들'조차 그 본질을 보면 대규모의 지방주의 그 이상일 수는 없다. '세계'라는 개념마저 이 맥락에서는 어떤 이데올로기적 표현이다. 이 개념이 서구와 다른 거대 권력의 거시-이기주의를 실체화하고 전 지구적 무대 위에서 모든 생존 후보들의 구체적인 공-면역 구조를 서술하지 않기 때문이다. 지금도 부분체계들은 한 체계가 면역을 획득하면 다른 체계는 보통 면역을 잃는다는 논리에 따라 서로 경쟁한다. 인류는 어떤 초개체(초유기체Superorganismus)**가 아니라—대부분의 체계이론가들이 성급하게 주장하는 바다—당분간은 최상위 질서의 작용 능력이 있는 통일체에 아직 통합돼 있지 않은 더 높은 단계의 '유기체들'로 구성된 응집체 그 이상은 아니다.

모든 역사는 면역체계의 투쟁사다. 이 역사는 보호주의와 외부화 Externalisierung***의 역사와 동일하다. 보호는 항상 지역적인 자기에 관련되고, 외부화는 아무도 책임지지 않는 익명의 환경[주변 세계]에 관

---

* 독일의 국법학자 카를 슈미트가 프루동이 한 말을 재인용한 것이다. Carl Schmitt, *Begriff des Politischen*, Duncker & Humblot, 1932, p.42[카를 슈미트,《정치적인 것의 개념》, 김효전·정태호 옮김, 살림, 2012, 73쪽]-옮긴이
** 1910년 미국의 생물학자 윌리엄 모튼 윌러가 초파리 공동체를 가리켜 만든 개념으로, 같은 종의 개체들이 살아 있는 공동체를 이루어 각 개체의 능력을 넘어서는 능력을 발전시키는 것을 가리킨다.-옮긴이
*** 이윤 추구로 빚어진 환경오염 등과 같은 비용을 공동체나 미래 세대에게 전가하는 행위.-옮긴이

련된다. 이 역사는 자신의 것의 승리가 이질적인 것의 패배를 대가로 치러야만 했던 인간 진화의 시기들에 걸쳐 있다. 그 안에 국민들과 기업들의 신성 이기주의가 지배한다. 그러나 '세계사회'가 한계에 다다르고 지구를 그 깨지기 쉬운 대기권과 생물권의 체계들을 비롯해 최종적으로 인간 활동의 제한된 공동 무대로 구현해왔기 때문에 이 외부화의 실천은 어떤 절대 한계에 부딪힌다. 그때부터 전체의 보호주의가 면역 이성의 명령이 된다. 전 지구적 면역 이성은 철학적 이상주의(관념론)와 종교적 유일신론에서 이 이성의 선취들이 다다를 수 있었던 것을 전부 합해도 완전히 한 단계 더 높이 있다. 이 이유에서 일반 면역학은 형이상학의 정당한 후계자이자 '종교들'의 실제 이론이다. 이것은 자신의 것과 이질적인 것에 대해 지금껏 해온 구분들 전체를 넘어서라고 요구한다. 이렇게 해서 친구와 적에 대한 고전적인 구분들은 와해된다. 지금껏 자신의 것과 이질적인 것을 분리하던 노선을 계속 가는 자는 타인뿐 아니라 자기 자신에 대한 면역 상실을 내고 만다.

아주 조금 이해된 자신의 것과 너무 나쁘게 다뤄진 이질적인 것의 역사는 어떤 전 지구적 공-면역구조가 개별 문화들, 특수 이해관계들, 지역 연대들을 존중하며 포함하면서 발생하는 그 순간 종말에 이른다. 이 구조는 네트워크들에 의해 뒤덮이고 거품들에 의해 대규모로 지어진 지구를 자신의 것으로, 지금껏 지배해온 착취적 과잉을 이질적인 것으로 개념화하는 그 순간 행성의 체재Format를 받아들일 것이다. 이 전환으로 구체적인 보편성이 작용하게 될 것이다. 무력한 전체는 보호 능력이 있는 통일체로 변화한다. 어떤 동포애의 낭만주의가 있던 자리에 어떤 협력의 논리가 등장한다. 인류는 정치적 개념이 된다. 그 구성원들은 더 이상 추상적 보편주의라는 바보들의 배에 승선한 승객들이 아니라, 오히려 완전히 구체적이며 불연속적인 전 지구적 면역 설계 프로젝트의 협력자들이다. 공산주의가 처음부터 소수의 올바른 이념들과 다수의 그릇된 이념들로 이뤄진 어떤 집괴였다 하더라도 그 합리적인 부분에 해당하는, 더 높은 단계의 공동의 삶의 이해관계들은 보편적인 협력의 자기수련 지평에서만 실현될 수 있다는 통찰은 조만간 새롭게 주장돼야 한다. 이 통찰은 전 지구적 면역화의 거시-구조인 공-면역주의Ko-Immunismus를 재촉한다.

그와 같은 구조를 문명이라고 한다. 그 수도회 규칙들은 지금이 아니면 결코 작성될 수 없다. 이 규칙들은 모든 맥락들 중의 맥락에 있는 실존에 상응하는 인간공학들을 코드화할 것이다. 이 규칙들에 따라 살기 원한다는 것은 나날의 수행들로 공동의 생존이라는 좋은 습관들을 기르겠다는 결단을 의미할 것이다.

이 책을 읽기 위한 안내

이 책은 박상륭의 소설 《죽음의 한 연구》에 빗대어 《수행의 한 연구》라고 부를 수 있다. 고대 그리스 로마 이교, 그리스도교, 브라만교, 불교, 힌두교 등의 (세계)종교에 나타났다 사라졌던 온갖 수행들을 소환하면서 여기에 철학적 해석을 더하고 이 고전적 수행이 소비에트 시절의 우주생명론 등에서 부활했듯 현대화되고 기술화된 형태로 발전되는 역사적 전개 과정을 대서사시의 규모로 다룬다. 그러기에 이 책의 두께와 범위에 당황할 독자를 위하여 미리 각 부의 내용을 간략하게 정리해본다. 독자들이 이 책에 입문하여 길을 잃지 않을 수 있도록 돕는 작은 지침이 될 수 있기를 바란다.

서문은 마르크스와 엥겔스의 《공산당 선언》의 첫 단락에 나오는 문장들의 형식을 차용하여 공산주의 대신 현대 종교의 귀환을 언급하며 시작한다. 세속화된 현대에서도 종교에 투신하는 이들이 나타나는 '포스트세속사회'에 대해 저자는 리처드 도킨스 등과 같은 세속주의 종교 비판가들과는 달리 종교 자체가 없고 종교는 본래 영적 수행체계였는데 종교로 오해되어왔을 뿐이라고 지적한다. 독자들은 분명 교리와 교회와 예배 등이 존재하는데도 종교는 없고 영적 수행체계만 있다는 저자의 말에 의문을 품을지도 모른다. 하지만 이 주장은 포스트모던 신학계에서 이미 제출된 것이었다. 종교religo라는 개념이 현재의 모습을 갖춘 것은 17, 18세기 계몽주의 시기의 산물로, 그전에는 다만 내면의 경건성을 가리키는 데에만 시용되었다. 그러다가 상대의 교리체계를 비판하기 위해 종교라는 개념이 주지주의적인 의미로 확장되었고('어떤 교리체계가 옳은가?') 다양한 세계종교들이 유입되면서 이것들을 지시하기 위해 사용되었다. 그리고 19세기에 신은 인간 자신의 모습이 투영된 것에 불과하다는 이른바 종교의 인간학적 해체가 포이어바흐 등에 의해 제출되었다. 이러한 종교 개념의 역사적 전개를 바탕으로 윌프레드 캔트웰 스미스와 같은 종교학자는 종교라는 개념을 폐지하고 대신 개인 인격체의 경건성 등과 같은 내면 상태를 가리키는 것에만 이 개념을 남겨두자고 주장한다.

스미스가 끝까지 종교의 본질이라고 고수했던 '신앙의 내면적 상태'의 자리에 슬로터다이크는 '영적 수행체계'를 배치한 것이다. 그렇다면 수행이란 무엇인가? 수행이란 행동하는 자가 같은 작용을 이어서 실행하기 위한 능력을 얻게 만들거나 이 능력을 개선하는 모든 조작이다. 명시적이든 암묵적이든 의식하든 의식하지 못하든 상관없다. 다시 말해 수행은 그리스어 아스케시스áskēsis가 의미했던 단련, 훈련, 연습 등을 의미한다.

저자는 철학적 인간학자의 특유의 제스처로 '인간의 본질은 무엇인가'에 대해 인간은 '면역학적 인간'이라고 정의를 내린다. 즉 19세기 생물학에서 발견된 바이러스와 같은 외부 환경의 위험으로부터 스스로를 보호하는 생물학적 면역체인 동시에 사회와 문화가 발전하면서 획득한 사회적 면역체(법률, 연대 등)이자 상징적, 정신적 면역체(죽음에 대한 공포로부터의 상징적 극복 등)다. 이 책은 이 세 가지 면역체 가운데 이미 종교의 역할로서 표방되기도 했던 상징적, 정신적 면역체를 집중적으로 다룬다. 서양과 동양의 역사 속에서 이 면역체에 관한 자료들을 수집하여 다양한 문화에 속하는 인간들이 생명을 위협하는 위험과 죽음에 맞서 어떻게 자신을 보호하고 최적화했는지, 그리고 그 방식이 어떻게 바뀌었는지(현대에는 최첨단 기술을 활용하기 시작한다) 탐구한다. 이것을 저자는 '외부 위험에 대해 자기 자신을 최적화하고 바꾸는 정신적, 육체적 수행 절차들'을 가리키는 '인간공학'이라는 개념으로 포괄한다. 예를 들어 유전공학 실험들조차 생명윤리의 차원이 아니라 면역학적 인간 자신의 최적화라는 틀에서 파악해볼 수 있다는 것이다. 노동도, 상호작용도, 의사소통도 외부의 과잉에 대해 상징적 틀을 부여하는 면역학적 인간을 제대로 다루는 데 실패했다고 단언한다. 이것을 '인간공학적 전환'이라고 칭한다. 더 나아가 면역학적 인간은 평등주의적 이념과 열정이 지배하는 민주주의 사회에도 여전히 잔존하고 있는 '수직적 긴장'과 '양극화된 등급체계', 즉 종교적 의미의 위로부터의 신을 통해서든, 소크라테스와 니체가 말했던 자기의 한계를 극복한다는 의미에서든, 이것들을 하나의 더 높은 가능성들로 체험하고 전유한다. 이제는 이 면역학적 인간에게서 나타나는 수직적 긴장의 현상을 서양과 동양의 문화 전반에 걸쳐서 규명할 때다.

〈수행자들의 별〉이라는 제목이 붙은 1부는 19세기와 20세기의 문학(릴케, 카프카), 철학(니체, 시오랑), 장애인(운탄, 뷔르츠)을 검토하면서 각각에 형상화된 수행과 수행자의 형상을 때로는 일화를 중심으로 때로는 철학적 분석을 가미하며 다룬다(우리는 장애인 교육학의 역사에서 니체의 의지의 철학이 어떤 영향을 끼쳤는가를 기억하고 있다).

　　그런데 처음부터 왜 하필 19세기와 20세기의 수행자를 언급하며 시작하는 걸까? 고대적 재탄생으로 이해되던 15세기, 16세기의 르네상스가 바로 이 시기에 정신 대신 육체의 가치를 재발견하는 운동경기라는 대중문화의 형태로 다시 귀환했기 때문이고, 이전까지의 고전적 의미의 종교적 영성주의는 사이언톨로지처럼 대규모 종교 사업을 벌이는 유사 종교의 형태로 변형되었기 때문이다. 특히 나치스조차 노동을 우상화하던 시대에('노동이 너희를 자유케 하리라') 그 정점에서 수행하는 삶의 양태가 재발견되었다는 것에 주목해야 한다. 카프카와 니체가 당대 각종 체조와 식이요법 등에 심취했다는 것은 잘 알려진 사실이다.

이 책의 제목이기도 한 "너는 너의 삶을 바꿔야 한다"의 원출처가 되는 릴케의 시 〈고대 아폴로의 토르소〉의 마지막 문장은 신이 죽은 뒤에 비록 고대의 신의 형상이기는 하지만 돌이라고 하는 사물에서 나오는 신적인 절대명령을 발화하는 것에 다름 아니다. 우리가 보는 예술작품으로서의 대상에 불과했던 토르소가 우리에게 응시를 보내며 너의 삶을 바꾸라는 메시지를 보낸다는 것이다. 여기에도 수직적 긴장이 작용하는데, 그것은 신의 음성처럼 위에서 우리를 향해 내리찍는 명령일 수도 있고, 아니면 아래에서 우뚝 솟아 이전 삶과 앞으로의 삶을 양쪽으로 나누며 지금 사는 것으로는 부족하다고 단언하는 명령일 수도 있다. 객체였던 토르소가 주체의 자리로 가서 우리에게 내면 속의 삶의 형식의 격차를, 이상의 삶과 이하의 삶의 격차를 상기시키는 것이다.

더 나아가 이 토르소 시는 고대 그리스의 신체적 이상주의가 스포츠 숭배라는 전 지구적 형상으로 귀환했던 시대의 하나의 증상이기도 하다. 고대 그리스의 여러 신들과 견줄 수 있었던 영웅들이 현대의 운동선수로 귀환한 것이다. 고대 그리스 문화의 열광자였던 드 쿠베르탱은 이 운동선수에 대한 신드롬을 올림픽주의라는 종교 창설의 차원으로까지 격상시켰다. 현대사회의 화합을 위해 승리를 거머쥔 운동선수가 마치 서품을 받은 성직자처럼, 무아경에 빠진 관중에게 육체의 성체성사를 베푸는 것이다. 기적을 행하는 사람 주변에 경탄하는 무리들이 모임으로써 종교가 만들어지는 공급종교의 형태와 ('묵시록적 주먹'을 휘둘렀던 가톨릭을 떠올려보라) 근대에 들어와 사람들이 모이는 곳에 가서 그들이 원하는 것을 들어주는 수요종교의 형태 중 올림픽경기는 과연 어디에 해당할까?

2부는 인간의 내면에 있는 '수직적 긴장'을 본격적으로 해명하기 위한 부분이다. 니체의 차라투스트라가 설파한 '위를 향한 번식'과 '위버멘쉬' 강령이 결코 우생학을 연상시키는 생물학적 강령이 아니라 기예적 강령이라고 주장한다. 위와 아래의 구분, 그리고 인간을 넘어선 인간('위버멘쉬'), '위버멘쉬'와 대립되는 인간('최후의 인간')의 구분은 각 문화가 발전해오면서 참조했던 '위'라고 하는 상징적 공간에서 기인하는 것이라고 한다. 특히 이 '위'는 확률 없는 것으로도 번역될 수 있는데, 진화론에서 각 종의 생존은 확률 없는 것으로 상승하여 이것을 확률 있는 것으로 안정화하고 다시 확률 없는 것으로 상승해가는 일련의 과정과 다를 바 없다. 더군다나 신이 죽고 이 신과 연계되어 있던 인간이 죽은 뒤에 니체가 그 이전의 그리스도교를 출처로 삼아 선포한 '위버멘쉬'는 신 없이 인간 자신에게서 더 높은 곳을 향한 상승의 원인을 찾아내라는 명령인 것이다.

그러나 '위'와 '아래', '더 높은'과 '더 낮은'이 담고 있는 위계 hierarchia는 분명 근대사회가 선포한 가치였던 평등주의와 어긋나는 엘리트주의적 성격을 띠고 있다는 인상을 충분히 받을 수 있다. 저자는 평등주의는 지배, 억압과 특권이 중심이 되는 계급사회의 수직성에 대한 반발일 뿐이지, 자신이 표명하는 위계의 문제는 기예가, 곡예사, 음악의 비르투오소 등이 중심이 되는 규율사회에 연결되어 있다고 단호하게 선을 긋는다.

여기에 권력을 억압의 차원이 아니라 규율의 차원에서 새롭게 분석한 푸코가 기여한다. 초기 푸코는 인간 실존의 수직적 차원을 새롭게 규정했고, 후기 푸코는 자기를 형성하는 기술에 대한 숱한 저작을 남겼다. 푸코는 하이데거의 영향을 받은 정신의학자 루트비히 빈스방거의 책에 대한 긴 서문을 달면서 바슐라르에게서 차용한 것으로 보이는 '초탈월Transdeszendenz'(1954), 즉 '상승적 추락'을 집중적으로 다룬다. 꿈속에서 오이디푸스를 보려고 했던 프로이트에 반기를 들고 그는 꿈이 상승과 추락이라는 운동 양태를 구현하는 그 공간성에 더 주목한다. 죽음(과 자살)과 맞닿아 있는 이 이카루스적 '비극적 수직성'은 말년의 푸코에 이르러 스토아주의의 '자기배려(돌봄)'를 통해 성숙의 사다리 위에서 자기를 형성하고 수행할 수 있는 자기윤리의 가능성으로 발전한다. 종교에도, 법에도, 과학에도 기대지 않는 윤리가 꽃을 피우는 것이다.

비트겐슈타인은 어느 메모에 '문화는 하나의 수도회 규칙이다'라고 적으며 일종의 종교성으로 축소화된 문화 개념을 표방했고, 수직적 차원에 대한 비판자이자 산을 오르는 대신에 베이스캠프에 있는 '최후의 인간들'을 지도하는 지식 대장이었던 부르디외는 이들과는 정반대로 습관을 의미하는 하비투스를 통해 인간 자신의 한계를 극복하는 것을 방해하는 장애물을 계급이론화한다. 헤라클레이토스가 인간이 붙들린 채 이성의 목소리에 귀를 기울이지 못하게 만든다고 했던 습관이, 수동성과 자발성의 관계를 규정하여 좋은 삶으로 나아가는 방법을 모색했던 아리스토텔레스의 '헥시스'와 토마스 아퀴나스의 '하비투스'가 특정 사회가 특정 계급의 개인 안에 박혀 어쩌지 못하게 만드는 하비투스('우리 안에 있는 계급')로 바뀌어 나타난 것이다.

우리는 앞에서 19세기부터 고대의 수행 중심의 세계가 스포츠 등의 형태로 회귀했음을 봤다. 수행과 수련을 중심으로 사람들을 동원하던 고대가 노동과 생산을 중심으로 사람들을 동원하는 근대에 회귀한 것이다. 정신분석의 열쇳말 '두르히아르바이텐durcharbeiten'이 스토아주의의 수행 원칙인 '명상하면서 어떤 표상이나 정서의 방향을 이리저리 바꾸는 것'에서 차용했다는 것을 떠올린다면 노동의 시대에 고대적 수행 실천의 귀환이 어떠한 모습을 띠는지 이해할 수 있을 것이다. 노동에서 퍼포먼스와 전시를 분리시킨 미적 현대는 말할 것도 없다. 그래서 3부에서는 고대의 수행적 실천이 실제로 어떠했는지를 구체적으로 살핀다. 수행자들이 그들이 태어나고 귀속된 사회에서 벗어나 사막으로 가 수도사가 되거나 도시에서 멀리 떨어진 수도회에 입회하는 등 일종의 완전주의perfectionism, 그리고 저자의 표현으로는 '완성을-향한-존재'가 구유럽과 아시아에서 어떻게 출현했는지를 살펴볼 것이다.

스토아주의자, 초기 그리스도교인들, 탄트라교인들, 불교도들 등에서 공통적으로 확인되는 '분리주의'는 그 자체로 윤리적인 행위다. 다수가 어우러지며 통일적으로 보였던 세계를 떠난 자와 머무르는 자의 두 개의 세계로 쪼개기 때문이고, 남은 자들에게도 세계를 떠나라고 종용하기 때문이다. 이 분리 속에서 거대한 남은 자들의 세계에 대해 아주 미미한 자신의 세계를 갖춘 개인이 탄생한다. 이 개인이 떠나온 세계로 되돌아가지 않고 자신 안에 은거하며 자신과 대화를 하고 자신을 단련하는 모든 행위를 스토아주의와 푸코는 '자기 배려(돌봄)'라고 일컬었던 것이다. '내면의 목소리', '내면의 증인', '내면의 타자' 등 익히 들어본 적 있는 내면의 내수사학이 이 과정에서 발전한다. 이 완전주의가 고대 그리스 로마의 이교에서 시작하여 그리스도교의 신의 의지를 거쳐 자기 규율과 자율로 어떻게 발전하는지는 도덕철학 연구자인 슈니윈드가 아주 상세하게 분석한 적 있다.* 스토아주의자라면 이 수행을 나에게 달린 것과 나에게 달려 있지 않은 것을 구분하면서 자기를 돌봤겠지만, 그리스도교는 천사가 오르내리는 위계를 상징하는 사다리 비유를 통해 신 앞에서 겸허할수록 그 사다리를 오른다는 역설적인 '완덕의 길'을 구상한다. 놀랍게도 이 완전주의자들의 관념과 실천이 종교 비판으로 그 명맥을 유지했던 계몽주의에도 계승되었다고 지적한다. 완전의 관념이 이교도 개개인에게서 그리스도교의 교회로, 그리고 다시 민중과 인류 전체에까지 확장되어서 완전화된 사회를 향한 '진보'라는 관념과 '역사주

* 제롬 B. 슈니윈드, 《근대 도덕철학의 역사: 자율의 발명》, 김성호 옮김, 나남출판, 2018.

이 책을 읽기 위한 안내　　　　　　　　　　　　　　　　　　717

의'가 탄생했다고 보는 것이다.

인도의 브라만 역시 세계로부터의 부정과 벗어남을 가족주의의 한계에 가두지 않고 인생 초반부에 선택하도록 하는 데에는 '환생론'이 결정적인 영향을 끼쳤다. 감옥과 같은 삶이 계속 이어지는 쇠사슬을 끊어버리는 가능성을 찾는 청년 직업 고행자 계급이 출현한 것이다. 구루, 불교의 스승, 사도, 철학자, 소피스테스, 운동선수 트레이너, 수공업장인, 대학교수, 교사, 계몽주의 저술가 등 이 모든 사람들이 기존의 세계로부터 등을 돌린 개개인의 내면을 강화하고 수직적 긴장을 유지하는 데 결정적인 역할을 했다. 다시 말해 "너는 너의 삶을 바꿔야 한다"라고 명령했던 이들이다. 좋음의 태양을 향해 잘못된 자세를 잡은 온몸을 온 힘을 다해 돌리라고 최초로 명령했던 플라톤과 동굴 영화관에 자리를 잡고 있는 이들을 밖으로 데리러 나오려고 애썼던 플라톤에 의해 시작된 플라톤 방식의 교육학은 그 자체로 하나의 '전향술'이자 '혁명의 정형외과술'이 된다. 하지만 여기서 삶을 바꾸라는 명령이 전체와 보편을 위해 특수하고 개별적인 것을 희생하라는 뜻으로 오해되어온 게 사실이다. 물론 나중에 등장한 스토아주의자들, 에피쿠로스주의자들, 신플라톤주의자들은 국가라는 냉혹한 괴물에 맞서 개개인의 개별적인 삶과 개인 교습을 더 강조하게 된다.

이제 근대에 이르렀다. 4부는 바로크 교육학의 대부인 코메니우스를 시작으로 '사람들을 살게 만들고 죽게 내버려두지 않았던' 소비에트의 생명우주론자들에 이르기까지 신을 닮은 인간을 교육을 통해서든 기술을 통해서든 생산하려는 연속적인 시도를 다룬다. 저자는 푸코가 감옥을 규율의 장소로 집중하면서 도외시한 학교, 장인의 작업장, 예술가의 작업실 등 그리스도교-인문주의의 규율에 따라 청년이 형성되던 공간에 주목한다. 신과 같아지기 위한 고대의 자기수련의 실험주의가 근대에 이르면 정치혁명을 통한 신인(혁명가!)의 생산으로 이어지게 된다. '인간이 인간을 생산한다'고 하는 청년헤겔파와 마르크스의 통찰에서 생산력의 향상과 결부된 노동의 차원이 아니라 그이면의 의식적, 무의식적 체력 유지, 훈련, 단련 등의 세계를 들여다볼 수 있게 된다. 노동 현상의 한복판에 등한시된 수행이 있다는 것을 알게 되는 것이다. 오늘날의 플랫폼 자본주의 시대에 노동자의 해고가 소비자의 후기로 결정되어 노동자에게 자기 수행의 기회조차 박탈하는 현상을 보고 있으면 이 노동 속 수행이 위기에 빠져 있다는 생각이 든다. 고대와 중세의 수행이 대가를 만들었다면 현대의 수행은 노동자 주체를 만들 텐데 이 기회마저 박탈된 것이다.

　근대에는 세계로부터 도주하거나 은거했던 수행자들이 세속으로 돌아오기도 하는데, 이때 인간 자신을 마치 예술품처럼 경탄의 대상으로 만드는 '인격'이라는 개념이 만들어진다. 마치 자기 자신을 살아 있는 인공물로 바꾸는 것이다. 신앙에 호소하는 것에서 이제는 인격에 대한 경탄의 시대, 스펙타클의 시대로 바뀌는 것이다. 형이상학이 '일반 면역학'으로 바뀐 사건도 존재했다. 인간이 자신의 안전을 위해서 어쩔 수 없이 괴물과 같은 상징적, 연대적 면역장치인 종교와 법률 등과 동맹의 대가를 치르게 된 것이다. 고립된 영적 세계에서 풀려나 노동 세계와 일상 세계 등으로 번져갔던 수행과 수직적 차원은 현대에 이르면 18세기 시민계급의 도야Bildung 대신에 외과적, 생명공학적, 화학적으로 기술의 힘을 빌려(성형수술, 피트니스 등) 자신의 역량을 강화하라는 '향상'에 대한 명령으로 탈바꿈된다. 스승과 제자, 수도원장과 수도사의 관계가 있던 자리에 외과의사와 소비자, 트레이너와 소비자의 관계가 들어서게 된 것이다. 이제 성과 수준을 높이는 일은 서비스처럼 요청되며 국민에 대한 국가의 돌봄 역시 서비스처럼 요청되는 데에까지 이르렀다.

　저자는 푸코의 고전 국가의 도식, '죽게 만들고 살게 내버려두다'를 수정하는데, 이미 고전 국가는 노동력에 쓸 인구의 증진을 위하여 피임 지식을 갖춘 마녀에 대한 박해 등을 통하여 인구과잉정책을 적극 추진했다. 이 과정에서 쓸모없고 위험한 개인들이 만들어지며 자신의 노동력 말고는 팔 게 없는, 곤경에 빠진 프롤레타리아트가, 무산 노동자계급이 형성된다. 이 개인들의 재난을 해결하기 위해 국가의 수주를 받은 학교가 인간을 대량 개선한다는 의미에서 '세계 개선' 관념이 나온다. 이러한 규율권력의 사례로 예술사를 드는데, 예술작품에서 예술가 그 자체의 교육 절차로, 다시 현대 예술의 전시주의로 예술가의 탈규율화가 일어났다고 지적한다.

탈형이상학이란 영적 자기개선을 기술의 힘을 빌려서 실행한다는 의미와 다르지 않은데, 우리 주변에는 최신 기술 장치와 인공물로 최적의 인간을 만들려고 애쓰는 갱신의 중개자들이 존재하고 있다. 마치 이 시대의 '인적 재료'를 생산하기 위한 교사처럼 있는 것이다. 비록 총체적인 혁명과 세계개선은 일어날 수 없을지 몰라도 세계 곳곳의 불연속적인 세계개선이 이들이 제공하는 장치와 인공물을 사용하고 더 좋은 설비의 생산을 요구하면서 이뤄진다. 자신의 존재 전체를 손에 쥐고 있지 않아도 자신의 개선이 이뤄지는 것은 덤이다. 이제 우리는 포스트형이상학의 시대를 살고 있는 것이다. 극단적인 자기수련의 도움을 받지 않아도 기술 덕분에 옛 인간의 조건의 한계를 넘어설 수 있게 된 것이다.

이 시대에 우리는 내면세계라는 가상의 온실이 파괴됨을 목격하고 하이데거가 말했듯 수많은 염려 속에 몰입해 있다. 저자는 세계에 대해 자신을 밀폐할 수 있는 기회를 상실한 우리에게 한 가지 가능성을 제시한다. 면역학적 인간인 우리가 자신의 것과 자신 아닌 것을 나누던 습관을 바탕으로 자신의 것을 전 지구로 확장하여 환경 위기에 대해 집단적 면역체를 이루고 면역 동맹을 형성하자고 제안한다. 지금 하는 나의 작은 행동이 전 인류에 미칠 영향을 생각해보자고 제안한다. 이제 너의 삶을 바꾸라는 명령은 전 지구적 차원으로 확장된다.

21세기의 철학적 인간학을 위하여
: 니체와 푸코 사이의 슬로터다이크

0. 슬로터다이크 다시 읽기

"여기가 집인데 대체 어느 집으로 가고 싶다는 거야?" 얼마 전 잠깐 개봉했던 영화 〈비바리움〉(2019)에 나오는 대사다. 새로운 보금자리에서 벗어나는 출구를 찾다가 결국 죽음에 이르는 주인공 부부가 처한 역설적 상황을 보여주는 이 물음은 프로이트와 하이데거의 운하임리히unheimlich, 즉 '집을 떠나 낯선 상황에 처해 있거나 혹은 집에서 느끼는 섬뜩함'을 그대로 압축하고 있기도 하다. 더 나아가 이 물음을 적어도 독일의 지식장과 공론장에서 페터 슬로터다이크의 (저작과) 발언이 일으키는 근본기분Grundstimmung을 향하여 던져보고 싶다. 아카데미의 안에 있는 것도 아니고 그렇다고 밖에 있는 것도 아니고(그는 최근 총장으로 근무해오던 칼스루어 국립조형대학에서 정년퇴임을 하고 베를린에 거주하고 있다) 방대한 양의 철학서를 생산하면서도 스스로를 철학자가 아니라 자유저술가라고 소개하는 그는 1999년과 2009년 두 차례 프랑크푸르트학파와 논쟁을 벌이면서 '비판이론은 죽었다'(1999)라고 선언하며 비판이론의 제도화와 기득권화를 지적하거나 '세금 국가'(2009)를 비판하고 부르주아의 자발적인 자선 행위를 대안으로 제시했으며, 시리아 난민이 대거 유입하여 유럽이 혼란에 빠지던 2016년 메르켈 총리의 적극적인 난민 수용 정책에 거부감을 표하며 이른바 '난민 논쟁'의 한복판에 있었다. 그를 두고 바이마르공화국 시절의 '보수혁명'이 현대 독일에 귀환했다거나 '아방가르드 보수'라고 규정하는 일에서 일단 물러서서 수용자의 입장에서 보면 하나의 이데올로기나 범주로 규정이 불가능한 것 앞에서 느끼는 공통의 감정인 섬뜩함과 기이함을 발견할 수 있다. 이것은 기존의 익숙한 개념이 낯설어지는 경험과 전혀 다르지 않다.* 여기에는 독일의 '특수한 위치Sonderstellung'가 주된 배경이 된다. "독일에는 특수한 **지식인 저널리즘**Publizistik 전통이 있다. 이 **지식인 저널리스트**Publizist는 전문 저널리스트가 아닌데도 신문과 잡지에 기고하고, 학자가 아닌데도 학술서를 출간하곤 한다."** 강단철학에 경멸에 가까운 태도를 보이는 슬로터다이크가 스스로에게 철학자 대신 자유저술가라는 정체성을 부여한 것은 바로 이런 맥락에서다.*** 그럼에도 2017년 헤센주 비스바덴시 정부가 주는 독일의 대표적인 학술상인 '헬무트 플레스너 상'을 수상하며 '철학적 인간학'의 분야에 대한 그의 독창적인 기여를 인정받기도 했다.

독일에서 가장 많이 팔린 철학서라고 하는 그의 책《냉소적 이성비판Kritik der zynischen Vernunft》(1983)****은 저자가 분명히 밝히고 있듯이 68혁명 이후 선배 세대인 비판이론가들의 몰락에 대한 세대론적인 조종弔鐘으로 볼 수 있다. 비판 대상에 대한 초월론적 거리 두기 위

---

* "이때 기이한 것은 우리가 기존에 차용하고 있던 개념과 생각의 구조가 이제 더 이상 쓸모가 없어졌다는 신호인 것이다."(마크 피셔,《기이한 것과 으스스한 것》, 안현주 옮김, 구픽, 2019, 15쪽)

** Jan-Werner Müller, *Another Country: German Intellectuals, Unification and National Identity*, Yale UP, 2000, p.14, Jean-Pierre Couture, *Sloterdijk*, polity, 2016, p.75에서 재인용.

*** 이 자유저술가의 전통은 18세기 중반 독일 계몽주의까지 거슬러 올라갈 수 있을 것이다. 크리스티안 토마지우스는 크리스타인 볼프의 '강단철학 Schulphilosophie'의 지적 폐쇄성을 비판하고 이른바 '세속철학Popularphilosophie'을 통해 부르주아 독자들을 상대로 한 세계에 대한 지혜와 지식을 전달하는 데 힘썼다. 이 철학의 주체가 되었던 이들이 곧 '성찰적 저술가reflektierter Schriftsteller'였다.

**** 이 책의 1부가 국내에 번역되어 있다. 페터 슬로터다이크,《냉소적 이성 비판 1》, 박미애, 이진우 옮김, 에코리브르, 2005.

에서 이뤄졌던 지식인의 비판이 학생운동의 해체 이후 냉소주의로 이어졌다고 지적하고, 새로운 비판의 모델로 고대 아테네의 노모스에 반발하고 도발을 일삼던 퀴니코스파를 내세웠던 것은 하버마스가 그 뒤에 혁명적 정념을 멀리하고 대신 합리적 의사소통적 이성을 기획한 것과는 극명하게 대조된다. 그는 좌파와 급진이론도 제도화되고 기득권화될 수 있다는 사실을 놓치지 않고 칼럼이나 인터뷰를 통해 도발적인 발언을 멈추지 않는다. 2009년에 나온 이 책에 대한 평가는 어떠했을까? 독일에서는 《슈피겔》이 선정하는 베스트셀러에 들 정도로 대중적으로 많이 팔리고 읽힌 책이지만 정작 철학계의 평가는 거의 찾아볼 수 없다. 대신 영미권에 이 책이 소개되었을 때 반응은 주로 좌파 쪽에서 나왔는데, 이 책이 '신자유주의 자기계발서'나 다름없다는 것이었다. '모두의 삶이 아니라 자신의 삶'을 바꾸고, "19세기가 인지적으로 생산의 특징을 띠고 20세기가 성찰성의 특징을 띤 것처럼 미래는 수련이라는 표지 아래에 나타날 것이"(18쪽)라고 주장하는 이 책이 풍기는 전체적인 인상이 자기절제와 같은 신자유주의적 도덕과 겹칠 수는 있다. 하지만 후기 푸코가 신자유주의 분석과 생명정치에 대한 논의에서 '자기와 타인들에 대한 배려'로 연구주제를 전환하면서 이것이 동시대의 문제 해결과는 무관하다고 주장했던 것처럼(이것 역시 수많은 논쟁을 낳았다)* 이 책 역시 동시대의 문제를 진단하고 해결책을 제시하는 것보다는 도리어 시대의 징후를 탐지하고 이것의 계보를 역사 속의 수많은 사유와 실천 속에서 찾는

---

* 통상적인 견해와 결을 달리하며 이 전환을 푸코 사상의 본령이라고 주장하는 목소리도 있다. "나는 많은 푸코 독해가 오늘날 우리가 사는 현재에 대한 그의 진단이 실제로는 사회이론이나 사회비판이 아니라는 것을 깨닫는 데 실패했다고 주장한다. 그것은 도리어 아스케시스, 영적 수련, 자기 자신을 바꾸려는 노력이다."(Edward McGushin, "Arts of Life, Arts of Resistance: Foucault and Hadot on Living Philosophy", ed. Sam Binkley and Jorge Capetillo, *A Foucault for the 21st Century: Governmentality, Biopolitics and Discipline in the New Millennium*, Cambridge Scholars Publishing, 2009, pp.46~47)

옮긴이 해제   723

시도라고 보는 것이 더 적절할 것이다.

그렇다면 남한 사회에서 슬로터다이크는 어떻게 받아들여졌을까? 2004년 내한한 그를 두고 어느 일간지는 '21세기판 니체'라는 다소 모호한 표현을 사용했다. 여기에는 인간은 극복되어야 할 존재라고 위버멘쉬(초인)를 선포하던 차라투스트라의 니체를 소환하여 이것을 다시 슬로터다이크가 정식화한 포스트휴머니즘과 연결시키려는 의도가 깔려 있다. 특히 이 포스트휴머니즘은 인간 존재 자체가 자연의 일부라는 것을 받아들이고 생명공학 등의 기술을 통해 인간 복제를 정당화하는 근거로 활용되었다. 휴머니즘과 교육을 통한 인간의 길들이기와 사육의 실패를 진단하고 대신 유전자 조작을 통한 새로운 인간 길들이기와 사육의 가능성을 제시하는 것이다. 당시 황우석 교수가 배아복제 연구 재개를 선언했던 터라 슬로터다이크의 내한을 계기로 이른바 생명복제와 관련한 포스트휴머니즘 논의인 '슬로터다이크 논쟁'이 잠시 언론의 주목을 받았다. 이 책은 당시의 논의를 '자기 자신에 대한 작업'을 위한 정신적, 육체적 수행 절차를 가리키는 인간공학Anthropotechnik의 차원으로 더 확장시켰다고 할 수 있다. 단순히 생명복제에 대한 윤리적 찬반의 차원이 아니라 "다양한 문화들에 속하는 인간들은 생명을 위협하는 모호한 위험과 죽음의 긴박한 확실성에 직면하여 그들의 우주적, 사회적 면역 위상을"(27쪽) 어떻게 최적화했고 최적화하고 있느냐에 대한 문제로 확장시킨 것이다. 특히 인간공학이라는 개념은 저자가 1999년 《인간농장을 위한 규칙Regeln für den Menschenpark》*에 처음 "[인간의] 길들이기와 사육의 교차"의 의미로 도입한 뒤 적어도 독일의 공론장과 학술장에서 호황기를 거치며 학술용어로 확고히 안착했던 것이기도 하다.

국내의 슬로터다이크 논의는 잠깐 주목을 받다가 이내 사그라들

* 페터 슬로터다이크, 〈인간농장을 위한 규칙〉, 페터 슬로터다이크, 《인간농장을 위한 규칙》, 이진우 외 옮김, 한길사, 2004, 37~85쪽.

었는데, '인간이란 무엇인가?'라는 인간의 본질에 관한 질문과 관련하여 이미 '인간의 죽음'(푸코)을 바탕에 깔고 전개되던 이른바 프랑스산 미국제 '포스트 담론'의 '반인간주의'가 부지불식간에 담론 문법에 영향을 미치고 있던 시기여서 이 질문 자체가 무효화된 감이 없지 않다. 푸코의 육성을 잠깐 들어보자.

> 오늘날의 사유가 필시 인간학의 근절을 위해 기울일 최초의 노력은 아마 니체의 경험에서 찾아보아야 할 것이다. 왜냐하면 문헌학적 비판을 통해 어떤 형태의 생물학주의를 통해 니체는 인간과 신이 서로에게 속하고 신의 죽음이 인간의 사라짐과 같은 뜻을 지니고 약속된 초인의 출현이 무엇보다도 먼저 인간의 임박한 죽음을 온전히 의미하는 지점을 발견했기 때문이다.*

하지만 슬로터다이크는 니체의 위버멘쉬 선포를 '표상의 담지자'**로서 인간의 죽음으로 해석하지 않고 대신 확장된 인간학, 그의 "서늘한 표현"(17쪽)으로는 '인간공학'이 출현하는 계기라고 해석한다('인간학의 잠'에서 깨어나는 것이 문제가 아니라, 인간학의 잠에서 깨지 않고 계속 꾸는 꿈이 더 문제라는 것이다). 인간공학이란 한마디로 인간 개인이 주변환경Umwelt에 대하여 최적화의 상태에 도달하기 위하여 활용하는 정신적, 육체적 수행들을 전부 다 가리킨다. 이 짧은 문장에 독일의 지적 특수성을 보여주는 대문자 '철학적 인간학Philosophische Anthropologie'***과 자기관계로서의 윤리 형식을 고대의 문

---

*   미셸 푸코, 《말과 사물》, 이규현 옮김, 민음사, 2012, 468쪽.
**   "인간이 더 이상 표상의 담지자로 인지되지 않을 때 인간은 존재하기를 멈추고 인간의 죽음에 관하여 말할 수 있는 것이다."(Gary Gutting, *Michel Foucault's Archaelology of Scientific Reason*, Cambridge UP, 1989, p.199)
*** 소문자 '철학적 인간학philosophische anthropologie'이 철학사에 등장한 인간에 대

헌을 통해 정식화하던 말년의 푸코 그리고 도덕 없이 위험하고도 자유로운 자기극복의 시도를 설파하던 후기 니체가 교차하고 있다.

1. 철학적 인간학

철학적 인간학은 국내에서도 낯설지 않다. 더 정확히 말하자면 아직 '오지 않은 과거'*와 같다고 할 수 있다. 1986년 허재윤의 《인간이란 무엇인가?: 철학적 인간학에 대한 연구》(이문출판사)를 필두로 주로 윤리학자들에 의해 활발히 저술되고 소개되었다. 물론 얼마 지나지 않아 기존의 정통 마르크스주의와 민중론 등과 나란히 이른바 포스트 담론에 의해 주변부로 밀려났다. 1980년대에 비판이론과 접목되어 주목을 다시 끌었던 독일의 철학적 인간학과는 완전히 다른 길을 걸어갔다.

독일의 인간학 전통은 영미권과 프랑스어권의 인류학 전통과는 그 성격이 확연히 다르다. "인간학으로 다뤄지지 않을 철학은 역사 속에 거의 없다"**는 말이 나올 정도로 철학은 "환경의 피조물이자 고유한 가치의 창조자로서 개인을 이해하려는 노력 속에 인간의 본성에 대한 몇몇 경험적 연구들을 통합하려는 시도"***를 하나의 분과로 정립하는 동시에 인간학에 철학적이라는 형용사를 붙여 독립

한 견해의 축적물로서 윤리학, 인식론, 형이상학 등과 구별되는 데 반해, 대문자 '철학적 인간학'은 하나의 철학 패러다임으로서 현상학, 실존주의, 해석학, 비판이론, 자연주의, 구조주의, 실용주의 등과 대등하게 구별된다. 이하 등장하는 '철학적 인간학'은 별다른 표시가 없다면 대문자 '철학적 인간학'을 가리킨다. Joachim Fischer, "Exploring the Core Identity of Philosophical Anthropology through the Works of Max Scheler, Helmuth Plessner, and Arnold Gehlen", *IRIS*, vol.1, no.1, 2009, pp.153, no.4.

* 황정아, 〈지나간 미래와 오지 않은 과거: 코젤렉과 개념사 연구 방법론〉, 《개념과 소통》 제13호, 2014, 113~136쪽.

** Peter Probst, "Diskussionen: Zum Problem der Philosophischen Anthropologie", *Zeitschrift für Philosophische Forschung*, vol. 35, no. 2, 1981, p.231.

*** Frederic A. Olafson, "Philosophical Anthropology", *Encyclopædia Britannica*, 1989.

된 사유 패러다임으로 발전시켰다. 1501년 독일 철학자 마그누스 훈트가 인간의 물질성과 정신성의 이중성을 가리키기 위해 처음 사용한 '안트로포로기움anthropologium'이라는 개념은 19세기 말에 이르면 철학에서 독립되어 사회학의 한 분과로 자리 잡고 지금까지 익히 알려진 자연인류학, 문화인류학, 사회인류학 등으로 분화, 발전해갔다. 인간학/인류학Anthropologie/anthropology 개념의 지역적 분화가 어떻게 달라졌는지 살펴보는 고고학적이고 계보학적인 분석은 매우 흥미로울 것이다. 다만 여기서는 1920년대와 1930년대 독일에서 현상학 등과 대등한 사유 운동으로서 등장한 철학적 인간학에 국한하여 논의한다.

철학적 인간학의 인식론적 선구자인 칸트는 인간학을 우선 '생리학적 인간학'과 '실용적 인간학'으로 구분한다.

> 생리학적 인간 지식은 자연이 인간에 대해서 하고 있는 것이 무엇인가 하는 것에 대한 탐구를 목표로 하고 있지만, 반면에 실용적 인간 지식은 인간이 자유롭게 행동하는 자로서 자신에 대해 무엇을 하고 있으며, 혹은 무엇을 할 수 있으며 또한 무엇을 해야 하는가라는 것에 대한 탐구를 목표로 하고 있다.*

푸코는 칸트의 인간학에 대한 서설**에서 칸트를 인간의 유한성에 대한 실증적 진술을 수행했던 인간학자이자 인간이 표상의 주체이자 대상이 되는(감성의 형식인 시공간과 지성의 형식인 범주를 통하여) 근대적 인간관을 설립한 최초의 철학자로 분석하고 난 뒤, 니체의 위버멘쉬를 통하여 인간의 본질에 대한 인간학의 질문이 완전히 답해졌다며 훗날 《말과 사물》에서 선포할 '인간의 죽음'을 선취한

---

* 이마누엘 칸트, 《실용적 인간학적 관점에서 본 인간학》, 이남원 옮김, 울산대학교출판부, 2014, AB IV/13쪽.

** 미셸 푸코, 《칸트의 인간학에 관하여: 《실용적 관점에서 본 인간학》 서설》, 김광철 옮김, 문학과지성사, 2012.

다. 푸코와 달리 똑같은 인간학자 칸트를 출발점으로 삼으면서도 이후 독일의 인간학은 인간학의 종언이 아니라 인간학의 확장에, 다시 말해 "생물학적 존재로서의 인간에 대한 과학적 지식이 지성적 존재로서의 자기개념화에 어떻게 관련되는가?"*라는 문제에 더 집중했다. 그래서 19세기 다윈의 진화론에 대한 시행착오를 거치면서 20세기 초반에는 우주와 자연 속 인간이 차지하고 있는 '특수한 위치 Sonderstellung'라는 개념틀을 창안하게 되었다. 유기체로서 동식물과 인간은 어떻게 다르게 주변환경과 관계를 맺느냐는 물음이 중요해지게 되었다. '철학적 인간학'의 첫 주자는 막스 셸러였다. 그는 생물학자들과 의학자들의 연구에 의존하면서 19세기 다윈주의의 적자생존을 무효화하는 데 기여했다. 자연적 환경에 대한 자연적 적응의 결핍은 정신Geist과 같은 어떤 정신력에 의해 보상되거나 오히려 과잉보상된다는 주장을 펼쳤다.** 그리고 종교적 의미가 탈각된 금욕Askese을 인간의 특정한 행동 방식으로 보고 실제로 지각된 감각세계를 부정할 수 있는 능력으로까지 확장시켰다. 두 번째 주자는 아르놀트 겔렌이다. 그는 18세기에 이미 칸트의 제자로서 인간을 '결핍존재Mängelwesen'로 규정했던 헤르더를 현대 독일에 적극 소환하며 이러한 인간의 결핍의 특성을 셸러와 달리 정신으로 보상된다고 보지 않고 기술을 비롯한 문화 전반과 관계짓고 이 결핍에서 제도의 필연성을 도출했다.*** '주어진 환경에 비해 너무 일찍 태어났다'는 인간의 유형성

---

*   Dirk Solies. "German Anthropology", *21st Century Anthropology: A Reference Handbook*. ed. H. James Birx, Sage, 2010, p.510.

**   Ibid., p.512.

***   "따라서 인간은 기관적으로 '결핍존재'(헤르더)이다. 인간은 어떤 자연환경 속에서도 살아갈 수 있는 능력이 결여되어 있다. 그래서 인간은 제2의 자연, 즉 기술적으로 가공하고 적합하게 만든 대용 세계―인간이 그다지 신뢰하지 않는 기관적 장비에 대응하는 세계―를 비로소 만들어내야만 했고 또한 인간은 결핍된 것을 보게 되면 일반적으로 어디서나 기술적으로 가공을 행한다."(아르놀트 겔렌,《인간학적 탐구》, 이을상 옮김, 이문출판사, 1998, 80쪽)

숙을 제도와 기술을 통한 보상과 부담 면제Entlastung의 문제로 치환시킨 것이다. 하이데거라면 자신의 죽음의 가능성과 유한성에 직면하여 결단을 내리라며 벌거벗은 현존재에게 막대한 부담을 주었겠지만, 겔렌은 이러한 부담으로부터 인간을 면제시키고 인간의 손에 기술 장치를 쥐어주었다. 마지막 주자는 헬무트 플레스너로, 그는 개가 주인이라는 주변환경과의 폐쇄적 관계를 통해서 집중적인 친밀성을 보여주는 것과 달리, 인간은 이러한 위치적 중심에서 벗어나 자기 자신을 정립하고 자기 자신과 거리를 두는 탈중심적 위치성exzentrische Positionalität을 구현하고 있다고 주장한다. 이 철학적 인간학은 1960년대까지 역사철학이 위기에 빠지면서 그 대안으로 인간의 실제성 대신 가능성을 탐색하고 도모하는 철학사조로 독일의 지식장에 막대한 영향을 끼쳤다. 그리고 1990년대에 다시 독일에 '철학적 인간학의 르네상스'가 시작되어 현재까지 그 흐름이 이어지고 있으며 영미권에도 주요 저작들이 소개되기 시작하고 있다.

혹자는 이 철학적 인간학을 다른 서구 국가들에서는 찾아볼 수 없는 독일만의 특수한 지적 호기심의 산물이라고까지 평했다. 그럼에도 주목해야 할 대목은 철학적 인간학의 인간학주의와 거리를 두려는 거의 모든 철학적 시도가 실패하고 말았다는 것이다. 예를 들어 1940년에 후설은 셸러 등을 필두로 철학적 인간학이 유행하는 것을 의식하고 한 강의에서 '현상학과 인간학'의 관계를 논하며 "철학과 인간학 내지 심리학의 모든 역사적 형상들을 초월해 있는, 인간학주의와 초월주의 사이의 원칙적인 결단이 있어야만" 한다고 주장했다.* 하지만 이 현상학(초월주의)이냐, 철학적 인간학(인간학주의)이냐의 양자택일은 훗날 한스 블루멘베르크에 의해 '현상학적 인간학'의 이름으로 그 종합의 가능성이 타진된다.** 독일에서 '철학적 인간

---

*   Edmund Husserl, "Phaenomenologie und Anthropologie", *Philosophy and Phenomenological Reserach A Quartely Journal*, vol. 11, no. 1, 1941, p.2.

**   Jean-Claude Monod, "Das 'Anthropologieverbot' bei Husserl und Heidegger und

학의 호경기'는 역으로 이성에 의해 인간을 파악하던 형이상학, 자연과학, 관념론/이상주의 그리고 역사철학이 와해되는 위기의 역사와 그 증후로서 맞물려 있다고 보는 게 타당할 것이다.*

이 인간학 운동은 후설의 양자택일의 도식에 따르면 인간학주의의 맞은편에 있던 초월주의를 전복시켜 '사변적 실재론', '객체지향 존재론' 등의 새로운 형이상학과 존재론을 정립하고 있는 최근 영미권의 철학 흐름과 대비된다. 더 나아가 영미권과 프랑스어권의 인류학에서 영향력을 펼치고 있는 '존재론적 전환ontological turn'과의 이중관계를 설정해볼 수도 있다. 프랑스 이론의 기반인 반인간주의와 최근에 급부상한 포스트휴머니즘(다른 종에 대한 인간의 비교 우위를 반대)과 트랜스휴머니즘(기술적으로 증진되고 최적화된 휴머니티를 주장)에 반하여 인류학 내에서 새로운 휴머니즘을 정립하기 위해서 독일의 철학적 인간학이 주목한 '인간의 비결정성'을 휴머니즘 담론에 끌어들이는 이론적 시도를 찾을 수 있다.** 철학적 인간학은 인간의 정신적이고 이성적인 측면뿐 아니라 육체적인 측면을 동시에 고려하여 다른 유기체와의 차이 속에서 보편적인 인간상을 정립하는 데 힘쓴다.*** 반면에 '인류학에서의 존재론적 전환'****은 기존의 문화인

　 seine Uebertretung durch Blumenberg", *Trivium*, 25, 2017, pp.1~17.

* 　 Herbert Schnaedelbach, *Philosophie in Deutschland. 1831-1933*, Suhrkamp, 1983, p.264.

** 　 Thomas Schwarz Wentzer and Cheryl Mattingly, "Toward a new humanism: an approach from philosophical anthropology", *HAU: Journal of Ethnographic Theory*, vol. 8, no. 1/2, 2018, pp.144~157.

*** 　 "인간은 이중의 측면으로 존재하기 때문이다. 내부로부터 그는 중심적인 살아 있는 주체로 느끼지만 동시에 그의 시선의 구석에서 스스로를 관찰함으로써 주변화되고 탈중심화되고 객체화된 물질적 몸체들 사이에 있는 하나의 육체로 발견한다."(Fischer, "Exploring the Core Identity of Philosophical Anthropology through the Works of Max Scheler, Helmuth Plessner, and Arnold Gehlen", p.158)

**** 　 이 전환을 소개한 대표적인 글로는 다음을 들 수 있다. Paolog Heywwod, "Ontological Turn", *The Cambridge Encyclopedia of Anthropology*, eds. F. Stein et al., http://doi.org/10.29164/17ontology, 2017. 이후의 '존재론적 전환'에 관

류학이나 사회인류학에서 세계의 다른 표상에 대한 관용을 의미했던 '문화' 개념을 비판하고 대신 다수의 세계가 존재할 수 있다는 가능성을 내세운다. 이제 문제는 다른 세계관과 이에 대한 관용이 아니라 자연다원주의가 될 것이다. 더 나아가 '나무에 정신이 있다'는 믿음에 대한 문화다원주의적인 관용을 정당화했던 개념 자체에 대한 재귀적 성찰이 이어질 것이다. 이때 철학적 인간학이 정립하려 했던 보편적인 인간상, 즉 정신과 육체의 이원론이나 이것의 극복 모두 의문에 붙여지고 말 것이다. 육휘 등이 지금은 고인이 된 베르나르 스티글러와 슬로터다이크의 공통점과 차이를 분석하면서 이를 존재론적 전환과의 대립 구도 속에 위치시킨 것은 바로 이런 맥락에서다.

> 우리는 이 '다수자연주의' 혹은 '존재론적 복수주의'에 대한 제안을 슬로터다이크와 스티글러가 포용한 기술에 대한 여전히 보편적인 존재-인간학적 담론에 대한 도전으로 볼 수 있다 (봐야 한다?).*

그렇다면 정작 슬로터다이크는 철학적 인간학에 대해 어떤 입장을 취했을까? 본문에서 철학적 인간학은 하나도 빠짐없이 비판 대상으로 등장하지만 이는 자신이 선포한 '인간공학적 전환'과의 대비 속에서 그럴 뿐이다. 이 책이 나오기 몇 년 전 완성된 그의 '구체론 Sphärologie' 3부작의 마지막 권에서 그는 철학적 인간학의 대표 주자 중 한 사람인 겔렌을 집중적으로 다룬다. '결핍존재'라는 겔렌의 인간 규정 대신에 그는 인간이 '호화존재'이고 "결핍존재는 원죄를 더 매력적인 원결핍으로 대체하기 위한 부르주아의 새로운 비관주의일 뿐

한 논의도 이 글을 참조한 것이다.

*   Pieter Lemmens and Yuk Hui, "Reframing the Technosphere: Peter Sloterdijk and Bernard Stiegler's Anthropologicial Diagnoses of the Anthropocene", *Krisis*, Issue 2, 2017, p.38.

이다"*라고 주장한다. 그러니까 겔렌(과 헤르더)의 '결핍존재'는 그리스도교적 원죄 개념에서 파생된 것이고 인간은 결핍이 아니라 도리어 과잉이 문제라는 것이다.

> 호모 사피엔스가 세계를 경험하고 그 안에서 행동하는 방식의 주된 특징은 경험과 행동의 가능성과 아울러 감각인상의 문제적인 과잉 풍부에 있지, 결코 선천적인 빈곤과 박탈에 있지 않다. 덜 특수화되고 다층적으로 적응력이 뛰어나거나 '개방된' 본성은 우선 너무 감수성이 예민한 수용성 때문이고, 두 번째로 극도로 넓은 행동 선택지의 스펙트럼 때문이다. 범속한 중도의 가치에서 이탈하여 예술, 금욕, 난교와 범죄와 같은 가망 없는 일들에까지 확장한다.**

하지만 겔렌의 '결핍존재'가 문자 그대로의 감각의 결핍이 아니라 감각의 과잉으로 인해 하나의 감각에 집중하고 있는 다른 유기체와 달리 주변환경의 위험('놀람의 공간')에 노출될 수밖에 없다는 의미라는 것을 기억한다면 슬로터다이크의 '호화존재' 역시 '결핍존재'의 연장에 지나지 않는다. 그가 인간이 에너지의 과잉을 '금욕적 규칙'(암자나 예술가의 작업실)에 묶을 수 있다고 서술할 때 이것은 겔렌이 결핍존재의 탈출구로서 금욕을 제시했던 것과 연장선상에 있는 것이다. 물론 이때의 금욕은 종교적인 희생sacrificium이 아니라 단련disciplina을 가리킨다.*** 단련하고 고행하고 의식과 의지를 통제하고 집중화하는 의미에서의 금욕은 이 책에서 슬로터다이크에 의해 그 종교적이고 억압적인 차원이 제거되고 '자기 자신에 대한 관계 형성

---

*   Peter Sloterdijk, *Spheres. Volume 3: Foams. Plural Spherology*, trans. by W. Hoban, Semiotext(e), 2016, p.658.

**   Ibid., p.659.

*** 겔렌, 《인간학적 탐구》, 109쪽.

이자 자기 자신의 변형'을 의미하는 '자기수련áskēsis'(푸코)으로 탈바꿈된다. 그리고 이 자기수련 개념이 스승과 제자 내지 교사와 학생의 관계 설정을 전제하고 있는 교육에서 활발하게 전개되고 있는 것은 다시 겔렌이 《도덕의 계보》의 니체를 따라 이원론의 색채를 띤 도덕 대신 '훈육Zucht'을 제시하고, 다시 니체("인간은 아직 고정되지 않는 동물이다")를 따라 인간을 훈육되어야 하는 존재로 규정한 것을 그대로 이어받은 것이다. 인간이 아직 완성되지 않았기에 스스로 가공해야 하는 필연성과 본래적 인간의 비결정성이 뒤따르게 된다. 철학적 인간학자 슬로터다이크는 '인간은 호모 이무놀로기쿠스homo immunologicus, 즉 면역학적 인간이다'라는 더 구체적인 명제에서 이 책의 논의를 시작한다. 이러한 인간의 이력을 역사 속에서 수집하면서 다양한 문화권에서 면역학적 인간이 생명을 위태롭게 하는 죽음 등과 같은 모호한 위험과 과잉에 맞서 자신을 어떻게 지키고 자신의 생명에 어떤 상징적인 틀을 부여해왔는지 살펴보겠다는 것이다.

2. 푸코와 니체, 또는 니체와 푸코

한 서평은 이 책을 니체와 푸코의 관계 속에서 단적으로 규정한다. "《너는 너의 삶을 바꾸어야 한다》는 니체의 계보학의 업데이트를 통해 푸코의 프로젝트를 회복하고 변형시킨 책이다."* 그리고 이 책의 저자는 "……푸코가 떠난 곳에서 니체의 작업을 받아들인다"** 라고 덧붙인다. 새로운 사유를 하려면 '인간학의 잠'에서 깨어나라고 주문했던 푸코가 니체에게서 계보학은 받아들였지만 그의 인간학은 간과했다는 지적의 맥락에서 이 책에 대한 평가를 살펴볼 필요가 있다.*** 흔히 말하는 후기 푸코의 '실존의 미학'이 멈춘 지점에서 니

---

*   Carlos Ernesto Noguera-Ramírez, "The pedagogical effect: On Foucault and Sloterdijk", *Educational Philosophy and Theory*, vol. 49, no. 7, 2016, p.721.
**   Ibid., p.726.
***   정대훈, 〈'지식의 의지' 개념 분석을 중심으로 한 푸코와 니체의 사상적 관계에

체의 작업을 이어간다는 것은 니체가 19세기 유럽인의 왜소화와 평균화가 그리스도교적 도덕에 있음을 밝히기 위해 전개했던 계보학적 방법을 '자기 자신과 관계를 맺고 자기 자신을 변형하기'(자기수련) 위해 정신적, 육체적 수단을 활용하는 인간학의 차원에, 더 나아가 저자가 더 선호하고 그 범위가 더 넓은 인간공학의 차원에 연결시킨다는 것을 의미한다. 동시에 이 시도는 푸코가 간과했던 니체의 인간학('좀 더 위대해지기 위한 인간에 대한 믿음')을 그리스도교적 틀을 벗어나 말년의 푸코가 천착했던 고대 그리스와 로마 시대(니체는 그리스 신들을 그리스도교의 신과는 달리 고귀하고 자주적인 인간의 반영으로 보았다)까지 확장하는 것과 다르지 않다. 푸코가 니체에게서 간과한 것에 다시 주목하고 니체가 놓친 것을 푸코에게서 되찾아 양자를 잇는, 이 이중의 시도에는 니체가 《도덕의 계보》의 제3논문에서 해석한 '금욕적 이상das asketische Ideal'과 푸코가 말년에 천착했던 '자기형성으로서의 자기수련'과의 불협화음이 전면에 흐르고 있다. '허무를 의욕하는 것'으로 우선 파악되던 금욕적 이상은 '삶을 거스르는 삶'을 이끄는 것으로 단적으로 정의된다. 이것을 푸코는 그리스도교적 금욕과 고행이 신 앞에서의 '자기포기'에 국한되어 있었다며 이와는 구별되는 고대 그리스-로마적 금욕과 고행, 더 정확히는 자기에 대한 윤리적 소유와 지배관계를 의미하는 자기수련을 제시한다. 후기 고대와 중세의 성직자가 더 나은 존재가 되기 위해 세계에 등을 돌리고 삶을 부정했다면, 고대 철학자의 자기수련은 이 세상과 맞설 수 있는 자기를 형성하기 위해 단련을 통해 온갖 장치와 지식을 갖추는 것이었다.

그런데 이 불협화음 속에서 슬로터다이크는 놀랍게도 연속성을 발견한다. 우선 슬로터다이크는 니체와 달리 '금욕적 이상'의 바탕이 되는 진리에 대한 의지의 가치와 의미를 의문시하여 이로부터 비판

대한 고찰〉, 《철학》 제139집, 2019. 167~195쪽.

적 거리를 두고 그리스도교의 도덕적 몰락을 도모하는 대신 도리어 니체가 발견한 '금욕적 이상'의 발굴물을 고대 그리스부터 현대까지 확대 해석하여 주체 안에 있는 수직적 긴장과 이 안에서 이뤄지는 훈련과 연습, 수련과 수행 형식의 역사적 연속성을 보려 한다. 다만 니체의 시대에 이 자기수련이 그 영성성에서 탈피하고 육체화되었으며 영성은 반대로 비공식화되었다는 시대 진단을 내린다. 니체가 "긍정적인 측면에 따른 자기수련론적 발견들을 그가 병적인 극을 탐색하면서 밝힐 때 그런 것만큼 강조하면서 추적하지 않았다"(70쪽)라고 밝히고 여기에 푸코가 발견한 자기 테크놀로지로서의 자기수련이라는 긍정적인 측면을 더한다. 물론 이때 푸코의 논의는 '인간이 자기 자신에게 영향을 끼치도록 돕는 수행체계들'을 뜻하는 인간공학으로 이미 번역된 것이다. 그러니까 우리가 흔히 종교적이고 희생적인 의미에서 '금욕주의'라고 지칭하는 것에서, 그는 니체가 열어젖혔고 푸코가 발견했던 '유럽의 아스케제(자기수련)에 대한 오해'의 역사를 읽어낸 것이다. 그리고 니체와는 다른 의미에서 (반)도덕이 아닌 수행의 차원에서 이 억압 구조로부터의 해방을 역설한다. 수행의 차원에서 금욕의 역사를 자기수련의 역사로 번역하여 다시 서술하는 것이 이 책의 주된 목표인 것이다.

> 유럽에서 아스케제(자기수련)와 이것에 대한 오해는 실제로 똑같이 오래됐다. 비교될 수 없을 만큼 철두철미하게 사유된 인도 아사나스[요가의 좌법 체위]의 만유는 우리에게 이 오래가는 혼동이 보편 법칙이 아니라 어떤 지역적 운명을 다룬다는 것임을 동시에 보여준다. 그것이 파악된다면 구유럽의 아스케제(금욕, 고행)의 억압 구조에서 수행이 해방된다는 것—나는 이것을 첫머리에서 암시했다—이 왜 20세기의 가장 중요한 정신사적이고 육체사적인 사건을 의미할 수도 있는지 이해하게 된다.(275쪽)

푸코가 이교적 고대와 그리스도교 세계를 자기와 타인의 통치라는 측면에서 스승의 지도적 역할이 더 강조된 '자기형성'과 신에 대한 신앙인의 역할이 더 강조된 '자기포기'로 명확하게 구별하던 것과 달리 슬로터다이크는 인간학적이고 인간공학적인 차원에서 그 연속성을 보려 한다. 푸코도 일부 동의하겠지만 그리스도교 세계가 이교도의 철학적 저작들을 많은 부분 참조하고 받아들였다는 것을 근거로 든다.

니체가 재개한 바로 이 자기수련론을 조망함으로써 '이교적' 고대에서 그리스도교 세계로 이행할 때 그 연속성이 뚜렷하게 두드러질 수 있다. 그중에서도 경기자와 철학자의 자기수련주의에서 수도원과 교회의 생활 양식으로 이행하는 결정적인 이 영역에서 그 연속성이 두드러진다. 그와 같지 않다면 이집트와 시리아의 초기 수도사들을―사도들이 벌이는 시합에 대한 바울의 이미지를 그 증거로 끌어들이면서―'그리스도의 경기자들Athleten Christi'이라고 지칭하지 않았을 것이다. 그리고 수도원의 자기수련이 육체 선수들의 체제를 내면화했을 뿐 아니라 그리스도교의 전조를 보이는 철학적인 삶의 기예론을 인수했던 게 아니라면, 수도사 문화는 5세기와 18세기 사이에 관찰될 수 있는 것처럼 무엇보다 서로마와 북서부 유럽의 특징들을 띠고서 모든 문화전선들(자선적, 건축술적, 행정적, 경제적, 지성적, 선교적)에서 그 힘을 펼치는 것으로 이어질 수 없었을 것이다. 말하자면 실제로 일어났던 것은 경기장에서 수도원으로 운동경기주의가 이동한 것이었다. 더 일반적으로 말하자면, 그리고 여기서 옛 능력 보유자와 새 능력 보유자인 당시와 나중의 덕론 집단을 개별적으로 부르지 않고 시대명만을 사용하자면 무너진 고대에서 시작되는 중세로 유능함이 옮겨진 것이었다.(215쪽)

푸코가 자기통치와 타인의 통치라는 명확한 구별 위에서 논의를 전개하는 것과 달리 슬로터다이크는 양자를 수행의 차원에서 통일시킨다. 이에 대한 논의가 단적으로 나타나는 대목이 이 책에서 가장 놀라운 '자기-수술'과 '수술-받게-함'(590~592쪽)의 도식이다. 보통 후기 푸코의 이론적 궤적이 인구의 통치(생명정치)에서 자기의 통치(실존의 미학)로 이행해간다고 할 때 슬로터다이크는 양자의 도식을 자기개선(고대에서 중세까지)과 세계개선(근대 이후)이라는 두 축으로 나누고 이것을 다시 더 확장된 자기배려(돌봄)의 도식으로 통합한다. 예를 들어 주변환경에 대한 자기 자신의 최적화를 위해 외과의사를 통한 수술에 자신을 내맡길 때 이것 역시 타인을 통한 자율성과 자기 권한의 확장을 위한 우회된 자기배려(돌봄)의 방식이라는 것이다.

> 첫 번째 양태에서 나는 직접적인 자기변모의 대상으로서 나 자신의 조치들을 통하여 형성되며, 두 번째 양태에서 나는 타인들의 수술 능력을 통한 영향에 노출돼 있고 그들에 의하여 나를 형성되게 한다. 자기-수술과 수술-받게-함이 협력하여 주체의 자기 자신에 대한 배려(돌봄) 전체가 이뤄진다. …… 개개인은 세계 변화의 작업 전체를 떠맡을 수 없을 뿐 아니라, 결코 자신의 개인적인 최적화를 위해 필요한 모든 것을 독자적으로 발생시킬 수도 없다. 개개인은 타인들의 행동 능력의 효과들에 노출됨으로써 우회 내지 유예의 방식으로 자신의 활동을 함축하는 어떤 수동성 형태를 전유한다. 근대인들의 확대된 수동성 능력은 자신에게 유리하도록 수술-받게-함에 대한 의향으로 표명된다.(591~592쪽)

그러므로 자기개선과 세계개선은 동떨어져 있는 것이 아니라, 자신에게 직접 스스로가 영향을 끼치는 차원인가, 아니면 간접적으로 자신을 최적화하는 수단을 사용하는 차원인가로 결합되어 있는 것이다.

> "나는 나 자신을 손에 쥔다"는 문장이 있던 자리에 더 복잡한 표현이 들어선다. "나는 치료가 성공한 뒤에 다시 자신을 손에 쥘 수 있기 위해 나를 손에서 놓는다."(595쪽)

(소비에트) 혁명은 이러한 '내맡김의 문화'를 거부하고 자기수련의 영성적 차원을 기술적 차원으로까지 확장시킨 것이다. 굳이 후기 고대와 중세의 수도사들처럼 극단적인 고행을 하거나 세상으로부터 은둔을 택하지 않더라도, 그리고 초월적 도덕을 받아들이지 않더라도 기술의 도움을 받아 최적화된 자기-혁명가의 생산을 이룰 수 있다는 것이다.

> 혁명의 본래 과제는 "인간 정신 자체의 개조"에 있다는 부하린의 잘 알려진 1922년 테제는 생산자를 생산하는 것으로 생산 집합체가 재귀성의 단계에 다다른다는 혁명적 인간공학에 있는 차원의 도약을 명료화한다. 예전에는 초월적인 도덕이었던 것이 제어 시스템의 일부가 된다. 항상 똑같은 자기수련의 자리에 사이버네틱스의 최적화 시스템이 등장하는 것이다.(615쪽)

그는 더 나아가 자기수련이 불평등의 근거가 될 수도 있다는 도발적인 주장까지 내놓는다.

> 인간들 사이의 불평등의 근거가 그들의 자기수련에 놓일 수 있다는 것, 즉 수행하는 삶의 도전들에 대한 입장들의 다양함에 놓일 수 있다는 것, 이 생각은 인간들 사이의 다양함의 최

종 원인들에 대한 탐색의 역사에서 한 번도 정식화된 적이 없다.(72쪽)

이 맥락에서 영국의 어느 좌파 철학자는 슬로터다이크의 이 '자조自助 프로젝트self-help project'를 읽고 수십 년 동안 익히 들어온 대처주의의 도덕적 명령('엄격한 자기절제')을 떠올렸다고 고백한 적 있다.*

사실 넓게 보면 국내에서 한때 유행한 자기계발이나 진정성 담론도 저자가 말하는 자기수련과 수행 그리고 인간공학의 언어로 번역될 수 있다. 자기 자신에 대한 관계에 철두철미할수록 외부 권력과 억압에 더더욱 잘 저항할 수 있는 기묘한 자기의 윤리가 있는 것이다. 대중화된 가학-피학 메커니즘의 결정체인 〈가짜사나이〉는 정확이 이러한 시대적 징후를 보여준다. 개인이 어찌할 수 없는 전체(금융자본주의, 가부장주의 등)를 견디기 위해 자신에게 달려 있지 않은 전체에 대한 관여나 비판 대신에 자신에게 달려 있는 육체에 집중하고 이것을 극대화하여 타인을 우회한 자기배려(돌봄)와 자기극복을 실행하는 것이다. 우리는 여기서 고대 스토아주의자들의 영성과 유튜브 알고리즘이라는 기술이 결합된 자율성의 타율적 확대를 목격하고 있지 않은가? 물론 스토아주의는 육체를 우리에게 달려 있지 않은 대표적인 것이라고 했다. 유일하게 육체가 전적으로 나의 통제에 놓일 수 있다는 이 오인 자체가 지금 시대가 겪는 병의 증상일 것이다.

3. 남은 문제들

종교를 '일반화된 자기수련론'으로 환원시키고 나면 그 뒤에 남는 것은 무엇일까? 아니, 그전에 고대 그리스와 로마의 남성 시민과 그리스도교의 성인이나 수도사 등 이른바 사회 엘리트층의 저작

---

* Nina Power, "On your bike", *Radical Philosophy*, vol. 183, 2014, pp.51~52.

과 실천에 그 근거를 두고 있는 자기수련의 논리를 일반화하여 현대에 곧바로 적용할 수 있는 걸까? 종교가 마치 감염병의 시대에 불평등을 상징적으로 상쇄했던 면역체계로서 그 기능을 다하지 못하고 도리어 감염 확산의 온상으로 추락했던 것처럼, 종교는 남김없이 세속적인 수행과 훈련의 체계로 환원될 수 있을까? 사람들은 교회에서 기도를 하는 대신에 피트니스클럽에서 육체를 단련하러 가는 것일까? 종교를 수행체계로 완전히 환원하는 과정에서 기왕의 종교사회학적 논의를 충분히 참조했는지, 그리고 종교적 내용은 다 비워내고 순수하게 형식적인 수행체계만 남는 것은 아닌지, 그의 주장에 비판적인 문의들이 이어지고 있다. 이 책이 일종의 아이러니를 보여준다는 것이다. 자기수련주의의 원형적 형태인 윤리적 분리주의, 즉 자기포기와 세계로부터의 도주 등을 보존하고 있는 그리스도교를 적극 참조하면서도, 결국에는 자기수련주의의 보편화를 위하여 그리스도교를 내용적으로는 배제하고 있다는 것이다.* 다른 한편에는 이 책에서 종교의 경험과 수행에 대한 현상학적 환원이 이뤄지고 난 뒤 이 경험과 수행의 가능성의 조건이 나타나고, 뒤이어 종교적 수행이 인간공학과 접목되어 있다는 사실이 나타난다는 해석도 존재한다.**

저자는 "숭고한 명령들과 구제의 확약에 대한 추상적인 보편화를 수단으로 똑같은 상징적 면역 기회에 대한 접근을 만인에게 개방했"(707쪽)던 고등종교 내지 세계종교가 일종의 지방주의의 한계에 갇혀 있다고 비판하면서 특히 기후 위기라는 전 지구적 위기에 대해 민족과 국가 단위를 벗어난 '전 지구적 면역화'를 위한 틀을 제안한다. 일종의 면역적 연대를 제안하는 것인데, 그는 이것을 '공-면역구조'라고 지칭한다. "이 구조는 네트워크들에 의해 뒤덮이고 거품들에

---

*   Amir Ahmadi, "Peter Sloterdijk's General Ascetology", *Critical Horizons*, no. 4, vol. 18, Equinox, 2017, p.340.

**   Joeri Schrijvers, *Between Faith and Belief: Toward a Contemporary Phenomenology of Religious Life*, NY Press, 2016, p.101~123.

의해 대규모로 지어진 지구를 자신의 것으로, 지금껏 지배해온 착취적 과잉을 이질적인 것으로 개념화하는"(709쪽) 것이다. 그리고 이것은 공산주의의 '올바른 이념'이었던 '공동의 삶의 이해관계'를 자기수련이라는 더 높은 차원에서 실현시키는 '공-면역주의Ko-Immunismus'를 요구할 것이다. 그러기에 너는 다른 누구도 아닌 너의 삶을 바꾸어야 한다(릴케). 이제 이 수행은 지구라는 행성적 차원의 문제다.

출판계의 사정이 녹록지 않은데도 불구하고 이렇게 두꺼운 책의 번역을 선뜻 결정하고 2016년 초 계약을 맺은 뒤 지금까지 묵묵히 기다려주신 박재영 대표님, 편집에 대한 의문 사항이 생길 때마다 3년 동안 변함없이 늘 상세하게 답을 주시던 임세현 편집자님, 다시 시작할 수 있는 기회를 주신 김상봉 선생님 그리고 이 책을 번역하면서 참고한 여러 문헌의 저자들, 특히 이 해제를 쓰면서 니체와 푸코의 관계를 살피는 데 주된 지침이 되었던 논문의 저자 정대훈 선생님, 이 모든 분들에게 고마운 마음을 전한다. 이 책을 계기로 페터 슬로터다이크의 다른 주저들이 (다시) 번역되고 소개될 수 있기를 바란다. 번역과 관련된 제안과 토론은 언제든 환영한다. 이제 독자들이 이 해제를 부족하나마 장비로 삼아 높고도 깊어 보이는 산의 등반에 도전할 차례다.

광주에서
문순표

찾아보기

너는 너의 삶을 바꿔야 한다: 인간공학에 대하여

초판 1쇄 펴낸날 2020년 12월 14일

지은이	페터 슬로터다이크
옮긴이	문순표
펴낸이	박재영
편집	이정신·임세현·한의영
마케팅	김민수
디자인	조하늘
제작	제이오
펴낸곳	도서출판 오월의봄
주소	경기도 파주시 회동길 363-15 201호
등록	제406-2010-000111호
전화	070-7704-2131
팩스	0505-300-0518
이메일	maybook05@naver.com
트위터	@oohbom
블로그	blog.naver.com/maybook05
페이스북	facebook.com/maybook05
인스타그램	instagram.com/maybooks_05

ISBN 979-11-90422-54-3 93100

이 책은 저작권법에 따라 보호받는 저작물이므로 무단전재와 복제를 금합니다.
이 책 내용의 전부 또는 일부를 이용하려면 반드시 저작권자와 도서출판 오월의봄에
서면 동의를 받아야 합니다.

이 도서의 국립중앙도서관 출판시도서목록(CIP)은 e-CIP홈페이지(http://nl.go.kr/ecip)와
국가자료공동목록시스템(http://www.nl.go.kr/kolisnet)에서 이용하실 수 있습니다.
(CIP 제어번호 : CIP2020050664)

책값은 뒤표지에 있습니다. 잘못된 책은 바꾸어 드립니다.

만든 사람들

책임편집	임세현, 박재영
디자인	최진규